LES ŒUVRES COMPLETES DE VOLTAIRE

23

VOLTAIRE FOUNDATION
OXFORD
2010

ISBN 978 0 7294 0946 9

Voltaire Foundation Ltd
University of Oxford
99 Banbury Road
Oxford OX2 6JX

A catalogue record for this book
is available from the British Library

OCV: le sigle des *Œuvres complètes de Voltaire*

www.voltaire.ox.ac.uk

The paper used for this book is FSC certified.
FSC (The Forest Stewardship Council) is an international network
to promote responsible management of the world's forests.
Printed on chlorine-free paper.

PRINTED IN ENGLAND
AT T J INTERNATIONAL LTD
PADSTOW

Essai sur les mœurs et l'esprit des nations

sous la direction de

Bruno Bernard, John Renwick
Nicholas Cronk, Janet Godden

Texte et bibliographie établis par

Henri Duranton

The research for this edition has received
generous support from the
Arts and Humanities Research Council
of Great Britain

Arts & Humanities
Research Council

Tome 3
Chapitres 38-67

sous la direction de

Bruno Bernard, John Renwick
Nicholas Cronk, Janet Godden

Ont collaboré à ce tome

Michel Balard, Bruno Bernard, Karen Chidwick,
Marie-Hélène Cotoni, Nicholas Cronk, Henri Duranton,
Olivier Ferret, Janet Godden, Gianluigi Goggi,
Gérard Laudin, Kate Marsh, Myrtille Méricam-Bourdet,
Olga Penke, Síofra Pierse, John Renwick, Richard Waller

Secrétaire de l'édition

Karen Chidwick

REMERCIEMENTS

La préparation des *Œuvres complètes de Voltaire* dépend de la compétence et de la patience du personnel de nombreuses bibliothèques de recherche partout dans le monde. Nous les remercions vivement de leur aide généreuse et dévouée. Parmi eux, certains ont assumé une tâche plus lourde que d'autres, dont en particulier le personnel de la Bibliothèque royale de Belgique, Bruxelles; de l'Edinburgh University Library (Special Collections); de l'Institut et musée Voltaire, Genève; de la Bodleian Library et de la Taylor Institution Library, Oxford; de la Bibliothèque nationale de France et de la Bibliothèque de l'Arsenal, Paris; et de la Bibliothèque nationale de Russie, Saint-Pétersbourg.

Les éditeurs et collaborateurs ont bénéficié de l'aide et des conseils de leurs collègues et amis David Adams et Gianni Iotti. Ils remercient également Stephen Ashworth et Dominique Lussier pour leur précieuse collaboration lors de la rédaction du présent volume. Enfin, la Voltaire Foundation et les éditeurs tiennent particulièrement à remercier la Fondation Philippe Wiener-Maurice Anspach (Université libre de Bruxelles), son président, M. le Professeur Jean-Victor Louis, et son administrateur délégué, Mme le Professeur Kristin Bartik, du soutien financier qu'ils ont bien voulu apporter à ce projet d'édition.

TABLE DES MATIÈRES

COLLABORATEURS

La responsabilité de l'annotation des chapitres du présent tome a été répartie comme suit:

BRUNO BERNARD, chapitres 38, 39, 67

MARIE-HÉLÈNE COTONI, 45

OLIVIER FERRET, 44, 64

JANET GODDEN, 40, 41

GIANLUIGI GOGGI, 43, 60, 61

GÉRARD LAUDIN, 46-49

KATE MARSH, 51

MYRTILLE MÉRICAM-BOURDET, 62, 66

OLGA PENKE, 52, 63

SÍOFRA PIERSE, 65

JOHN RENWICK, HENRI DURANTON, JANET GODDEN, 53-59

RICHARD WALLER, 42, 50

ILLUSTRATIONS

ABRÉVIATIONS

Annales	Voltaire, *Annales de l'Empire*, *M*, t.13
Bengesco	*Voltaire: bibliographie de ses œuvres*, 1882-1890
Bh	Bibliothèque historique de la ville de Paris
BnC	BnF, *Catalogue général des livres imprimés*, Auteurs, 214, Voltaire
BnF	Bibliothèque nationale de France, Paris
BV	*Bibliothèque de Voltaire: catalogue des livres*, 1961
CN	*Corpus des notes marginales de Voltaire*, 1979-
D	Voltaire, *Correspondence and related documents*, *OCV*, t.85-135, 1968-1977
DgV	*Dictionnaire général de Voltaire*, ed. R. Trousson et J. Vercruysse (Paris, 2003)
DP	Voltaire, *Dictionnaire philosophique*
EM	Voltaire, *Essai sur les mœurs*
Kehl	*Œuvres complètes de Voltaire*, 1784-1789
LP	Voltaire, *Lettres philosophiques*, éd. G. Lanson, rév. André M. Rousseau, 2 vol. (Paris, 1964)
M	*Œuvres complètes de Voltaire*, éd. Louis Moland, 1877-1885
OCV	*Œuvres complètes de Voltaire / Complete works of Voltaire*, 1968-
OH	Voltaire, *Œuvres historiques*, éd. R. Pomeau, 1957
QE	Voltaire, *Questions sur l'encyclopédie*
SVEC	*Studies on Voltaire and the eighteenth century*
Trapnell	William H. Trapnell, 'Survey and analysis of Voltaire's collective editions', *SVEC* 77 (1970)

PRÉSENTATION DE L'ÉDITION

1. *Le texte*

Sous des titres qui ont souvent varié, l'*Essai sur les mœurs* a été beaucoup édité du vivant de Voltaire, d'abord de manière fragmentaire, puis complète à partir de 1756. On ne tiendra naturellement pas compte des nombreuses contrefaçons ou éditions pirates parues sans la participation de l'auteur. La liste des textes qui font autorité et qui ont été retenus pour l'établissement des variantes n'en est pas moins longue.

Au point de départ, on trouve un état manuscrit qui couvre à peu près la première moitié de l'œuvre. Rédigé à une date indéterminée, il en existe plusieurs exemplaires. Le plus intéressant, car comportant des corrections autographes, donné par l'auteur à l'électeur palatin, est conservé à Munich, sous la cote Cod. Gall. 100-101. Il sera désigné par le sigle MSP. Un autre pratiquement identique se trouve à Gotha. Il a également été pris en compte (MSG).

Des fragments de ce premier état, comportant de nombreuses variantes ont paru, avec l'accord de Voltaire, dans le *Mercure de France*, d'abord en 1745-1746, puis en 1750 (sigles 45 et 50).

La première édition est parue à La Haye, fin 1753: *Abrégé de l'histoire universelle depuis Charlemagne jusqu'à Charles Quint par M. de Voltaire* (sigle 53). Elle est fort incomplète, car proclamant aller jusqu'à Charles-Quint elle s'arrête en fait à Charles VII, alors que l'intention explicite de Voltaire était de raccorder, sans solution de continuité chronologique, l'*EM* au *Siècle de Louis XIV*. Faite sans l'accord de l'auteur par le libraire Néaulme, à partir d'un manuscrit d'origine indéterminée, elle a provoqué l'indignation et la rage de son auteur qui a pris l'Europe entière à témoin de cet acte de brigandage.

Malgré ses dénégations, Voltaire a pris cette malencontreuse édition pour point de départ des corrections et augmentations ultérieures, et non pas le manuscrit palatin, dont il n'a pourtant cessé de dire qu'il était préférable. Pour commencer, il a envoyé à divers éditeurs/libraires des errata pour corriger quelques fautes de cette édition Néaulme que l'on s'empressait de reproduire. Peu de chose en fait, mais qui en dit long sur le souci de Voltaire de réagir immédiatement à cette première édition, de fait passablement fautive (sigles 54L, Lambert; 54C, Colmar; 54BD, Walther; 54N, Néaulme). Ces errata, simples corrections de la fautive première édition, n'ont pas été pris en compte dans l'établissement des variantes.

Puis il a, toutes affaires cessantes, préparé une suite sous la forme d'un tome 3, qui devait, selon ses dires, être sa justification face aux deux volumes de l'édition de La Haye. Cette édition, publiée conjointement par le libraire Schoepflin de Colmar et par Walther de Dresde, a pour sigle 54LDA. On y ajoutera 54LDA*, qui signale un exemplaire de 54LDA, envoyé par Voltaire à son ami Clavel de Branles avec quelques corrections autographes que l'on retrouvera pour la plupart dans w56.

Moins de deux ans après le scandale de l'édition Néaulme, il fait paraître chez Cramer une édition en quatre volumes qu'il présente comme une refonte complète de l'œuvre. On peut considérer que c'est la première édition qui correspond à peu près aux intentions de son auteur (sigle w56). Une seconde (w57G), parue peu après, se contente de corriger les fautes de la première.

Par la suite, l'*EM* ne connaîtra pas de changements majeurs. Il est d'ailleurs significatif que c'est toujours à l'occasion de la publication d'une nouvelle série d''Œuvres complètes' que l'ouvrage est repris. Néanmoins, à chaque fois, Voltaire le relit entièrement, le corrige et le complète. Ce sera le cas:

— dans une édition parue chez Cramer en 1761-1763 (sigle 61). Cette édition est incorporée dans une nouvelle série d'œuvres complètes datées de 1764 (sigle w64G);
— dans une autre collection parue en 1768 (sigle w68);

— dans l'édition dite 'encadrée', dont Voltaire ne fut d'ailleurs que médiocrement satisfait (sigle w75G). Il lui reproche, par exemple, d'avoir privilégié le futile (le fameux encadrement) au détriment de l'utile (les manchettes qui scandaient le texte dans les éditions antérieures). Signalons au passage que, par fidélité à la volonté formelle de Voltaire, notre édition reproduit ces manchettes, pourtant absentes de notre texte de base.

Peu avant sa mort, Voltaire est revenu une dernière fois à l'*EM*. Ce fut à l'occasion d'un nouveau projet d'édition d'œuvres complètes proposé par le libraire Panckoucke. Voltaire, dans le tumulte de ses préparatifs d'un voyage à Paris dont il ne devait pas revenir, n'eut le temps que de revoir rapidement quelques volumes de l'édition encadrée, principalement les tomes qui contiennent l'*EM*. Ces exemplaires ont partagé le sort du reste de la bibliothèque de Voltaire et sont donc conservés à la bibliothèque Saltikov-Chtchédrine de Saint-Pétersbourg. Il est d'usage de l'appeler l''encadrée corrigée' (w75G*). Dernier état revu par l'auteur, il s'imposait pour servir de texte de base pour l'établissement de notre édition. Par précaution, on a retenu aussi l'édition de Kehl, parue à l'initiative de Beaumarchais à partir de 1784. Elle propose parfois un texte légèrement différent, mais dont l'authenticité ne peut être garantie. Ces divergences figurent donc dans les variantes (sigle K).

2. *Les variantes*

Par le relevé exhaustif des variantes du texte, on a essayé de rendre visible la méthode de travail de Voltaire historien qui, en règle générale, corrige peu et ajoute beaucoup. L'intérêt principal des variantes est donc de pouvoir observer les strates successives déposées au fil des éditions.

Le mouvement est continu, Voltaire travaillant sur un exemplaire de la dernière édition parue quand il en prépare une nouvelle. La filiation est donc: 53 → w56 → w57G → 61 → w68 → w75G →

w75G*. Les lettres suivies de chiffres sont réservées aux recueils, ici w pour les éditions complètes, le numéro suivant indique l'année de parution, et la lettre finale (quand il y en a une) indique le lieu de publication quand il s'agit de deux éditions datant de la même année. L'astérisque indique un exemplaire particulier, qui d'ordinaire contient des corrections manuscrites. w75G* – le sigle de notre texte de base – renvoie à un exemplaire avec corrections manuscrites d'une édition des œuvres complètes de Voltaire publiée en 1775 à Genève.

Pour être complet on a ajouté les éditions dérivées, alors même qu'elles n'apportent rien de nouveau, ou rien d'autre que le report des fautes signalées par l'errata (cas de w57G par rapport à w56) ou qu'elles ne fournissent que de rares corrections originales (cas des éditions qui reprennent 53, jusqu'à 54N). Dans le cas où la variante n'existe qu'à ce stade, on aura la présentation suivante: 53-54N ou w56-w57G. Et logiquement, dans les autres cas, ne sera marqué que le point de départ et celui d'arrivée: par exemple, 53-61 inclut toutes les éditions qui se trouvent entre 53 et 61.

Deux états du texte en revanche sont déviants: les publications partielles dans le *Mercure* (1745-1746, sigles 45 et 46; 1750-1751, sigle 50); surtout le manuscrit palatin Cod. Gal. 100 corrigé de la main de Voltaire (MSP) qui couvre plus de la moitié des chapitres du texte définitif. Or pour un même chapitre, il n'est pas possible de déterminer avec certitude lequel, de 45-46, 50, MSP ou 53, représente la première version, même s'il y a de fortes présomptions pour que l'ordre soit: 45-46, 53, MSP.

Dans le doute, la présentation suivante a été adoptée (pour les chapitres du présent volume): MSP et 46 ou 50 sont isolés par une virgule, alors que 53 est relié par un trait d'union avec les états suivants pour marquer que, par exemple, la filiation 53-w56 est directe, alors que celle qui joint MSP à 46, 50 ou 53 est indéterminée. Par convention, MSP figure toujours en tête de la liste des états successifs du texte. On aura donc, par exemple, la présentation: MSP, 46, 53-61.

Par convention encore, quand il est présent, c'est-à-dire pour la quasi-totalité des 140 premiers chapitres, MSP est pris comme texte de départ, ce qui est signalé par la mention: '*Première rédaction de ce chapitre*: MSP', porté en début de chapitre pour chaque relevé de variantes. Choix justifié par le fait que MSP propose le texte le plus cohérent et le plus complet des versions primitives. Pour les chapitres qui les concernent, 46 et 50, qui sont proches de MSP et ont à peu près le même statut, sont également signalés comme *Première rédaction*.

Le lecteur dispose donc du point de départ (marqué *Première rédaction*, en général MSP) et du point d'arrivée (le texte de base, w75G*). S'il n'y a point de variante, le texte d'origine est d'emblée le texte définitif.

Dans le cas d'un établissement progressif du texte, il peut s'agir soit d'une vraie variante, soit d'un ajout (cas le plus fréquent). La variante sera répertoriée comme telle, de sa première apparition à la dernière édition où elle figure.

L'ajout sera marqué en variante par une absence dans les éditions précédentes, également de la première fois où elle est constatée jusqu'à la dernière.

Exemple: ch.42, ligne 91

Texte définitif: 'Le pape Alexandre II entra...'

Variante: 91   MSP, 46, 53-61: pape même entra

Commentaire: 'Alexandre II même' est un ajout de w68, état qui vient tout de suite après 61.

Les signes typographiques conventionnels suivants sont employés:
— les mots supprimés sont placés entre crochets obliques (< >);
— la lettre grecque bêta (β) désigne le texte de base;
— le signe de paragraphe (¶) marque l'alinéa;
— deux traits obliques (//) indiquent la fin d'un chapitre ou d'une partie du texte;
— les mots ajoutés à la main par Voltaire ou Wagnière sont précédés, dans l'interligne supérieur, de la lettre ^{V} ou ^{W};

– la flèche verticale dirigée vers le haut (↑) ou vers le bas (↓) indique que l'addition est inscrite au-dessus ou au-dessous de la ligne;

– le signe + marque la fin de l'addition, s'il y a lieu.

MSP propose des manchettes; 53 et w56 n'en comportent pas. D'autres figurent dans 61, puis dans w68, mais pas dans l'édition w75G, l'encadrement ornemental systématique du texte ne laissant pas de place disponible, au grand mécontentement de Voltaire. Elles sont restituées dans notre édition et les manchettes de MSP, quand elles sont originales, sont reproduites en variantes.

Les deux manuscrits, de Munich (manuscrit palatin, dit MSP) et de Gotha (MSG), sont parfaitement identiques dans leur recopie d'un troisième manuscrit, aujourd'hui disparu, à trois exceptions près: 1) Quelques erreurs dues aux copistes; facilement identifiables et sans intérêt, elles ont été négligées. 2) Le ms de Munich comporte des corrections de la main de Voltaire, qui sont naturellement signalées comme telles dans le relevé des variantes. 3) Enfin, en de très rares endroits (mais qui suffisent pour prouver que les deux manuscrits ne sont pas la copie l'un de l'autre, mais d'un troisième absent), le ms de Gotha ajoute au texte de Munich. Dans ce cas, la variante est signalée, précédée de la mention MSG. A ces exceptions près, la très fréquente mention MSP vaut pour les deux manuscrits.

3. *L'annotation*

Chaque chapitre (ou dans certains cas, quelques chapitres regroupés) contient une note liminaire qui décrit l'histoire de la composition du chapitre jusqu'à sa forme finale, les sources principales utilisées par Voltaire et les débats historiographiques contemporains dans lesquels il s'est impliqué (ou a choisi de ne pas l'être). Afin de ne pas laisser le lecteur sur une impression trompeuse, nous avons attiré l'attention sur des erreurs significatives concernant les faits rapportés dans le texte de Voltaire en les comparant aux sources qu'il a utilisées, mais l'annotation ne 'corrige' pas ou ne met pas 'à jour' Voltaire à l'aide de connaissances auxquelles il n'avait pas accès. Nous fournissons un minimum d'informations concernant le contexte lorsque cela est nécessaire pour aider à l'identification des personnes ou des événements auxquels Voltaire fait référence.

La liste complète des sources mentionnées dans ce volume constitue les 'Ouvrages cités'. Dans l'annotation, les livres qui se trouvent toujours dans la bibliothèque de Voltaire (aujourd'hui dans la Bibliothèque nationale de Russie, Saint-Pétersbourg) sont indiqués par les lettres 'BV', et sa propre annotation de ces livres telle que publiée dans le *Corpus des notes marginales de Voltaire* par les lettres '*CN*'. L'information complète sur chaque source apparaît dans la note liminaire ou lors de la première mention de l'ouvrage dans chaque chapitre. Etant donné que certaines sources majeures apparaissent plus ou moins simultanément dans différentes éditions, dans différents formats et dans différents tomes, les références internes par livre, chapitre et année sont fournies au lieu du volume et de la page là où les divisions des livres le permettent.

Une introduction générale à l'*EM* paraîtra dans le volume I de cette édition. Cette introduction n'a pu être composée avant que tous les volumes du texte soient préparés.

MANUSCRITS ET ÉDITIONS

1. *Manuscrits*

L'Etat manuscrit de l'*EM* représente une première version, proche de l'état définitif de 1753, mais qui sera abandonnée par Voltaire au profit de l'édition Néaulme (sigle 53). Le sigle MSP dans les variantes comprend également MSG. Seules les différences entre les deux manuscrits sont indiquées par le sigle MSG (voir les variantes suivantes: ch.38, lignes 7, 31, 125; ch.42, ligne 70; ch.45, lignes 256-57, 279, 284-98; ch.46, lignes 57-58, 120, 124-25, 278; ch.48, lignes 6, 83-86; ch.49, lignes 1-40; ch.50, lignes 97-98, 127-28, 128, 223-56, 374; ch.52, ligne 280; ch.54, lignes 203, 275-76, 286-87; ch.55, lignes 140, 149; ch.56, lignes 47-48, 52; ch.57, ligne 139; ch.58, lignes 109-11, 191, 209; ch.59, lignes 17, 39, 63-64; ch.60, lignes 16, 25, 124-26, 160, 226; variante de MSP, ch.40, ligne c; ch.64, lignes 11, 143, 171, 252).

MSP

Bibliothèque d'Etat de Bavière, Munich, Cod. Gall. 100-101, ayant appartenu à l'électeur palatin: 'Essay sur les révolutions du monde et sur l'histoire de l'esprit humain depuis Charlemagne jusqu'à nos jours', 2 vol. avec des corrections autographes de Voltaire.

Sous la cote Cod. Gall. 102-103, la même bibliothèque possède un autre manuscrit qui donne le même texte mais sans les corrections.

MSG

Forschungsbibliothek, Gotha, Chart. B 1204 (cote ancienne F.104).

Presque semblable à ceux de Munich.[1] Sans les corrections de V.[2]

Dans les variantes la seule mention MSP vaut pour les deux manuscrits; voir ci-dessus, p.xxiv.

---

[1] Voir A. Brown et U. Kölving, 'Un manuscrit retrouvé de l'*Essai sur les mœurs*', *Cahiers Voltaire* 6 (2007), p.27-34.

[2] Mais voir Brown et Kölving, p.29n.

MSX

A encore existée une autre copie du manuscrit, aujourd'hui perdue, envoyée de Paris, 'conforme [au manuscrit] que V.A.S a entre les mains', écrit Voltaire à la duchesse de Saxe-Gotha (D5689). Il fera authentifier cette copie par un acte notarié (D.app.133) dont les attendus prouve qu'elle appartient bien à la même famille de manuscrits.

Une première version, proche de l'état définitif, mais qui sera abandonnée par Voltaire au profit de l'édition Néaulme.

2. Editions [3]

46

Mercure de France:

– Mai 1746: Ch.24. Conquête de l'Angleterre par Guillaume, duc de Normandie (p.29-36); Ch.25. De l'état où était l'Europe aux Xe et XIe siècles (p.36-42).
– Juin 1746: Ch.26. De l'Espagne et des Mahométans de ce royaume jusqu'au commencement du XIIe siècle (t.1, p.3-13).

Edition de fragments discontinus. Etat proche de MSP et de 53, mais avec des variantes qui ne seront pas reprises.

50

Mercure de France. [4]

– Septembre 1750: Histoire des croisades par M. de Voltaire / Etat de l'Europe (p.9); Etat de l'empire des Turcomans (p.10-12); Etat de Constantinople (p.12-13); Vrai portrait de la Palestine (p.14-16); Origine des croisades (p.16-31).
– Octobre 1750: Suite de l'Histoire des croisades par M. de Voltaire (p.30-50).

---

[3] Sauf pour l'*Histoire des croisades*, seules sont comprises dans cette liste les éditions dont sont tirées les variantes pour ce volume. Une bibliographie définitive des éditions de l'*EM* fera partie de l'Introduction générale.

[4] Ces quatre parties correspondent aux ch.53-56 et 58 de notre texte de base.

— Décembre 1750: Suite de l'Histoire des croisades par M. de Voltaire (p.91-110).

— Février 1751: Fin de l'Histoire des croisades par M. de Voltaire (p.47-49).

51HCA

L'Abeille du Parnasse, t.3 (1751), n° 1-4, 13.

Edition très semblable à celui du *Mercure de France*. Edition collationnée. Dans les variantes, le sigle 50 comprend également 51HCA. Seules les différences entre les deux éditions sont indiquées par le sigle 51HCA (voir les variantes suivantes: ch.53, lignes 47-66, 161; ch.54, lignes 1-2, 135, 144-45, 201; ch.55, lignes 58, 174; ch.56, lignes 33, 176-77; ch.58, lignes 15, 191, 264).

51HCB

Histoires des croisades par Mr. Arouet de Voltaire avec La Critique (Berlin, 1751).[5]

Nous ne pouvons que supposer que cette édition, très semblable à 52HCA, a été imprimée sans l'autorisation de Voltaire.

52HCA

Le Micromégas de Mr. de Voltaire avec une histoire des croisades & un nouveau plan de l'histoire de l'esprit humain par le même (Londres, 1752).

Edition qui parut à Gotha au début d'avril 1752, chez Dieterich et Mevius.

Bengesco 1162 note, 1429 note; BnC 2908.

Cette édition comprend le ch.57 du texte de base, ainsi que plusieurs variantes qui ne se trouvent ni dans 50 et 51HCA ni dans 53. Edition collationnée. Seules les différences entre les deux manuscrits sont indiquées par le sigle 52HCA (voir les variantes suivantes: ch.53, ligne 3; ch.54, lignes 1-2, 157-58; ch.55, ligne 58; ch.56, 176-77; ch.57, ligne 68, 84-87, 93, 108-10, 132-33; ch.58, lignes 88-99, 264).

---

[5] Sur les deux lettres qui composent *La Critique*, voir ci-dessus, *L'Histoire des croisades' de Voltaire*, p.lxii.

52HCB

Le Micromégas de Mr. de Voltaire, avec une histoire des croisades et un nouveau plan de l'histoire de l'esprit humain. Par le même (Londres, J. Robinson, 1752).

Edition imprimée en Angleterre qui suit de près le modèle de 52HCA.

53HC

Histoire des croisades par M. de Voltaire (s.l., 1753).

Edition d'origine parisienne.

53

Abrégé de l'histoire universelle depuis Charlemagne, jusques à Charlequint par Mr. de Voltaire. 2 vol. (La Haye, Jean Néaulme, 1753).

Première édition de l'*Abrégé*, parue sans l'accord de Voltaire. Elle est à l'origine de nombreuses éditions. Malgré ses protestations, Voltaire la prendra comme base pour l'édition de 56. Chapitres non numérotés.

54B

Abrégé de l'histoire universelle, depuis Charlemagne, jusques à Charlequint par Mr. de Voltaire. 2 vol. (Basle, Aux depens de la Compagnie, 1754). xiv.214 p.; iv.239 p.

54BD

Essai sur l'histoire universelle depuis Charlemagne; attribué à Mr de Voltaire, Gentilhomme de la Chambre du Roi de France; des académies de Paris, de Londres, / de Petersbourg, de Boulogne [sic], *de Rome, de la Crusca, etc. Cinquième édition purgée de toutes les fautes qu'on trouve dans les autres et considérablement augmentée d'après un / manuscrit plus ample et plus correct.* 2 vol. (Basle; Dresde, Walther 1754).

Edition faite par Walther sur 53, avec l'accord de Voltaire qui a fourni des corrections.

54C

Histoire universelle depuis Charlemagne jusqu'à Charles-Quint. Par M. de Voltaire, gentilhomme ordinaire de la chambre du Roi de France; des Académies de Paris, de Londres, de Petersbourg, de Boulogne, de Rome, de la Crusca, etc. Nouvelle édition, corrigée & beaucoup augmentée. 2 vol. (Colmar, chez Fontaine, 1754).

Trois cartons aux p.73-78 pour la correction des espèces monétaires sous Charlemagne.

Edition faite par Vernet sur 53, avec l'accord de Voltaire qui a fourni des corrections.

54L

Abrégé de l'histoire universelle, depuis Charlemagne, jusques à Charlequint. Par Mr. de Voltaire. Nouvelle édition, dans laquelle on a fait usage des corrections importantes & augmentations envoyées par l'auteur. 2 parties (Londres, chez Jean Nourse, 1754).

Edition faite à Paris par Michel Lambert sur 53. Elle incorpore des corrections envoyées par Voltaire.

54N

Abrégé de l'histoire universelle depuis Charlemagne, jusques à Charlequint. Par Mr de Voltaire. Nouvelle édition corrigée & augmentée [suivi de:] *Supplément à l'Abrégé de l'histoire universelle de Mr de Voltaire contenant des augmentations et des corrections considérables.* 3 vol. (La Haye et Berlin, chez Jean Néaulme, libraire, 1754).

w56

Collection complète des œuvres de M. de Voltaire. [Genève, Cramer] 1756. 17 vol. 8°.

Tome 11-14: *Essay sur l'histoire générale, et sur les mœurs et l'esprit des nations, depuis Charlemagne jusqu'à nos jours.*

La première des éditions des frères Cramer. Préparée avec la collaboration de Voltaire.

L'*EM* proprement dit forme 164 chapitres. Il se continue, du ch.165 au ch.215, par le *Siècle de Louis XIV*, qui occupe les t.15-17 de cette édition.

Première édition à peu près complète de l'*EM*.

w57G

Collection complète des œuvres de M. de Voltaire. [Genève, Cramer] 1757. 10 vol. 8°.

Edition révisée de w56, préparée avec la collaboration de Voltaire.

L'*EM* occupe également les t.11-14.

Mêmes références que w56 à la différence près que le faux-titre porte: SECONDE ÉDITION.

w64G (désignée dans les variantes par le sigle 61)

Collection complette des œuvres de Mr. de Voltaire. [Geneva, Cramer] 1764. 10 vol. 8°.

Tome 11-18: *Essay sur l'histoire générale, et sur les mœurs et l'esprit des nations, depuis Charlemagne jusques à nos jours. Nouvelle édition, revuë, corrigée & considérablement augmentée.*

Edition corrigée et augmentée de w57G, préparée avec la collaboration de Voltaire. L'*EM*, suivi du *Siècle de Louis XIV*, forme un ensemble de 8 vol. in-8°. Les sept premiers tomes sont de 1761, le huitième de 1763. A la fin du t.8 se trouvent les *Eclaircissements historiques*, les *Additions aux Observations* et une *Table des matières*.

w68

Collection complette des œuvres de M. de Voltaire. [Genève, Cramer; Paris, Panckoucke] 1768-1777. 30 ou 45 vol. 4°.

Tome 8-10: *Essai sur les mœurs et l'esprit des nations, et sur les principaux faits de l'histoire, depuis Charlemagne jusqu'à Louis XIII.*

Les t.1-24 furent publiés par Cramer, sous la surveillance de Voltaire. Les t.25-30 furent sans doute publiés en France pour Panckoucke. Les t.31-45 furent ajoutés en 1796 par Jean-François Bastien.

W75G

La Henriade, divers autres poèmes et toutes les pièces relatives à l'épopée. [Genève, Cramer et Bardin] 1775. 37 vol. (40 vol. avec les *Pièces détachées*). 8°.

Tome 14-17: *Essai sur les mœurs, et l'esprit des nations; et sur les principaux faits de l'histoire, depuis Charlemagne, jusqu'à Louis XIII.*

L'édition dite *encadrée*, préparée avec la collaboration de Voltaire.

W75G*

Exemplaire de W75G corrigé par Voltaire et qui sert de texte de base à la présente édition.[6] Nous avons corrigé le texte au ch.65, ligne 67 ('emporte' en 'emportent'), lignes 98-99 ('trois cent' en 'trois cents'); au ch.46, ligne 231, manchette ('Grégoire II donne l'Empire' en 'Grégoire VII donne l'Empire'), au ch.43 (ligne 96, 'appartenante' en 'appartenant'), au ch.53, ligne 100 ('on pourrait la' en 'on pourrait le'), et au ch.53, lignes 111-12 ('de distance de distance' en 'de distance en distance').

K

Œuvres complètes de Voltaire. [Kehl,] Société littéraire-typographique, 1784-1789. 70 vol. (seul le t.70 porte la date de 1789). 8°.

Tome 16-19: *Essai sur les mœurs, et l'esprit des nations; et sur les principaux faits de l'histoire, depuis Charlemagne, jusquà Louis XIII.*

Bien que de nombreuses modifications dans l'édition de Kehl semblent être des corrections éditoriales autorisées, les éditeurs de Kehl ont parfois modifié le texte de Voltaire sur la base de sources dont nous ne disposons plus.

---

[6] Sur les interventions de Voltaire, voir S. S. B. Taylor, 'The definitive text of Voltaire's works: the Leningrad encadrée', *SVEC* 124 (1975), p.7-132; pour l'*EM*, p.64-90.

SIGLES UTILISÉS POUR LA PRÉSENTATION DES VARIANTES

MSP Munich Cod. Gal. 100-101
Version manuscrite jusqu'à Charles-Quint

MSG Manuscrit de Gotha, identique au précédent

46 *Mercure de France*, 1746
Extraits

50 *Mercure de France*, 1750
Histoire des croisades

51HCA *Abeille du Parnasse*
Histoire des croisades

52HCA Londres, 1752
Histoire des croisades
Bengesco 1162 note, 1429 note

53 Néaulme, La Haye, 1753
Abrégé I-II
Bengesco 199, 988

54L Londres [Lambert, Paris], 1754
Abrégé I-II (corrections)
G.11887

54C Colmar [Philibert, Genève], 1754
Abrégé I-II (corrections)
G.11885-11886

54BD Walther, Bâle et Dresde, 1754
Abrégé I-II (corrections)
Beuchot 286

54LDA Walther, Leipzig et Dresde (Schoepflin, Colmar), 1754
Abrégé III
G.11884

54N   Néaulme, La Haye et Berlin, 1754
          Abrégé III
          G.11895

w56   Cramer, Genève, 1756
          Essai sur l'histoire générale, 4 vol.
          Z24586-24592

w57G   Cramer, Genève, 1757
          Essai sur l'histoire générale, 4 vol.

61[1]   [Cramer, Genève]
          Essai sur l'histoire générale, 5 vol.
          G.32435-32438 (hors d'usage) Beuchot 21 (12-19)

w68   [Cramer], Genève
          Essai sur les mœurs, 3 vol.
          Z4942-4944

w75G   s.l. [Cramer et Bardin, Genève], 1775
          Essai sur les mœurs, 4 vol.
          Z.24852-24855

w75G*   w75G, exemplaire de Saint-Pétersbourg

K   Kehl, 1784, in-8°
          Essai sur les mœurs, 4 vol.
          Z.24935-24938

---

[1] Voir ci-dessus, la description de l'édition w64G.

ÉTUDES PRÉLIMINAIRES

Le présent volume de l'*Essai sur les mœurs* traite de la période qui s'étend de la fin du dixième siècle au début du quatorzième siècle. Voltaire s'y intéresse longuement aux luttes pour le pouvoir qui opposent le Saint Empire romain germanique et le pape, sujet qu'il reprendra dans les *Annales de l'Empire* et dans les nombreux textes polémiques qu'il consacrera à l'Eglise romaine et aux ambitions de la papauté. Ce volume traite également de la conquête de l'Angleterre et de l'Italie méridionale par les Normands.

Les thèmes du pouvoir et de la conquête se mêlent, vers le milieu du volume, dans l'*Histoire des croisades*. Il s'agit d'un texte très particulier au sein de l'*Essai*, dans la mesure où il fut d'abord conçu par Voltaire comme une entité à part entière. En effet, lors de sa première publication, dans le *Mercure*, l'*Histoire des croisades* ne fut pas présentée comme faisant partie de l'*Essai sur l'histoire universelle*: le texte y apparut sous son propre titre, qu'il conserva lors de sa publication en édition séparée à Berlin en 1751 et 1752. Nous avons donc jugé opportun de faire figurer ici deux études consacrées à cet écrit important. Dans un premier temps Michel Balard jette un regard d'historien contemporain sur ces chapitres, puis Henri Duranton nous livre un compte-rendu détaillé de l'histoire de leur publication dans les années 1750.

VOLTAIRE ET LE PROCHE-ORIENT
DES CROISADES

Michel Balard

Dans cette deuxième partie de son *Essai sur les mœurs et l'esprit des nations*, paru en 1756, et où Voltaire veut retracer l'histoire de l'Europe depuis le temps d'Hugues Capet (987) jusqu'à l'exécution de la reine Jeanne de Naples (1382), les éditeurs se sont de nouveau donné pour tâche de situer Voltaire à la fois par rapport à ses nombreux devanciers et aux historiens de son temps, mais aussi et surtout par rapport à sa propre carrière de philosophe et d'historien. Cette approche permet en effet au lecteur de mieux saisir le fonctionnement même de sa philosophie de l'histoire. Force est de reconnaître que Voltaire historien, observateur engagé du vaste panorama du passé humain, ne manque pas d'ambition. Bien évidemment tous les thèmes ne sont pas également traités: l'essor économique de l'Occident est pratiquement passé sous silence. En revanche tout ce qui est imputable à ce que l'auteur appelle la 'superstition', entendons par là le christianisme romain, fait l'objet de longs développements. Voltaire s'intéresse à l'hérésie en confondant les hérétiques d'Orléans au onzième siècle avec les manichéens, les Albigeois et les Vaudois. Les démêlés de la papauté avec les princes temporels sont abondamment traités: les excommunications des rois de France (Robert le Pieux, Philippe Iᵉʳ, Louis VIII, Philippe IV le Bel), la lutte du Sacerdoce et de l'empire font l'objet de longs développements, où naturellement l'auteur ne cache pas son parti-pris en faveur d'Henri IV, de Frédéric II ou de Philippe IV le Bel, souverains qui osent se dresser contre la morgue de Grégoire VII, d'Innocent IV et de Boniface VIII. La 'superstition' engendre une ignorance générale qui fait oublier à Voltaire la brillante 'renaissance' du douzième siècle et l'essor des universités au siècle suivant. L'histoire événementielle, tant politique que religieuse, est au cœur des préoccupations voltairiennes.

Tout en suivant, dans l'ensemble, un ordre chronologique, l'auteur insère au centre de son œuvre une large fresque sur l'histoire des croisades, à laquelle il consacre six gros chapitres (53 à 58), qu'il publia à part au moins trois fois dans les années 1740-1750 tant il les trouvait importants, et qui avaient été sélectionnés par Jérôme Vérain pour constituer un petit livre sur l'*Histoire des croisades* par Voltaire, paru en 2006 chez Fayard, dans la collection 'Mille et une nuits'. C'est l'importance indéniable que notre historien attachait à sa vue d'ensemble sur cette page de l'histoire, et aux enseignements qu'il se croyait en droit d'en déduire, qui autorise, nous semble-t-il, le préfacier moderne à privilégier cette partie du volume et à y consacrer – en spectateur du vingt-et-unième siècle – un commentaire étendu. S'il s'avère que nos conclusions sont mitigées, parfois brutales même, n'oublions pas que Voltaire lui-même, lecteur de ses devanciers, s'est toujours permis à leur égard un certain franc-parler.

On ne saurait comprendre les développements voltairiens sur les croisades sans lire ce que l'auteur écrit par ailleurs sur Mahomet, le Coran et la religion musulmane, sans prendre en compte également ses réflexions sur le christianisme médiéval, la papauté et l'Inquisition, qui représentent pour lui ce que l'Eglise a produit de plus critiquable, pour ne pas dire de plus méprisable. Le rejet fondamental de l'histoire sacrée conduit l'auteur à méconnaître le rôle du spirituel dans des événements mêlant le religieux et le profane. Les croisades sont justement ce type d'événements; n'en citer que les aspects les plus funestes et les plus scandaleux, c'est introduire un biais que réprouvent les historiens d'aujourd'hui.

De quelles sources et de quelles œuvres historiques pouvait disposer Voltaire pour écrire sur les deux siècles d'une expansion européenne, limitée pour lui aux expéditions des croisés? Les éditeurs actuels de l'*Essai* rappellent que l'auteur s'est largement inspiré de la traduction du Coran par G. Sale (1734) et de la vie de

Mahomet par J. Gagnier (1732) pour décrire dans quelles conditions est né l'islam (les chapitres 6 et 7), et des chroniques des croisades, connues à son époque. Au fil de la lecture, on rencontre ainsi des extraits de l'*Alexiade*, récit du règne d'Alexis Ier Comnène par sa fille, Anne, des chroniques de la première croisade d'où sont retenus les événements les plus scandaleux pour l'homme des Lumières, des écrits de saint Bernard, que Voltaire n'apprécie guère, des récits de la quatrième croisade ainsi que de la vie de saint Louis par Joinville. Bref, tout un ensemble de textes permettant d'avoir une vision générale du mouvement des croisades et de la situation du Proche-Orient aux douzième et treizième siècles, à condition de lire ces extraits avec le minimum de compréhension rétrospective que l'on attend aujourd'hui de l'historien, ce qui n'est pas toujours le cas de Voltaire, plus attentif à détruire les 'fables' qui défigurent l'histoire et à instaurer une critique fondée sur la raison qu'à replacer dans le contexte du temps des attitudes et des violences jugées aujourd'hui condamnables.

Comment Voltaire se représente-t-il l'islam? Il résume d'abord la vie de Mahomet, en mettant l'accent sur le caractère fondamental de la nouvelle religion: la proclamation de l'unité divine, ce qui sous-entend une critique de la Trinité chrétienne. Il excuse les 'inclinations voluptueuses' que l'on prête ordinairement au Prophète, en raison des nécessités de la nature humaine et des caractères propres à l'Orient, comme, dit-il, l'ont montré avant Mahomet les exemples de David et de Salomon. Pourtant, malgré les contradictions et absurdités du Coran, que l'auteur cite sans les expliciter, l'unité d'un Etre suprême, la prédestination absolue et les pratiques religieuses de l'islam n'ont pas pour lui une grande originalité, puisque 'toutes les religions ont emprunté tous leurs dogmes et tous leurs rites les unes des autres'. Ce relativisme foncier n'empêche pas Voltaire de mettre en valeur le génie spécifique du peuple arabe, comparable, dit-il, à celui des Anciens, et qui l'emporte largement sur les Juifs, par le courage, la grandeur d'âme et la magnanimité. Il souligne tout ce que l'on doit aux

Arabes dans le domaine scientifique, l'astronomie, la chimie, la médecine, l'algèbre, mais également l'épanouissement des arts, tel qu'on le rencontre en al-Andalus et, les opposant au christianisme barbare et intolérant, il exalte la tolérance et l'indulgence dont fait preuve l'islam. En Espagne, ajoute-t-il, les Maures passaient pour une nation supérieure.

Pourquoi, dès lors, les expéditions des croisés ont-elles pu s'imposer dans le monde musulman des onzième et douzième siècles? Décrivant avec précision la situation de la Palestine et du Proche-Orient, Voltaire note très justement que l'arrivée des Turcs a bouleversé bien des choses et a provoqué des ruptures et des divisions qui ont facilité les succès des Latins. De fait, la Palestine se trouvait aux mains de petits émirs, coupés du pouvoir califal de Bagdad et des sultans qui en assumaient la charge, et donc incapables par leurs propres forces de s'opposer à l'arrivée des envahisseurs occidentaux: 'Tout était divisé, et c'est ce qui pouvait rendre les croisades heureuses', écrit Voltaire. Turcs seldjûkides et Fatimides d'Egypte se disputaient Jérusalem au moment où les croisés font irruption dans l'histoire du Proche-Orient. L'auteur note également les vexations et rétributions imposées aux Occidentaux par les émirs et les imams 'qui vivaient de la curiosité des pèlerins'.

Ce mot même de 'curiosité' est révélateur de l'incompréhension des ressorts spirituels du mouvement. Comme l'a amplement démontré Alphonse Dupront dans son *Mythe de croisade*, la pulsion spirituelle inhérente à la mentalité occidentale aux onzième et douzième siècles est un élément fondamental de la croisade. Les participants, assurés du pardon de leurs péchés et de la palme du martyre, s'ils meurent en route, recherchent le salut et sont convaincus qu'il n'est nul lieu plus approprié que Jérusalem pour attendre la fin des temps, qui ne saurait tarder. On chercherait en vain dans l'*Essai* la moindre référence à la recherche du salut et à la foi des croisés. Le pèlerinage, s'il est cité, est vu comme un voyage satisfaisant la curiosité de celui qui l'entreprend, et jamais comme une démarche authentiquement spirituelle. Pour Voltaire, la croisade est une guerre de la chrétienté contre le 'mahométisme', délibérément voulue depuis longtemps par la papauté qui pousse les seigneurs à assouvir la plus grande de leurs passions, le pillage, tout en espérant grâce à eux réduire l'empire d'Orient au pouvoir de Rome.

Voltaire relève avec raison les aspects les plus funestes de la croisade, tout en leur donnant une ampleur que les historiens d'aujourd'hui tendent à réduire. Son récit de la première croisade évoque nombre des méfaits commis par les croisés. Lors de la traversée des régions rhénanes, 'une horde d'aventuriers croyant qu'elle allait défendre Jésus-Christ, s'imagina qu'il fallait exterminer tous les Juifs que l'on rencontrerait... Les chrétiens firent main basse sur tous ces malheureux... Il n'y eut jamais depuis Adrien un si grand massacre de cette nation.' Sans nier les atrocités commises contre des communautés juives des villes rhénanes, les historiens israéliens d'aujourd'hui en minimisent l'ampleur et rappellent que plusieurs évêques et notables de ces villes ont cherché à protéger les Juifs. De même, il est inexact de parler d'un massacre général des Juifs, lors de la prise de Jérusalem par les croisés en juillet 1099 ('tout ce qui n'était pas chrétien fut massacré', écrit Voltaire), puisque l'on a la preuve qu'un certain nombre fut racheté par des coreligionnaires d'Egypte, par exemple. L'égorgement de tous les habitants de la ville de Malavilla (Hongrie) pourrait être examiné avec le même esprit critique.

Voulant à tout prix détruire les 'fables' qui défigurent l'histoire, Voltaire n'en reste pas moins aveugle devant les chiffres donnés par les chroniqueurs. Certes, si l'on écoute Anne Comnène, les premiers croisés, ceux que conduit Pierre l'Ermite, 'sont plus nombreux que les grains de sable de la mer et que les étoiles du ciel'. Doit-on pour autant se fier aux chroniqueurs occidentaux, comme le fait Voltaire? 200 000 personnes auraient accompagné Pierre l'Ermite, 70 000 avec Godefroy de Bouillon, 100 000 avec Raymond de Toulouse, tandis que 100 000 cavaliers et 600 000 hommes de pied auraient participé au siège de Nicée. Plus étonnant encore: dans sa conclusion sur les croisades, l'auteur de l'*Essai* n'hésite pas à écrire que 'l'Orient fut le tombeau de plus de deux millions d'Européens', ce qui dépeupla et appauvrit de nombreux pays. Jean Flori, dans son *Pierre l'Ermite*, a fait justice d'une telle inflation de participants et de morts. Disposant les nombres donnés par les chroniqueurs, il constate qu'ils 'obéissent à une loi statistique qui, traduite en graphique, prend le nom de "courbe de Gauss", ou "courbe en cloche"', privilégiant les centaines, ce qui traduit la cohérence du langage numérique employé, mais ne prouve pas l'exactitude des nombres mentionnés. Même s'il est impossible, aujourd'hui comme hier, de traduire par un chiffre fiable l'importance numérique d'une très grande foule, l'examen des contingents fractionnés, lors de tel ou tel épisode de la croisade, démontre qu'il est plus raisonnable de compter en milliers, à la rigueur en dizaines de milliers, plutôt que de se fier à des estimations portant sur des centaines de milliers d'hommes. En adoptant ces derniers chiffres, quelque peu emphatiques, Voltaire veut avant tout souligner la démesure des expéditions et l'importance des pertes, dues cependant davantage à la famine et à la maladie qu'aux combats proprement dits.

La personnalité des chefs de la croisade retient l'attention de l'auteur. Pierre l'Ermite, dénommé ici Coucoupètre, aurait assumé un rôle considérable: 'il fut cause que l'Occident s'arma contre l'Orient et que des milliers d'Européens périrent en Asie'. Entraîneur d'hommes, certes, il n'est en rien l'initiateur de la croisade dont l'impulsion initiale vient essentiellement de la prédication du pape Urbain II, que l'Ermite a su habilement relayer. Après le désastre de Civitot où périt une grande partie de la 'croisade populaire', Pierre ne semble plus avoir joué un rôle moteur, d'autant que sa fuite lors du siège d'Antioche l'a déconsidéré aux yeux de beaucoup de croisés. Le légat pontifical, Adhémar de Monteil, est suspecté par Voltaire de vouloir assiéger Constantinople, alors que l'on s'accorde aujourd'hui à attribuer cette intention pour la première fois à l'un des chefs de la seconde croisade. Parmi les barons, Robert de Normandie est considéré comme 'un prince voluptueux et superstitieux', Bohémond de

Tarente comme le plus politique des chefs, ayant une ambition territoriale, faute de détenir une grande principauté en Italie. Leur attitude à Constantinople est décrite d'après le récit d'Anne Comnène: arrogance, appât du lucre, menaces mêmes contre la capitale byzantine, mais Voltaire ne mentionne pas le serment imposé par Alexis Iᵉʳ aux différents chefs qui s'obligent à restituer à l'empire les conquêtes qu'ils effectueraient dans des territoires ayant jadis appartenu à Byzance, et cela en contrepartie des vivres et des guides que l'empereur s'engageait à leur fournir.

Il faut citer aussi quelques autres omissions: le rôle des républiques maritimes italiennes, Gênes, Venise et Pise, est escamoté, à l'exception des approvisionnements que ces villes auraient apportés aux croisés en Asie mineure, alors que leur aide a été essentielle dans la conquête des villes littorales de Palestine. Les difficultés rencontrées par les croisés à Antioche sont passées sous silence. Après la conquête de Jérusalem, la création des ordres militaires et leur originalité par rapport au monde monastique traditionnel échappent à l'auteur de l'*Essai*, qui déclare que les moines ont pris les armes en raison de l'insécurité ambiante. Leur rôle de protection et d'assistance aux pèlerins n'est pas évoqué. Leurs rivalités incontestables ne vont pas jusqu'à les opposer par les armes les uns aux autres, comme le souligne Voltaire.

Les croisades des douzième et treizième siècles sont plus brièvement décrites que la première. On peut s'étonner que la participation de Louis VII vienne de 'son vœu de faire égorger des millions d'hommes, pour réparer la perte de 4 à 500 Champenois', disparus dans l'incendie de l'église de Vitry. Le roi de France vient en Orient plus comme un pèlerin pénitent que comme un homme de guerre. L'inclination d'Aliénor d'Aquitaine pour un jeune Turc d'une rare beauté, Saladin, introduit dans le récit un pittoresque affriolant que les sources ne justifient pas. Voltaire s'attarde longuement sur la personnalité de Saladin, qu'il considère comme un Persan d'origine et non comme un Kurde; il éprouve une réelle admiration pour lui; il relève sa générosité vis-à-vis des vaincus d'Hattin sauf à l'égard de Renaud de Châtillon et des membres des ordres militaires, sa magnanimité lors de la prise de Jérusalem en octobre 1187 et lors de la rédaction de son testament, et le respect qu'ont pour lui les chrétiens eux-mêmes. Il faut près de 300 000 hommes pour venir à bout de ses troupes devant Acre, qualifiée de 'retraite de bandits fameux par leurs crimes': il s'agit là d'une amplification du même ordre que celle relevée à propos de la première croisade et d'un jugement très partial porté sur la capitale du royaume franc au treizième siècle.

On s'attendrait à des critiques féroces vis-à-vis des troupes de la quatrième croisade, qualifiée ici de cinquième (ch.56). Voltaire passe rapidement, non sans souligner les gains obtenus par les Vénitiens (85 000 écus d'or, dit-il, alors qu'il s'agit de marcs d'argent) et le fait que les chrétiens ont 'dirigé la croisade contre le premier prince de la chrétienté'. Il attribue à tort au jeune Alexis (IV) une conversion au catholicisme et décrit les scènes abominables où s'illustrent les croisés jusque dans l'enceinte de Sainte-Sophie: 'les Français boivent, chantent, caressent des filles dans la cathédrale, tout en la pillant', comme l'évoque dans sa chronique Nicétas Choniatès. Le choix de l'empereur latin, Baudouin de Flandre, relèverait selon Voltaire du hasard d'un tirage au sort par calices interposés, alors que les considérations politiques ont été prépondérantes dans cette élection. Le rôle du pape Innocent III est laissé de côté.

L'emphase numérique est tout aussi importante à propos de la cinquième croisade qui aurait réuni 100 000 combattants, alors que l'on sait depuis les études de James Powell (*Anatomy of a crusade 1213-1221*) que c'est justement l'insuffisance du recrutement qui a provoqué le désastre de la croisade en Egypte. Voltaire met en valeur la naïveté de saint François et de ses compagnons, le premier pour avoir essayé de prêcher auprès du soudan, les seconds auprès du souverain du Maroc. Seul l'empereur Frédéric II trouve grâce auprès de l'auteur 'pour sa conduite, modèle de saine politique', puisqu'il obtient le retour de Jérusalem aux mains des chrétiens par la négociation, sans verser une goutte de sang. Il laisse Naples et la Sicile dans l'état le plus florissant: 'de sages lois établies, des villes

xliv

bâties, Naples embellie, les sciences et les arts en honneur', bref un 'despote éclairé', tel qu'en pouvaient rêver les philosophes des Lumières.

Que dire alors de saint Louis, auquel Voltaire consacre le dernier chapitre (58) sur les croisades? L'auteur en exalte les vertus, mais regrette que celles-ci n'aient pas permis au souverain d'écouter la raison. Il aurait utilisé 1800 vaisseaux pour sa première croisade, qui en fait n'en mobilisa que quelques dizaines, aurait provoqué le sacrifice de 100 000 personnes dans ses deux expéditions et appauvri la France par ses prélèvements et le paiement de sa rançon. Nous savons aujourd'hui que le coût de la sixième croisade s'est élevé à une annuité des revenus royaux, ce qui n'est pas excessif. Mais, pour Voltaire, 'ce n'est pas par des croisades que le monarque était destiné à se couvrir de gloire', mais plutôt par la sagesse de son gouvernement. La dernière expédition du roi vers Tunis est influencée par l'ambition de son frère Charles d'Anjou de conquérir la Berbérie; elle se termine par la disparition du souverain, mourant 'avec la piété d'un religieux et le courage d'un grand homme'. Voltaire exprime là un jugement modéré, tenant compte de la renommée acquise par saint Louis et de la vénération suscitée par la sainteté du souverain.

Dans les chapitres suivants, le récit déborde le cadre du Proche-Orient proprement dit pour s'intéresser d'abord à l'Asie profonde, puis à la croisade contre les Languedociens. Voltaire paraît fasciné par le destin grandiose de Gengis Khan, l'ampleur de ses conquêtes, mais aussi de ses destructions. Il traite par le mépris les récits de Plan Carpin et de Rubruck, qui apportent à l'Occident les premières connaissances sur les Mongols; il évoque le Prêtre Jean et les fables sur l'existence de son Etat, ainsi que l'ampleur démesurée des troupes mongoles conquérantes, 700 000 hommes, opposés aux 400 000 du sultan kwarezmien. Il cite Marco Polo, tout en faisant erreur sur l'identité des voyageurs vénitiens. Il va sans dire que la graphie voltairienne des noms arabes, turcs et mongols prête aujourd'hui à sourire.

Le chapitre 62 concerne la croisade contre les Albigeois.

Voltaire s'en donne ici à cœur joie pour souligner la brutalité des croisés du Nord, avides de richesses, et l'indignité du traitement infligé au comte de Toulouse. Peu d'épisodes échappent à son attention: l'assassinat du légat pontifical, les massacres de Béziers et de Lavaur, la bataille de Muret, à propos de laquelle l'auteur de l'*Essai* critique très justement la disproportion des forces en présence, telle que la signalent les chroniqueurs, la durée des croisades contre le Languedoc, se terminant par une paix 'cruelle' conclue avec le comte de Toulouse. 'La seule envie de s'emparer du bien d'autrui fit naître [ces croisades] et produisit en même temps l'Inquisition... dernier degré d'une barbarie brutale et absurde'. On ne saurait trouver à redire à ce jugement, sinon pour y ajouter l'intérêt du souverain capétien pour le Midi de la France, qui ouvre le domaine royal sur la Méditerranée.

Pour Voltaire, ce panorama des croisades n'est qu''un vaste tableau des démences humaines', où se rejoignent les idées absurdes des théologiens, les superstitions des peuples et le fanatisme 'qui plongent la terre dans l'abrutissement et la calamité'. Pour l'auteur de l'*Essai*, il est clair que pendant deux siècles, sous l'impulsion d'une papauté ambitionnant d'exercer une hégémonie universelle, l'Occident par les croisades n'a provoqué que ruines et désolation, intolérance et dévastations. Heureusement qu'à l'ère des Lumières des académies et des 'sociétés éclairées' ont pu mettre en évidence tant de siècles de barbarie, dont l'Eglise s'est rendue coupable! Alors qu'il s'érige en historien prétendant examiner les faits au crible de la raison et détruire les 'fables' dénaturant l'histoire, Voltaire n'en conserve pas moins des partis-pris extravagants: le refus de prendre en compte la vie spirituelle des hommes du Moyen Age ainsi que leur tension vers la recherche du salut, la méconnaissance du formidable essor économique que les expéditions outre-mer ont apporté aux républiques maritimes italiennes, l'ignorance des interactions culturelles entre chrétienté et islam, bien mises en évidence aujourd'hui. Tout cela limite inévitablement une étude des croisades et de leurs conséquences, pour n'en retenir que les aspects négatifs, certes incontestables.

L'apport de nouvelles sources depuis 1756 et le regard plus distancié et moins partial des historiens d'aujourd'hui introduisent dans ce champ d'étude des nuances importantes dont l'absence dans le récit voltairien des croisades n'étonnera pas le lecteur.

HISTOIRE
DES CROISADES.
Par M. de Voltaire.

ETAT DE L'EUROPE.

LOrſque ces guerres commencerent, voici quelle étoit la ſituation des affaires de l'Europe; l'Allemagne & l'Italie étoient déchirées; la France encore foible; l'Eſagne partagée entre les Chrétiens & les Muſulmans; ceux-ci entierement chaſſés de l'Italie; l'Angleterre commençant à diſputer ſa liberté contre ſes Rois; le Gouvernement féodal établi par tout; la Chevalerie à la mode; les Prêtres devenus Princes & guerriers; une politique, preſque toute differente de celle qui anime aujourd'hui l'Europe; il ſembloit que les pays de la Communion Romaine fuſſent une grande République, dont l'Empereur & le Pape vouloient être les Chefs; cette République, quoique diviſée, s'étoit accordée long-tems dans le projet de ces Croiſades qui ont produit de ſi grandes & de ſi infâmes actions, de nouveaux Royaumes, de nouveaux établiſſemens, de nouvelles miſeres, enfin beaucoup plus de malheurs que de gloire.

A v

1. *Mercure de France*, septembre 1750, p.9 (repr., Genève, 1970, t.59, juillet-décembre 1750).

L'*HISTOIRE DES CROISADES*
DE VOLTAIRE

Henri Duranton

A tous points de vue, les chapitres 53-59 de l'*Essai* forment un bloc indissociable. L'épopée des croisades s'est imposée à Voltaire comme un tout qu'il devait traiter en continu. Sur ce point il n'innove pas. Les autres historiens qu'il sera amené à utiliser faisaient le même constat, ce qui ne laissait pas d'ailleurs de déranger l'économie d'un historien comme Daniel faisant une histoire nationale, règne après règne, et qui est confronté à un événement qui transcende cette logique ('Ce sujet est d'une grande étendue. La difficulté que je trouverai en le traitant, soit dans l'histoire de ce règne, soit dans celle des règnes suivants, sera de le resserrer', *Histoire de France*, préface du règne de Philippe Ier). Ce qui embarrassait le P. Daniel aurait dû encore plus perturber l'auteur d'une histoire universelle, obligé de raccorder à cette grande aventure les histoires particulières d'à peu près toutes les nations d'Europe et d'Orient. Il y parviendra en procédant de trois manières assez facilement détectables: soit, l'expédition en Terre Sainte sera une parenthèse placée dans les chapitres consacrés aux croisades, comme c'est le cas pour l'Angleterre, l'Allemagne et même pour l'Italie pontificale. D'autres chapitres par ailleurs traiteront de l'histoire nationale ou de l'interminable conflit du sacerdoce et de l'empire. Soit la solution sera mixte comme dans le cas de la France, où le règne de saint Louis est intégré dans le récit de la dernière croisade (chapitre 58), alors que d'autres chapitres auront pour sujet par exemple le règne de Philippe-Auguste et ne parleront pas à cet instant de sa participation à la croisade. Soit encore, pour l'histoire des royaumes musulmans et celle de l'empire byzantin, elles se fondront complètement dans le récit

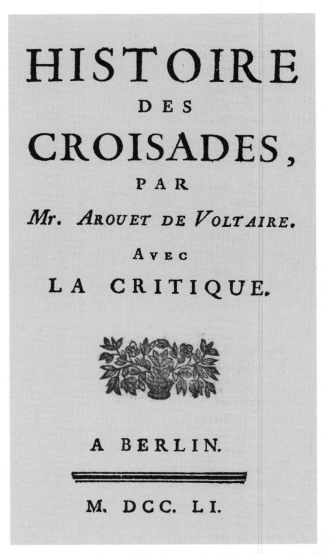

HISTOIRE

DES

CROISADES,

PAR

Mr. Arouet de Voltaire.

Avec

LA CRITIQUE.

A BERLIN.

M. DCC. LI.

2. *Histoires des croisades par Mr. Arouet de Voltaire avec La Critique* (Berlin, 1751), page de titre.

des croisades. Solutions à la fois élégantes et pragmatiques, qui disent le plus ou moins fort degré d'implication des différents pays dans le phénomène global des croisades. L'Angleterre n'aurait pas connu un sort très différent de celui qui fut le sien si elle n'avait pas participé aux expéditions en Terre Sainte. En revanche l'empire byzantin a vécu, dès avant le sac de Constantinople en 1204, une série de révolutions consécutives au raz-de-marée provoqué par le passage des hordes occidentales sur ses terres. Ces destins différents sont directement traduits dans l'agencement des chapitres.

D'autres données sont encore à prendre en compte. Pour massif que soit l'événement, il doit se plier à l'économie générale de l'*Essai* qui procède par courts chapitres. Il en résulte cinq regroupements (chapitres 54-58) qui ne respectent que partiellement la traditionnelle répartition en croisades successives. Le chapitre 54, par exemple, traite bien de la première, mais en termine le récit au chapitre suivant. En fait, Voltaire, malgré tant de déclarations contraires, prouve en cet instant qu'il aime toujours faire l'histoire des héros. D'où les chapitres 56 (Saladin) et 58 (Louis IX). Quant au chapitre 57, il met l'accent sur l'épisode central, si scandaleux, de la prise de Constantinople. Ainsi la continuité chronologique est respectée, tout en constituant l'événement en une tragédie ayant ses héros et ses points forts.

L'histoire proprement dite des croisades est flanquée, de part et d'autre, de deux chapitres, l'un introductif (53), d'ordre à la fois géographique et historique, qui l'inscrit dans un espace et dans un temps. Fidèle à un principe maintes fois proclamé, Voltaire ne veut à aucun prix s'enfermer dans le simple récit des événements. L'autre (59) conclut l'événement et lui donne sens. Comment, après l'échec final de la tentative d'implantation de l'Occident en Orient, ont survécu ces terres âprement disputées pendant deux siècles? Qu'est-il advenu de l'empire grec après le séisme des expéditions franques?

Conditionné par son sujet, ce fragment d'histoire universelle a donc son unité et est traité comme tel par Voltaire. Mais il possède encore une autre originalité, si on l'envisage sous un tout autre point de vue, celui de la rédaction même de l'*Essai*. Il a en effet connu un sort très particulier qu'il faut brièvement rappeler, tout en renvoyant à l'introduction générale pour plus de détails.

Pour des raisons demeurées inconnues, mais probablement pour tester le goût du public et les réactions de l'autorité, Voltaire avait laissé publier dans le *Mercure* des années 1745, des extraits du futur *Essai*. Ensemble hétéroclite qui ne semble pas avoir fait grand bruit. Il réitère l'expérience quelques années plus tard en quatre livraisons, étagées de septembre 1750 à février 1751. Cette fois, il s'agit d'un ensemble complet qui aussitôt reçoit le titre qui s'impose: *Histoire des croisades*. Par rapport aux fragments de 1745, le changement est notable: le premier ensemble était trop dispersé pour qu'on pût se faire une idée nette de l'ouvrage à venir. Par ailleurs une pieuse censure avait en 1745 supprimé plusieurs passages compromettants, ce qui ne fut pas le cas en 1750.

En un mot le lecteur était cette fois en présence d'un ensemble achevé, dans la langue voulue par l'auteur, proposant un texte qui ne devait d'ailleurs par la suite pas connaître de modification majeure. Par ailleurs, il sautait aux yeux qu'il traitait d'une période particulièrement sensible. Pour toutes ces raisons, il ne pouvait passer inaperçu. On le vit bien à la réaction quasi immédiate d'un inconnu qui, peut-être sur ordre, en fit paraître une vive réfutation dans les *Mémoires de Trévoux* sous forme de deux articles successifs (octobre et novembre 1750), correspondant aux deux premières livraisons du *Mercure*. Plus tard d'ailleurs Nonnotte ne manqua pas non plus d'en faire la critique dans ses *Erreurs*.

Tout ce qui sortait de la plume de Voltaire pouvait donner matière à publication profitable, les éditeurs le savaient bien. Sans surprise donc, ce fragment d'histoire universelle va l'espace de quelques années vivre un destin autonome. Ces pages furent d'abord presque immédiatement reproduites dans l'*Abeille du Parnasse* de Formey, périodique imprimé à Berlin. Puis elles eurent les honneurs de publications séparées. Une première se présente sous la forme d'une *Histoire des croisades par M. de*

Voltaire avec La Critique (Berlin, 1751); elle a en effet la curieuse idée de reproduire à la suite du texte la réfutation parue dans les *Mémoires de Trévoux*, ce qui était une manière de nier l'intérêt du texte par ailleurs publié. Elle fut suivie peu après (1752) par une édition portant l'adresse de Londres, alors qu'elle a été faite à Gotha. Elle a d'ailleurs la particularité d'être couplée avec une des premières éditions de *Micromégas*. Une troisième, avec les mêmes caractéristiques que la précédente (1753), se disait publiée à Berlin, alors qu'il semble établi qu'elle était le fait du libraire Luzac et imprimée à Leyde. Une dernière enfin (1753 encore), sans adresse, mais probablement parisienne, et qu'on pourrait attribuer à Michel Lambert. Quatre éditions donc, qui attestent de l'intérêt suscité par cette publication séparée et qui constituent un chapitre autonome dans les complexes avatars de cette histoire universelle d'un genre nouveau. Il faudra d'ailleurs la publication fin 1753 de l'*Abrégé de l'histoire universelle* par Jean Néaulme, qui contient à sa place cette même histoire des croisades, pour la ramener définitivement au sort commun.

Reste maintenant à savoir comment Voltaire a traité sa matière, ce qui peut donner lieu à une intéressante mise au point, qui en dit long à la fois sur la tradition historiographique et sur la manière dont Voltaire l'interprète. Comme le remarquent, pour des raisons inverses, tant Maimbourg ('Encore que plusieurs aient écrit de ces choses, ou dans des histoires particulières, sur quelque partie de ce sujet, ou dans les générales de leurs nations, selon qu'elles ont eu plus ou moins de part à ces croisades...', *Histoire des croisades*, Paris, 1686, t.1, préface, p.3) que Daniel ('Cette guerre sainte doit entrer nécessairement dans l'histoire de France; car quoiqu'on puisse la considérer comme une guerre commune à tous les princes chrétiens, elle regarde les Français plus que toutes les autres nations', préface du règne de Philippe Ier), les croisades font partie intégrante, pendant deux siècles, de l'histoire des différentes monarchies européennes, de l'empire byzantin, sans oublier celle du Moyen-Orient. Et en même temps, elles ont leur rythme propre, leur chronologie, leur logique. En un mot elles requièrent un effort de synthèse à quoi, par nature, les histoires générales, si volontiers narratives, sont peu disposées. Est-ce pour cette raison, qu'elles ont, de fait, peu inspiré les historiens de langue française avant Voltaire? On trouve certes de nombreux documents qui en décrivent des épisodes séparés, en langue vulgaire, en latin, en grec, et même, quoique peu disponibles, en arabe, témoignages d'acteurs directs comme Villehardouin ou Joinville, ou de témoins comme Anne Comnène, mais très peu de récits spécifiques, comme on aurait pu l'attendre d'un événement aussi considérable, et d'ailleurs souvent salué comme tel ('Parmi tant de grandes révolutions que l'on a vues dans l'établissement des nouvelles monarchies, et dans la destruction des anciennes, on ne trouve rien, ce me semble, de plus mémorable [que] cette fameuse entreprise des croisades' Maimbourg, t.1, préface, p.3). Constat qui par avance excuse Voltaire d'avoir fait un usage intensif d'une source déjà ancienne et considérée comme peu fiable: l'*Histoire des croisades* de Maimbourg. Il n'avait, à vrai dire, guère d'autre choix possible.

Quelle est, de fait, la situation, telle que présentée par ces deux monuments bibliographiques que sont la *Bibliothèque historique de la France* du Père Lelong, dans sa continuation par Fevret de Fontette, et Lenglet-Dufrenoy? Rappel qui a son importance, la croisade, prêchée en France (à Clermont) par un pape français (Urbain II) et popularisée par un Français (Pierre l'Ermite); puis un siècle et demi plus tard, dans une ultime tentative, totalement assumée par un roi français (Louis IX) la croisade donc est indissociable du destin national. Fevret de Fontette et son prédécesseur en sont bien conscients qui dressent une vision d'ensemble du phénomène. S'il n'y a pas de rubrique *croisades* autonome, la dispersion par règne n'en propose pas moins 74 références en deux regroupements (t.2, n° 16575-616, 16920-51). Cette liste aligne pour l'essentiel des sources directes, le plus souvent en latin, et fort peu d'études synthétiques, la plupart remontant au siècle précédent, voire au seizième. A ce titre sont retenus: Aubert, *Histoires des guerres faites par les chrétiens contre les*

Turcs, sous la conduite de Godefroy de Bouillon (1552); Yves Duchat, *Histoire de la guerre sainte faite par les Français et autres chrétiens pour la délivrance de la Judée et du Saint Sépulcre* (1620); Mamerot de Frixone, *Les Passages d'outre-mer en la Terre Sainte* (1517); Nicole le Huen, *Des croisées et entreprises faites par les rois et princes chrétiens* (1517); et Vincent de Beauvais, *Le Grand Voyage de Jérusalem* (1517). Puis, en fin de liste, nettement plus tardif et seul à mériter vraiment un titre fédérateur: Louis Maimbourg, *Histoire des croisades pour la délivrance de la Terre Sainte* (au moins cinq éditions à partir de 1675).

Si, comme il est probable, la rédaction de Voltaire se place au début des années 1740, quels autres titres sont venus s'ajouter depuis cette date jusqu'à la parution de l'édition de Fevret de Fontette? En fait la moisson est fort pauvre, puisque elle se résume à un titre, d'ailleurs estimable, mais que Voltaire semble avoir ignoré: Dominique Jauna, *Histoire générale des royaumes de Chypre, de Jérusalem, d'Arménie et d'Egypte, comprenant les croisades et les faits les plus mémorables de l'empire Ottoman, depuis sa fondation jusqu'à la bataille de Lépante* (Leyde, 1747, 2 vol. in-4°).

Bilan bien maigre en définitive. Fevret de Fontette en est réduit pour nourrir sa liste à mentionner Voltaire lui-même pour les publications séparées dont il a été question, et les deux infiniment médiocres recensions critiques parues dans le *Mercure*, à quoi s'ajoutent pour finir les chapitres des *Erreurs de Voltaire* où Nonnotte analyse les passages de l'*Essai* relatifs aux croisades.

Lenglet-Dufresnoy, qui ne prétend nullement à l'exhaustivité, se veut plus explicite dans sa propre présentation de la littérature concernant les croisades. Il résume en peu de mots: 'Les principaux écrivains en ont été réunis par Bongars dans le recueil qu'il a publié sous le titre de *Gesta Dei per Francos* [1611, 2 vol. in-fol.], auquel on peut joindre l'histoire de Villehardouin, de l'édition de M. du Cange, et même l'*Histoire des croisades* du P. Maimbourg' (t.7, p.255). Il mentionne aussi le livre de Dominique Jauna, auquel il ajoute l'*Histoire des Arabes sous le gouvernement des califes de l'abbé Pérau* (Paris, 1750, 4 vol. in-4°).

Au total, le lecteur pressé des années 1740, qui ne veut pas se lancer dans la lecture directe des sources contemporaines, est bon gré mal gré, condamné à Maimbourg, certes fort connu, mais médiocrement apprécié par la critique. Lenglet en parle à deux reprises en termes sensiblement différents. Il dira, en une formule abrupte: 'On sait que Maimbourg est un écrivain romanesque. On ne lit plus aujourd'hui ses ouvrages, non plus que ceux de Varillas' (t.14, p.103). Mais dans un autre passage de sa compilation, fort hétéroclite et qui ne craint ni redite ni contradiction: 'l'*Histoire des croisades* du P. Maimbourg 'est sans doute l'ouvrage le mieux écrit et même le plus agréable qui soit sorti des mains de cet infatigable écrivain' (t.7, p.255-56). Va donc pour Maimbourg qui sera, de fait, la source quasi unique des chapitres de l'*Essai.* Il convient à ce titre de s'y arrêter un instant pour en jauger les mérites et les limites.

Il a, nous venons de le voir, mauvaise réputation, accusé qu'il est d'écrire une histoire fantaisiste, plus soucieuse d'effets de style que d'exactitude. Jugement qu'on peut trouver injuste, car telle n'est pas l'impression ressentie à une lecture attentive de ses deux gros volumes. Il se targue d'ailleurs de fidélité à ses sources qu'il aligne fièrement (Avertissement du t.2):

Le moine Robert, l'abbé de Nogent, l'abbé Suger, Otton de Frisingue, Otton de Saint-Blaise, les vieux historiens français et anglais, Guillaume de Tyr, Nicetas, l'abbé d'Ursperge, Cuspinien et quelques autres sont les auteurs dans les ouvrages desquels j'ai trouvé de quoi représenter au naturel les hommes illustres de mes croisades, sans y avoir rien ajouté que la manière de m'exprimer.

Resterait à savoir de ces déclarations d'intention ce qu'en vaut l'aune, d'autant qu'il s'excuse de ne les avoir pas cités, craignant d'alourdir son récit. Il n'en demeure pas moins, qu'à l'instar d'un Daniel, il multiplie les renvois en références marginales, abrégées et peu compréhensibles, qu'il place en manchette et qu'en définitive son livre fait figure d'honnête compilation. Pour autant, il est clair qu'il appartient à une tradition historiographique classique qui prend ses modèles auprès des historiens anciens. Il n'en fait pas mystère. Ses modèles ont été 'Plutarque, Suétone, Salluste et cent autres fameux écrivains grecs et latins' (Avertissement du t.2).

Dans la pratique, cette double postulation d'exactitude et de beau style donne matière à un récit composite. D'une part, il recopie scrupuleusement, et sans critique, ce que ses sources lui présentent, s'interdisant tout choix, ce qui lui fait reprendre sans en omettre un seul les récits de bataille, les démêlés diplomatiques et d'interminables listes de personnalités. Le tout, si l'on excepte quelques rares et maigres paragraphes introductifs, sans jamais avoir l'idée de prendre du recul, d'offrir ne serait-ce qu'une amorce de synthèse. Tout est mis sur le même plan, ce qu'on ne saurait trop lui reprocher, tant c'est là le procédé suivi avec constance par à peu près tous les historiens de son temps. Pour s'en tenir à ce seul exemple, un personnage aussi capital que Saladin surgit ainsi dans le récit, sans avoir été annoncé, et sans que l'on sache trop pourquoi il est là (t.1, p.341).

Mais s'il se noie avec une belle constance dans les détails, il n'en adore pas moins s'attarder à décrire batailles et hauts faits d'armes, parfois de manière romanesque, mais sans excès. Reprenant ses modèles, il aime bien aussi les discours, reproduits en italique, en style indirect libre il est vrai. Enfin, chemin faisant, il propose de nombreux et longs portraits qui à la longue constituent une galerie de héros. Au total, une œuvre qui coule, intarissable comme un fleuve, mais qui se lit somme toute assez agréablement.

Certes, il y a bien chez lui tendance à décrire d'un côté des croisés, forts et vertueux, de l'autre de perfides Grecs et de cruels Turcs. Il ne remet jamais en cause la justesse de l'événement, tel que perçu par la mentalité occidentale. Pour autant, il ne voile pas la vérité, et sait parfaitement dire que bien des croisés étaient d'infâmes soudards, ne pensant qu'à profiter de la situation. Et le sentiment d'horreur qui le saisit à lire les atrocités commises lors de la prise de Jérusalem n'est pas moindre que chez Voltaire.

Tel est le livre que Voltaire ne se fait pas scrupule d'exploiter d'intensive manière sans jamais en mentionner l'auteur, ce qui est en soi déjà révélateur. Il est d'autres sources, Fleury ou Daniel, également utilisées avec constance, et que Voltaire ne se fait pas faute de critiquer vigoureusement. Mais ce sont malgré tout des monuments connus et respectés avec qui on peut dialoguer. Il n'en va pas de même pour Maimbourg, source peu glorieuse qu'il vaut mieux, au fond, passer sous silence. Seule une lecture attentive du récit voltairien révèle l'ampleur des emprunts. Chiffres, noms, innombrables détails en proviennent directement, comme l'annotation le fera bien voir. Sur ce plan, l'exemplaire conservé dans la bibliothèque de Voltaire, tel que décrit dans les *Marginalia* se révèle décevant. Il porte certes des traces de manipulation, mais rien qui pourrait témoigner d'une utilisation intensive. On serait tenté de croire à l'existence d'un exemplaire antérieur qui aurait disparu, ce qui n'aurait rien d'étonnant puisque la pratique de Maimbourg par Voltaire pour sa rédaction précède d'une bonne trentaine d'années le moment où l'existence de l'exemplaire actuel est attestée. Pour cette raison, ces quelques chapitres se révèlent particulièrement précieux pour qui souhaite observer l'historien au travail, le voir écarter des faits, en retenir d'autres, puis les transformer pour en faire du Voltaire.

Une évidence d'abord s'impose, qu'un calcul élémentaire met en pleine clarté. Pris globalement et ramené au nombre de signes, la masse totale du texte voltairien ne représente guère plus de 4% du volume des deux tomes in-4° de Maimbourg. (Le nombre de signes à la ligne étant approximativement le même dans les deux œuvres, le calcul est aisé. Pour Maimbourg, les deux tomes de 574 et 507 pages font un ensemble de 1081 x 31 lignes à la page = 33.511. Et pour Voltaire, en additionnant les six chapitres = 315 + 215 + 218 + 298 + 270 + 92 = 1408, ce qui représente 4,2% du total précédent. On ne sera pas dupe de la précision des chiffres, mais l'estimation n'en demeure pas moins éloquente.) De toute nécessité, Voltaire doit procéder à des coupes sombres, opérer des choix drastiques. De nombreux épisodes, parfois importants, comme le siège d'Antioche, seront omis; d'autres simplifiés au maximum, le résultat étant que, malgré tout, le récit proposé par l'*Essai* donne l'impression d'offrir un récit cohérent de ces deux siècles si compliqués.

Pour affiner l'analyse, il faut entrer dans le détail des épisodes retenus et dans la réécriture qui les métamorphose. La manière de procéder est à peu près constante. Voltaire retient quelques éléments clés qu'il n'est pas possible d'écarter sans rendre l'histoire incompréhensible: pour la première croisade, des personnalités (Pierre l'Ermite, Urbain II, Godefroy de Bouillon) et des épisodes (la prédication initiale, le passage par Constantinople, la prise de Jérusalem, le partage des terres conquises). Mais par ailleurs, dans la masse innombrable des événements et personnages présents dans le récit de Maimbourg, il sélectionne quelques épisodes qui lui paraissent aller dans son sens, et qui sont parfois comme noyés dans le flot sans cesse renouvelé de la narration. Puis tout cela est serti, mis en valeur dans le récit, à des fins de pittoresque ou de pointes anticléricales. Ainsi en va-t-il, pour ne prendre qu'un exemple, par deux fois de la prétention incongrue de légats pontificaux qui entendent annexer la conquête au profit du pape, voire se faire chefs de guerre. Dans les deux cas, l'emprunt est patent, mais n'a aucune signification particulière chez Maimbourg, en tout cas pas celle que l'*Essai* lui donne.

Dans cette quête du pittoresque ou du significatif, à de rares moments, Voltaire ne se fait pas faute de quitter pour un instant sa source principale pour emprunter à d'autres textes, dont il est temps de dire un mot, ce qui pourra se faire assez vite, car le total se ramène très exactement à trois. Pourquoi emprunter à Daniel, Fleury et Cousin? Réponse valable pour tous: parce que Maimbourg s'en tient strictement à sa ligne de conduite, ne traiter que des croisades, alors que Voltaire écrit une histoire universelle où s'enchevêtrent les épisodes. A ses yeux, l'histoire des croisades a partie liée avec celle de l'empire byzantin. Telle n'était pas la perspective de Maimbourg qui ne s'intéresse à Constantinople que dans ses contacts avec les armées franques. Il aura donc recours, le cas échéant, à la compilation/traduction de Louis Cousin qui rassemble commodément les sources grecques.

Toutes proportions gardées, le Père Daniel joue le même rôle pour l'histoire de France. Il devient le guide pour une bonne partie du chapitre 58, qui traite certes de la croisade de saint Louis, mais en l'incluant dans l'ensemble du règne, là où Maimbourg est de nul secours. Quant à Fleury, il est de lecture si constante pour tout l'*Essai*, qu'il aurait été étonnant qu'il ne fût pas au moins parcouru avant de relater l'épisode le plus marquant de la chrétienté médiévale. On peut même croire, hypothèse impossible à vérifier, que Voltaire a pu d'abord s'imaginer que l'*Histoire ecclésiastique* jouerait le rôle qui fut pour finir dévolu à Maimbourg. Or, il n'en est rien. Bien entendu, Maimbourg présente le grand avantage d'être centré sur l'événement, et comme tel de dépouillement plus aisé. Mais d'autres raisons ont dû jouer pour que Fleury soit en la circonstance très rarement sollicité.

Tout autant que Maimbourg, c'est un chroniqueur; il suit à la lettre l'ordre des événements, ce qui lui interdit totalement de prendre du recul. Une seule phrase lui suffit, par exemple, pour mentionner l'importance des croisades. Il retient tout, met tout bout à bout, ce qui noie son récit sous un flot de faits et d'individus, sans choix ni hiérarchie. On dira que Maimbourg ne procède pas autrement. Mais ce dernier du moins s'en tient à sa matière, tandis que Fleury, qui ne fait pas spécifiquement une histoire des croisades, ne cesse de quitter les expéditions en Terre Sainte pour relater le moindre épisode survenu dans quelque autre lieu de la chrétienté. Par ailleurs, comme son titre l'implique, il fait une 'histoire ecclésiastique', ce qui ne se superpose pas exactement avec une histoire du christianisme. Il est le chroniqueur de l'institution, et comme tel ne rate pas un concile, suit les papes au jour le jour. De la sorte, l'événement 'croisades' dans son originalité lui échappe et il ne peut en être autrement. Pour ne prendre que cet exemple, tout ce qui relève du politique dans les croisades ne l'intéresse en rien. La constitution des royaumes francs en Palestine n'est pas son affaire. Mais que ces nouvelles entités appellent au secours et s'adressent aux papes pour cela, retient alors son attention. Il dira les ambassades, les décisions de Rome, la levée des troupes, l'enthousiasme religieux, mais ce qui se passe ensuite n'est plus de son domaine et est expédié en peu de mots, alors que tel discours du pape pour motiver les futurs croisés sera pieusement rapporté. Cela dit, sur un plan pratique, il se place dans le même champ épistémologique que Maimbourg, dont on a vu les avantages et inconvénients. Ce sont en quelque façon des chantiers à ciel ouvert où le chercheur pressé n'a qu'à puiser parmi l'infinie variété des événements rapportés. Fleury a même sur ce plan un 'mérite' supplémentaire que le lecteur orienté qu'est Voltaire saura apprécier. Il se refuse très explicitement à faire preuve d'esprit critique et, pourvu que la source annalistique soit bien authentifiée, il est prêt à recueillir miracles et merveilles, ce que Maimbourg, curieusement au vu de sa réputation, s'interdit. C'est donc l'*Histoire ecclésiastique* qui sera à l'origine de quelques épisodes croustillants, comme la burlesque campagne d'évangélisation prêtée à saint François.

En définitive et au gré des besoins, toutes les sources sont exploitées de la même manière. Une lecture cursive sélectionne quelques épisodes et les met en valeur, la matière première important moins que sa transmutation au service d'une cause qui n'était pas la sienne à l'origine. Par exemple, c'est de l'*Histoire de Constantinople*, plus précisément du témoignage d'Anne Comnène, fille de l'empereur, et non de Maimbourg, que sont extraites quelques anecdotes complaisamment narrées, comme l'histoire du baron ignare qui traite de haut le monarque byzantin, personnage qu'on croirait tout droit sorti du beau château de Thunder-ten-Tronckh ou celle de la convoitise satisfaite de Bohémond, qui fait songer à tel épisode connu de *Zadig*.

Comment, pour finir, l'œuvre fut-elle accueillie? Faisant là encore cavalier seul, l'histoire des croisades a eu les honneurs, si l'on peut dire, d'un traitement spécifique dès sa première parution. Ce fut malheureusement un témoignage éloquent de l'incompréhension manifestée par la critique face à l'œuvre historique de Voltaire, dont on aurait bien d'autres exemples.

L'intervenant anonyme des *Mémoires de Trévoux* ne fait pas

mystère de ses intentions, se posant d'emblée en défenseur de la vraie foi contre celui qui ose mettre sur la même ligne 'la vraie et la fausse religion, les vicaires de J.-C. et les pontifes d'une nation infidèle'. (Les références renvoient à la reprise des articles des *Mémoires de Trévoux* dans l'*Histoire des croisades, par Mr. Arouet de Voltaire, avec La Critique*, Berlin, 1751. Cf. 'Lettre à Monsieur D*** sur une nouvelle Histoire des croisades' p.107-17; 'Autre lettre sur la même Histoire des croisades', p.118-31, ici p.108.) Certes, il entend aussi se placer sur le plan de la critique historique; il relève des erreurs de fait ou de chronologie, dénonce, non sans justesse, les insuffisances de la documentation. Ce ne serait 'qu'un abrégé de Maimbourg ou de Daniel, renforcé de trois ou quatre traits empruntés de l'*Alexiade* d'Anne Comnène; ouvrage dont nous avons l'esquisse dans l'*Histoire de Constantinople* par le président Cousin' (p.116) ce qui est globalement pertinent. L'auteur n'est donc pas un ignorant, mais aveuglé par son obsession de réfuter un ouvrage 'qui donne une atteinte si sensible à la vérité et à l'autorité des Saints Livres' (p.115), il fait le choix désastreux d'opposer aux affirmations de Voltaire la Bible prise dans son sens le plus littéral. La Palestine, un pays désertique? Allons donc! Le dire calomnieux de Voltaire 'contredit positivement les Livres Saints qui parlent sans cesse de la Palestine comme du plus abondant et du plus beau pays du monde' (p.109). Du coup, ce qui, dans l'*Histoire des croisades*, est présenté comme 'un des plus mauvais pays de l'Asie' redevient un pays prospère où, sous les rois de Juda et d'Israël, se levaient des armées de plus d'un million de combattants (p.111), et où le roi Salomon disposait de richesses fabuleuses qui auraient de quoi faire rêver le plus fortuné des monarques modernes (p.114).

Nonnotte n'a garde quant à lui de proférer pareilles sottises dont le moindre manuel de géographie pouvait aisément démontrer l'inanité. Le sujet pourtant lui tient très à cœur puisqu'il y revient en trois chapitres distincts qui traitent successivement des croisades proprement dites, des 'croisades du nord' évoquées aux lignes 74-88 du chapitre 56, enfin des 'croisades contre les Albigeois'. Lui aussi conteste des faits, dénonce des erreurs, s'indigne, par exemple, des deux millions de morts additionnés par Voltaire pour bilan des expéditions. Touchant un point sensible, il met en doute un historien qui ne renvoie pas à des sources fiables et honnêtement citées. Mettant en parallèle sur le même événement les présentations de l'*Histoire ecclésiastique* et de l'*Histoire des croisades*, il a cette formule assassine: 'Fleury, en parlant de ces conversions, cite les auteurs contemporains du témoignage desquels il s'appuie, M. de Voltaire est à lui-même toute son autorité' (Lyon, 1770, p.178). Mais c'est surtout une attitude de dénigrement systématique qu'il condamne, un parti-pris odieux, qu'il constate avec amertume: 'On sait assez qu'au jugement de M. de Voltaire les catholiques doivent toujours avoir tort vis-à-vis des hérétiques et les chrétiens vis-à-vis des infidèles' (p.166). Pour redresser la balance, il s'évertue à inverser les formules. Ainsi, pour s'en tenir à ce seul exemple, Renaud de Châtillon, décrit par Voltaire comme un fourbe déloyal qui viole sans cesse la parole donnée, redevient sous sa plume un 'martyr', fidèle à sa foi jusqu'à la mort.

Chemin faisant d'ailleurs, Nonnotte, qui est loin d'être l'imbécile ignorant que Voltaire se complaît à décrire, est capable de prendre du champ et d'offrir un point de vue intéressant sur les croisades. Il ne nie pas l'échec final: l'Europe chrétienne n'a pas réussi dans sa tentative de reconquête de la Terre Sainte. Pour autant, des progrès matériels en ont résulté, comme le perfectionnement de la navigation. Ces grands mouvements de populations n'ont pas été stériles. Ils ont permis de se débarrasser à moindre frais d'une noblesse turbulente et par là même d'en finir avec la féodalité. Il salue en ses lieux et places l'établissement 'des communes des villes ce qui rendait l'état du peuple plus commode et plus utile au bien général'. De ce moment date aussi l'affermissement de l'autorité de la monarchie, promesse de l'Etat fort des siècles suivants, jugement qui sera dans ses grandes lignes celui qu'en portera l'historiographie libérale du dix-neuvième siècle.

Un dialogue aurait été possible, mais qui n'a pas eu lieu, chacun ayant campé sur ses positions. Voltaire n'a tenu aucun compte des critiques à lui adressées, et ses contradicteurs n'ont pas su, ou pas voulu, voir l'avancée historiographique que représentait cette histoire des croisades par rapport à ses mornes sources.

ESSAI SUR LES MŒURS
ET L'ESPRIT
DES NATIONS

CHAPITRE 38

De la France, vers le temps de Hugues Capet.

Pendant que l'Allemagne commençait à prendre ainsi une nouvelle forme d'administration, et que Rome et l'Italie n'en avaient

a-148   [*Première rédaction de ce chapitre*: MSP]
a   MSP: Chapitre 21
     w56-w57G: Chapitre 28
     61: Chapitre 34

* Abordant, avec ce chapitre, l'histoire du royaume de France proprement dit, Voltaire commence par en montrer la faiblesse institutionnelle et le caractère parcellaire, au début du dixième siècle (lignes 5-19). Suit un long développement sur les 'temps barbares' de la féodalité, à ses yeux une époque d'anarchie, de violences et de brigandages (lignes 19-55). Au passage, il conteste l'adage *nulle terre sans seigneur*, et prône la propriété privée de la terre comme la seule base possible d'un ciment social et politique capable d'inspirer aux hommes l'amour de la 'patrie' (lignes 53-55). Tiré essentiellement de l'*Histoire de la milice française* (Paris, 1728, BV939) de G. Daniel, un exposé des transformations subies, pendant cette période, par l'art militaire (lignes 56-80), est suivi par quelques lignes sur le déclin (81-89), quelque peu supposé cependant (voir ci-dessous, n.18), du 'gouvernement municipal', puis par un exposé sur l'origine du mot 'pair' et des 'douze pairs de France' (lignes 90-110) avec un excursus sur la création, en Angleterre, des jurys judiciaires (lignes 100-102). Le règne d'Hugues Capet est présenté comme celui du descendant d'une puissante et habile dynastie qui gouverne déjà, *de facto*, le royaume depuis plusieurs décennies (lignes 111-48). Bien qu'hésitant quelque peu à propos de sa durée (voir ci-dessous, n.22), Voltaire en profite pour souligner l'extraordinaire longévité des capétiens à la tête du royaume, et conteste au passage, suivant Boulainvilliers, que l'élection d'Hugues Capet ait été le fait d'un 'parlement de la nation', préférant plutôt y voir le résultat de 'la force aidée de la prudence'. Pour ce chapitre, Voltaire s'appuie essentiellement, selon les cas, sur l'ouvrage de Daniel déjà cité, sur son *Histoire de France depuis l'établissement de la monarchie française dans les Gaules* (1696; Paris, 1729, BV938), sur plusieurs ouvrages du comte Henri de Boulainvilliers ou, plus rarement, sur l'*Abrégé chronologique de l'histoire de France* (Paris, 1667-1668; Amsterdam, 1673-1701, BV2443-44) de F. Eudes de Mézeray.

3

aucune, la France devenait, comme l'Allemagne, un gouvernement entièrement féodal. [1]

Ce royaume s'étendait des environs de l'Escaut et de la Meuse jusqu'à la mer Britannique, et des Pyrénées au Rhône. [2] C'était alors ses bornes; car quoique tant d'historiens prétendent que ce grand fief de la France allait par delà les Pyrénées jusqu'à l'Ebre, il ne paraît point du tout que les Espagnols de ces provinces entre l'Ebre et les Pyrénées fussent soumis au faible gouvernement de France en combattant contre les mahométans. [3]

Anarchie féodale en France. La France, dans laquelle ni la Provence ni le Dauphiné n'étaient compris, était un assez grand royaume; mais il s'en fallait beaucoup que le roi de France fût un grand souverain. [4] Louis, le dernier des descendants de Charlemagne, n'avait plus pour tout domaine que les villes de Laon et de Soissons, et quelques terres qu'on lui contestait. [5] L'hommage rendu par la Normandie ne servait qu'à

5

10

15

---

7   MSG: tant d'histoires
7-8   MSP: ce fief
12   MSP: [*manchette*] *Ancien gouvernement de France.*
13   MSP: était encore un
14   MSP: le roi fût un grand souverain. Louis V,
17-18   MSP, 53-54N: qu'à faire [MSP: voir] un roi vassal

---

[1] Sur l'Italie et l'Allemagne au dixième siècle, voir ch.35-37 (notre t.2, p.482-512). Le terme 'féodal' est péjoratif chez Voltaire qui fustige tout affaiblissement du pouvoir central.

[2] Selon la *Bibliothèque britannique ou histoire des ouvrages des savants de la Grande-Bretagne pour les mois de janvier, février et mars 1736* (La Haye, 1736), art.5, ce qu'on appelle 'proprement' la mer Britannique comprend 'la Manche, la mer de Biscaye, et s'étend jusqu'au cap de Finisterre'.

[3] La 'Marche d'Espagne', qui va des Pyrénées à l'Ebre, est en effet évoquée, mais pour les huitième et neuvième siècles, par Mézeray, ch. 'Charlemagne', année 778.

[4] Le comté de Provence n'est incorporé dans le royaume de France qu'en 1487 (voir ch.94). Terre d'empire, le Dauphiné est vendu en 1349 par le comte Humbert II au roi de France Philippe VI de Valois, et attribué à son petit-fils, Charles, fils aîné de Jean II le Bon et futur Charles V (voir ch.75).

[5] Louis V (986-987), fils de Lothaire. Pour la mention de Laon et Soissons

donner au roi un vassal qui aurait pu soudoyer son maître. Chaque province avait ou ses comtes ou ses ducs héréditaires; celui qui
20 n'avait pu se saisir que de deux ou trois bourgades, rendait hommage aux usurpateurs d'une province; et qui n'avait qu'un château, relevait de celui qui avait usurpé une ville. De tout cela s'était fait cet assemblage monstrueux de membres qui ne formaient point un corps. [6]
25 Le temps et la nécessité établirent que les seigneurs des grands fiefs marcheraient avec des troupes au secours du roi. Tel seigneur devait quarante jours de service, tel autre vingt-cinq. Les arrière-vassaux marchaient aux ordres de leurs seigneurs immédiats. Mais si tous ces seigneurs particuliers servaient l'Etat quelques jours, ils
30 se faisaient la guerre entre eux presque toute l'année. En vain les conciles, qui dans ces temps de crimes ordonnèrent souvent des choses justes, avaient réglé qu'on ne se battrait point depuis le jeudi jusqu'au point du jour du lundi, et dans les temps de Pâques et dans d'autres solennités; ces règlements n'étant point appuyés d'une

22   MSP: avait envahi une
22-25 53-54N: ville. ¶Le temps
25   MSP: [*manchette*] *Guerre des fiefs.*
30   MSP: guerre en eux
31   MSG: ordonnaient des
33   MSP: le temps

(ligne 16), voir Boulainvilliers, *Histoire de l'ancien gouvernement de la France* (La Haye et Amsterdam, 1727, BV505), t.1, 'Troisième race, dite des capetsvingiens', qui y ajoute La Fère, et quelques droits contestés sur Amiens (p.162). Il donne par ailleurs le détail de toutes les provinces et seigneuries indépendantes ou inféodées au début du règne d'Hugues Capet.

  [6] Les expressions 'anarchie féodale', 'anarchie des fiefs' reviennent souvent sous la plume de Voltaire. Voir, par exemple, les *Annales de l'Empire*, années 921-930; *EM*, ch.83, ch.96; *Le Siècle de Louis XIV*, ch.35 (*M*, t.15, p.2); *Commentaire sur le livre des délits et des peines*, ch.21 (*M*, t.25, p.571); et dans les *QE*, art. 'Confiscation' (*OCV*, t.40, p.187), 'Donations' (t.40, p.517) et 'Gouvernement', §3 (*M*, t.19, p.290).

justice coercitive, étaient sans vigueur. [7] Chaque château était la 35
capitale d'un petit Etat de brigands; chaque monastère était en
armes: leurs avocats, qu'on appelait avoyers, institués dans les
premiers temps pour présenter leurs requêtes au prince et ménager
leurs affaires, étaient les généraux de leurs troupes: [8] les moissons
étaient ou brûlées, ou coupées avant le temps, ou défendues l'épée à 40
la main; les villes presque réduites en solitude, et les campagnes
dépeuplées par de longues famines.

Il semble que ce royaume, sans chef, sans police, sans ordre, dût
être la proie de l'étranger; mais une anarchie presque semblable
dans tous les royaumes, fit sa sûreté; et quand sous les Othons 45
l'Allemagne fut plus à craindre, les guerres intestines l'occupèrent. [9]

Coutumes   C'est de ces temps barbares que nous tenons l'usage de rendre
féodales.   hommage pour une maison et pour un bourg au seigneur d'un autre
village. Un praticien, un marchand qui se trouve possesseur d'un
ancien fief, reçoit foi et hommage d'un autre bourgeois ou d'un pair 50

37   MSP: leurs avoyers ou avoués, institués
38   MSP: et pour ménager
40   MSP: temps, ou gardées l'épée
45   MSP: fit la sûreté
47   MSP: [*manchette*] *Hommages.*
      MSP: tenons encore l'usage
49   MSP: marchand, un fermier qui
50   MSP, 53: autre fermier ou

[7] Sur la 'Trêve de Dieu', une idée lancée en 990 par le pape Jean XV, voir
C. Fleury, *Histoire ecclésiastique* (La Haye et Bruxelles, 1692-1693; Paris, 1720-1738,
BV1350), livre 59, année 1041, §41, et Dom Calmet, *Histoire universelle sacrée et
profane depuis le commencement du monde jusqu'à nos jours* (Strasbourg, 1735-1747),
t.8, livre 99, §19.

[8] L'emploi ici du terme 'avoyer', qui ressortit plutôt du droit public des cantons
suisses, est curieux, mais il est donné comme synonyme du mot 'advoué' (voir cet
art.) par le *Dictionnaire étymologique ou origines de la langue française* de Ménage
(Paris, 1694, BV2416). Les 'avoués' (du latin *advocatus*) sont des laïcs chargés, à
partir du neuvième siècle, de gérer et de protéger les intérêts temporels des abbayes.
Voltaire suit ici Fleury, livre 57, année 998, §45.

[9] Sur l'instabilité permanente de l'Allemagne, voir ci-dessous, ch.46, lignes 5-7,
96-97, 326-27.

du royaume qui aura acheté un arrière-fief dans sa mouvance. Les lois de fiefs ne subsistent plus; mais ces vieilles coutumes de mouvances, d'hommages, de redevances subsistent encore: dans la plupart des tribunaux on admet cette maxime, *Nulle terre sans*
55 *seigneur*: comme si ce n'était pas assez d'appartenir à la patrie. [10]

Quand la France, l'Italie et l'Allemagne furent ainsi partagées *Armées.* sous un nombre innombrable de petits tyrans, les armées, dont la principale force avait été l'infanterie sous Charlemagne, ainsi que sous les Romains, ne furent plus que de la cavalerie. [11] On ne connut
60 plus que les gendarmes; les gens de pied n'avaient pas ce nom, parce que en comparaison des hommes de cheval ils n'étaient point armés.

Les moindres possesseurs de châtellenies ne se mettaient en campagne qu'avec le plus de chevaux qu'ils pouvaient; et le faste
65 consistait alors à mener avec soi des écuyers, qu'on appela *vaslets*, du mot *vassalet*, petit vassal. [12] L'honneur étant donc mis à ne combattre qu'à cheval, on prit l'habitude de porter une armure complète de fer, qui eût accablé un homme à pied de son poids. Les

51 MSP: dans sa censive. On dirait que le seigneur d'une grange ou d'un moulin doit servir son seigneur suzerain à la guerre. Les
53-w68: dans sa censive.
60 MSP: gens d'armes n'avaient

[10] Voir Boulainvilliers, *Histoire de l'ancien gouvernement*, t.1, 'Avantages des Français avant leur conquête', §1, p.45, qui attribue à Antoine Duprat (1463-1535), président du parlement de Paris en 1507, puis chancelier de France sous François Ier, la formule citée par Voltaire. Ce passage est à rapprocher de la définition, d'inspiration britannique, de la patrie, que Voltaire donnera, en 1771, à l'art. éponyme des *QE*: 'Qu'est-ce que donc que la patrie? ne serait-ce pas par hasard un bon champ, dont le possesseur [...] pourrait dire: Ce champ que je cultive, cette maison que j'ai bâtie, sont à moi' (*M*, t.20, p.182).
[11] Voir Daniel, *Histoire de la milice française*, t.1, livre 3, ch.2, et Boulainvilliers, *Essai sur la noblesse de France* (Amsterdam, 1732), ch. 'Décadence de l'infanterie et interruption de la noblesse dans ce corps', p.72.
[12] Voir Daniel: '*Valetus* ou *Vasletus*, pourrait bien être un diminutif de *Vassalus*, pour signifier un jeune vassal' (livre 3, ch.6), d'où Voltaire tire 'vasselet'.

7

brassards, les cuissards furent une partie de l'habillement. On
prétend que Charlemagne en avait eu; mais ce fut vers l'an 1000 que   70
l'usage en fut commun. [13]

Quiconque était riche, devint presque invulnérable à la guerre;
et c'était alors qu'on se servit plus que jamais de massues, pour
assommer ces chevaliers que les pointes ne pouvaient percer. [14] Le
plus grand commerce alors fut en cuirasses, en boucliers, en   75
casques ornés de plumes. [15]

Les paysans qu'on traînait à la guerre, seuls exposés et méprisés,
servaient de pionniers plutôt que de combattants. [16] Les chevaux,
plus estimés qu'eux, furent bardés de fer, leur tête fut armée de
chanfreins. [17]   80

Lois.   On ne connut guère alors de lois que celles que les plus puissants
firent pour le service des fiefs. Tous les autres objets de la justice
distributive furent abandonnés au caprice des maîtres-d'hôtel,
prévôts, baillis, nommés par les possesseurs des terres.

Les sénats de ces villes, qui sous Charlemagne et sous les   85
Romains avaient joui du gouvernement municipal, furent abolis

---

75   MSP: fut en ces massues, en cuirasses

80-81   MSP: chanfreins qui servaient de parure et de défense et dont le prix
monta souvent à des sommes excessives. ¶On

83   MSP: aux caprices

84-85   MSP: terres, et il y eut autant de coutumes que de châteaux. ¶Les

---

[13] Sur l'armure de Charlemagne, voir Daniel, livre 2 (introduction). Daniel
mentionne effectivement l'utilisation, 'sous la seconde race', de cottes de mailles 'qui
couvraient le corps de la gorge jusqu'aux cuisses' (livre 6, ch.1).

[14] Sur l'usage de la massue, voir Daniel, qui en fait remonter l'usage au temps de
Charlemagne (livre 6, ch.4).

[15] Daniel n'évoque cet usage qu'à partir du quatorzième siècle (livre 6, ch.6).

[16] Selon l'*Encyclopédie*, un pionnier est 'celui qui est employé à l'armée pour
aplanir les chemins, en faciliter le passage à l'artillerie, creuser des lignes et des
tranchées, et faire tous les autres travaux de cette espèce où il s'agit de remuer des
terres'.

[17] Voir Daniel, qui n'évoque cependant ces protections qu'à partir du quatorzième siècle (livre 6, ch.2).

8

presque partout. [18] Le mot de *senior*, *seigneur*, affecté longtemps à ces principaux du sénat des villes, ne fut plus donné qu'aux possesseurs des fiefs.

90   Le terme de pair commençait alors à s'introduire dans la langue   *Pairs.* gallo-tudesque, qu'on parlait en France. On sait qu'il venait du mot latin *par*, qui signifie *égal* ou *confrère*. On ne s'en était servi que dans ce sens sous la première et la seconde race des rois de France. Les enfants de Louis le Débonnaire s'appelèrent *Pares* dans une de leurs
95 entrevues, l'an 851, et longtemps auparavant Dagobert donne le nom de *pairs* à des moines. Godegrand, évêque de Metz, du temps de Charlemagne, appelle *pairs* des évêques et des abbés, ainsi que le marque le savant Du Cange. Les vassaux d'un même seigneur s'accoutumèrent donc à s'appeler *pairs*. [19]
100   Alfred le Grand avait établi en Angleterre les jurés: c'étaient des pairs dans chaque profession. Un homme dans une cause criminelle choisissait douze hommes de sa profession pour être juges. [20] Quelques vassaux en France en usèrent ainsi; mais le nombre

---

90   MSP: [*manchette*] *Des pairs.*
91   MSP, 53-W57G: France. Il venait
98   MSP: du Cange et Charles le Gros dans sa fameuse ordonnance nomme pairs ses gens d'armes. ¶Les vassaux
100   MSP: jurés, connus longtemps auparavant en Suède et en Danemark. C'étaient

---

[18] Le gouvernement municipal a en fait décliné dès le sixième siècle, pour ne renaître qu'à la fin du onzième. Sur les termes 'seigneur' et 'senior', voir Boulainvilliers: 'Seigneur' vient de *'senex, senior,* le plus ancien' (*Essais sur la noblesse de France*, Amsterdam, 1732, 'Dissertation sur la noblesse', n.84). Voir aussi Du Cange, *Glossarium ad scriptores mediae et infimae latinitatis* (Paris, 1733-1736, BV1115), t.3, art. 'Senior': '*Dominus, Gallis* Seigneur'.
[19] Voltaire suit Daniel, *Histoire de la milice*, livre 3, ch.1, §'Etendue du domaine royal de Hugues Capet'. La référence à Du Cange, ligne 98, renvoie à l'art. '*Pares*', t.3.
[20] Sur la création des jurés par le roi des Anglo-Saxons Alfred le Grand (878-899), voir P. Rapin de Thoyras, *Histoire d'Angleterre* (La Haye, 1724; éd. consultée, La Haye [Paris], 1749, BV2871), t.1, livre 4, §'Institution des jurés'.

des pairs n'était pas pour cela déterminé à douze. Il y en avait dans chaque fief autant que de barons, qui relevaient du même seigneur, et qui étaient pairs entre eux, mais non pairs de leur seigneur féodal. 105

Les princes qui rendaient un hommage immédiat à la couronne, tels que les ducs de Guienne, de Normandie, de Bourgogne, les comtes de Flandres, de Toulouse, étaient donc en effet des pairs de France. [21] 110

Hugues Capet. Hugues Capet n'était pas le moins puissant. Il possédait depuis longtemps le duché de France, qui s'étendait jusqu'en Touraine. Il était comte de Paris. De vastes domaines en Picardie et en Champagne lui donnaient encore une grande autorité dans ces provinces. Son frère avait ce qui compose aujourd'hui le duché de 115 Bourgogne. Son grand-père Robert et son grand-oncle Eudes ou Odon, avaient tous deux porté la couronne du temps de Charles le Simple. Hugues son père, surnommé l'abbé, à cause des abbayes de Saint Denis, de Saint Martin de Tours, de Saint Germain-des-Prés, et de tant d'autres qu'il possédait, avait ébranlé et gouverné la 120 France. Ainsi l'on peut dire que depuis l'année 910 où le roi Eudes commença son règne, sa maison a gouverné presque sans interruption; et que si on excepte Hugues l'Abbé, qui ne voulut pas

106   MSP: non pairs ou égaux de
116   MSP: et grand oncle
      53-54N: Robert le Fort et
121   MSP, 53-61: l'année 810
      54C *errata*: 888
122   MSP, 53-54N: gouverné [MSP: l'Etat] sans

[21] Voir J. Le Laboureur, *Histoire de la pairie de France et du parlement de Paris* (Londres [Trévoux], 1740; 1753, BV2019), ch.14; et l'art. 'Pairs de France', du *Grand Dictionnaire historique, ou le mélange curieux de l'histoire sacrée et profane* (Amsterdam, 1740, BV2523) de L. Moréri. La légende fait remonter l'institution de la pairie au règne de Charlemagne, mais il semble plutôt qu'elle fut instituée au douzième siècle. Outre les six pairs laïcs cités par Voltaire, il y avait également six pairs ecclésiastiques.

prendre la couronne royale, elle forme une suite de souverains de
125   plus de huit cent cinquante ans: filiation unique parmi les rois.[22]

987.

On sait comment Hugues Capet, duc de France, comte de Paris, enleva la couronne au duc Charles oncle du dernier roi Louis V. Si les suffrages eussent été libres, le sang de Charlemagne respecté, et le droit de succession aussi sacré qu'aujourd'hui, Charles aurait été
130   roi de France.[23] Ce ne fut point un parlement de la nation qui le priva du droit de ses ancêtres, comme l'ont dit tant d'historiens, ce fut ce qui fait et défait les rois, la force aidée de la prudence.

Hugues Capet s'empare du royaume à force ouverte.

124   MSP: forme aujourd'hui une
125   MSP: plus de 930 années
      MSG: plus de cinq cent cinquante années
      61 *errata*: Lisez 950 ans
131   MSP, 53-W57G: ancêtres, ce fut
132   MSP: la force et la prudence

[22] Voltaire paraît ici s'appuyer sur Daniel, *Histoire de France*, t.3, 'Troisième race', ch. 'Hugues Capet', §'Sa généalogie'. Sur Hugues le Grand ou l'Abbé et ses trois abbayes, voir l'art. de Moréri dans *Le Grand Dictionnaire*. La date de 910 (ligne 121) est aberrante, Eudes commençant son règne dès 888. On voit d'ailleurs que Voltaire a hésité entre 810 et 888 (ligne 121 var.). De même, en ce qui concerne l'ancienneté de la dynastie des Capétiens, a-t-il longuement balancé entre des chiffres tout à fait contradictoires (125 var.), en faisant remonter l'origine tantôt à Charlemagne ('950 ans'), tantôt seulement à Philippe Auguste ('cinq cent cinquante années'). Le 'grand-père' d'Hugues, Robert le Fort (mort en 866), est le premier ancêtre connu de la dynastie capétienne. Il contrôle les régions s'étendant entre Seine et Loire, ainsi que la Bourgogne. Après la déposition, en 887, de Charles III le Gros, c'est le fils aîné de Robert, Eudes 'ou Odon' (voir aussi ch.25, notre t.2, lignes 88-91) qui est élu roi de France (888-898). En 893, il désigne comme son héritier le carolingien Charles III le Simple (ch.25, lignes 152-56) qui lui succède en 893. En 922 cependant, le frère cadet d'Eudes, Robert Ier, renverse Charles III. Après sa mort au combat en 923, c'est son fils, Hugues le Grand ou l'Abbé, qui est l'homme fort du royaume, faisant successivement élire rois son beau-frère Raoul, duc de Bourgogne (923-936), puis le carolingien Louis IV d'Outremer (936-954), enfin le fils de celui-ci, Lothaire (954-986). A la mort d'Hugues le Grand, en 956, son aîné, Hugues Capet, hérite du duché de France, situé entre Seine et Loire, tandis que son cadet, Othon, reçoit la Bourgogne.

[23] Après le décès du dernier roi carolingien, Louis V (986-987), Hugues Capet (987-996) est élu roi de France en juin 987.

Tandis que Louis ce dernier roi du sang carlovingien, était prêt à finir, à l'âge de vingt-trois ans, sa vie obscure par une maladie de langueur, Hugues Capet assemblait déjà ses forces; et loin de recourir à l'autorité d'un parlement, il sut dissiper avec ses troupes un parlement qui se tenait à Compiègne pour assurer la succession à Charles. La lettre de Gerbert depuis archevêque de Rheims et pape sous le nom de Sylvestre II, déterrée par Duchesne, en est un témoignage authentique. [24]

Charles duc de Brabant et de Hainaut, Etats qui composaient la basse Lorraine, succomba sous un rival plus puissant et plus heureux que lui; trahi par l'évêque de Laon, surpris et livré à Hugues Capet, il mourut captif dans la tour d'Orléans; et deux enfants mâles qui ne purent le venger, mais dont l'un eut cette basse Lorraine, furent les derniers princes de la postérité masculine de Charlemagne. [25] Hugues Capet, devenu roi de ses pairs, n'en eut pas un plus grand domaine.

135

140

145

136   MSP: l'autorité des parlements
      53-54N: avec des troupes

[24] Formule assez analogue, mais qui insiste plus sur la procédure élective, dans les *Annales*, année 987: 'Hugues Capet prouve par l'adresse et par la force que le droit d'élire était alors en vigueur.' Voltaire suit manifestement Boulainvilliers, *Etat de la France* (Londres, 1737, BV504), ch. 'Louis V', qui cite en latin et traduit en français la lettre 59 de Gerbert d'Aurillac, alors écolâtre de Reims, à l'évêque Thierry de Metz, publiée par A. Du Chesne, *Historiae Francorum scriptores* (Paris, 1636), t.2, p.803. Boulainvilliers conteste formellement le 'consentement général des Français assemblés dans un parlement' que laissait entendre Mézeray (ch. 'Hugues Capet', année 987).

[25] En 988, Charles, duc de Basse-Lorraine (977-991), frère du roi Lothaire et oncle de Louis V, est proclamé roi, à Laon, par ses partisans. Défait et emprisonné par Hugues Capet en 991, il meurt l'année suivante. A propos de ses fils, Voltaire suit Mézeray, ch. 'Hugues Capet', année '994 et suiv.'. Othon est en effet duc de Basse-Lotharingie de 987 à 1012. Louis meurt en bas âge.

CHAPITRE 39

Etat de la France aux dixième et onzième siècles. Excommunication du roi Robert.

La France démembrée, languit dans des malheurs obscurs depuis Charles le Gros jusqu'à Philippe Ier arrière-petit-fils de Hugues

a-131 [*Première rédaction de ce chapitre*: MSP]
a MSP: Chapitre 22
  W56-W57G: Chapitre 29
  61: Chapitre 35
b-c MSP, 53-W57G: siècles.//

---

* Présent dès le manuscrit, dont Voltaire éliminera quelques remarques ou détails lors de la première édition, ce chapitre, qui constitue clairement la suite du ch.38, dresse de la France des dixième et onzième siècles, et des 'malheurs obscurs' (ligne 1) qui l'accablent, un portrait peu flatteur. 'Confusion, tyrannie, barbarie et pauvreté' (lignes 6-7), voilà la vision que Voltaire donne de cette époque féodale dans laquelle il ne voit que désordre et loi du plus fort. Mais il va surtout longuement s'attarder sur l'intolérable abus que les papes font, à ses yeux, de leur pouvoir en brandissant contre les souverains l'arme, quelque peu factice (lignes 43-45), de l'excommunication (ligne 59 var.). Il évoque d'abord (lignes 11-42) le cas du roi Robert II le Pieux, trop complaisant face à 'l'insolence' (ligne 23) d'un pape 'gouverné' à la fois par son futur successeur Gerbert et par le clan impérial (lignes 25-30). Il en profite pour exercer son esprit critique contre la crédulité de certains historiens à propos de l'impact supposé de cette excommunication sur la population, ou encore du châtiment 'monstrueux' du souverain que rapporte le cardinal Pierre Damien (lignes 3-42). Puis, il en vient à Philippe Ier, excommunié comme son grand-père pour des raisons matrimoniales (lignes 48-68). Au passage, il souligne, comme il aime à le faire, le côté paradoxal et quelque peu ridicule des événements et du comportement des puissants (lignes 59-65), ou encore le déséquilibre entre des souverains affaiblis, et une 'autorité ecclésiastique', très avilie (lignes 94-98) mais que 'l'opinion' (ligne 65 var.), ici dénoncée comme agent de 'la superstition' (ligne 48, manchette), rend 'terrible'. Deux siècles avant l'ère des *mass media*, il met donc déjà en accusation 'la tyrannie de l'opinion', mais c'est surtout à la 'populace', en tous temps ignorante et crédule, qu'il pense en l'occurrence (voir ci-dessous, ch.46, lignes 403-10, et l'art. 'Peuple' de R. Mortier, *DgV*, p.932-34), et le message s'adresse donc surtout, ici, à ses

Capet, près de deux cent cinquante années. [1] Nous verrons si les croisades, qui signalèrent le règne de Philippe Ier à la fin du onzième siècle, rendirent la France plus florissante. [2] Mais dans l'espace de temps dont je parle, tout ne fut que confusion, tyrannie, barbarie et pauvreté. Chaque seigneur un peu considérable, faisait battre monnaie, mais c'était à qui l'altérerait. [3] Les belles manufactures étaient en Grèce et en Italie. Les Français ne pouvaient les

7 MSP: seigneur considérable
8 MSP: l'altérerait. Quelques deniers d'argent de ces temps-là qui nous sont parvenus, prouvent qu'il y avait deux tiers d'alliage. Les

contemporains. La conclusion que Voltaire souhaite amener le lecteur à tirer de ces deux siècles d'histoire de France est exprimée aux lignes 91-93: on est alors encore dans 'l'enfance du genre humain' pour ce qui est du 'gouvernement', de 'la religion', du 'commerce', des 'arts' et des 'droits des citoyens', en somme pour tout ce qui est de la civilisation. Dans un chapitre de synthèse, où le commentaire occupe une place relativement importante, Voltaire fait assez peu appel aux sources. On retrouve cependant les habituels Daniel (*Histoire de France*), Fleury (*Histoire ecclésiastique*) et Mézeray (*Abrégé chronologique de l'histoire de France*), auxquels s'ajoute notamment, comme souvent lorsqu'il est question des 'turpitudes' de l'Eglise de Rome, le théologien gallican L.-E. Dupin (*Histoire des controverses et des matières ecclésiastiques traitées dans le onzième siècle*, Paris, 1694-1698; 1724, BV1165).

[1] 224 années exactement, entre l'avènement comme roi de France en 884 de l'empereur d'Occident Charles III le Gros, et la mort, en 1108, de Philippe Ier. L'emploi de l'expression 'la France démembrée' montre à la fois l'horreur que Voltaire éprouve pour tout pouvoir faible, et son adhésion à une conception finaliste de l'histoire: cette 'France' dont il invoque déjà ici l'image, c'est le pays unifié et centralisé que vont peu à peu construire, du seizième au dix-huitième siècle, les monarques absolus.

[2] Voir ci-dessous, ch.53-59.

[3] Voir F. Le Blanc, *Traité historique des monnaies de France* (Amsterdam, 1690; 1692, BV1693), ch. 'Troisième race': 'sur la fin de la seconde race, tous les seigneurs du royaume un peu considérables se [sont] appropriés le droit de battre monnaie, chacun la faisant de poids et de loi [pour 'd'aloi'] différente [...] on mêla un tiers de cuivre avec deux tiers d'argent' (voir ligne 8 var. MSP).

10 imiter dans les villes sans privilèges, et dans un pays sans union. [4]

De tous les événements de ce temps, le plus digne de l'attention
d'un citoyen, est l'excommunication du roi Robert. [5] Il avait épousé
Berthe sa cousine au quatrième degré; mariage en soi légitime, et de
plus nécessaire au bien de l'Etat. [6] Nous avons vu de nos jours des
15 particuliers épouser leurs nièces, et acheter au prix ordinaire les
dispenses à Rome, comme si Rome avait des droits sur des
mariages qui se font à Paris. [7] Le roi de France n'éprouva pas
autant d'indulgence. L'Eglise romaine, dans l'avilissement et les
scandales où elle était plongée, osa imposer au roi une pénitence de
20 sept ans, lui ordonna de quitter sa femme, l'excommunia en cas de
refus. Le pape interdit tous les évêques qui avaient assisté à ce
mariage, et leur ordonna de venir à Rome lui demander pardon. [8]

10   K: dans des villes sans liberté ou, comme on a parlé longtemps, sans
privilèges
10-11   MSP: union. Ils abandonnaient le commerce aux Lombards et aux Juifs
dont l'industrie profitait du désordre de la France. ¶De
11   MSP: [*manchette*] *Le roi Robert excommunié.*
15-16   MSP: ordinaire leurs dispenses
16   MSP: droits d'impôt sur

[4] Voltaire lie explicitement le développement des 'manufactures' aux privilèges,
fiscaux notamment, qu'accorderont plus tard les souverains aux villes. L'allusion, dans
MSP, aux Juifs et aux Lombards était un argument supplémentaire en vue de démontrer
l'état de déliquescence économique de la France aux dixième et onzième siècles.
[5] Robert II (996-1031), fils et successeur d'Hugues Capet.
[6] Voltaire oublie de signaler que Robert a répudié sa première épouse, Rosala, fille
du roi Bérenger d'Italie, pour épouser Berthe qui est sa maîtresse et, de plus, lui
apporte ses droits sur la Bourgogne.
[7] Ainsi, par exemple, le trésorier général de la maison du roi, Augustin Bouret de
Villaumont, a-t-il, en 1743, épousé la fille de sa sœur, Marie-Jeanne Préaudeau. Peut-
être faut-il voir là, également, une allusion discrète adressée à Mme Denis?
[8] Voir aussi l'art. 'Droit canonique' des *QE* (*OCV*, t.40, p.570-71, §7, 'Dispenses
de mariage'), et cet extrait de l'art. 'Yvetot' du fonds de Kehl qui indique la source de
Voltaire: 'Enfin, ce qui semble incroyable, le jésuite Daniel [ch. 'Robert', année 998]
rapporte que, l'an 998, le roi Robert fut excommunié par Grégoire V, pour avoir
épousé sa parente au quatrième degré. Tous les évêques qui avaient assisté à ce
mariage furent interdits de la communion jusqu'à ce qu'ils fussent allés à Rome faire

Tant d'insolence paraît incroyable; mais l'ignorante superstition de ces temps peut l'avoir soufferte, et la politique peut l'avoir causée. Grégoire V qui fulmina cette excommunication, était Allemand, et gouverné par Gerbert, ci-devant archevêque de Rheims, devenu ennemi de la maison de France. L'empereur Othon III peu ami de Robert, assista lui-même au concile où l'excommunication fut prononcée. [9] Tout cela fait croire que la raison d'Etat eut autant de part à cet attentat que le fanatisme.

Superstition horrible, mais non prouvée.

Les historiens disent que cette excommunication fit en France tant d'effet, que tous les courtisans du roi et ses propres domestiques l'abandonnèrent, et qu'il ne lui resta que deux serviteurs, qui jetaient au feu le reste de ses repas, ayant horreur de ce qu'avait touché un excommunié. [10] Quelque dégradée que fût alors la raison humaine, il n'y a pas d'apparence que l'absurdité pût aller si loin. Le premier auteur qui rapporte cet excès de l'abrutissement de la cour de France, est le cardinal Pierre Damien, qui n'écrivit que

23   53-w68: Tant d'audace paraît
26-27   MSP: Rheims, chassé de son siège à la vérité par les légats du pape, mais devenu ennemi de la France
        53-w68: Rheims, ennemi
34   MSP: ce qu'il avait
35-36   MSP: la nature humaine
37   MSP, 53-54N: qui a écrit cet

satisfaction au Saint-Siège' (*M*, t.20, p.607-608). Pour ce qui est de 'l'avilissement' et des 'scandales' évoqués par Voltaire, voir au ch.35 les intrigues et la débauche à l'époque de Marozie et des deux Théodora (notre t.2, p.482-93).

[9] Bruno de Carinthie, pape sous le nom de Grégoire V (996-999) est un cousin de l'empereur Othon III (983-1002). Son successeur, Sylvestre II (999-1003), ou Gerbert d'Aurillac, est l'ancien précepteur d'Othon, qu'il rallie en 997 (ci-dessous, lignes 94-104). Sur la présence d'Othon au concile, voir Fleury, livre 57, année 998, §57.

[10] Voir ci-dessus, n.8, la référence à Daniel, duquel Voltaire tire également le passage suivant de son art. 'Yvetot': 'Les peuples, les courtisans même, se séparèrent du roi; il ne lui resta que deux domestiques qui purifiaient par le feu toutes les choses qu'il avait touchées' (p.608). Sur les doutes de Voltaire à ce sujet, voir ci-dessous, lignes 66-68.

soixante-cinq ans après. Il rapporte qu'en punition de cet inceste
40   prétendu, la reine accoucha d'un monstre; mais il n'y eut rien de
monstrueux dans toute cette affaire, que l'audace du pape, et la
faiblesse du roi qui se sépara de sa femme. [11]

Les excommunications, les interdits sont des foudres qui
n'embrasent un Etat que quand ils trouvent des matières combus-
45   tibles. Il n'y en avait point alors; mais peut-être Robert craignait-il
qu'il ne s'en formât.

La condescendance du roi Robert enhardit tellement les papes,   *Autres*
que son petit-fils Philippe Iᵉʳ fut excommunié comme lui. D'abord   *superstitions.*
le fameux Grégoire VII le menaça de le déposer en 1075 s'il ne se
50   justifiait de l'accusation de simonie devant ses nonces. [12] Un autre

39   MSP, 53-54N: soixante-quatre ans
45   MSP: point pour lors
     W56-W57G: craignit-il
45-47   MSP: craignit qu'il ne s'en formât et que quelque vassal n'en profitât pour
le traiter comme Hugues Capet son père avait traité les descendants de Charlemagne.
¶La condescendance
   47   MSP: [*manchette*] *Philippe Iᵉʳ excommunié.*
   49   MSP: Grégoire VII, dont j'aurai tant à parler, le menaça
   50   MSP: simonie. Un

[11] Voltaire est plus explicite à l'art. 'Yvetot': 'Le cardinal Damien et Romualde
ajoutent même qu'un matin Robert étant allé [...] dire ses prières [...] Abbon, abbé de
Fleury, suivi de deux femmes du palais qui portaient un grand plat de vermeil
couvert d'un linge [...] lui annonce que Berthe vient d'accoucher; et découvrant le
plat: "Voyez, lui dit-il, les effets de votre désobéissance" [...] Robert regarde, et voit
un monstre qui avait le cou et la tête d'un canard. Berthe fut répudiée, et
l'excommunication enfin levée' (p.608). Pier Damiani (1007-1072), ou 'saint
Pierre Damien', est l'auteur, vers 1042, d'une *Vita SS. patriarchae Romualdi,
Camaldulensium fundatoris* (éd. Rome, 1666). Au ch.20 du *Traité sur la tolérance*
(1763), c'est d'une oie qu'accouche la reine Berthe.
[12] Voir Mézeray, années 1073, 1074; Daniel, ch. 'Philippe I', §'Il tâche de faire
soulever le royaume contre le roi'. Philippe Iᵉʳ (1060-1108) est le fils et successeur
d'Henri Iᵉʳ. Sur ses rapports avec Grégoire VII (1073-1085), voir également ci-
dessous, ch.46, lignes 90-95.

pape l'excommunia en effet. [13] Philippe s'était dégoûté de sa femme, et était amoureux de Bertrade, épouse du comte d'Anjou. Il se servit du ministère des lois pour casser son mariage, sous prétexte de parenté: et Bertrade sa maîtresse fit casser le sien avec le comte d'Anjou, sous le même prétexte. [14]

Le roi et sa maîtresse furent ensuite mariés solennellement par les mains d'un évêque de Bayeux. Ils étaient condamnables; mais ils avaient au moins rendu ce respect aux lois, de se servir d'elles pour couvrir leurs fautes. Quoi qu'il en soit, un pape avait excommunié Robert, pour avoir épousé sa parente, et un autre pape excommunia Philippe pour avoir quitté sa parente. Ce qu'il y a de plus singulier, c'est qu'Urbain II qui prononça cette sentence, la prononça dans les propres Etats du roi, à Clermont en Auvergne, où il vint chercher un asile, et dans ce même concile où nous verrons qu'il prêcha la croisade.

Cependant, il ne paraît point que Philippe excommunié ait été en horreur à ses sujets; c'est une raison de plus pour douter de cet abandon général où l'on dit que le roi Robert avait été réduit.

55

60

65

---

59   MSP: fautes. Ce n'était pas aux pontifes de Rome à juger si un roi de France abusait ou non de ces lois. Les conséquences en seraient trop dangereuses. Quoi

64   MSP, 53-w68: venait

65-66   MSP: croisade. On sent par là combien la puissance <régale> ^{V}royale$^+$ était faible et combien l'opinion rendait l'autorité ecclésiastique terrible. ¶Cependant

67   MSP: sujets et à ses domestiques; c'est

---

[13] Urbain II (1088-1099), continuateur de la politique de Grégoire VII, excommunie Philippe Ier en 1095.

[14] Cette réflexion de Voltaire sur le contexte politique nécessaire à l'efficacité d'une excommunication contre un souverain est unique dans son œuvre, même s'il revient bien entendu, à de très nombreuses reprises, sur les excommunications fulminées par les différents papes, qu'il se plaît généralement à tourner en dérision. Philippe Ier enlève Bertrade de Montfort (morte vers 1118) et l'épouse en 1092. Voltaire suit Mézeray, qui évoque l'évêque de Bayeux (Eudes – Odon de Conteville – demi-frère de Guillaume le Conquérant), les liens de parenté et le concile de Clermont (années 1093-1096).

Ce qu'il y eut d'assez remarquable, c'est le mariage du roi Henri *Une Russe*
70 père de Philippe, avec une princesse de Russie, fille d'un duc *épouse du roi*
nommé Jaraslau. [15] On ne sait si cette Russie était la Russie noire, la *Henri Ier.*
blanche, ou la rouge. [16] Cette princesse était-elle née idolâtre, ou
chrétienne, ou grecque? Changea-t-elle de religion pour épouser
un roi de France? Comment dans un temps où la communication
75 entre les Etats de l'Europe était si rare, un roi de France eut-il
connaissance d'une princesse du pays des anciens Scythes? Qui
proposa cet étrange mariage? L'histoire de ces temps obscurs ne
satisfait à aucune de ces questions. [17]

70-81   MSP, 53-W57G: princesse moscovite. Les Moscovites ou Russes commençaient à être chrétiens, mais ils n'avaient aucun commerce avec le reste de
l'Europe. Ils habitaient au-delà de la Pologne, à peine chrétienne elle-même, et sans
autre [53: aucune] correspondance avec la France. Cependant le roi Henri envoya
5 jusqu'en Russie demander la fille du souverain, à qui les autres Européens [MSP: les
autres couronnes] donnaient le titre de duc, aussi bien qu'au chef de la Pologne. Les
Russes le nommaient dans leur langue tzaar dont on a fait depuis le mot de czar. On
prétend que Henri se détermina à ce mariage dans la crainte [MSP: de peur] d'essuyer
des querelles ecclésiastiques. ¶De toutes

[15] On ne sait d'où Voltaire tire l'orthographe 'Jaraslau', présente dès MSP
(lignes 84-85 var.), mais qu'on ne trouve chez aucun autre auteur (Daniel,
année 1059, écrit 'Jarodislas'; Mézeray, année 1060, 'Jurisclod'; le traducteur de
l'ouvrage de P. J. von Strahlenberg, *Description historique de l'empire russien*,
Amsterdam, 1757, BV3215, 'Iaroslave', ch.10, note). Henri Ier (1031-1060) épouse,
en 1051, en secondes noces, Anne de Kiev, fille du grand-prince Iaroslav le Sage.
[16] Selon le *Dictionnaire géographique universel* (Amsterdam et Utrecht, 1701): la
'Russie noire' est 'cette partie de la Moscovie, qui s'étend depuis les sources du
Boristhène [le Dniepr] et du Don jusqu'à la Grande Tartarie'; la Russie blanche
'comprend tout ce que les Moscovites possèdent au couchant des sources du Don et
du Boristhène, avec la Russie Lithuanique'; la Russie rouge 'est une des grandes
parties du royaume de Pologne. Elle est bornée au couchant par la Haute Pologne, au
nord par la Lithuanie, au levant par les Petits Tartares, et au midi par la Moldavie, la
Transylvanie, et une partie de la Hongrie. Elle comprend la Russie rouge
particulière, la Volhynie et la Podolie.'
[17] La source principale alors sur l'histoire de la Russie ancienne, l'ouvrage du
Suédois d'origine allemande P. J. von Strahlenberg (1676-1747), d'abord publié en

Il est à croire que le roi des Français Henri Ier rechercha cette alliance, afin de ne pas s'exposer à des querelles ecclésiastiques. De toutes les superstitions de ces temps-là, ce n'était pas la moins nuisible au bien des Etats, que celle de ne pouvoir épouser sa parente au septième degré.[18] Presque tous les souverains de l'Europe étaient parents de Henri. Quoi qu'il en soit, Anne, fille d'un Jaraslau, duc inconnu d'une Russie alors ignorée, fut reine de France; et il est à remarquer qu'après la mort de son mari, elle n'eut point la régence, et n'y prétendit point. Les lois changent selon les temps. Ce fut le comte de Flandre, un des vassaux du royaume, qui en fut régent.[19] La reine veuve se remaria à un comte de Crépi. Tout cela serait singulier aujourd'hui, et ne le fut point alors.[20]

80
85
90

84-85 MSP, 53-W57G: fille de Jaraslau, tzar de Moscovie, fut reine
87 MSP: [manchette] *Régence non donnée aux mères.*
　　 MSP: prétendit pas.
90-125 MSP, 53-W57G: alors. ¶Ni Henri, ni Philippe I ne firent rien de mémorable, mais de leur temps leurs vassaux et [MSP: leurs] arrière-vassaux [MSP: arrières-vassaux] conquirent des royaumes. [MSP, 53: royaumes.//]

---

allemand (*Das nord- und östliche Theil von Europa und Asia*, Stockholm, 1730), puis en anglais (*An histori-geographical description of the north and eastern part of Europe and Asia*, Londres, 1736) et dont seule la partie historique est disponible en français à partir de 1757 (voir ci-dessus, n.15), ne donne en effet aucune précision au sujet de la religion de la reine. La famille d'Anne est chrétienne depuis le baptême, en 987 ou 988, de son grand-père, Vladimir Ier, père de Iaroslav. C'est vraisemblablement ce dernier qui est à l'origine du mariage, puisqu'il marie ses deux autres filles aux rois de Hongrie et de Norvège.

[18] Cette défense est notamment mentionnée par Fleury (livre 61, année 1063, §14), qui la fait remonter au pape Calixte Ier (217-222), et Mézeray (ch. 'Philippe II. Eglise du douzième siècle', §'Puissance des papes').

[19] A la mort de son père Henri Ier, Philippe a environ huit ans. Le comte Baudouin V de Flandre (1036-1067), époux d'Adèle de France, est son oncle. Mézeray indique qu'une fois veuve, la reine Anne 'se retira à Senlis, où elle faisait bâtir une église à l'honneur de saint Vincent martyr' (année 1060).

[20] Les historiens sont partagés quant à l'accueil fait à ce mariage. Dans son *Nouvel Abrégé chronologique de l'histoire de France* (Paris, 1744; Paris, 1756, BV1618), C.-J.-F. Hénault écrit, faisant visiblement allusion au problème juridique du mariage d'une reine avec un de ses anciens sujets: 'Ces sortes de mariages n'étaient point alors

En général, si on compare ces siècles au nôtre, ils paraissent l'enfance du genre humain, dans tout ce qui regarde le gouvernement, la religion, le commerce, les arts, les droits des citoyens.

C'est surtout un spectacle étrange que l'avilissement, le scandale de Rome, et sa puissance d'opinion subsistant dans les esprits au milieu de son abaissement, cette foule de papes créés par les empereurs, l'esclavage de ces pontifes, leur pouvoir immense dès qu'ils sont maîtres, et l'excessif abus de ce pouvoir. Sylvestre II, Gerbert, ce savant du dixième siècle, qui passa pour un magicien, parce qu'un Arabe lui avait enseigné l'arithmétique et quelques éléments de géométrie, ce précepteur d'Othon III chassé de son archevêché de Rheims du temps du roi Robert, nommé pape par l'empereur Othon III conserve encore la réputation d'un homme éclairé, et d'un pape sage.[21] Cependant, voici ce que rapporte la chronique d'Ademar, Chabanois, son contemporain et son admirateur.[22]

---

regardés comme des mésalliances' (Tableau de la 'Troisième race', année 1060). Par contre, L. Moréri, *Le Grand Dictionnaire*, art. 'Henri I', écrit que 'peu s'en fallut que ces secondes noces n'allumassent une guerre civile'. On sait en effet que Raoul III de Valois, dit aussi 'de Crepy' (mort en 1074), qui est marié et a répudié sa première épouse pour épouser Anne, est excommunié en 1064.

[21] Le terme de 'magicien' se trouve dans Moréri, art. 'Silvestre II', tout comme dans la *Nouvelle Bibliothèque des auteurs ecclésiastiques* (Paris, 1690-1730, BV1167) de L.-E. Dupin, t.7, ch.3, §'Ecrits de Gerbert'. Silvestre II (999-1003) s'initie aux sciences dans l'Espagne musulmane à la fin des années 960 et est considéré, à son retour, comme le premier savant de la chrétienté. Précepteur, à Reims, du futur roi de France Robert II et du futur empereur d'Allemagne Othon III, il en est élu archevêque en 991. En désaccord avec le pape Grégoire V (voir lignes 26-27 var. MSP) et peu soutenu par Robert Iᵉʳ, il quitte son siège en 997 et se réfugie auprès de l'empereur, qui l'impose comme pape deux ans plus tard.

[22] Voltaire suit Dupin, *Histoire des controverses*, ch.4, §'Silvestre II'. Adémar de Chabannes (988-1034), moine à Saint-Martial de Limoges, est l'auteur d'une chronique intitulée tantôt *Historia Francorum*, tantôt *Gesta regum Francorum*. L'affaire oppose, en 1003, l'évêque d'Angoulême Grimoald (993-1018) au vicomte Gui Iᵉʳ de Limoges (988-1025). Voir J. Chavanon, *Adémar de Chabannes. Chronique, publiée d'après les manuscrits* (Paris, 1897), livre 3, §36, p.160, ou, en trad. fr., Y. Chauvin et G. Pon, *Adémar de Chabannes, Chronique* (Turnhout, 2003).

*Etrange
jugement à
Rome contre un
seigneur
français.*

Un seigneur de France Guy, vicomte de Limoges, dispute quelques droits de l'abbaye de Brantôme à un Grimoad évêque d'Angoulême; l'évêque l'excommunie; le vicomte fait mettre l'évêque en prison. Ces violences réciproques étaient très com- 110
munes dans toute l'Europe, où la violence tenait lieu de loi.

Le respect pour Rome était alors si grand dans cette anarchie universelle, que l'évêque sorti de sa prison, et le vicomte de Limoges allèrent tous deux de France à Rome plaider leur cause devant le pape Sylvestre II en plein consistoire. Le croira-t-on? Ce 115
seigneur fut condamné à être tiré à quatre chevaux; et la sentence eût été exécutée, s'il ne se fût évadé. L'excès commis par ce seigneur, en faisant emprisonner un évêque qui n'était pas son sujet, ses remords, sa soumission pour Rome, la sentence aussi barbare qu'absurde du consistoire, peignent parfaitement le 120
caractère de ces temps agrestes. [23]

Au reste, ni le roi des Français Henri Ier fils de Robert, ni Philippe Ier fils de Henri, ne furent connus par aucun événement mémorable; mais de leur temps, leurs vassaux et arrière-vassaux conquirent des royaumes. 125

Nous allons voir comment quelques aventuriers de la province de Normandie, sans biens, sans terres, et presque sans soldats, fondèrent la monarchie des deux Siciles, qui depuis fut un si grand sujet de discorde entre les empereurs de la dynastie de Suabe et les papes, entre les maisons d'Anjou et d'Arragon, entre celles 130
d'Autriche et de France.

122   61-w75G: reste, le roi

[23] Voir aussi ch.12, où évoquant les 'premiers Francs', Voltaire mentionne 'leur langage grossier, et leurs mœurs encore plus agrestes' (notre t.2, p.223). L'adjectif 'agreste' (qui, souligne Furetière, vient du grec *agrion*, 'âpre') n'a pas alors la connotation 'bucolique' et 'champêtre' qu'il a dans le monde urbanisé d'aujourd'hui. Voir, par exemple, l'art. 'Sauvages' de de Jaucourt, dans l'*Encyclopédie*: 'peuples barbares qui vivent sans lois, sans police, sans religion, et qui n'ont point d'habitation fixe. Ce mot vient de l'Italien *salvagio*, dérivé de [...] *silvaticus*, qui signifie la même chose que *silvestris*, agreste, ou qui concerne les bois et les forêts, parce que les sauvages habitent ordinairement dans les forêts').

CHAPITRE 40

Conquête de Naples et Sicile
par des gentilshommes[1] normands.

Quand Charlemagne prit le nom d'empereur, ce nom ne lui donna

a-246   [*Première rédaction de ce chapitre*: MSP, W56]
a   MSP: Chapitre 23
    W56-W57G: Chapitre 30
    61: Chapitre 36
b-c   MSP, 53-54N: *Conquête de la Sicile par les Normands.*
1-34   MSP, 53-54N: [*absentes*]

* Le onzième siècle voit l'ascendance des Normands. Voltaire accorde trois chapitres à leurs conquêtes en Italie du sud (ch.40, 41) et en Angleterre (ch.42). Admirateur des héros, Voltaire peint des Normands un portrait vif et flatteur. Il ne lui semble pas que leur cruauté l'emporte sur celle de leurs adversaires, et il ne s'arrête pas sur cet aspect. Il ignore également les plaintes portées contre eux aux papes et aux empereurs d'Occident. Dans la version primitive du texte, les ch.40 et 41 ne font qu'un seul chapitre, assez bref. Voltaire tire certains renseignements des livres 59-68 de Fleury, *Histoire ecclésiastique*, ainsi que de Bruys, *Histoire des papes*, mais l'histoire normande ne figurant qu'en filigrane chez les historiens de l'Eglise, il s'appuie principalement pour ces chapitres sur les livres 8-11 de P. Giannone, *L'Histoire civile du royaume de Naples* (1723; trad. fr. 1724; éd. consultée, 3 vol., La Haye, 1742, BV1464), qu'il commande en décembre 1742 (D2698); plusieurs traces de lecture témoignent de son attention (*CN*, t.4, p.91 et suiv.). Il possédait également la réédition italienne de 1762-1763 de l'histoire de Giannone (BV1465), mais aucune variante importante ne figure dans le texte de nos deux chapitres après cette date. Voltaire avait connaissance également du récit beaucoup plus abrégé, basé sur Giannone, qui se trouve dans l'*Introduction à l'histoire moderne, générale et politique de l'Univers*, de S. Pufendorf, augmentée par Bruzen de La Martinière (nouv. éd., M. de Grace, Paris, 1753-1759), t.2, ch.3, 'Des royaumes de Naples et de Sicile', p.87-100. Cette édition de Pufendorf ne se trouve pas dans la bibliothèque de Voltaire, mais il possédait la première édition de 1722 (BV2829), ainsi que celle de 1743-1747 que La Martinière lui avait fait parvenir dès sa première parution (D2906; BV2830). En septembre 1754, pendant son séjour à Colmar, Voltaire demande à Lambert 'de vouloir bien joindre à l'envoi des livres spécifiés dans mon petit mémoire, les deux volumes du nouveau Pufendorf qui viennent de paraître à Paris contenant l'Asie et l'Italie' (D5931). La réécriture du texte concernant les Normands en Italie en 1756

23

que ce que ses armes pouvaient lui assurer. ² Il se prétendait
dominateur suprême du duché de Bénévent, qui composait alors

---

est donc peut-être la conséquence d'une relecture de Pufendorf. Voltaire possédait
encore deux ouvrages dont il a pu également se servir: le premier tome de l'*Histoire
des rois des Deux-Siciles* de C.-P. Monthenault d'Egly, 4 vol. (Paris, 1741, BV2504),
basé sur Giannone mais écrit dans un tout autre esprit; plus tard il a acquis l'*Abrégé
chronologique de l'histoire générale d'Italie* de Ch.-H. Lefebvre de Saint-Marc (Paris
1761-1766, BV1992). Rien n'indique que Voltaire ait fait un usage particulier de
Levesque de Burigny, dans les livres 3-4 de son *Histoire générale de Sicile* (2 vol., La
Haye, 1745), mais il ne peut pas avoir ignoré l'ouvrage de son ancien professeur de
rhétorique au Collège Louis-le-Grand, Claude Buffier, *Histoire de l'origine du
royaume de Sicile et de Naples* (Paris, 1701). Les sources utilisées ou citées par les
historiens sont avant tout les chroniques contemporaines écrites à la demande des
ducs normands eux-mêmes, ou bien qui leur sont présentées comme offrande, et qui
sont par conséquent peu critiques de leurs conquêtes et de leurs 'usurpations' – terme
cher à Voltaire. Citons en particulier les *Gesta Roberti Wiscardi* de G. de la Pouille,
poème épique en cinq livres qui raconte l'histoire des Normands en Italie depuis
l'arrivée des frères de Hauteville en 1035 jusqu'à la mort de Robert Guiscard en 1085,
et, de G. Malaterra, *De rebus gestis Rogerii Calabriae et Siciliae comitis et Roberti
Guiscardi ducis fratris eius*, récit au sujet des guerres de Roger. La *Chronica monasterii
Casinensis* de Léon d'Ostie (*c.*1045-1115) et *L'Histoire de li Normant* d'Amatus de
Montecassino (écrite entre 1071 et 1086) sont plus favorables à la papauté. Aucune de
ces chroniques n'était disponible en français moderne au dix-huitième siècle, et nous
n'avons pas de raison de croire que Voltaire les a consultées. Comme source
intermédiaire, il y avait F. Guicciardini, *La Storia d'Italia* (Genève, 1621, BV1569),
ainsi que les *Annali d'Italia* de L. A. Muratori (Milan, 1744-1749). Voltaire aurait pu
également trouver des renseignements dans L.-E. Dupin, *Histoire des controverses et
des matières ecclésiastiques traitées dans l'onzième siècle* (Paris, 1724). Parmi les sources
secondaires ultérieures, le récit détaillé de F. Chalandon, *La Domination normande en
Italie et en Sicile* (Paris, 1907), reste inégalé; on peut également consulter G. A.
Loud, *The Age of Robert Guiscard: southern Italy and the Norman conquest* (Londres,
2000). A part dans sa tragédie *Tancrède* (1760), dont les personnages sont
imaginaires, les Normands du Sud semblent avoir laissé peu de traces dans la
pensée et la littérature de Voltaire.

¹ Le choix de ce mot semble ironique ou provocateur étant donné le contexte.
Voltaire utilise-t-il délibérément le mot de façon équivoque? Il soulignerait ainsi que
la conquête normande de l'Italie, contrairement à celle de l'Angleterre, est le fait de
simples chevaliers, et non pas de la haute aristocratie. Voir ci-dessous, ch.41,
ligne 103. Le terme est également employé par Giannone (par exemple, livre 9, t.2,
p.3), et par d'Egly (p.5).

² Cf. le *Saint-Fargeau notebook*: 'Le titre d'*Empereur* ne fut pour Charlemagne

une grande partie des Etats connus aujourd'hui sous le nom du
5   royaume de Naples. [3] Les ducs de Bénévent, plus heureux que les
rois lombards, lui résistèrent ainsi qu'à ses successeurs. [4] La Pouille,
la Calabre, la Sicile furent en proie aux incursions des Arabes. Les
empereurs grecs et latins se disputaient en vain la souveraineté de
ces pays. Plusieurs seigneurs particuliers en partageaient les
10   dépouilles avec les Sarrasins. [5] Les peuples ne savaient à qui ils

---

qu'un nom de plus. Il n'était guères pas plus puissant que Théodoric; car Théodoric
avait toute l'Italie, la Sicile, la Norique, la Dalmatie, la Pannonie jusqu'à Sirmium'
(*OCV*, t.81, p.121). Cette assertion semble aller à l'encontre d'une vérité reçue: c'est
le pape Léon III qui, à la grande surprise, dit-on, de Charlemagne, le proclama
Imperator Augustus le 25 décembre 800 (ch.16, notre t.2, p.273-74). Voltaire
soupçonne l'empereur d'avoir convoité le titre et de l'avoir pris fort volontiers,
comme cette entrée en matière le laisse supposer.

[3] Dans la première moitié du dixième siècle l'Italie méridionale est caractérisée par
la reconstitution des *signorie* lombardes de Capoue et de Bénévent. Dans la deuxième
moitié du siècle, jusqu'à 981, elle est divisée – à l'exception de la principauté de
Salerne, autonome – en deux blocs opposés: d'un côté la principauté de Capoue et
Bénévent (sous influence lombarde) et de l'autre la zone du 'catapanat d'Italie', sous
influence byzantine, à laquelle il faut ajouter le 'thème' de Calabre, gouverné par le
'stratego' de Reggio. La dynastie lombarde de Capoue et Bénévent, qui veut se
soustraire à l'influence byzantine, s'appuie sur Othon Ier puis sur Othon II qui
voudraient reprendre le pouvoir en Italie du sud et qui cherchent des alliés contre
Byzance. Ce qui reste de l'empire d'Orient (tradition grecque) s'oppose à ce qui reste
de l'empire d'Occident continué par les Carolingiens (tradition franque). Malgré la
résistance de la culture grecque (particulièrement à Tarante), la culture lombarde
domine, notamment dans les domaines du droit et de l'administration.

[4] Cf. le *Saint-Fargeau notebook:* 'Charlemagne ne possédait pas le duché de
Bénévent, fort étendu alors, et qui faisait les limites des deux empires' (p.119), ainsi
que le ch.16 (notre t.2, p.275). La principauté de Bénévent entre en crise au moment
de la reprise des incursions des Sarrasins, à la suite de l'échec de l'action militaire
d'Othon II en Italie méridionale. La faiblesse byzantine, le désagrègement lombard
et l'échec allemand se conjuguent et entraînent les petites villes vers un mouvement
d'autonomie locale qui annonce les Communes. Cf. Giannone: 'Le duché de
Bénévent fut le seul qui ne passa point sous la domination des Français. Malgré
toutes les tentatives que firent Charlemagne et Pépin son fils [...] ils ne purent jamais
soumettre ce duché' (livre 6, ch.1, t.1, p.475). Même chose chez Pufendorf (t.2, p.88;
les ouvrages de Pufendorf et Giannone n'étant pas divisés par années, nous
fournissons les numéros de page de l'éd. consultée).

[5] Voir toujours Pufendorf: 'les Bénéventins et les Napolitains se virent par la suite

appartenaient, ni s'ils étaient de la communion romaine, ou de la grecque, ou mahométans. [6] L'empereur Othon Ier exerça son autorité dans ces pays en qualité du plus fort. Il érigea Capoue en principauté. Othon II moins heureux, fut battu par les Grecs, et par les Arabes réunis contre lui. [7] Les empereurs d'Orient restèrent alors en possession de la Pouille et de la Calabre qu'ils gouvernaient par un *catapan*. Des seigneurs avaient usurpé Salerne. Ceux qui possédaient Bénévent et Capoue, envahissaient ce qu'ils pouvaient des terres du *catapan*; et le *catapan* les dépouillait à son tour. Naples et Gayette étaient de petites républiques comme Sienne et Luques: l'esprit de l'ancienne Grèce semblait s'être réfugié dans ces deux petits territoires. [8] Il y avait de la grandeur à vouloir être libres, tandis que tous les peuples d'alentour étaient des

Anarchie dans la Pouille, ou Appulie.

15

20

21-24   w56-w57G: Luques et les mahométans

exposés à des ennemis encore plus dangereux, je veux dire les Sarrasins qui, ayant passé la mer en 820, se jetèrent dans la Sicile, et la ravagèrent entièrement' (t.2, p.88). Comme 'seigneur particulier', Pufendorf ne mentionne que Gaimar III de Salerne.

[6] Cf. le récit d'Egly, qui met l'accent sur le chaos où se trouve le royaume des Deux-Siciles: 'De tous les Etats qui se sont formés des débris de l'empire romain, aucun n'a éprouvé plus de révolutions que les royaumes de Sicile et de Naples, c'est-à-dire l'île de Sicile, et les quatre grandes provinces situées à l'extrémité du continent de l'Italie, la Pouille, la Calabre, la Terre de Labour, et l'Abruzze' (p.1-2).

[7] Othon Ier passa les Alpes en 961, et la même année reçut la couronne de Lombardie à Monza. Il se fit couronner empereur à Rome en 962. Sur Capoue, voir Gianonne, livre 8, ch.1 (t.1, p.601). Sur la défaite de l'armée d'Othon II par les Grecs en 982 et sur les *catapans*, voir Giannone, ch.2 (p.617, 620). Le mot grec *catapan*, qui signifie 'celui chargé de l'autorité de l'empereur', n'est pas employé par Pufendorf. Dans l'Italie du sud le *catapan* a son siège à Bari.

[8] A cette époque, Naples était en effet un duché héréditaire. Voltaire veut sans doute souligner le fait que le duché de Naples n'était pas sous la sujétion des princes lombards. Comme l'explique Pufendorf, 'la plus grande partie des provinces connues aujourd'hui sous le nom de royaume de Naples [...] furent partagées en plusieurs duchés [...] c'était des espèces de républiques qui reconnaissaient cependant l'empereur d'Orient pour leur souverain' (p.88). Les mœurs et la langue dominantes de l'Italie du sud étaient encore en grande partie les mœurs et la langue grecques. Les républiques de Lucques et de Sienne ont peu de traits communs avec celle de Naples.

esclaves qui changeaient de maîtres. [9] Les mahométans cantonnés
25 dans plusieurs châteaux, pillaient également les Grecs et les Latins:
les Eglises des provinces du *catapan* étaient soumises au métropolitain de Constantinople, les autres à celui de Rome. Les mœurs
se ressentaient du mélange de tant de peuples, de tant de
gouvernements et de religions. [10] L'esprit naturel des habitants ne
30 jetait aucune étincelle. On ne reconnaissait plus le pays qui avait
produit Horace et Cicéron, et qui devait faire naître le Tasse. Voilà
dans quelle situation était cette fertile contrée aux dixième et
onzième siècles, de Gayette et du Garillan jusqu'à Otrante. [11]
Le goût des pèlerinages et des aventures de chevalerie régnait

*Beaux exploits de
gentilshommes
normands.*

34-246 MSP, 53-54N: [*proposent une rédaction originale des ch.40 et 41*] Le goût
des pèlerinages et des aventures régnait alors. Quelques Normands ayant été en
Palestine vers l'an 983, passèrent à leur retour sur la mer de Naples dans la
principauté de Salerne. Les seigneurs de ce petit Etat l'avaient usurpé sur les
5 empereurs de Constantinople [MSP: et le disputaient aux Sarrasins]. Gaimer, prince
de Salerne, était assiégé dans sa capitale par les mahométans. Les aventuriers
normands lui offrirent leurs services et l'aider [53-54N: l'aidèrent] à faire lever le
siège. ¶De retour chez eux, comblés des présents du prince, ils engagèrent d'autres
aventuriers à chercher leur fortune à son service. Peu à peu les Normands reprirent
10 l'habitude de leurs pères de passer les mers [MSP: sur l'espérance du butin]. Un d'eux,

[9] Cette remarque ajoutée en 1761 rompt avec la description historique. Elle
explicite le contenu de ce chapitre, où Voltaire évoque l'énergie et le dynamisme des
Normands.

[10] Voltaire introduit un autre leitmotiv du chapitre: la dénonciation de l'anarchie
et de l'enchevêtrement des pouvoirs et des religions.

[11] Les généralisations sur l'état presque anarchique de l'Italie du sud lors de
l'invasion des Normands, et pendant au moins la première moitié du onzième siècle,
sont communes à toutes les sources. Remarquons que l'impuissance des empereurs
d'Occident hors Rome, les luttes continuelles entre les familles des divers princes
lombards pour les territoires de Capoue, de Bénévent et de Salerne, ainsi que les
tentatives des Byzantins sur les côtes adriatiques et dans la Pouille pour exercer leur
autorité dans l'intérieur du pays se conjuguaient pour créer un besoin perpétuel de
mercenaires, et encourageaient donc les Normands à venir chercher fortune dans le
sud. En centrant son exposé sur les descendants de Tancrède de Hauteville - 'famille
de héros' (ci-dessous, ch.41, ligne 41) - Voltaire simplifie parfois des situations à la
fois complexes et changeantes. Par ailleurs, Giannone et Pufendorf parlent toujours
de 'Sarrasins' et non de 'mahométans'.

alors. [12] Les temps d'anarchie sont ceux qui produisent l'excès de   35
l'héroïsme; son essor est plus retenu dans les gouvernements

[53-54N: nommé] Raoul, alla l'an 1016 avec une troupe choisie offrir au pape
Benoît VIII ses services contre les mahométans. Le pape le pria de le secourir plutôt
contre l'empereur d'Orient qui, dépouillé de tout en Occident, soutenait encore
quelques droits contre l'Eglise [MSP: romaine] dans la Calabre et dans la Pouille. Les
Normands, auxquels il était très indifférent de combattre contre des musulmans ou   15
contre des chrétiens, servirent très bien le pape contre son [53-54N: leur] ancien
souverain. ¶Bientôt après [MSP: Vles enfants de] Tancrède de Hauteville, du
territoire de Coutance en Normandie alla [MSP: <alla> Vallèrent] dans la Pouille
avec plusieurs de ses enfants [MSP: V<avec plusieurs de ses enfants>] vendant
toujours leurs services à [MSP: celui] qui les payait le mieux. Ils passèrent des petites   20
armées du duc de Capoue à celles du duc de Salerne; ils servirent contre les Sarrasins,
s'armèrent ensuite contre les Grecs et enfin contre les papes, ayant pour ennemis tous
ceux qu'ils pouvaient dépouiller. ¶Le pape Léon IX se servit contre eux
d'excommunications [MSP: et d'une armée d'Allemands qui furent également
inutiles]. Guillaume Fierabras, fils de Tancrède, et ses frères Humfroy, Robert et   25
Richard, chefs de ces Normands, après avoir vaincu la petite armée du pape,
l'assiégèrent dans un château, près de Bénevent, le prirent prisonnier, le gardèrent
plus d'une année et ne le relâchèrent que quand il fut attaqué d'une maladie dont il
alla mourir à Rome. ¶Il fallut bientôt que la cour de Rome pliât sous ces nouveaux
usurpateurs. Elle leur céda une partie des patrimoines que les empereurs d'Occident   30
lui avaient donné sans en être les maîtres [53: (l'an 1059)] [MSP: et dont elle n'avait
joui]. ¶Le pape Nicolas II alla lui-même dans la Pouille trouver ces Normands,
toujours excommuniés et toujours donnant la loi. Il céda à Richard la principauté de
Capoue, à Robert Guichard la Pouille, la Calabre et la Sicile entière, que Robert
Guichard commençait à conquérir sur les Sarrasins. Robert de son côté se soumit [53-   35
54N: se soumit de son côté] envers la cour de Rome [53-54N: envers le pape] à la
redevance perpétuelle de douze deniers, monnaie de Pavie, pour chaque paire de
bœufs dans tous les pays qu'on lui cédait et lui fit hommage de ce que ses frères et lui
avaient conquis tant sur les chrétiens que sur les mahométans [53-54N: chrétiens et les
mahométans]. ¶[MSP: Le pape Urbain II, par sa bulle de l'an 1098, déclara légats-nés   40
du Saint-Siège les souverains de Sicile, de Calabre et de la Pouille. Ainsi les princes
de cette monarchie sont aujourd'hui les seuls vassaux du Saint-Siège et les plus
indépendants, rendant hommage du temporel, exerçant en beaucoup de choses
l'autorité spirituelle au point que les dispenses du carême sont un assez bon revenu de
la couronne.] Enfin en 1101 Roger, petit-fils de Tancrède et frère de ce Boémond si   45
célèbre dans les croisades acheva [MSP: comme nous le verrons,] de conquérir sur les
mahométans toute la Sicile, dont les papes ne sont pas demeurés [53-54N: sont
demeurés toujours] seigneurs suzerains.//

[12] La rédaction originale des ch.40-41 commence ici.

28

réglés. Cinquante ou soixante Français étant partis en 983 des côtes
de Normandie pour aller à Jérusalem, [13] passèrent à leur retour sur la
mer de Naples, et arrivèrent dans Salerne, dans le temps que cette
40 ville assiégée par les mahométans venait de se racheter à prix
d'argent. Ils trouvent les Salertins occupés à rassembler le prix de
leur rançon, et les vainqueurs livrés dans leur camp à la sécurité
d'une joie brutale et de la débauche. Cette poignée d'étrangers
reproche aux assiégés la lâcheté de leur soumission, et dans l'instant
45 marchant avec audace au milieu de la nuit, suivis de quelques
Salertins qui osent les imiter, ils fondent dans le camp des Sarrasins,
les étonnent, les mettent en fuite, les forcent de remonter en
désordre sur leurs vaisseaux, et non seulement sauvent les trésors
de Salerne, mais ils y ajoutent les dépouilles des ennemis. [14]

50   Le prince de Salerne étonné, veut les combler de présents, et est
encore plus étonné qu'ils les refusent; ils sont traités longtemps à
Salerne comme des héros libérateurs le méritaient. On leur fait
promettre de revenir. L'honneur attaché à un événement si
surprenant, engage bientôt d'autres Normands à passer à Salerne

[13] Voltaire n'évoque pas le fameux zèle des Normands pour le christianisme dont
témoignent ses sources, attribut qui ne correspond peut-être pas à l'idée qu'il veut
souligner, celle d'un peuple vigoureux et guerrier. (Même chose au ch.43, où il passe
sous silence la piété de Guillaume Ier d'Angleterre.) Cette piété jointe à leur goût
pour le voyage et l'aventure faisait des Normands des pèlerins passionnés, et fera
d'eux un peu plus tard d'ardents croisés. Aucune des sources consultées ne précise la
date de 983 pour une expédition particulière. Bien que les Normands ne fussent pas
les seuls aventuriers venus de France à traverser les Alpes, l'usage du mot 'Français'
(ligne 37) étonne dans ce contexte.

[14] La date de l'arrivée des premiers Normands en Italie du sud reste incertaine,
enfouie sous un amas de légendes fabuleuses. La version que donne Voltaire, qui
place cette date vers la première décennie du onzième siècle, remonte à Amatus de
Montecassino. Elle est celle que donne Giannone (livre 9, t.2, p.8-9), ainsi que
Pufendorf et d'Egly. Le détail dramatique 'au milieu de la nuit' semble propre à
Voltaire. Les historiens s'accordent sur le fait que Gaimar III (999-1027) est prince de
Salerne à l'époque, et que les Normands refusent de rester à Salerne, mais ils ne
mentionnent pas qu'ils refusent les 'présents'. Les lignes 37-48, ainsi que les
lignes 207-20, se retrouvent presque mot pour mot, sans aucune référence à leur
source, dans l'art. 'Salerne' de l'*Encyclopédie*, attribué à Jaucourt et publié dans le t.14
(1765), p.541.

et à Bénévent. [15] Les Normands reprennent l'habitude de leurs 55
pères, de traverser les mers pour combattre. Ils servent tantôt
l'empereur grec, tantôt les princes du pays, tantôt les papes. Il ne
leur importe pour qui ils se signalent, pourvu qu'ils recueillent le
fruit de leurs travaux. Il s'était élevé un duc à Naples, qui avait
asservi la république naissante. Ce duc de Naples est trop heureux 60
de faire alliance avec ce petit nombre de Normands, qui le
secourent contre un duc de Bénévent. Ils fondent la ville d'Aversa
entre ces deux territoires vers l'an 1030. [16] C'est la première
souveraineté acquise par leur valeur. [17]

Les fils de   Bientôt après arrivent trois fils de Tancrède de Hauteville, du 65
Tancrède. territoire de Coutance, Guillaume surnommé *Fier-à-Bras*, Drogon
et Humfroi. [18] Rien ne ressemble plus aux temps fabuleux. Ces trois

[15] Selon Fleury, en revanche, Gaimar, prince de Salerne, 'envoya avec eux des
députés en Normandie, avec des citrons [...] des étoffes précieuses et des harnois
dorés [...] afin d'exciter d'autres Normands à venir dans un pays qui produisait ces
richesses' (livre 58, année 1016, §43). On trouve la même chose chez d'Egly (p.5-6).

[16] Dans sa hâte d'en venir à la description de l'arrivée des Hauteville, Voltaire
omet un facteur important. L'arrivée des premiers mercenaires normands coïncide —
ce qui n'est peut-être pas un hasard — avec une révolte lombarde en 1016-1017 menée
par un nommé Mélus, personnage important que Voltaire passe sous silence. A
l'origine, ces mercenaires normands étaient attachés à Pandulfe IV de Capoue. Mais
ils se brouillèrent avec lui parce qu'il ne les rémunérait pas suffisamment pour leurs
services, et ils se rangèrent aux côtés de Serge IV, duc de Naples, pour en chasser
Pandulfe en échange de terres dans la région d'Averse.

[17] Il s'agit ici des fils d'un nommé Drengot. Bien que la motivation de Serge IV fût
l'établissement d'une barrière entre Naples et Capoue, la fondation de la ville
d'Averse faisait des Normands des propriétaires terriens qui avaient leurs propres
intérêts à défendre dans les luttes locales. Pufendorf précise que la ville était
originairement appelée Averse-la-Normande (p.90, manchette 'Ville bâtie par les
Normands'). Elle devint l'une des villes principales des possessions normandes en
Italie, et fut reconnue par les empereurs Conrad II et Henri III. Elle était renommée
pour ses écoles de grammaire. En 1059, lors de la conquête normande de Capoue, elle
fut annexée à la principauté. Bien que siège épiscopal (depuis *c.*1053) et 'città regia'
(depuis 1056), son importance diminua bientôt à cause du développement de Naples.

[18] L'arrivée en Italie vers 1035 des fils aînés de Tancrède de Hauteville
(Guillaume, mort *c.*1045; Drogon, mort en 1051; Humfroi, mort en 1057) est
commune à toutes les sources. D'après Pufendorf, les trois fils avaient été invités
par Rainulf d'Averse (p.90). Le texte depuis la ligne 53 à ce point (lignes 34-246 var.,

frères avec les Normands d'Averse, accompagnent le *catapan* dans
la Sicile; Guillaume Fier-à-Bras tue le général arabe, donne aux
70 Grecs la victoire; et la Sicile allait retourner aux Grecs, s'ils
n'avaient pas été ingrats. [19] Mais le *catapan* craignit ces Français
qui le défendaient; il leur fit des injustices, et il s'attira leur
vengeance. Ils tournent leurs armes contre lui. Trois à quatre
cents Normands s'emparent de presque toute la Pouille. Le fait *1041.*
75 paraît incroyable; mais les aventuriers du pays se joignaient à eux,
et devenaient de bons soldats sous de tels maîtres; les Calabrois qui
cherchaient la fortune par le courage devenaient autant de
Normands. Guillaume Fier-à-Bras se fait lui-même comte de la
Pouille, sans consulter ni empereur, ni pape, ni seigneurs voisins. Il

---

lignes 18-19) retint l'attention de Jacob Vernet, qui écrivit à Voltaire en février 1754:
'J'ai trouvé deux ou trois erreurs dans le chapitre des Normands de la Pouille.
Tancrède de Hauteville n'alla jamais dans ce pays-là, mais seul son fils. [...] Tout cela
étant clair par Giannone que j'ai sous les yeux, j'ai cru remplir votre intention en
corrigeant ces petites erreurs' (D5698). Si la leçon corrigée de la version manuscrite
est due aux remarques de Vernet, ce fait pourrait renforcer la thèse que MSP et MSG
furent rédigés à partir du texte imprimé de Néaulme, et non l'inverse. La même
erreur sur la présence de Tancrède de Hauteville en Italie reste sans correction dans
une note à *Tancrède*, I.i, où Voltaire précise à propos de son héros éponyme et de
l'action qui se déroule vers l'an 1005: 'Ce n'est pas Tancrède de Hauteville, qui n'alla
en Italie que quelque temps après' (*OCV*, t.49B, p.140, n.c). Tancrède de Hauteville
se maria deux fois et eut douze fils, dont au moins neuf quittèrent la Normandie pour
l'Italie.

[19] A part Mézeray (*Abrégé*, année 1038), les sources s'accordent à surnommer
l'aîné des fils de Tancrède de Hauteville 'Bras-de-Fer', et non 'Fier-à-Bras', comique
et péjoratif. D'après Giannone (livre 9, ch.2, t.2, p.28-29), ce surnom lui fut donné
non pas avant son arrivée en Italie, comme le laisse supposer Voltaire, mais
seulement à l'occasion de la défaite du général arabe que Voltaire évoque à la
ligne 69. L'invasion de la Sicile en 1038 était une initiative de l'empereur byzantin
Michel le Paphlagonien. Le contingent normand était inférieur à l'armée grecque et
non essentiel à l'entreprise. Néanmoins les 'injustices' du *catapan* furent de ne pas
récompenser ses alliés normands assez généreusement, et ils quittent donc la Sicile
pour la Pouille. Ici, comme ailleurs dans ce chapitre, on voit que les Normands ont
intérêt à ce que les conflits ne soient pas décisifs, car ainsi leurs activités de
mercenaires se maintiennent constamment. La date en manchette de 1041, à propos
de la conquête de la Pouille, se trouve également dans une manchette de Pufendorf.

ne consulta que ses soldats, [20] comme ont fait tous les premiers rois 80
de tous les pays. Chaque capitaine normand eut une ville ou un
village pour son partage. [21]

1046.   Fier-à-Bras étant mort, son frère Drogon est élu souverain de la
Pouille. Alors Robert Guiscard et ses deux jeunes frères quittent
encore Coutance pour avoir part à tant de fortune. Le vieux 85
Tancrède est étonné de se voir père d'une race de conquérants. Le
nom des Normands faisait trembler tous les voisins de la Pouille, et
même les papes. Robert Guiscard et ses frères, suivis d'une foule de
leurs compatriotes, vont par petites troupes en pèlerinage à Rome.
Ils marchent inconnus le bourdon à la main, et arrivent enfin dans la 90
Pouille. [22]

1047.   L'empereur Henri III assez fort alors pour régner dans Rome, ne
le fut pas assez pour s'opposer d'abord à ces conquérants. Il leur
donna solennellement l'investiture de ce qu'ils avaient envahi. Ils

[20] Voltaire souligne la valeur militaire des Normands; c'est la force qui est à la
base du droit. Veut-il voir une signification particulière dans cette initiative de Bras-
de-Fer? D'après les sources, ce dernier fut élu chef par les Normands. Giannone
signale que 'cette première dignité de comte fut donnée à Guillaume dit Bras-de-Fer
par les suffrages des capitaines, des soldats et du peuple'; un peu plus loin il précise
que 'la dignité du comte de la Pouille est élective, et ne s'acquiert point par
succession' (livre 9, ch.2, t.2, p.36, 40). Même chose chez Pufendorf, qui fournit la
date de 1043 en manchette (p.89-90).

[21] Le partage des territoires eut lieu à peu près à la même époque, le gros des
terres étant divisé entre les Normands d'Averse et les Hauteville, dont la base
principale fut établie à Melfi. Malgré l'importance de ces diverses familles et
l'oscillation de leur loyauté entre les princes et factions lombardes, l'élection de leur
propre chef était pour les Normands un facteur déterminant dans la consolidation
de leur pouvoir.

[22] Guillaume Bras-de-Fer meurt en 1046. Robert Guiscard (*c.*1015-1085), le fils
aîné de Tancrède de Hauteville en secondes noces, arrive en Italie à peu près en
même temps qu'a lieu l'élection de Drogon. L'histoire du passage des Normands en
Italie vêtus en habits de pèlerins pour ne pas éveiller les soupçons des Grecs et des
Romains (qui considéraient la présence de tant de Normands en Italie comme une
menace) est évoquée par Giannone (livre 9, ch.2, t.2, p.40) et par Pufendorf (p.90),
mais contrairement à Voltaire, qui parle d'un pèlerinage à Rome (ligne 89), ceux-ci
évoquent spécifiquement le Mont Cassin et Saint-Ange.

95   possédaient alors la Pouille entière, le comté d'Averse, la moitié du Bénéventin. [23]

Voilà donc cette maison devenue bientôt après maison royale, fondatrice des royaumes de Naples et de Sicile, feudataire de l'empire. Comment s'est-il pu faire que cette portion de l'empire en
100   ait été sitôt détachée, et soit devenue un fief de l'évêché de Rome, dans le temps que les papes ne possédaient presque point de terrain, qu'ils n'étaient point maîtres à Rome, qu'on ne les reconnaissait pas même dans la marche d'Ancone qu'Othon le Grand leur avait, dit-on, donnée? Cet événement est presque aussi étonnant que les
105   conquêtes des gentilshommes normands. Voici l'explication de cette énigme. Le pape Léon IX voulut avoir la ville de Bénévent qui appartenait aux princes de la race des rois lombards dépossédés par Charlemagne. L'empereur Henri III lui donna en effet cette *1053.* ville, qui n'était point à lui, en échange du fief de Bamberg en
110   Allemagne. Les souverains pontifes sont maîtres aujourd'hui de Bénévent en vertu de cette donation. (*a*) [24] Les nouveaux princes

(*a*) Le roi de Naples y est rentré en 1768.

100   61: fief du Saint-Siège,
103-104   w56-61: avait donnée?
109   w56-w68: ville en échange
n.*a*   MSP, w56-w68, K: [*absente*]

[23] Même chose dans les *Annales de l'Empire*: 'Henri III donne l'investiture de la Pouille, de la Calabre et de presque tout le Bénéventin, excepté la ville de Bénévent et son territoire, aux princes normands qui avaient conquis ces pays sur les Grecs et sur les Sarrasins. Les papes ne prétendaient pas alors donner ces Etats. La ville de Bénévent appartenait encore aux Pandolfes de Toscanelle' (année 1047, *M*, t.13, p.292). Pufendorf précise que l'empereur conférait ses investitures en qualité de roi d'Italie, motivé par son désir de conserver la loyauté des Normands dans ses disputes avec la papauté (p.91). Les historiens italiens de l'époque nomment Henri III (1039-1056) 'Henri II', choisissant d'ignorer Henri l'Oiseleur (919-936), qui fut roi mais jamais empereur (*Annales*, p.267).

[24] Il s'agit de Ferdinand Ier de Bourbon, roi de Naples sous le nom de Ferdinand IV, puis roi des Deux-Siciles. Cette visite pourrait avoir eu lieu lors des fêtes données à l'occasion de son mariage en avril 1768 avec l'archiduchesse Marie-Caroline d'Autriche, célébré au palais de Caserte.

normands étaient des voisins dangereux. Il n'y a point de conquêtes sans de très grandes injustices: ils en commettaient, et l'empereur aurait voulu avoir des vassaux moins redoutables. [25] Léon IX après les avoir excommuniés, se mit en tête de les aller combattre avec une armée d'Allemands que Henri III lui fournit. L'histoire ne dit point comment les dépouilles devaient être partagées. Elle dit seulement que l'armée était nombreuse, que le pape y joignit des troupes italiennes qui s'enrôlèrent comme pour une guerre sainte, et que parmi les capitaines il y eut beaucoup d'évêques. Les Normands qui avaient toujours vaincu en petit nombre, étaient quatre fois moins forts que le pape: mais ils étaient accoutumés à combattre. Robert Guiscard, son frère Humfroi, le comte d'Averse Richard, chacun à la tête d'une troupe aguerrie, taillèrent en pièces l'armée allemande, et firent disparaître l'italienne. Le pape s'enfuit à Civitade dans la Capitanate près du champ de bataille; les Normands le suivent, le prennent, l'emmènent prisonnier dans cette même ville de Bénévent qui était le premier sujet de cette entreprise. [26]

1053.
Le pape fait prisonnier par les princes normands.

115

120

125

124   w68: chacun était à

[25] Voltaire passe sous silence ce qu'il aurait pu lire dans Pufendorf des cruautés et de la violence des Normands envers les populations des territoires qu'ils avaient conquis (p.91). D'origine allemande, Léon IX fut créé pape en 1049 à l'instigation d'Henri III. La ville de Bamberg, où l'empereur Henri II fut enseveli dans une cathédrale qu'il avait fait bâtir lui-même, a toujours été une ville importante pour les empereurs d'Occident; elle avait été placée sous l'autorité papale par Boniface VIII en 1020. Dans les *Annales*, Voltaire rapporte ces événements très clairement: 'Le pape Léon IX vient dans Vorms se plaindre à l'empereur, que les princes normands deviennent trop puissants. Henri III reprend les droits féodaux de Bamberg, et donne au pape la ville de Bénévent en échange. On ne pouvait donner au pape que la ville, les princes normands ayant fait hommage à l'empire pour le reste du duché: mais l'empereur donna au pape une armée, avec laquelle il pourrait chasser ces nouveaux conquérants devenus trop voisins de Rome' (année 1053, p.293). Voltaire reprend cette histoire dans l'art. 'Donations' des *QE* (*OCV*, t.40, p.514-15).

[26] La campagne militaire menée par Léon IX en 1053, avec l'appui de l'empereur Henri III, fut la seule campagne contre les Normands au cours du onzième siècle, et son échec ouvrit la voie à ces derniers pour se rendre maîtres de l'Italie du sud. La

130   On a fait un saint de ce pape Léon IX.[27] Apparemment qu'il fit
pénitence d'avoir fait inutilement répandre tant de sang, et d'avoir
mené tant d'ecclésiastiques à la guerre. Il est sûr qu'il s'en repentit,
surtout quand il vit avec quel respect le traitèrent ses vainqueurs, et
avec quelle inflexibilité ils le gardèrent prisonnier une année
135   entière.[28] Ils rendirent Bénévent aux princes lombards, et ce ne

---

bataille de Civitate, le 17 juin 1053, fut donc aussi importante pour la conquête
normande de l'Italie du sud que la bataille de Hastings treize années plus tard le fut
pour la conquête de l'Angleterre. Ici, comme dans les *Annales* (année 1053), Voltaire
suit les sources séculaires en ce qui concerne la force relative des armées papale et
normande (Gianonne, livre 9, ch.3, t.2, p.58-59); dans les *Annales*, il insiste
également sur le fait que la moitié de l'armée de Léon fut 'commandée par des
ecclésiastiques' (p.293). Fleury rapporte pourtant que 'les Normands [...] étaient bien
en plus grand nombre que les troupes du pape', il ne fait pas mention d'ecclésiastiques, mais il précise au contraire que l'armée du pape est composée '[d']un grand
nombre de méchants attirés par l'impunité de leurs crimes ou par l'espérance de
contenter leur avarice' (livre 59, année 1053, §82). Même chose chez Bruys. La
remarque de Voltaire à propos des dépouilles (lignes 116-17) ne se trouve dans
aucune des sources consultées. Aux lignes 123-24 Voltaire profite encore une fois des
critiques de Vernet mentionnées ci-dessus, n.18: 'Le Richard avec qui Homfroi et
Robert Guiscard joignent leurs forces contre le pape n'était point leur frère mais un
autre seigneur normand' (D5698); cf. lignes 34-246 var., ligne 26.
[27] Voltaire a peut-être trouvé chez Giannone le commentaire selon lequel 'la piété
et les bonnes mœurs du pape Léon fussent telles qu'elles lui acquirent le titre de saint'
(livre 9, ch.3, t.2, p.52). Même chose chez Bruys (année 1054), qui après avoir
commenté qu'il était 'politique jusqu'à la fourberie' signale qu'il 'faut avouer qu'on
s'est fait une si haute idée de la vertu de ce pontife, que l'Eglise n'a pas fait difficulté de
le mettre au rang des saints' (t.2, p.365). Fleury se contente de dire que 'l'Eglise honore
sa mémoire le jour de sa mort' (livre 60, année 1054, §5). Pour un pape, c'était chose
exceptionnelle que de mener en personne une campagne militaire, et – à l'époque où
écrivait Voltaire – son dénouement catastrophique, avec de très nombreuses pertes
humaines, entachait depuis longtemps la réputation du pape Léon IX.
[28] Cf. les *Remarques pour servir de supplément à l'Essai sur les mœurs, Dixième
remarque*: 'Le pape Léon IX, ayant fait une espèce de croisade contre ces princes, fut
battu et pris par eux; ils traitèrent leur captif avec beaucoup d'humanité, chose assez
rare dans ces temps-là; et le pape Léon, en levant l'excommunication qu'il avait
lancée contre eux, leur accorda tout ce qu'ils avaient pris et tout ce qu'ils pourraient
prendre, en qualité de fief héréditaire de saint Pierre, *de sancto Petro haereditatis
feudo*'. Un certain embarras éprouvé par les Normands à l'idée d'avoir fait le pape
prisonnier, et le respect qu'ils lui accordèrent jusqu'à sa mort en avril 1054, sont
rapportés dans de nombreuses sources.

fut qu'après l'extinction de cette maison que les papes eurent enfin la ville. [29]

On conçoit aisément que les princes normands étaient plus piqués contre l'empereur qui avait fourni une armée redoutable, que contre le pape qui l'avait commandée. Il fallait s'affranchir pour jamais des prétentions ou des droits de deux empires entre lesquels ils se trouvaient. Ils continuent leurs conquêtes; ils s'emparent de la Calabre et de Capoue pendant la minorité de l'empereur Henri IV, et tandis que le gouvernement des Grecs est plus faible qu'une minorité. [30]

C'étaient les enfants de Tancrède de Hauteville qui conquéraient la Calabre; c'étaient les descendants des premiers libérateurs qui conquéraient Capoue. Ces deux dynasties victorieuses n'eurent point de ces querelles qui divisent si souvent les vainqueurs et qui les affaiblissent. [31] L'utilité de l'histoire demande ici que je m'arrête un moment, pour observer que Richard d'Averse qui subjugua Capoue, se fit couronner avec les mêmes cérémonies du sacre et de l'huile sainte qu'on avait employées pour l'usurpateur Pépin père de Charlemagne. Les ducs de Bénévent s'étaient toujours fait sacrer ainsi. Les successeurs de Richard en usèrent de même. Rien ne fait mieux voir que chacun établit les usages à son choix. [32]

140

145

150

155

143-44 61-w75G: minorité de Henri IV
153-54 w56-w57G: employées par Clovis. Les

[29] Voir ci-dessous, n.39.

[30] Robert Guiscard est devenu chef des Normands dans la Pouille peu de temps après la mort de son frère Humfroi en 1057. La déstabilisation dont parle Voltaire était le résultat non seulement de la mort d'Henri III en 1056, mais également du retard dans l'élection d'un successeur à Léon IX et des contestations internes à Constantinople à la suite de la mort de l'empereur Constantin IV en janvier 1055. La population italienne restait donc privée de tout appui externe (Pufendorf, p.91-92).

[31] Les 'premiers libérateurs' étaient les Normands d'Averse. Voltaire exagère ici l'unité qui pouvait régner entre les diverses familles. Toutes les sources témoignent de la rivalité intense entre Robert Guiscard et Richard d'Averse. Plus les Normands étaient nombreux en Italie du sud, plus ils avaient tendance à se quereller entre eux.

[32] Sur le sacre de Richard d'Averse avec de l'huile sainte, voir Pufendorf (p.92) et

Robert Guiscard duc de la Pouille et de la Calabre, Richard
comte d'Averse et de Capoue, tous deux par le droit de l'épée, tous
deux voulant être indépendants des empereurs, mirent en usage
160 pour leurs souverainetés une précaution que beaucoup de particuliers prenaient dans ces temps de troubles et de rapines pour
leurs biens de patrimoine: on les donnait à l'Eglise sous le nom
d'offrande, d'*oblata*, et on en jouissait moyennant une légère
redevance. C'était la ressource des faibles dans les gouvernements
165 orageux de l'Italie. Les Normands quoique puissants, l'employèrent comme une sauvegarde contre des empereurs qui
pouvaient devenir plus puissants.[33] Robert Guiscard et Richard
de Capoue excommuniés par le pape Léon IX, l'avaient tenu en
captivité. Ces mêmes vainqueurs excommuniés par Nicolas II, lui
170 rendirent hommage.

Robert Guiscard et le comte de Capoue mirent donc sous la
protection de l'Eglise entre les mains de Nicolas II, non seulement
tout ce qu'ils avaient pris, mais tout ce qu'ils pourraient prendre. Le
duc Robert fit hommage de la Sicile même qu'il n'avait point

*Origine de
l'hommage des
rois de Naples
aux papes.*

1059.

Giannone (livre 9, ch.5, t.2, p.71). Ces auteurs n'évoquent ni Pépin ni Charles Martel,
mais précisent que Richard suit l'exemple d'Aréchis, premier prince de Bénévent
(voir le *Saint-Fargeau notebook*: 'Arechis se fit oindre à Bénévent comme duc',
p.121). Voltaire s'est déjà longuement prononcé, et avec désapprobation, sur la
cérémonie du sacre en tant que telle, instituée par Pépin, dans le ch.13 (notre t.2,
p.232-36).

[33] D'après Pufendorf, la cause immédiate de l'excommunication fut la capture par
les Normands de la ville de Troia dans la Pouille (p.92), ville d'origine grecque qui
occupait une situation stratégique et dont les papes disaient qu'elle appartenait, tout
comme la ville de Bénévent, au Patrimoine de Saint-Pierre. La réconciliation eut lieu
lors d'un concile tenu à Melfi en 1059 (Giannone, livre 10, t.2, p.83; Fleury, livre 60,
année 1059, §39; Bruys). Voltaire veut montrer ici les mécanismes du pouvoir de
l'Eglise. Le mot *oblata*, qu'il emploie également dans le *Saint-Fargeau notebook*
(p.12), dans les *Annales* (années 1057-1069, p.295), et dans l'art. 'Donations' des *QE*
(p.518), ne se trouve dans aucune des sources consultées. Giannone signale le
paiement de 'douze deniers de Pavie pour chaque paire de bœufs' (t.2, p.83); on
trouve le même texte avec de légères différences dans Pufendorf (p.92-93), d'Egly
(p.15) et Fleury (livre 60, année 1059, §39).

encore. [34] Il se déclara feudataire du Saint-Siège pour tous ses Etats,   175
promit une redevance de douze deniers par chaque charrue, ce qui
était beaucoup. Cet hommage était un acte de piété politique qui
pouvait être regardé comme le denier de saint Pierre que payait
l'Angleterre au Saint-Siège, comme les deux livres d'or que lui
donnèrent les premiers rois de Portugal, [35] enfin comme la   180
soumission volontaire de tant de royaumes à l'Eglise.

Naples vassale   Mais selon toutes les lois du droit féodal établies en Europe,
de l'empire, puis ces princes vassaux de l'empire ne pouvaient choisir un autre
de l'Eglise suzerain. Ils devenaient coupables de félonie envers l'empereur; ils
romaine. le mettaient en droit de confisquer leurs Etats. Les querelles qui   185
survinrent entre le sacerdoce et l'empire, et encore plus les propres
forces des princes normands, mirent les empereurs hors d'état
d'exercer leurs droits. Ces conquérants en se faisant vassaux des
papes devinrent les protecteurs et souvent les maîtres de leurs
nouveaux suzerains. Le duc Robert ayant reçu un étendard du   190
pape, et devenu capitaine de l'Eglise de son ennemi qu'il était,
passe en Sicile avec son frère Roger: ils font la conquête de cette île
1067. sur les Grecs et sur les Arabes qui la partageaient alors. Les
mahométans et les Grecs se soumirent à condition qu'ils con-
serveraient leurs religions et leurs usages. [36]   195

[34] Cf. les *Annales*: 'Robert reçoit du pape la couronne ducale de la Pouille et de la
Calabre, et est investi par l'étendard. Richard est confirmé prince de Capoue, et le
pape leur donne encore la Sicile, *en cas qu'ils en chassent les Sarrasins*' (1057-1069,
p.295, italiques de Voltaire). En 1768 Voltaire revient sur ce sujet dans *Les Droits des
hommes et les usurpations des autres*, §2, 'De Naples' (*OCV*, t.67, p.150-55).

[35] Le denier de saint Pierre, payé au pape Grégoire VII par Guillaume le
Conquérant, est évoqué ci-dessous, ch.42, lignes 182-84; les deux livres d'or données
au pape Urbain II par Alphonse Ier, roi du Portugal, au ch.64, lignes 32-35.

[36] Roger, le puîné des frères Hauteville, est arrivé en Italie vers 1057, après la mort
de Humfroi. Giannone (livre 10, t.2, p.83) confirme ce que dit Voltaire dans les
Annales (mais que Pufendorf n'évoque pas), à savoir que l'étendard, ainsi que le titre
de gonfalonier de l'Eglise, fut conféré à Robert Guiscard lors de la cérémonie
d'hommage au concile de Melfi en 1059 (voir ci-dessus, n.33). Aucune des autres
sources consultées ne mentionne cet étendard. Voir ci-dessous, ch.41, lignes 93-94, et
ch.42, lignes 110-13, 120-21, à propos de pareils étendards qui furent donnés par les

Il fallait achever la conquête de tout ce qui compose aujourd'hui
le royaume de Naples. Il restait encore des princes de Salerne,
descendants de ceux qui avaient les premiers attiré les Normands
dans ce pays. Les Normands enfin les chassèrent; le duc Robert leur
200   prit Salerne: [37] ils se réfugièrent dans la campagne de Rome sous la
protection de Grégoire VII, de ce même pape qui faisait trembler
les empereurs. Robert, ce vassal et ce défenseur de l'Eglise, les y
poursuit. Grégoire VII ne manque pas de l'excommunier, et le fruit
de l'excommunication est la conquête de tout le Bénéventin que fait
205   Robert après la mort du dernier duc de Bénévent de la race
lombarde.

Grégoire VII, que nous verrons si fier et si terrible avec les
empereurs et les rois, [38] n'a plus que des complaisances pour
l'excommunié Robert. Il lui donne l'absolution, et en reçoit la   *1077.*
210   ville de Bénévent, qui depuis ce temps-là est toujours demeurée au
Saint-Siège. [39]

---

papes Innocent II et Alexandre II respectivement à Roger, roi de Sicile, et à
Guillaume de Normandie. D'après Giannone il est clair qu'ici l'intention du pape
était que les Normands aillent faire la conquête de la Sicile comme une croisade avant
la lettre. L'invasion normande de la Sicile commença en 1061, mais à cause de
plusieurs querelles entre Robert Guiscard et son frère Roger, ne fut terminée qu'avec
la prise de Palerme en 1067. La conquête ne fut entièrement achevée que vingt ans
plus tard. Roger resta maître en Sicile, tandis que Robert retourna dans la Pouille.

[37] Jusqu'ici et depuis le début du siècle, les liens entre les Normands et les Salertins
avaient été assez étroits. Mais les choses finirent par se gâter: Gisulf II de Salerne (fils
de Gaimar IV, assassiné en 1052) avait succédé à son père grâce aux Normands, mais
il s'avéra un voisin fort ingrat, et les Normands, à commencer par Robert Guiscard et
Richard Iᵉʳ d'Averse, excédés par ses menées et incapables de s'accommoder avec lui,
le chassèrent (1075). En 1058 Robert Guiscard avait épousé en secondes noces une
fille de Gisulf, ce qui donnait à ses interventions une sorte de légitimité.

[38] Ci-dessous, ch.46.

[39] Pufendorf nous apprend que Robert Guiscard 'quitta la Sicile pour s'emparer
des provinces du royaume de Naples' (p.94). En 1077 les Normands assiégeaient la
ville de Bénévent, et le prince Landulfe III étant mort lors de ce siège sans laisser
d'enfants, la ville fut réclamée par Robert Guiscard. Peu après, le pape Grégoire VII,
qui avait besoin de l'aide des Normands dans sa lutte contre l'empereur Henri IV,
leva l'excommunication dont il avait frappé Robert Guiscard à la suite de la capture

39

Bientôt après éclatent les grandes querelles dont nous parlerons entre l'empereur Henri IV et ce même Grégoire VII. Henri s'était rendu maître de Rome et assiégeait le pape dans ce château qu'on a depuis appelé le château Saint Ange. Robert accourt alors de la Dalmatie où il faisait des conquêtes nouvelles, délivre le pape malgré les Allemands et les Romains réunis contre lui, se rend maître de sa personne et l'emmène à Salerne, où ce pape qui déposait tant de rois mourut le captif et le protégé d'un gentilhomme normand. [40]

Il ne faut point être étonné si tant de romans nous représentent des chevaliers errants devenus de grands souverains par leurs exploits et entrant dans la famille des empereurs. [41] C'est précisément ce qui arriva à Robert Guiscard, et ce que nous verrons plus d'une fois au temps des croisades. [42] Robert maria sa fille à Constantin fils de l'empereur de Constantinople Michel Ducas. Ce mariage ne fut

1084.

Grégoire VII meurt captif.

215

220

225

---

de divers territoires, en échange de quoi il reçut de ce dernier la ville de Bénévent (cf. Giannone, livre 9, ch.3, et livre 10, ch.4, t.2, p.52-63, 99; Fleury, livre 62, année 1073, §9). Pufendorf souligne le dessaisissement librement consenti par Robert Guiscard de la ville de Bénévent (p.94-95), à la différence des autres conquêtes des Normands, dont les titres et dignités furent retenus par les conquérants (p.91).

[40] Cf. l'art. 'Rome, cour de Rome' des *QE*: 'Ce Grégoire VII qui, de moine étant devenu pape, voulut déposer les rois et donner les empires, loin d'être le maître à Rome, mourut le protégé ou plutôt le prisonnier de ces princes normands conquérants des Deux-Siciles, dont il se croyait le seigneur suzerain' (*M*, t.20, p.379). Voltaire confond cependant la chronologie des événements. L'expédition de Robert Guiscard vers Constantinople et sa capture de Corfou (rapportée aux ligne 234 et suiv.) eut lieu vers 1081, bien avant la mort de Grégoire en 1085. Les sources consultées précisent que Robert rentre de 'Bulgarie' où de Grèce (Bruys, année 1084); le nom Dalmatie n'apparaît pas. Quoique Voltaire ne le mentionne pas, le retour de Robert fut motivé non seulement par le danger qui planait sur Grégoire VII, mais encore par des révoltes dans la Pouille, fomentées par les Byzantins lors de son absence.

[41] A propos des *romans de chevalerie* et, plus précisément, des destins personnels fabuleux, Voltaire évoquera (ci-dessous, ch.57, lignes 241-50) Baudouin IX, comte de Flandre (empereur byzantin en 1204), et Jean de Brienne (roi de Jérusalem de 1210 à 1225).

[42] Pufendorf écrit à propos de Robert: 'Ce fut à sa seule valeur et à son habilité qu'il dut l'avantage de s'être élevé de l'état de simple gentilhomme à celui de souverain' (p.96).

pas heureux. Il eut bientôt sa fille et son gendre à venger, et résolut d'aller détrôner l'empereur d'Orient après avoir humilié celui d'Occident. [43]

230   La cour de Constantinople n'était qu'un continuel orage. Michel Ducas fut chassé du trône par Nicéphore surnommé Botoniate. Constantin gendre de Robert fut fait eunuque; et enfin Alexis Comnène, qui eut depuis tant à se plaindre des croisés, monta sur le trône. [44] Robert pendant ces révolutions s'avançait déjà par la *1084.*
235 Dalmatie, par la Macédoine, et portait la terreur jusqu'à Constantinople. Bohémond son fils d'un premier lit, si fameux dans les croisades, l'accompagnait à cette conquête d'un empire. [45] Nous voyons par là combien Alexis Comnène eut raison de craindre les croisades, puisque Bohémond commença par vouloir le détrôner.
240   La mort de Robert dans l'île de Corfou mit fin à ses entreprises. *1085.* La princesse Anne Comnène fille de l'empereur Alexis, laquelle écrivit une partie de cette histoire, ne regarde Robert que comme

[43] Il semble que Voltaire, après avoir 'justifié' le genre romanesque, en emprunte l'allure. Mais l'héroïsation des chevaliers normands, bien qu'en contradiction avec l'idée globalement négative qu'il se fait du Moyen Age, est également une dénonciation de la faiblesse de structures telles que l'Eglise et l'Empire. En ce qui concerne ces événements, Pufendorf dit clairement que le mariage de la fille de Robert Guiscard avec Constantin Doukas, fils puîné de Constantin X, était le résultat des 'desseins ambitieux' de Robert 'jusqu'au trône de l'Orient' (p.95). Il raconte également que Robert fut aidé en 1081 par l'arrivée en Italie d'un imposteur grec prétendant être l'empereur Michel déposé et demandant l'appui des Normands pour recouvrer son trône. On soupçonne même que l'imposteur était de connivence avec Robert.

[44] Il s'agit ici de la période 1067-1081, extrêmement mouvementée. Michel VII Doukas succéda à son père, Constantin X (mort en 1067), mais fut détrôné par son beau-père, Romain Diogène; il fut de nouveau empereur de 1071 à 1078. Incapable de contrer les nombreuses révoltes intestines et les agressions des Turcs et des Bulgares, il fut contraint d'abdiquer par Nicéphore III Botaniate, l'un de ses généraux. Mais Botaniate ('tres vieux et mou naturellement', Fleury, livre 63, année 1081, §13) eut lui aussi des compétiteurs et fut détrôné à son tour par l'un de ses généraux, Alexis Ier Comnène (1081). Voltaire donne ici un fidèle résumé de ce qu'il a trouvé chez Pufendorf, y compris la référence pudique à la castration de Constantin (p.95).

[45] Sur le rôle de Bohémond (fils de Robert Guiscard en premières noces, mort en 1111) dans la première croisade, voir ci-dessous, ch.54, lignes 194 et suiv.

un brigand, et s'indigne qu'il ait eu l'audace de marier sa fille au fils d'un empereur. [46] Elle devait songer que l'histoire même de l'empire lui fournissait des exemples de fortunes plus considérables, et que tout cède dans le monde à la force et à la puissance. [47]

245

[46] L'*Alexiade* d'Anne Comnène (1083-après 1148) ne fut traduite en français qu'à la fin du dix-septième siècle. Voltaire la connaissait sans doute essentiellement par la paraphrase de L. Cousin ('Histoire de l'empereur Alexis, écrite par Anne Comnène', livre 1, ch.7, dans l'*Histoire de Constantinople* [...] *traduite sur les originaux grecs*, t.4, Paris, 1672). Il a peut-être entendu parler de l'édition du jésuite érudit P. Poussines réalisée en France en 1651 et réimprimée en 1759; et voir ci-dessous, ch.57, n.*.

[47] Cette 'moralité' accentue le caractère ambivalent des motifs du chapitre, dont l'intérêt réside surtout dans l'héroïsation de la force (des Normands) opposée à la faiblesse d'une Eglise vermoulue et de l'empire, dont les forces défaillantes vont produire cet enchevêtrement néfaste des pouvoirs que Voltaire dénonce.

CHAPITRE 41

De la Sicile en particulier, et du droit de légation dans cette île.

L'idée de conquérir l'empire de Constantinople s'évanouit avec la vie de Robert; mais les établissements de sa famille s'affermirent en Italie. Le comte Roger son frère resta maître de la Sicile. Le duc Roger son fils demeura possesseur de presque tous les pays qui ont 5 le nom de royaume de Naples. Bohémond son autre fils alla depuis conquérir Antioche, après avoir inutilement tenté de partager les Etats du duc Roger son frère. [1]

a-110 [*Première rédaction de ce chapitre*: MSP, W56]
a MSP, 53-54N: [*pas de rupture; suite du chapitre précédent*]
   W56-W57G: Chapitre 31
   61: Chapitre 37

* Voir la note liminaire du ch.40. En 1756 Voltaire élargit son récit, et introduit une coupure après la mort de Robert Guiscard en 1085 qui met fin à la première étape de la conquête normande de l'Italie du sud. Ce chapitre concerne la Sicile, où tout en survolant les événements et laissant planer la confusion en ce qui concerne les divers Roger, Voltaire témoigne de l'admiration pour ce que les Normands ont accompli. Les sources sont toujours Giannone, livres 10-11, et cf. Pufendorf; Fleury, livres 64 et 68.

[1] Pufendorf suit mot pour mot Giannone sur les conséquences de la mort subite de Robert Guiscard: 'Quelques auteurs ont prétendu que Robert avait fait un testament, par lequel il laissait la Sicile à son frère Roger; tout ce qui avait été conquis dans l'Orient à Bohémond son fils aîné, et tout ce qu'il possédait dans l'Italie à Roger son second fils. Quoi qu'il en soit, Bohémond et Roger prétendirent tous deux à la succession entière des Etats de leur père. Le comte de Sicile s'étant déclaré pour Roger, le parti de ce prince devint le plus fort, il se trouva en possession de tous les Etats de son père, et ce fut inutilement que Bohémond voulut s'en emparer' (p.96). La mort subite de Robert Guiscard entraîna la discorde entre ses descendants. Il exerçait son autorité en sa qualité de duc de la Pouille, titre transmis à son second fils, surnommé Roger Borsa (*c.*1060-1111), qui était moitié Lombard et fils d'une mère ambitieuse. La première femme de Guiscard ayant été répudiée prétendument à cause de liens de parenté trop étroits, et le mariage jugé illégal, son fils aîné (*c.*1057-1111) fut sujet aux accusations de bâtardise. Bohémond était retourné en Italie dès qu'il eut connaissance de la maladie de son père; il allait menacer son frère pendant

Pourquoi ni le comte Roger souverain de Sicile, ni son neveu Roger duc de la Pouille, ne prirent-ils point dès lors le titre de rois? Il faut du temps à tout. Robert Guiscard le premier conquérant 10 avait été investi comme duc par le pape Nicolas II. Roger son frère avait été investi par Robert Guiscard en qualité de comte de Sicile. Toutes ces cérémonies ne donnaient que des noms et n'ajoutaient rien au pouvoir. [2] Mais ce comte de Sicile eut un droit qui s'est conservé toujours, et qu'aucun roi de l'Europe n'a eu: il devint un 15 second pape dans son île. [3]

Origine des droits ecclésiastiques des rois de Sicile. Les papes s'étaient mis en possession d'envoyer dans toute la chrétienté des légats qu'on nommait *a latere*, qui exerçaient une juridiction sur toutes les églises, en exigeaient des décimes, donnaient les bénéfices, exerçaient et étendaient le pouvoir 20 pontifical autant que les conjonctures et les intérêts des rois le permettaient. Le temporel presque toujours mêlé au spirituel leur était soumis; ils attiraient à leur tribunal les causes civiles. Pour peu que le sacré s'y joignît au profane, mariages, testaments, promesses par serment, tout était de leur ressort. C'étaient des proconsuls que 25 l'empereur ecclésiastique des chrétiens déléguait dans tout l'Occident. C'est par là que Rome toujours faible, toujours dans l'anarchie, esclave quelquefois des Allemands, et en proie à tous les fléaux, continua d'être la maîtresse des nations. C'est par là que l'histoire de chaque peuple est toujours l'histoire de Rome. [4] 30

10   w68, w75G, 61: Roger [*erreur*] Guiscard

---

dix ans avant de partir en croisade en 1095. Le frère de Robert Guiscard, Roger comte de Sicile (Roger Ier, 1062-1101) fut le dernier des fils de Tancrède de Hauteville. Il soumet 'à sa puissance presque toute la Sicile' en chassant définitivement les Arabes en 1091 (Fleury, livre 64, année 1093, §14).

[2] Voir ci-dessus, ch.40, lignes 171-81).

[3] Sur les trois paragraphes qui suivent, voir surtout Giannone, livre 10, ch.8 ('Urbain II fait le comte Roger son légat, ce qui donne naissance à la monarchie de Sicile', t.2, p.121-29); voir également Pufendorf, p.97; Fleury, livre 64, année 1098, §55.

[4] Cette digression suit Giannone, qui précise pourtant que les légats n'étaient pas tous nommés *a latere*, et que ce terme ne s'applique pas aux légats en Sicile (p.121).

Urbain II envoya un légat en Sicile dès que le comte Roger eut enlevé cette île aux mahométans et aux Grecs, et que l'Eglise latine y fut établie. C'était de tous les pays celui qui semblait en effet avoir le plus de besoin d'un légat, pour y régler la hiérarchie, chez un
35 peuple dont la moitié était musulmane, et dont l'autre était de la communion grecque. [5] Cependant ce fut le seul pays où la légation fut proscrite pour toujours. Le comte Roger bienfaiteur de l'Eglise latine, à laquelle il rendait la Sicile, ne put souffrir qu'on envoyât un roi sous le nom de légat dans le pays de sa conquête. [6]
40 Le pape Urbain uniquement occupé des croisades, et voulant ménager une famille de héros si nécessaire à cette grande entreprise, accorda la dernière année de sa vie en 1098 une bulle au comte Roger, par laquelle il révoqua son légat, et créa Roger et ses successeurs légats-nés du Saint-Siège en Sicile, leur attribuant
45 tous les droits et toute l'autorité de cette dignité qui était à la fois

[5] Urbain II fut pape de 1088 à 1099. Afin sans doute de souligner l'importance de la bulle (Giannone, p.124, suivi de Pufendorf, précise qu'il se trouve dans les *Annales ecclésiastiques* de Baronius; il se trouve également dans Fleury, §55), Voltaire exagère un peu l'idée, propre à lui, que la Sicile avait un besoin particulier d'un légat papal. En effet, Roger Ier (que Fleury présente comme un modèle de piété, année 1093, §14) soutenait l'Eglise latine en Sicile, et savait la faire vivre côte à côte avec l'Eglise orthodoxe et la foi musulmane.

[6] Bien que Voltaire ait annoncé la conquête de la Sicile en 1067 (ch.40, lignes 190-95), la domination normande restait superficielle, et l'Eglise latine n'y était pas établie. Giannone nous apprend que Grégoire VII avait nommé l'évêque de Syracuse légat en Sicile, et signale que 'Urbain II voulant donc renouveler dans ces temps-ci ce que ses prédécesseurs avaient déjà pratiqué depuis longtemps avant lui, nomma l'évêque de Troina [Traina] légat en Sicile' (p.123). Dans une remarque dans le *Saint-Fargeau notebook*, Voltaire cite le mois de juillet, et prend note que: 'Roger [fut] déclaré légat [...], vu qu'il était oint, habile à être chanoine de saint Pierre etc.' (*OCV*, t.81, p.121), précisions qu'il aurait pu lire dans Giannone (p.124). En 1768 Voltaire remarque: 'C'était bien le moins qu'on pût faire pour un homme qui avait délivré la Sicile du joug des Arabes et qui l'avait rendue chrétienne. Ce prétendu privilège n'était autre que le droit naturel, comme les libertés de l'Eglise gallicane ne sont que l'ancien usage de toutes les Eglises' (*Les Droits des hommes et les usurpations des autres*, *OCV*, t.67, p.156).

45

spirituelle et temporelle. C'est là ce fameux droit qu'on appelle la *monarchie de Sicile*, c'est-à-dire, le droit attaché à cette monarchie, droit que depuis les papes ont voulu anéantir et que les rois de Sicile ont maintenu. [7] Si cette prérogative est incompatible avec la hiérarchie chrétienne, il est évident qu'Urbain ne put pas la donner; si c'est un objet de discipline que la religion ne réprouve pas, il est aussi évident que chaque royaume est en droit de se l'attribuer. [8] Ce privilège au fond n'est que le droit de Constantin et de tous les empereurs de présider à toute la police de leurs Etats; cependant il n'y a eu dans toute l'Europe catholique qu'un gentilhomme normand qui ait su se donner cette prérogative aux portes de Rome.

50

55

1130.
Premier roi de
Naples et Sicile.

Le fils de ce comte Roger recueillit tout l'héritage de la maison normande; il se fit couronner et sacrer roi de Sicile et de la Pouille. [9]

46   w56-w57G, 61:   temporelle. Voilà ce

[7] Voir Giannone: 'Tel est le fondement de cette grande prérogative dont jouit la monarchie de Sicile dans laquelle les successeurs de Roger [...] se sont maintenus' (p.124), suivi mot pour mot par Pufendorf (p.97). Même chose dans Fleury, qui précise que 'connaissant le zèle du comte dans toutes les affaires ecclésiastiques, il lui donna lui-même la légation héréditaire sur toute la Sicile, avec promesse que tant que le comte vivrait, ou qu'il resterait quelqu'un de ses héritiers successeurs de son zèle, le Saint-Siège ne mettrait point en Sicile d'autre légat malgré eux' (année 1098, §55), ce qui est interprété par les Siciliens comme 'donnant naissance à la monarchie de Sicile' (Giannone, p.121). En 1756 Voltaire corrige une fausse impression donnée dans son texte original et soulignée par Vernet: 'Enfin c'est le 1er comte Roger de Sicile qui obtint le droit légat du pape Urbain II' (D5698); voir ci-dessus, ch.40, lignes 34-246 var., lignes 40 et suiv. La confusion entre Roger, comte de Sicile et Roger II se trouve également au ch.48 (lignes 86-97).

[8] La préoccupation d'Urbain II avec la première croisade, ainsi que l'importance stratégique de la Sicile, sont des lieux communs. En ce qui concerne les autres royaumes, on peut considérer ce qui se passait en Sicile comme une extension du système déjà établi en Angleterre, à propos duquel Giannone précise que 'En Angleterre Urbain II et le roi Guillaume convinrent que l'on n'y recevait aucun légat qui n'eût pas été agréé du roi' (p.123).

[9] Le comte Roger mourut en 1101. Les décès de ses neveux Bohémond et Roger Borsa en 1110 et 1111, ainsi que celui de Richard II de Capoue en 1106, permettent à Roger II, fils de Roger Ier et duc de Calabre (1095-1154), de se proclamer roi. Pufendorf précise qu'il a été accordé une investiture étendue 'puisqu'outre la Sicile,

60 Naples qui était alors une petite ville, n'était point encore à lui et ne
pouvait donner le nom au royaume. Elle s'était toujours maintenue
en république sous un duc qui relevait des empereurs de
Constantinople; et ce duc avait jusqu'alors échappé par des
présents à l'ambition de la famille conquérante. [10]

65 Ce premier roi Roger fit hommage au Saint-Siège. Il y avait
alors deux papes: l'un le fils d'un Juif nommé Léon, qui s'appelait
Anaclet, et que saint Bernard appelle *judaicam sobolem*, race
hébraïque: l'autre s'appelait Innocent II. [11] Le roi Roger reconnut
Anaclet, parce que l'empereur Lothaire II reconnaissait Innocent;
70 et ce fut à cet Anaclet qu'il rendit son vain hommage. [12]

Les empereurs ne pouvaient regarder les conquérants normands
que comme des usurpateurs. Aussi saint Bernard qui entrait dans
toutes les affaires des papes et des rois, écrivait contre Roger aussi
bien que contre ce fils d'un Juif qui s'était fait élire pape à prix
75 d'argent. *L'un*, dit-il, *a usurpé la chaire de saint Pierre, l'autre a*

*Saint Bernard
déclare la
suzeraineté du
pape une
usurpation.*

---

la Pouille et la Calabre, il y joignit la principauté de Capoue et même le duché de
Naples qui était encore au pouvoir des empereurs d'Orient' (p.99).

[10] Giannone décrit le couronnement de Roger 'par les ordres d'Anaclet' comme
roi de Sicile et de la Pouille (livre 11, ch.1), et remarque: 'Mais il n'en est pas de même
de ce qui regardait le duché de Naples dépendant de l'empire d'Orient: nous avons
déjà dit qu'il était alors gouverné en forme de république par un duc nommé Sergio;
il n'est donc pas aisé de comprendre à quel titre et sous quel prétexte Anaclet osa ainsi
disposer du bien d'autrui' (p.184).

[11] Innocent II (Gregorio Papareschi, cardinal de Saint-Ange) fut pape de 1130 à
1143. Anaclet II (Pierre de Léon) mourut en 1138. L'expression 'judaicam sobolem'
de saint Bernard est citée par Giannone (p.192). Fleury (livre 68, année 1130, §1-8)
traite longuement de cette controverse. Voltaire suit Giannone en regardant ici les
deux papes comme canoniquement élus: il ne se sert pas du terme 'antipape'.

[12] Cf. les *Annales* (année 1130): 'Rome entière se partage en deux factions. L'une
élit Innocent II, l'autre élit le fils ou petit-fils d'un Juif, nommé Léon, qui prend le
nom d'Anaclet. Le fils du Juif, comme plus riche, chasse son compétiteur de Rome.
Innocent II se réfugie en France, devenue l'asile des papes opprimés. Ce pape va à
Liège, met Lothaire II dans ses intérêts, le couronne empereur avec son épouse,
et excommunie ses compétiteurs' (*M*, t.13, p.311). Il s'agit en fait de Lothaire III
(1075-1137) qui promit d'appuyer Innocent II lors d'une entrevue à Liège en 1131.

usurpé la Sicile, c'est à César à les punir. Il était donc évident alors que la suzeraineté du pape sur ces deux provinces, n'était qu'une usurpation. [13]

Le roi Roger soutenait Anaclet, qui fut toujours reconnu dans Rome. [14] Lothaire prend cette occasion pour enlever aux Normands   80 leurs conquêtes. Il marche vers la Pouille avec le pape Innocent II. Il paraît bien que ces Normands avaient eu raison de ne pas vouloir dépendre des empereurs, et de mettre entre l'empire et Naples une barrière. Roger à peine roi fut sur le point de tout perdre. Il assiégeait Naples quand l'empereur s'avance contre lui. Il perd des   85 batailles; il perd presque toutes ses provinces dans le continent. [15] Innocent II l'excommunie et le poursuit. Saint Bernard était avec l'empereur et le pape. Il voulut en vain ménager un accommode-
1137. ment. Roger vaincu se retire en Sicile. L'empereur meurt. Tout

76-79   w56-61: *punir.* ¶Le roi
83   w56-w57G: entre eux une

[13] Bernard, abbé de Clairvaux, fut nommé par Louis le Gros pour examiner, au concile d'Etampes, et puis pour trancher, selon Fleury, 'lequel des deux prétendus papes était élu le plus canoniquement' (livre 68, année 1130, §5). Cf. Giannone: '[Innocent II] sut l'engager dans son parti contre Anaclet; il est hors de doute que le zèle avec lequel il le servit fut l'un des moyens les plus efficaces qui rendirent le parti d'Innocent triomphant' (p.192). La citation précise de saint Bernard vient mot pour mot de Giannone: 'Bernard [...] poussa la véhémence de ses sollicitations jusqu'à dire dans une lettre qu'il écrivait à l'empereur, que Roger était un usurpateur qui avait aussi injustement envahi la couronne de Sicile qu'Anaclet le siège de saint Pierre', suivi du texte latin précis (p.192).
[14] Cf. Giannone: 'Anaclet [...] que la plus grande partie de l'Italie, les Romains eux-mêmes regardaient, ainsi que lui, comme légitime pontife' (p.183).
[15] Cf. *Annales* (année 1137): 'Roger duc de Sicile et nouveau roi de Sicile, tenait le parti de l'antipape Anaclet, et menaçait Rome. On fait la guerre à Roger' (p.312). Couronné empereur, à Rome, le 4 juin 1133, Lothaire fut bientôt de retour en Italie avec une armée nombreuse (1136) et pour cible principale Roger, roi de Sicile. Après une campagne particulièrement réussie où il enleva à Roger Capoue et la Pouille, Lothaire mourut le 4 décembre 1137 sur le chemin du retour en Allemagne.

90 change alors. Le roi Roger et son fils reprennent leurs provinces.
Le pape Innocent II reconnu enfin dans Rome, ligué avec les
princes à qui Lothaire avait donné ces provinces, ennemi implacable du roi, marche comme Léon IX à la tête d'une armée. Il est
vaincu et pris comme lui.[16] Que peut-il faire alors? Il fait comme
95 ses prédécesseurs: il donne des absolutions et des investitures, et il
se fait des protecteurs contre l'empire, de cette même maison
normande contre laquelle il avait appelé l'empire à son secours.[17]

1139.
Autre pape pris
par les princes
normands.

Bientôt après le roi subjugue Naples, et le peu qui restait encore
pour arrondir son royaume de Gayette jusqu'à Brindes: la
100 monarchie se forme telle qu'elle est aujourd'hui. Naples devient
la capitale tranquille du royaume, et les arts commencent à renaître
un peu dans ces belles provinces.[18]

Après avoir vu comment des gentilshommes de Coutance
fondèrent le royaume de Naples et de Sicile, il faut voir comment
105 un duc de Normandie pair de France conquit l'Angleterre. C'est
une chose bien frappante que toutes ces invasions, toutes ces
émigrations, qui continuèrent depuis la fin du quatrième siècle
jusqu'au commencement du quatorzième, et qui finirent par les

106   W56-W57G: chose étonnante que

[16] Fleury raconte comment Roger fut 'publiquement excommunié au concile de
Latran avec tous ses partisans'. Innocent II fut fait prisonnier dans les environs du
Mont Cassin le 10 juillet 1139. Le traité de paix qui s'ensuivit (25 juillet 1139) stipula
que 'le pape [accorde] à Roger le royaume de Sicile, à un de ses fils le duché de
Pouille, et à l'autre la principauté de Capoue'. On notera également qu'il donna à
Roger 'l'investiture du royaume de Sicile par l'étendard' (livre 68, année 1139, §57).
[17] Pour Léon IX et la bataille de Civitade en 1153, voir ci-dessus, ch.40.
[18] Cf. Giannone, livre 11, ch.3: 'Voilà comment Roger [...] réunit d'une manière
stable toutes nos provinces sous ses seuls ordres [...] la prudence et l'attention de ce
prince y affermirent la paix et la tranquillité, au point que n'étant plus occupé du bruit
des batailles, et du mouvement des armes, il eut le temps de donner une meilleure
forme au gouvernement de son royaume, et de le pourvoir de nouvelles lois dont la
sagesse le distinguèrent par-dessus tous les autres Etats de l'Occident' (p.217).

49

croisades. Toutes les nations de l'Europe ont été mêlées, et il n'y en a eu presque aucune qui n'ait eu ses usurpateurs. [19]

---

[19] Nous verrons au ch.54 et suiv. l'idée, qui semble propre à Voltaire, que les croisades peuvent être perçues comme une série d'émigrations. Le thème de l'usurpation est un leitmotiv chez Voltaire: le terme apparaît ici six fois en quatre pages. Il parcourt tout l'*EM*; voir également, par exemple, l'*Anti-Machiavel*, les *Annales*, et l'*Histoire de l'empire de Russie*.

CHAPITRE 42

Conquête de l'Angleterre par Guillaume duc de Normandie.

Tandis que les enfants de Tancrède de Hauteville fondaient si loin des royaumes, les ducs de leur nation en acquéraient un qui est

a-194 [*Première rédaction de ce chapitre*: MSP, 46]
  a MSP, 46: Chapitre 24
    w56-w57G: Chapitre 32
    61: Chapitre 38
1-3 MSP, 53-54N: Tandis que de simples citoyens de Normandie fondaient si loin des royaumes, leurs ducs en acquéraient un plus beau sur lequel les papes osèrent prétendre le même droit que sur la Sicile. ¶La nation
1-5 46: Tandis que de simples citoyens de Normandie fondaient en Italie des royaumes, leurs ducs en acquéraient un plus beau sur lequel les papes prétendirent le même droit que sur Naples et Sicile. ¶Après la mort d'Alfred le Grand arrivée

* Etant donné l'importance de celui-là même qui est à l'origine d'une transformation radicale de cette Angleterre qui pèse si lourd dans la longue carrière de Voltaire, il est pour le moins curieux que Guillaume le Conquérant figure si peu souvent dans ses écrits. A part deux mentions des plus fugitives (voir *La Henriade*, chant Ier, *OCV*, t.2, p.391; et l'art. 'Bala, bâtards' des *QE*, *OCV*, t.39, p.297), Voltaire ne le prend pour sujet de véritables réflexions que deux fois: dans les *LP*, il le présente en une maigre dizaine de lignes, comme un 'monarque de l'Orient' qui gouverna 'avec un sceptre de fer' (t.1, p.101), et il en fera de même dans l'art. 'Des lois' du *DP*: qui mit aux Anglais 'un joug, et [les] fit marcher à coups d'aiguillons' (*OCV*, t.36, p.315). Comme pour le ch.26 sur Alfred le Grand, la source prépondérante est ici l'*Histoire d'Angleterre* de P. Rapin de Thoyras (éd. consultée, La Haye, 1724; Paris, 1749, BV2871). L'ouvrage de Rapin fut commenté par la suite par N. Tindal: *Remarques historiques et critiques sur l'Histoire d'Angleterre de Mr de Rapin Thoyras* (La Haye, 1733), avec renvois dans les marges aux pages des éditions de Paris et de La Haye. Ultérieurement, les notes de Tindal étaient imprimées en bas de page de la nouvelle édition de l'*Histoire d'Angleterre* de 1749 (BV2871). Pour les renseignements qui nous concernent les notes de 1749 sont identiques à celles de 1733, et pour ce qui est des ajouts de 1761, Voltaire aura pu les consulter dans cette édition ainsi que dans l'impression séparée de 1733. Rapin prend pour guides Guillaume de Malmesburi et Aelred de Rievaulx, à tel point que même les piques habituelles ciblant les

devenu plus considérable que les deux Siciles.[1] La nation britannique était, malgré sa fierté, destinée à se voir toujours gouvernée par des étrangers; après la mort d'Alfred, arrivée en 900, l'Angleterre 5
retomba dans la confusion et la barbarie. Les anciens Anglo-Saxons ses premiers vainqueurs, et les Danois ses usurpateurs nouveaux, s'en disputaient toujours la possession; et de nouveaux pirates danois venaient encore souvent partager les dépouilles. Ces pirates continuaient d'être si terribles, et les Anglais si faibles, que 10
vers l'année 1000 on ne put se racheter d'eux qu'en payant quarante-huit mille livres sterling. On imposa, pour lever cette

5   MSP: Alfred le Grand arrivée
6   MSP: et dans la barbarie
6-7   46: anciens Anglais, Saxons
11-12 MSP, 46: qu'en [46: leur] payant trente mille livres [MSP: pesant d'argent].
On

prédécesseurs de Voltaire, en particulier Daniel, se font discrètes. Mais le Guillaume de Voltaire est assurément quelque peu différent de celui que présentait une certaine tradition historiographique anglaise que Rapin (quasiment l'unique source que Voltaire consulta) avait fait sienne: s'il est de part et d'autre dur et tyrannique, il demeure pour Voltaire, comme par le passé, un tyran *conséquent* qui ('homme raisonnable', ligne 170) mettait en œuvre une politique mûrement réfléchie. Voltaire rejette en conséquence toute explication de l'esclavage des Anglais qui, comme cela se produit chez Rapin, assigne une large place, soit à l'avarice de Guillaume (lignes 140-43), soit à ses caprices tyranniques (lignes 153-55, 163-72). D'assez considérables additions (surtout dans 61), où Voltaire cible peut-être l'*Histoire ecclésiastique* de Fleury et l'*Histoire de France* de l'abbé Velly (Paris, 1757), t.2, transforment la première version imprimée (46, *Mercure de France*, mai 1746, p.29-36), largement basée sur des faits historiques concrets, en y apportant des commentaires d'ordre critique ou politique (lignes 55-66, 75-77, 116-30) ainsi qu'un détail pittoresque, spectaculaire même, l'exploit de Taillefer (lignes 99-109). Pourtant, c'est le contenu anticlérical, soit moral soit politique (qui ne dépasse en rien toutefois ce que Voltaire aura trouvé chez Rapin), qui y prime (lignes 34-49, 92-95, 120-30, 178-79).

[1] Cette entrée en matière renvoie directement au ch.40. Tancrède de Hauteville, seigneur du Cotentin (fin du dixième siècle-1041), vivait à l'époque du duc Robert II le Diable (1000-1035). Ayant douze fils et peu de biens à leur léguer, il envoya les aînés faire fortune dans l'Italie méridionale (1040-1071) et en Sicile (1060-1091).

somme, une taxe qui dura depuis assez longtemps en Angleterre,
ainsi que la plupart des autres taxes, qu'on continue toujours de
15   lever après le besoin. Ce tribut humiliant fut appelé argent danois,
danngeld.[2]

Canut roi de Dannemarck, qu'on a nommé *le Grand*, et qui n'a
fait que de grandes cruautés, remit sous sa domination en 1017 le
Dannemarck et l'Angleterre.[3] Les naturels anglais furent traités
20   alors comme des esclaves. Les auteurs de ce temps avouent que
quand un Anglais rencontrait un Danois, il fallait qu'il s'arrêtât
jusqu'à ce que le Danois eût passé.[4]

13-15   46: Angleterre; ce tribut

[2] En le résumant, Voltaire déforme le récit de Rapin, qui donne comme origine du
'danegelt' une somme de 30 000 'livres anglaises' (livre 5, 'Ethelred II', année 1001).
La somme de 48 000 livres, la plus importante rapportée par Rapin, fut payée pour
faire lever le siège de Cantorbéri en 1012 (§'On leur donne de l'argent'). Vu la
variante de 46, la déformation devait être volontaire. Mais pourquoi Voltaire a-t-il
résisté à la tentation de répéter l'observation (pourtant très voltairienne) de Rapin
(année 1001, §'Etablissement du Danegelt') que le clergé et les moines trouvaient
toujours le moyen de ne pas y contribuer?

[3] Canut II le Grand (985 ou 995-1035), roi d'Angleterre (1016), de Danemark
(1017), de Norvège (1028) et de certaines régions de la Suède. Il fut considéré par
l'historiographie du temps de Voltaire (voir, par exemple, Fleury, livre 59,
année 1027, §14), et même en partie par Rapin, comme un très grand roi, antithèse
de celui que Voltaire nous présente. Le récit même que Rapin fait du règne de Canut
II ne justifiant pas le jugement sommaire de Voltaire qui le fait passer pour l'essence
même de la brutalité, s'agirait-il d'une impression engrangée après une lecture un
peu trop rapide du texte de Rapin (livre 5, année 1036), qui doit beaucoup à
Guillaume de Malmesburi et à ses jugements beaucoup plus nuancés (*Gesta regum
anglorum*, éd. et trad. R. A. B. Mynors, Oxford, 2006, plus spécialement II.179.3;
180.1; 181.1)? Voir Rapin: 'La fin de sa vie fut toute différente du commencement. On
aurait dit, que ce n'était plus ce même prince qui avait fait répandre tant de sang, et
qui avait foulé aux pieds la justice et la religion, pour acquérir des royaumes qui ne lui
appartenaient pas' ('Canut le Grand', §'Caractère de Canut', t.i, p.413). Ou bien
s'agirait-il d'une distorsion intentionnelle bien voltairienne, pour qui le sobriquet de
'Grand' est normalement accordé, et mal accordé, par la quantité de souffrance
humaine qui est toujours la suite d'une conquête?

[4] Voltaire se base sur la harangue que prononça Godwin, comte de Wessex, dans
l'Assemblée qu'il avait convoquée au mois de juin 1042 pour faire proclamer roi

Edouard le
Saint ou le
Confesseur.

La race de Canut ayant manqué en 1041, les Etats du royaume, reprenant leur liberté, déférèrent la couronne à Edouard, un descendant des anciens Anglo-Saxons, qu'on appelle *le Saint* et 25 *le Confesseur.* Une des grandes fautes, ou un des grands malheurs de ce roi, fut de n'avoir point d'enfants de sa femme Edithe, fille du plus puissant seigneur du royaume. Il haïssait sa femme, ainsi que sa propre mère, pour des raisons d'Etat, et les fit éloigner l'une et l'autre. La stérilité de son mariage servit à sa canonisation. On 30 prétendit qu'il avait fait vœu de chasteté: vœu téméraire dans un mari, et absurde dans un roi qui avait besoin d'héritiers. Ce vœu, s'il fut réel, prépara de nouveaux fers à l'Angleterre.⁵

24-25   46: Edouard, descendant
29   MSP, 46: les éloigna même l'une
30   46: l'autre. On
31-32   46: vœu très téméraire dans un mari et très insensé dans un roi
33-48   W56-W57G: Angleterre. ¶Vous
33-49   MSP, 46, 53-54N: Angleterre. ¶Les mœurs et les usages de ce temps
[46: temps-là] ne ressemblent en rien aux nôtres. Guillaume, huitième duc

---

Edouard, fils d'Ethelred II: 'Il fit remarquer que l'orgueil extrême des Danois qui ne s'étant pas contentés de partager le pays avec les Anglais, les avaient traités comme des esclaves. Il les fit ressouvenir de ce temps fâcheux où lorsqu'un Anglais et un Danois venaient à se rencontrer sur un pont, le premier n'osait continuer son chemin jusqu'à ce que l'autre eût passé' (Rapin, livre 5, 'Edouard III', §'Harangue de Godwine contre les Danois', t.1, p.424). 'Les auteurs de ce temps' sont toujours Guillaume de Malmesburi et Aelred de Rievaulx.

⁵ L'explication de cette haine pour femme et mère est toute politique comme le dit Rapin. Quant à la première, le point de départ est encore Godwin, père d'Edithe: 'Cependant, de quelque dissimulation qu'Edouard eût usée envers lui [Godwin], il avait pour lui, dans le fond de son âme, une haine violente qui s'étendait sur toute sa famille. Ce fut la véritable raison qui lui fit différer son mariage avec Edithe, autant qu'il lui fut possible' ('Edouard III', §'Caractère d'Edouard', t.1, p.426). Cette haine s'explique par le fait que Godwin avait été (1036) l'instigateur de l'assassinat brutal du frère puîné d'Edouard, Alfred 'the Atheling'. Il haïssait sa mère, Emma de Normandie, car, femme en premières noces d'Ethelred the Unready, elle avait – en épousant Canut le Grand – consenti à ce que les enfants de ce second lit succédassent à la couronne d'Angleterre (§'Edouard dépouille la reine sa mère de tous ses biens'). D'après Rapin, c'est Guillaume de Malmesburi qui révoque en doute le vœu de chasteté fait par Edouard longtemps avant son mariage (II.197.3, p.354-55), version

Au reste les moines ont écrit que cet Edouard fut le premier roi *Ecrouelles.*
35 de l'Europe qui eut le don de guérir les écrouelles. [6] Il avait déjà
rendu la vue à sept ou huit aveugles, quand une pauvre femme
attaquée d'une humeur froide se présenta devant lui; il la guérit
incontinent en faisant le signe de la croix, et la rendit féconde de
stérile qu'elle était auparavant. [7] Les rois d'Angleterre se sont
40 attribué depuis le privilège, non pas de rendre les stériles fécondes,
non pas de guérir les aveugles, mais de toucher les écrouelles qu'ils
ne guérissaient pas.

Saint Louis en France, comme suzerain des rois d'Angleterre,
toucha les écrouelles, et ses successeurs jouirent de cette pré-
45 rogative. Guillaume III la négligea en Angleterre; et un temps
viendra que la raison qui commence à faire quelques progrès en
France, abolira cette coutume. [8]

---

due à son panégyriste Aelred de Rievaulx, *Vita S. Edwardi Regis* (*The Historical
Works*, trad. J. P. Freeland, Kalamazoo, MI, 2005, p.145-49).

[6] Cf. Rapin (livre 5, 'Edouard III', §Son caractère). Un long commentaire de
Tindal à ce point nous apprend que 'les moines' dont il s'agit sont les chroniqueurs
Aelred de Rievaulx et Guillaume de Malmesburi (*Remarques historiques*, p.33-34). La
déclaration selon laquelle 'Edouard fut le premier roi de l'Europe qui eut le don de
guérir les écrouelles' semble une induction imputable au seul Voltaire, car le texte ne
parle que des successeurs d'Edouard, et non pas de ses devanciers (t.1, p.446).

[7] Dans le même commentaire (p.34), Tindal, qui parle plus bas de six ou sept
aveugles, signale que le premier miracle d'Edouard est celui de la guérison de la
femme stérile, qui était atteinte à la fois des écrouelles, précision que Voltaire ne
donne pas.

[8] C'est encore Rapin qui fournit la matière de ce paragraphe, ainsi que la référence
à Guillaume III qui s'abstenait de la pratique de toucher les écrouelles (§'Privilège de
guérir les écrouelles'). Toutefois, comme son texte mentionne nommément Clovis
comme le premier roi de France à avoir la même prérogative, pourquoi l'attention de
Voltaire s'est-elle arrêtée à une note de Tindal (*Remarques historiques*, p.33) où il est
fait mention de saint Louis? Soulignons également que dans l'art. 'Ecrouelles' des
QE, Voltaire pose la possibilité de l'invention de ce pouvoir royal par 'quelque
songe-creux de Normandie pour rendre l'usurpation de Guillaume le Bâtard plus
respectable' (*OCV*, t.40, p.618). Voltaire a traité le sujet des écrouelles dans une
vingtaine d'endroits: voir, par exemple, l'art. 'Torture', du *DP* (*OCV*, t.36, p.568);
L'Homme aux quarante écus, 'De la vérole' (*OCV*, t.66, p.379); l'art. 'Ana, anecdotes'
des *QE* (*OCV*, t.38, p.310); l'art. 'Oracle' des *QE* (*M*, t.20, p.137), *Un chrétien contre*

Vous voyez toujours les usages et les mœurs de ces temps-là absolument différents des nôtres. Guillaume duc de Normandie, qui conquit l'Angleterre, loin d'avoir aucun droit sur ce royaume, 50 n'en avait pas même sur la Normandie, si la naissance donnait les droits. Son père le duc Robert, qui ne s'était jamais marié, l'avait eu de la fille d'un pelletier de Falaise, que l'histoire appelle harlot, terme qui signifiait et signifie encore aujourd'hui en anglais *concubine* ou *femme publique*.[9] L'usage des concubines permis 55 dans tout l'Orient et dans la loi des Juifs, ne l'était pas dans la nouvelle loi.[10] Il était autorisé par la coutume. On rougissait si peu

Guillaume le Bâtard.

51-52   46: Normandie; son père
51   MSP: donne
53   MSP, 46: l'histoire nomme harlot
55-66   MSP, 46, 53-W57G: *publique*. [46: Mais nous avons déjà vu combien la loi naturelle l'emportait alors sur la loi positive.] ¶Ce bâtard reconnu du vivant de son père pour héritier légitime, se maintint par son habileté, et par sa valeur contre tous ceux qui lui disputaient son duché. Il régnait

---

six Juifs (M, t.29, p.536), *Réflexions pour les sots (M*, t.25, p.121). Malgré l'application de multiples attouchements, Louis XIV n'a pu empêcher une de ses maîtresses d'en mourir (voir plus spécialement les *Notebook fragments, OCV*, t.82, p.672; D19553, 7 juillet 1775, à Frédéric II).

[9] La mère de Guillaume s'appelait Herleva ou Harlotta, noms qui lui sont donnés pour la première fois par Ordericus Vitalis dans ses interpolations dans la chronique de Guillaume de Jumièges (*Gesta normannorum ducum*, éd. et trad. E. M. C. Van Houts, 2 vol., Oxford, 1992 et 1995, t.1, p.lxxv; t.2, p.80 n.3, p.96-97). C'est Rapin qui, à partir de Harlotta, a fourni le nom 'Harlotte' ('Guillaume I', t.2, p.5) et c'est Tindal qui – sans toutefois se prononcer pour ou contre – a fourni l'étymologie (parfaitement fantaisiste) dans ses *Remarques historiques et critiques*: 'C'est de là qu'on prétend que vient le mot anglais *harlot* qui signifie une fille de joie' (p.53). Voltaire traite déjà Guillaume de 'fils de putain' dans *La Pucelle d'Orléans* (*OCV*, t.7, p.491, n.8). Quant au père d'Herleva, censé être un pelletier (Wace, *Le Roman de Rou*, éd. A. J. Holden, Paris, 1971, lignes 4315-24), voir E. M. C. Van Houts, 'The origins of Herleva, mother of William the Conqueror', *English Historical Review* 101 (1986), p.399-404.

[10] Cf. ch.7 (notre t.1, p.148-49). Dans de nombreux textes, depuis la *Défense de milord Bolingbroke* (*OCV*, t.32B, p.245) jusqu'à *La Bible enfin expliquée* (*M*, t.30, p.189, 196, 197, 209, etc.), en passant par le *DP*, *L'Examen important de milord Bolingbroke* et les *QE*, Voltaire donne d'autres exemples de la pratique, au Moyen Orient et en Orient, de prendre des concubines, souvent en grand nombre.

d'être né d'une pareille union, que souvent Guillaume en écrivant, signait *le bâtard Guillaume.* Il est resté une lettre de lui au comte
60 Alain de Bretagne, dans laquelle il signe ainsi. [11] Les bâtards héritaient souvent; car dans tous les pays où les hommes n'étaient pas gouvernés par des lois fixes, publiques et reconnues, il est clair que la volonté d'un prince puissant était le seul code. [12] Guillaume fut déclaré, par son père et par les états, héritier du duché, et il se
65 maintint ensuite par son habileté et par sa valeur, contre tous ceux qui lui disputèrent son domaine. Il régnait paisiblement en Normandie, et la Bretagne lui rendait hommage. Lorsque Edouard le Confesseur étant mort, il prétendit au royaume d'Angleterre,

68-74   46: Angleterre. ¶Edouard

[11] Cet ajout de 1761 doit peut-être quelque chose à l'abbé Velly, qui évoque le 'surnom de Conquérant que la posterité a substitué à celui de Bâtard qu'on lui donnait et qu'il prenait lui-même dans tous les actes publiques' (*Histoire de France*, t.2, p.396). Deux pages auparavant Velly parle d'une lettre au duc de Bretagne, ennemi de Guillaume, dont il pourrait être question ici. Ou bien il pourrait s'agir d'un acte de donation de villes et de terres, écrit à la deuxième personne, donc sous forme de lettre: 'Ego Guillelmus cognomine Bastardus, rex Angliae, do et concedo tibi nepoti meo Alano Britanniae comiti, et heredibus tuis in perpetuam omnes villas et terras' (A.-L. Léchaudé d'Anisey et de Sainte Marie, *Recherches sur le Domesday; ou, liber censualis d'Angleterre*, Caen, 1842, p.75). Rapin l'appelle 'Guillaume le Bâtard duc de Normandie' (livre 5, 'Edouard III', année 1048, §'Le duc de Normandie rend visite à Edouard') et intitule le chapitre sur Guillaume 'Guillaume I surnommé le Bâtard, ou le Conquérant'. A l'encontre de Voltaire, ses prédécesseurs n'ont pas manqué de signaler les difficultés que Guillaume aurait éprouvées auprès des puissants seigneurs normands à cause de son illégitimité, par exemple Mézeray (*Abrégé de l'histoire*, éd. consultée, Amsterdam, 1700, année 1036); Daniel (*Histoire de France*, Paris, 1720, années 1037-1046, 1066); L. Le Gendre (*Nouvelle Histoire de France*, Paris, 1718, t.2, p.318).

[12] Sur la bâtardise, les races dites impures, et de là la possibilité ou l'impossibilité d'accéder à une couronne à cette époque-là, voir les *Annales de l'Empire* (p.239, 253, 260, 351, 376) et l'art. 'Bala, bâtards' des *QE* (p.297-98). Voltaire cite d'autres pays où, à la différence de l'Allemagne sortie du Moyen Age (voir ch.135), la bâtardise n'était pas considérée comme un obstacle (ch.106). Quant à Guillaume et sa propre succession au duché de Normandie malgré sa bâtardise, Voltaire ne s'en étonne pas car, d'après lui, la volonté de son père, le duc Robert, aurait été 'le seul code' (ligne 63).

le droit de succession ne paraissait alors établi dans aucun Etat
de l'Europe. La couronne d'Allemagne était élective: l'Espagne   70
était partagée entre les chrétiens et les musulmans. La Lombardie
changeait chaque jour de maître. La race carlovingienne, détrônée
en France, faisait voir ce que peut la force contre le droit du sang. [13]
Edouard le Confesseur n'avait point joui du trône à titre d'héritage.
Harold successeur d'Edouard n'était point de sa race; mais il avait   75
le plus incontestable de tous les droits, les suffrages de toute la
Nul droit de nation. [14] Guillaume le Bâtard n'avait pour lui ni le droit d'élection, ni
succession alors. celui d'héritage, ni même aucun parti en Angleterre. Il prétendit
que dans un voyage qu'il fit autrefois dans cette île, le roi Edouard
avait fait en sa faveur un testament que personne ne vit jamais. Il   80
disait encore qu'autrefois il avait délivré de prison Harold, et

69   MSP: succession alors ne paraissait établi
70   MSP: couronne d'Angleterre [*erreur*; MSG: β] était
73   MSP: les droits
74   46: n'avait pas joui
75-77 46: race, mais cet Harold avait les suffrages de la nation; Guillaume
76   MSP: suffrages de la
79   MSP, 46: qu'il avait fait
81-82 MSP, 46: qu'autrefois Harold délivré de prison par lui et ensuite retenu
captif, lui avait cédé ses droits sur l'Angleterre, c'est-à-dire que Harold lui avait cédé

[13] En évoquant de la sorte la race carolingienne (issue de Pépin le Bref et
Charlemagne), Voltaire renvoie discrètement aux ch.12 et 13 (voir notre t.2, plus
spécialement p.231-33), où il est question de 'l'usurpateur Pépin', maire du palais, qui
en 751 déposa le roi mérovingien Childéric III. Le dernier des Carolingiens, Louis V
mourut en 987. C'est alors que Hugues Capet, maire du palais, renouvela l'exploit de
Pépin, prouvant que 'la force' valait mieux que 'le droit du sang' (voir ch.13, notre
t.2, p.237).
[14] Voltaire se sert d'une terminologie assez vague pour résumer ce qu'évoque
Rapin: 'La gloire que Harald venait d'acquérir dans sa dernière expédition, sa
générosité envers Alfgar, ses manières douces et populaires, son naturel bienfaisant,
avaient déjà produit un merveilleux effet parmi le peuple. On commençait à dire
assez ouvertement que, puisque le roi n'avait point d'enfants, personne n'était plus
digne que Harald d'occuper le trône après lui' (année 1057, 'Le peuple destine la
couronne à Harald', t.1, p.438). Quant à Guillaume, Rapin souligne le peu de
probabilité du succès de son entreprise à ses débuts ('Guillaume I', §'Considérations
sur l'entreprise du duc de Normandie contre l'Angleterre').

qu'Harold lui avait cédé ses droits sur l'Angleterre. [15] Il appuya ses faibles raisons d'une forte armée. [16]

85   Les barons de Normandie, assemblés en forme d'états, refusèrent de l'argent à leur duc pour cette expédition: parce que, s'il ne réussissait pas, la Normandie en resterait appauvrie, et qu'un heureux succès la rendrait province d'Angleterre; mais plusieurs Normands hasardèrent leur fortune avec leur duc. Un seul seigneur nommé Fitz-Othbern, équipa quarante vaisseaux à ses dépens. Le
90   comte de Flandre, beau-père du duc Guillaume, le secourut de quelque argent. [17] Le pape Alexandre II entra dans ses intérêts. Il excommunia tous ceux qui s'opposeraient aux desseins de Guil-

---

des droits qu'il ne pouvait avoir et quand même il les eût eus, une cession ainsi extorquée n'était pas d'un grand poids. Guillaume appuya

91   MSP, 46, 53-61: pape même entra

92   MSP, 46: au dessein

92-95   MSP, 46, 53-61: Guillaume. Enfin il [w56-61: Ce prince] partit

[15] C'est Guillaume de Malmesburi (II.228.2, p.417; 240.2, p.453) qui rapporte que le Confesseur, ayant destiné la couronne à son neveu Edward 'the Atheling', dut se reporter, suivant la mort de celui-ci (1057), sur Guillaume de Normandie qui – fils de son propre cousin – était évidemment du même sang. Quant au prétendu testament d'Edouard, Rapin dit: 'ce Testament [...] n'a jamais été vu de personne' ('Edouard III', année 1048, §'Testament prétendu d'Edouard en faveur de Guillaume', t.1, p.435). Il répète le même doute, livre 6, 'Il va voir le roi Edouard', t.2, p.10). Notons que Voltaire, historien, se méfie constamment des droits ou des donations que les bénéficiaires prétendaient fondés sur des actes ou des testaments que personne n'avait jamais vus: voir, par exemple, l'art. 'Donations' des QE (OCV, t.40, p.515-16) et ce qu'il dit des prétendues 'donations' de Constantin, de Pépin et de Charlemagne (notre t.2). Pour le récit de l'emprisonnement de Harald à Ponthieu, de sa délivrance par Guillaume et de la promesse faite à celui-ci de seconder son éventuelle candidature à la couronne d'Angleterre, voir Guillaume de Malmesburi (II.228.3-5, p.419).

[16] Les lignes 75-83 se trouvent presque mot sur mot chez Velly (t.2, p.393), qui avait servi de source à Voltaire pour l'édition de 1761 de l'*EM*, mais qui s'était lui-même servi de renseignements trouvés dans l'*Abrégé de l'Histoire universelle* de 1753 pour rédiger son propre ouvrage.

[17] Tout ce passage (lignes 84-92) est très près des détails fournis par Rapin dont Voltaire résume les grandes lignes (livre 5, 'Harald II', année 1066), à part la mention

laume. C'était se jouer de la religion; mais les peuples étaient accoutumés à ces profanations, et les princes en profitaient. Guillaume partit de Saint Valeri avec une flotte nombreuse; on ne sait combien il avait de vaisseaux, ni de soldats. [18] Il aborda sur les côtes de Sussex: et bientôt après se donna dans cette province la fameuse bataille de Hastings, qui décida seule du sort de l'Angleterre. Les anciennes chroniques nous apprennent qu'au premier rang de l'armée normande, un écuyer nommé Taillefer, monté sur un cheval armé, chanta la chanson de Roland, qui fut si longtemps dans la bouche des Français, sans qu'il en soit resté le moindre fragment. Ce Taillefer après avoir entonné la chanson que les soldats répétaient, se jeta le premier parmi les Anglais, et fut tué. [19]

14 octobre 1066.

Bataille de Hastings. Chanson de Roland.

95

100

98   53-54N: Hastings [*avec note*: Le 14 octobre 1066.]

99-109   MSP, 46, 53-W57G: l'Angleterre. Les Anglais ayant le roi Harold à leur tête et les Normands conduits par leur duc combattirent pendant douze heures. La gendarmerie qui commençait à faire ailleurs la force des armées ne paraît pas avoir été employée dans cette bataille. Les chefs y combattirent à pied. Harold

du comte de Flandre qui, quoique nommé par Rapin, y figure seulement dans sa position de pouvoir suprême à la cour de France ('§'La France le laisse faire sans le troubler', t.1, p.453). Alexandre II (pape de 1061 à 1073) – ayant examiné, à la demande de Guillaume, ses titres à la couronne d'Angleterre – trancha en sa faveur (Harald ayant omis de lui présenter quoi que ce fût) et lui envoya une bannière bénite en signe d'approbation (voir aussi ci-dessous, lignes 111-12). Rapin ajoute: 'voulant faire entendre à tous les chrétiens, que la religion était intéressée dans cette affaire, il excommunia solennellement tous ceux qui oseraient entreprendre de troubler ce prince dans l'exécution de ce projet' ('§'Le pape approuve son dessein', t.1, p.453-54).

[18] Rapin ne donne aucun détail concernant l'importance des effectifs dont disposait Guillaume, soit en navires, soit en hommes. Il s'agirait de la part de Voltaire d'une critique tacite de ses prédécesseurs. Daniel parle d'une armée de 50 000 soldats (année 1066) et Le Gendre évoque carrément 900 voiles (t.2, p.322), arrondissant ainsi le compte d'A. Du Chesne: 'huit cent quatre-vingts et plus, sans les menus vaisseaux' (*Histoire générale d'Angleterre, d'Ecosse et d'Irlande*, Paris, 1666, t.1, p.415).

[19] La présence conjointe de Taillefer et de la Chanson de Roland n'est mentionnée dans aucune des sources que Voltaire a consultées. Taillefer (*Incisor-Ferri*) fait son apparition dans le *Carmen de Hastingae* de Gui d'Amiens (geste en vers composée avant 1072), lignes 389-408, où sa fonction est uniquement de narguer les Anglais et d'encourager les Normands. On n'y trouve nulle mention de la Chanson de Roland.

105 Le roi Harold et le duc de Normandie quittèrent leurs chevaux, et combattirent à pied; la bataille dura six heures. La gendarmerie à cheval, qui commençait à faire ailleurs toute la force des armées, ne paraît pas avoir été employée dans cette journée. Les troupes de part et d'autre étaient composées de fantassins. [20] Harold et deux de
110 ses frères y furent tués. [21] Le vainqueur s'approcha de Londres, portant devant lui une bannière bénite que le pape lui avait envoyée. Cette bannière fut l'étendard auquel tous les évêques se rallièrent en sa faveur. [22] Ils vinrent aux portes avec le magistrat de Londres lui offrir la couronne, qu'on ne pouvait refuser au
115 vainqueur. [23]

110-11   MSP, 46: Londres, faisant porter devant
115-31   MSP, 46, 53-W57G: vainqueur. ¶Guillaume sut gouverner comme il avait su [53-54N: il sut] conquérir

---

Guillaume de Malmesburi est le premier des chroniqueurs à mentionner cette dernière, chantée au début de la bataille par tous les Normands (III.242.2), mais ici nulle mention de Taillefer. Wace (chroniqueur officiel à la cour d'Henri II d'Angleterre) est le premier à faire de Taillefer un jongleur, et celui-là même qui avait entonné la Chanson de Roland à Hastings. Il figure dans son Roman de Rou (commencé en 1160).

[20] Bien que le récit de Rapin ne fasse pas mention particulière de chevaux (livre 5, Harald II, année 1066), aucune des sources consultées ne semble susceptible d'avoir fourni à Voltaire l'idée que les troupes des deux armées fussent composées uniquement de fantassins. Daniel (année 979) et Le Gendre (t.2, p.332) insistent sur la présence de la cavalerie normande, qui fait partie des récits de tous les chroniqueurs, et qui figure déjà sur la tapisserie de Bayeux. Même divergence à propos de la durée de la bataille: toutes les chroniques, ainsi que les historiens consultés par Voltaire, font comprendre que celle-ci dura depuis le matin jusqu'à la tombée de la nuit.

[21] Les deux frères qui perdirent la vie ce jour-là, dès les premiers combats, sont Gyrth, comte d'East Anglia, et Leofwyn, comte de Kent et d'Essex.

[22] Cf. ci-dessus, ch.40, ligne 190, pour un pareil étendard donné par le pape Grégoire VII à Robert Guiscard avant son expédition en Sicile.

[23] Tout ce développement trahit une lecture à la fois approximative et sélective des quatre pages de Rapin (année 1066, t.2, p.10-14): nulle mention, par exemple, des réelles difficultés auxquelles Guillaume était confronté dans les semaines suivant la bataille de Hastings (§'Embarras du duc', p.12-13). Le ralliement des clercs s'explique par le fait qu'ils avaient beaucoup moins confiance en Edgar comme défenseur de leurs intérêts; par ailleurs l'entreprise de Guillaume 'avait été

Quelques auteurs appellent ce couronnement une élection libre, un acte d'autorité du parlement d'Angleterre. [24] C'est précisément l'autorité des esclaves faits à la guerre, qui accordaient à leurs maîtres le droit de les fustiger.

Guillaume ayant reçu une bannière du pape pour cette expédition, lui envoya en récompense l'étendard du roi Harold tué dans la bataille, et une petite partie du petit trésor que pouvait avoir alors un roi anglais. C'était un présent considérable pour ce pape Alexandre II qui disputait encore son siège à Honorius II, et qui sur la fin d'une longue guerre civile dans Rome, était réduit à l'indigence. [25] Ainsi un barbare fils d'une prostituée, meurtrier d'un roi légitime, partage les dépouilles de ce roi avec un autre barbare; car ôtez les noms de duc de Normandie, de roi d'Angleterre et de pape, tout se réduit à l'action d'un voleur normand, et d'un receleur lombard: et c'est au fond à quoi toute usurpation se réduit. [26]

Guillaume sut gouverner comme il sut conquérir. Plusieurs

*Véritable idée
des conquêtes.*

120

125

130

---

approuvée par le pape. C'en fut assez pour obliger tous les ecclésiastiques qui se trouvaient alors à Londres [...] à cabaler parmi le peuple pour empêcher l'élection d'Edgar' (§'Le clergé s'y oppose', p.13). D'après Rapin, l'approche de Guillaume 'acheva de déterminer les magistrats qui, se trouvant hors d'état de défendre une ville où tout était en confusion et sans aucune espérance de secours, prirent le parti d'aller au-devant de lui pour lui en offrir les clefs' (§'On lui en porte les clefs', p.14).

[24] Le point de départ de cette observation ne peut être que Guillaume de Poitiers, 2e partie, 28: 'Puis les évêques et les autres grands le prièrent conjointement de prendre la couronne' (trad. R. Foreville, *Histoire de Guillaume le Conquérant*, Paris, 1952, p.217).

[25] Ces détails se trouvent chez Rapin (année 1067), mais ce dernier n'émet aucune opinion sur l'importance des trésors que Harald avait assemblés à Winchester (§'Guillaume dispose des trésors de Harald'). Alexandre II fut élu pape en 1061. Voltaire induit en erreur quand il laisse entendre que le schisme sanglant entre lui et Cadalus, évêque de Parme qui prit le nom d'Honorius II, n'était toujours pas résolu à la fin de 1066: le concile de Mantoue y avait mis fin le 21 mai 1064 (voir Fleury, livre 60, année 1061, §46, 47; livre 61, année 1063, §11).

[26] Ce passage à partir de la ligne 116, une addition datant de 1761, est un exemple des réflexions générales que Voltaire introduisait dans l'*EM* après la première rédaction du texte.

révoltes étouffées, des irruptions des Danois rendues inutiles, des
lois rigoureuses durement exécutées, signalèrent son règne.
Anciens Bretons, Danois, Anglo-Saxons, tous furent confondus
135   dans le même esclavage. [27] Les Normands qui avaient eu part à sa
victoire, partagèrent par ses bienfaits les terres des vaincus. De là
toutes ces familles normandes, dont les descendants, ou du moins
les noms, subsistent encore en Angleterre. [28] Il fit faire un dénombrement exact de tous les biens des sujets de quelque nature qu'ils
140   fussent. [29] On prétend qu'il en profita pour se faire en Angleterre un

132   W75G: irruption de Danois
135   MSP, 46: dans la même servitude.
      46: avaient part
136-37   MSP, 46: là ces
138   46: fit un

[27] Le résumé de Rapin laisse à désirer (années 1067-1068). Souffrant de la
répression exercée par les deux régents que Guillaume laissa en Angleterre, les
Anglais se soulevèrent. Guillaume commença en conséquence à se méfier profondément de ses nouveaux sujets et agit en oppresseur. Rapin ne parle pas de 'confusion'
de races, il répète si souvent le mot 'Anglais' qu'il a plutôt l'air d'insister sur la
particularité. Il insiste d'ailleurs à plusieurs reprises sur ce rapport supérieur/
inférieur qui existait donc dès 1067 entre les deux races, employant délibérément des
vocables comme: 'entière servitude' (année 1067, t.2, p.21), 'obéissance' (année 1068,
p.22, 23), 'joug étranger' (p.23), 'soumission' (p.24) et enfin 'esclavage' et, de
nouveau, 'servitude' (année 1069, p.26).
[28] 'C'est de ceux-là que sont venues un grand nombre de familles distinguées, qui
se trouvent aujourd'hui dans le royaume' (Rapin, année 1068, §'Il confisque les
biens', t.2, p.24).
[29] Rapin, livre 6, année 1078, §'Il fait faire un dénombrement des biens de tous ses
sujets'; et plus bas, §'Livre du Doom's-day'. Nulle trace chez Voltaire de la manifeste
désapprobation de Rapin, pour qui l'avidité de Guillaume, doublée de sa soif de
domination absolue, est l'un des leitmotive de sa thèse: 'on ne peut disconvenir que
l'avidité d'amasser des trésors ne fût la passion dominante de Guillaume. Il ne se
lassait jamais d'inventer de nouveaux moyens pour la satisfaire [...] Son intention
était de ne laisser aux Anglais que ce qui était absolument nécessaire pour leur
subsistance' (t.2, p.44-45).

revenu de quatre cent mille livres sterling, environ cent vingt millions de France. [30] Il est évident qu'en cela les historiens se sont trompés. L'Etat d'Angleterre d'aujourd'hui, qui comprend l'Ecosse et l'Irlande, n'a pas un plus gros revenu, si vous en déduisez ce qu'on paye pour les anciennes dettes du gouvernement.

Gouvernement de Guillaume le Bâtard.

Ce qui est sûr, c'est que Guillaume abolit toutes les lois du pays, pour y introduire celles de Normandie. [31] Il ordonna qu'on plaidât en normand; et depuis lui, tous les actes furent expédiés en cette langue jusqu'à Edouard III. Il voulut que la langue des vainqueurs fût la seule du pays. Des écoles de la langue normande furent établies dans toutes les villes et les bourgades. Cette langue était le français mêlé d'un peu de danois: idiome barbare, qui n'avait aucun avantage sur celui qu'on parlait en Angleterre. On prétend qu'il traitait non seulement la nation vaincue avec dureté, mais qu'il affectait encore des caprices tyranniques. On en donne pour exemple *la loi du couvre-feu*, [32] par laquelle il fallait, au son de la

145

150

155

141-42   MSP: sterling ce qui fait aujourd'hui environ cinq millions sterling et plus de cent millions monnaie de France.

46, 53-w68: sterling, ce qui fait [53-w68: ferait] aujourd'hui environ cinq millions sterling et plus de cent millions [46: monnaie] de France.

142-43   MSP, 46: sont beaucoup trompés

143-44   46: trompés; l'Etat de la Grande-Bretagne d'aujourd'hui, qui comprend l'Angleterre, l'Ecosse

144   MSP, 46, 53-61: un si gros

145   MSP, 46: qu'on lève pour payer les

148   MSP, 46: depuis tous les actes publics furent

153-54   MSP, 46: prétend que non seulement il traitait la nation

154   MSP: [*manchette*] *Guillaume justifié.*

[30] Rapin fournit la même somme, converti en 'cinq millions de livres de la même monnaie' (année 1078, §'Revenus de Guillaume', t.2, p.45).

[31] Rapin affirme seulement que Guillaume 'tâcha d'abolir les lois saxonnes pour établir en leur place celle des Normands' (année 1079, §'Extrême affection de Guillaume pour la Normandie', t.2, p.46). Quant aux lignes 147-52, tantôt Voltaire résume, tantôt il répète mot à mot, ce qu'il avait trouvé chez Rapin (livre 6, §'Il fait des efforts pour abolir la langue anglaise' et §'Remarque sur la langue anglaise').

[32] Cette assertion marque un net recul par rapport à ce que Voltaire avait écrit dans les *LP*: 'il défendit sous peine de mort qu'aucun Anglais osât avoir du feu et de

64

cloche, éteindre le feu dans chaque maison à huit heures du soir. Mais cette loi, bien loin d'être tyrannique, n'est qu'une ancienne police établie presque dans toutes les villes du Nord; elle s'est longtemps conservée dans les cloîtres. Les maisons étaient bâties de bois, et la crainte du feu était un objet des plus importants de la police générale.

160

On lui reproche encore d'avoir détruit tous les villages qui se trouvaient dans un circuit de quinze lieues, pour en faire une forêt, dans laquelle il pût goûter le plaisir de la chasse. [33] Une telle action est trop insensée pour être vraisemblable. Les historiens ne font pas attention qu'il faut au moins vingt années pour qu'un nouveau

165

Ridicule tyrannie imputée à Guillaume.

157   MSP, 46: dans toutes les maisons
159-60   MSP, 46, 53-54N: police ecclésiastique établie presque dans tous les anciens cloîtres du Nord [46, 53-54N: du pays du Nord]. Les maisons
167   MSP, 46: faut environ vingt-cinq années

---

la lumière chez lui passé huit heures du soir, soit qu'il prétendît par là prévenir leurs assemblées nocturnes, soit qu'il voulût essayer par une défense si bizarre jusqu'où peut aller le pouvoir d'un homme sur d'autres hommes' (t.1, p.101). Cette information concernant le couvre-feu se trouve aussi chez Rapin: 'cette cloche était comme un signal qui, se renouvelant tous les jours, ne leur permettait pas d'oublier qu'ils étaient dans la servitude' (année 1069, §'Le roi ôte les armes aux Anglais, et établit le couvre-feu', t.2, p.26).

[33] Voir Rapin qui parle de 'trente milles de circuit' et qui souligne la destruction des maisons et des églises, et de l'expropriation des terres, le tout sans compensation aucune (année 1079, t.2, p.46). Ici la manchette de Rapin (§'Il dépeuple un grand pays pour en faire une forêt') donne 1079 comme date de la création de la New Forest. Le portrait moral peu flatteur que Rapin trace d'un Guillaume profondément rapace contredisait le point de vue de Voltaire, basé sur l'idée qu'il s'était faite d'un homme raisonnable. Rapin, par contre, réfute une explication ('outre le plaisir de la chasse') selon laquelle Guillaume aurait voulu créer un espace pour fournir 'un libre abord aux secours qui, dans le besoin, pourraient lui venir de Normandie', explication qu'il trouve 'tout à fait frivole' (p.46), imaginée par des admirateurs de Guillaume soucieux d'attribuer tous ses actes à un grand esprit de politique (p.47). Les réflexions de Voltaire sur la période de temps qu'il faut pour qu'une forêt vienne à maturité sont susceptibles de donner l'impression que la forêt ne préexistait pas – ce qui n'était pas le cas.

plant d'arbres devienne une forêt propre à la chasse. On lui fait semer cette forêt en 1080. Il avait alors soixante-trois ans. Quelle apparence y a-t-il qu'un homme raisonnable ait à cet âge détruit des villages, pour semer quinze lieues en bois, dans l'espérance d'y chasser un jour?

Le conquérant de l'Angleterre fut la terreur du roi de France Philippe Ier, qui voulut abaisser trop tard un vassal si puissant, et qui se jeta sur le Maine, dépendant alors de la Normandie. Guillaume repassa la mer, reprit le Maine, et contraignit le roi de France à demander la paix.[34]

Grégoire VII veut l'hommage de l'Angleterre. Les prétentions de la cour de Rome n'éclatèrent jamais plus singulièrement qu'avec ce prince. Le pape Grégoire VII prit le temps qu'il faisait la guerre à la France, pour demander qu'il lui rendît hommage du royaume d'Angleterre. Cet hommage était fondé sur cet ancien denier de saint Pierre, que l'Angleterre payait à l'Eglise de Rome: il revenait à environ vingt sous de notre monnaie par chaque maison; offrande regardée en Angleterre comme une forte aumône, et à Rome comme un tribut. Guillaume le Conquérant fit dire au pape, qu'il pourrait bien continuer

173   MSP, 46: Ce conquérant
173-74   MSP: France. Philippe Ier, voulut
174-75   MSP, 46: puissant, il se
            53-61: puissant, et se
175   MSP, 46: Maine, qui dépendait alors
177-78   MSP, 46: paix. Ainsi Guillaume, quoique ayant un souverain, fut le prince le plus puissant en Europe. [46: Europe.//] ¶Les prétentions
180-81   MSP: pour lui demander qu'il lui <rendît> ↑fit⁺ hommage
182   MSP, 53-54N: Pierre, qu'une partie de l'Angleterre
183   MSP: l'Eglise romaine: il
183-84   MSP, 53-w57G: environ trois livres de notre monnaie pour [53-w57G: par] chaque
184-85   MSP, 53-54N: maison, aumône trop forte que les papes regardaient comme un tribut.

[34] Cette phrase résume la vingtaine de lignes qui se trouve chez Rapin (année 1073, §'Le roi de France attaque la Normandie', §'Guillaume reprend le Mans', t.2, p.38).

l'aumône; mais au lieu de faire hommage, il fit défense en Angleterre de reconnaître d'autre pape que celui qu'il approuverait.[35] La proposition de Grégoire VII devint par là ridicule à force d'être audacieuse. C'est ce même pape qui bouleversait l'Europe pour élever le sacerdoce au-dessus de l'empire; mais avant de parler de cette querelle mémorable, et des croisades qui prirent naissance dans ces temps, il faut voir en peu de mots dans quel état étaient les autres pays de l'Europe.

190

187-88   MSP: défense de reconnaître en Angleterre d'autre
190   MSP, 53-W57G: même Grégoire VII qui
193   MSP: temps-là, il faut voir en peu de mots en quel
194   MSP: l'Europe. Nous ne reviendrons à l'Asie et à l'Afrique que quand nous serons parvenus à ces croisades qui firent les triomphes et les malheurs des chrétiens dans ces deux parties du monde.//

[35] A part l'équivalence monétaire, tout ce passage résume un long développement chez Rapin (année 1073, §'Grégoire VII demande l'hommage au roi'). Grégoire VII (pape de 1013 à 1085), successeur d'Alexandre II, élu pape le 22 avril 1073, fut connu pour ses prétentions sur tous les royaumes de l'Europe. L'explication de cet épisode chez Rapin est plus circonspecte: 'Quelques-uns prétendent que [...] la demande du pape n'était pas sans fondement, et que ce n'était qu'à cette condition que Guillaume avait obtenu l'approbation du Saint-Siège pour la conquête de l'Angleterre. D'autres font dériver la souveraineté du pape sur ce royaume du don gratuit du *Romescot* ou *denier de Saint-Pierre* fait à l'Eglise romaine par Ina et Offa rois de Wessex et de Mercie. Ils prétendent que c'était un véritable tribut par lequel ils se reconnaissaient feudataires du Saint-Siège' (§'Grégoire VII demande l'hommage au roi', t.2, p.39).

CHAPITRE 43

De l'état de l'Europe aux dixième et onzième siècles.

La Moscovie, ou plutôt la Ziovie, avait commencé à connaître un

a-137 [*Première rédaction de ce chapitre:* MSP, 46]
a   MSP, 46: Chapitre 25
       w56-w57G: Chapitre 33
       61: Chapitre 39
b   MSP, 46, 53-54N: *l'état où était l'Europe*
1-14 MSP, 46, 53-w57G: La Russie [MSP, 46: comme nous l'avons dit,] avait embrassé le christianisme à la fin du dixième [53-w56: huitième] siècle. Les femmes étaient destinées à convertir les royaumes; une sœur des empereurs Basile et Constantin, mariée au père du [53-w56: de ce] tsar Jaraslau dont j'ai parlé, obtint

* Les lignes 1-41 traitent des avatars de la première diffusion du christianisme dans différents pays européens. Voltaire souligne notamment le rôle décisif des souveraines dans la conversion de certains peuples. Il présente les peuples du Nord et de l'Est de l'Europe des dixième et onzième siècles comme enfoncés dans une barbarie que le christianisme semble avoir contribué à dépasser. C'est à propos de ces nations qu'il remarque le décalage existant entre le fait d''être polies' et le fait d''être chrétiennes' (ligne 26) et qu'il s'arrête avec insistance sur leurs oscillations en matière de foi (lignes 14-36). Dans tout pays où l'art, l'action organisée de l'homme en vue de modifier ses conditions matérielles de vie, n'est pas intervenu, il n'y a pas de possibilité d'essor pour une société civile ni pour la stabilité propre à une société civilisée: c'est le règne de la barbarie. C'est dans ces conditions défavorables que les oscillations des peuples du Nord en matière religieuse trouvent leur explication. Après avoir traité assez rapidement de l'évolution de l'empire byzantin, de l'Italie, de la Savoie et des cantons suisses (lignes 42-66), Voltaire s'attarde un peu plus longuement sur la naissance et les premières entreprises commerciales des villes de Gênes et de Venise (lignes 67-137). Il en profite pour accuser le contraste avec ce qu'il désigne comme 'la barbarie des nations septentrionales de l'Europe'. La structure de ce chapitre est quelque peu décousue. Ce qui peut éclaircir la façon de travailler de l'historien et son grand esprit de synthèse, c'est à la fois le caractère disparate des sujets et des thèmes abordés, et l'apparente facilité avec laquelle il rapproche et réunit des détails provenant de diverses 'notes' de lecture: le cas le plus frappant à ce propos est le passage sur les pratiques des anciens Sarmates, perpétuées par les Polonais (lignes 33-39). Les considérations sur Albert le Grand sont tirées de Fleury, mais elles proviennent d'un tome se rapportant à des événements bien postérieurs à ceux

peu de christianisme vers la fin du dixième siècle.[1] Les femmes étaient destinées à changer la religion des royaumes.[2] Une sœur des empereurs Basile et Constantin, mariée à un grand-duc ou grand-

Le nord de l'Europe commence à être chrétien.

5   de son mari qu'il se ferait baptiser: les Russes esclaves de leur maître l'imitèrent, mais ils ne prirent du rite grec que les superstitions. ¶Environ

---

traités dans ce chapitre (c'est-à-dire, non du t.12, mais du t.17 de l'*Histoire ecclésiastique*). Cela montre que la consultation de l'ouvrage sur lequel s'appuie, de façon considérable, le travail de compilation de Voltaire ne s'est pas bornée à une simple lecture linéaire, faite au fil du déroulement chronologique des événements, mais qu'elle a entraîné aussi des démarches intellectuelles, pour ainsi dire, de 'second niveau', qui a distribué au bon endroit le contenu des notes prises au fil de la 'première' lecture. La source principale de ce chapitre est manifestement Fleury (La Haye et Bruxelles, 1692-1693; Paris, 1720-1738, *BV*1350), particulièrement le t.12 qui concerne les années de 925 à 1053. Un texte que Voltaire a exploité est celui de S. Pufendorf, *Introduction à l'histoire générale et politique de l'univers*. Cet ouvrage, paru d'abord comme une *Introduction à l'histoire des principaux royaumes et Etats, tels qu'ils sont aujourd'hui dans l'Europe* (éd. allemande, 1682; trad. fr., 1687-1688), fut repris, révisé et mis à jour par Bruzen de La Martinière en 1722 (7 vol., Amsterdam; BV2829: 6 vol. seulement, ci-après Pufendorf 1722) et en 1743-1745 (8 vol., Amsterdam, BV2830, ci-après Pufendorf 1743-1745). Voltaire a manifestement puisé dans les deux éditions (voir *CN*, t.7, p.181-85, 185-86). Notons enfin que le jugement que Voltaire donne dans la correspondence sur l'ouvrage de Pufendorf n'est pas toujours flatteur (voir surtout la lettre à Jöran Andersson Norberg de mai 1742: 'Savez-vous que M. de La Martinière a corrigé plus de mille fautes dans la dernière édition de son livre?', D2609); il semble apprécier davantage l'édition révisée par Bruzen de La Martinière (D2906).

[1] L'emploi du terme 'Ziovie' pour désigner l'ancien duché de Kiev, que Voltaire nomme ici également 'Moscovie', est extrêmement rare. On le retrouvera notamment chez l'abbé G.-M. Ducreux dans *Les Siècles chrétiens, ou histoire du christianisme* (Paris, 1775-1777), t.4, ch. 'Xe siècle', fin de l'art. 3, 'Etat politique de l'Occident'. Il pourrait s'agir d'une transcription erronée de *zimov'e*, terme de la vie des tribus des steppes qui opposaient deux sortes de territoire – le *zimov'e* – lieu d'hivernage, et le *kochev'e* – lieu de campement en période de nomadisme. A moins que ce ne soit une corruption de 'Kiovie', que Voltaire emploie régulièrement comme synonyme d''Ukraine' ou de 'Petite Russie' dans son *Histoire de l'empire de Russie sous Pierre le Grand*.

[2] Voir ci-dessous, lignes 14-20. Voltaire a déjà fait cette remarque à propos de la conversion du Kent au christianisme (ch.21, notre t.2, lignes 150-64) et de celle du roi Bogoris de Bulgarie (ch.31, notre t.2, lignes 98-99). Il pense peut-être également à Clovis, converti en 496 à l'instigation de Clotilde.

knès de Moscovie, nommé Volodimer, obtint de son mari qu'il se 5
fit baptiser. Les Moscovites, quoique esclaves de leur maître, ne
suivirent qu'avec le temps son exemple; et enfin, dans ces siècles
d'ignorance, ils ne prirent guère du rite grec que les superstitions. [3]

Au reste, les ducs de Moscovie ne se nommaient pas encore
czars, ou tsars, ou tchards; ils n'ont pris ce titre que quand ils ont été 10
les maîtres des pays vers Casan appartenant à des tsars. C'est un
terme slavon imité du persan; et dans la Bible slavonne, le roi
David est appelé le csar David. [4]

Environ dans ce temps-là, une femme attira encore la Pologne
au christianisme. Micislas duc de Pologne, fut converti par sa 15
femme, sœur du duc de Bohême. [5] J'ai déjà remarqué que les
Bulgares avaient reçu la foi de la même manière. [6] Giselle, sœur de
l'empereur Henri II, fit encore chrétien son mari roi de Hongrie, [7]

15   53-54N: Miceslas
18   MSP, 46: Henri, fit

[3] Voltaire suit Fleury, qui évoque le mariage de 'Vladimer ou Vlodomir prince
des Russes' avec Anne, sœur des empereurs Basile et Constantin, sa conversion sur
les exhortations de cette princesse et la religion des Russes (livre 57, année 989, §17).
Les remarques de Fleury sur une première diffusion du christianisme en Russie avant
le dixième siècle pourraient être à l'origine de la variante du début du chapitre, qui
date l'événement de la fin du huitième siècle. Voltaire pourrait avoir aussi consulté
Pufendorf 1722 (t.6, livre 2, ch.12, 'De la Moscovie', §1, p.76; 1743-1745, t.5, livre 5,
ch.2, §'Elle embrasse le christianisme', p.38).
[4] Selon Pufendorf 1743-1745, 'en langue esclavone', le mot czar 'veut dire roi; et
dans les Bibles de cette langue on y appelle czar David et Salomon' (t.5, livre 5, ch.2,
année 1605, p.39n; voir l'illustration, p.71). Voir aussi S. von Herberstein, *Rerum
Moscoviticarum Commentarii* (1549; trad. ital., dans G. B. Ramusio, *Navigazioni e
viaggi*, éd. M. Milanesi, Turin, 1978-1988), t.3, p.732-33.
[5] Voltaire suit Fleury (livre 56, année 965, §13). Il a pu trouver la même donnée
chez Pufendorf (1722, t.6, livre 2, ch.11, §15, p.14-15; ou 1743-1745, t.4, livre 4, ch.6,
§'Micislas I', p.442-43).
[6] Voir notre t.2, ch.31, lignes 98-99.
[7] D'après Fleury, livre 58, année 1002, §7. Voir aussi Pufendorf (1743-1745, t.5,
livre 5, ch.5, p.208).

le reste de la Livonie à la Pologne. Au com- DE LA RUS-
mencement il remporta aussi quelque avanta- SIE.
ge sur la Pologne; mais quelque temps après
Etienne Batori prit sur lui Pleskow, avec quelques autres places. Ce Prince mourut en
1584.

Après sa mort il eut pour Successeur son fils 1584.
THEODORE, ou FOEDOR Ivanowitz, hom- THEODORE
me fort simple, auquel les Suédois firent la guer- ou FOEDOR
re au sujet de l'Ingrie. Iwanowitz.

Fœdor étant mort sans enfans, BORIS GU-
DENOW son beau-frere prit l'administration de
l'Etat. Mais il n'en tira pas grand avantage ; BORIS GU-
sur-tout depuis que le faux Demetrius lui vint DENOW.
disputer l'Empire : car il mourut subitement au
milieu de ces troubles en 1605.

Après sa mort, son fils THEODORE, ou 1605.
Fœdor Borislowitz, fut à la vérité proclamé
Grand-Duc de Moscovie: mais ensuite les Moscovites ayant suivi le parti de Demetrius, il fut
fait prisonnier & massacré en même temps, a-
près qu'il eut porté le titre de (*) Czar l'espace
de six mois seulement. Nous avons rapporté
ailleurs quel fut le succès du faux Demetrius: &
comment Basile Suski s'empara de l'Empire en
1606.

Charles IX, Roi de Suede, offrit du secours 1606.
à SUSKI contre Demetrius, qu'il ne voulut pas BASILE
accepter au commencement. Mais ensuite lors- SUSKI.
que Demetrius eut l'avantage sur lui, il rechercha l'assistance de la Suede avec beaucoup d'empressement, en lui promettant pour recompense
la Ville de Kexholm. Là-dessus le Roi Charles
lui

(*) Le mot Czar est expliqué en Russien, par celui d'Empereur. En Langue Esclavone, il veut dire
Roi; & dans les Bibles de cette Langue on y appelle Czar David & Salomon.

3. S. Pufendorf et A.-A. Bruzen de La Martinière, *Introduction à l'histoire générale et politique de l'univers*, t.5 (Amsterdam, 1743), p.39, note sur le terme 'czar'.

dans la première année du onzième siècle; ainsi il est très vrai que la
moitié de l'Europe doit aux femmes son christianisme. [8]　　　　　20

La Suède, chez qui il avait été prêché dès le neuvième siècle, était
redevenue idolâtre. [9] La Bohême, et tout ce qui est au nord de l'Elbe,
renonça au christianisme en 1013. [10] Toutes les côtes de la mer
Baltique vers l'Orient étaient païennes. Les Hongrois en 1047
retournèrent au paganisme. [11] Mais toutes ces nations étaient beau-　25
coup plus loin encore d'être polies que d'être chrétiennes.

La Suède, probablement depuis longtemps épuisée d'habitants
par ces anciennes émigrations dont l'Europe fut inondée, paraît
dans les huitième, neuvième, dixième et onzième siècles comme
ensevelie dans sa barbarie, sans guerre et sans commerce avec ses　30

19　MSP, 46: est vrai
20-21　MSP, 46: christianisme, mais cette religion mal affermie était mêlée de
paganisme. ¶La Suède, chez qui elle avait été prêchée au neuvième
22　MSP, 46: au bord de
25-26　46: paganisme et toutes ces nations étaient aussi loin d'être policées que
27　MSP, 46: La Suède depuis
29　46: dans le huit, neuf, dix et onzième
30　MSP, 46: sa grossièreté,

[8] Dans son *Histoire de l'empire de Russie sous Pierre le Grand*, Voltaire écrit: 'C'est
le sort des femmes d'être sensibles aux persuasions des ministres de la religion, et de
persuader les autres hommes' (1re partie, ch.2, 'Religion', *OCV*, t.46, p.496).
[9] Sur la première prédication de l'Evangile en Suède (neuvième siècle) et sur la
retombée des Suédois dans le paganisme (dixième siècle), voir Fleury (livre 47,
année 829, §31; livre 55, année 936, §19). Voir aussi Pufendorf 1722 (t.3, livre 2, ch.10,
§31, p.335-38); 1743-1745 (t.4, livre 4, ch.5, t.4, p.304-305); et son *Histoire de Suède*
(Amsterdam, 1748, BV2828), t.1, livre 1, année 831, §'L'Evangile prêché en Suède',
p.67-68, et année 853, §'Olaüs', p.72-73.
[10] D'après Fleury, livre 58, année 1013, §37. Chez Pufendorf 1743-1745, il n'y a
rien sur le retour de la Bohême au paganisme.
[11] Voltaire fait référence aux événements qui portèrent les Hongrois, mécontents
du roi Pierre, à rappeler trois seigneurs fugitifs (André, Bela et Leventé) de la famille
de saint Etienne. D'après Fleury, 'quand ils furent arrivés, ils [les Hongrois] leur
demandèrent opiniâtrement de vivre en païens' (livre 59, année 1047, §52). Voir aussi
Pufendorf 1743-1745, t.5, livre 5, ch.5, p.211.

voisins; elle n'a part à aucun grand événement, et n'en fut probablement que plus heureuse. [12]

La Pologne, beaucoup plus barbare que chrétienne, conserva jusqu'au treizième siècle toutes les coutumes des anciens Sarmates,
35 comme celle de tuer leurs enfants qui naissaient imparfaits, et les vieillards invalides. Albert, surnommé *le Grand*, dans ces siècles d'ignorance, alla en Pologne pour y déraciner ces coutumes affreuses qui durèrent jusqu'au milieu du treizième siècle, et on n'en put venir à bout qu'avec le temps. [13] Tout le reste du Nord
40 vivait dans un état sauvage; état de la nature humaine quand l'art ne l'a pas changée.

L'empire de Constantinople n'était ni plus resserré, ni plus agrandi que nous l'avons vu au neuvième siècle. [14] A l'occident, il se

31   MSP, 46: à aucune grande affaire et

32-33   MSP, 46: heureuse. Les grands événements ne sont [MSP: guère] [46: souvent] que des malheurs publics. ¶La Pologne

34   MSP, 46: siècle les

34-35   MSP, 46, 53-W57G: Sarmates, de tuer

36-42   MSP, 46, 53-W57G: invalides. [MSP, 46: Il fallut qu'à la fin même du treizième siècle Albert le Grand fit une mission pour déraciner cet usage:] Qu'on juge par là du reste du Nord. ¶L'empereur [46, 53-W57G: L'empire] de

38   61: affreuses et on

[12] Voltaire nuance le topos qui considérait la Scandinavie comme *humani generis officina*, lequel inspirait par contre clairement le début du livre 1 de l'*Histoire de Charles XII* (*OCV*, t.4, p.159). L'évocation d'un pays 'heureux' parce qu'il n'a eu 'part à aucun grand événement' renvoie au pessimisme de Voltaire face à une histoire qui n'est le plus souvent que guerres et atrocités (voir, par exemple, l'art. 'Guerre' du *DP*).

[13] Saint Albert le Grand (1193/1206-1280) conduisit effectivement en 1263-1264 une mission en ce sens aux confins de la Pologne. Voir Fleury, qui donne en manchette (livre 84, année 1260, §64; *CN*, t.3, p.555) la référence exacte au livre 7, §14 des *Politicorum libri* d'Albert: 'Orbati sunt qui cum defectu membrorum nascuntur, qui a praeditis Sclavis statim interficiuntur, sicut etiam decrepiti senes inutiles ad labores [...] Et hunc ritum hodie servant habitantes in confiniis Saxoniae et Poloniae, sicut ego oculis meis vidi' (B. Alberti Magni, *Opera omnia*, éd. A. Borgnet, Paris, 1890-1899, t.8, p.740). A propos de l'"ignorance scolastique' d'Albert, voir ci-dessous, ch.63.

[14] Voir ch.29.

défendait contre les Bulgares; à l'orient, au nord et au midi, contre
les Turcs et les Arabes.   45

On a vu en général ce qu'était l'Italie: des seigneurs particuliers
partageaient tout le pays depuis Rome jusqu'à la mer de la Calabre,
et les Normands en avaient la plus grande partie. [15] Florence, Milan,
Pavie, se gouvernaient par leurs magistrats sous des comtes ou sous
des ducs nommés par les empereurs. Bologne était plus libre.   50

La maison de Maurienne, dont descendent les ducs de Savoie,
rois de Sardaigne, commençait à s'établir. Elle possédait comme
fief de l'empire le comté héréditaire de Savoie et de Maurienne,
depuis qu'un Berthol, tige de cette maison, avait eu en 888 le petit
démembrement du royaume de Bourgogne. Il y eut cent seigneurs   55
en France beaucoup plus considérables que les comtes de Savoie;
mais tous ont été enfin accablés sous le pouvoir du seigneur
dominant; tous ont cédé l'un après l'autre à des maisons nouvelles
élevées par la faveur des rois. Il ne reste plus de trace de leur
ancienne grandeur. La maison de Maurienne cachée dans ses   60
montagnes, s'est agrandie de siècle en siècle, et est devenue
égale aux plus grands monarques. [16]

Les Suisses et les Grisons, qui composaient un Etat quatre fois
plus puissant que la Savoie, et qui étaient comme elle, un

44   MSP, 46, 53-54N: l'orient et au nord contre
45-46   MSP, 46: Arabes. Le trône était souvent ensanglanté et peu de princes du
sang d'un empereur échappaient à la fureur d'un successeur, qui faisait presque
toujours crever les yeux aux parents de l'empereur détrôné. Je me réserve à voir quel
était le sort de Constantinople et quelles révolutions les Turcs avaient causées en
Asie, lorsque les armées des croisés iront dans ces Etats. ¶On   5
49   MSP, 46: Pavie, Pise se gouvernaient
54   MSP, 46, 53-61: depuis que Humbert aux blanches mains, tige de cette
maison, avait eu en 888 ce petit
55-65   MSP, 46, 53-61: Bourgogne. Les Suisses et les Grisons détachés aussi de
ce même royaume [MSP, 46: qui dura si peu] obéissaient

15   Voir ci-dessus, ch.40-41.
16   Voltaire s'inspire de Pufendorf 1722, t.2, livre 2, ch.3, 'Son origine' et 'Berauld',
p.436-37; 1743-1745, t.2, ch.2, p.67.

65 démembrement de la Bourgogne, obéissaient aux baillis que les empereurs nommaient. [17]

Deux villes maritimes d'Italie commençaient à s'élever, non par *Venise et Gênes.* ces invasions subites qui ont fait les droits de presque tous les princes qui ont passé en revue, mais par une industrie sage qui 70 dégénéra aussi bientôt en esprit de conquête. Ces deux villes étaient Gênes et Venise. Gênes célèbre du temps des Romains, regardait Charlemagne comme son restaurateur. Cet empereur l'avait rebâtie quelque temps après que les Goths l'avaient détruite. Gouvernée par des comtes sous Charlemagne et ses premiers 75 descendants, elle fut saccagée au dixième siècle par les mahométans, et presque tous ses citoyens furent emmenés en servitude. Mais comme c'était un port commerçant, elle fut bientôt repeuplée. Le négoce qui l'avait fait fleurir, servit à la rétablir. Elle devint alors une république. Elle prit l'île de Corse sur les Arabes, qui s'en 80 étaient emparés. [18] Les papes exigèrent un tribut pour cette île, non seulement parce qu'ils y avaient possédé autrefois des patrimoines, mais parce qu'ils se prétendaient suzerains de tous les royaumes

67   MSP: [*manchette*] *Gênes.*
68   MSP: subites, lesquelles ont
68-69   46: subites, telles que plusieurs que l'on a vues, mais
69   K: passé sous nos yeux, mais
71   MSP: regardaient
74   MSP, 46: et sous ses
80-83   MSP, 53-54N: emparés. C'est ici qu'il faut se souvenir que Louis le Débonnaire avait [MSP: ^Và ce qu'on dit] donné la Corse aux papes. Ils exigèrent un tribut des Génois pour cette île. Les Génois
46: emparés. C'est ici qu'il faut se souvenir que les papes prétendaient avoir droit à la Corse par la donation de Louis le Débonnaire. Ils exigèrent un tribut des Génois pour cette île. Les Gênois

[17] Voir Pufendorf 1722, t.3, livre 2, ch.7, §1-3, p.109-12; 1743-1745, t.4, livre 4, ch.3, 'Que les Suisses ont été autrefois sous l'empire d'Allemagne' et 'Oppression des Suisses sous les gouverneurs de l'Empire', p.221-23.
[18] Sur Gênes, Voltaire semble suivre Pufendorf 1722, t.2, livre 2, ch.4, 'Son ancienneté' et 'Son état sous les comtes', p.475-76; 1743-1745, t.2, livre 2, ch.4, p.184-85.

conquis sur les infidèles. Les Génois payèrent ce tribut au commencement du onzième siècle: mais bientôt après ils s'en affranchirent sous le pontificat de Lucius II. [19] Enfin leur ambition croissant avec leurs richesses, de marchands ils voulurent devenir conquérants. [20]

Commencements
de Venise.

La ville de Venise, bien moins ancienne que Gênes, affectait le frivole honneur d'une plus ancienne liberté, et jouissait de la gloire solide d'une puissance bien supérieure. Ce ne fut d'abord qu'une retraite de pêcheurs et de quelques fugitifs, qui s'y réfugièrent au commencement du cinquième siècle, quand les Huns et les Goths ravageaient l'Italie. Il n'y avait pour toute ville que des cabanes sur le Rialto. [21] Le nom de Venise n'était point encore connu. [22] Ce Rialto, bien loin d'être libre, fut pendant trente années une simple bourgade appartenant à la ville de Padoue, qui la gouvernait

85

90

95

---

84   MSP, 46: de l'onzième
88   MSP: [*manchette*] *Venise.*
92-93 MSP, 53-W57G: quand les Goths ravageaient
            46: quand les Huns ravageaient
95-96 MSP, 46: un simple bourg appartenant
96   MSP, 46: qui le gouvernait

---

[19] Lucius II fut pape de 1144 à 1145. Voir Pufendorf 1722, t.2, livre 2, ch.4, '1136, Présent du pape Luce II aux Génois', p.477-78; 1743-1745, t.2, livre 2, ch.4, 'Présent du pape Luce II aux Génois', p.186.

[20] Pufendorf 1722, t.2, livre 2, ch.4, 'Guerre des Génois et des Pisans. 1125', p.477; 1743-1745, t.2, livre 2, ch.4, p.186.

[21] Ce que Voltaire dit des origines de Venise est tiré de plusieurs sources: à côté de Pufendorf (1722, t.2, livre 2, ch.1, 'Son origine', p.337-38; 1743-1745, t.2, livre 2, ch.3, p.113-14), il semble bien avoir exploité l'ouvrage de Roma, *Essai de l'histoire du commerce de Venise* (Paris, 1729, BV3011), mais aussi A.-N. Amelot de La Houssaye, *Examen de la liberté originaire de Venise* (Ratisbonne, 1677), et A. Limojon de Saint-Didier, *La Ville et la république de Venise* (Amsterdam, 1680).

[22] Cf. La Houssaye: 'le nom de Venise pris dans la signification de cette ville, est bien plus récent que sa fondation, témoin une lettre de Cassiodore, écrite plus de cent ans après, avec cette suscription: *Tribunis maritimorum*, non pas *Tribunis Venetiae*, ou *Venetiarum*' (p.3).

par des consuls. [23] La vicissitude des choses a mis depuis Padoue sous le joug de Venise.

Il n'y a aucune preuve que sous les rois lombards Venise ait eu une liberté reconnue. Il est plus vraisemblable que ses habitants furent oubliés dans leurs marais.

Le Rialto et les petites îles voisines ne commencèrent qu'en 709 à se gouverner par leurs magistrats. Ils furent alors indépendants de Padoue, et se regardèrent comme une république. [24]

C'est en 709 qu'ils eurent le premier doge, qui ne fut qu'un tribun du peuple élu par des bourgeois. [25] Plusieurs familles qui donnèrent leur voix à ce premier doge, subsistent encore. Elles sont les plus anciens nobles de l'Europe, sans en excepter aucune maison, et prouvent que la noblesse peut s'acquérir autrement qu'en possédant un château, ou en payant des patentes à un souverain. [26]

Premier doge.

97   46: choses humaines a
105   MSP, 46: eurent leur premier
108-12   46: Europe. ¶Héraclée

[23] La donnée est confirmée par La Houssaye (ch.1, p.10, 14). Voltaire prend position contre la liberté originaire de Venise, en se ralliant à l'avis de ceux qui soutenaient sa dépendance de Padoue. Il suit en cela La Houssaye (p.1-2). On retrouve le même avis chez Saint-Didier (2e partie, ch. 'De l'origine de Venise', p.99), ou Roma (1re partie, p.9).

[24] En soulignant que la fin de la sujétion de Venise envers Padoue est à placer en 709, Voltaire semble contredire ce qu'il a écrit à la ligne 95, où il borne à 'trente années' une domination de Padoue qu'il paraît faire commencer dès la fondation, au cinquième siècle par des réfugiés padouans, d'un embryon de cité. En fait, du cinquième au septième siècles, la lagune et ses îlots dépendent de l'exarchat byzantin de Ravenne. Cette sujétion demeure largement théorique, ce qui explique peut-être que Voltaire – qui ne la mentionne pas – présente les Vénitiens comme 'oubliés dans leurs marais'.

[25] Voltaire accepte la date avancée par Saint-Didier pour l'élection du premier 'doge' de Venise (2e partie, ch. 'De l'origine de Venise', p.101). Notons que les autres sources exploitées pour cette section, c'est-à-dire La Houssaye (ch.3, p.60-61) et Roma (2e partie, p.41), avancent la date de 697. De son côté, Pufendorf 1722 situe cette élection 'vers la fin du VII siècle' (t.2, livre 2, ch.1, 'Second état sous les doges', p.339; 1743-1745, t.2, ch.3, p.115).

[26] A propos de l'ancienneté des familles de Venise, voir Saint-Didier (2e partie,

Héraclée capitale de l'Etat venitien.

Héraclée fut le premier siège de cette république jusqu'à la mort de son troisième doge. [27] Ce ne fut que vers la fin du neuvième siècle que ces insulaires, retirés plus avant dans leurs lagunes, donnèrent à cet assemblage de petites îles qui formèrent une ville, le nom de Venise, du nom de cette côte qu'on appelait *terrae Venetorum*. [28] Les habitants de ces marais ne pouvaient subsister que par leur commerce. La nécessité fut l'origine de leur puissance. Il n'est pas assurément bien décidé que cette république fût alors indépendante. On voit que Bérenger, reconnu quelque temps empereur en Italie, accorda l'an 950 au doge le privilège de battre monnaie. [29] Ces doges mêmes étaient obligés d'envoyer aux empereurs en redevance un manteau de drap d'or tous les ans: et Othon III leur remit en 998 cette espèce de petit tribut. [30] Mais ces légères marques de vassalité n'ôtaient rien à la véritable puissance de Venise; car tandis que les Vénitiens payaient un manteau d'étoffe d'or aux empereurs, ils acquirent par leur argent et par leurs armes toute la province d'Istrie, et presque toutes les côtes de Dalmatie, Spalatro, Raguse, Narenza. Leur doge prenait vers le milieu du dixième

115

120

125

119-20   MSP, 46: alors absolument indépendante
121   MSP: aux doges le droit de
        46: au doge de
127   46: acquéraient

ch. 'De l'ancienneté de la noblesse vénitienne', p.111-14). Voltaire profite de l'occasion pour rappeler ici tout ce que peut avoir de relatif et de contingent le concept même de noblesse.

[27] Voltaire recopie textuellement Saint-Didier (2e partie, ch. 'De l'origine de Venise', p.102). Le troisième doge de Venise fut Orso Ipato, élu en 726 et assassiné en 737.

[28] Les Vénètes sont attestés en Italie dès l'âge du fer. Ils prennent Padoue pour capitale à la fin de l'époque romaine.

[29] Voir La Houssaye, ch.3, p.90-91. Pietro Partecipazio (ou Badoer-Partecipazio), élu en 939, meurt en 942. Bérenger II (mort en 966) se proclame roi d'Italie en 950, mais est destitué l'année suivante.

[30] Voir La Houssaye, p.93.

130 siècle le titre de duc de Dalmatie;[31] mais ces conquêtes enrichissaient moins Venise que le commerce, dans lequel elle surpassait
encore les Génois; car tandis que les barons d'Allemagne et de
France bâtissaient des donjons et opprimaient les peuples, Venise
attirait leur argent, en leur fournissant toutes les denrées de
135 l'Orient. La Méditerranée était déjà couverte de leurs vaisseaux,
et elle s'enrichissait de l'ignorance et de la barbarie des nations
septentrionales de l'Europe.

134-35 MSP, 46, 53-54N: l'Orient. Les mers étaient déjà couvertes de
135 MSP, 46: de ses vaisseaux

[31] Voir Pufendorf 1722, t.2, livre 2, ch.1, 'Accroissement de la République de
Venise' et 'Acquisition de la Dalmatie', p.340; 1743-1745, t.2, livre 2, ch.3, p.116. Mais
voir aussi Roma (2e partie), p.66-68.

CHAPITRE 44

De l'Espagne et des mahométans de ce royaume, jusqu'au commencement du douzième siècle.

L'Espagne était toujours partagée entre les mahométans et les chrétiens; mais les chrétiens n'en avaient pas la quatrième partie, et

a-192   [*Première rédaction de ce chapitre*: MSP, 46]
a   MSP, 46: Chapitre 26
    W56-W57G: Chapitre 34
    61: Chapitre 40
2-3   MSP, 46: et encore ce coin de terre était la [46: contrée la] plus

* Ce chapitre, qui s'amorce par la célébration de la grandeur de la civilisation musulmane, dont le fleuron est la ville de Cordoue, s'inscrit dans le prolongement des chapitres consacrés à l'Islam et à Mahomet (ch.6, 7) et de ceux qui ont retracé l'histoire de la poussée des musulmans en Espagne (ch.27-28). Alors que s'amorce la reconquête, Voltaire insiste cependant moins sur la dimension religieuse du phénomène que sur l'unité politique problématique du pays. Il évoque en effet une Espagne en proie à la 'confusion' (ligne 164): en témoigne la récurrence avec laquelle il insiste sur les multiples formes de 'divisions' qui opposent les musulmans, mais aussi et surtout celles des chrétiens qui pratiquent la trahison et occasionnellement le crime. En témoigne aussi le brouillage des lignes de partage qu'entraînent les mariages et autres alliances politiques entre chrétiens et mahométans. On assiste certes à la constitution d'un royaume de Castille, ce que marque l'émergence de la figure d'Alphonse VI (roi de León et de Castille de 1072 à 1109). Reste que ce royaume est en perpétuelle reconfiguration au gré des renversements d'alliances et des 'révolutions' sur lesquelles met l'accent le titre de l'ouvrage du P. d'Orléans. Emerge aussi la figure concurrente du Cid qui, chez Voltaire, prend nettement l'ascendant sur celle du roi, et dont, par le traitement qu'il lui confère, il infléchit significativement la valeur: le Cid n'est jamais présenté comme le héros chrétien que célèbrent les sources de Voltaire; incarnation même de 'l'esprit de chevalerie' (ligne 176), Voltaire l'érige en représentant éminent d'un monde chevaleresque qui s'éprouve en combats singuliers. Dans ce chapitre, qui pour l'essentiel n'évolue pas depuis le manuscrit de l'Electeur palatin, Voltaire puise à différentes sources. Le fil chronologique lui est fourni pour l'essentiel par P.-J. d'Orléans, dont l'*Histoire des révolutions d'Espagne* (Paris, 1734, BV2619) constitue la source principale de ce chapitre. L'exemplaire de Voltaire comporte des signes de lecture datant de la

ce coin de terre était la contrée la plus stérile. L'Asturie, dont les princes prenaient le titre de roi de Léon; une partie de la vieille Castille, gouvernée par des comtes; Barcelone et la moitié de la Catalogne, aussi sous un comte; la Navarre, qui avait un roi; une partie de l'Arragon, unie quelque temps à la Navarre; voilà ce qui composait les Etats des chrétiens. Les Maures possédaient le Portugal, la Murcie, l'Andalousie, Valence, Grenade, Tortose, et s'étendaient au milieu des terres par delà les montagnes de la Castille et de Sarragosse.[1] Le séjour des rois mahométans était toujours à Cordoue. Ils y avaient bâti cette grande mosquée, dont la voûte est soutenue par trois cent soixante-cinq colonnes de marbre précieux, et qui porte encore parmi les chrétiens le nom de la *Mesquita*, mosquée, quoiqu'elle soit devenue cathédrale.[2]

3   MSP: [*manchette*] *La contrée.*
4-5   MSP: la ville Castille
8   MSP, 46, 53-W57G: Etats [53-54N: des] chrétiens. Les Arabes possédaient
11-12   46: était à
13   MSP, 46: voûte était soutenue de 365

période de Cirey (voir *CN*, t.6, p.478, n.181). Il s'inspire également des vastes fresques que propose l'*Histoire générale d'Espagne* de Mariana, qu'il présente, dans 'Le chapitre des arts', comme l'un des 'bons historiens' espagnols. L'ouvrage de Mariana était disponible dans trois traductions françaises, qui présentent parfois des leçons différentes, celles de l'abbé Vayrac (1723), de Morvan de Bellegarde (Paris, 1723, éd. consultée) et celle de Charenton (1725); Voltaire pouvait aussi y avoir accès en consultant A. de La Roche-Guilhem, *Histoire chronologique d'Espagne* (Rotterdam, 1696, BV1926). Les développements consacrés aux mœurs espagnoles proviennent surtout des *Annales d'Espagne et de Portugal* de J. Alvarez de Colmenar (trad. P. Massuet, 8 vol., Amsterdam, 1741, BV56).

[1] Dans ce rapide panorama, Voltaire condense des informations qu'il a pu trouver dans le tableau des 'Etablissements de différents royaumes' dressé par Mariana (livre 5, ch.1), qui précise l'identité de chaque comte et de chaque roi. Mêmes détails, plus lapidaires, chez d'Orléans, livre 1, années 1035 et suiv.

[2] Dans Alvarez de Colmenar, ces détails se trouvent au sein du développement, qui commence avec la 'Description et délices d'Espagne et de Portugal', consacré à la ville de Cordoue (t.4, p.210-12).

Les arts y fleurissaient: les plaisirs recherchés, la magnificence, la galanterie régnaient à la cour des rois maures. Les tournois, les combats à la barrière[3] sont peut-être de l'invention de ces Arabes. Ils avaient des spectacles, des théâtres, qui tout grossiers qu'ils étaient, montraient du moins que les autres peuples étaient moins polis que ces mahométans. Cordoue était le seul pays de l'Occident où la géométrie, l'astronomie, la chimie, la médecine fussent cultivées. Sanche le Gros, roi de Léon, fut obligé de s'aller mettre à Cordoue en 956 entre les mains d'un fameux médecin arabe, qui invité par le roi, voulut que le roi vînt à lui.[4]

Cordoue est un pays de délices, arrosé par le Guadalquivir, où des forêts de citronniers, d'orangers, de grenadiers parfument l'air, et où tout invite à la mollesse. Le luxe et le plaisir corrompirent enfin les rois musulmans.[5] Leur domination fut au dixième siècle

16 MSP: [*manchette*] *Mœurs des Maures.*
20 MSP, 46: étaient alors moins
21 MSP, 46: était après Constantinople le seul
23-24 MSP, 46: Cordoue entre

[3] Selon le *Dictionnaire de l'Académie* (éd. 1762), 'barrière' 'se dit aussi de cette enceinte que l'on faisait autrefois pour les combats, soit à pied, soit à cheval, et pour les joutes et les tournois': '*combattre à la barrière*', '*combat à la barrière*'. Voltaire a pu consulter aussi *Le Vrai Théâtre d'honneur et de chevalerie* de M. de Vulson (Paris, 1648, BV3819), qui consacre plusieurs pages à ces combats (ch.23, p.552-54).
[4] D'Orléans signale que 'Sanche se sentant hors d'état d'agir, à cause de son excessif embonpoint qui l'appesantissait tous les jours, était allé chercher des remèdes à Cordoue, où les médecins arabes passaient alors pour les plus habiles qui fussent au monde' (livre 1, années 950 et suiv., t.1, p.134). La date de 956 se trouve chez Mariana, lorsqu'il évoque une mutinerie de l'armée qui oblige Sanche Ier dit le Gros (roi de León et des Asturies, mort en 967) à se réfugier 'auprès du roi de Gascogne son oncle': avant d'entreprendre de chasser le rival qui s'est emparé du trône en son absence, Sanche se rend 'à Cordoue par le conseil du roi son oncle', où 'il se mit entre les mains de ses plus savants médecins, qui lui donnèrent leurs remèdes' (livre 5, ch.5, t.1, p.434-35).
[5] Lieu commun du discours voltairien sur les 'Orientaux' au sens large, musulmans et tartares, régulièrement invoqué pour rendre compte, de manière sommaire,

30 comme celle de presque tous les princes chrétiens, partagée en
    petits Etats. Tolède, Murcie, Valence, Huesca même, eurent leurs
    rois. C'était le temps d'accabler cette puissance divisée; mais les
    chrétiens d'Espagne étaient plus divisés encore. Ils se faisaient une
    guerre continuelle, se réunissaient pour se trahir, et s'alliaient
35 souvent avec les musulmans. Alfonse V roi de Léon, donna même
    l'année 1000 sa sœur Thérèse en mariage au sultan Abdala roi de
    Tolède. [6]

    Les jalousies produisent plus de crimes entre les petits princes
    qu'entre les grands souverains. La guerre seule peut décider du sort
40 des vastes Etats; mais les surprises, les perfidies, les assassinats, les
    empoisonnements sont plus communs entre des rivaux voisins, qui
    ayant beaucoup d'ambition et peu de ressources, mettent en œuvre
    tout ce qui peut suppléer à la force. [7] C'est ainsi qu'un Sancho
    Garcias comte de Castille empoisonna sa mère à la fin du dixième

Mariage des mahométans avec des chrétiennes.

32   46: cette province divisée

---

des causes de leur affaiblissement, voire de leur déclin politique. Auparavant,
Voltaire condense l'évocation de la fertilité de la région de Cordoue qu'effectue
Alvarez de Colmenar (t.4, p.214-16).

[6] Pour cet épisode, la source de Voltaire est probablement un court paragraphe de
l'ouvrage de d'Orléans: Alphonse V (roi de León et des Asturies de 994 à 1027) 'se lia
si étroitement avec un Sarrasin puissant [nommé Abdala] qui s'était fait roi de
Tolède, qu'il lui donna sa sœur en mariage, sous prétexte de le convertir' (livre 1,
années 976-1028, t.1, p.150). L'évocation des divisions et conflits des chrétiens et des
musulmans est détaillée par Mariana, qui traite aussi longuement du mariage de
Thérèse (livre 5, ch.7). Insensible aux récriminations de Thérèse, qui l'exhorte 'à
abjurer le mahométisme' et qui le menace 'de la colère de Dieu s'il osait s'approcher
d'elle avant d'avoir adoré Jésus-Christ', Abdala 'ne fut point touché de ses
remontrances': en d'autres termes, comme Mariana le dit explicitement, il la viole.
Il finit par reconnaître 'sa faute, sans reconnaître néanmoins son erreur' et renvoie la
princesse à León 'où elle passa le reste de ses jours dans la retraite, et dans les
exercices de la pénitence' (p.150).

[7] Même analyse à propos des rivalités entre les villes italiennes: voir ch.74.

siècle, et que son fils don Garcie fut poignardé par trois seigneurs   45
du pays dans le temps qu'il allait se marier. [8]

Enfin en 1035 Ferdinand fils de Sanche, roi de Navarre et
d'Arragon, réunit sous sa puissance la vieille Castille, dont sa
famille avait hérité par le meurtre de ce don Garcie, et le royaume
1036. de Léon, dont il dépouilla son beau-frère qu'il tua dans une bataille. [9]   50

Alors la Castille devint un royaume, et Léon en fut une
province. [10] Ce Ferdinand, non content d'avoir ôté la couronne de
Léon et la vie à son beau-frère, enleva aussi la Navarre à son propre
frère, qu'il fit assassiner dans une bataille qu'il lui livra. [11] C'est ce
Ferdinand à qui les Espagnols ont prodigué le nom de *Grand,*   55

[8] Episodes rapportés par d'Orléans, qui signale toutefois que la mère de 'Sanche
Garcie' est une 'débauchée' qui, 'étant devenue amoureuse d'un cavalier maure, avait
formé le dessein de l'épouser' et qui, craignant son fils, 'voulut s'en défaire' en
l'empoisonnant: 'Dans sa fureur [...] il obligea sa mère à boire le poison qu'elle lui
avait préparé'. D'Orléans ajoute que 'le fils parricide ayant rappelé sa raison trop
tard, reconnut son crime, et le pleura' (livre 1, années 976-1028, t.1, p.150-51). Sur le
meurtre de 'Garcie Fernand second', également désigné sous le nom de 'Dom
Garcie', voir p.152-53: les 'assassins', les trois fils du 'perfide Vigila', prince d'Alava,
'ennemi implacable de sa patrie' (p.144), sont poursuivis et 'Sanche le Grand les
condamna à être brûlés' (p.153-54).

[9] D'après d'Orléans, qui signale toutefois que l'agresseur est Vérémond III, roi de
León, qui, voyant 'avec chagrin ses Etats diminués' par les conquêtes de Sanche le
Grand, s'était 'mis en campagne' contre Ferdinand, son héritier. La bataille eut lieu
dans la vallée de Tamara où Vérémond 'fut tué dans la mêlée d'un coup de lance'
(livre 2, années 1036 et suiv., t.1, p.163-64).

[10] D'après d'Orléans, qui rapporte que León échut alors à la reine Sancha, femme
de Ferdinand et sœur du même Vérémond (livre 2, années 1037 et suiv., t.1, p.164), et
ajoute: 'Les Léonais prévirent bien que ce changement allait causer la dégradation de
leur monarchie; et que la Castille, qui avait été province du royaume de Léon,
réduirait bientôt le royaume de Léon à être province de Castille' (p.164).

[11] Dans l'évocation de la bataille (1055) que se livrent les deux frères, d'Orléans
insiste au contraire sur la noirceur de Garcie IV, roi de Navarre. Il mentionne 'deux
hommes [...], l'un que ce prince avait dépouillé de ses biens, l'autre dont il avait
corrompu la femme', qui, ne pouvant obtenir réparation de Garcie, passent 'dans
l'armée ennemie', et précise que 'ce fut de leur main qu'il périt' (livre 2, années 1055 et
suiv., t.1, p.172).

apparemment pour déshonorer ce titre trop prodigué aux usurpateurs. [12]

Son père don Sanche, surnommé aussi *le Grand*, pour avoir
succédé aux comtes de Castille, et pour avoir marié un de ses fils à la
princesse des Asturies, s'était fait proclamer empereur, et don
Ferdinand voulut aussi prendre ce titre. Il est sûr qu'il n'est, ni ne
peut être de titre affecté aux souverains, que ceux qu'ils veulent
prendre, et que l'usage leur donne. Le nom d'empereur signifiait
partout l'héritier des Césars et le maître de l'empire romain, ou du
moins celui qui prétendait l'être. [13] Il n'y a pas d'apparence que cette
appellation pût être le titre distinctif d'un prince mal affermi, qui
gouvernait la quatrième partie de l'Espagne.

L'empereur Henri III [14] mortifia la fierté castillane, en demandant à Ferdinand l'hommage de ses petits Etats comme d'un fief de
l'Empire. Il est difficile de dire quelle était la plus mauvaise

60
65
70

56-58   MSP, 46: titre. ¶Son
61-62   MSP, 46, 53-54N: qu'il n'y a, ni ne peut y avoir [46: ne peut avoir] de
63   46: donne, mais le nom
68   MSP, 46, 53-54N: Henri III (et non Henri II comme le disent tant d'auteurs)
mortifia la fierté espagnole, en

---

[12] Cf. le jugement de d'Orléans, au terme du récit de la mort édifiante de
Ferdinand: 'Une vie si glorieuse lui a fait donner avec justice le surnom de Grand, et
une mort si chrétienne celui de saint' (livre 2, années 1065 et suiv., t.1, p.182).

[13] D'après d'Orléans: 'l'empereur Henry s'y trouva [au concile de Tours], et s'y
plaignit de ce que le roi de Castille, loin de reconnaître l'Empire dont l'Espagne était
une partie, se faisait lui-même nommer empereur. Ce prince en effet, à l'exemple de
son père, et comme ont fait encore depuis eux quelques-uns de leurs successeurs,
prenait ce titre, convenable au génie de sa nation. Henry en demanda justice au
concile, et requit que l'on enjoignît à Ferdinand de le reconnaître, et de lui rendre,
comme au successeur des Césars, l'hommage qu'il se croyait dû' (livre 2, années 1055
et suiv., t.1, p.175-76). En revanche, à propos de Sanche III le Grand (*c*.990-1035),
d'Orléans avait déjà écrit que 'par une ambition, que ni Théodoric, ni Clovis, ni
Charlemagne même, avant son élévation à l'Empire, n'avaient pas eue, il prit le titre
pompeux d'empereur, quoiqu'en comparaison de ces conquérants il ne fût qu'un fort
petit prince' (livre 1, années 1028 et suiv., t.1, p.155). Mariana, tout en refusant de le
blâmer, juge qu'il était imprudent de sa part de se prévaloir avec tant de faste d'un
bien qui ne lui appartenait pas (livre 6, ch.2).

[14] Sur la remarque dans la variante, voir ci-dessus, ch.40, n.23.

prétention, celle de l'empereur allemand, ou celle de l'espagnol. Ces idées vaines n'eurent aucun effet, et l'Etat de Ferdinand resta un petit royaume libre. [15]

Le Cid. C'est sous le règne de ce Ferdinand que vivait Rodrigue surnommé *le Cid*, qui en effet épousa depuis Chimène, dont il avait tué le père. [16] Tous ceux qui ne connaissent cette histoire que par la tragédie si célèbre dans le siècle passé, [17] croient que le roi don Ferdinand possédait l'Andalousie.

Les fameux exploits du Cid furent d'abord d'aider don Sanche, fils aîné de Ferdinand, à dépouiller ses frères et ses sœurs de *1073.* l'héritage que leur avait laissé leur père. Mais don Sanche ayant été assassiné dans une de ces expéditions injustes, ses frères rentrèrent dans leurs Etats. [18]

75

80

71   46: prétention ou celle de l'empereur
72   46: effet, l'Etat
73   MSP: [*Intertitre*] *Paragraphe 2. Du Cid.*
74   MSP: [*manchette*] *Le Cid.*
77-78 MSP, 46: roi Ferdinand
78-79 MSP, 46: l'Andalousie. Il est pourtant très faux qu'aucune place de l'Andalousie appartînt à ce prince. ¶Les fameux
83-84 MSP, 46, 53-54N: Etats [MSP, 46: et l'Espagne chrétienne fut encore partagée comme auparavant]. ¶Ce fut alors qu'il y eut

[15] Querelle rapportée, d'après 'l'histoire d'Espagne écrite par l'ordre d'Alphonse le Sage', par d'Orléans (livre 2, années 1055 et suiv, t.1, p.175), qui évoque cependant l'empereur 'Henry second' (p.175-78): voir ligne 68 var.

[16] Rodrigo Díaz de Bivár (*c.*1040-1099) prit du service sous Sanche II en 1057. D'Orléans, s'autorisant de l'opinion de l'historien espagnol Prudence de Sandoval (*c.*1560-1621), conteste la réalité de son mariage avec Chimène: si 'quelques historiens ont dit' que Rodrigue 'était occupé' de 'son mariage avec Chimène, fille du comte de Gormaz', qu'elle 'avait aimé si passionnément [...] qu'elle l'épousa quoiqu'il eût tué son père en duel', ce mariage 'ne pourrait être vrai, à moins que Rodrigue n'ait été marié deux fois'; car 'il est certain que ce seigneur se maria sous le règne d'Alphonse VI avec Chimène Diaz, nièce d'Alphonse V, confondue sous le même nom avec la première femme du Cid, par des écrivains peu soigneux de consulter les anciens monuments' (livre 2, années 1055 et suiv., t.1, p.177). Mariana rapporte en revanche ce fait comme véridique (livre 6, ch.2).

[17] La tragi-comédie de Corneille (1636).

[18] Sanche II, roi de Castille de 1065 à 1072. 'Ce prince avait toujours sur le cœur le

Alors il y eut près de vingt rois en Espagne, soit chrétiens, soit
85 musulmans; et outre ces vingt rois, un nombre considérable de
seigneurs indépendants et pauvres, qui venaient à cheval, armés de
toutes pièces, et suivis de quelques écuyers, offrir leurs services aux
princes ou aux princesses qui étaient en guerre. Cette coutume,
déjà répandue en Europe, ne fut nulle part plus accréditée qu'en
90 Espagne. Les princes à qui ces chevaliers s'engageaient, leur
ceignaient le baudrier, et leur faisaient présent d'une épée, dont
ils leur donnaient un coup léger sur l'épaule. Les chevaliers
chrétiens ajoutèrent d'autres cérémonies à l'accolade. Ils faisaient
la veille des armes devant un autel de la Vierge. Les musulmans se
95 contentaient de se faire ceindre un cimeterre. Ce fut là l'origine des
chevaliers errants, et de tant de combats particuliers. Le plus
célèbre fut celui qui se fit après la mort du roi don Sanche, assassiné
en assiégeant sa sœur Ouraca dans la ville de Zamore. [19] Trois
chevaliers soutinrent l'innocence de l'infante contre don Diègue de
100 Lare qui l'accusait. Ils combattirent l'un après l'autre en champ
clos, en présence des juges nommés de part et d'autre. Don Diègue
renversa et tua deux des chevaliers de l'infante; et le cheval du

---

86 MSP, 46, 53-W57G: indépendants qui
87 MSP: [manchette] Chevalerie.
93 MSP, 46: ajoutèrent en Espagne d'autres
95 46: de faire
97-98 MSP, 46: roi Sanche assassiné, comme j'ai dit en 1073, en
98 MSP: Ramore

---

partage que Ferdinand avait fait entre lui et ses frères [Alphonse VI, roi de León et
plus tard de Castille (1072-1109), et Dom Garcie, leur cadet, roi de Galice (1065)]
d'un Etat qu'il voulait réunir tout entier sous sa domination' (d'Orléans, livre 2,
années 1066-1073, t.1, p.186-87). D'Orléans ajoute toutefois que le Cid, auquel le roi
avait demandé son avis, 'répondit qu'étant sujet, il lui convenait d'obéir mais qu'il le
priait de considérer les suites d'une telle entreprise, et plus encore le serment qu'il
avait fait de s'en tenir au testament d'un père respectable par tant d'endroits' (p.188-
89).
[19] D'Orléans présente 'cette mort' comme un 'coup imprévu' (livre 2, années 1073
et suiv., t.1, p.194).

troisième ayant les rênes coupées, et emportant son maître hors des barrières, le combat fut jugé indécis. [20]

Parmi tant de chevaliers, le Cid fut celui qui se distingua le plus contre les musulmans. Plusieurs chevaliers se rangèrent sous sa bannière: et tous ensemble, avec leurs écuyers et leurs gendarmes [21] composaient une armée couverte de fer, montée sur les plus beaux chevaux du pays. Le Cid vainquit plus d'un petit roi maure: et s'étant ensuite fortifié dans la ville d'Alcasar, il s'y forma une souveraineté. [22]

Enfin il persuada à son maître Alphonse VI, roi de la vieille Castille, d'assiéger la ville de Tolède, et lui offrit tous ses chevaliers pour cette entreprise. [23] Le bruit de ce siège et la réputation du Cid appelèrent de l'Italie et de la France beaucoup de chevaliers et de

105

110

115

112   MSP: [*manchette*] *Le Cid assiège Tolède.*
115   MSP, 46: appelèrent de la France et de l'Italie beaucoup

[20] Episode rapporté par d'Orléans, qui conclut de même que 'le combat fut jugé indécis' (livre 2, années 1073 et suiv., t.1, p.195-96). Mariana raconte ces événements en détail (livre 6, ch.3).

[21] 'On appelait ainsi autrefois un homme d'armes d'une compagnie d'ordonnance de lanciers, qui était armé de toutes pièces, et qui avait sous lui deux hommes à cheval' (*Dictionnaire de l'Académie*, éd. 1762).

[22] D'Orléans: 'le Cid en faisait d'autres [conquêtes] du côté de Valence, où avec un léger camp volant de gens attachés à sa fortune, et de ces guerriers à aventures, dans un siècle si fécond en chevaliers errants, il fit trembler tous les Maures du pays, et dépouilla de leurs terres plusieurs de ces infidèles'. Il ajoute qu''il se fortifia dans Alcozer après s'en être rendu maître, et y établit sa résidence' (livre 2, années 1075 et suiv., t.1, p.202).

[23] Non seulement Voltaire simplifie le récit de d'Orléans (livre 2, années 1077 et suiv., t.1, p.203-205), mais il inverse aussi les rôles d'Alphonse et du Cid: d'Orléans rapporte que le siège de Tolède est décidé à la *seule initiative* d'Alphonse VI, qui, n'ayant pas réussi à affamer ses habitants (p.204), décida d'assiéger la ville et, pour ce faire, n'eut d'autre solution que de rappeler Rodrigue qu'il avait condamné à l'exil. Il écrit que 'les Maures et les chrétiens de Tolède [...] haïssaient également' leur roi, et qu''on sollicita sous main des princes étrangers à chasser Hiaya de ses Etats' (p.203): 'Les Maures s'adressèrent au roi de Badajox, et les chrétiens à celui de Castille.' Ce n'est qu'après la mort de 'Dom Diègue de Bivar, le seul fils qu'eût le Cid' qu'Alphonse lui 'fournit [...] l'occasion de venger le sang de son fils sur les infidèles' et lui donna 'le commandement de toutes ses troupes' (livre 2, années 1082 et suiv., t.1, p.204-205).

princes. Raimond comte de Toulouse, et deux princes du sang de
France de la branche de Bourgogne, vinrent à ce siège. [24] Le roi
mahométan nommé Hiaja, était fils d'un des plus généreux princes
dont l'histoire ait conservé le nom. Almamon son père avait donné
120 dans Tolède un asile à ce même roi Alphonse que son frère Sanche
persécutait alors. Ils avaient vécu longtemps ensemble dans une
amitié peu commune; et Almamon, loin de le retenir, quand après
la mort de Sanche il devint roi, et par conséquent à craindre, lui
avait fait part de ses trésors. On dit même qu'ils s'étaient séparés en
125 pleurant. [25] Plus d'un chevalier mahométan sortit des murs pour
reprocher au roi Alphonse son ingratitude envers son bienfaiteur; [26]
et il y eut plus d'un combat singulier sous les murs de Tolède. [27]

Le siège dura une année. Enfin Tolède capitula, mais à condition
que l'on traiterait les musulmans comme ils en avaient usé avec les
130 chrétiens, qu'on leur laisserait leur religion et leurs lois: [28] promesse

1085.
Tolède prise sur
les Maures.

---

116   MSP, 46: princes qui ne cherchaient qu'à se signaler. Ce fut une espèce de
[MSP: prélude des] croisades. Raymond.

117   MSP, 46: siège. Tout ce qu'on appelait la fleur de la chevalerie s'y trouva
pour combattre sous l'étendard du Cid. Le roi

120   46: Alphonse VI que

126-27   MSP, 46: roi son ingratitude, et

---

[24] Voltaire résume d'Orléans (livre 2, années 1082 et suiv., t.1, p.205).

[25] Quoique ce dernier détail ne se trouve ni chez d'Orléans, ni chez Mariana,
l'évocation de la parfaite entente qui règne entre Alphonse et Almamon (que
d'Orléans et Mariana appellent Alménon) résume ce qu'avait écrit d'Orléans (livre 2,
années 1073 et suiv., t.1, p.196-97).

[26] D'Orléans évoque les députés qui 'commencèrent par se plaindre d'avoir été
attaqués injustement': 'ils rappelèrent au roi de Castille le souvenir des bienfaits dont
il avait été comblé par Alménon' (livre 2, années 1085 et suiv., t.1, p.208). Mariana
raconte toutefois que ce sont les députés envoyés chez Alphonse pour chercher un
accommodement susceptible de mettre fin au siège qui lui reprochèrent son
ingratitude et les serments qu'il avait naguère faits à Almamon (livre 6, ch.4, t.2,
p.125).

[27] Ce détail ne se trouve ni chez d'Orléans, ni chez Mariana.

[28] En règle générale, les historiens chrétiens (à l'exception de d'Orléans)
célèbrent cette délivrance: Mariana (livre 6, ch.4, t.2, p.127-28) et Alvarez de
Colmenar (t.4, p.100) parlent d'une ville demeurée aux mains des infidèles depuis

qu'on tint d'abord, et que le temps fit violer. Toute la Castille neuve se rendit ensuite au Cid, qui en prit possession au nom d'Alphonse; et Madrid, petite place qui devait un jour être la capitale de l'Espagne, fut pour la première fois au pouvoir des chrétiens.[29]

135

Plusieurs familles vinrent de France s'établir dans Tolède. On leur donna des privilèges qu'on appelle même encore en Espagne *franchises*.[30] Le roi Alphonse fit aussitôt une assemblée d'évêques, laquelle sans le concours du peuple autrefois nécessaire, élut pour évêque de Tolède un prêtre nommé Bernard,[31] à qui le pape

140

---

131   46: qu'on ne tint que dans les premiers temps. ¶Toute

133   MSP: [*manchette*] *Madrid aux chrétiens*.

137-38   MSP, 46: Espagne [MSP: du nom de *franchises*]. ¶Le roi Alphonse VI fit

138   53-54N: *franches*.

139   46: autrefois usité,

140-41   MSP, 46, 53-W57G: pape Grégoire VII conféra

---

respectivement 369 ou 368 ans, et qui, délabrée, n'était plus que la triste ombre de ce qu'elle avait été sous les rois visigoths. Les conditions de la reddition et les clauses du traité de paix figurent dans d'Orléans (t.1, p.209-10).

[29] Voir d'Orléans, qui, tout en signalant le rôle joué par le Cid, rappelle la méfiance d'Alphonse à son égard: 'Comme le Cid avait plus contribué que personne à la prise de cette ville [Tolède], il en fut le premier gouverneur, il n'y demeura pas néanmoins longtemps. Le roi l'estimait trop pour le laisser inutile, mais il ne l'aimait pas assez pour le tenir auprès de lui quand il ne lui était pas nécessaire' (livre 2, années 1085 et suiv., t.1, p.211).

[30] D'Orléans évoque ces 'privilèges' accordés aux Français: 'De là Mariana emprunte le nom de Francs, qu'on donne en Espagne aux familles privilégiées' (années 1085 et suiv., t.1, p.212). Voir l'art. 'Franchise' rédigé par Voltaire pour l'*Encyclopédie* (*OCV*, t.33, p.105), l'*Histoire du parlement de Paris* (*OCV*, t.68, p.157-58), et l'art. 'Franc ou Franq' des *QE* (*M*, t.19, p.174-78).

[31] Bernard (natif d'Agen, religieux de Cluny, abbé de Sahagun) fut élu archevêque de Tolède le 18 décembre 1085. Alvarez de Colmenar et d'Orléans mentionnent respectivement 'les prélats et les nobles de son royaume' (année 1085, t.1, p.99) et 'un concile national de tous les évêques de ses Etats' (t.1, p.214), alors que Mariana parle d'une 'assemblée générale des Etats' (livre 6, ch.4, p.130). Aucun ne mentionne le manque de participation du peuple. Alors que Mariana traite en détail de cette élection en 1085, d'Orléans, comme Voltaire, se contente de la mentionner.

Urbain II[32] conféra la primatie d'Espagne à la prière du roi.[33] La conquête fut presque toute pour l'Eglise; mais le primat eut l'imprudence d'en abuser, en violant les conditions que le roi avait jurées aux Maures. La grande mosquée devait rester aux mahomé-
145 tans. L'archevêque pendant l'absence du roi, en fit une église, et excita contre lui une sédition. Alphonse revint à Tolède, irrité contre l'indiscrétion du prélat. Il apaisa le soulèvement, en rendant la mosquée aux Arabes, et en menaçant de punir l'archevêque. Il engagea les musulmans à lui demander eux-mêmes la grâce du prélat
150 chrétien, et ils furent contents et soumis.[34]

141-43   MSP, 46: roi. Les fausses décrétales faisaient croire qu'autrefois l'église de Tolède avait eu cette primatie, mais elle en jouit alors pour la première fois. Cet archevêché ne vaut pas moins aujourd'hui de cent mille pistoles de rente.[35] La conquête fut presque toute pour l'Eglise, mais le premier soin du primat fut d'en
5   abuser en violant [46: fut de violer] les
142-43   53-54N: Eglise. Mais le premier soin du primat fut d'en
149-51   MSP, 46, 53-54N: prélat. Il allait même le punir et il fallut que les mahométans à qui le roi eut la sagesse de rendre la mosquée, demandassent la grâce de l'archevêque. ¶Alphonse

[32] Curieusement, Voltaire attribue, jusqu'en 1757, la responsabilité de cet acte à Grégoire VII (voir lignes 140-41 var.). L'erreur est corrigée dans l'édition suivante, peut-être à la suite de la lecture de J.-L. Ripault Desormeaux, *Abrégé chronologique de l'histoire d'Espagne* (Paris, 1758-1759, BV1015; année 1088, t.1, p.399).

[33] D'Orléans ne précise pas que le titre est conféré à Bernard 'à la prière du roi' (t.1, p.213-14, 215). Il est probable que Voltaire s'appuie sur Alvarez de Colmenar: 'Alfonse VI [...] pria le pape Urbain II, de rendre à cette ancienne métropole d'Espagne les mêmes titres et les mêmes honneurs et prérogatives dont elle avait joui avant que de tomber sous la servitude des infidèles' (t.4, p.100-101).

[34] D'Orléans écrit que les Maures 'y perdirent leur mosquée, qu'on avait déjà changée en église', tout en ajoutant, sans autre précision, qu''on les en dédommagea de manière qu'ils furent contents' (livre 2, années 1085 et suiv., t.1, p.215). Le récit de Voltaire semble plus proche de celui de Mariana (livre 6, ch.4), qui ne stipule cependant pas que la mosquée est rendue aux Maures, et signale que leur intercession est dictée par un *calcul politique*: elle n'est donc pas suscitée par Alphonse lui-même.

[35] Voltaire prend position dans la discussion et les débats détaillés par Alvarez de Colmenar (t.4, p.97-109), qui précise que le revenu de l'archevêque de Tolède, primat des Espagnes, 'monte, une année portant l'autre, à 300 000 ducats, et celui de l'église primatiale à 150 000 ducats, dont il faut distraire 66 000 ducats qu'elle paie annuellement au roi' (p.112).

Alphonse roi d'Espagne épouse une mahométane; usage commun.

Alphonse augmenta encore par un mariage les Etats qu'il gagnait par l'épée du Cid. Soit politique, soit goût, il épousa Zaïd fille de Benadat nouveau roi maure d'Andalousie, et reçut en dot plusieurs villes. On ne dit point que cette épouse d'Alphonse ait embrassé le christianisme. [36] Les Maures passaient encore pour une nation supérieure: on se tenait honoré de s'allier à eux. Le surnom de Rodrigue était maure; et de là vient qu'on appela les Espagnols *Maranas*. [37]

On reproche à ce roi Alphonse d'avoir conjointement avec son beau-père appelé en Espagne d'autres mahométans d'Afrique. [38] Il

155

160

153   MSP: Benebat
         46: Benabat
154-59   MSP, 46, 53-W57G: villes. ¶On lui reproche d'avoir
159   61: On lui reproche

[36] D'Orléans mentionne le remariage d'Alphonse, 'devenu veuf dans le cours de cette expédition contre les infidèles' (livre 2, années 1088 et suiv., t.1, p.218). Quant à la question de la conversion de Zaïde au christianisme, soulevée dans l'ajout de 1761, Mariana (livre 6, ch.4, t.2, p.143) et d'Orléans (p.217) affirment explicitement le contraire. Desormeaux écrit qu''Alfonse se déshonorait auprès des chrétiens' par cette alliance, mais il signale aussi que 'cette princesse appelée Zaïde, fut baptisée, et nommée Marie-Isabelle' (année 1096, t.1, p.405; signet, *CN*, t.3, p.130).

[37] D'Orléans explique comment: 'Ce fut au siège de cette place ['Conimbre', Coïmbra], que commença à se faire connaître le fameux Rodrigue Diaz de Bivar, si connu sous le nom de Cid, qui signifie seigneur en langue mauresque: car ce nom lui fut donné dans la suite par les Sarrasins qu'il dompta' (années 1038 et suiv., t.1, p.166-67). L'enchaînement logique que pose Voltaire ('de là vient que') n'a cependant rien d'évident. Evoquant les événements de l'année 715, d'Orléans précise: 'les chrétiens espagnols forcés d'obéir à la domination sarrasine furent appelés Muzarabes, du nom de Muza leur vainqueur, et de celui d'Arabes, qu'on donnait alors aux mahométans africains pour marquer leur origine. Ainsi donna-t-on dans la suite le nom de Maranes aux chrétiens issus de race maure, parce que ce même conquérant avait pris le surnom de Marane d'un oncle illustre dont on vantait les exploits' (t.1, p.28).

[38] D'Orléans, évoquant la 'grande intelligence' d'Alphonse et de Bénabet, écrit de manière neutre que 'Bénabet [...] forma le dessein de réunir à la couronne de Séville ce qui restait aux mahométans de leur conquête deçà la mer', et qu'Alphonse et lui 'convinrent d'écrire tous deux en Afrique' pour obtenir un soutien dans cette 'entreprise' (livre 2, années 1088 et suiv., t.1, p.219-20). Mariana parle d'une 'faute

est difficile de croire qu'il ait fait une si étrange faute contre la politique; mais les rois se conduisent quelquefois contre la vraisemblance. Quoi qu'il en soit, une armée de Maures vient fondre d'Afrique en Espagne, et augmenter la confusion où tout
165 était alors. Le miramolin[39] qui régnait à Maroc envoie son général Abénada au secours du roi d'Andalousie. Ce général trahit non seulement ce roi même à qui il était envoyé, mais encore le miramolin au nom duquel il venait. Enfin le miramolin irrité vient lui-même combattre son général perfide, qui faisait la guerre
170 aux autres mahométans, tandis que les chrétiens étaient aussi divisés entre eux.[40]

L'Espagne était ainsi déchirée par les mahométans et les *Le Cid.* chrétiens, lorsque le Cid don Rodrigue à la tête de sa chevalerie subjugua le royaume de Valence. Il y avait en Espagne peu de rois
175 plus puissants que lui: mais il n'en prit pas le nom,[41] soit qu'il préférât

161-62   46: faute, mais
162   53-54N: mais tous les
163   MSP, 46: vint
165   46: envoya
166   MSP: Abénaxa
        46: Abnaxa
        53-54N: Abénana
169   46: vint
172-73   MSP, 46: était déchiré par tant de nations mahométanes et chrétiennes, lorsque
174   46: Valence qu'il y avait
175-77   46: nom, cependant il

irréparable' faite 'par complaisance pour sa concubine' (livre 7, ch.1, t.1, p.146). Les mahométans d'Afrique sont les Almoravides, gouvernés par Youssouf Ibn Tachfine (d'Orléans, p.220).

[39] 'Corruption de l'arabe *emir al moumenim*, commandeur des croyants' (Littré). Le terme n'apparaît, dans le *Dictionnaire de l'Académie*, que dans l'édition de 1878: 'nom par lequel les écrivains du Moyen Age désignent le calife des Arabes'.

[40] Voltaire résume d'Orléans (livre 2, années 1088-1092, t.1, p.218-24). Mariana, d'Orléans et Alvarez de Colmenar présentent ce général (qu'ils nomment 'Hali Abénaxa') comme un prédateur, aussi fourbe que son maître.

[41] Même observation chez d'Orléans, à la suite de l'évocation de la conquête de

le titre de Cid, soit que l'esprit de chevalerie le rendît fidèle au roi Alphonse son maître. Cependant il gouverna Valence avec l'autorité d'un souverain, recevant des ambassadeurs, et respecté de toutes les nations. De tous ceux qui se sont élevés par leur courage sans rien usurper, il n'y en a pas eu un seul qui ait eu autant de puissance et de gloire que le Cid.   180

Après sa mort, arrivée l'an 1096, les rois de Castille et d'Arragon continuèrent toujours leurs guerres contre les Maures; l'Espagne ne fut jamais plus sanglante et plus désolée. Triste effet de l'ancienne conspiration de l'archevêque Opas et du comte Julien,   185 qui faisait, au bout de quatre cents ans, et fit encore longtemps après, les malheurs de l'Espagne. [42]

C'était donc depuis le milieu du onzième siècle jusqu'à la fin que le Cid se rendit si célèbre en Europe; c'était le temps brillant de la chevalerie; mais c'était aussi le temps des emportements audacieux   190 de Grégoire VII, des malheurs de l'Allemagne et de l'Italie, et de la première croisade.

176-77   MSP: titre de Alphonse son
179-82   MSP, 46, W56, 61: nations. Après
182   MSP: [*manchette*] *1096.*
184-85   MSP, 46: de la conspiration
187-92   MSP, 46, 53-54N: de l'Espagne.//

Valence: 'Un héros si digne de régner méritait une couronne. Sa vertu ne lui permit pas de prendre le nom de roi, il reconnut toujours Alphonse pour son souverain légitime' (livre 2, années 1092 et suiv., t.1, p.229).

[42] Allusion à la chute du royaume des Visigoths en 714 avec la mort de Rodrigue à la bataille de Xérès, résultat direct de l'entreprise tramée par Oppas et Julien qui cherchaient à le remplacer en invitant les Maures almoravides à venir guerroyer contre lui. Voir ch.27 (notre t.2, p.402-404).

CHAPITRE 45

De la religion et de la superstition aux dixième et onzième siècles.

Les hérésies semblent être le fruit d'un peu de science et de loisir. On a vu que l'état où était l'Eglise au dixième siècle, ne permettait *Hérétiques brûlés sous le roi Robert, et en sa présence.*

a-299 [*Première rédaction de ce chapitre*: MSP]
a MSP: Chapitre 27
    W56-W57G: Chapitre 35
    61: Chapitre 41
b-c MSP: *De la religion, des hérésies et de la superstition de ces temps-là.*
    53-54N: *De la religion et de la superstition de ces temps-là.*

* Une grande partie de ce chapitre figurait déjà dans le manuscrit palatin; mais il a fait l'objet de modifications en 1756 et, surtout, de longues additions en 1761. Voltaire a-t-il voulu, dans le titre, établir, par le coordonnant 'et', une distinction entre 'religion' et 'superstition', ou un amalgame? Quand il traite de la religion, il évoque d'abord les hérésies et les condamnations à mort qu'elles entraînèrent (Priscillien, les 'manichéens' brûlés à Orléans). A partir de 1756, il mentionne en outre d'autres sectes accusées d'hérésie, de plus en plus largement répandues, en suggérant l'ampleur croissante des écarts entre le christianisme originel et les dogmes de l'Eglise catholique. Il en vient ensuite aux multiples controverses théologiques sur la présence réelle du Christ après la consécration du pain et du vin, en élargissant aussi son texte en 1761, pour souligner combien la théologie, au lieu de rassembler, divise. A la même date, il insiste sur le caractère tardif de certains rites, de certains termes ou croyances. Il ne retient de l'œuvre de saint Pierre Damien que l'invention de contes de bonne femme. Parmi les 'superstitions populaires' citées il donne une grande place aux 'épreuves', ou ordalies. Or les autorités ecclésiastiques avaient été favorables à ces 'jugements de Dieu' du huitième au douzième siècle. Enfin Voltaire clôt son chapitre en montrant les lieux de culte envahis par des manifestations grotesques. Les additions de 1761 renforcent l'image d'une Eglise aux dogmes incertains, qui gagne en puissance en jouant de la crédulité des fidèles et qui semble inventer au coup par coup des croyances et des rites contingents. Controverses, châtiments cruels, 'épreuves', dogmes tardifs et discutés suggèrent, malgré les phrases prudentes de la fin du chapitre, qu'elle n'a pas échappé aux insuffisances intellectuelles et morales que l'auteur prête à ces temps reculés. Mais Fleury lui-même, dans le *Discours sur l'histoire ecclésiastique* (signets, *CN*, t.3, p.520), insistait, pour ces siècles, sur les

guère le loisir ni l'étude. Tout le monde était armé, et on ne se disputait que des richesses. [1] Cependant en France, du temps du roi Robert, il y eut quelques prêtres, et entre autres un nommé 5 Etienne, confesseur de la reine Constance, accusés d'hérésie. [2] On ne les appela manichéens, que pour leur donner un nom plus odieux; car ni eux ni leurs juges ne pouvaient guère connaître la philosophie du Persan Manès. C'était probablement des enthousiastes, qui tendaient à une perfection outrée, pour dominer sur les 10 esprits. C'est le caractère de tous les chefs de sectes. On leur imputa des crimes horribles, et des sentiments dénaturés, dont on charge toujours ceux dont on ne connaît pas les dogmes. Ils furent

1028. juridiquement accusés de réciter les litanies à l'honneur des diables, d'éteindre ensuite les lumières, de se mêler indifféremment, et de 15

6   MSP: accusé
7   MSP, 53-54N: On les appela manichéens pour
8-9   MSP, 53-54N: odieux, car ils n'enseignaient rien des dogmes de Manès.

superstitions, sur la confusion des deux puissances, la richesse des églises et la corruption des mœurs, la simonie, l'incontinence du clergé par ignorance. Or la source principale de Voltaire est bien l'*Histoire ecclésiastique* de Fleury (Paris, 1720-1738, BV1350); en outre, il a pu trouver quelques informations dans le *Dictionnaire historique et critique* de Bayle (Rotterdam, 1697, BV292) et dans l'*Histoire critique des pratiques superstitieuses* de P. Le Brun (Rouen, 1702, BV1968), dont il avait demandé, le 13 avril 1751, à Walther de lui envoyer les quatre tomes, qu'il connaissait certainement auparavant (D4441). Pour la fin du chapitre, il se fonde sur Du Cange, *Glossarium ad scriptores mediae et infimae latinitatis* (Paris, 1733-1736, BV1115).

[1] Voir notre t.2, ch.35-37, et ci-dessus, ch.39.

[2] Robert II le Pieux (*c.*970-1031), fils de Hugues Capet, roi de France de 996 à 1031. Voir Fleury, pour qui le fonds de cette hérésie était la doctrine des manichéens (*Histoire ecclésiastique*, livre 58, année 1022, §53). Mais Voltaire répétera, dans le ch.3 du *Commentaire sur le livre des délits et des peines* (1766), qu'on ne savait pas très bien quelle était l'hérésie de ceux que le roi Robert et sa femme firent brûler en leur présence, à Orléans. L'*Histoire du parlement de Paris* (1769; ch.19, *OCV*, t.68, p.238), à propos du même événement (daté aussi, dans le *Nouvel Abrégé chronologique* du Président Hénault, t.1, p.147; BV1619, sous la rubrique de 1022), répète que le nom de 'manichéens' était alors donné à tous les hérétiques. Voir aussi *L'Examen important de milord Bolingbroke* (1766; *OCV*, t.62, ch.39, p.344).

brûler le premier des enfants qui naissaient de ces incestes, pour en avaler les cendres. [3] Ce sont à peu près les reproches qu'on faisait aux premiers chrétiens. [4] Les hérétiques dont je parle étaient surtout accusés d'enseigner que Dieu n'est point venu sur la terre, qu'il n'a pu naître d'une vierge, qu'il n'est ni mort ni ressuscité. [5] En ce cas ils n'étaient pas chrétiens. Je vois que les accusations de cette espèce se contredisent toujours.

Ceux qu'on appelait manichéens, ceux qu'on nomma depuis Albigeois, Vaudois, Lollars, [6] et qui reparurent si souvent sous tant

Fausses accusations.

Origine des communions de l'Europe séparées de Rome.

18   w56-w75G: chrétiens. Je crois que cette calomnie des païens contre eux était fondée sur ce que les chrétiens faisaient quelquefois la cène en mangeant d'un pain fait en forme de petit enfant pour représenter Jésus-Christ, comme il se pratique encore dans quelques églises grecques. Les hérétiques

18-39   MSP, 53-54N: chrétiens. Je crois que cette calomnie des païens contre eux était fondée sur ce que les chrétiens faisaient quelquefois la cène en mangeant d'un pain fait en forme de petit enfant pour représenter Jésus-Christ, comme il se pratique encore dans quelques églises grecques. Ce qu'on peut recueillir de certain concernant les opinions des hérétiques dont je parle, c'est qu'ils enseignaient que Dieu n'était point en effet venu sur la terre, n'était ni mort, ni ressuscité, et que du pain et du vin ne pouvaient devenir son corps et son sang. ¶Le roi

[3] Tous ces détails viennent de Fleury, livre 58, année 1022, §53.

[4] C'est Fleury qui soulignait les rapports entre les griefs portés contre ces hérétiques et les calomnies dont on chargeait les premiers chrétiens. Epiphane avait reproché des comportements scandaleux à certains groupes de gnostiques, et Voltaire a relevé ces passages dans son exemplaire de *Contra octoginta haereses opus* (Paris, 1564, BV1226; *CN*, t.3, p.429, signet 'impuretés horribles' et n.477 pour d'autres références). Il rapportera ces accusations dans *L'Examen important* (ch.20, p.254-55, n.*a*, ajoutée en 1771, et n.196). En corrigeant 'l'encadrée', il a supprimé le motif bénin qui aurait été à l'origine de ces calomnies, donné dans le manuscrit de ce chapitre et dans toutes les éditions jusqu'à 1775.

[5] D'après Fleury (§53), ils traitaient de rêveries tout ce qu'on lit dans l'Ancien et le Nouveau Testament, y compris la vie du Christ, contestaient le baptême, la consécration, les prières aux saints, les récompenses et peines futures.

[6] La secte des Albigeois se propagea dans le Midi, aux environs d'Albi dès le onzième siècle, et le pape Innocent III ordonna contre eux une croisade. Voir les marques de lecture mises par Voltaire dans Fleury, livre 69, année 1147, §25; livre 72, année 1176, §61; livre 73, année 1178, §13; livre 77, année 1211, §1 (*CN*, t.3, p.531-32, 536, 543, avec signets). Les Vaudois appartenaient à une secte fondée dans les Alpes

d'autres noms, étaient des restes des premiers chrétiens des Gaules,   25
attachés à plusieurs anciens usages que la cour romaine changea
depuis, et à des opinions vagues que le temps dissipa: par exemple,
ces premiers chrétiens n'avaient point connu les images. La
confession auriculaire ne leur avait pas d'abord été commandée.
Il ne faut pas croire que du temps de Clovis, et avant lui, on fût   30
parfaitement instruit dans les Alpes du dogme de la transsubstantiation, et de plusieurs autres. [7] On vit, au huitième siècle,
Claude, archevêque de Turin, adopter la plupart des sentiments qui
font aujourd'hui le fondement de la religion protestante, et
prétendre que ces sentiments étaient ceux de la primitive Eglise. [8]   35
Il y a presque toujours un petit troupeau séparé du grand; et depuis
le commencement du onzième siècle, ce petit troupeau fut dispersé,
ou égorgé, quand il voulut trop paraître.

Le roi Robert et sa femme Constance se transportèrent à
Orléans, où se tenaient quelques assemblées de ceux qu'on appelait   40
manichéens. Les évêques firent brûler treize de ces malheureux. Le

27   61-w75G: que cette cour constata avec le temps; par

---

au douzième siècle par Pierre Valdo, victime également de persécutions et de
croisades. Sur leur origine et leur doctrine, voir Fleury, livre 73, année 1184, §55, et
livre 138, année 1537, §85 (*CN*, t.3, p.536, 596-97, avec signets). Voltaire accumule les
rapprochements entre diverses déviances puisque au ch.128 il indique que Valdo
suivait les dogmes de Bérenger et de Claude, et au ch.138 il rapproche sa secte de
celle des Albigeois, de Wyclif, Jean Hus, Luther, Zwingli. Les Lollards étaient les
disciples anglais de Wyclif.

[7] Sur l'ignorance de la confession auriculaire et le maintien des usages de la
primitive Eglise, aux huitième et neuvième siècles, dans les pays au-delà de la Loire,
dans le Languedoc, dans les Alpes, voir ch.21 (notre t.2, p.325). Les remarques des
lignes 23-32 sont reprises au début du ch.62, ci-dessous.

[8] Claudius Clemens, évêque de Turin, né en Espagne, mort en 839, se prononça
contre le culte superstitieux des images et de la croix. Il fit effacer ou briser toutes les
peintures et les croix des églises de son diocèse, pour lutter contre ce qui lui semblait
de l'idolâtrie. Voir Fleury, livre 47, année 827, §20; papillon collé, *CN*, t.3, p.508. Il
fut également attaqué sous prétexte qu'il aurait renouvelé l'arianisme (Fleury,
livre 48, année 842, §7). Voir l'art. 'Hérésie' des *QE* (*M*, t.19, p.335-36).

roi, la reine assistèrent à ce spectacle indigne de leur majesté.[9]
Jamais avant cette exécution on n'avait en France livré au dernier
supplice aucun de ceux qui dogmatisent sur ce qu'ils n'entendent
45 point. Il est vrai que Priscillien au cinquième siècle avait été
condamné à la mort dans Trèves avec sept de ses disciples. Mais la
ville de Trèves, qui était alors dans les Gaules, n'est plus annexée à
la France depuis la décadence de la famille de Charlemagne. Ce
qu'il faut observer, c'est que saint Martin de Tours ne voulut point
50 communiquer avec les évêques qui avaient demandé le sang de
Priscillien. Il disait hautement qu'il était horrible de condamner des
hommes à la mort parce qu'ils se trompent.[10] Il ne se trouva point
de saint Martin du temps du roi Robert.

Bel exemple de tolérance mal imité.

Il s'élevait alors quelques légers nuages sur l'eucharistie; mais ils
55 ne formaient point encore d'orages. Ce sujet de querelle qui ne
devait être qu'un sujet d'adoration et de silence, avait échappé à

43-44 MSP: au supplice

44 MSP: dogmatisaient sur ce qu'ils n'entendaient

45 MSP, 53-54N: au quatrième siècle

46 MSP: Trèves. Mais

49 MSP: faut le plus observer

55-56 MSP, 53-54N: d'orages. Je ne sais comment ce sujet de querelle avait échappé

---

[9] Voltaire condense Fleury, qui traite du concile d'Orléans, où les hérétiques finirent par avouer leur doctrine (livre 58, année 1022, §54) et évoque les discussions et les vains efforts pour les convertir, ainsi que leur revirement, trop tardif pour être utile, quand ils sentirent les flammes du bûcher (§55).

[10] Voir Fleury, livre 17, année 380, §56, 'Hérésies des priscillianistes', ainsi que livre 18, année 383, §29 sur les accusations portées contre Priscillien et le plaidoyer de saint Martin pour le sauver, suivi du §30, 'Priscillien exécuté à mort'. L'art. 'Priscillien' du *Dictionnaire* de Bayle relate la propagation en Espagne des idées de cet hérésiarque du quatrième siècle, sa condamnation par plusieurs conciles et son exécution à Trèves, ainsi que l'attitude de saint Martin de Tours, refusant de communiquer avec les évêques qui avaient poussé Maxime à ordonner cette violence. Voltaire mentionne aussi l'exécution de cet hérésiarque dans *L'Examen important* (ch.36, p.334) et dans l'*Histoire du parlement de Paris* (p.237). Dans les *Notebook fragments*, on lit: 'Jamais les boureaux ne soutinrent aucune religion jusqu'à l'aventure de Priscillien en Espagne' (*OCV*, t.82, p.589).

l'imagination ardente des chrétiens grecs.[11] Il fut probablement négligé, parce qu'il ne laissait nulle prise à cette métaphysique, cultivée par les docteurs depuis qu'ils eurent adopté les idées de Platon.[12] Ils avaient trouvé de quoi exercer cette philosophie dans l'explication de la Trinité, dans la consubstantialité du Verbe, dans l'union des deux natures et des deux volontés, enfin dans l'abîme de la prédestination.[13] La question, si du pain et du vin sont changés en la seconde personne de la Trinité, et par conséquent en Dieu? si on mange et on boit cette seconde personne réellement ou seulement par la foi? cette question, dis-je, était d'un autre genre, qui ne paraissait pas soumis à la philosophie de ces temps. Aussi on se contenta de faire la cène le soir dans les premiers âges du christianisme, et de communier à la messe sous les deux espèces au temps dont je parle, sans que les peuples eussent une idée fixe et déterminée sur ce mystère étrange.[14]

60

65

70

Il paraît que dans beaucoup d'Eglises, et surtout en Angleterre,

64   MSP: Trinité ou si
65   MSP: personne seulement
65-66   53-54N: personne par la foi seulement, cette
70   MSP, 53-54N: sans avoir une
71   MSP, 53-w68: mystère.

[11] En règle générale, un tel jugement négatif (où *ardent* est synoyme de *débridé, mal maîtrisé*) se trouve appliqué, chez Voltaire, aux philosophes et écrivains orientaux; voir, par exemple, le *Traité de métaphysique* (*OCV*, t.14, p.458), l'*EM*, ch.139, et divers écrits concernant ce dernier texte (éd. Pomeau, t.2, p.820, 821, 866, 917). Il ne manque jamais toutefois de mettre sous la même rubrique les théologiens de la primitive Eglise orthodoxe grecque, et a déjà abordé ce problème (sans l'identifier explicitement en tant que tel) dans le ch.14 (voir notre t.2, p.245-48).

[12] Voir ch.8 (notre t.2, p.163-64 et n.3) et l'art. 'Histoire du christianisme' du *DP* (*OCV*, t.35, p.561 et n.56).

[13] Voir l'art. 'Conciles' du *DP* (*OCV*, t.35, p.616, 618 et n.11, 619, 622-23) et les ch.22 ('Des dogmes et de la métaphysique des chrétiens des premiers siècles'), 26 ('D'Origène et de la Trinité'), 32 ('Arianisme et athanasianisme') de *L'Examen important*. Sur la prédestination, voir les art. 'Grâce' du *DP* (*OCV*, t.36, p.177-78) et des *QE* (*M*, t.19, p.300-307).

[14] Voir l'art. 'Histoire du christianisme', p.568-70.

on croyait qu'on ne mangeait et qu'on ne buvait Dieu que spirituellement. On trouve dans la bibliothèque Bodléienne une homélie du dixième siècle, dans laquelle sont ces propres mots: 'C'est véritablement par la consécration le corps et le sang de Jésus-Christ, non corporellement, mais spirituellement. Le corps dans lequel Jésus-Christ souffrit et le corps eucharistique sont entièrement différents. Le premier était composé de chair et d'os animés par une âme raisonnable; mais ce que nous nommons eucharistie, n'a ni sang, ni os, ni âme. Nous devons donc l'entendre dans un sens spirituel.' [15]

Eucharistie: ignorance et disputes.

Jean Scot, surnommé Erigène, parce qu'il était d'Irlande, avait longtemps auparavant, sous le règne de Charles le Chauve, et même, à ce qu'il dit, par ordre de cet empereur, soutenu à peu près la même opinion. [16]

Du temps de Jean Scot, Ratram moine de Corbie et d'autres avaient écrit sur ce mystère d'une manière à faire penser qu'ils ne

Ratram ne croit pas la présence réelle.

---

73   MSP: croyait qu'on ne buvait et qu'on ne mangeait Jésus-Christ que
      53-W68: buvait Jésus-Christ que
81   MSP: os, ni chair, ni âme
85-86   MSP: soutenu la
87   MSP: de ce Jean
88-89   MSP, 53-W57G: à laisser au moins douter s'ils croyaient ce

---

[15] Ce passage serait tiré d'une homélie pascale d'Aelfric le Grammairien (*c.*950-1020), empruntant, en fait, à Ratramne la distinction entre corps naturel et corps eucharistique. Voir W. H. Trapnell, *Voltaire and the eucharist*, *SVEC* 198 (1981), p.118 et n.65, p.131. Voltaire reprend une partie de cette citation dans le *Mémoire de Donat Calas* (*OCV*, t.56B, p.293-94).

[16] Fleury évoque Jean Scot pour dire que c'était vraisemblablement lui qui avait avancé l'erreur rapportée par Paschase Ratbert et qu'il avait écrit sur cette matière un livre condamné environ deux siècles plus tard, au concile de Verceil, en 1050 (livre 49, année 859, §51). Fleury ajoute ailleurs: 'Le roi doit savoir, ajoute-t-il [Bérenger], que Jean Scot n'a écrit qu'à la prière du grand Charles son prédécesseur, si zélé pour la religion. De peur que l'erreur des hommes grossiers et ignorants de ce temps-là ne prévalût, il chargea ce savant homme de recueillir dans les écritures de quoi les désabuser. C'est Charles le Chauve dont il parle' (livre 59, année 1050, §71).

croyaient pas ce qu'on appela depuis la *présence réelle*. Car Ratram
dans son écrit adressé à l'empereur Charles le Chauve, dit en termes   90
exprès: 'C'est le corps de Jésus-Christ qui est vu, reçu, et mangé,
non par les sens corporels, mais par les yeux de l'esprit fidèle.' [17] *Il
est évident*, ajoute-t-il, *qu'il n'y a aucun changement dans le pain et
dans le vin; ils ne sont donc que ce qu'ils étaient auparavant.* Il finit par
dire, après avoir cité saint Augustin, *que le pain appelé corps, et le vin*   95
appelé sang, sont une figure, parce que c'est un mystère. [18]

De quelque manière que Ratram s'étendît et qu'on l'entendît,
on écrivit contre lui; et à peu près dans le même temps un autre
moine bénédictin nommé Pascase Ratbert passa pour être le
premier qui développa le sentiment commun en termes exprès,   100

90   MSP: à Charles
92-113   MSP, 53-W57G: fidèle. ¶On avait écrit contre eux, et le sentiment le plus
commun [MSP: de l'Eglise] était sans doute qu'on mangeait le véritable corps de
Jésus-Christ, puisqu'on disputait [MSP: même dès longtemps] pour savoir si on le
digérait [MSP: et s'il avait les effets d'une nourriture ordinaire] [53-54N: et si on le
rendait avec les excréments]. ¶Enfin   5
96-97   K: *mystère.* ¶D'autres passages de Ratram sont équivoques; quelques-
uns contradictoires aux premiers, paraissent favorables à la *présence réelle*, mais de
quelque manière qu'il s'étendît
97   61, W68: Ratram s'entendît et
99   K: Ratbert, qui vivait à peu près dans le même temps, a passé pour

[17] Fleury résume le traité de l'eucharistie de 'Ratram', en citant la phrase
constituant la première citation faite par Voltaire, lignes 91-92 (livre 49, année 859,
§52). Il juge qu'il a des manières de parler dures et obscures, mais qu'il a toujours vécu
dans la communion de l'Eglise. Voltaire possède de Ratramne sa dissertation *Du corps*
et du sang du Seigneur, en latin et en français, trad. P. Allix (Rouen, 1672, BV2874). Il a
relevé un long passage de l'Avertissement, qui situe Ratramne dans son temps et
souligne l'importance de son traité. 'Egalement estimé pour la doctrine et pour les
mœurs', 'il fut chargé d'écrire pour l'Eglise latine, contre les Grecs' (*CN*, t.7, p.260;
voir p.259-61).
[18] Voltaire cite approximativement des passages de Ratramne (p.22-23, 38-39;
signets, *CN*, t.7, p.261 et n.282 et 283, p.458). Voir les trois citations latines et les
références précises données par Trapnell (n.37, 38, 39, p.117) et aussi d'autres
citations des réponses données par Ratramne aux deux questions de Charles le
Chauve (p.35-38).

en disant, *que le pain était le véritable corps qui était sorti de la Vierge, et le vin avec l'eau, le véritable sang coulé du côté de Jésus, réellement, et non pas en figure.* [19] Cette dispute produisit celle des stercoristes ou stercoranistes, qui osant examiner physiquement un objet de la foi,
105 prétendirent qu'on digérait le pain et le vin sacrés, et qu'ils suivaient le sort ordinaire des aliments. [20]

Comme ces questions se traitaient en latin, et que les laïques alors occupés uniquement de la guerre prenaient peu de part aux disputes de l'école, elles ne produisirent heureusement aucun
110 trouble. Les peuples n'avaient qu'une idée vague et obscure de la plupart des mystères: ils ont toujours reçu leurs dogmes comme la monnaie, sans examiner le poids et le titre.

Enfin Bérenger, archidiacre d'Angers, enseigna vers 1050 par écrit et dans la chaire, que le corps véritable de Jésus-Christ n'est
115 point et ne peut être sous les apparences du pain et du vin. [21]

Il affirmait que ce qui aurait donné une indigestion, s'il avait été

Bérenger enseigne que Dieu n'est pas dans le pain consacré.

102   61-w75G: *côté, réellement*

113   MSP, 53-w57G: archidiacre de Tours,

115-22   MSP, 53-54N: être dans du pain et dans du vin. Cette proposition révolta d'autant plus alors que Bérenger

[19] D'après Fleury, qui présente Paschase Ratbert, également moine de Corbie (livre 47, année 831, §34), et son *Traité sur l'eucharistie* (§35), cet ouvrage aurait été écrit vers l'année 830. Il précise également que pour Paschase, le corps eucharistique est le même corps qui est né de la Vierge, la substance du pain et du vin n'y demeurant plus après la consécration. Au contraire Ratramne voulait qu'on distingue le corps né de Marie (visible et palpable) et le corps eucharistique (spirituel). Voltaire s'abstient de développer ces subtilités dans cette addition de 1761.

[20] L'avertissement précédant le traité de Ratramne affirme que le cardinal du Perron 'suppose hardiment que le dessein de Ratramne n'était pas d'écrire contre la présence réelle, mais de combattre une secte de stercoranistes, qu'il prétend qui se renouvela en ce temps-là' (signet, *CN*, t.7, p.261). Pour certains, cette hérésie était en fait plus redoutée par les disciples de Pascase que réelle (voir Trapnell, p.118). Mais Voltaire s'en inspirera en usant de termes scatologiques dans l'art. 'Transsubstantiation' du *DP* (*OCV*, t.36, p.577 et n.8 pour d'autres références).

[21] Fleury traite de l''hérésie de Bérenger', qui suit Jean Scot et rejette Paschase (livre 59, année 1050, §65-71). Bérenger fut condamné une première fois à Rome en 1050.

mangé en trop grande quantité, ne pouvait être qu'un aliment; que ce qui aurait enivré, si on en avait trop bu, était une liqueur réelle, qu'il n'y avait point de blancheur sans un objet blanc, point de rondeur sans un objet rond; [22] qu'il est physiquement impossible que le même corps puisse être en mille lieux à la fois. Ses propositions révoltèrent d'autant plus, que Bérenger, ayant une très grande réputation, avait d'autant plus d'ennemis. Celui qui se distingua le plus contre lui, fut Lanfranc, de race lombarde, né à Pavie, qui était venu chercher une fortune en France. [23] Il balançait la réputation de Bérenger. Voici comme il s'y prenait pour le confondre dans son traité *de corpore Domini*.

Réfutation de Bérenger. 'On peut dire avec vérité que le corps de notre Seigneur dans l'eucharistie est le même qui est sorti de la Vierge, et que ce n'est pas le même. C'est le même quant à l'essence et aux propriétés de la véritable nature, et ce n'est pas le même quant aux espèces du pain et du vin; de sorte qu'il est le même quant à la substance, et qu'il n'est pas le même quant à la forme.' [24]

120 120-21   w56-w57G: rond etc. Ses
123   MSP: avait beaucoup d'ennemis
126   MSP: Voici comment il
133-39   MSP, 53-w57G: forme'. ¶Ce sentiment de Lanfranc parut être celui de toute l'Eglise. Bérenger fut condamné
133-35   61-w75G: forme.' ¶Ce sentiment de Lanfranc parut être en général celui de l'Eglise. Bérenger

[22] Pour Bérenger, les 'accidents' (couleur, goût, etc.) révèlent la présence d'un sujet; et le sujet ne peut exister sans ses accidents. La consécration ne détruit pas le pain, puisque ses accidents demeurent. En revanche les accidents du corps du Christ n'apparaissent pas dans l'eucharistie, donc leur sujet est absent.

[23] Fleury présente Lanfranc dans le contexte de la dispute (livre 59, année 1050, §65). Mais rien ne permet de conclure, comme Voltaire, qu'il était mu par une soif de célébrité, bien au contraire. Car Fleury écrit que Lanfranc (ses études terminées) 'revint parfaitement instruit de toutes les lettres humaines. Ensuite il sortit de son pays [...] vint en France [...] et s'arrêta quelque temps à Avranches [...]. Mais considérant combien il est vain de chercher l'estime des créatures, il résolut de chercher uniquement de plaire à Dieu, et voulut même éviter les lieux où il y avait des gens de lettres, qui pourraient lui rendre honneur' (livre 59, année 1050, §72).

[24] Les échanges entre Bérenger et Lanfranc sont évoqués par Fleury, ainsi que les

Cette décision vraiment théologique parut être en général celle
135 de l'Eglise. Bérenger n'avait raisonné qu'en philosophe. Il s'agissait d'un objet de la foi, d'un mystère que l'Eglise reconnaissait
comme incompréhensible. Il était du corps de l'Eglise; il était payé
par elle; il devait donc avoir la même foi qu'elle, et soumettre sa
raison comme elle, disait-on. Il fut condamné au concile de Paris en
140 1050, condamné encore à Rome en 1079, et obligé de prononcer sa
rétractation; [25] mais cette rétractation forcée ne fit que graver plus
avant ces sentiments dans son cœur. Il mourut dans son opinion,
qui ne fit alors ni schisme ni guerre civile. Le temporel seul était le
grand objet qui occupait l'ambition des bénéficiers et des moines.
145 L'autre source qui devait faire verser tant de sang, n'était pas
encore ouverte.

C'est après la dispute et la condamnation de Bérenger que
l'Eglise institua l'usage de l'élévation de l'hostie, afin que le peuple

134   K: décision théologique
137-38   w56-w57G: l'Eglise; il devait
139   w56-w68: elle. Il
140   MSP: 1089
144-45   MSP, 53-w75G: l'ambition des hommes. L'autre
146-211   MSP: ouverte. D'ailleurs la plupart des clercs vivaient paisiblement
avec leurs concubines *camerarive* et chacun, chargé du ménage et du soin de pourvoir
des enfants, en était moins âpre à la dispute. ¶On
        53-w57G: ouverte. ¶On

---

griefs formulés contre Bérenger par Hugues, évêque de Langres, qui lui reproche de
dire que la nature et l'essence du pain et du vin ne sont point changées (année 1050,
§65). Voir aussi Trapnell, p.39-47, en particulier p.42 pour la citation latine extraite
du traité de Lanfranc sur le corps et le sang du Seigneur, écrit en 1063, dont Voltaire
donne la traduction, lignes 128-33.
[25] Voir le §66 de Fleury sur le 'concile de Rome' où Bérenger fut excommunié
après lecture de sa lettre à Lanfranc, le §69 sur sa condamnation au concile de Verceil,
le §70 pour les lettres de Bérenger et le §71 pour sa condamnation au concile de Paris
d'octobre 1050 (livre 59, année 1050). Voltaire omet qu'il se rétracta à Rome en 1059,
mais écrivit, dès qu'il fut hors du concile, contre la profession de foi qu'il avait faite
(Fleury, livre 60, année 1059, §32). La rétractation définitive eut lieu lors du sixième
concile de Rome, en 1079 (Fleury, livre 62, année 1079, §60).

en l'adorant ne doutât pas de la réalité qu'on avait combattue;[26] mais le terme de transsubstantiation ne fut pas encore attaché à ce mystère; il ne fut adopté qu'en 1215 dans un concile de Latran.[27]

150

L'opinion de Scot, de Ratram, de Bérenger ne fut pas ensevelie; elle se perpétua chez quelques ecclésiastiques; elle passa aux Vaudois, aux Albigeois, aux hussites, aux protestants, comme nous le verrons.[28]

155

Vous avez dû observer que dans toutes les disputes qui ont animé les chrétiens les uns contre les autres depuis la naissance de l'Eglise, Rome s'est toujours décidée pour l'opinion qui soumettait le plus l'esprit humain, et qui anéantissait le plus le raisonnement: je ne parle ici que de l'historique; je mets à part l'inspiration de l'Eglise et son infaillibilité, qui ne sont pas du ressort de l'histoire. Il

160

[26] D'après le *Dictionnaire de théologie catholique*, sous la direction d'A. Vacant, E. Mangenot et E. Amann (art. 'Elévation', t.4, 2e partie, Paris, 1939, col.2320-28), le rite de l'élévation proprement dite, après 'Hoc est corpus meum', apparu au début du treizième siècle, mit des années à se propager. L'élévation était pratiquée auparavant, mais à des moments différents de la messe. Cette élévation de l'hostie pour la montrer aux assistants fut instituée non pour protester contre Bérenger, mais à la suite d'une autre controverse théologique, portant sur le moment précis de la consécration, des théologiens enseignant que la transsubstantiation ne s'opérait qu'après la consécration du calice. L'addition de 1761 insiste sur les mutations et contingences des rites.

[27] Voir l'art. 'Conciles' du *DP* (p.627 et n.44). D'après le *Dictionnaire de théologie catholique* (art. 'Transsubstantiation', t.15, 1re partie, Paris, 1946, col.1396-406), si le dogme s'est explicité peu à peu, le terme n'est venu que relativement tard. Au concile de Rome de 1079, Bérenger dut reconnaître que le pain et le vin sont 'substantiellement convertis'; et le mot 'transsubstantiation', consacré dans le canon au quatrième concile de Latran, fut toujours employé depuis par les théologiens catholiques (Fleury, livre 77, année 1215, §45).

[28] Sur les divergences entre les chrétiens à propos de la présence réelle, voir ch.73, 128, 133, 136, 172. Voltaire y reviendra également dans le ch.3 du *Traité sur la tolérance* (1763; *OCV*, t.56c, p.142, n.*a*), l'art. 'Transsubstantiation' du *DP* (*OCV*, t.36, p.574-78), la *Relation de la mort du chevalier de La Barre* (1766; *OCV*, t.63B, p.539-71), *Dieu et les hommes* (1769; *OCV*, t.69, p.472, 484), l'art. 'Eucharistie' des *QE* (1771; *M*. t.19, p.37-40). Il avait particulièrement noté, dans Fleury, la discussion sur la présence réelle (livre 130, année 1526, §43; signet, *CN*, t.3, p.590), et la mention des hérésiarques sur l'eucharistie brûlés à Cologne (livre 132, année 1529, §125; signet, *CN*, t.3, p.591). Cette addition de 1761 insiste sur la permanence des divisions.

est certain qu'en faisant du mariage un sacrement, on faisait de la fidélité des époux un devoir plus saint, et de l'adultère une faute plus odieuse;[29] que la croyance d'un Dieu réellement présent dans
165 l'eucharistie, passant dans la bouche et dans l'estomac d'un communiant, le remplissait d'une terreur religieuse. Quel respect ne devait-on pas avoir pour ceux qui changeaient d'un mot le pain en Dieu, et surtout pour le chef d'une religion qui opérait un tel prodige?[30] Quand la simple raison humaine combattit ces mystères,
170 elle affaiblit l'objet de sa vénération; et la multiplicité des prêtres en rendant le prodige trop commun, le rendit moins respectable aux peuples.

Il ne faut pas omettre l'usage qui commença à s'introduire dans le onzième siècle, de racheter par les aumônes et par les prières des
175 vivants les peines des morts, de délivrer leurs âmes du purgatoire, et l'établissement d'une fête solennelle consacrée à cette piété.[31]

Purgatoire, fête des morts.

L'opinion d'un purgatoire, ainsi que d'un enfer, est de la plus haute antiquité; mais elle n'est nulle part si clairement exprimée que dans le sixième livre de l'Enéide de Virgile, dans lequel on retrouve
180 la plupart des mystères de la religion des gentils.

---

[29] Encore une suite d'additions polémiques, pour souligner comment l'Eglise accroît son pouvoir en abêtissant pour mieux imposer sa domination. Au deuxième concile de Lyon, en 1274, le mariage avait été compté parmi les sept sacrements. Mais planèrent longtemps des incertitudes sur la nature de l'intervention du prêtre dans l'administration du mariage; certains le considéraient comme un ministre de Dieu, d'autres comme un simple témoin, au même titre qu'un notaire, le consentement des époux et l'acte de chair suffisant à constituer le mariage. C'est au concile de Trente, en 1563, que fut définie la forme publique du mariage sacramentel (voir le *Dictionnaire de théologie catholique*, art. 'Mariage', t.9, 2e partie, Paris, 1927, col.2044-335, particulièrement col.2196-242; l'*EM*, ch.172).

[30] Expressions comparables dans *L'Examen important* (ch.39, p.342).

[31] Les formulations définitives concernant le purgatoire apparurent aux conciles de Florence, en 1439, et de Trente, en 1563, en réponse aux controverses protestantes (voir le *Dictionnaire de théologie catholique*, art. 'Purgatoire', t.13, 1re partie, Paris, 1936, col.1163-357; l'*EM*, ch.172). Voltaire a marqué par un papillon collé le 'décret sur le purgatoire' au livre 167, année 1563, §49 de Fleury (*CN*, t.3, p.607).

*Ergo exercentur poenis, veterumque malorum
Supplicia expendunt etc.* [32]

Cette idée fut peu à peu sanctifiée dans le christianisme, et on la
porta jusqu'à croire que l'on pouvait par des prières modérer les
arrêts de la Providence, et obtenir de Dieu la grâce d'un mort   185
condamné dans l'autre vie à des peines passagères. [33]

Le cardinal Pierre Damien, celui-là même qui conte que la
femme du roi Robert accoucha d'un oie, [34] rapporte qu'un pèlerin
revenant de Jérusalem, fut jeté par la tempête dans une île, où il
trouva un bon hermite, lequel lui apprit que cette île était habitée   190
par les diables; que son voisinage était tout couvert de flammes,
dans lesquelles les diables plongeaient les âmes des trépassés;
que ces mêmes diables ne cessaient de crier et de hurler contre
saint Odilon abbé de Cluni, leur ennemi mortel. Les prières de cet
Odilon, disaient-ils, et celles de ses moines, nous enlèvent toujours 195
quelque âme. [35]

188   61: accoucha d'un monstre, rapporte

[32] *Enéide*, VI, vers 739-40 ('Il faut donc les soumettre à des châtiments, et qu'elles
expient dans des supplices ces maux invétérés', trad. A. Bellessort, *L'Enéide*, Paris,
1956-1957, t.1, p.191).

[33] C'est évidemment à l'Ecriture (textes prophétiques, évangiles de Matthieu et de
Luc, épîtres de Paul) que l'Eglise se réfère quand il est question du purgatoire. Dans
l'art. 'Purgatoire' des *QE* (*M*, t.20, p.310), Voltaire ajoute à Virgile, pour l'origine
du purgatoire, Platon et surtout les brahmanes. Il développe également cette dernière
idée dans l'art. 'Ange' des *QE* (*OCV*, t.38, p.369 et n.12). Toutefois, il a placé un
signet 'Purgatoire' dans les *Lettres* de saint Augustin (Paris, 1684, BV219), en face de
la phrase 'la foi du quatrième siècle était donc que les âmes des défunts étaient
soulagées par les prières et les bonnes œuvres des fidèles' (*CN*, t.1, p.173).

[34] Fleury: 'C'est ainsi que le raconte Pierre Damien, qui écrivait environ soixante
ans après. Il dit aussi que de ce mariage vint un monstre, qui avait la tête et le cou
d'une oie' (livre 57, année 998, §57). Voir ci-dessus, ch.39, sur l'excommunication
du roi Robert'; Voltaire répète cette histoire dans son *Traité sur la tolérance* (ch.20,
p.243-44), et l'art. 'Yvetot' du fonds de Kehl (*M*, t.20, p.605-608).

[35] Fleury parle du pèlerin revenant de Jérusalem, et de la commémoration des
trépassés: 'On parle diversement de la révélation que l'on dit y avoir donné occasion;
mais voici ce qui m'en paraît le plus vraisemblable: [...]. Le pèlerin ayant dit qu'il [...]

Ce rapport ayant été fait à Odilon, il institua dans son couvent de Cluni, la fête des morts. Il n'y avait dans cette fête qu'un grand fonds d'humanité et de piété; et ces sentiments pouvaient servir
200 d'excuse à la fable du pèlerin. L'Eglise adopta bientôt cette solennité, et en fit une fête d'obligation. On attacha de grandes indulgences aux prières pour les morts. Si on s'en était tenu là, ce n'eût été qu'une dévotion, mais bientôt elle dégénéra en abus: on vendit cher les indulgences; les moines mendiants, surtout, se firent
205 payer pour tirer les âmes du purgatoire; ils ne parlèrent que d'apparitions de trépassés, d'âmes plaintives qui venaient demander du secours, de morts subites et de châtiments éternels de ceux qui en avaient refusé; le brigandage succéda à la piété crédule, et ce fut une des raisons qui dans la suite des temps fit perdre à l'Eglise
210 romaine la moitié de l'Europe. [36]
On croit bien que l'ignorance de ces siècles affermissait les *Epreuves, fables.* superstitions populaires. J'en rapporterai quelques exemples, qui

211   MSP: ces temps affermissait

---

connaissait Odilon, l'ermite lui dit: Dieu m'a fait connaître qu'il a le crédit de délivrer les âmes des peines qu'elles souffrent en l'autre vie. Quand donc vous serez de retour, exhortez Odilon et ceux de sa communauté à continuer leurs prières et leurs aumônes pour les morts.// Quoi qu'il en soit de cette révélation, nous avons le décret fait à Cluny pour l'institution de cette solemnité en ces termes. [...] Cette pratique passa bientôt à d'autres églises, et devint enfin commune à toute l'église catholique' (livre 59, année 1049, §57). Comme Fleury le remarquera plus loin: 'Les écrits de Pierre Damien sont remplis de semblables histoires' (livre 60, année 1062, §54); et à l'index, 'Pierre Damien, évêque d'Ostie', on lit: 'Sa crédulité pour les histoires merveilleuses'. Voltaire citera exactement la même anecdote dans l'art. 'Purgatoire' des *QE* (p.306), en en donnant comme auteur Frère Girard, jésuite, et en précisant le tome et la page de *La Fleur des saints* où elle figure. Sa bibliothèque renferme *Les Nouvelles Fleurs de la vie des saints* de P. de Ribadeneyra, avec *Les Vies de quelques grands personnages qui sont morts dans notre siècle en opinion de sainteté* d'A. Girard (Paris, 1673-1686, BV2970). Cette histoire figure aussi dans la *Légende dorée* de Voragine (voir ci-dessous, lignes 266-67 et n.43).

[36] Un signet 'indulgence / art de trom/per dieu' marque les pages de Fleury concernant les thèses de Luther sur la pénitence (livre 125, année 1518, §72; *CN*, t.3, p.586). Sur la rupture avec l'Eglise de Rome dans de nombreux pays et les progrès des réformateurs, voir l'*EM*, ch.128-37.

ont longtemps exercé la crédulité humaine.[37] On prétend que l'empereur Othon III fit périr sa femme Marie d'Arragon pour cause d'adultère. Il est très possible qu'un prince cruel et dévot, tel qu'on peint Othon III, envoie au supplice sa femme moins débauchée que lui. Mais vingt auteurs ont écrit, et Maimbourg a répété après eux, et d'autres ont répété après Maimbourg, que l'impératrice ayant fait des avances à un jeune comte italien, qui les refusa par vertu, elle accusa ce comte auprès de l'empereur de l'avoir voulu séduire, et que le comte fut puni de mort. La veuve du comte, dit-on, vint, la tête de son mari à la main, demander justice et prouver son innocence. Cette veuve demande d'être admise à l'épreuve du fer ardent. Elle tint, tant qu'on voulut, une barre de fer toute rouge dans ses mains sans se brûler; et ce prodige servant de preuve juridique, l'impératrice fut condamnée à être brûlée vive.[38]

215

220

225

213   MSP: [*manchette*] *Célèbre fable sur la femme d'Othon III.*
216   MSP: qu'on dépeint
222   MSP: comte vint, dit-on, la tête
223   MSP: veuve requit d'être
       53-54N: demanda

[37] Voltaire avait déjà évoqué, dans le ch.22, les 'épreuves' de l'eau froide, de l'eau bouillante, ou du fer ardent dont il va donner des exemples.

[38] L'histoire est racontée à l'art. 'Aragon (Marie d')' du *Dictionnaire* de Bayle, avec référence à Maimbourg: 'Sigonius, cité par Maimbourg, Décadence de l'empire, p.118'. Bayle donne tous les détails repris ici, en insistant sur les impudicités de l'impératrice avant même cette aventure. Mais Voltaire a lu également dans Le Brun, *Histoire critique des pratiques superstitieuses*, l'histoire d'un homme décapité pour avoir attenté à l'honneur de l'impératrice, femme d'Othon III (996-1002), en fait dénoncé faussement par cette dernière qui l'avait sollicité en vain, et vengé par sa veuve (passage marqué d'un trait marginal; *CN*, t.5, p.259). Dans les *Eclaircissements historiques, 27e sottise de Nonotte*, Voltaire revient sur cette histoire, sur sa source et sur sa totale invraisemblance (*M*, t.24, p.507-508). Il fera preuve de la même insatisfaction dans les *Annales de l'Empire* (*M*, t.13, p.286), dans ses *Doutes sur quelques points de l'histoire de l'empire* (*M*, t.24, p.38) et le *Fragment sur l'histoire générale* (*M*, t.29, p.252). Quant au Père Louis Maimbourg, on sait que, pour Voltaire, 'le déclamateur Maimbourg' manquait d'esprit critique (*EM*, ch.138, 173, 189. Voir aussi, à titre d'exemple, l'*Histoire de l'empire de Russie*, *OCV*, t.46,

Maimbourg aurait dû faire réflexion que cette fable est rapportée par des auteurs qui ont écrit très longtemps après le règne d'Othon III, qu'on ne dit pas seulement les noms de ce comte italien et de cette veuve qui maniait si impunément des barres de fer rouge: il est même très douteux qu'il y ait jamais eu une Marie d'Arragon, femme d'Othon III. Enfin, quand même des auteurs contemporains auraient authentiquement rendu compte d'un tel événement, ils ne mériteraient pas plus de croyance que les sorciers qui déposent en justice qu'ils ont assisté au sabbat. [39]

L'aventure de la barre de fer doit faire révoquer en doute le supplice de la prétendue impératrice Marie d'Arragon rapporté dans tant de dictionnaires et d'histoires, où dans chaque page le mensonge est joint à la vérité.

Le second événement est du même genre. On prétend que Henri II successeur d'Othon III, éprouva la fidélité de sa femme

230

235

240

228   MSP: écrit longtemps
229   MSP, 53-W57G: ne nomme pas
231-32   MSP, 53-W57G: rouge. Enfin quand des
236   MSP: [manchette] Celle de Marie d'Arragon.
237   MSP, 53-W57G: supplice de l'impératrice
238-39   MSP: où le mensonge est dans chaque page, joint

---

p.403-404; le *Supplément au Siècle de Louis XIV*, M, t.15, p.122; l'*Histoire du parlement de Paris*, p.241).

[39] Tout en exprimant son dédain, maintes fois répété (depuis 'De l'imagination', M, t.19, p.430, jusqu'à *Un chrétien contre six Juifs*, M, t.29, p.515), pour un phénomène irrationnel indigne de l'humanité, Voltaire dénonce en parallèle la législation contre les sorciers (voir, par exemple, l'*Avis au public sur les parricides*, M, t.25, p.522; le *Commentaire sur le livre Des délits et des peines*, M, t.25, p.553-54; et surtout le *Prix de la justice et de l'humanité*, OCV, t.80B, p.96-111). Dans les vingt dernières années de sa vie Voltaire ne cache pas son désarroi devant la confusion du droit civil et du droit ecclésiastique, et surtout la manière dont ce dernier empiète largement sur le droit civil. Voir C. Mervaud, 'Sur le testament judiciaire de Voltaire: le *Prix de la justice et de l'humanité* et le *Traité des crimes* de Pierre-François Muyart de Vouglans', dans *Voltaire, la tolérance et la justice* (Louvain, 2010), p.389-409.

Cunegunda, en la faisant marcher pieds nus sur neuf socs de charrue rougis au feu. Cette histoire, rapportée dans tant de martyrologes, mérite la même réponse que celle de la femme d'Othon. [40]

Petrus Igneus. Didier abbé du Mont-Cassin, et plusieurs autres écrivains, rapportent un fait à peu près semblable et qui est plus célèbre. En 1063 des moines de Florence, mécontents de leur évêque, allèrent crier à la ville et à la campagne: 'Notre évêque est un simoniaque et un scélérat': et ils eurent, dit-on, la hardiesse de promettre qu'ils prouveraient cette accusation par l'épreuve du feu. [41] On prit donc jour pour cette cérémonie, et ce fut le mercredi de la première semaine du carême. Deux bûchers furent dressés, chacun de dix pieds de long sur cinq de large, séparés par un sentier d'un pied et demi de largeur, rempli de bois sec. Les deux bûchers ayant

245

250

255

242 MSP: Cunégonde
246 MSP: [*manchette*] *Celle de Petrus Igneus.*
247-48 MSP, 53-W75G: semblable. En
249 MSP: aller crier

[40] Cette histoire est rapportée dans Le Brun (voir n.38). Mais d'après sa version, sainte Cunégonde prend des fers ardents dans les mains. Voltaire suit en fait Fleury, selon qui, soupçonnée par son mari, Henri II (empereur d'Allemagne de 1002 à 1024), elle 'marcha nu-pieds sur des coutres de charrue rougis au feu, sans en sentir aucun mal' (livre 58, année 1002, §6).

[41] Ce récit raccourci couvre la période 1063-1067. Fleury raconte comment 'les moines opposés à l'évêque Pierre [Mezabarba] avaient à leur tête saint Jean Gualbert' (livre 61, année 1063, §1). C'est son autorité qui 'entraînait une grande partie du peuple et du clergé. Il soutenait que l'évêque était simoniaque, et par conséquent hérétique, il n'était pas permis de recevoir les sacrements de sa main, ni de ceux qu'il avait ordonnés.' Pierre Damien (Petrus Damianus, c.1007-1072, évêque, puis cardinal) tente d'apaiser ce différend, mais l'évêque 'voyant une grande partie de son clergé et de son peuple animée contre lui crut les intimider en faisant tuer les moines'. Sur ce, Jean Gualbert, 'l'abbé et les moines [restants] allèrent hardiment à Rome accuser l'évêque dans un concile qui s'y tint en 1063' (§1), et là le 'dénoncèrent publiquement [...] déclarant qu'ils étaient prêts à entrer dans un feu pour le prouver' (§5). Le pape (Alexandre II) refuse l'épreuve du feu. L'évêque continue de persécuter ceux qui le traitaient de simoniaque, mais le pape, venu à Florence en 1067, réitère son refus (§27).

112

été allumés, et cet espace réduit en charbons, le moine, Pierre Aldobrandin, passe à travers sur ce sentier à pas graves et mesurés, et revient même prendre au milieu des flammes son manipule qu'il avait laissé tomber. [42] Voilà ce que plusieurs historiens disent qu'on
260 ne peut nier qu'en renversant tous les fondements de l'histoire; mais il est sûr qu'on ne peut le croire sans renverser tous les fondements de la raison.

Il se peut faire sans doute qu'un homme passe très rapidement entre deux bûchers, et même sur des charbons, sans être tout à fait
265 brûlé; mais y passer et y repasser d'un pas grave pour reprendre son manipule, c'est une de ces aventures de la *Légende dorée*, dont il n'est plus permis de parler à des hommes raisonnables. [43]

La dernière épreuve que je rapporterai, est celle dont on se servit *Combat pour le* pour décider en Espagne, après la prise de Tolède, si on devait *missel.*
270 réciter l'office romain, ou celui qu'on appelait mozarabique? [44] On

256-57   MSP: charbons ardents, un <franciscain> ^Vbénédictin+ [MSG: franciscain], Pierre Aldobrandin
          53-W57G: charbons, un moine [53-54N: mineur], nommé Aldobrandin
259   MSP: historiens prétendent qu'on
261   MSP: croire faux sans
268   MSP: épreuve dans ce goût que

[42] Fleury raconte cette anecdote avec tous les détails; il ajoute la célébration d'une messe et la communion de Pierre avant l'épreuve, ainsi que les initiatives prises par le peuple, ses louanges et ses larmes. Il ajoute aussi un épilogue traitant de la soumission finale de l'évêque, de sa conversion et de sa réconciliation avec les moines (livre 61, §27-28). Voltaire reprendra cette anecdote dans l'art. 'Epreuve' des *QE* (*OCV*, t.41, p.205), mentionnant, comme dans la manchette, le surnom du protagoniste, *Petrus Igneus*, donné par Fleury.

[43] Voltaire n'a que mépris pour la *Légende dorée*, le plus célèbre recueil hagiographique du Moyen Age, et pour son auteur, Jacques de Voragine (1228-1298). Il la présente constamment comme une extravagante compilation de sottes élucubrations religieuses (qui avait d'ailleurs tourné la tête à Ignace de Loyola et décidé sa vocation; voir, par exemple, l'*EM*, ch.139, ou l'art. 'Ignace de Loyola' des *QE, M*, t.19, p.416), qui ne valait pas mieux que les fables de la Grèce antique (voir essentiellement l'art. 'Religion' du *DP, OCV*, t.36, p.485; *Dieu et les hommes*, p.393; les *Leningrad notebooks, OCV*, t.81, p.354-55).

[44] Littré: 'Liturgie mozarabique, liturgie usitée en Espagne parmi les chrétiens

convint d'abord unanimement de terminer la querelle par le duel. Deux champions armés de toutes pièces combattirent dans toutes les règles de la chevalerie. Don Ruis de Martanza, chevalier du missel mozarabique, fit perdre les arçons à son adversaire, et le renversa mourant. Mais la reine, qui avait beaucoup d'inclination $\qquad$ 275 pour le missel romain, voulut qu'on tentât l'épreuve du feu. Toutes les lois de la chevalerie s'y opposaient. Cependant on jeta au feu les deux missels, qui probablement furent brûlés; et le roi, pour ne mécontenter personne, convint que quelques églises prieraient Dieu selon le rituel romain, et que d'autres garderaient le $\qquad$ 280 mozarabique. [45]

278   MSP: qui furent
279   MSP: personne, <fit en sorte> ^{V}régla$^+$ que
        MSG, 53-54N: personne, fit en sorte que
281-99   53-54N: mozarabique. ¶Dans la plupart des choses que je viens de rappeler, on croirait lire une relation des Hottentots ou de nègres, et il faut l'avouer, nous leur ressemblons encore en quelque chose.//

---

soumis aux musulmans, et qui avait cela de particulier, qu'avec un caractère en grande partie grec, elle était en langue latine; que, contrairement à toutes les anciennes liturgies des Gaules, elle n'avait rien admis du chant grégorien ou ambrosien; qu'elle supposait l'usage quotidien de la communion et de la dispensation du calice par le diacre, et qu'elle prescrivait de montrer au peuple, en l'élevant, l'hostie qui devait être ensuite partagée d'après les neuf mystères du Christ, l'incarnation, la nativité, la circoncision, etc. en autant de parcelles.'

[45] Ayant reçu l'office romain dans ses propres Etats, Sanche Ier d'Aragon tenta, en 1074, de convaincre Alphonse VI, roi de Galice, des Asturies, de León et de Castille (1065-1109), de l'imiter (Fleury, livre 63, année 1080, §6). Mais ce ne fut qu'en 1080 qu'Alphonse VI l'adopta dans ses terres. C'est le 25 mai 1085 qu'il s'empara de Tolède; et c'est à ce moment-là qu'il fut question de l'y faire adopter aussi. Fleury relate cette 'épreuve' (livre 63, année 1091, §56; signet, *CN*, t.3, p.524-25). Toutefois il est plus sobre dans l'évocation du duel et sa terminologie est différente (office de Tolède et office gallican). En outre il conclut différemment: le livre de l'office gallican fut consumé et celui de l'office de Tolède s'éleva au-dessus des flammes. Cependant le roi ordonna que l'office gallican serait reçu partout; malgré tout, 'quelques églises conservèrent l'ancien office. [...] C'est ce que rapporte Rodrigue, archevêque de Tolède, qui vivait cent cinquante ans après.'

Tout ce que la religion a de plus auguste, était défiguré dans *La fête des fous.* presque tout l'Occident par les coutumes les plus ridicules. La fête des fous, celle des ânes étaient établies dans la plupart des églises.

285 On créait aux jours solennels un évêque des fous; on faisait entrer dans la nef un âne en chape, et en bonnet carré. L'âne était révéré en mémoire de celui qui porta Jésus-Christ.

Les danses dans l'église, les festins sur l'autel, les dissolutions, les farces obscènes étaient les cérémonies de ces fêtes, dont l'usage

290 extravagant dura environ sept siècles dans plusieurs diocèses. [46] A

282-83 MSP: défiguré par les
284-98 MSP: fous et des ânes était établie dans presque toutes les églises. On créait aux jours les plus solennels un évêque des fous et quelquefois un pape des fous. On célébrait surtout à Sens la fête de l'âne. On faisait entrer dans la nef un âne en chape et en bonnet carré. On lui chantait des antiennes dont le refrain était / amen
5   dicas asine / Eh Eh sire âne eh eh! ¶Les danses dans l'église! les festins jusque sur l'autel, les farces, les dissolutions étaient les cérémonies de ces fêtes dont l'usage plus ou moins extravagant a duré [MSG: environ] sept siècles dans plusieurs diocèses; on en voit encore des vestiges à toutes les processions de Flandres qui ne marchent jamais sans les fous de la fête, lesquels portent l'ancienne robe plissée des bouffons, le
10 bonnet, la marotte et les grelots. ¶Dans la plupart des coutumes que je viens de rapporter, on croirait voir le portrait des Hottentots et des nègres; et il faut avouer qu'en plus d'une chose nous n'avons pas été supérieurs à eux. Rome a toujours condamné ces coutumes ridicules et barbares. Il y a toujours eu plus de gravité, plus de décence à Rome qu'ailleurs, et on sentait qu'en tout cette Eglise était faite
286-88 w56-w57G: carré. ¶Les danses

[46] En 1756 Voltaire a rétabli la mention des fêtes burlesques du Moyen Age, qu'il évoquait dans le manuscrit palatin. La fête des fous avait lieu, le plus souvent, fin décembre ou début janvier. Les 'fous' marchaient à la tête des processions, avec une robe plissée, des grelots, une marotte, comme l'indiquait Voltaire dans le manuscrit. Sur la fête de l'âne, célébrée en janvier dans des villes comme Rouen, Sens, Douai, depuis le neuvième siècle, et le détail de la cérémonie (chants parodiques, procession, braiements à la fin de la messe), voir l'*EM*, ch.82, ainsi que l'art. 'De l'Ane de Verone' des *QE* (*OCV*, t.38, p.363-64). La source est le *Glossarium* de Du Cange: Voltaire indique dans le ch.82 que Du Cange cite un manuscrit vieux de 500 ans qui contient l'hymne de l'âne. Dans l'art. 'Fête des ânes' de l'*Encyclopédie*, l'abbé Mallet se borne à évoquer une procession mettant en scène les prophètes qui avaient annoncé Jésus (t.6, 1756, p.573). Mais l'art. 'Fête des fous' de de Jaucourt condamne ces saturnales dans des termes aussi sévères que ceux que Voltaire utilise ici (t.6,

n'envisager que les coutumes que je viens de rapporter, on croirait voir le portrait des nègres, et des Hottentots; [47] et il faut avouer qu'en plus d'une chose nous n'avons pas été supérieurs à eux.

Rome a souvent condamné ces coutumes barbares, aussi bien que le duel et les épreuves. [48] Il y eut toujours dans les rites de l'Eglise romaine, malgré tous les troubles et tous les scandales, plus de décence, plus de gravité qu'ailleurs, et on sentait qu'en tout cette Eglise, quand elle était libre et bien gouvernée, était faite pour donner des leçons aux autres.

295

294   w56-w57G: a toujours condamné

---

p.573-76). Par ailleurs, Voltaire et les Encyclopédistes ne se sont pas bornés à critiquer l'intrusion de bouffonneries dans les églises. Ils dénoncent souvent le nombre excessif, à leur époque, de fêtes religieuses chômées, en dehors des dimanches: elles appauvrissent les particuliers et l'Etat, et portent tort à l'agriculture, aux arts et métiers, et aux bonnes mœurs. Voir, dans l'*Encyclopédie*, l'art. 'Fêtes des chrétiens' de Faiguet (t.6, p.565-70), et l'art. 'Fêtes des saints', section 1, des *QE* (*OCV*, t.41, p.378-82).

[47] Dans le ch.82, Voltaire parle, à propos de ces fêtes, de superstitions de sauvages. Il cite souvent les Hottentots, peuples de l'Afrique australe, comme un exemple, avec les Cafres, de peuplade sauvage et primitive.

[48] A partir de 1761 Voltaire est moins indulgent pour l'Eglise. C'est au quatrième concile de Latran, en 1215, que l'Eglise interdit toute bénédiction ou consécration à l'occasion des 'jugements de Dieu', ce qui équivalait à une prohibition. Voltaire a collé un papillon sur l''excommunication' et autres châtiments prévus, au concile de Trente, contre ceux qui maintiendraient 'l'usage détestable des duels introduit par l'artifice du démon' (Fleury, livre 167, année 1563, §91; *CN*, t.3, p.609).

CHAPITRE 46

De l'empire, de l'Italie, de l'empereur Henri IV et de Grégoire VII. De Rome et de l'empire dans le onzième siècle. De la donation de la comtesse Mathilde. De la fin malheureuse de l'empereur Henri IV et du pape Grégoire VII.

Il est temps de revenir aux ruines de Rome et à cette ombre du trône

a-421   [*Première rédaction de ce chapitre*: MSP]
a   MSP: Chapitre 28
    w56-w57G: Chapitre 36
    61: Chapitre 42
b-f   MSP: *De l'empire, de l'Italie, de Rome et des papes depuis l'empereur Henri III jusqu'à la mort de Henri IV.*

    53-54N: *De l'empire, de l'Italie, de Rome et des papes depuis Henri III jusqu'à Frédéric II.*

    w56-w57G: *De l'empire, de l'Italie, de l'empereur Henri IV et de Grégoire VII. De Rome et de l'empire au onzième siècle.*

* Ici, Voltaire tire, comme à l'accoutumée dans ses chapitres sur le Saint Empire, l'essentiel de sa documentation de Heiss von Kogenheim (*Histoire de l'Empire*, La Haye, 1685, BV1604; Paris, 1731, BV1605, t.1, livre 2) et de Fleury (*Histoire ecclésiastique*, La Haye et Bruxelles, 1692-1693; Paris, 1720-1738, BV1350), qu'il complète de détails issus de Barre (*Histoire générale d'Allemagne*, Paris, 1748, BV270), dans quelques cas aussi de Maimbourg (*Histoire de la décadence de l'empire après Charlemagne*, Paris, 1679), tandis que l'*Histoire du calvinisme et celle du papisme mises en parallèle* (Rotterdam, 1683, BV1766, 3ᵉ partie, ch.7) du pasteur et polémiste protestant P. Jurieu, et plus fréquemment, l'*Histoire des papes, depuis saint Pierre jusqu'à Benoît XIII inclusivement* (La Haye, 1732-1734, BV563) de F. Bruys, lui fournissent quelques perspectives critiques et des formules acerbes contre la papauté. L'analyse de l'affrontement entre Henri IV et Grégoire VII (voir aussi, notamment, l'art. 'Grégoire VII' des *QE*, *M*, t.19, p.314-17) replace le conflit du pape et de l'empereur dans la diachronie, tout comme le *Discours sur l'histoire ecclésiastique* de Fleury (*Histoire ecclésiastique*, t.13, p.i-xxxvi), où l'auteur dénonce la 'confusion des deux puissances' dont saint Augustin préconise la séparation. Les lignes 3-12 de ce chapitre, ajoutées par Voltaire en 1756, reprennent des idées exprimées dans plusieurs chapitres précédents, sur le pouvoir des empereurs, en Allemagne et en Italie, la mise en place de l'ordre féodal et les rapports entre les papes et les empereurs. Cette période est marquée par une escalade des empiètements amplifiés par la quête du pouvoir et des richesses: l'affermissement des deux pouvoirs a conduit empereurs (ch.33) et évêques (ch.20) à s'instituer juges des rois. Dès les Mérovingiens, la puissance des évêques incite les rois à vouloir s'assurer d'eux en les nommant (Fleury, *Discours*, §11); puis les empereurs cherchent à intervenir dans l'élection des papes. Ces abus en entraînent un autre: avec Grégoire VII, qui profite d'un affaiblissement momentané du pouvoir impérial, c'est désormais le pape qui entend prendre le pas sur l'empereur en s'instaurant 'juge des rois' (§10) et en s'attribuant le droit de 'déposer les souverains rebelles à l'église' (§18), ce que Jurieu a déjà qualifié d''attentat' (année 1076). Si Grégoire VII représente pour Voltaire ce qu'il y a de plus insupportable dans le pouvoir ecclésiastique, il ne dit pas néanmoins comme Jurieu que l'ambition des papes est un 'monstre insatiable' (année 1200, p.100), et souligne même, contre Maimbourg (livre 3, années 1076-1077) et Jurieu (année 1076), que Grégoire VII ne fut pas le premier à déposer un empereur. Il affiche envers ce pape une plus grande impartialité que ses sources, occupant une position médiane entre Jurieu et Fleury. S'il lui reconnaît, comme Fleury, 'un grand courage' et 'un zèle ardent à purger l'Eglise des vices' (*Discours*, §17), il n'insiste pas comme Bruys ou Jurieu sur sa perfidie et ses ambitions, et estime 'que Grégoire VII aurait été un imbécile' s'il n'avait pas profité de la situation favorable qui s'offrait à lui (art. 'Grégoire VII', p.316). Il ne dénonce pas plus que Fleury (*Discours*, §18) ou Barre son goût excessif pour les excommunications (Fleury, t.13, livre 62, §20, année 1075; livre 63, §1, année 1080; Barre t.4, année 1076, manchette, 'Inconvénients des excommunications dans le 10ᵉ et le 11ᵉ siècle'). Mais Voltaire refuse (art. 'Grégoire VII', p.314) de suivre Bayle (*Dictionnaire historique et critique*, 'Grégoire VII'), qui accorde à Grégoire, certes qualifié de 'boutefeu', néanmoins 'le titre de grand homme' (p.314); ce qui ne l'empêche pas cependant, de rapporter puis de repousser les plus graves accusations le concernant (lignes 194-97, 247-48). De même, alors que Jurieu, Fleury ou Bruys mettent l'accent sur les ambitions personnelles de Grégoire VII, Voltaire le voit plutôt au service de l'Eglise. La querelle est ainsi dépouillée de ses enjeux anecdotiques et replacée dans une perspective d'histoire de l'Eglise. Symétriquement, Voltaire brosse un portrait équilibré d'Henri IV: ni aussi sévère que Fleury ni aussi indulgent que Heiss, ni aussi élogieux que Jurieu. Mais surtout il insiste sur l'articulation entre psychologie et mécanismes du pouvoir: comment Grégoire profite de l'inexpérience du jeune Henri, souverain impécunieux et contesté. Voltaire se soucie peu d'héroïser Henri IV dont il préfère faire un grand exemple de ces 'princes immolés à la religion' (ligne 405): moins victime de l'individu Grégoire VII que du rôle politique que celui-ci entend faire jouer à l'Eglise. Il cherche à montrer que Grégoire VII suit ou plutôt crée 'esprit du temps' et 'opinions dominantes' (lignes 240, 286), tandis que la populace 'donne le mouvement à la superstition'

des Césars, qui reparaissait en Allemagne. [1]

On ne savait encore qui dominerait dans Rome, et quel serait le sort de l'Italie. Les empereurs allemands se croyaient de droit maîtres de tout l'Occident; mais à peine étaient-ils souverains en Allemagne, où le grand gouvernement féodal des seigneurs et des évêques commençait à jeter de profondes racines. [2] Les princes normands, conquérants de la Pouille et de la Calabre, formaient une nouvelle puissance. [3] L'exemple des Vénitiens inspirait aux grandes villes d'Italie l'amour de la liberté. [4] Les papes n'étaient pas encore souverains et voulaient l'être. [5]

Le droit des empereurs de nommer les papes commençait à s'affermir; [6] mais on sent bien que tout devait changer à la première

---

2-12   MSP, 53-54N: Allemagne. ¶Le droit
13   MSP: s'affermir malgré tout l'art que le génie italien opposait à l'autorité allemande, mais

---

(ligne 406). L'idée que l'Eglise romaine accueille dans ses rangs des serviteurs d'extraction modeste comme Grégoire VII et Urbain II sera reprise et développée au chapitre suivant.

[1] L'idée de l'‘ombre du trône des Césars’ est récurrente (voir, par exemple, ch.70).

[2] La consolidation du système féodal, dont la naissance a été abordée au ch.33 (notre t.2, p.467-76), est déjà évoquée ci-dessus au ch.38. Mais Voltaire donne ici un relief particulier à une contradiction demeurée jusqu'alors plus implicite (ch.34, notre t.2, p.479, manchette; ch.37, p.511, ligne 113).

[3] Les ch.40 et 41, ci-dessus, leur sont consacrés.

[4] Sur l'ancienneté des libertés vénitiennes, voir ci-dessus, ch.43, lignes 88-89.

[5] Les lignes 10-11 amorcent la thématique du ch.46, déjà annoncée au ch.40, ci-dessus, lignes 207-208. Voltaire replace ainsi l'action de Grégoire VII dans le contexte de la redéfinition des périmètres des pouvoirs et du renforcement des pouvoirs royaux en Europe.

[6] Au ch.37, Voltaire évoque l'empereur Henri III, qui nomma deux papes, ‘sans qu'on osât murmurer’ (notre t.2, p.510, lignes 93-101). Heiss écrit: ‘Les empereurs avaient un droit invétéré et incontestable d'élire ou de confirmer les papes’ (ch.9, année 1061). En 1046, Henri III apparaît bien comme acteur de l'élection de Grégoire VI (Fleury, livre 59, année 1046, §49), rentrant ainsi, selon Bruys, ‘en

circonstance favorable. [7] Elle arriva bientôt, à la minorité de
1056. l'empereur Henri IV, reconnu du vivant de Henri III son père,   15
pour son successeur. [8]

Dès le temps même de Henri III la puissance impériale diminuait
en Italie. [9] Sa sœur, comtesse ou duchesse de Toscane, mère de
cette véritable bienfaitrice des papes, la comtesse Mathilde d'Este,
contribua plus que personne à soulever l'Italie contre son frère. [10]   20

---

15   MSP: reconnu en 1056 du
19-20   MSP, 53-54N: Mathilde contribua

---

possession du pouvoir que les Othons avaient eu de créer les papes' (année 1046, t.2,
p.334). La version MSP (ligne 13 var.), supprimée de l'état définitif, résumait
l'essentiel des ch.36 et 37.

[7] Voir lignes 59-79 var., lignes 1-3. Selon Bruys, Hildebrand 'crut que la minorité du
roi Henri [IV] était une conjoncture très favorable' pour faire en sorte que l'élection des
papes ne dépende plus de la volonté des empereurs (année 1061, 'Division à Rome', t.2,
p.404). Pour 1048, Bruys note: 'Hildebrand, ne pouvant souffrir que l'empereur se
mêlât de faire les papes' ('Coup d'Etat d'Hildebrand', t.2, p.338).

[8] Voltaire reprend presque mot pour mot Heiss (ch.8, année 1056) et ne précise
pas, comme le fait Fleury, qu'Henri III, au moment de mourir, 'fit confirmer par le
pape, par les évêques et les seigneurs présents, l'élection de son fils' (livre 60, année
1056, §22). Heiss ajoute: 'Ce fut le commencement de l'usage [...] de donner la qualité
de roi des Romains au prince que les Etats de l'empire destinent à la succession de la
couronne impériale', une affirmation critiquée en note par F. A. Vogel, dans l'édition
de 1731 de cet ouvrage (livre 2, ch.8, année 1056, n.*a*).

[9] Cette idée paraît contredire des développements de Voltaire qui montre, au
ch.37, un Henri III faiseur de papes (notre t.2, lignes 93-101). Toutefois, ce même
passage soulignait déjà que l'instabilité politique empêchait les empereurs de
séjourner durablement à Rome, seule condition à laquelle ils 'eussent été toujours
les souverains des papes'. De plus, si Henri III doit rétablir son autorité à Rome
(Heiss, ch.8, année 1046), c'est précisément parce qu'elle a été contestée. Hildebrand,
alors cardinal, 'commence de s'ingérer dans les affaires des papes' (ch.8, année 1049)
et s'appuie sur le peuple romain, afin de 'priver l'empereur du droit de nommer les
papes' (année 1054). L'idée que la puissance impériale diminuait constitue donc tout
au plus une légère anticipation.

[10] Voltaire suit ici une généalogie fautive faisant de Béatrix (*c.*1020-1076), épouse

Elle possédait avec le marquisat de Mantoue la Toscane et une partie de la Lombardie. [11] Ayant eu l'imprudence de venir à la cour d'Allemagne, on l'arrêta longtemps prisonnière. Sa fille la comtesse Mathilde hérita de son ambition et de sa haine pour la maison
25 impériale. [12]

21-22   MSP, 53-54N: le duché de Mantoue une grande partie de la Toscane et de la Lombardie
23   MSP: d'Allemagne pour se justifier; on
25   MSP: impériale, et on peut juger si les papes en profitèrent.

---

de Boniface III de Canossa et mère de Mathilde (1046-1115), une fille de Conrad le Salique (*c*.990-1039) et la sœur d'Henri III. Il peut tirer cette erreur de Maimbourg (livre 2, année 1057), ou de Barre (année 1055), lequel mentionne cependant à l'année 1077 (p.246, n.*a*) que Béatrix est la fille de Frédéric II, duc de Lorraine. L'utilisation de Maimbourg paraît confirmée par les leçons primitives des lignes 21-22, qui reprennent, avec inversion des membres de la phrase, un passage de l'*Histoire de la décadence de l'empire* (livre 2, année 1057), accessoirement aussi par l'expression 'comtesse ou duchesse de Toscane', car Maimbourg dit expressément que la mère et la fille sont 'indifféremment appelées duchesses, marquises ou comtesses de Toscane' (année 1070, p.202; voir aussi ci-dessous, lignes 301-305). L'expression, qui fait allusion à la donation de Mathilde en faveur de la papauté, peut aussi apparaître comme une paraphrase perfide de Fleury et de Barre, car Mathilde fut soupçonnée d'être la maîtresse de Grégoire VII (voir ci-dessous, lignes 186-205). Voir notamment Fleury (année 1075, 'Grégoire exige le serment de fidélité'). Barre souligne qu'en 1102, Mathilde 'renouvelle la donation qu'elle a faite en faveur du pape' pour priver 'de ses Etats Henri son héritier légitime' (année 1102, t.4, p.351). A propos de cette donation, voir ci-dessous, lignes 293-317 et n.87.

[11] Dans l'art. 'Grégoire VII' des *QE*, Voltaire écrit: 'la grande-duchesse-comtesse Mathilde, sa cousine germaine, plus puissante que lui [Henri IV] en Italie, était son ennemie mortelle. Elle possédait, soit comme fiefs de l'empire, soit comme allodiaux, tout le duché de Toscane, le Crémonois, le Ferrarois, le Mantouan, le Parmesan, une partie de la Marche d'Ancône, Reggio, Modène, Spolette, Vérone; elle avait des droits, c'est-à-dire des prétentions, sur les deux Bourgognes. La chancellerie impériale revendiquait ces terres, selon son usage de tout revendiquer' (p.315-16).

[12] On ne trouve trace de cette arrestation ni chez Maimbourg, ni chez Heiss, mais seulement une courte mention chez Barre, qui ne parle pas d'une longue détention (année 1055, 'La duchesse Beatrix est arrêtée'). D'autre part, on n'a trouvé aucune

Pendant la minorité de Henri IV, les brigues, l'argent et les guerres civiles firent plusieurs papes. [13] Enfin on élut en 1054 Alexandre II, sans consulter la cour impériale. [14] En vain cette cour nomma un autre pape: son parti n'était pas le plus fort en Italie. [15] Alexandre II l'emporta, et chassa de Rome son compétiteur. [16] C'est   30

27   MSP: 1059
30-33   MSP, 53-w68: compétiteur. ¶Henri IV

---

mention de la 'haine' de Mathilde envers la maison impériale dans les ouvrages consultés, mais l'expression employée par Voltaire peut se justifier si l'on songe que, par son père, Mathilde est la dernière représentante de la dynastie de Canossa et que c'est dans son château qu'Henri IV vivra en 1077 les humiliantes expériences décrites ci-dessous, lignes 186-93.

[13] Contrairement à ses sources, Voltaire n'évoque ni l'éducation d'Henri IV, ni le rôle politique aussi important que contesté de sa mère, Agnès, qui n'est mentionnée à aucun moment dans ce chapitre. Il ramasse ici en une formule des éléments touchant les conditions des élections des papes et antipapes, baignant dans une atmosphère d'intrigues et de simonie, durant la période allant de la mort d'Henri III (1056) à l'élection d'Alexandre II, en se trompant de date (MSP et ligne 27), alors que Fleury indique bien 1061 (livre 60, année 1061, §46). Sa source n'est pas Heiss (lequel évoque seulement la perte d'influence de la régente, Agnès), mais Fleury (par exemple, livre 60, année 1054, §17; année 1055, §18; année 1056, §21, 23; année 1058, §27, 29; année 1059, §31; année 1060, §46) et peut-être Bruys (années 1055 et suiv., t.2, p.382-403). Toutefois, tant Fleury que Bruys insistent sur les mesures prises par les papes précédant Grégoire VII pour mettre fin aux désordres. Voltaire peut tirer l'idée de 'guerre civile' de l'âpreté des luttes autour des papes, plus précisément peut-être du récit du schisme de l'Eglise de Milan contre celle de Rome en 1059 (Fleury, livre 60, année 1059, §34) et surtout d'un épisode durant lequel le pape Nicolas II s'assure l'appui des Normands en leur accordant la possession des Pouilles et de la Calabre, à la suite de quoi ils ravagèrent les terres appartenant à des seigneurs hostiles au pontife (livre 60, année 1059, §39; voir ci-dessus, ch.40).

[14] Voltaire tire ce renseignement directement de Heiss (ch.9, année 1061) et de Fleury (livre 61, année 1064, §11), mais sans retenir quelques détails qui, soulignant une véritable stratégie de Rome, auraient pourtant conforté sa propre thèse.

[15] Heiss ne dit pas cela, pas même implicitement. Peut-être Voltaire fait-il allusion aux possessions de Mathilde et à son alliance avec la papauté, ainsi qu'à celles entre le pape et les Normands.

[16] A l'inverse de Heiss, de Barre et de Fleury, comme déjà signalé, Voltaire ne mentionne nullement Agnès de Poitiers, impératrice-régente de 1056 à 1062, ce qui

ce même Alexandre II que nous avons vu vendre sa bénédiction au bâtard Guillaume de Normandie usurpateur de l'Angleterre. [17]

Henri IV, devenu majeur, se vit empereur d'Italie et d'Allemagne presque sans pouvoir. [18] Une partie des princes séculiers et

35 ecclésiastiques de sa patrie se liguèrent contre lui: et l'on sait qu'il ne pouvait être maître de l'Italie qu'à la tête d'une armée, qui lui manquait. Son pouvoir était peu de chose, son courage [19] était au-dessus de sa fortune.

Quelques auteurs rapportent qu'étant accusé dans la diète de   *1073.*

40 Vurtzbourg d'avoir voulu faire assassiner les ducs de Souabe et de

---

38-39   MSP, 53-54N: fortune. ¶Accusé dans
40   MSP: Wintzbourg

---

revient à faire de la victoire d'Alexandre une victoire contre une institution, la cour impériale, et non contre la volonté d'une personne.

[17] Au ch.42 (ci-dessus, lignes 72-78), Voltaire exprime son hostilité envers Guillaume, coupable d'avoir ravi son trône à Harold, lequel avait 'le plus incontestable des droits, les suffrages de toute la nation'. Toutefois, il n'y parle pas d'une bénédiction vendue à Guillaume, mais seulement d'échanges de présents, de même que Fleury parle d'abord d'une grande somme d'argent adressée au pape, qui offrit un étendard en échange, puis de légats envoyés par le pape 'qui le couronnèrent de nouveau le jour de Pâques [...] pour confirmer son autorité' (livre 61, année 1070, §34). A propos des usurpateurs dans l'histoire européenne, un thème affectionné par Voltaire, voir notamment ch.41, ci-dessus, conclu par cette phrase: 'Toutes les nations de l'Europe ont été mêlées, et il n'y en a eu presque aucune qui n'ait eu ses usurpateurs' (lignes 109-10).

[18] L'exemple d'Henri IV (1050-1106), roi de Germanie dès 1056, empereur en 1084, sert à Voltaire de support à une de ses critiques récurrentes contre le système féodal: il ne retient en effet guère que son impuissance politique (radicalisant une idée exprimée par Barre, année 1073, 'Faiblesse du parti de l'empereur'), alors que Heiss souligne que ses efforts accomplis pour administrer l'Etat et rétablir la sécurité publique furent perçus par 'les princes ecclésiastiques et séculiers' comme des menaces pour leur liberté, de sorte qu'ils se soulevèrent (ch.9, année 1072, p.313; année 1073).

[19] Heiss ne parle pas de son courage, mais Barre souligne que les 'historiens sincères' mentionnent également sa 'bravoure' à côté de ses vices (année 1069, 'Caractère de l'empereur Henri IV', t.4, p.110-12).

Carinthie, il offrit de se battre en duel contre l'accusateur, qui était un simple gentilhomme. Le jour fut déterminé pour le combat: et l'accusateur, en ne paraissant pas, sembla justifier l'empereur. [20]

Dès que l'autorité d'un prince est contestée, [21] ses mœurs sont toujours attaquées. [22] On lui reprochait publiquement d'avoir des maîtresses, tandis que les moindres clercs en avaient impunément. [23]

45

---

43   53-W75G: l'accusateur ne paraissant pas, justifia
46-47   MSP: impunément. Il donnait lieu par sa conduite aux murmures. Il

---

[20] Cet accusateur est le duc Réginger, un confident d'Henri IV (Barre, année 1073), attaché à la maison de l'empereur, que Heiss qualifie de 'domestique' d'Henri IV (ch.9, année 1073), expression dont Voltaire donne un équivalent ('un simple gentilhomme'). Cet épisode, présenté par Voltaire comme une anecdote qui traduirait l'impulsivité d'Henri IV ou son dédain des convenances, est rapporté par Heiss comme par Barre avec de nombreux détails qui révèlent un contexte beaucoup plus politique, de vraies manœuvres entreprises pour déchoir Henri IV et élire un autre empereur (Heiss, ch.9, année 1073), une perspective que résume la phrase 'Dès que l'autorité d'un prince est contestée' (ligne 44). La restriction faite par Voltaire ('Quelques auteurs rapportent') pourrait masquer une déformation volontaire: tant chez Barre que chez Heiss, ce n'est pas contre ce 'simple gentilhomme' qu'Henri IV offre de se battre en duel, mais contre le duc de Souabe. Barre souligne que le fait 'qu'un souverain eût donné un défi à son vassal' fut mal compris (année 1073, t.4, p.170), alors que c'était à une ordalie que songeait Henri IV (année 1073, 'Réginger calomnie l'empereur').

[21] Voltaire résume par cette formule le détail des luttes de certains seigneurs contre Henri IV, leurs rébellions, le démantèlement des forteresses qu'il avait fait construire, etc. (Heiss, ch.9, année 1062-1074). Fleury souligne l'opposition que l'autoritarisme d'Henri IV rencontre chez les seigneurs allemands (livre 62, année 1076, §36), l'épisode de Canossa apparaissant ainsi comme une riposte du pape parallèle à celles des seigneurs.

[22] Les allusions aux débauches d'Henri sont un lieu commun. Fleury, particulièrement sévère, le présente comme un obsédé sexuel, criminel, brutal et hypocrite à qui nul n'ose s'opposer (livre 61, année 1068, §31). Même Heiss, bien que favorable à Henri IV et discret sur son caractère, ne paraît pas douter du bien-fondé de ces affirmations, à l'inverse de Voltaire, qui semble plutôt y voir un argument d'appoint contre un souverain contesté. Barre est plus mesuré (voir ci-dessus, n.19).

[23] Le reproche est public en ce sens que la délégation des princes alla voir l'empereur pour lui demander, entre autres, 'qu'il se défît de sa concubine' (Heiss, ch.9, année 1073). Quant à l'accusation de simonie portée contre Henri IV (lignes 59-79 var., lignes 4-5), et présentée dans la version primitive comme une des

Il voulait se séparer de sa femme, fille d'un marquis de Ferrare, avec laquelle il disait n'avoir jamais pu consommer son mariage. [24] Quelques emportements de sa jeunesse aigrissaient encore les esprits, et sa conduite affaiblissait son pouvoir.

Il y avait alors à Rome un moine de Cluni, [25] devenu cardinal, homme inquiet, ardent, entreprenant, qui savait mêler quelquefois l'artifice à l'ardeur de son zèle pour les prétentions de l'Eglise. [26] Hildebrand était le nom de cet homme audacieux, qui fut depuis ce célèbre Grégoire VII, né à Soane en Toscane, de parents inconnus, [27]

Quel était Grégoire VII.

52-53   MSP: entreprenant, et qui savait quelquefois mêler l'artifice
53   MSP, 53-54N: l'artifice aux fureurs de son

---

raisons de son excommunication, elle n'apparaît plus dans les éditions suivantes. Elle se trouvait notamment chez Barre (année 1073, année 1075), Heiss (année 1075) et Bruys (année 1073).

[24] Voltaire combine Heiss (ch.9, année 1073, 'Marquise de Ferrare') et Fleury ('fille d'Otton Marquis d'Italie', livre 61, année 1068, §31). La demande de divorce pour non-consommation du mariage n'est pas chez Heiss, mais chez Fleury, qui ajoute que personne ne crut Henri IV, de sorte que 'la proposition parut honteuse à tous les assistants et indigne de la majesté royale', mais que nul n'osa s'opposer (livre 61, année 1069, §32).

[25] Voltaire, qui insiste sur le portrait de Hildebrand, suit ici, à propos des relations entre pape et empereur, l'ordre même du récit de Heiss (année 1075).

[26] Les termes 'entreprenant', 'zélé', 'artifice' se trouvent respectivement chez Heiss (années 1073, 1076) et Fleury (livre 62, année 1073, §1). Heiss, très critique, insiste beaucoup sur les 'intrigues' de ce moine (livre 2, ch.8, année 1049, 'Le moine Hildebrand commence'), qui a déjà su manipuler Henri III (année 1054).

[27] Bruys, qui le dit né 'à Saone en Toscane' (Sovana, actuellement dans la commune de Sorano) d'un père qui était, 'dit-on', charpentier, et d'une mère qui était sœur d'un abbé de Rome (année 1073, 'Histoire d'Hildebrand'), combine des informations issues de Fleury (livre 62, année 1073, §1) et de Barre (année 1073, 'Grégoire VII'). En le faisant naître 'de parents inconnus', Voltaire introduit un thème qu'il reprendra plus loin: la grandeur des papes ne dépend pas de leur extraction, bien au contraire (voir aussi à ce sujet ch.47, ci-dessous, lignes 120-33). Mais cela contredit ses sources, Barre rappelant même que certains le croient issu d'une 'illustre maison'.

élevé à Rome, reçu moine de Cluni sous l'abbé Odilon,[28] député depuis à Rome pour les intérêts de son ordre, employé après par les papes dans toutes ces affaires qui demandent de la souplesse et de la fermeté, et déjà célèbre en Italie par un zèle intrépide. La voix publique le désignait pour le successeur d'Alexandre II, dont il gouvernait le pontificat.[29] Tous les portraits ou flatteurs ou odieux que tant d'écrivains ont faits de lui, se trouvent dans le tableau d'un peintre napolitain, qui peignit Grégoire tenant une houlette dans

60

57-58   MSG: par le pape

59-79   MSP, 53-54N: fermeté. Il gouverna le pontificat sous Alexandre II. Il vit alors dans les troubles d'Allemagne le temps favorable pour un coup d'éclat et [53-54N: d'éclat. Il] engagea Alexandre II à excommunier son souverain Henri IV. La raison de l'excommunication était le bruit qui courait que Henri vendait secrètement les bénéfices et aimait publiquement les femmes. Cette audace n'eut alors d'autres suites que d'apprendre aux Romains à mépriser l'empereur et c'était beaucoup. ¶Alexandre Second étant mort, Hildebrand

5

[28] Saint Odilon, abbé de Cluny de 994 à 1049, n'est pas mentionné par Barre, qui écrit même qu'on n'a pas de preuve d'un séjour d'Hildebrand à Cluny ('Grégoire VII'). Voltaire paraît rapprocher deux passages de Fleury: l'un atteste la présence d'Odilon à Cluny autour de 1041, mais ne mentionne pas qu'Hildebrand s'y trouve également à cette date (livre 59, année 1041, §41); l'autre évoque les études d'Hildebrand à Cluny, mais sans mentionner Odilon (livre 62, année 1073, §1).

[29] L'expression 'voix publique' peut constituer une réécriture de Fleury qui évoque une élection papale obtenue 'du consentement des abbés, des moines et du peuple, qui le témoigna par de fréquentes acclamations' (livre 62, année 1073, §1). Fleury cite aussi une lettre de Grégoire VII qui déclare que les Romains l'ont élu malgré lui et suggère une élection par acclamation: pendant qu'on enterrait Alexandre, 'il s'est élevé tout d'un coup un grand tumulte du peuple, et ils se sont jetés sur moi comme des insensés' de sorte que, 'sans lui laisser la liberté de parler ni de délibérer, on l'avait enlevé violemment pour le mettre sur le Saint-Siège' (année 1073, §2). Moréri dit de même qu'il fut 'proclamé pape par le peuple' (*Grand Dictionnaire historique*, art. 'Grégoire VII'). Les trois sources de Voltaire s'accordent sur le rôle de mentor joué par Hildebrand.

une main et un fouet dans l'autre, foulant des sceptres à ses pieds, et
65 ayant à côté de lui les filets et les poissons de saint Pierre. [30]

Grégoire engagea le pape Alexandre à faire un coup d'éclat
inouï, à sommer le jeune Henri de venir comparaître à Rome
devant le tribunal du Saint-Siège. [31] C'est le premier exemple d'une
telle entreprise. [32] Et dans quel temps la hasarde-t-on? Lorsque Rome
70 était tout accoutumée par Henri III, père de Henri IV, à recevoir ses
évêques sur un simple ordre de l'empereur. [33] C'était précisément
cette servitude dont Grégoire voulait secouer le joug. Et pour
empêcher les empereurs de donner des lois dans Rome, il voulait
que le pape en donnât aux empereurs. [34] Cette hardiesse n'eut point
75 de suite. Il semble qu'Alexandre II était un enfant perdu,

1073.
Le pape ose citer
devant lui
l'empereur
Henri IV.

[30] La phrase de Voltaire se retrouve mot pour mot dans l'art. 'Soana' de l'*Encyclopédie* par de Jaucourt (t.15, 1765). Ce tableau, qui se trouverait dans une église bénédictine, est également mentionné, postérieurement à la publication de l'*EM*, chez P.-J. Grosley, *Nouveaux Mémoires ou observations sur l'Italie et sur les Italiens*, non dans l'édition de 1764 (BV1552, t.3, ch. 'Naples', p.73), mais dans une note, ajoutée dans les éditions de 1770 et 1774 (t.3, p.232). En revanche, cette référence ne se trouve ni dans les *Annali d'Italia* de Muratori (Milan, 1744-1749), ni chez Jurieu, pourtant si âpre contre Grégoire VII, ni chez P. Giannone, *Histoire civile du royaume de Naples* (La Haye, 1742, BV1464), t.2.

[31] En 1756, Voltaire corrige la version primitive, où il écrivait faussement qu'Hildebrand aurait engagé 'Alexandre II à excommunier son souverain Henri IV', et remanie la manchette de Barre ('L'Empereur cité à Rome', année 1073). Jurieu écrit de même qu'Hildebrand 'obligea le pape Alexandre II à citer l'empereur Henri IV devant son tribunal' (année 1061, p.103).

[32] Voltaire a bien souligné dans l'art. 'Grégoire VII' que ce n'est pas le premier exemple (p.315). Même chose dans les *Annales de l'Empire*: 'Il engage le pape Alexandre à citer l'empereur à son tribunal' (année 1071-1072, p.296).

[33] Cette phrase suggère l'exercice d'une autorité qui ne se dégage pas de Fleury, lequel laisse plutôt entrevoir une harmonie entre Rome et l'empereur dans les élections d'évêques (livre 59, année 1046, §49; année 1048, §64). Quant à Barre, il est plus attentif aux interventions d'Henri III dans les élections de papes (année 1046, 'Il reçoit la couronne de fer'), mais ces interventions répondent largement à une demande de Rome (en particulier, année 1048).

[34] Heiss écrit: 'Rome voulait avoir un honnête prétexte d'établir la souveraineté du pape' (ch.9, année 1075, 'Grande affaire de l'empereur avec Rome').

qu'Hildebrand détachait contre l'empire avant d'engager la
bataille. La mort d'Alexandre suivit bientôt ce premier acte
d'hostilité.

Hildebrand eut le crédit de se faire élire et introniser par le
peuple romain sans attendre la permission de l'empereur. [35] Bientôt il
obtint cette permission, en promettant d'être fidèle. Henri IV reçut
ses excuses. [36] Son chancelier d'Italie alla confirmer à Rome l'élection
du pape; [37] et Henri, que tous ses courtisans avertissaient de craindre
Grégoire VII, dit hautement que ce pape ne pouvait être ingrat à
son bienfaiteur; [38] mais à peine Grégoire est-il assuré du pontificat,
qu'il déclare excommuniés tous ceux qui recevront des bénéfices

80

85

79   MSP: [*manchette*] *1073.*//
84   MSP: pourrait
85-86   MSP: assuré de ce pontificat devenu un bienfait de l'empereur qu'il
déclara

[35] Le récit de Voltaire, très condensé, reproduit avec quelques ajouts provenant de
Fleury une manchette de Heiss ('Election de Grégoire VII sans la permission de
l'empereur, et sa confirmation par l'empereur lui-même' (ch.9, année 1075), mais
met en valeur la duplicité de Grégoire VII qui feint la soumission à l'empereur et
affirme qu'il est devenu pape malgré lui. Voltaire ne cite néanmoins pas un passage
d'une lettre du pape qui 'priait instamment' Henri IV de ne pas consentir à son
élection, 'lui déclarant que s'il demeurait pape, il était résolu de ne point laisser
impunis les crimes manifestes' dont l'empereur était chargé (Fleury, livre 62,
année 1073, §2).
[36] Voltaire suit Heiss: 'Ces excuses ayant été portées à l'empereur' (année 1075,
'Election de Grégoire VII').
[37] 'Grégoire, évêque de Verceil, chancelier du roi en Italie' (Fleury, livre 62,
année 1073, §2). La confirmation de l'élection est rapportée par Heiss (année 1075,
'Election de Grégoire VII').
[38] Chez Fleury, ceux que Voltaire appelle 'courtisans' sont 'les évêques allemands
et lombards' (année 1073, §2). La dernière phrase, qui suggère la candeur d'Henri IV,
peut apparaître comme une paraphrase de Barre: 'Henri fut le seul qui crut, ou qui
voulut bien croire, que cette démarche était sincère' (année 1073, t.4, p.155). Fleury
dit seulement qu'Henri IV fut satisfait de la réponse de Grégoire VII (année 1073,
§2).

des mains des laïques, et tout laïque qui les conférera. [39] Il avait conçu le dessein d'ôter à tous les collateurs séculiers le droit d'investir les ecclésiastiques. [40] C'était mettre l'Eglise aux prises avec tous les rois.

90 Son humeur violente éclate en même temps contre Philippe Ier roi de France. Il s'agissait de quelques marchands italiens que les Français avaient rançonnés. Le pape écrit une lettre circulaire aux évêques de France: 'Votre roi, leur dit-il, est moins roi que tyran; il passe sa vie dans l'infamie et dans le crime'; [41] et après ces paroles

95 indiscrètes, suit la menace ordinaire de l'excommunication. [42]

Bientôt après, tandis que l'empereur Henri est occupé dans une guerre civile contre les Saxons, [43] le pape lui envoie deux légats pour lui ordonner de venir répondre aux accusations intentées contre lui

---

88   w75G: collecteurs [erreur]
92   MSP: [manchette] Lettre de Grégoire VII contre le roi de France.
     MSP: écrivit
96   MSP: [manchette] 1075.

---

[39] Voltaire résume Heiss (année 1075), mais aussi Fleury (livre 62, année 1074, §9), qui montre Grégoire VII mettant de l'ordre dans l'Eglise. Fleury avait déjà parlé de 'l'abus des excommunications' sous Alexandre II (livre 61, année 1065, §15).

[40] Voltaire annonce ici la future Querelle des Investitures comme la conséquence d'un projet médité depuis longtemps par Grégoire VII.

[41] Voir notamment Bruys, année 1074.

[42] Voltaire suit Daniel (Histoire de France, Paris, 1729, BV938, t.3, année 1073), qui mentionne les marchands italiens, et reprend les termes de la lettre, déjà paraphrasée au style indirect par Daniel et Fleury, lequel parle d'"une lettre fulminante aux évêques' de France (livre 62, année 1074, §16). Voltaire ne reprend pas la suspicion de simonie évoquée par Daniel et Fleury (année 1073, §6); en revanche, ni l'un ni l'autre ne parlent expressément d'excommunication: Daniel évoque seulement les moyens dont usa Grégoire VII pour soulever le royaume contre lui, et Fleury dit qu'il menace les Français 'd'un anathème général' pour les encourager à désobéir à Philippe. Fleury ne mentionne la menace d'excommunication de Philippe que lors du concile de Rome de 1075 (§20).

[43] Heiss et Barre évoquent en de nombreux passages les guerres quasi permanentes opposant Henri IV aux Saxons dans les années 1074 et 1076.

d'avoir donné l'investiture des bénéfices, et pour l'excommunier en cas de refus.[44] Les deux porteurs d'un ordre si étrange trouvent l'empereur vainqueur des Saxons, comblé de gloire et plus puissant qu'on ne l'espérait. On peut se figurer avec quelle hauteur un empereur de vingt-cinq ans, victorieux et jaloux de son rang, reçut une telle ambassade. Il n'en fit pas le châtiment exemplaire, que l'opinion de ces temps-là ne permettait pas, et n'opposa en apparence que du mépris à l'audace: il abandonna ces légats indiscrets aux insultes des valets de sa cour.[45]

1076.

Presque au même temps le pape excommunia encore ces Normands, princes de la Pouille et de la Calabre, (comme nous l'avons dit précédemment). Tant d'excommunications à la fois

100

105

110

---

105   MSP: pas. Il n'opposa
106   MSP: l'audace et abandonna
108   MSP: excommuniait
109-10   MSP, 53-54N: Calabre qui avaient pris quelques terres revendiquées par l'Eglise. Tant
110   W56-W57G: dit au chapitre trentième.) Tant
      MSP: d'excommunications lancées à

---

[44] Voltaire suit Heiss: Grégoire VII envoya des légats qui ne cessèrent de dire l'empereur 'excommunié jusqu'à ce qu'il se fût justifié du crime de simonie dont il avait été accusé devant le pape précédent' (livre 2, ch.9, année 1075, p.345). Heiss et Bruys (année 1074) parlent de quatre légats, Barre de trois (année 1075), Fleury n'indique pas de nombre.

[45] En peignant un jeune souverain auréolé de gloire, Voltaire suit Bruys: 'L'empereur était alors accompagné de la plupart des princes de l'empire. Il avait glorieusement vaincu et réduit les Saxons. Tout semblait concourir à sa gloire' (année 1075, t.2, p.439). Le texte de la ligne 125 ('trop occupé en Allemagne') rend bien mieux compte de la situation réelle. Les autres sources de Voltaire mentionnent que l'empereur fut 'justement offensé', qu'il 'fit sortir les légats, et leur défendit de paraître devant lui' (Barre, années 1075-1076, t.4, p.217), que cette exigence constitue 'un attentat à la majesté impériale' (Heiss, ch.9, année 1076, 'Le pape fait ajourner l'empereur'). Selon Fleury, Henri IV, 'extrêmement offensé', chassa les légats 'honteusement' (livre 62, année 1075, §25).

paraîtraient aujourd'hui le comble de la folie. [46] Mais qu'on fasse réflexion que Grégoire VII en menaçant le roi de France, adressait sa bulle au duc d'Aquitaine vassal du roi, aussi puissant que le roi même; [47] que, quand il éclatait contre l'empereur, il avait pour lui une partie de l'Italie, la comtesse Mathilde, Rome, et la moitié de l'Allemagne; [48] qu'à l'égard des Normands, ils étaient dans ce temps-là ses ennemis déclarés: alors Grégoire VII paraîtra plus violent et plus audacieux qu'insensé. Il sentait qu'en élevant sa dignité au-dessus de l'empereur et de tous les rois, il serait secondé des autres Eglises, flattées d'être les membres d'un chef qui humiliait la puissance séculière. Son dessein était formé non seulement de secouer le joug des empereurs, mais de mettre Rome, empereurs et rois sous le joug de la papauté. Il pouvait lui en coûter la vie, il devait même s'y attendre, et le péril donne de la gloire.

---

111   MSP, 53-54N: aujourd'hui les effets [53-54N: l'effet] d'un excès [53-54N: accès] de folie.

W56-W68: aujourd'hui le comble de l'imprudence. Mais

116-17   MSP, 53-W57G: étaient [W56-W57G: alors] ses

118   MSP: audacieux, plus grand même qu'insensé

118-19   MSP: au-dessus de l'empire et

120   MSP, 53-54N: qui écrasait la

MSG: qui écraserait la

124   53-54N: donne au moins de

124-25   MSP: gloire. Plus il avait à craindre, plus il voulut se rendre vénérable.

---

[46] Sur l'excommunication de Robert Guiscard, voir ci-dessus, ch.40. L'expression 'tant d'excommunications' résume Fleury qui évoque également ici des excommunications en France et en Espagne (livre 62, année 1073, §8). C'est de Fleury (§9) que provient également la variante MSP, lignes 109-10: 'qui avaient pris quelques terres revendiquées par l'Eglise'.

[47] Voltaire évoque ici le passage de Daniel qui constitue l'arrière-plan des lignes 90-95: Grégoire VII n'écrivit pas seulement aux 'évêques de France', mais aussi 'à Guillaume comte de Poitiers et duc de Guyenne, pour l'exhorter à s'unir avec d'autres seigneurs français, et à représenter au roi sa mauvaise conduite' (année 1073, 'Il tâche de faire soulever le royaume', t.3, p.110-11).

[48] Ce passage de Voltaire synthétise les longs développements de Heiss et de Barre sur les troubles internes à l'empire.

Grégoire VII en prison. Henri IV trop occupé en Allemagne, ne pouvait passer en Italie. [49] 125
Il parut se venger d'abord moins comme un empereur allemand
que comme un seigneur italien. Au lieu d'employer un général et
une armée, il se servit, dit-on, d'un bandit nommé Cencius, très
considéré par ses brigandages, qui saisit le pape dans Sainte Marie
majeure dans le temps qu'il officiait; des satellites déterminés 130
frappèrent le pontife et l'ensanglantèrent. On le mena prisonnier

---

Ce fut lui qui en 1074 ordonna que désormais tous les hommes (depuis le dernier
citoyen jusqu'à l'empereur) qui seraient admis devant le pape, se prosterneraient et
lui baiseraient [MSG: prosterneraient lui] les pieds. On disait dans Rome que cette
cérémonie avait été autrefois en usage. Les empereurs romains en effet l'y avaient 5
introduite. Dioclétien avait eu le premier cet orgueil, lui qui depuis foula aux pieds les
grandeurs. [50] Constantin l'imita et le surpassa dans ce faste. Julien le méprisa en
philosophe et enfin le successeur de l'indigent et de l'humble [MSG: et l'humble] saint
Pierre ordonna au nom de Dieu que tout mortel lui baiserait [MSG: baisât] les pieds.
¶Henri IV 10

    127 MSP: un politique italien
           53-54N: un citoyen italien
    128 MSP: se servait
           53-54N: Senecius
    130 MSP: [*manchette*] *Grégoire VII outragé et battu dans Rome.*
    131 MSP: l'ensanglanter
    131-32 MSP: mena dans

[49] Ceci ressort de Barre, pour toute l'année 1075. La manchette vient également de
Barre ('Le pape outragé et mis en prison').
[50] En ce qui concerne l'origine du baisement des pieds signalée dans le passage
supprimé de MSP (lignes 124-25 var., ligne 6), Voltaire peut avoir trouvé cette
information dans L. Echard, *Histoire romaine depuis la fondation de Rome jusqu'à la
translation de l'Empire par Constantin* (t.6, 1728, livre 5, ch.7, §112; BV1200). Il
l'évoquait également dans 'De Dioclétien', publié pour la première fois en 1756 dans
les *Mélanges* de Cramer (*OCV*, t.45B, p.170; voir aussi, à ce sujet, ch.13, notre t.2,
p.238, n.23). La neuvième des '27 maximes' que Grégoire VII fait recevoir en 1075
par le concile de Rome stipule que: 'Tous les princes doivent baiser les pieds du pape'
(Bruys, année 1081), mais Fleury émet un doute sur l'authenticité des derniers
articles du *Dictatus papae*: 'il n'y a aucune preuve que Grégoire VII les ait dictés'
(livre 63, année 1081, §11).

dans une tour dont Cencius s'était rendu maître et on lui fit payer cher sa liberté. [51]

135   Henri IV agit un peu plus en prince, en convoquant à Vorms un concile d'évêques, d'abbés et de docteurs, dans lequel il fit déposer le pape. [52] Toutes les voix, à deux près, concoururent à la déposition. Mais il manquait à ce concile, des troupes pour l'aller faire respecter à Rome. Henri ne fit que commettre son autorité, en écrivant au

Déposé.

1076.

132-34   MSP: maître. Le peuple courut à la tour et arracha son évêque des mains de ces furieux. Cette entreprise fut honteuse pour l'empereur qu'on soupçonna d'avoir seulement excité de loin une sédition contre son sujet et donna au pape une apparence de martyr, qui le rendit plus vénérable aux Romains. ¶Henri IV
53-W75G: maître. ¶Henri IV
134-35   MSP: convoquant un concile d'évêques, d'abbés, et de docteurs, à Worms, dans
136   MSP: [*manchette*] *1076. Déposé et déposant.*

---

[51] Chez Fleury, c'est l'archevêque de Ravenne qui est l'instigateur de l'enlèvement de Grégoire VII par 'Cencius', membre de la famille noble des Cenci et fils d'un préfet de Rome, un 'débauché et un scélérat, fourbe, artificieux, accoutumé aux parjures et aux meurtres' et qui rançonne les passants. Voltaire souligne la dimension de brigandage en parlant de 'satellites' là où Fleury emploie 'conjurés'. La dernière phrase du récit de Voltaire, qui suggère le versement d'une rançon, contredit Fleury, qui dit seulement que Cencius, en fuite, 'détruisit tout ce qu'il put des terres de l'Eglise' (livre 62, année 1075, §26), et Barre (année 1075, 'Le pape outragé et mis en prison'). Ni Barre, ni Fleury, ni Bruys (année 1075) ne suggèrent qu'on soupçonna Henri IV de ce forfait, mais Fleury mentionne néanmoins que le fils de Robert Guiscard dut annoncer à Henri IV qu'il pourrait 'lui mener le pape'. La leçon de MSP (lignes 132-34 var.) est sans doute due à une lecture hâtive de Bruys, qui mentionne que Guibert, archevêque de Ravenne, 'songeait, dit-on, à se faire pape lui-même' (année 1075, 'Conjuration à Rome', t.2, p.440; même expression chez Fleury), et qu'il 'se servit du cardinal Hugues le Blanc, pour exciter contre le pontife, Robert Guiscard, et l'empereur Henri', ce dont Voltaire pourrait tirer 'excité de loin une sédition'. Le fait que cet épisode ait rendu le pape 'plus vénérable aux Romains' peut venir de Bruys: le peuple de Rome 'fut extrêmement touché de le [Grégoire] voir couvert de sang' (p.441) ou de Fleury.
[52] Voltaire suit Fleury, année 1074, §28.

pape qu'il le déposait, et au peuple romain qu'il lui défendait de
reconnaître Grégoire. [53]   140

Déposant.   Dès que le pape eut reçu ces lettres inutiles, il parla ainsi dans un
concile à Rome: 'De la part de Dieu tout-puissant, et par notre
autorité, je défends à Henri, fils de notre empereur Henri, de
gouverner le royaume teutonique et l'Italie: j'absous tous les
chrétiens du serment qu'ils lui ont fait ou feront: et je défends   145
que qui que ce soit le serve jamais comme roi.' [54] On sait que c'est là le
premier exemple d'un pape qui prétend ôter la couronne à un
souverain. [55] Nous avons vu auparavant des évêques déposer Louis le
Débonnaire; mais il y avait au moins un voile à cet attentat. [56] Ils
condamnaient Louis, en apparence seulement, à la pénitence   150
publique; et personne n'avait jamais osé parler depuis la fondation
de l'Eglise comme Grégoire VII. [57] Les lettres circulaires du pape
respirèrent le même esprit que sa sentence. Il y redit plusieurs fois
que les évêques sont au-dessus des rois et faits pour les juger:

141   w56-w57G: [*manchette*] *1076.*

142   MSP: concile tenu à

142-143   53-54N: par votre autorité

143   MSP: de l'empereur

150   MSP: apparence à

[53] Cf. Heiss (ch.9, année 1076) et Fleury (année 1075, §28).

[54] Fleury reproduit le texte intégral de la déposition d'Henri IV, contenant le
passage cité ici par Voltaire (année 1076, §29).

[55] Cette idée est un lieu commun: elle se trouve en particulier chez Heiss (année
1076, 'Le pape fait ajourner l'empereur') et Fleury (année 1076, §29), qui comme
Jurieu mentionne Otto von Freising, lequel parle d''attentat' (Jurieu, année 1076,
p.105). Dans l'art. 'Grégoire VII' des *QE*, Voltaire critiquera Maimbourg qui voit en
Grégoire le premier pape qui ait déposé un empereur et lui oppose les exemples
antérieurs du pape Zacharie, qui couronna Pépin, 'usurpateur du royaume des
Francs', puis de Léon III qui déclara Charlemagne empereur d'Occident (p.315).

[56] Voir ch.23, notre t.2, p.352-60.

[57] Daniel: 'L'empereur est accusé devant une assemblée d'évêques' et 'condamné
à faire pénitence', mais Daniel parle de 'pénitence pour le reste de sa vie' imposée 'en
présence de Lothaire', et non de pénitence 'publique' (année 833, p.257-59). Voir
aussi ch.23, notre t.2, p.357-58.

155 expressions non moins adroites que hardies, qui devaient ranger
sous son étendard tous les prélats du monde. [58]

Il y a grande apparence que quand Grégoire VII déposa ainsi son
souverain par de simples paroles, [59] il savait bien qu'il serait secondé
par les guerres civiles d'Allemagne, qui recommencèrent avec plus
160 de fureur. [60] Un évêque d'Utrecht avait servi à faire condamner
Grégoire. On prétendit que cet évêque mourant d'une mort

155 MSP: adroites qu'audacieuses qui
155-57 53-54N: adroites qu'audacieuses. ¶Il
156 MSP: monde contre l'autorité séculière et jusqu'aux prélats mêmes qui
s'étaient déclarés contre lui.
160-61 MSP, 53-54N: fureur. La mort d'un évêque d'Utrecht qui avait le plus
servi à faire condamner le pape servit encore à ramener beaucoup d'Allemands à
Grégoire

[58] L'expression 'lettres circulaires' semble de Voltaire, mais il ressort que
Grégoire VII ne cesse d'écrire aux évêques et aux rois (Fleury, livre 63, année
1080, §1-7; année 1081, §10, 11; Bruys, années 1080, 1081): la question du pouvoir du
pape sur les souverains temporels et sa volonté d'humilier les rois sont récurrentes
dans sa correspondance. Fleury mentionne également une 'Lettre aux Allemands'
(livre 62, année 1076, §33), où Grégoire, qui a envoyé aussi 'à tous les fidèles le décret
contre le roi Henri', nie que la dignité royale soit au-dessus de la dignité épiscopale
(année 1076, §30, p.305). Et Fleury de conclure: 'On y voit les fondements de cette
doctrine inouïe jusqu'alors, que le pape eut droit de déposer les souverains' (année
1076, §32).
[59] En évoquant 'son souverain', c'est au roi d'Italie que Voltaire fait allusion; il
entend surtout par cette formule souligner l'illégitimité de la démarche du pape.
Cf. Le Cri des nations (1769), §'De l'indépendance des souverains': 'Toute
monarchie, toute république n'a que Dieu pour maître: c'est le droit naturel, c'est
le droit de propriété. [...] On se réintègre dans le droit naturel, contre l'usurpation,
quand on a du courage; on reprend son royaume des mains du pape, quand on a le
sens commun' (M, t.27, p.570).
[60] Voltaire évoque une stratégie mûrement raisonnée de la part de Grégoire VII
alors que Heiss n'y voit que les conséquences de la déposition, l'empereur 'voyant
presque tous les princes de l'empire soulevés et armés contre lui, à l'instigation du
pape' (ch.9, année 1076, 'L'empereur dégradé par le pape'). La reprise des guerres
entre seigneurs allemands ressort clairement aussi de Barre (année 1076). Fleury
écrit que de nombreux évêques 'n'employèrent le prétexte de la religion et de
l'autorité du pape, que pour ruiner celle du roi' (livre 62, année 1076, §33).

soudaine et douloureuse, s'était repenti de la déposition du pape comme d'un sacrilège. Les remords vrais ou faux de l'évêque en donnèrent au peuple. [61] Ce n'était plus le temps où l'Allemagne était unie sous les Othons. Henri IV se vit entouré près de Spire par l'armée des confédérés, qui se prévalaient de la bulle du pape. [62] Le gouvernement féodal devait alors amener de pareilles révolutions. Chaque prince allemand était jaloux de la puissance impériale, comme le haut baronnage en France était jaloux de celle de son roi. Le feu des guerres civiles couvait toujours, et une bulle lancée à propos pouvait l'allumer. [63]

Les princes confédérés ne donnèrent la liberté à Henri IV qu'à

165

170

---

164   MSP: aux peuples
166-72   53-54N: pape. ¶Les princes
167-68   MSP: de ces révolutions et il est étonnant qu'il n'y en ait pas eu davantage. Chaque
169   MSP: comme chaque prince français de celle
171   MSP: propos devait l'allumer.

---

[61] Cet épisode, absent chez Heiss, est rapporté par Fleury, qui évoque 'Guillaume évêque d'Utrecht'. Il s'agit de Willem van Gelre, évêque d'Utrecht de 1054 à 1076, qui s'était déjà acharné contre Grégoire VII (livre 62, année 1076, §28) et qui 'pour faire sa cour au prince, déclamait furieusement contre le pape', l'appelant parjure, adultère et faux apôtre (§31). L'évêque, tombé malade et décédé un mois plus tard, vit dans sa maladie 'un juste jugement de Dieu' pour son soutien apporté aux 'mauvaises intentions du roi' (§28, 31, p.303-304). Les lignes 163-64 sont un commentaire de Voltaire qui, une nouvelle fois, à l'inverse de Fleury, Barre et Heiss, établit des liens, souligne des effets d'entraînement.

[62] Sur le 'temps des Othons', voir notre t.2, ch.34-37. L'expression de 'confédérés' est de Voltaire. L'invocation de la bulle du pape apparaît comme une réécriture de Fleury (année 1076, §36). Ce passage résume l'assemblée de Tribur près de Mayence en octobre 1076 (Barre, année 1076), dans laquelle les adversaires d'Henri IV, 'résolus absolument' à le déposer, entraînent un 'grand nombre d'autres [seigneurs], qui jusques-là avaient été fort attachés au parti du roi' (Fleury, année 1076, §36).

[63] Ce commentaire sur la féodalité, nourri de réminiscences de Heiss, Fleury ou Barre (pour lequel de nombreux seigneurs trouvent leur profit à priver Henri de la couronne), est typique de la piètre opinion de Voltaire à l'égard de ce système. Voir, par exemple, 'l'anarchie féodale' décrite au ch.96.

condition qu'il vivrait en particulier et en excommunié dans Spire, *Henri IV*
sans faire aucune fonction ni de chrétien, ni de roi, en attendant que *persécuté.*
175 le pape vînt présider dans Augsbourg à une assemblée de princes et
d'évêques, qui devait le juger. 64

Il paraît que des princes qui avaient le droit d'élire l'empereur,
avaient aussi celui de le déposer; mais vouloir faire présider le pape
à ce jugement, c'était le reconnaître pour juge naturel de l'em-
180 pereur et de l'empire. Ce fut le triomphe de Grégoire VII et de la
papauté. Henri IV réduit à ces extrémités, augmenta encore
beaucoup le triomphe. 65

Il voulut prévenir ce jugement fatal d'Augsbourg et par une *Demande pardon*
résolution inouïe, passant les Alpes du Tyrol avec peu de *au pape à*
185 domestiques, il alla demander au pape son absolution. 66 *genoux.*

173   MSP: excommunié à Spire

176-78   MSP, 53-54N: juger [MSP: définitivement]. ¶Il est certain que des princes
qui avaient [MSP: eu] le droit d'élire l'empereur avaient eu [53-54N: aussi] celui

179   MSP: pour le juge

183   MSP: [*manchette*] *Henri IV demandant pardon pieds nus.*

185-86   MSP: absolution, croyant que s'il la recevait, ses ennemis seraient sans
prétexte, si on la lui refusait, l'injustice du pape lui rendrait des amis, et qu'enfin le
temps lui procurerait quelque changement heureux. ¶Grégoire VII

64 La manchette de la ligne 172 peut être directement inspirée d'une manchette de
Bruys: 'Mauvais traitement fait à l'empereur' (année 1077). Les précisions apportées
aux lignes 173-74 proviennent de Barre (année 1076, 'L'empereur est forcé de se
soumettre'). Par quelques expressions ('armée des confédérés') et par la concision
même des lignes 172-173, Voltaire évoque une violence contre Henri IV qu'il montre
dans l'incapacité absolue d'exercer ses fonctions de roi, une paralysie politique, une
attente humiliante de l'arrivée du pape, alors que Fleury et Barre suggèrent
seulement une forte entrave.

65 Ce commentaire reprend une expression de Heiss: la fulmination papale contre
Henri IV, générant un soulèvement des princes, 'réduisit l'empereur à une telle
extrémité' qu'il décida de se rendre à Canossa (ch.9, année 1076).

66 Selon Fleury, Henri 'ne crut pas sûr d'attendre que le pape vînt en Allemagne,
où il aurait à soutenir la présence [...] [d']accusateurs obstinés à sa perte' (année 1076,
§37). A l'inverse de Jurieu, Voltaire ne le présente pas ici comme un 'grand prince
abandonné par ses sujets' (année 1076, p.105). Le passage par 'les Alpes du Tyrol'

Grégoire VII était alors avec la comtesse Mathilde dans la ville de Canosse, l'ancien Canusium, sur l'Apennin près de Reggio, forteresse qui passait alors pour imprenable.[67] Cet empereur, déjà célèbre par des batailles gagnées, se présente à la porte de la forteresse, sans gardes, sans suite. On l'arrête dans la seconde   190
enceinte. On le dépouille de ses habits. On le revêt d'un cilice. Il reste pieds nus dans la cour: c'était au mois de janvier 1077. On le fit jeûner trois jours, sans l'admettre à baiser les pieds du pape, qui pendant ce temps était enfermé avec la comtesse Mathilde, dont il était depuis longtemps le directeur. Il n'est pas surprenant que les   195
ennemis de ce pape lui aient reproché sa conduite avec Mathilde. Il est vrai qu'il avait soixante-deux ans; mais il était directeur, Mathilde était femme, jeune et faible. Le langage de la dévotion, qu'on trouve dans les lettres du pape à la princesse, comparé avec les emportements de son ambition, pouvait faire soupçonner que la   200
religion servait de masque à toutes ses passions. Mais aucun fait, aucun indice n'a jamais fait tourner ces soupçons en certitude. Les hypocrites voluptueux n'ont ni un enthousiasme si permanent, ni

186   MSP: [*manchette*] *1077*.
188   MSP: qui passait pour imprenable
       53-54N: qui paraissait pour lors imprenable
201-206   MSP, 53-54N: à [53-54N: toutes] ses passions. Mais d'ailleurs aucun fait ni aucun indice n'a jamais pu faire tourner ces soupçons en certitude. ¶Enfin
202   w56-w68: en vraisemblance.

contredit ses sources: Fleury et Barre disent expressément qu'il renonce à passer par la Bavière (donc par le Brenner et le Tyrol), qu'il sait surveillée, et traverse la Bourgogne et la Savoie (Fleury, §37; Barre, années 1076-1077).

[67] La localisation précise vient de Fleury, qui écrit que c'est Mathilde qui conseilla au pape, inquiet de cette arrivée inopinée de l'empereur, de se retirer 'dans une forteresse qu'elle avait en Lombardie' (année 1076, §39). Cette forteresse est dite 'inespugnabile' par Muratori (année 1077), 'imprenable' par Maimbourg (livre 3, année 1077).

un zèle si intrépide. Grégoire passait pour austère, et c'était par là
205 qu'il était dangereux. [68]

Enfin, l'empereur eut la permission de se prosterner aux pieds du
pontife, qui voulut bien l'absoudre, en le faisant jurer qu'il
attendrait le jugement juridique du pape à Augsbourg, et qu'il
lui serait en tout parfaitement soumis. Quelques évêques, et
210 quelques seigneurs allemands du parti de Henri, firent la même
soumission. [69] Grégoire VII se croyant alors, non sans vraisemblance, le maître des couronnes de la terre, écrivit dans plusieurs
lettres que son devoir était d'abaisser les rois. [70]

La Lombardie, qui tenait encore pour l'empereur, fut si indignée
215 de l'avilissement où il s'était réduit, qu'elle fut prête de l'aban-

L'Italie prend parti contre le pape.

207   MSP: voulut l'absoudre
210   MSP, 53-54N: de l'empereur
211-12   MSP, 53-54N: sans raison, le

[68] Pour la première partie du récit de la rencontre de Canossa, l'attente d'Henri IV,
Voltaire suit Heiss (livre 2, ch.9, année 1077, 'Mauvais traitement fait à l'empereur'),
ajoutant quelques détails ('on le dépouille de ses habits', ligne 191) tirés de Bruys, qui
les emprunte à Maimbourg (année 1077). Voltaire accentue cependant la violence
faite à Henri, écrivant qu''on' le dépouille, alors que chez Bruys et Maimbourg, il se
dépouille lui-même. Les allusions à Mathilde – non dépourvues de perfidie, car
Voltaire n'ajoute pas plus foi que Jurieu aux rumeurs d'un éventuel 'commerce
criminel' entre elle et le pape (année 1077, p.102) – encadrent le récit comme pour
souligner que l'essentiel, c'est la réputation de Grégoire VII, d'où la conclusion du
paragraphe. Dans l'art. 'Grégoire VII' des *QE*, Voltaire conclut: 'Je n'examine pas s'il
fut en effet son amant' (p.316), car seul compte qu'il ait été son héritier.
[69] Aucune des sources de Voltaire ne parle dans ce contexte de 'prosternation'.
Mais toutes insistent sur les conditions que le pape impose à Henri, avant de l'assurer
de son soutien. La promesse de se présenter à Augsbourg est chez Fleury assortie
d'autres conditions que Voltaire ne mentionne pas. L'allusion aux seigneurs
allemands fidèles à Henri IV qui durent faire la même soumission est une paraphrase
un peu infidèle de Fleury: plusieurs évêques et seigneurs de sa suite 'jurèrent sur les
reliques, que le roi observerait inviolablement tout ce qu'il avait promis' (livre 62,
année 1077, §40).
[70] La référence aux lettres, en relation avec le projet politique de Grégoire VII
développé dans tout ce chapitre, désigne comme source un commentaire de Fleury
portant en manchette: 'Prétentions du pape sur tous les royaumes' (livre 63, année
1081, §11).

donner. On y haïssait Grégoire VII beaucoup plus qu'en Allemagne. Heureusement pour l'empereur, cette haine des violences
du pape l'emporta sur l'indignation qu'inspirait la bassesse du
prince. [71] Il en profita: et par un changement de fortune nouveau pour
des empereurs teutoniques, il se trouva enfin très fort en Italie,   220
quand l'Allemagne l'abandonnait. Toute la Lombardie fut en
armes contre le pape, tandis que Grégoire VII soulevait l'Allemagne contre l'empereur. [72]

  D'un côté, ce pape agissait sous main pour faire élire un autre
César en Allemagne: et Henri n'omettait rien pour faire élire un   225
1078. autre pape par les Italiens. [73] Les Allemands élurent donc pour
empereur Rodolphe duc de Souabe: et d'abord Grégoire VII écrivit
qu'il jugerait entre Henri et Rodolphe, et qu'il donnerait la
couronne à celui qui lui serait le plus soumis. [74] Henri s'étant plus

216 MSP, 53-54N: y détestait Grégoire VII
217-18 MSP: haine contre la violence du
219 MSP, 53-54N: changement [53-54N: de fortune] inouï pour
225 MSP: César par les Allemands
226 MSP: pape. ¶Les Allemands
226 MSP: [*manchette*] *1077.*
229 MSP: s'était

[71] Voltaire combine manifestement Fleury (livre 62, année 1077, §41, 'Indignation
des Lombards') et Heiss (ch.9, année 1077).
[72] Que Grégoire VII soulève l'Allemagne reprend, en le condensant, Heiss, de
même que la ligne 220 (l'empereur 'se trouva très fort en Italie') le récrit: il 'se rangea
[au] sentiment des princes des Etats, et des villes d'Italie' (Heiss, année 1077).
[73] Voltaire suit Heiss (année 1077) et Fleury, qui expose longuement la
préparation de l'assemblée de Forchheim (initialement prévue à Augsbourg) par
des évêques qui intriguent auprès des princes allemands (année 1077, §42).
[74] Le 15 mars 1077, à Forchheim non loin de Nuremberg, Rodolphe de Souabe ou
de Rheinfelden, beau-frère d'Henri IV, est élu roi de Germanie, ou plutôt 'antiroi',
puisque sa légitimité est aussitôt contestée. Il est couronné à Mayence le 26 mars.
Voltaire suit Heiss, qui souligne que les princes allemands tirent prétexte de
l'excommunication d'Henri IV (années 1077-1078). Fleury précise que les seigneurs
allemands sont libres d'élire Rodolphe, puisque Grégoire VII n'a rendu à Henri IV
que 'la communion de l'Eglise et non pas la royauté' (année 1077, §42). Fleury parle

230 fié à ses troupes qu'au Saint-Père, mais ayant eu quelques mauvais
succès, le pape plus fier, excommunia encore Henri en 1080. [75] 'Je
lui ôte la couronne, dit-il, et je donne le royaume teutonique à
Rodolphe': et pour faire croire qu'il donnait en effet les empires, il
fit présent à ce Rodolphe d'une couronne d'or, où ce vers était
235 gravé. [76]

*Grégoire VII
donne l'empire.*

230   MSP: troupes rassemblées par son parti en Allemagne qu'au
231   MSP: pape fut plus

---

d'une 'incertitude du pape' qui paraît ne pas tenir 'le droit de Rodolphe pour
incontestable' (§44). Grégoire VII demande à des légats de vérifier lequel des deux
assurerait le mieux sa sécurité, et il insiste sur l'obéissance qu'ils lui doivent. Voltaire
suggère un marchandage alors que Fleury laisse entrevoir une méfiance égale du
pape envers les deux souverains.

[75] L'expression de 'mauvais succès' se trouve chez Barre, mais à propos de
Rodolphe, qui ne put prendre en août 1078 la ville de Würzburg après un mois de
siège (année 1078, 'Rodolphe assiège Wirtzbourg', t.4, p.258). Les sources ortho-
graphient chacune d'une façon différente le nom de la bataille qui eut lieu à Flarchheim,
au nord d'Eisenach, en Thuringe, le 27 janvier 1080; Heiss la situe près de 'Flatersheim'
en janvier 1079 (ch.9); J. Le Royer de Prade mentionne le 26 janvier 1079 une bataille
près de 'Flaterheim' ('victoire et défaite presque égales', *Histoire d'Allemagne*, Paris,
1677, p.136; éd. 1684, p.170). Pour Fleury, une bataille en janvier 1080, à 'Flatecheim',
voit une défaite d'Henri IV, 'réduit à prendre la fuite' (livre 63, §1), et Barre évoque une
bataille près de 'Fradheim', sur l'Unstrut, rivière saxonne, le 27 janvier 1080, au terme
de laquelle les troupes d'Henri IV se retirent en bon ordre. Rodolphe écrit à Grégoire
'pour lui apprendre l'avantage qu'il avait pris sur Henri' (Barre, année 1080, 'Action
entre Henri et Rodolphe', t.4, p.262). La nouvelle excommunication mentionnée par
Voltaire est obtenue, selon Heiss, à la demande des évêques allemands soutenant
Rodolphe ('Bataille célèbre'); selon Barre, à la demande du légat de Rodolphe, parce
que le pape croit 'les affaires d'Henri désespérées' ('Plainte de Rodolphe contre
Henri'). Inversement, Fleury présente cette excommunication comme une décision du
pape, sans mention d'aucune demande.

[76] Les lignes 231-35 et la citation des lignes 231-33 sont en fait la compression d'un
passage de Fleury concernant l'excommunication d'Henri, lors du concile de Rome
de 1080 (livre 63, année 1080, §1), mais il n'est pas question chez Fleury d'une
couronne d'or. Cette indication se trouve en revanche chez Jurieu (p.100), et chez
Heiss (année 1080, 'Henri est encore excommunié'). Seul Voltaire commente ces
vers et précise qu'ils sont 'gravés'.

Petra dedit Petro, Petrus diadema Rodolpho.

La pierre a donné à Pierre la couronne, et Pierre la donne à Rodolphe.

Ce vers rassemble à la fois un jeu de mots puéril et une fierté qui étaient également la suite de l'esprit du temps.

Henri IV donne   Cependant, en Allemagne le parti de Henri se fortifiait. [77] Ce
la papauté.   même prince, qui couvert d'un cilice et pieds nus, avait attendu trois jours la miséricorde de celui qu'il croyait son sujet, prit deux résolutions plus hardies, de déposer le pape, et de combattre son
1080.   compétiteur. Il rassemble à Brixen dans le Tyrol une vingtaine d'évêques, qui chargés de la procuration des prélats de Lombardie, excommunient et déposent Grégoire VII, *comme fauteur des tyrans, simoniaque, sacrilège et magicien.* [78] On élit pour pape dans cette

240

245

237   MSP: *Pierre le diadème, et*

238-42   MSP, 53-54N: *Rodolphe.* ¶On voit que ce vers rassemble à la fois le jeu de mots le plus méprisable et la fierté la plus hautaine. ¶Le temps rétablissait cependant en Allemagne le parti de Henri. Ce même

245-46   MSP, 53-54N: Il assembla [53-54N: rassemble] en 1080 une vingtaine d'évêques dans le Tyrol qui

247-48   MSP, 53-54N: Grégoire VII. On

[77] Cf. Bruys: 'Cependant, l'empereur Henri reprenait le dessus, et remportait chaque jour de nouveaux avantages sur son concurrent' (année 1080, t.2, p.470); cf. aussi Fleury et Barre.

[78] Voltaire simplifie pour souligner que l'initiative de cette riposte revient à Henri IV. Selon Heiss, l'empereur fit s'assembler à Mayence dix-neuf évêques d'Allemagne, lesquels lui proposèrent de convoquer un concile à Brixen, qu'il présida et qui réunit trente évêques (année 1080). S. Pufendorf suggère aussi une initiative d'Henri IV (*Introduction à l'histoire générale de l'univers*, Amsterdam, 1722, t.3, ch.8, §16, 'Il dépose le pape'). Fleury attribue l'initiative aux seuls évêques (livre 63, année 1080, §3). La simplification peut venir de Barre: 'la plupart des seigneurs et des prélats furent si scandalisés par la conduite de Grégoire, qu'il engagèrent l'empereur Henri à convoquer les évêques de Germanie pour faire le procès au pape, et le déposer' (année 1080, t.4, p.265). Aucune des sources n'évoque les prélats de Lombardie. Fleury parle de 'seigneurs d'Italie et d'Allemagne' réunis à Brixen (livre 63, année 1080, §3), et Heiss seulement d'évêques d'Italie. Tout comme Barre, Bruys

assemblée Guibert, archevêque de Ravenne.[79] Tandis que ce
250 nouveau pape court en Lombardie exciter les peuples contre
Grégoire, Henri IV à la tête d'une armée, va combattre son rival
Rodolphe.[80] Est-ce excès d'enthousiasme, est-ce ce qu'on appelle
fraude pieuse, qui portait alors Grégoire VII à prophétiser que
Henri serait vaincu et tué dans cette guerre? *Que je ne sois point*
255 *pape*, dit-il dans sa lettre aux évêques allemands de son parti, *si cela
n'arrive avant la Saint Pierre*. La saine raison nous apprend que
quiconque prédit l'avenir, est un fourbe ou un insensé. Mais
considérons quelles erreurs régnaient dans les esprits des
hommes. L'astrologie judiciaire fut toujours la superstition des
260 savants. On reproche à Grégoire d'avoir cru aux astrologues.
L'acte de sa déposition à Brixen porte, qu'il se mêlait de deviner,
d'expliquer les songes; et c'est sur ce fondement qu'on l'accusait de
magie. On l'a traité d'imposteur au sujet de cette fausse et étrange
prophétie. Il se peut faire qu'il ne fût que crédule, emporté et fou
265 furieux.[81]

*Grégoire VII
accusé de magie.*

252-67   MSP, 53-54N: Rodolphe. Il l'atteint la même année en octobre auprès de
Mersbourg en Saxe. La victoire fut indécise, mais il gagna plus qu'une victoire.
¶Godefroi de Bouillon, beau-frère de la
252-53   MSP: [*manchettes*] *1080.* / *1081.*
264-66   w56-w68: crédule. ¶Sa

ne parle également que de 'seigneurs d'Italie et d'Allemagne, assemblés à Brixen
dans le Tirol' (livre 2, année 1080, t.2, p.471), et non de Lombards. La citation en
italiques combine un passage de Bruys (année 1080) et un autre de Barre (année 1077,
'Embarras de l'Empereur').
    [79] Il s'agit de l'antipape Clément III (1080-1100), membre depuis longtemps du
parti impérial.
    [80] Barre dit seulement que Guibert, le nouveau pape, 'marcha en Italie' (année
1080, 'Election de l'antipape Guibert', t.4, p.266). Voltaire donne de la vivacité en
condensant le récit déjà bref chez Heiss (année 1080), mais surtout il souligne les
effets de symétrie: deux papes, deux empereurs.
    [81] Heiss rapporte que Grégoire VII avait prédit 'que cette année-là mourrait un faux
roi' (année 1080, n.*a*). Mais l'expression 'excès d'enthousiasme' (ligne 252) est de
Voltaire, qui la reprend dans l'art. 'Grégoire VII' des *QE* (p.317). Voltaire développe
ce motif de la 'prédiction', seulement mentionnée par Heiss en note, et absente chez

Sa prédiction retomba sur Rodolphe sa créature. Il fut vaincu.
Godefroi de Bouillon neveu de la comtesse Mathilde, le même qui
depuis conquit Jérusalem, tua dans la mêlée cet empereur que le
pape se vantait d'avoir nommé. Qui croirait qu'alors le pape, au
lieu de rechercher Henri, écrivit à tous les évêques teutoniques,
qu'il fallait élire un autre souverain, à condition qu'il rendrait
hommage au pape comme son vassal? De telles lettres prouvent
que la faction contre Henri en Allemagne était encore très
puissante. [82]

C'était dans ce temps même que ce pape ordonnait à ses légats en
France d'exiger en tribut un denier d'argent par an pour chaque
maison, ainsi qu'en Angleterre. [83]

Il traitait l'Espagne plus despotiquement; il prétendait en être le
seigneur suzerain et domanial; et il dit dans sa seizième épître, qu'il

1080.

270

275

---

272   MSP: vassal? *Quant à la Saxe*, disait-il, *Charlemagne ne l'a conquise que pour
la donner à Saint-Pierre et elle m'appartient.* De
275   MSP: temps-là que le pape
276   MSP: d'argent pour
278   MSP: [*manchette*] *Grégoire VII parle en maître à tous les rois.*
      MSG: prétendit

Fleury, mais il disculpe quelque peu Grégoire VII, en invoquant le contexte culturel
des croyances médiévales. La citation 'Que je ne sois point pape' se trouve chez Barre
(t.4, p.270) et chez Bruys (t.2, p.474) avec de légères variantes. Le terme de 'fourbe'
(ligne 257) est utilisé par Jurieu (p.104).

[82] Voltaire paraphrase Fleury: 'Nous voyons quelle était la prétention du pape sur
[le Saint Empire] [...], par le serment qu'il voulait que l'on exigeât du roi qui serait élu
à la place de Rodolphe; savoir de lui rendre hommage comme son vassal' (livre 63,
année 1081, §11). Mais, dans ce contexte, aucun des historiens ne mentionne de lettres
envoyées à 'tous les évêques teutoniques'. Barre (année 1081, 'Le pape tient un
concile') et Bruys (année 1080) n'évoquent que deux lettres à un évêque et à un abbé.

[83] Sur le 'denier de saint Pierre' réclamé à Harold, puis à Guillaume le
Conquérant, voir ch.40, lignes 178-79; ch.42, ligne 182; ch.48, ligne 103; ch.68,
lignes 98-99; également Fleury (livre 61, année 1070, §34), Bruys (année 1081,
'Prétentions du pape, 2'), et Barre (année 1081, 'Conduite du roi d'Angleterre').

280 vaut mieux qu'elle appartienne aux Sarrasins, que de ne pas rendre hommage au Saint-Siège. [84]

Prétentions absurdes de Grégoire VII.

Il écrivit au roi de Hongrie Salomon, roi d'un pays à peine chrétien: 'Vous pouvez apprendre des anciens de votre pays que le royaume de Hongrie appartient à l'Eglise romaine.' [85]

285 Quelque téméraires que paraissent les entreprises, elles sont toujours la suite des opinions dominantes. Il faut certainement que l'ignorance eût mis alors dans beaucoup de têtes, que l'Eglise était la maîtresse des royaumes, puisque le pape écrivait toujours de ce style. [86]

282 MSP: d'un royaume à peine
286 MSP, 53-54N: suite de l'esprit du temps. Il
289-90 MSP: style. Il semblait profiter d'un préjugé plutôt qu'établir une opinion toute nouvelle. ¶Son

[84] La manchette est inspirée de celles de Fleury (livre 63, année 1081, §11) et Bruys (année 1081). Daniel intitule une manchette 'Sa conduite violente envers les souverains' (année 1073). Bruys énumère tous les royaumes auxquels Grégoire prétend, et Fleury mentionne aussi ses prétentions sur la Dalmatie et la Russie, ainsi que son 'soin des Eglises éloignées' comme celle d'Arménie ou de Suède (livre 62, année 1079, §64). Voltaire ne retient que deux exemples, la Hongrie et l'Espagne. Cette dernière illustre le dogmatisme de Grégoire VII: selon Fleury, il prétendait en effet qu'avant l'invasion des Sarrasins, elle appartenait à saint Pierre, 'et qu'il aimait mieux qu'elle demeurait à ces infidèles, que d'être occupée par des chrétiens qui n'en fissent pas hommage au Saint-Siège' (livre 63, année 1081, §11; même affirmation chez Daniel, année 1073). L'expression 'seigneur suzerain et domanial' apparaît comme une réécriture de Bruys ('un domaine qui lui appartenait en souveraineté', année 1081, 'Prétentions du pape, 5', t.2, p.480); même idée chez Fleury (livre 62, année 1073, §1).

[85] La citation se trouve chez Fleury (livre 63, année 1081, §11), ainsi que chez Barre avec une légère variante: 'patrie' au lieu de 'pays' (année 1075, t.4, p.210), ce qui confirme l'hypothèse que Voltaire exploite d'abord Heiss et Fleury, puis insère dans son récit des détails supplémentaires issus en particulier de Barre et de Bruys. Le roi Salomon (1063-1074) est mentionné par Bruys et par Barre. Le 'royaume à peine chrétien' constitue une légère hyperbole qui fait allusion à la christianisation tardive des Hongrois.

[86] L'explication par le contexte historique, 'l'esprit du temps', est une constante chez Voltaire (voir, par exemple, ci-dessous, ch.55, ligne 104; ch.64, ligne 102; et ch.70, ligne 8), qui relativise ainsi ce que peuvent avoir d'étonnant pour le lecteur certains événements ou 'entreprises' du passé. Voir à ce sujet B. Bernard, art. 'Histoire', *DgV*, p.592, 'La philosophie de l'histoire'.

Grande et vraie
donation au
siège de Rome.

Son inflexibilité avec Henri n'était pas non plus sans fondement. 290
Il avait tellement prévalu sur l'esprit de la comtesse Mathilde,
qu'elle avait fait une donation authentique de ses Etats au Saint-
Siège, s'en réservant seulement l'usufruit sa vie durant. On ne sait
s'il y eut un acte, un contrat de cette concession. La coutume était
de mettre sur l'autel une motte de terre quand on donnait ses biens à 295
l'Eglise: des témoins tenaient lieu de contrat. On prétend que
Mathilde donna deux fois tous ses biens au Saint-Siège. (*a*)

La vérité de cette donation, confirmée depuis par son testament,
ne fut point révoquée en doute par Henri IV. C'est le titre le plus
authentique que les papes aient réclamé. Mais ce titre même fut un 300
nouveau sujet de querelles. La comtesse Mathilde possédait la
Toscane, Mantoue, Parme, Reggio, Plaisance, Ferrare, Modène,
une partie de l'Ombrie et du duché de Spolette, Vérone, presque
tout ce qui est appelé aujourd'hui le Patrimoine de Saint-Pierre, de
Viterbe jusqu'à Orviette, avec une partie de la marche d'Ancone. 305

Henri III avait concédé l'usufruit de cette marche d'Ancone aux
papes; mais cette concession n'avait pas empêché la mère de la
comtesse Mathilde de se mettre en possession des villes qu'elle

(*a*) Voyez les *Questions sur l'Encyclopédie* à l'article *Donations*.

292-93 MSP: Saint-Siège, dès l'an 1077, s'en
293-318 MSP: durant. Il est difficile de penser que Mathilde donnât ainsi son
bien par politique. Peut-être était-ce plutôt une femme qui donnait à son directeur,
qu'une princesse qui assurait ses Etats en les léguant à un souverain. Le pape qui
disposait de toutes les forces de l'Etat de Mathilde, maître alors dans Rome,
réconcilié avec les princes normands, devenu leur allié, toujours excitant une 5
guerre civile en Allemagne, voyant les autres rois ou faibles ou trop occupés,
pouvait sans beaucoup d'imprudence se livrer à toute son ambition. Mais à ce
pouvoir fondé sur la faiblesse des hommes, il manquait ce qui est la source de tout
pouvoir, la force des armes. ¶Henri vient enfin
53-54N: durant. Cette donation avait été faite peu de temps après que
l'empereur se fut humilié devant le pape à Canosse. Henri IV était l'héritier de
Mathilde et comme parent et comme seigneur suzerain. Henri IV vint
n.*a* MSP, 53-w68: [*absente*]
306 w56-w68: avait donné cette

146

avait cru lui appartenir. Il semble que Mathilde voulût réparer
310 après sa mort le tort qu'elle faisait au Saint-Siège pendant sa vie.
Mais elle ne pouvait donner les fiefs qui étaient inaliénables; et les
empereurs prétendirent que tout son patrimoine était fief de
l'empire. C'était donner des terres à conquérir, et laisser des
guerres après elle. Henri IV comme héritier et comme seigneur
315 suzerain, ne vit dans une telle donation que la violation des droits
de l'empire. Cependant à la longue il a fallu céder au Saint-Siège
une partie de ces Etats. [87]

Henri IV poursuivant sa vengeance, vint enfin assiéger le pape
dans Rome. Il prend cette partie de la ville en deçà du Tibre, qu'on
320 appelle la Léonine. [88] Il négocie avec les citoyens, tandis qu'il menace
le pape: il gagne les principaux de Rome par argent. Le peuple se
jette aux genoux de Grégoire, pour le prier de détourner les
malheurs d'un siège et de fléchir sous l'empereur. Le pontife

1083.
Rome prise par
Henri IV.

318 MSP: [*manchette*] *1081. Assiégé dans Rome.*
318 53-54N: le pape [*avec note*: L'an 1081.]
320-21 MSP: citoyens, et tandis qu'il menace le pontife, il gagne les principaux par

[87] Ce long passage (lignes 293-317) ajouté en 1756 figure mot pour mot dans
'Pape' de l'*Encyclopédie* par Boucher d'Argis (t.11, 1765). Plusieurs éléments qui le
composent, en particulier les lignes 300-305, sont repris des *Annales de l'Empire*
(ch. 'Henri IV', p.288-89). Dans l'art. 'Donations' des *QE* (*OCV*, t.40, p.515-16), il
insiste sur le caractère très suspect de la donation de 1077. Selon F. Guicciardini,
Storia d'italia, éd. S. Seidel Menchi (rééd. Turin, 1971), la comtesse Mathilde donna à
l'Eglise la partie de la Toscane qui se termine au torrent de Pescia, dans la Maremma
d'Orbetello, et au pays de Sienne, qualifié ajourd'hui de Patrimoine de Saint-Pierre.
Et il ajoute que la donation, parfois alléguée, de la ville de Ferrare n'est pas certaine
(t.1, p.424-25).
[88] Heiss mentionne qu'Henri IV vint en Italie pour assiéger Rome (ch.9, année
1081). Barre dit seulement qu'Henri IV fut 'maître du capitole' (année 1083, t.4,
p.288), ce qui ne correspond nullement à la Léonie (le quartier situé entre le Vatican
et le château Saint-Ange; voir l'art. 'Leonina-Urbs' de l'*Encyclopédie*, t.9, 1765), un
toponyme que les sources de Voltaire n'emploient pas dans ce contexte (on le trouve
en revanche, par exemple, chez Fleury, livre 70, année 1155, §6: 'la ville Léonine et
l'église de Saint-Pierre').

inébranlable répond qu'il faut que l'empereur renouvelle sa
pénitence, s'il veut obtenir son pardon. [89]   325

Cependant, le siège traînait en longueur. Henri IV, tantôt
présent au siège, tantôt forcé de courir éteindre des révoltes en
1083. Allemagne, prit enfin la ville d'assaut. Il est singulier que les
empereurs d'Allemagne aient pris tant de fois Rome, [90] et n'y aient
jamais régné. Restait Grégoire VII à prendre. Réfugié dans le   330
château Saint Ange, il y bravait et excommuniait son vainqueur. [91]

---

328   MSP: d'assaut en 1084.
329   53-54N: d'Allemagne [*avec note*: 1084.]

---

[89] Ce passage semble être une réécriture de Heiss (ch.9, année 1084). Voir aussi
Barre (année 1083, 'Henri revient devant Rome'); même texte chez Bruys (années
1082-1084, 'Prise de Rome') et Fleury (livre 63, année 1081, §16). Voltaire tire les
lignes 323-24 d'une citation de Grégoire VII reproduite par Barre.

[90] Heiss précise qu'Henri IV assiège Rome pendant plus de deux ans et demi
(ch.9, année 1081). Voltaire opère ici une compression de temps assez proche du récit
de Heiss, mais sans ses indications de date sujettes à caution. Henri IV doit lever une
première fois le siège de Rome car ses troupes sont malades (Barre, année 1083,
'Henri s'empare du Capitole'). Il remonte alors brièvement vers l'Allemagne, bloque
son adversaire Hermann de Luxembourg – élu 'antiroi' de Germanie en août 1081
après le décès de Rodophe en octobre 1080 – qui vient au secours du pape, puis
retourne à Rome. C'est alors qu'il prend Rome d'assaut et s'empare du Capitole. Ses
troupes tombent de nouveau malades, un attentat est perpétré contre lui: il se retire à
Albane (Barre, année 1084, 'On veut tuer l'empereur', 'Conduite de Didier'), et
Robert Guiscard profite de ce moment pour délivrer Grégoire VII (Barre, 'Il retire le
pape du château'). Ce n'est que plus tard, en 1084, qu'il rentrera vraiment 'éteindre
des révoltes' en Saxe (Barre, année 1085, 'L'empereur réduit les Saxons', p.299-305).
Aux lignes 329-30 (voir aussi ci-dessous, lignes 357-69), Voltaire s'étonne de la
'modération' des empereurs qui, malgré plusieurs descentes sur Rome (la dernière
étant celle de Charles Quint en 1527), n'ont jamais songé à y prendre le pouvoir.
Dans l'art. 'Rome (cour de Rome)' des *QE*, il rappelle que 'L'évêque de Rome,
protégé et enrichi, fut toujours sujet des empereurs', plaçant ainsi clairement le Saint-
Siège dans la dépendance de l'Empire. Il y explique également que les papes 'surent
toujours empêcher les empereurs de s'établir à Rome, malgré ce beau nom de *roi des
Romains*. La faction guelfe l'emporta toujours en Italie sur la faction gibeline. On
aimait mieux obéir à un prêtre italien qu'à un roi allemand' (*M*, t.20, p.380).

[91] Voltaire donne un tour vainement héroïque à la résistance de Grégoire VII et
ramasse plusieurs épisodes distincts chez Fleury et surtout chez Barre. Son récit est

Rome était bien punie de l'intrépidité de son pape. Robert Guiscard duc de la Pouille, l'un de ces fameux Normands dont j'ai parlé, prit le temps de l'absence de l'empereur, pour venir délivrer

335 le pontife; [92] mais en même temps il pilla Rome, également ravagée et par les Impériaux qui assiégeaient le pontife, et par les Napolitains qui le délivraient. [93] Grégoire VII mourut quelque temps après à Salerne, le 24 de mai 1085, laissant une mémoire chère et respectable au clergé romain, qui partagea sa fierté, odieuse aux

340 empereurs, et à tout bon citoyen qui considère les effets de son ambition inflexible. L'Eglise dont il fut le vengeur et la victime, l'a mis au nombre des saints, comme les peuples de l'antiquité déifiaient leurs défenseurs. Les sages l'ont mis au nombre des fous. [94]

La comtesse Mathilde, privée du pape Grégoire, se remaria

332   MSP, 53-54N: de l'ambition de
333   MSP: Guiscard, l'un
335   MSP, 53-54N: le pape; mais
336   MSP: les pontifes
337   MSP: [*manchettes*] *Meurt.* / *1086.*
338   MSP, 53-54N: 1086
339-40   MSP, 53-54N: fierté, exécrable aux empereurs et [MSP: odieuse] à tout
341-44   MSP, 53-54N: inflexible. ¶La comtesse Mathilde n'ayant plus le pape
343-44   W56-W68: défenseurs. ¶La comtesse
344   W56-61: comtesse Mathilde, n'ayant plus le pape Grégoire

conforme à celui de Barre (année 1083, 'Concile de Rome'; 1084, 'Grégoire tient un concile au Palais de Latran').

[92] Robert Guiscard, dont les relations houleuses avec le Saint-Siège sont évoquées au ch.40 (lignes 84-91, 123-25, 157-77, 190-95, 199-211, 215-29, 240), profite de ce qu'Henri IV a dû se rendre en Lombardie pour délivrer Grégoire VII assiégé au château Saint-Ange (Heiss, ch.9, année 1084).

[93] Le pillage de Rome par les Normands, appelés ici les 'Napolitains' – Naples et toute la Campanie ont pour souverain le Normand Robert Guiscard depuis 1059 – est mentionné par Barre (année 1083, 'Le duc de Normandie amène des troupes'). En revanche, que les impériaux ravagent aussi la ville contredit Barre, qui dit qu'Henri 'avait eu attention à ce que ses troupes ne soient à charge aux Romains' ('Henri s'empare du Capitole', p.289).

[94] Grégoire VII est canonisé en 1606 par Paul V.

bientôt après avec le jeune prince Guelfe fils de Guelfe duc de   345
Bavière. On vit alors de quelle imprudence était sa donation, si elle
est vraie. Elle avait quarante-deux ans, et elle pouvait encore avoir
des enfants qui eussent hérité d'une guerre civile. [95]

La mort de Grégoire VII n'éteignit point l'incendie qu'il avait
allumé. [96] Ses successeurs se gardèrent bien de faire approuver leurs   350
élections par l'empereur. L'Eglise était loin de rendre hommage:
elle en exigeait; et l'empereur excommunié n'était pas d'ailleurs
compté au rang des hommes. Un moine, abbé du Mont-Cassin, fut
élu pape après le moine Hildebrand, mais il ne fit que passer,
Urbain II, né en France dans l'obscurité, qui siégea onze ans, fut un   355

Fonds de la   nouvel ennemi de l'empereur. [97]
querelle entre
l'empire et le   Il me paraît sensible que le vrai fond de la querelle était que les
sacerdoce.   papes et les Romains ne voulaient point d'empereurs à Rome; et le

345   MSP: bientôt avec
346-47   MSP, 53-W68: donation. Elle avait
347   MSP: et pouvait
349   MSP: n'éteignit pas l'incendie
351   53-54N: était bien loin
353-54   MSP, 53-W75G: Mont-Cassin [W75G: fut-il] élu pape après le moine
Hildebrand, et pensant en tout comme lui, mais qui [W75G: mais il] ne
355-56   53-W68: ans, furent de nouveaux ennemis de
358   MSP: voulaient pas d'empereurs

[95] Le remariage de Mathilde est mentionné par Barre (année 1089, 'Il vient à
Cologne').

[96] Cette expression reprend à la fois l'idée d'un Grégoire VII 'boutefeu de
l'Europe' formulée par Bayle (art. 'Grégoire VII') et un passage de Barre (année
1086, 'Les troubles continuent').

[97] Voltaire élude le pontificat de Victor III (mai 1086-septembre 1087), sans
incidences politiques. Moréri mentionne que 'quelques-uns [l']ont dit être de basse
naissance', d'autres fils de seigneur (*Dictionnaire*, art. 'Urbain II'). Voltaire fait ici de
lui, comme de Grégoire VII, un exemple de la promotion sociale possible dans
l'Eglise. Heiss mentionne que les ennemis d'Henri IV en Italie ne manquèrent pas de
'faire que les papes qui avaient succédé à Grégoire VII fussent entretenus dans la
haine que celui-ci avait eue' pour Henri IV et que Mathilde et les Normands excitent
Urbain II contre lui (ch.9, année 1090).

prétexte, qu'on voulait rendre sacré, était que les papes, déposi-
360 taires des droits de l'Eglise, ne pouvaient souffrir que des princes
profanes investissent les évêques par la crosse et l'anneau. Il était
bien clair que les évêques, sujets des princes et enrichis par eux,
devaient un hommage des terres qu'ils tenaient de leurs bienfaits.
Les empereurs et les rois ne prétendaient pas donner le Saint-
365 Esprit; mais ils voulaient l'hommage du temporel qu'ils avaient
donné. La forme d'une crosse et d'un anneau étaient des
accessoires à la question principale. Mais il arriva ce qui arrive
presque toujours dans les disputes; on négligea le fond, et on se
battit pour une cérémonie indifférente. [98]
370 Henri IV, toujours excommunié et toujours persécuté sur ce
prétexte par tous les papes de son temps, éprouva les malheurs que
peuvent causer les guerres de religion et les guerres civiles. [99]
Urbain II suscita contre lui son propre fils Conrad; et après la
mort de ce fils dénaturé, son frère, qui fut depuis l'empereur
375 Henri V, fit la guerre à son père. [100] Ce fut pour la seconde fois depuis
Charlemagne que les papes contribuèrent à mettre les armes aux

362-63   MSP: eux, leur devaient
366   MSP: et des anneaux
370-71   MSP: persécuté par
373   MSP: Urbain II, le même qui prêcha les croisades, suscita
374   MSP: fut ensuite l'empereur
375   MSP: la deuxième fois

[98] Sur les lignes 357-69, voir ci-dessus, n.90.
[99] Voltaire condense en cette formule la situation qui prévaut depuis les luttes
opposant Henri IV à Hermann de Luxembourg, puis à son fils Conrad (Heiss, ch.9,
années 1086-1099).
[100] Fleury rapporte que Mathilde et le duc Welf de Bavière font couronner
Conrad, révolté contre son père, roi à Milan (livre 64, année 1093, §13); Heiss, que
Conrad prit le titre de roi de Lombardie 'du consentement d'Urbain II' (année 1093).
Fleury mentionne aussi que Conrad de Basse-Lotharingie, roi des Romains de 1093 à
1098, fait en 1095 un 'serment de fidélité' au pape, qui l'assure de son soutien (livre 64,
année 1094, §23). Voltaire condense fortement. Héritier de l'empire après la
déposition − et non la mort, survenue en 1101 seulement − de Conrad en 1097,
Henri V se soulève à son tour contre son père en 1104.

mains des enfants contre leurs pères. Et vous remarquerez que cet Urbain second est le même qui excommunia le roi Philippe Ier en France et qui ordonna la première croisade. Il ne fut pas seulement la cause de la mort malheureuse de Henri IV, il fut la cause de la mort de plus de deux millions d'hommes. [101]   380

Tantum religio potuit suadere malorum [102]

Henri IV, trompé par Henri son fils, comme Louis le Débonnaire l'avait été par les siens, fut enfermé dans Mayence. Deux légats l'y déposent: deux députés de la diète, envoyés par son fils, lui arrachent les ornements impériaux. [103]   385

1106.

377-83   MSP, 53-W75G: pères. ¶Henri IV
384   MSP: par le sien
386-87   MSP, 53-54N: impériaux, tandis que le père au désespoir prononçait en vain ces paroles: *Dieu des vengeances, vous vengerez ce crime.* Bientôt

[101] Voltaire suit Heiss, qui rapporte qu'Urbain II se rendit au concile de Clermont où il 'fit deux choses considérables': l'excommunication de Philippe Ier pour avoir répudié sa femme et s'être remarié, et la 'résolution de la Croisade' (ch.9, année 1095). Sur la première croisade, voir ci-dessous, ch.54.

[102] Lucrèce, *De rerum natura*, livre I, vers 101. Ce vers ne figure ni chez Heiss, ni chez Fleury. Voltaire affectionne particulièrement cet aphorisme qu'on retrouve dans sa correspondance: à Frédéric II du 20 février 1737 (D1289), puis en janvier 1761 (D9558), pendant l'été et l'automne 1762 (D10569, D10598, D10648, D10747), enfin au tournant des années 1765-1766 (D12552, D12565, D12602, D13164). Mais il ne l'ajoute ici qu'à l'occasion d'une correction manuscrite sur l'édition encadrée de 1775.

[103] Henri IV est déposé en décembre 1105 et meurt en août 1106. Voltaire condense les récits de Heiss et de Barre, en suggérant, en parfait accord avec Barre (année 1106), une nouvelle image d'Henri, propre à la littérature sentimentale du milieu du dix-huitième siècle: celle d'un père attendrissant, inoffensif et sans défense, image prolongée ligne 387. Il tait ainsi les manœuvres d'Henri IV, qui fait élire empereur son second fils après avoir mis Conrad au ban de l'empire (Heiss, ch.9, années 1095-1097), mais aussi le fait que le père et le fils se présentèrent à Mayence chacun avec son armée. Voltaire ne s'écarte de Barre et de Heiss que sur un point: c'est à Bingen et non à Mayence qu'Henri IV est enfermé (Barre, année 1106; Heiss, ch.9, année 1106). Henri fut destitué à l'instigation des légats du pape par les archevêques de Mayence et de Cologne (Heiss, année 1106). La brièveté du récit de Voltaire introduit une stylisation et des symétries inventées ('deux légats, deux députés'). La violence physique, que souligne le verbe 'arracher', n'est pas chez Heiss, mais bien chez Barre (année 1106).

Bientôt après, échappé de sa prison, pauvre, errant et sans *Mort affreuse de* secours, il mourut à Liége plus misérable encore que Grégoire VII, *Henri IV.* et plus obscurément, après avoir si longtemps tenu les yeux de *7 août.*
390 l'Europe ouverts sur ses victoires, sur ses grandeurs, sur ses infortunes, sur ses vices et ses vertus. [104] Il s'écriait en mourant, *Dieu des vengeances, vous vengerez ce parricide.* [105] De tout temps les hommes ont imaginé que Dieu exauçait les malédictions des mourants, et surtout des pères. Erreur utile et respectable, si elle
395 arrêtait le crime. Une autre erreur plus généralement répandue parmi nous faisait croire que les excommuniés étaient damnés. [106] Le *Privé de* fils de Henri IV mit le comble à son impiété, en affectant la piété *sépulture.* atroce de déterrer le corps de son père inhumé dans la cathédrale de Liége, et de le faire porter dans une cave à Spire. Ce fut ainsi qu'il
400 consomma son hypocrisie dénaturée. [107]

388   MSP: [*manchette*] 1106.
        MSP: plus misérablement encore
389   MSP: avoir tenu si longtemps les
391-417 MSP: vertus.//
400-17   W56-W57G: dénaturée.//

[104] Voltaire emprunte des éléments à Barre (année 1106, 'Le vieil Henri se sauve de prison') et à Heiss, qui le dit réduit 'à une telle pauvreté, que souvent il manquait de pain. Ainsi de prince le plus puissant qu'il était, il devint le plus misérable de tous les hommes' (ch.9, année 1106). Voltaire émet un jugement nuancé sur Henri IV alors que Heiss (année 1106) et Jurieu (année 1106, p.107) en font le panégyrique.

[105] La citation, reprise dans l'*Encyclopédie* d'après Voltaire (art. 'Imprécation', t.8, 1765), est à l'évidence inspirée d'un passage de Heiss auquel elle ajoute, par l'emploi du mot 'parricide' (version manuscrite: 'crime') et en la rapportant au moment de la mort de l'empereur (alors que Heiss la situe lors de sa destitution à Mayence), une valeur emphatique: 'Dieu tout-puissant, Dieu des vengeances, vous vengerez, s'il vous plaît cet outrage; j'ai péché, je l'avoue, et j'ai mérité cet opprobre par les excès de la jeunese; mais souverain et juste Dieu! vous saurez bien punir le crime qu'ils commettent contre ma personne, et le violement de leur serment de fidélité' (ch.9, année 1106).

[106] Un passage presque semblable aux lignes 392-96 se trouve déjà en 1753 dans les *Annales*, à la fin du ch. 'Henri IV'.

[107] Voltaire ajoute un commentaire moral à Heiss qui précise qu'Henri V fit

Réflexion trop vraie. Arrêtez-vous un moment près du cadavre exhumé de ce célèbre empereur Henri IV, plus malheureux que notre Henri IV roi de France. Cherchez d'où viennent tant d'humiliations et d'infortunes d'un côté, tant d'audace de l'autre, tant de choses horribles réputées sacrées, tant de princes immolés à la religion. Vous en verrez l'unique origine dans la populace; c'est elle qui donne le mouvement à la superstition. C'est pour les forgerons et les bûcherons de l'Allemagne que l'empereur avait paru pieds nus devant l'évêque de Rome. C'est le commun peuple esclave de la superstition qui veut que ses maîtres en soient les esclaves. Dès que vous avez souffert que vos sujets soient aveuglés par le fanatisme, ils vous forcent à paraître fanatique comme eux; et si vous secouez le joug qu'ils portent et qu'ils aiment, ils se soulèvent. Vous avez cru que plus les chaînes de la religion, qui doivent être douces, seraient pesantes et dures, plus vos peuples seraient soumis. Vous vous êtes trompé; ils se servent de ces chaînes pour vous gêner sur le trône, ou pour vous en faire descendre. [108]

405

410

415

---

transporter le corps à Spire où il demeura cinq ans 'en dépôt' dans une chapelle 'sans sépulture à cause de son excommunication' (ch.9, année 1106, 'Il meurt'). Barre, et avant lui Jurieu, qualifient Henri V de 'fils dénaturé' (Barre, année 1106, 'Mort de l'Empereur', t.4, p.391; Jurieu, année 1106, p.107).

[108] Cette réflexion conclusive revient sur un véritable *topos* voltairien: celui de la 'populace' et des malheurs que provoquent dans l'histoire son fanatisme et ses superstitions. Mais Voltaire adresse également ainsi un avertissement aux souverains. Implicitement, il fait ici l'éloge des régimes pratiquant la tolérance religieuse et qui veillent ainsi à prévenir leurs sujets de tout fanatisme. Voir, par exemple, l'art. 'Fanatisme' des *QE* (*M*, t.19, p.77) dans lequel Voltaire attribue 'toutes les horreurs de quinze siècles' au fanatisme et à 'l'esprit de religion', le *Fragment sur la justice* (1773; *OCV*, t.75A, p.321), ou encore *Le Prix de la justice et de l'humanité* (1777; *OCV*, t.80B, p.94).

CHAPITRE 47

De l'empereur Henri V et de Rome jusqu'à Frédéric Ier.

Ce même Henri V, qui avait détrôné et exhumé son père, une bulle

Henri V ayant condamné son père, l'imite.

a-133 [*Première rédaction de ce chapitre*: MSP]
a MSP: Chapitre 29
    53-54N: [*pas de rupture; suite du chapitre précédent*]
    W56-W57G: Chapitre 37
    61: Chapitre 43
b MSP: *Paragraphe. Henri V*
1 MSP, 53-54N: détrôné son

* Les lignes 1-22 constituent une longue transition, avec un bref rappel anecdotique (la prise du pouvoir par Henri V), puis la reprise synthétique des points développés au ch.46 (les attaques de la papauté contre de nombreux souverains, la donation de Mathilde), ou antérieurement (la prétention des empereurs à dominer les rois, en particulier aux ch.33 et 34), mais avec ici quelques détails supplémentaires au sujet des relations entre le pape et le roi de France Philippe Ier. A première vue, ce chapitre apparaît comme une reprise en mode mineur des thématiques du ch.46, avec une mise en perspective des deux cours, celle de Rome et celle de l'empire. Néanmoins, Voltaire apporte ici une précision: le mal provient dans ces deux corps politiques de l'absence de règle fixant les modalités de l'élection. Cette idée ménage une transition vers l'idée républicaine selon laquelle la liberté trouve sa garantie dans l'existence de lois (ligne 87, manchette). Un changement de paradigme sociopolitique s'amorce en effet autour de 1100: tandis qu'une renaissance de la liberté point dans les villes italiennes, on voit se dessiner le profil sociologique de personnalités nouvelles, surgies dans les marges de la société féodale, et dont l'Eglise est un creuset, des roturiers jouant un rôle actif, sinon positif, dans l'histoire. A côté de gens riches, comme Pierre de Léon, il est des hommes d'origine obscure, dont Voltaire exagère à dessein la basse extraction, qui se haussent jusqu'aux plus hautes dignités: le chapitre se clôt sur Adrien IV, dont Voltaire fait un mendiant, comme il avait fait, au ch.46 (ligne 55), de Grégoire VII un enfant de parents inconnus, en contradiction avec la plupart des sources. Dans ce chapitre, la source principale de Voltaire est Heiss (*Histoire de l'Empire*, t.1, livre 2), même dans les passages concernant la papauté et l'Italie. Il la complète d'éléments issus de Fleury (*Histoire ecclésiastique*, t.13, 14), de Bruys (*Histoire des papes*) et de Barre (*Histoire générale d'Allemagne*, t.4).

du pape à la main,[1] soutint les mêmes droits de Henri IV contre l'Eglise, dès qu'il fut maître.

Déjà les papes savaient se faire un appui des rois de France contre les empereurs.[2] Les prétentions de la papauté attaquaient, il est vrai, tous les souverains;[3] mais on ménageait par des négociations ceux qu'on insultait par des bulles. Les rois de France ne prétendaient rien à Rome. Ils étaient voisins et jaloux des empereurs qui voulaient dominer sur les rois. Ils étaient donc les alliés naturels des papes.[4] Aussi Pascal II vint en France, et implora

5

10

2   53-54N: droits de son père contre
2-3   MSP: droits de son père, dès qu'il fut le maître.
5-6   MSP: attaquaient tous
8-9   MSP, w56: jaloux de l'Allemagne. Ils
10   MSP: [*manchette*] *1106*.
10-11 MSP: en France implorer le

[1] Cette expression plaisante qui revient souvent sous la plume de Voltaire peut faire écho à un passage où Heiss rapporte qu'Henri V, avant la destitution de son père à Mayence, lui rappelle qu'il est excommunié (année 1106). Fleury mentionne également que Pascal II soutint la révolte d'Henri V contre son père (livre 65, année 1105, §37), comme Urbain II avait soutenu Conrad, l'autre fils d'Henri IV, contre son père (voir ci-dessus, ch.46, ligne 373). La manchette résume Heiss: Henri V, au début de son règne, fit d'abord 'semblant de favoriser en toutes choses l'Etat ecclésiastique, négligeant pour cela les droits de l'autorité de l'empire', puis 'il fit dessein de marcher sur les pas de son père' (ch.10, année 1106).

[2] Daniel (*Histoire de France*) indique qu'une des motivations du pardon accordé au roi Philippe Ier (1060-1108) par le pape Pascal II (1099-1118), à propos de son remariage en 1092 avec Bertrade de Montfort, est l'espoir que le roi de France l'appuie dans ses démêlés avec l'empereur (année 1105, 'Et y reçoit l'absolution').

[3] Voir ci-dessus, ch.46, lignes 108-23, à propos du *Dictatus papae* de Grégoire VII. Voir aussi Fleury, livre 63, année 1081, §11.

[4] Heiss interprète l'accueil fait par le roi au pape comme un indice de la grandeur et de la noblesse de Philippe (ch.10, année 1106). Voltaire, toujours soucieux des enjeux de pouvoir, l'impute plutôt au fait que les rois de France, 'voisins et jaloux des empereurs', sont trop contents de jouer le pape contre ces derniers. Heiss mentionne d'ailleurs qu'Henri V est mécontent de cette démarche du pape auprès de Philippe.

le secours du roi Philippe Ier. [5] Ses successeurs en usèrent souvent de même. [6] Les domaines que possédait le Saint-Siège, le droit qu'il réclamait en vertu des prétendues donations de Pépin et de Charlemagne, la donation réelle de la comtesse Mathilde, ne
15   faisaient point encore du pape un souverain puissant. Toutes ces terres étaient ou contestées ou possédées par d'autres. L'empereur soutenait, non sans raison, que les Etats de Mathilde lui devaient revenir comme un fief de l'empire; ainsi les papes combattaient pour le spirituel et pour le temporel. [7] Pascal II n'obtint du roi   *1107.*
20   Philippe que la permission de tenir un concile à Troyes. [8] Le gouvernement était trop faible, trop divisé pour lui donner des troupes. [9]

11   MSP, W56: Philippe. Ses

12-14   MSP, 53-54N: même. Tant de donations faites à l'Eglise de Rome et même celle [53-54N: celle même] de la comtesse

15-16   MSP: Toutes ses terres étaient ou possédées par d'autres ou contestées.

17   MSP, 53-54N: sans vraisemblance que
     MSP: de l'empire lui

[5] En 1107, Pascal II, 'Craignant l'humeur fière des Allemands', vient célébrer la fête de Noël en France et non à Mayence, comme prévu (Bruys, année 1106). Il rencontre les rois Philippe Ier et Louis VI, associé au trône depuis 1100, qu'il prie de protéger l'Eglise romaine et de résister aux ennemis du Saint-Siège, en particulier à l'empereur Henri. Même récit chez Fleury (livre 65, année 1106, §53). Pour l'année 1111, Barre note: 'Le roi de France arme pour le pape' dans le conflit qui l'oppose à l'empereur (p.445).

[6] Ni Fleury (livre 68, année 1130, §6, et année 1131, §116; livre 70, année 1160, §48), ni Bruys (années 1130, 1161) ne présentent, comme le fait ici Voltaire, Innocent II (1130-1143) et Alexandre III (1159-1181), tous deux contestés par des antipapes soutenus par les empereurs, comme quémandant l'aide des rois de France, Louis VI puis Louis VII. Pour ces auteurs, ils ont moins sollicité un secours de la part des souverains français que reçu spontanément leur appui ou leur reconnaissance.

[7] Sur les donations de Pépin et Charlemagne, voir l'art. 'Donations' des *QE* (*OCV*, t.40, p.515-16) et ch.13 (notre t.2, lignes 148-64, et ch.16, lignes 100-33). Sur celle de la comtesse Mathilde, voir ci-dessus, ch.46, lignes 290-317.

[8] Ce concile se tint en mai 1107. Ni Heiss (ch.10, année 1107), ni Fleury (livre 65, année 1107, §55) ne parlent explicitement de permission.

[9] Cette précision ne se trouve ni chez Heiss, ni chez Daniel (qui ne mentionne pas ce concile), ni chez Fleury, qui suggère toutefois que le roi promit au pape 'amitié, aide et conseil' (année 1106, §53).

CHAPITRE 47

Henri V ayant terminé par des traités une guerre de peu de durée contre la Pologne, [10] sut tellement intéresser les princes de l'empire à soutenir ses droits, que ces mêmes princes, qui avaient aidé à détrôner son père en vertu des bulles des papes, se réunirent avec lui pour faire annuler dans Rome ces mêmes bulles. [11]

1111. Henri V cède enfin aux papes. Il descend donc des Alpes avec une armée, et Rome fut encore teinte de sang pour cette querelle de la crosse et de l'anneau. [12] Les traités, les parjures, les excommunications et les meurtres se suivirent avec rapidité. [13] Pascal II ayant solennellement rendu les investitures avec serment sur l'Evangile, fit annuler son serment par les cardinaux; nouvelle manière de manquer à sa parole. Il se laissa traiter de lâche et de prévaricateur en plein concile, afin d'être forcé à reprendre ce qu'il avait donné. [14] Alors nouvelle irruption de

23   MSP: L'empereur Henri V
26   MSP: bulles du pape se réunirent tous avec
31   MSP: Pascal ayant
32   MSP: fit ensuite annuler

[10] Voltaire suggère une victoire d'Henri V sur les Polonais, en totale contradiction avec Heiss (ch.10, année 1109, 'Fait la guerre aux Polonais. Est défait') et Barre (années 1109-1110). La paix est négociée à l'avantage des Polonais, à Bamberg en 1110.

[11] Après avoir obtenu le soutien d'une diète réunie à Ratisbonne, Henri se rend en Italie accompagné de 'personnes instruites de ce qui concernait les droits de l'empire' (Heiss, ch.10, année 1110), en vue de soutenir son droit aux investitures (Fleury, livre 66, année 1110, §1).

[12] Voltaire suit Heiss: 'les eaux du Tibre rougirent du sang répandu' (ch.10, année 1111). Même chose chez Jurieu: 'ainsi Rome par l'ambition des papes et du papisme se vit baignée de son propre sang et de celui des étrangers' (3e partie, 'Première récrimination', ch.7). La formulation employée par Voltaire est ambiguë: on pourrait comprendre que 'la crosse' affronte 'l'anneau', alors que tous deux sont, dans l'empire, remis par l'empereur aux évêques qu'il investit. C'est d'ailleurs ce qu'il explique ci-dessus, au ch.46, ligne 361.

[13] Voltaire condense ici les palinodies respectives du pape et de l'empereur dont les différents auteurs font le récit (voir ci-dessous, lignes 31-45).

[14] Ce passage synthétise des sources toutes concordantes. Tenu prisonnier par Henri V, le pape accorde d'abord les investitures à l'empereur et lui promet une bulle en bonne et due forme. Cette concession lui vaut d'être 'blâmé par une

158

l'empereur à Rome; car presque jamais ces Césars n'y allèrent que pour des querelles ecclésiastiques, dont la plus grande était le couronnement. [15] Enfin après avoir créé, déposé, chassé, rappelé des papes, Henri V aussi souvent excommunié que son père, et inquiété comme lui par ses grands vassaux d'Allemagne, fut obligé de terminer la guerre des investitures, en renonçant à cette crosse et à cet anneau. [16] Il fit plus; il se désista solennellement du droit que

40

1122.

36 MSP: car jamais
37 MSP: querelles dont
41 MSP: investitures, et en
     53-54N: investitures [*avec note*: L'an 1120.]
42-46 MSP, 53-54N: anneau. ¶Il fut

partie de l'Eglise' (Fleury), et même 'accusé d'hérésie' (Bruys). Mais aucun auteur ne mentionne, comme Voltaire, qu'il ait été traité de prévaricateur en plein concile. Selon Barre, lors du concile de 1112 au Latran, qui annule les concessions faites à l'empereur, le pape rappelle qu'il a agi sous la menace, avoue qu'il a 'manqué de courage et de fermeté' et propose de se démettre: 'La conduite du pape édifia beaucoup l'assemblée, et personne ne voulut recevoir sa démission'. Voltaire restitue donc l'impression qui se dégage de ses sources, même quand il force le trait avec le détail factuellement faux de la ligne 34.

[15] Voltaire suit Heiss (ch.10, année 1115), qui écrit qu'Henri V vient aussi recevoir la 'riche succession' de Mathilde.

[16] Selon Bruys, lors du concile de Latran, le pape déclare renoncer à anathématiser Henri V (année 1112). Mais, selon Fleury, l'empereur y est 'déclaré ennemi de l'Eglise comme son père' (livre 66, année 1112, §12). Pascal II laisse peu après l'évêque de Vienne l'excommunier (Bruys, année 1112; Fleury, §13), procédure qui est renouvelée par Calixte II (pape de 1119 à 1124), contre l'empereur et l'antipape Grégoire VIII (Maurice Bourdin, 1118-1121), le dernier jour du concile réuni à Reims en 1119 (Fleury, livre 67, année 1119, §8). Barre le dit excommunié également à Goslar en 1115 par une assemblée d'évêques et de seigneurs (année 1115, 'Assemblée à Goslar'), puis 'excommunié de toutes parts' en 1116, cette excommunication n'étant levée qu'en 1122 ('Articles de la paix'). Heiss souligne que le pape suscite chez les seigneurs allemands une 'puissante ligue contre l'empereur' (ch.10, année 1120): c'est sans doute une allusion à cette ligue que contient la phrase: 'inquiété [...] par ses grands vassaux d'Allemagne' (lignes 39-40). Voltaire condense ici Heiss et Fleury, franchissant six années en quelques lignes.

s'étaient attribué les empereurs, ainsi que les rois de France, de nommer aux évêchés, ou d'interposer tellement leur autorité dans les élections, qu'ils en étaient absolument les maîtres.[17]   45

Il fut donc décidé dans un concile tenu à Rome, que les rois ne donneraient plus aux bénéficiers canoniquement élus les investitures par un bâton recourbé, mais par une baguette.[18] L'empereur ratifia en Allemagne les décrets de ce concile: ainsi finit cette guerre sanglante et absurde.[19] Mais le concile, en décidant, avec quelle   50 espèce de bâton on donnerait les évêchés, se garda bien d'entamer la question, si l'empereur devait confirmer l'élection du pape? si le pape était son vassal? si tous les biens de la comtesse Mathilde appartenaient à l'Eglise ou à l'empire? Il semblait qu'on tînt en réserve ces aliments d'une guerre nouvelle.[20]   55

46   MSP: [manchette] 1112.
47-48   MSP: l'investiture
50   MSP: absurde qu'on avait faite avec fureur et sans jamais s'entendre. Mais le concile en décidant avec tant de mesures, avec
     53-W75G: absurde. Mais le concile en décidant avec tant de mesures, avec
52   MSP, 53-54N: devait donner l'évêché de Rome, si
54   MSP: ou à l'empereur

[17] Voltaire suit Fleury: 'Je restitue à l'Eglise romaine les terres et les régales de saint Pierre, qui lui ont été ôtées depuis le commencement de cette discorde et que je possède, et j'aiderai fidèlement à la restitution de celles que je ne possède pas' (livre 67, année 1122, §30). Heiss précise qu'il 'laisser[a] aux chapitres et communautés les élections libres' (ch.10, année 1122).

[18] Raccourci d'un passage de Heiss sur les conditions lues au concile de Rome 'que l'élu recevrait de l'empereur l'investiture des fiefs et droits seigneuriaux, non avec une crosse, mais par le sceptre, ou par quelque baguette' (ch.10, année 1122). Voltaire n'est cependant pas éloigné de la perspective désacralisante de Heiss qui écrit plus loin: sous Henri V, 'on s'imaginait que la crosse et l'anneau étaient quelque chose de sacré'.

[19] Une diète fut convoquée à Worms et Henri V en ratifia les décisions (Heiss, ch.10, année 1122). La phrase qui suit est une réécriture péjorative de Heiss: 'Ainsi fut conclu l'accommodement de cette sanglante et longue contestation'.

[20] Voltaire donne une portée politique à une phrase de Heiss: 'Dans ce traité l'on ne parla point du tout du droit que les empereurs avaient eu de créer et d'investir les papes, ni de la part qu'ils auraient à l'avenir dans les élections' (ch.10, année 1124).

Après la mort de Henri V, qui ne laissa point d'enfants, l'empire *1125.*
toujours électif, est conféré par dix électeurs à un prince de la
maison de Saxe: c'est Lothaire II. [21] Il y avait bien moins d'intrigues
et de discorde pour le trône impérial que pour la chaire pontificale;
60   car quoique en 1059 un concile tenu par Nicolas II eût ordonné que
le pape serait élu par les cardinaux évêques, nulle forme, nulle règle
certaine n'était encore introduite dans les élections. [22] Ce vice

*Elections des
papes, sources de
guerres civiles.*

57 MSP, 53-54N: fut conféré par les soins [53-54N: le soin] d'un archevêque de
Mayence à
    59 MSP: chaire papale
    60 MSP, 53-54N: Nicolas III
    61-62 MSP: nulle forme certaine et réglée n'était introduite

Il élude en revanche le problème juridique lié au statut des territoires donnés par la
comtesse Mathilde, décrit avec précision par Heiss (ch.10, année 1115).

[21] Voltaire ne mentionne pas qu'on a vu dans la stérilité d'Henri V 'une punition
d'en-haut': ayant été mauvais fils, il ne méritait pas d'être père (Heiss, ch.10, année
1125). Il présente l'élection en 1125 de Lothaire II, roi de Germanie – qui devient
l'empereur Lothaire III après son couronnement à Rome en 1133 – sous un jour
flatteur, mais élude toute la réflexion de Heiss sur la manière dont les seigneurs
allemands, 'lassés d'un gouvernement despotique', profitent de l'absence d'héritiers
au trône pour rendre de nouveau électif un empire que les empereurs précédents
s'étaient efforcés de rendre héréditaire: ils voulurent ainsi construire 'une forme de
république dont le chef serait toujours d'une entière dépendance des membres et
Etats, desquels il recevrait tout son pouvoir' (ch.11, année 1126). Il est étrange par
ailleurs que Voltaire parle de dix électeurs (tout comme dans les *Annales de l'Empire*,
p.310), après avoir corrigé en 1756 sa rédaction initiale, qui soulignait le rôle éminent
joué effectivement par l'archevêque de Mayence: ni Heiss, ni Fleury, ni J.-B. de
Rocoles (*Histoire de l'empire d'Allemagne*, La Haye, 1681), ni Maimbourg (*Histoire
de la décadence de l'empire après Charlemagne*) ne citent ce chiffre, mais F. A. Vogel
conteste le chiffre de sept électeurs allégué par certains pour l'élection de Conrad III
en 1139 (Heiss, ch.12). Le nombre d'électeurs sera fixé à sept en 1356.

[22] Cette phrase annonce les lignes 74-75 et résume Heiss (ch.11, année 1130). La
remarque est pertinente pour la période considérée: les élections d'antipapes
témoignent de ces intrigues et discordes (voir ci-dessous, ch.48, ligne 127), mais
la situation va se compliquer bientôt aussi dans l'empire. De même que la Bulle d'Or
établira en 1356 les règles pour l'élection des empereurs, Nicolas II a commencé à
édicter, lors du concile de Rome de 1059, les premières règles pour celle des papes
(Fleury, livre 60, année 1059, §31; Bruys, année 1059). Ces règles seront précisées par
Alexandre III en 1178 (voir ci-dessous, ch.48, ligne 199).

essentiel du gouvernement avait pour origine une institution respectable. Les premiers chrétiens tous égaux et tous obscurs, liés ensemble par la crainte commune des magistrats, gouvernaient secrètement leur société pauvre et sainte à la pluralité des voix. Les richesses ayant pris depuis la place de l'indigence, il ne resta de la primitive Eglise que cette liberté populaire devenue quelquefois licence. Les cardinaux, évêques, prêtres et clercs, qui formaient le conseil des papes, avaient une grande part à l'élection; mais le reste du clergé voulait jouir de son ancien droit; le peuple croyait son suffrage nécessaire; et toutes ces voix n'étaient rien au jugement des empereurs. [23]

1130.   Pierre de Léon, petit-fils d'un Juif très opulent, fut élu par une faction; Innocent II le fut par une autre. Ce fut encore une guerre civile. Le fils du Juif, comme le plus riche, resta maître de Rome, et fut protégé par Roger roi de Sicile, (comme nous l'avons vu au

63-65   MSP: gouvernement venait d'une coutume qui, nécessaire dans les premiers temps fut ensuite trop dangereuse. ¶Les <prêtres> ᵛpremiers⁺ chrétiens étaient des hommes obscurs qui, liés

      53-54N: gouvernement venait des assemblées des premiers chrétiens. C'étaient des hommes obscurs, liés

66   MSP, 53-54N: pauvre à

67-69   MSP: il resta de la primitive Eglise cette liberté populaire devenue bientôt licence

68-69   53-54N: devenue licence

72-73   MSP, 53-W75G: voix [MSP, 53-W68: réunies] n'étaient rien au jugement des empereurs [MSP: sans leur consentement].

74   MSP: [manchette] *Papauté divisée.*

74   MSP, 53-54N: Pierre de Léon, fils d'un

77-78   MSP, 53-54N: Sicile, l'autre

[23] Voltaire présente ici une Eglise romaine au sein de laquelle, au douzième siècle, l'élection du pontife de Rome ne répond pas encore à des règles indiscutablement établies. L'élection, assez fréquente, par les adversaires du pape élu, d'un 'antipape' – une pratique qui ne cessera définitivement qu'en 1449 – témoigne bien de cette incertitude, tout comme des jeux d'influence pratiqués par les souverains lors de ces élections concurrentes.

chap. XLI) l'autre, plus habile et plus heureux, fut reconnu en France et en Allemagne. [24]

80　　C'est ici un trait d'histoire qu'il ne faut pas négliger. Cet Innocent II, pour avoir le suffrage de l'empereur, lui cède, à lui et à ses enfants, l'usufruit de tous les domaines de la comtesse Mathilde, par un acte daté du 13 juin 1133. [25] Enfin celui qu'on appelait le pape juif étant mort, après avoir siégé huit ans, Innocent II fut
85　　possesseur paisible; il y eut quelques années de trêve entre l'empire et le sacerdoce. L'enthousiasme des croisades, qui était alors dans sa force, entraînait ailleurs les esprits. [26]

　　Mais Rome ne fut pas tranquille. L'ancien amour de la liberté reproduisait de temps en temps quelques racines. Plusieurs villes
90　　d'Italie avaient profité de ces troubles pour se mettre en républiques, comme Florence, Sienne, Bologne, Milan, Pavie. On avait les grands exemples de Gênes, de Venise, de Pise; et Rome se souvenait d'avoir été la ville des Scipions. Le peuple rétablit une

Amour de la liberté, c'est-à-dire, des lois en Italie.

78　　w56, 61: chapitre 37e
82-83　　MSP: comtesse par
83　　MSP: 8 juin 1139
83-84　　MSP, 53-54N: Enfin le pape
92　　MSP: Gênes, de Pise, de Venise, et de Rome
93　　MSP: souvenait encore d'avoir

[24] Voir ci-dessus, ch.41, lignes 65-70. Ici aussi Voltaire ne nomme pas 'Pierre de Léon' (Pietro Pierleoni, Anaclet II, 1130-1138) antipape. En cela, il s'écarte de Heiss, qu'il résume fortement (ch.11, années 1130-1138), et de Fleury. La manchette de la ligne 74 avec la date de 1130 se trouve dans Heiss, tout comme le terme de faction. L'origine juive de Pierre de Léon est évoquée par Fleury (livre 68, année 1130, §1; année 1131, §18). Les soutiens reçus par les deux papes, de la part de l'empereur, du roi de France et de Roger, sont détaillés par Heiss (année 1130, 1133). Fleury cite également une lettre de Lothaire 'à tous les rois, les évêques, les princes, et généralement à tous les fidèles' où il déclare être allé délivrer Innocent II (1130-1143) de l'antipape (année 1133, §21).
[25] Fleury laisse clairement entrevoir qu'Innocent veut s'assurer ainsi la protection de Lothaire, lequel a été sollicité par Anaclet (année 1133, §22). Bruys (année 1133) et Fleury donnent pour date le 8 juin.
[26] Sur les croisades, voir ci-dessous, ch.53-59.

ombre de sénat, que les cardinaux avaient aboli.[27] On créa un
patrice au lieu de deux consuls. Le nouveau sénat signifia au pape   95
1144. Lucius II que la souveraineté résidait dans le peuple romain, et que
l'évêque ne devait avoir soin que de l'Eglise.[28]

Ces sénateurs s'étant retranchés au Capitole, le pape Lucius les
assiégea en personne. Il y reçut un coup de pierre à la tête, et en
mourut quelques jours après.[29]   100

En ce temps Arnaud de Brescia, un de ces hommes à
enthousiasme, dangereux aux autres et à eux-mêmes, prêchait de
ville en ville contre les richesses immenses des ecclésiastiques et
contre leur luxe. Il vint à Rome, où il trouva les esprits disposés à
l'entendre.[30] Il se flattait de réformer les papes, et de contribuer à   105

---

97   MSP, 53-54N: que des consciences.
99-100   MSP: et mourut
101   MSP: [*manchette*] *Arnaud de Bresse.*
        MSP, 53-54N: Arnaud de Bresse
104   53-54N: luxe [*avec note:* 1130.]

---

[27] Avec la guerre qui commence entre guelfes et gibelins autour de 1140, 'plusieurs
villes d'Italie s'érigèrent en républiques' (Heiss, ch.12, année 1140, manchette): 'Les
Romains même, depuis quelques temps avaient formé le dessein de rétablir l'ancienne
république, et de s'emparer de la souveraineté de Rome, et de tout le patrimoine de
l'Eglise.' C'est en effet dans la première moitié du douzième siècle que de nombreuses
villes d'Italie du Nord se libèrent des tutelles épiscopales et seigneuriales pour s'ériger
en républiques. Voltaire revient sur ces révoltes ci-dessous, ch.48, lignes 144-72. A
propos des Romains, Voltaire suit Heiss: 'Déjà ils avaient remis l'Ordre des
sénateurs, et avaient conféré ces dignités aux plus considérables d'entre eux'
(ch.12, années 1140-1141), ici bien plus précis que Fleury (livre 69, année 1144,
§6). Voltaire réduit l'importance de la restauration du sénat (qui n'est plus qu'une
'ombre'), remplace 'les Romains' par 'le peuple' et ajoute la référence à Scipion et le
rappel que les cardinaux avaient aboli cette institution.
[28] Voltaire ramasse ici en deux lignes un passage d'une dizaine de lignes de Heiss
(ch.12, année 1144).
[29] Voltaire suit Heiss, à peine récrit: 'Lucius [...] assembla des troupes, et assiégea
les sénateurs dans le Capitole, commandant lui-même en personne. Mais il y reçut un
coup de pierre, dont la blessure fut si grande que peu de jours après il en mourut'
(année 1144). Lucius II règne de mars 1144 à février 1145.
[30] Fleury, qui le nomme Arnaud de Bresse, écrit qu'il 'proposait au peuple les

rendre Rome libre. [31] Eugène III, auparavant moine à Cîteaux et à Clervaux, était alors pontife. Saint Bernard lui écrivait: 'Gardez-vous des Romains: ils sont odieux au ciel et à la terre, impies envers Dieu, séditieux entre eux, jaloux de leurs voisins, cruels envers les étrangers: ils n'aiment personne, et ne sont aimés de personne; et voulant se faire craindre de tous, ils craignent tout le monde, etc.' Si on comparaît ces antithèses de saint Bernard avec la vie de tant de papes, on excuserait un peuple qui portant le nom de romain, cherchait à n'avoir point de maître. [32]

Portrait des Romains par saint Bernard.

Le pape Eugène III sut ramener ce peuple, accoutumé à tous les jougs. Le sénat subsista encore quelques années. [33] Mais Arnaud de Brescia, pour fruit de ses sermons, fut brûlé à Rome sous

1155.

110

115

---

112   MSP: compare
113   MSP, 53-54N: papes que nous avons vus, on

---

exemples des anciens Romains [...] il fallait rebâtir le Capitole, et rétablir la dignité du sénat' (livre 69, §10, année 1145). Arnaud de Brescia (c.1100-1155), chanoine augustin disciple d'Abélard (avec lequel il sera condamné au concile de Sens en 1140; Fleury, livre 68, année 1140, §66), préconisait l'abandon des biens de ce monde, et de ce fait déclama surtout contre l'avidité et la corruption du pape et du clergé. S'appuyant sur la noblesse et le peuple, il rétablit l'ancienne Commune de Rome, chassa Célestin III (1144), et rendit la vie difficile à Eugène III (1145-1153). En 1155, Adrien IV lança contre la ville de Rome l'interdit religieux. Les Romains, épouvantés par cette mesure expulsèrent Arnaud. Peu de temps après, celui-ci fut livré au pape par l'empereur Frédéric Ier Barberousse. Conduit à Rome, il y fut pendu, son corps brûlé, et ses cendres jetées dans le Tibre. Exécré et anathématisé par les fidèles comme un dangereux fauteur de schismes, il est présenté par Voltaire comme un humaniste éclairé, et figure dans son imaginaire parmi les martyrs de l'intolérance religieuse aux côtés de Jean Hus, de Jérôme de Prague et d'Anne Du Bourg. Voir, par exemple, les *Annales* (p.313, 317), les *Homélies prononcées à Londres* (*OCV*, t.62, p.484), l'*Anecdote sur Bélisaire* (*OCV*, t.63A, p.184) et l'art. 'Apropos, l'apropos' des *QE* (*OCV*, t.38, p.537).

[31] Fleury, livre 69, année 1145, §10.

[32] Sur l'élection d'Eugène III (pape de 1145 à 1153) et les autres renseignements le concernant, voir Fleury (année 1145, §7). Le passage cité de saint Bernard se trouve dans Fleury (année 1152, §59).

[33] Cf. Heiss, ch.12, année 1145; Fleury, année 1145, §7, 10, 12.

Adrien IV. Destinée ordinaire des réformateurs qui ont plus d'indiscrétion que de puissance. [34]

Je crois devoir observer que cet Adrien IV, né Anglais, était parvenu à ce faîte des grandeurs du plus vil état où les hommes puissent naître. Fils d'un mendiant, et mendiant lui-même, errant de pays en pays avant de pouvoir être reçu valet chez des moines de Valence en Dauphiné, il était enfin devenu pape.

On n'a jamais que les sentiments de sa fortune présente. Adrien IV eut d'autant plus d'élévation dans l'esprit, qu'il était parvenu d'un état plus abject. [35] L'Eglise romaine a toujours eu cet avantage de pouvoir donner au mérite ce qu'ailleurs on donne à la naissance: et on peut même remarquer que parmi les papes ceux qui ont montré le plus de hauteur, sont ceux qui naquirent dans la condition la plus vile. Aujourd'hui en Allemagne il y a des couvents où l'on ne reçoit que des nobles. [36] L'esprit de Rome a plus de grandeur et moins de vanité.

120

125

130

120   MSP: [*manchette*] *Adrien IV, fils d'un mendiant et homme intrépide.*
122   MSP: et longtemps mendiant
127-33 MSP, 53-54N: abject.//

[34] Fleury: 'Cependant Arnaud de Bresse était à Rome, où il continuait à tenir publiquement des discours séditieux, soutenu par les citoyens puissants, principalement par les sénateurs' (livre 70, année 1155, §4); il fut d'abord chassé, puis brûlé en 1155. 'Indiscrétion' signifie ici 'manque de retenue'. Nicholas Breakspear, seul pape anglais, règne sous le nom d'Adrien IV (décembre 1154-septembre 1159). Voltaire élude le bref pontificat d'Anastase IV (juillet 1153-décembre 1154).

[35] On sait que, d'origine très modeste, le jeune Nicholas Breakspear dut parfois mendier son pain à la porte de l'abbaye de St Albans dans le Hertfordshire. Les monastères offrant chaque jour une assistance aux pauvres, la situation n'avait sans doute rien d'infamant à l'époque.

[36] Les 'chapitres nobles' sont en effet un des traits marquants de la structure ecclésiastique du Saint Empire.

CHAPITRE 48

De Frédéric Barberousse. Cérémonies du couronnement des empereurs et des papes. Suite de la liberté italique contre la puissance allemande. Belle conduite du pape Alexandre III vainqueur de l'empereur par la politique, et bienfaiteur du genre humain.

Régnait alors en Allemagne Frédéric Ier qu'on nomme commu- _{1152.} nément *Barberousse*, élu après la mort de Conrad III son oncle, non

a-205 [*Première rédaction de ce chapitre*: MSP]
a MSP: Chapitre 30
53-54N: [*pas de rupture; suite du chapitre précédent*]
w56-w57G: Chapitre 38
61: Chapitre 44
b MSP: *De Frédéric Ier, dit la Barbe Rousse.*
w56-w57G: *De Frédéric Barberousse.*

1-5 MSP, 53-54N: communément Frédéric Barberousse, élu par les princes après la mort de son oncle Conrad. Homme comparable aux Othons et aux Charlemagnes. Il

* Voltaire passe directement d'Henri V à Barberousse sans évoquer les règnes de Lothaire III et de Conrad III, car ils ne contiennent pas d'événements de nature à ouvrir des perspectives culturelles et historiographiques nouvelles. Pour la même raison, les luttes internes à la partie allemande du Saint Empire, ou contre les voisins slaves, fort détaillées par Heiss (livre 2, ch.13) et surtout Barre, ne sont que très sommairement évoquées. Les réflexions sur l'investiture papale qui sous-tendent de longues parties du présent chapitre, principalement les lignes 6-112, se situent dans le prolongement thématique du ch.46 sur Henri IV et Grégoire VII. Mais à l'affrontement du pape et de l'empereur dans lequel s'immisçait la population de Rome s'ajoute désormais une force politique nouvelle qui constitue un ferment supplémentaire de dislocation du pouvoir impérial: les villes, qui, en Italie, ont conservé la mémoire et une certaine pratique des formes de la vie citoyenne antique et s'appliquent à défendre leurs libertés (voir ci-dessus, ch.46, ligne 10). Voltaire y revient en 1768 dans *Le Pyrrhonisme de l'histoire*, 'Du pouvoir papal dans Rome et des patrices' (*OCV*, ch.21, t.67, p.327-28). S'ouvre ainsi une époque dont le

seulement par les seigneurs allemands, mais aussi par les Lombards, qui donnèrent cette fois leur suffrage. [1] Frédéric était un homme comparable à Othon et à Charlemagne. [2] Il fallut aller   5

---

règne de Barberousse exemplifie successivement l'ambivalence: après une première défaite face au pouvoir impérial, les villes lombardes parviennent à tirer avantage de la rivalité opposant le pape et l'empereur qui doit finalement reculer. S'amorce ici une rivalité entre les structures urbaines et aristocratiques qui va constituer désormais un important arrière-plan de l'histoire européenne. Le règne de Frédéric Barberousse marque aussi un moment fort, voire l'accomplissement d'une évolution, et Voltaire l'intègre, comme déjà Maimbourg – qui parle des 'trois héros de l'empire' (*Histoire de la décadence de l'empire après Charlemagne*, livre 5, année 1190) – dans la lignée de Charlemagne et d'Othon le Grand, dont tous deux excluent Henri IV. L'affirmation par Barberousse de prétentions impériales – que Voltaire tire des idées et savoirs de son temps sur Otto von Freising et sur l'idée de 'monarchie universelle', largement répandus depuis la critique de Melanchthon par Bodin dans *Methodus ad facilem historiam cognitionem* (1566; ch.7), puis les *Six Livres de la République* (1576) – coïncide d'une façon en apparence paradoxale avec la confirmation de la suprématie du pape et du recul de l'influence allemande en Italie. Barre s'en fait le chroniqueur précis (années 1154, 1161), non sans souligner d'ailleurs une dimension qui, chez Voltaire, ne perce guère que dans le titre du chapitre: cette rébellion oppose des villes lombardes à un empereur perçu comme étranger (année 1173). La réflexion liminaire sur les relations entre l'empereur Barberousse et le pape Adrien procède largement des développements de Fleury: sans s'envenimer jamais comme ce fut le cas avec Henri IV, elles reflètent un rapport de force permanent, Barberousse 's'offensant' de plusieurs lettres du pape Adrien. Heiss, Barre et Fleury (*Histoire ecclésiastique*, surtout les livres 70-71), constituent les sources principales de Voltaire pour ce chapitre, complétées notamment par quelques emprunts à Bruys (*Histoire des papes*), à Maimbourg, ou à ses propres *Annales de l'Empire* (1753).

[1] Sur l'élection de Frédéric Ier, voir Heiss (ch.13, année 1152). Le suffrage des Lombards, que Voltaire ne mentionne pas aussi précisément dans les *Annales*, ne figure pas chez Heiss, mais chez Fleury (livre 70, année 1155, §4) et chez Barre (année 1155). Membre de la ligue lombarde, la ville de Novarra avait fermé ses portes à Henri V en 1110 et, en 1132, lors du voyage de couronnement de Lothaire en Italie, les villes de Milan et Vérone firent de même (Barre).

[2] La comparaison de Barberousse avec ces deux illustres empereurs se trouve chez Maimbourg (livre 5, année 1190). Barre décrit Henri comme 'un des plus grands princes qui aient rempli le trône des Césars germaniques' (année 1190, t.5, p.414).

prendre à Rome cette couronne impériale, que les papes donnaient à la fois avec fierté et avec regret, voulant couronner un vassal, et affligés d'avoir un maître. ³ Cette situation toujours équivoque des papes, des empereurs, des Romains et des principales villes d'Italie, faisait répandre du sang à chaque couronnement d'un César. ⁴ La coutume était que quand l'empereur s'approchait pour se faire couronner, le pape se fortifiait, le peuple se cantonnait, l'Italie était en armes. ⁵ L'empereur promettait qu'il n'attenterait ni à la vie, ni

10

6   MSG: que le pape donnait
10   MSP: faisant répandre
11   MSP: l'empereur approchait
12   MSP: peuple se contenait

³ Voltaire donne en manchette la chronologie (ci-dessus, ligne 1; ci-dessous, 64): élu et couronné à Aix-la-Chapelle en 1152, Frédéric Barberousse doit attendre pour se rendre à Rome 'd'avoir pacifié et terminé les différends qui étaient entre les princes de l'empire': c'est ainsi qu''il envoie l'archevêque de Trèves, et l'évêque de Bamberg en ambassade à Rome, pour en son nom recevoir la couronne' (Heiss, année 1152). Il se rend en Italie en 1155, et est couronné roi des Lombards (Fleury, livre 70, année 1155, §4; Heiss, année 1155; Barre, année 1155). S'engagent les négociations concernant 'les articles de son couronnement' (Barre, année 1155; Fleury, §5). Outre sa valeur de portée générale sur les relations souvent très difficiles entre le pape et les empereurs, ce passage peut s'appuyer sur le récit des délicates tractations qui précèdent le couronnement de Barberousse: le pape craint d'abord que l'empereur ne vienne en ennemi (Fleury, §4), puis il affirme son pouvoir en posant des conditions très précises sur le déroulement de la cérémonie, le moment où l'empereur doit lui tenir l'étrier (Fleury, §5; Barre, année 1155). Voltaire revient ci-dessous, ligne 50, et dans un autre contexte, ligne 166, sur la cérémonie de l'étrier.

⁴ Ce passage anticipe sur un mode synthétique le récit d'événements rapportés ci-dessous, lignes 52-61, 66. Il annonce ainsi, à partir du cas particulier des Romains, le second grand thème du chapitre: le rôle politique que les habitants des villes cherchent à jouer.

⁵ La situation qui prévaut lors du couronnement de Barberousse est abusivement généralisée. Selon Barre, en 1110, l'armée fort nombreuse escortant Henri V venu se faire couronner effraie le pape puis la ville entière; de même, le pape réagit vivement aux campagnes menées en 1118 par le futur Conrad III venu se faire couronner en Lombardie. Par contre, le voyage de couronnement de Lothaire II en 1132 semble s'être déroulé sans heurts.

aux membres, ni à l'honneur du pape, des cardinaux et des magistrats: le pape de son côté faisait le même serment à l'empereur et à ses officiers. Telle était alors la confuse anarchie de l'Occident chrétien, que les deux premiers personnages de cette petite partie du monde, l'un se vantant d'être le successeur des Césars, l'autre le successeur de Jésus-Christ, et l'un devant donner l'onction sacrée à l'autre; tous deux étaient obligés de jurer qu'ils ne seraient point assassins pour le temps de la cérémonie. Un chevalier armé de toutes pièces, fit ce serment au pontife Adrien IV au nom de l'empereur, et le pape fit son serment devant le chevalier. [6]

Le couronnement ou exaltation des papes était accompagné alors de cérémonies aussi extraordinaires, et qui tenaient de la simplicité plus encore que de la barbarie. On posait d'abord le pape élu, sur une chaise percée, appelée *stercorarium*, ensuite sur un siège de porphyre, sur lequel on lui donnait deux clefs; de là sur un troisième siège, où il recevait douze pierres de couleur. Toutes ces coutumes que le temps avait introduites, ont été abolies par le temps. [7] Quand l'empereur Frédéric eut fait son serment, le pape

Serments réciproques des empereurs et papes de ne se point faire assassiner.

Cérémonies singulières.

15

20

25

30

15-33   MSP, 53-W57G: magistrats. Un chevalier armé d'une armure complète, fit ce serment au nom de Frédéric sur la croix. Le pape alla donc trouver cet empereur à quelques milles de Rome. Le cérémonial établissait [53, W57G: cérémonial romain était établi] [W56: Il était établi par le cérémonial romain] que

16   61: Tel était alors l'état de l'Occident

[6] Voir Fleury, que Voltaire déforme quelque peu: c'est devant deux cardinaux envoyés par Adrien IV que le chevalier fait serment; et c'est devant ces mêmes cardinaux que le pape promet à son tour de couronner le roi (livre 70, année 1155, §5). Voltaire accentue le ridicule de ces serments réciproques par l'expression 'ils ne seraient point assassins le temps de la cérémonie'.

[7] Pour la description de cette cérémonie, Voltaire reprend presque textuellement ses *Annales* (année 1191, p.333-34), manifestement inspirées ici de Fleury (livre 74, année 1191, §37). Voltaire omet les explications, données par Fleury, de la signification symbolique de ces 'cérémonies singulières' (lignes 24-25, manchette).

Adrien IV vint le trouver à quelques milles de Rome. [8]

Il était établi par le cérémonial romain, que l'empereur devait se prosterner devant le pape, lui baiser les pieds, lui tenir l'étrier, et
35 conduire la haquenée blanche du Saint-Père par la bride l'espace de neuf pas romains. Ce n'était pas ainsi que les papes avaient reçu Charlemagne. L'empereur Frédéric trouva le cérémonial outrageant, et refusa de s'y soumettre. [9] Alors tous les cardinaux s'enfuirent, comme si le prince par un sacrilège avait donné le
40 signal d'une guerre civile. Mais la chancellerie romaine, qui tenait registre de tout, lui fit voir que ses prédécesseurs avaient rendu ces devoirs. Je ne sais si aucun autre empereur que Lothaire II successeur de Henri V avait mené le cheval du pape par la bride. La cérémonie de baiser les pieds, qui était d'usage, ne révoltait
45 point la fierté de Frédéric; et celle de la bride et de l'étrier l'indignait, parce qu'elle parut nouvelle. Son orgueil accepta enfin ces deux prétendus affronts, qu'il n'envisagea que comme

---

37   MSP: [*manchette*] *1146*.

37-38   MSP, 53-54N: Charlemagne, aux genoux duquel ils s'étaient prosternés. [10] Ils n'étaient pas alors plus papes que sous Charlemagne. Leur temporel qu'ils devaient à cet empereur, n'augmentait pas leurs droits et le petit Etat de la comtesse Mathilde que l'empereur revendiquait [53-54N: toujours], ne les faisait
5   guère plus puissants. L'empereur [53: L'empereur Frédéric] trouva le cérémonial insolent, et

38   MSP: Alors les

46   MSP: qu'elle avait paru

47   MSP, 53-54N: deux affronts

---

[8] Récit factuellement exact, mais Voltaire ne dit pas que Barberousse est venu précisément pour 'rétablir le pape dans Rome', lequel a dû se mettre à l'abri d'une sédition des Romains (Heiss, année 1155). En évoquant le serment de l'empereur comme préalable à la venue du pape, Voltaire introduit une relation de cause à effet qui n'est dans aucune de ses sources.

[9] L'expression 'cérémonial outrageant' ('insolent' dans MSP) ne se trouve pas dans les sources.

[10] Voir Heiss: 'les empereurs de leur côté ont reçu de la part des papes des marques d'un plus grand respect, lorsqu'il s'est agi de se faire reconnaître pour souverains de Rome. Charlemagne et quelques-uns de ses successeurs dans leur couronnement, les ont vu fléchir le genou devant eux' (année 1155, note).

171

de vaines marques d'humilité chrétienne, et que la cour de Rome regardait comme des preuves de sujétion. [11] Celui qui se disait le maître du monde, *caput orbis*, se fit palefrenier d'un gueux qui avait vécu d'aumônes. [12]

    Les députés du peuple romain, devenus aussi plus hardis depuis que presque toutes les villes de l'Italie avaient sonné le tocsin de la liberté, voulurent traiter de leur côté avec l'empereur; mais ayant commencé leur harangue en disant: 'Grand roi, nous vous avons fait citoyen et notre prince, d'étranger que vous étiez': [13] l'empereur

50

55

48-49   MSP: cour du pape regardait
49-52   MSP, 53-W68: sujétion. ¶Les députés
56   MSP, 53-61: fait notre citoyen

[11] Fleury mentionne un départ des cardinaux 'indignés' pour Viterbe (année 1155, §5), comme Bruys (année 1155, 'Entrevue du pape') et Barre (année 1155), qui ici le recopient presque textuellement, mais c'est Voltaire qui parle de 'sacrilège' et de 'guerre civile'. Le pape, embarrassé, descend de cheval et va s'installer sur un fauteuil: 'Alors le roi vint se prosterner devant lui et après lui avoir baisé les pieds, il s'approcha pour recevoir le baiser de paix.' Le pape refuse toutefois de le lui donner aussi longtemps qu'il ne lui aura pas tenu l'étrier. 'Le roi soutint qu'il ne le devait point, et tout le jour suivant se passa en diverses conférences sur ce sujet.' Barberousse interroge les vieux seigneurs qui ont assisté au couronnement de Lothaire par Innocent, et on lui assure qu'il en a été ainsi. Le lendemain, 'il lui tint l'étrier pendant la longueur d'un jet de pierre, et le pape ensuite le reçut au baiser de paix'.

[12] Le terme de 'palefrenier' provient de Barre, qui précise: 'attendu que de sa vie il n'avait fait le métier de palefrenier' (année 1155, t.5, p.28). Heiss écrit que 'Frédéric ne s'acquitta qu'à demi de cette action. Il se plaça à la gauche pour tenir l'étrier et dit sur un ton de plaisanterie au pape surpris de cette erreur qu'il n'avait pas appris 'ce métier-là' (année 1155, note). Barre rappelle que sur le sceau impérial se trouve notamment l'expression: '*Roma caput mundi regit orbis fraena rotundi*' (p.59), tandis que Voltaire insiste sur le passé de mendiant d'Adrien IV, déjà évoqué ci-dessus (ch.47, ligne 120 et n.34, 35) et qu'il amplifie à plaisir (voir aussi ci-dessous, ligne 107).

[13] Voltaire résume Fleury (année 1156, §6). Il a déjà cité cette phrase des députés romains dans ses *Annales* (année 1155), et reprendra encore cet épisode en 1768, au ch.21 du *Pyrrhonisme de l'histoire* (*OCV*, t.67, p.327).

fatigué de tous côtés de tant d'orgueil, leur imposa silence, et leur dit en propres mots: 'Rome n'est plus ce qu'elle a été; il n'est pas vrai que vous m'ayez appelé et fait votre prince: Charlemagne et
60 Othon vous ont conquis par la valeur: je suis votre maître par une possession légitime.' [14] Il les renvoya ainsi, et fut inauguré hors des murs par le pape, qui lui mit le sceptre et l'épée en main et la couronne sur la tête. [15]

On savait si peu ce que c'était que l'empire, toutes les
65 prétentions étaient si contradictoires, que d'un côté le peuple romain se souleva, et il y eut beaucoup de sang versé, parce que le pape avait couronné l'empereur sans l'ordre du sénat et du peuple; [16] et de l'autre côté le pape Adrien écrivait dans toutes ses lettres, qu'il avait conféré à Frédéric le bénéfice de l'empire romain, *Beneficium*
70 *imperii romani*. Ce mot de *beneficium* signifiait un fief à la lettre. [17]

1155. 18 juin.
Empire, bénéfice
à la collation du
pape.

---

60   MSP: conquis; je

---

[14] Les citations des lignes 55-56 et 58-61 raccourcissent celles rapportées par Fleury (livre 70, année 1155, §6). La transition est une légère réécriture: Fleury dit: 'le roi surpris et indigné de ce commencement de harangue'. Le 'tocsin de la liberté', une expression qui deviendra populaire à partir de la Révolution, ne figure pas dans les sources, du moins dans ce contexte.

[15] Voltaire abrège Fleury, chez qui le pape, après le discours des Romains, met Barberousse en garde et lui conseille d'envoyer une troupe dans la Léonine pour y assurer le maintien de l'ordre. Le lendemain, la cérémonie, résumée lignes 62-63, est célébrée à Saint-Pierre (c'est-à-dire 'hors les murs' de Rome).

[16] La date du couronnement est donnée par Fleury (année 1155, §7). Le 'sang versé' provient de Heiss (année 1155) et 'sans ordre du sénat' de Fleury (§6, 9), lequel est le plus précis sur les conflits entre les Romains et l'empereur d'une part, le pape de l'autre.

[17] L'expression latine complète, *beneficium imperii romani*, est présente dans les *Annales* (p.318), mais manque dans les sources. Fleury (année 1157, §23), Heiss (année 1157) et Barre (année 1157) ne parlent que d'une unique lettre adressée en 1157 à Barberousse à Besançon, où il tient une diète. Le pape y rappelle à Frédéric Ier qu'il a reçu de lui de grands 'bénéfices' lors de son couronnement (Fleury, année 1157, §25). Indigné de ces termes qui suggèrent que 'le pape avait donné à Frédéric l'empire pour relever en fief du Saint-Siège' (Heiss, année 1157), l'empereur 'envoya

Il fit de plus exposer en public à Rome un tableau qui représentait Lothaire II aux genoux du pape Alexandre II, tenant les mains jointes entre celles du pontife, ce qui était la marque distinctive de la vassalité. L'inscription du tableau était:

Rex venit ante fores, jurans prius urbis honores: 75
Post homo fit papae, sumit qui dante coronam.

'Le roi jure à la porte le maintien des honneurs de Rome, et devient vassal du pape, qui lui donne la couronne.' [18]

Frédéric, étant à Besançon (reste du royaume de Bourgogne, appartenant à Frédéric par son mariage [19]) apprit ces attentats, et s'en   80 plaignit. Un cardinal présent répondit: 'Eh de qui tient-il donc l'empire, s'il ne le tient du pape?' Othon comte Palatin fut prêt de le percer de l'épée de l'empire, qu'il tenait à la main. [20] Le cardinal

---

71   MSP: public un

79-80   MSP, 53-W75G: Besançon (car ce que nous nommons la Franche-Comté, reste du royaume de Bourgogne, appartenait à Frédéric [MSP: Barberousse] par

81-82   MSP, 53-54N: qui donc tient-il l'empire s'il ne le tient pas du pape? paroles pour lesquelles Othon

83-86   MSP, 53-54N: main. Le pape en fut quitte pour donner à toutes ces

---

une lettre par tous ses Etats, dans laquelle il se plaignait, que le pape voulait altérer l'union entre l'empire et le sacerdoce' (Bruys, année 1157, t.3, p.30; Fleury, §25; Barre, année 1157).

[18] Les lignes 70-78 sont pratiquement recopiées des *Annales* (p.318). Barberousse s'est plaint de ce tableau lors de sa venue à Rome en 1155 (Fleury, année 1157, §23; Bruys, année 1157). La citation est transcrite uniquement en français chez Fleury, en français et en latin chez Barre (année 1157).

[19] Heiss fait allusion au mariage, en 1156, de Barberousse avec Béatrix, fille de Renaud (ou Regimbaud) comte de Bourgogne (année 1187).

[20] L'incident entre le comte palatin et un cardinal suit immédiatement la lecture de la lettre du pape à Barberousse. Voltaire rapporte donc tous les faits survenus, mais bouscule quelque peu la chronologie (lignes 68-84). Sur ce dernier épisode, voir Fleury (année 1157, §23), Barre (année 1157) et Heiss (année 1157). L'expression 'épée impériale' (que Voltaire modifie en 'épée de l'empire') se trouve chez Barre et

s'enfuit, le pape négocia. Les Allemands tranchaient tout alors par
85 le glaive, et la cour romaine se sauvait par des équivoques.

Roger, vainqueur en Sicile des musulmans, et au royaume de
Naples des chrétiens, avait en baisant les pieds du pape Urbain II
son prisonnier, obtenu de lui l'investiture, et avait fait modérer la
redevance à six cents *besants d'or* ou *squifates*, monnaie qui vaut
90 environ dix livres de France d'aujourd'hui. Le pape Adrien, en
1156, assiégé par Guillaume, lui céda jusqu'à des prétentions
ecclésiastiques. Il consentit qu'il n'y eût jamais dans l'île de
Sicile ni légation ni appellation au Saint-Siège, que quand le roi
le voudrait ainsi. C'est depuis ce temps que les rois de Sicile, seuls
95 rois vassaux des papes, sont eux-mêmes d'autres papes dans cette
île. [21] Les pontifes de Rome, ainsi adorés et maltraités, ressemblaient
aux idoles que les Indiens battent pour en obtenir des bienfaits. [22]

*Papes donnent
des couronnes, et
n'en ont point.*

*Adrien IV fait
les rois de Sicile
papes chez eux.*

---

expressions un sens équivoque. [MSP, MSG: Tout ce qui se faisait et disait dans Rome
contre les prétentions de l'Empire était enregistré comme un droit [MSP: et le reste
compté pour usurpation; pour obtenir quelque chose des papes, non seulement il
5 fallait avoir en main la puissance, mais la déployer. ¶Personne ne mit plus cette
maxime en usage que les Normands, conquérants de Naples et de Sicile]. [MSG: droit.
Les Normands, conquérants de Naples et de Sicile, en avaient agi autrement.]] Roger
   88   MSP: et fait
   89   MSP: pesants d'or ou squifantes
   90   MSP, 53-W57G: environ une pistole. Le pape
   94   MSP: voudrait, nouvelle raison pour laquelle les rois
   96-97   MSP, 53-W68: ressemblaient, si on ose le dire, à ces [53-W68: aux] idoles

---

chez Bruys (année 1157). Ces auteurs ne parlent pas de 'cardinal' qui s'enfuit, mais
d'un légat, et d'Otton, comte palatin, menaçant de le frapper, de le tuer, ou même
(Fleury) 'de lui couper la tête'. Heiss rapporte que Barberousse répondit 'qu'il tenait
sa couronne de Dieu, et des princes d'Allemagne', des 'paroles fermes' qui portèrent
les évêques 'à conseiller au pape de pacifier les choses [...] Ce sage pontife suivit cet
avis' et expliqua à l'empereur ce qu'il entendait par 'bénéfices' (année 1157). C'est
sans doute cela, ainsi que l'expression de Fleury ('Le pape apaise l'empereur', année
1157, §25), que Voltaire paraphrase en 'négocia'.
[21] Voir ci-dessus, ch.41, à propos des Normands en Sicile. Voltaire amalgame des
épisodes des règnes de Roger Ier et de Roger II (Fleury, livre 64, année 1093, §14;
1098, §55; livre 68, année 1130, §3).
[22] Les lignes 96-97 peuvent apparaître comme une réécriture ironique de Fleury,

Adrien IV se dédommageait avec les autres rois qui avaient besoin de lui. Il écrivait ainsi au roi d'Angleterre Henri II: 'On ne doute pas, et vous le savez, que l'Irlande et toutes les îles qui ont   100
reçu la foi, appartiennent à l'Eglise de Rome: or si vous voulez entrer dans cette île pour en chasser les vices, y faire observer les lois, et faire payer le denier de saint Pierre par an pour chaque maison, nous vous l'accordons avec plaisir.' [23]

Il donne   Si quelques réflexions me sont permises dans cet essai sur   105
l'Irlande. l'histoire de ce monde, je considère qu'il est bien étrangement gouverné. Un mendiant d'Angleterre, devenu évêque de Rome, donne de son autorité l'île d'Irlande à un homme qui veut l'usurper. [24]
Les papes avaient soutenu des guerres pour cette investiture par la crosse et l'anneau, et Adrien IV avait envoyé au roi Henri II un   110

99   MSP: *[manchette] Adrien donne l'Irlande.*

    MSP: Henri II qui se préparait à envahir l'Irlande, sans la moindre apparence d'un droit même douteux. 'On

101   MSP, 53-54N: or vous

104   MSP: maison, et nous

107   MSP: évêque en Italie,

      53-54N: évêque d'Italie,

110-11   MSP: Adrien IV envoie un anneau au roi Henri II en

---

chez qui Adrien atteste qu'il a fait ce traité 'étant à Bénévent en sûreté et en liberté' (Fleury, année 1155, §14). La confusion de la situation dissimule peut-être aux yeux du pontife la création en Sicile d'un nouveau rapport de forces à l'avantage de la dynastie normande, puisque celle-ci fait notamment confirmer par un pape ce qui lui a autrefois été accordé par un antipape.

[23] Cf. Fleury, année 1156, §16.

[24] A propos d'Adrien IV 'mendiant', voir ci-dessus, ligne 51, et ch.47, ligne 122 et n.34, 35. On a ici un exemple de ces 'saisissants raccourcis' par lesquels Voltaire désacralise les acteurs de l'histoire.

anneau en signe de l'investiture de l'Irlande. Un roi qui eût donné
un anneau en conférant une prébende, eût été sacrilège. [25]

L'intrépide activité de Frédéric Barberousse suffisait à peine *Grandes actions*
pour subjuguer et les papes qui contestaient l'empire, et Rome qui *de Barberousse.*
115 refusait le joug, et toutes les villes d'Italie qui voulaient la liberté. [26] Il
fallait réprimer en même temps la Bohême qui l'inquiétait, les
Polonais qui lui faisaient la guerre. Il vint à bout de tout. La
Pologne vaincue fut érigée par lui en royaume tributaire. Il pacifia
la Bohême, érigée déjà en royaume par Henri IV en 1086. [27] On dit *1158.*
120 que le roi de Dannemarck reçut de lui l'investiture. [28] Il s'assura de la
fidélité des princes de l'empire, [29] en se rendant redoutable aux

115   MSP: et les
117   MSP: vient
119-20   MSP: 1086, mais reconnue alors solennellement. On dit même que

[25] Cf. Fleury: 'Avec cette bulle le pape envoya au roi d'Angleterre un anneau d'or
orné d'une émeraude en signe d'investiture' (année 1156, §16). L'authenticité de la
bulle *Laudabiliter* (1154), dont il est question ici, est contestée.

[26] Voltaire suit Heiss, mais ne mentionne pas les troubles intérieurs de
l'Allemagne à cause desquels l'empereur convoque une diète à Worms (année
1156). Pour l'arrière-plan politique, Voltaire est plus proche de Barre: le gouvernement des villes italiennes 'était républicain et approchait assez de la politique des
anciens Romains: les peuples affectaient une grande liberté' (année 1154, t.5, p.18-
19).

[27] Voltaire suit Heiss (année 1158), en réduisant à l'essentiel. Selon Barre, qui
énumère les souverains qu'il a contraints à payer tribut, à qui il donne une
investiture, ou de qui il reçoit des présents, comme le roi d'Angleterre, Barberousse
'surpassait alors en gloire et en puissance tous ses prédécesseurs depuis Othon le
Grand' (année 1158, t.5, p.60-62). Vratislav II (1061-1092) n'a reçu de l'empereur, en
1085, la couronne royale de Bohême qu'à titre personnel. Il faudra attendre 1198 pour
que le 'royaume de Bohême' soit définitivement reconnu par les empereurs.

[28] Ce détail figure chez Heiss, mais dans un cadre chronologique différent du
passage résumé ici (année 1152). La prudence du 'on dit que' peut refléter la situation
de rivalité passablement embrouillée entre Svend III Grathe (1146-1157) et Knud V
Magnussen (1154-1157), exposée par Barre (année 1152), sur qui Voltaire s'appuie
probablement ici: en 1158, Barberousse accorde de façon conditionnelle l'investiture
à Valdemar Ier le Grand (1157-1182), nouveau roi du Danemark.

[29] Sans doute Voltaire pense-t-il aux passages où Heiss le montre faisant, en 1158,

étrangers, et revola dans l'Italie, qui fondait sa liberté sur les embarras du monarque. [30] Il la trouva toute en confusion, moins encore par ces efforts des villes pour leur liberté, que par cette fureur de parti, qui troublait, comme vous l'avez vu, toutes les élections des papes.

125

1160.
Schisme à
Rome.

Après la mort d'Adrien IV, deux factions élisent en tumulte ceux qu'on nomme Victor II et Alexandre III. [31] Il fallait bien que les alliés de l'empereur reconnussent le même pape que lui, et que les rois jaloux de l'empereur reconnussent l'autre. Le scandale de Rome était donc nécessairement le signal de la division de l'Europe. Victor II fut le pape de Frédéric Barberousse. L'Allemagne, la Bohême, la moitié de l'Italie lui adhérèrent. Le reste reconnut Alexandre. Ce fut en l'honneur de cet Alexandre que les Milanais, ennemis de l'empereur, bâtirent Alexandrie. Les partisans de Frédéric voulurent en vain qu'on la nommât Césarée; mais le nom du pape prévalut, et elle fut nommée *Alexandrie de la Paille*; surnom qui fait sentir la différence de cette petite ville, et des autres de ce nom, bâties autrefois en l'honneur du véritable Alexandre. [32]

130

135

125-26   MSP, 53-54N: qui caractérisait, comme je l'ai dit, les élections
134-35   MSP: Milanais bâtirent

du duc de Bohême le roi 'Uratislas' (Vladislav II, 1158-1174), ou dédommageant, en lui donnant des duchés en Italie, le duc de Saxe de la perte de la 'redevance du duché d'Autriche' (année 1152, n.*a*).

[30] Voltaire suit Heiss: après avoir réglé les affaires intérieures de l'Allemagne, Barberousse 'repasse donc les Alpes vers la fin de l'année 1158 avec une puissante armée, pour achever la conquête des villes soulevées contre lui'. Voltaire ne mentionne pas le différend qui l'oppose alors à Adrien IV.

[31] Il ne s'agit pas de Victor II (pape de 1055 à 1057), mais de Victor IV, antipape de 1159 à 1164 (que les sources de Voltaire appellent aussi Octavien ou Ottaviani), que Fleury appelle 'Victor III' (année 1159, §37). Heiss parle d'un 'schisme' qui s'élève lors de cette élection (année 1159), Fleury de 'partis' 'attachés' à l'un ou l'autre des papes, et d''adhérents'. L'idée de 'tumulte' ressort bien de Fleury, dont Voltaire tire tout ce passage sur les alliances et regroupements qui s'effectuent en Europe (années 1159-1161, §37-54).

[32] La fondation d'Alessandria, ainsi nommée en l'honneur du pape, est rapportée

140   Heureux ce siècle s'il n'eût produit que de telles disputes! Mais   *Pape habile*
les Allemands voulaient toujours dominer en Italie, et les Italiens   *triomphe de*
voulaient être libres. Ils avaient certes un droit plus naturel à la   *Barberousse*
liberté qu'un Allemand n'en avait d'être leur maître.[33]   *guerrier.*

Les Milanais donnent l'exemple. Les bourgeois, devenus
145   soldats, surprennent vers Lodi les troupes de l'empereur et les
battent. S'ils avaient été secondés par les autres villes, l'Italie
prenait une face nouvelle.[34] Mais Frédéric rétablit son armée. Il   *1162.*
assiège Milan. Il condamne par un édit les citoyens à la servitude,

140   MSP: [*manchette*] 1162.

140-50   MSP, W56-W57G: disputes! Mais Milan pour avoir voulu être libre, fut
rasée jusque dans ses fondements et l'empereur fit semer du sel sur ses débris. Brescia

par Fleury (livre 71, année 1168, §52) et Barre (année 1168). Evoquée par Voltaire
dans le contexte du front qui s'est ouvert entre les deux papes, elle date de 1168 et est
donc postérieure aux événements rapportés lignes 144-58. Fleury précise: 'Les
impériaux la nommèrent par mépris Alexandrie de la paille' (livre 71, §52; cf. aussi
Barre, année 1168, t.5, n.*a*). Voltaire bouscule ici la chronologie des événements:
c'est seulement en 1183, lors d'une diète tenue à Nuremberg, peu après la signature de
la paix de Constance entre l'empereur et les villes lombardes, que celui-ci exige
qu'Alessandria soit désormais appelée 'Cesarea' (Barre, années 1183-1184).

[33] L'intervention ici d'un certain 'droit naturel' des 'Italiens' à ne pas être
gouvernés par un 'Allemand' montre que, pour Voltaire, la thématique 'nationale'
a déjà une certaine réalité en plein Moyen Age. On voit poindre ici une vision moins
négative de l'esprit de patriotisme que ce ne sera le cas, par exemple, dans les art.
'Patrie' du *DP* (1764; *OCV*, t.36, p.411-15), puis des *QE* (1771; *M*, t.20, p.181-83).
Dans sa correspondance, par ailleurs les termes de 'patrie' et 'patriotisme' ont une
connotation tout à fait positive.

[34] Voltaire confond peut-être avec Alexandrie, dont Fleury précise qu'elle eut
'dès la première année 15 000 habitants portant les armes' (année 1168, §52). Selon
Barre, il y eut bien en 1161 une bataille, 'à plusieurs milles de Lodi', au cours de
laquelle les Milanais eurent l'avantage (t.5, p.130). Voltaire simplifie ici beaucoup le
déroulement des événements (un concile s'est réuni à Lodi autour de l'antipape
Victor), sans trahir fondamentalement le déroulement des événements: de fait, ces
campagnes marquent un recul de l'empereur en Italie à l'avantage des villes et de
leurs habitants qui les défendent. Heiss parle aussi d'un échec 'assez sensible' de
Barberousse, mais qu'il situe en 1162 et sans mention de lieu (année 1162).

fait raser les murs et les maisons, et semer du sel sur leurs ruines. [35]
C'était bien justifier les papes que d'en user ainsi. [36] Brescia, 150
1162. Plaisance, furent démantelées par le vainqueur. Les autres villes
qui avaient aspiré à la liberté, perdirent leurs privilèges. [37] Mais le
pape Alexandre, qui les avait toutes excitées, revint à Rome après la
mort de son rival. [38] Il rapporta avec lui la guerre civile. [39] Frédéric fit

[35] Barberousse fit piller et détruire toute la ville, 'hors les églises', et 'fit même
labourer une croix avec une charrue, et il y fit semer du sel en mémoire éternelle de sa
rébellion' (Heiss, année 1162). Barre précise: 'selon l'ancienne coutume des
Romains, pour signifier que Milan ne serait jamais rebâtie' (année 1162, t.5,
p.133). L'idée de servitude sous-tend plusieurs passages rendant compte de la
symbolique: les habitants de Milan, le 1er mars 1162, vinrent trouver Barberousse 'à
Lodi, ayant les épées nues au cou et des croix à la main pour demander miséricorde'
(Fleury, livre 70, année 1161, §56), à la suite de quoi il leur accorda 'huit jours pour se
retirer' de Milan, délai au terme duquel il détruirait la ville (Barre).

[36] Selon J. de Maistre, *Du pape* (Lyon, 1819), ch.7, art.3, Voltaire signifie par là
que la cruauté de Barberousse envers les Milanais révoltés 'suffirait pour justifier tout
ce que firent les papes' par la suite, dans le cadre de leurs conflits avec l'empire.

[37] 'Bresse ou Bressa et Plaisance furent démantelées [...]; les autres villes rebelles
soumises à son obéissance, et obligées de reconnaître Victor' (Heiss, année 1163).
Pour 1162, Barre mentionne que Plaisance et Brescia se rendirent et 'en furent quitte
pour de l'argent et pour la démolition de leurs murailles' (t.5, p.133-34). Voltaire suit
ici largement Heiss, utilise parfois les mêmes expressions que lui, mais s'inspire de
Barre lorsqu'il remplace à la ligne 152 'soumises à son obéissance' par 'perdirent leurs
privilèges'.

[38] En 1164, certaines villes se soulèvent, car elles ne veulent pas subir le sort de
Milan, 'étant d'ailleurs animées sous main par le pape Alexandre' (Heiss, année
1164). Voltaire demeure vague en ce qui concerne la chronologie et ramasse en
quelques lignes plus de quinze ans d'événements assez répétitifs. Selon Fleury,
Alexandre III (1159-1181) n'attend pas 'la mort de son rival' en 1164, mais rentre une
première fois à Rome en 1161, puis se retire en France en 1162 (livre 70, année 1162,
§57), à Montpellier selon Barre. Revenu en 1165 (Heiss, année 1165), après que les
Romains lui seront devenus plus favorables (Fleury, livre 71, année 1164, §7), il
devra de nouveau quitter Rome où il ne reviendra définitivement qu'en 1178.

[39] Cette remarque de Voltaire peut se rapporter à plusieurs événements: la
campagne que fait l'archevêque de Cologne en faveur d'Alexandre (Fleury, livre 71,
année 1165, §16); le retour de Barberousse en Italie en novembre 1166 'à dessein
d'établir à Rome l'antipape Pascal [...] et d'en chasser Alexandre' (année 1166, §34);
l'attaque, en mai 1167 par les Romains, de Tusculum qui soutient Barberousse (année
1167, §41), et la formation des ligues lombardes, évoquée ci-dessous, ligne 158.

155 élire un autre pape, et celui-ci mort, il en fit nommer encore un autre. [40] Alors Alexandre III se réfugie en France, asile naturel de tout pape ennemi d'un empereur: mais le feu qu'il a allumé, reste dans toute sa force. [41] Les villes d'Italie se liguent ensemble pour le maintien de leur liberté. Les Milanais rebâtissent Milan malgré

160 l'empereur. Le pape enfin en négociant fut plus fort que l'empereur en combattant. Il fallut que Frédéric Barberousse pliât. [42] Venise eut l'honneur de la réconciliation. L'empereur, le pape, une foule de *1177.* princes et de cardinaux se rendirent dans cette ville, déjà maîtresse de la mer, et une des merveilles du monde. [43] L'empereur y finit la

165 querelle en reconnaissant le pape, en baisant ses pieds, et en tenant

165 MSP: [*manchette*] *Triomphe d'Alexandre III.*

[40] Il s'agit de l'antipape Pascal III (1164-1168), confirmé par Barberousse (Heiss, année 1164; Fleury, livre 71, année 1164, §7), tout comme son successeur Calixte III, qui régnera jusqu'en 1178 (Heiss, année 1169).

[41] L'adverbe 'alors' suggère un enchaînement erroné des faits (voir ci-dessus, n.38).

[42] Sur l'habile et pacifique victoire du pape, voir ci-dessus, lignes 84-85; ci-dessous, 172-74. Heiss (année 1175) et Barre (année 1176) disent que l'empereur fut contraint de 'fléchir' et de songer à 'se réconcilier avec Alexandre III'. Voltaire appelle ici 'négocier' ce qui relève en fait d'intrigues et il ne souligne pas, comme ses sources, que Barberousse voit avant tout 'la plupart des princes d'Allemagne se sépare[r] de ses intérêts' (Heiss, année 1175). Le profit que tirèrent les villes de l'affrontement de Barberousse et d'Alexandre est développé par Barre, Heiss et Fleury: en 1176, la victoire des Lombards fut 'fatale à l'empire, et très avantageuse aux souverains pontifes: elle assura la liberté des villes lombardes, et ruina en Italie la puissance des empereurs allemands' (Barre, année 1176; Fleury, livre 73, année 1176, §1). Aux lignes 158-60, Voltaire paraphrase Heiss: 'presque toutes secouèrent le joug et se liguèrent pour maintenir leur liberté [...] Ceux de Milan même voyant l'empereur accablé d'occupations en Allemagne, prirent leur temps pour rebâtir leur ville' (année 1168).

[43] Voltaire élude les négociations préliminaires à la réconciliation et ne mentionne pas les désaccords entre historiens évoqués par Heiss à propos de l'étendue de la 'victoire' du Saint-Siège sur l'empereur (année 1177). Il suit les récits strictement concordants de Fleury (livre 73, année 1177, §2-5) et de Heiss, qui font état d'un triomphe sans appel du pape, d'un isolement croissant de Barberousse et, plus largement, de l'aboutissement d'un lent déclin de l'influence des empereurs en Italie. Sur la prospérité de Venise, voir ch.12, notre t.2, lignes 49-52, et ch.19, lignes 47-49; ci-dessus, ch.43, lignes 88-137.

son étrier sur le rivage de la mer. Tout fut à l'avantage de l'Eglise.

1177. Frédéric Barberousse promit de restituer ce qui appartenait au Saint-Siège; cependant les terres de la comtesse Mathilde ne furent pas spécifiées. [44] L'empereur fit une trêve de six ans avec les villes d'Italie. [45] Milan qu'on rebâtissait, Pavie, Brescia et tant d'autres 170 remercièrent le pape de leur avoir rendu cette liberté précieuse pour laquelle elles combattaient; et le Saint-Père, pénétré d'une joie pure, s'écriait: 'Dieu a voulu qu'un vieillard et qu'un prêtre triomphât, sans combattre, d'un empereur puissant et terrible.' [46]

Il est très remarquable que dans ces longues dissensions le pape 175 Alexandre III, qui avait fait souvent cette cérémonie d'excommunier l'empereur, n'alla jamais jusqu'à le déposer. Cette conduite ne prouve-t-elle pas non seulement beaucoup de sagesse dans ce pontife, mais une condamnation générale des excès de Grégoire VII? [47] 180

167   MSP: qui était au
168   MSP: Mathilde (cet objet important) ne
170-71   MSP: d'autres; elles remercièrent
175   MSP: est remarquable

[44] Selon Barre: 'L'empereur promettait par un des articles de la paix qu'il devait faire avec le pape, de remettre à l'Eglise Romaine les terres de la Comtesse Mathilde', mais il en exigeait les revenus pendant quinze ans (année 1176, t.5, p.257). Le statut de ces biens n'est finalement pas tranché dans le traité (voir aussi Heiss, année 1185).

[45] Pour Heiss, ce sont les villes qui prennent l'initiative de ce rapprochement (année 1177). Cette trêve fut le résultat d'une longue négociation, rapportée par Barre (année 1177), au terme de laquelle, les villes s'obligent à reconnaître l'empereur comme souverain, mais conservent leurs lois et manières de gouvernement.

[46] Les remerciements adressés au pape résument sobrement Fleury (année 1177, §3), plus ampoulé. La 'citation' du pape est suspecte et paraît être du cru de Voltaire lui-même, peut-être inspiré par Bruys, qui évoque Alexandre III, 'avancé en âge', rentrant 'dans Rome comme en triomphe' (année 1178, t.3, p.86-87).

[47] Barre mentionne deux excommunications de Barberousse: une première en 1160 (voir aussi Fleury, livre 70, année 1160, §43), une seconde en 1168. Fleury dit qu'il ne fut fait 'aucune mention de réhabiliter l'empereur comme déposé par le pape' (livre 73, année 1177, §6). Dans ses *Remarques pour servir de supplément à l'Essai sur les mœurs*, dixième remarque, 'De la grandeur temporelle des califes et des papes'

Après la pacification de l'Italie, Frédéric Barberousse partit pour les guerres des croisades, et mourut, pour s'être baigné dans le *1190.* Cidnus, de la maladie dont Alexandre le Grand avait échappé autrefois si difficilement, pour s'être jeté tout en sueur dans ce
185 fleuve. Cette maladie était probablement une pleurésie. [48]

Frédéric fut de tous les empereurs celui qui porta le plus loin ses prétentions. Il avait fait décider à Bologne en 1158 par les docteurs en droit, que l'empire du monde entier lui appartenait, et que l'opinion contraire était une hérésie. Ce qui était plus réel, c'est
190 qu'à son couronnement dans Rome le sénat et le peuple lui prêtèrent serment de fidélité. Serment devenu inutile quand le pape Alexandre III triompha de lui dans le congrès de Venise. [49]

183-84 MSP: Alexandre le Grand réchappa autrefois
185-96 MSP, 53: pleurésie. ¶Pour

(1763), Voltaire note que 'dans les sanglantes querelles de Frédéric Barberousse avec le pape Alexandre III, jamais cet Alexandre ne se dit unique souverain de Rome: il avait beaucoup de terres d'une mer à l'autre; mais assurément il ne possédait pas en propre la ville où l'empereur avait été sacré roi des Romains.'

[48] Contre Heiss (année 1189) et Fleury (livre 74, année 1189, §23), qui le disent noyé, Voltaire choisit Barre, qui écrit qu'on le 'retira vivant' du fleuve Cidnus, ou Cydnos, en Cilicie, qu'il est le seul à nommer (année 1190), pour pouvoir faire un parallèle avec Alexandre, également effectué par Barre. Seul Voltaire parle de pleurésie. Heiss mentionne la date de 1187.

[49] Heiss conclut son chapitre sur Barberousse en disant que 'le plus grand de ses soins avait été d'entretenir la paix dans l'empire, et avec les princes ses voisins', conformément à l'étymologie de son prénom, 'riche de paix' (année 1189). Voltaire est plus politique et fait état d'une sorte d'apogée des ambitions impériales sous Frédéric Ier, suivie d'une chute brutale dont le Saint-Siège tire tous les bénéfices. A propos de l'assemblée de 1158 à 'Roncailles' (Roncaglia, près de Plaisance), où l'empereur a convoqué des légistes de l'université de Bologne, Fleury et Barre évoquent moins une réflexion sur l'idée d'empire qu'une définition des droits féodaux et régaliens, l'empereur y étant déclaré 'maître absolu de tous les biens de ses sujets' (Barre, année 1158, t.5, p.85-86; Fleury, livre 70, année 1158, §26). Il est étonnant que cet épisode soit absent des *Annales* (p.32), alors que Voltaire y mentionne l'université de Bologne. Heiss ne parle pas du serment prêté à Frédéric à son avènement, lequel peut se déduire de Barre, qui évoque une délégation à Barberousse lui disant que 'le sénat et le peuple romain étaient prêts à le recevoir avec

L'empereur de Constantinople Isaac l'Ange ne lui donnait que le titre d'avocat de l'Eglise romaine; et Rome fit tout le mal qu'elle put à son avocat. [50]

195

Pour le pape Alexandre, il vécut encore quatre ans dans un repos glorieux, chéri dans Rome et dans l'Italie. [51] Il établit dans un nombreux concile, que désormais, pour être élu pape canoniquement, il suffirait d'avoir les deux tiers des voix des seuls cardinaux. Mais cette règle ne put prévenir les schismes qui furent depuis causés par ce qu'on appelle en Italie *la rabbia papale*. [52] L'élection d'un pape fut longtemps accompagnée d'une guerre civile. Les horreurs des successeurs de Néron jusqu'à Vespasien n'ensanglantèrent l'Italie, que pendant quatre ans et la rage du pontificat ensanglanta l'Europe pendant deux siècles.

200

205

199   MSP: [*manchette*] *1178*.
201-205   MSP, 53-W57G: *papale.//*
202-205   61-W75G: fut presque toujours accompagnée d'une guerre civile pendant plus de deux siècles.//

toute la pompe qui accompagne les triomphes, pourvu qu'il se présentât en empereur' et qu'il les délivre 'du joug injuste des clercs' (année 1155, p.28-29).

[50] Dans les *Annales* (p.332), Voltaire dit, en se référant à Goldast (*Constitutionum imperialium collectio*, Francfort, 1673), qu'Isaac l'Ange (1185-1195) désigne toujours Barberousse ainsi dans sa correspondance, Frédéric le traitant pour sa part de chien.

[51] En contraste avec un empereur présenté comme brutal et injuste, Voltaire fait ici d'Alexandre un véritable héros, justement récompensé de ses efforts en faveur des droits du Saint-Siège et de l'Italie. On verra ci-dessous, lignes 201-205, que ce portrait lénifiant du pape Alexandre fait également contraste avec ses successeurs.

[52] La règle d'élection des papes par les seuls cardinaux est promulguée lors du concile du Latran de 1179 (Bruys, t.3) par Alexandre, qui veut 'prévenir les schismes' (Heiss, année 1178) en fixant à 2/3 le nombre des suffrages nécessaires pour élire un pape. Lors de l'élection du successeur d'Alexandre III, 'les cardinaux commencèrent à réduire à eux seuls le droit d'élire le pape, à l'exclusion du peuple et du reste du clergé' (Fleury, livre 73, année 1181, §36). Alors courante, l'expression *rabbia papale* se trouve dans les *Mémoires* du cardinal de Retz, 3e partie (Amsterdam, 1731, BV2967; Paris, 1956, p.1005) et revient sous la plume de Voltaire à propos de Sixte-Quint à l'art. 'Caractères' du *DP* (1764; *OCV*, t.35, p.432), et au ch.42 de *Dieu et les hommes* (1769; *OCV*, t.69, p.483).

CHAPITRE 49

De l'empereur Henri VI et de Rome.

La querelle de Rome et de l'empire, plus ou moins envenimée, 1191. subsistait toujours. On a écrit que Henri VI fils de l'empereur Frédéric Barberousse, ayant reçu à genoux la couronne impériale

a-90 [*Première rédaction de ce chapitre*: MSP]
a   MSP: Paragraphe 2
   53-54N: [*pas de rupture; suite du chapitre précédent*]
   W56-W57G: Chapitre 39
   61: Chapitre 45
b   MSP: *Paragraphe 2. Grandeur de Rome sous Innocent III.*
   1-40 MSP, 53-54N: Cependant l'esprit de l'empire allemand et l'esprit de Rome ne changeaient [MSG: changèrent] pas [53-54N: étaient les mêmes]. Henri VI, fils de Frédéric Barberousse, vient se faire couronner à Rome par le vieux Célestin III, âgé

* Ce chapitre a un caractère conclusif. Une première partie montre Henri VI étendre encore, en conquérant le royaume de Sicile, l'empire que son père Barberousse semblait avoir conduit au faîte de sa puissance (ligne 45). La seconde partie, consacrée au pape Innocent III (1198-1216), avance la thèse selon laquelle celui-ci, en réunissant 'les matériaux' amassés par ses prédécesseurs durant 400 ans (ligne 65), aurait parachevé leur œuvre, en particulier celle de Grégoire VII. Le pape devient alors un véritable souverain temporel en Italie, puisque l'héritage de 'la fameuse comtesse Mathilde' (ligne 72) est réuni à ses domaines, après des années de contestations. Comme à l'accoutumée, Voltaire présente parallélismes – sommet de l'accroissement territorial du Saint Empire et sommet de la puissance temporelle des papes – et mises en perspectives, quand il rappelle que les Etats pontificaux représentent autour de 1200 un édifice temporel plus vaste que la république romaine durant les quatre premiers siècles. Les troubles internes à l'empire lui fournissent également l'occasion d'affirmer clairement que le mode de succession dynastique institué par la loi salique est supérieur au modèle électif car il garantit mieux la stabilité des Etats, alors qu'au ch.33, il paraissait hésiter entre les deux. Après avoir critiqué le système dynastique dans les siècles où ce système se met en place, il semble le considérer, dans les chapitres sur les douzième et treizième siècles, comme légitimé par la durée. Entre le droit et l'efficacité, Voltaire tranche *in fine* en faveur de cette

de Célestin III, ce pape âgé de plus de quatre-vingt-quatre ans, la fit tomber d'un coup de pied de la tête de l'empereur. Ce fait n'est pas 5 vraisemblable; mais c'est assez qu'on l'ait cru pour faire voir jusqu'où l'animosité était poussée. Si le pape en eût usé ainsi, cette indécence n'eût été qu'un trait de faiblesse. [1]

---

de 86 ans. Ce vieillard prend le temps que l'empereur lui baisait les pieds, ayant la couronne en tête il [53-54N: tête et] jette à terre cette couronne d'un coup de pied. 5 Toutes ces témérités ne sont que les triomphes des faibles. Le pape fut alors forcé de recevoir l'hommage d'un vassal trop puissant et de donner à cet Henri VI l'investiture de Naples et de Sicile, que l'empereur voulait enlever à la race des Normands. ¶Il semble qu'il y a des peuples faits pour servir toujours et pour attendre quel sera l'étranger qui voudra s'emparer d'eux. Les habitants de Naples et de Sicile, 10 incapables de se gouverner eux-mêmes et de se donner un roi, ne savaient encore s'ils devaient obéir à un Tancrède, bâtard de la race normande, ou à cet Allemand Henri VI qui avait épousé une fille de cette race. ¶L'Allemand l'emporta sur les Normands et pour éteindre la race de ces aventuriers illustres, il fit châtrer et aveugler l'enfant qui restait de ce Tancrède. Ainsi 15

---

dernière, selon une perspective fondamentalement différente de celle de Rousseau, qui, dans le *Contrat social*, établit les critères politico-juridiques formels permettant de mesurer le degré de démocratie d'un Etat. Voltaire passe ici totalement sous silence les troubles internes au Saint Empire durant le règne d'Henri VI, évoqués par ses sources, et ne les mentionne qu'à l'occasion de sa succession. Voltaire évite ainsi les répétitions et sélectionne les événements avant tout sur le critère de leur valeur d'illustration dans un ductus démonstratif. Voltaire tire de Barre (*Histoire générale d'Allemagne*) un certain nombre de détails, parfois sordides, à propos d'Henri VI, absents chez Heiss von Kogenheim (*Histoire de l'Empire*, livre 2, ch.13-16) et Fleury (*Histoire ecclésiastique*). Il s'appuie également parfois sur P. Giannone (*Histoire civile du royaume de Naples*, Naples, 1723; La Haye [Genève], 1742, BV1464, t.2).

[1] En écrivant, comme Bruys (*Histoire des papes*, année 1191), que Célestin III (1191-1198) fait tomber la couronne 'd'un coup de pied' et non 'avec le pied' ou 'du pied', comme le font ses autres sources, Voltaire donne un tour plaisant à un épisode rapporté avec quelques différences de détails par Heiss (ch.14, année 1191), Barre (année 1191) et Fleury (livre 74, §29). L'idée d'indécence est reprise de Barre et de Heiss, qui avouent la tirer eux-mêmes de Baronius (*Abrégé des annales ecclésiastiques*, Paris, 1673). Voltaire ne dit pas explicitement, comme le font ses sources, que le pape voulait 'montrer qu'il avait le pouvoir de déposer l'empereur s'il le méritait'

Ce couronnement de Henri VI présente un plus grand objet et de plus grands intérêts. Il voulait régner dans les deux Siciles;[2] il se soumettait, quoique empereur, à recevoir l'investiture du pape pour des Etats dont on avait fait d'abord hommage à l'empire,[3] et

Empereur vassal de pape.

10

(Fleury). Mais la manchette des lignes 9-10 montre clairement qu'il a choisi, à partir de w56 seulement, de souligner le caractère peu vraisemblable de cet épisode qu'il avait jusqu'alors avalisé, alors qu'aucune de ses sources ne doute explicitement de sa véracité. Cela lui permet de commenter le geste supposé du pape comme une possible mais invraisemblable preuve de faiblesse, alors qu'il avait auparavant (lignes 1-40 var. MSP, 53-54N, ligne 6) argué de ce fait pour démontrer qu'il s'agissait bien là 'du triomphe des faibles' (voir aussi ci-dessous, n.2, à propos de ce changement de perspective). En 1753, dans les *Annales de l'Empire*, il présentait pourtant ces faits avec beaucoup de scepticisme: 'Roger Howed, Anglais, est le seul qui rapporte que le pape poussa d'un coup de pied la couronne dont on devait orner l'empereur, et que les cardinaux la relevèrent. [...] On a cru [...] que c'était une marque d'un orgueil aussi brutal que ridicule. Ou le pape était en enfance, ou l'aventure n'est pas vraie' (p.334). Barre mentionne en effet comme source pour cet épisode les *Annales* du chroniqueur anglais du douzième siècle Roger de Hoveden (*The Annals of Roger de Hoveden*, éd. H. T. Riley, Londres, 1853, t.2, p.197). Voltaire adapte manifestement ici son discours en fonction des arguments qu'il veut défendre. Pour ce qui est de l'âge du pape (né en 1106), Voltaire suit Heiss dans MSP et 53-54N ('près de quatre-vingt-six ans', année 1191), en 1756 Barre ('âgé d'environ quatre-vingt-cinq ans', p.431) et Fleury ('guère moins de quatre-vingt-cinq', §29).

[2] A partir de w56, l'*EM* est bien moins expressif que MSP quant au désir d'Henri VI de régner sur les Deux-Siciles, et renverse même carrément le rapport de forces au profit du pape, lequel était 'forcé' dans MSP de 'donner l'investiture' à l'empereur (lignes 1-40 var., lignes 6-8).

[3] L'idée d'hommage à l'empire, une expression qui ne se trouve pas dans les sources de Voltaire, doit être une allusion au fait que, Henri VI ayant épousé l'héritière du royaume de Sicile, celui-ci fait dès lors partie de l'empire (voir lignes 19-23). L'investiture du pape est toutefois nécessaire à Henri parce que Tancrède de Lecce (*c.*1140-1194), petit-fils bâtard de Roger II de Sicile et cousin de Guillaume le Bon (mort en 1189), s'en est fait élire roi et que le pape prétend la Sicile 'fief de l'Eglise, [et] dévolue au Saint-Siège' (Barre, année 1191, t.5, p.433). Henri, 'roi des Romains', qui 'prévoyait les difficultés qu'il aurait à surmonter pour prendre possession de la Sicile, et à se faire couronner empereur, entreprit de gagner l'affection des villes d'Italie' en leur accordant des privilèges (Barre, p.433), d'autant plus que le pape soutenait Tancrède, car il craignait qu'Henri ne fît 'revivre les droits de la maison des Hohenstaufen sur la succession de la comtesse Mathilde'. C'est après la mort de Tancrède en 1193, dont le fils Guillaume III est alors bien trop jeune pour

dont il se croyait à la fois le suzerain et le propriétaire. Il demande à être le vassal lige du pape, et le pape le refuse.[4] Les Romains ne voulaient point de Henri VI pour voisin, Naples n'en voulait point pour maître; mais il le fut malgré eux.[5]

Il semble qu'il y ait des peuples faits pour servir toujours et pour attendre quel sera l'étranger qui voudra les subjuguer. Il ne restait de la race légitime des conquérants normands que la princesse Constance fille du roi Roger Ier mariée à Henri VI.[6] Tancrède bâtard de cette race, avait été reconnu roi par le peuple et par le

15-16   w56-w68: voisin ni Naples pour
20   w56-w57G: roi Guillaume II, mariée

---

[4] s'imposer, qu'Henri VI conçoit vraiment l'espoir de se 'rendre maître du royaume' de Sicile (Giannone, t.2, livre 14, ch.1, p.413).

[4] L'expression 'suzerain et propriétaire' apparaît comme issue de Giannone (livre 14, ch.1, p.414), dont Voltaire tire l'idée que la maison de Souabe, dont l'empereur est le chef, obtint, en 1195, 'les royaumes de la Sicile et de la Pouille' 'par droit de succession, et parce qu'Henri était mari de Constance'. Mais, si l'expression de 'vassal lige' peut être comprise comme une reformulation de la ligne 11, ni le fait d'en faire la demande, ni le refus du pape ne ressortent directement de Heiss, de Fleury, Barre ou Giannone.

[5] L'hostilité des Romains est manifeste en 1191: à la venue d'Henri VI, les portes de Rome sont bien fermées et gardées par le peuple qui ne laisse pas entrer les Allemands (Muratori, *Annali d'Italia*, Milan, 1744-1749, t.7, p.71). Les Romains demandent également à Henri VI de leur abandonner le château de la ville voisine de Tusculum, qui, disent-ils, 'ne cesse point de nous inquiéter' (Fleury, livre 74, année 1191, §29). Au ch.21 du *Pyrrhonisme de l'histoire* (1768), Voltaire note à propos des Romains: 'Ils voulaient bien que les empereurs fussent couronnés dans leur ville; mais, d'un côté, ils ne souffraient pas qu'ils y demeurassent' (*OCV*, t.67, p.328). Quant à Naples, Heiss, Barre, Fleury, Giannone et Muratori, mentionnent plus souvent comme ennemis de l'empereur les Salernitains, la Calabre, les Pouilles et la Sicile, mais Heiss écrit cependant qu'Henri VI 'ne laissa pas de s'avancer vers la ville de Naples et de l'assiéger' en vain (ch.14, année 1191). Voir aussi ci-dessous, ligne 40.

[6] Fleury note qu'à la mort, sans enfants, de Guillaume II le Bon, 'le royaume devait appartenir à Constance sa tante, par conséquent au roi des Romains Henri VI qui l'avait épousée à cette condition' (année 1189, §26; Heiss, ch.13, année 1186). Elle est la fille posthume de Roger II (c.1095-1154), et non de Roger Ier, mort en 1101 (sur cette confusion, voir ci-dessus, ch.48, lignes 86-97).

Saint-Siège. [7] Qui devait l'emporter, ou ce Tancrède qui avait le droit de l'élection, ou Henri qui avait le droit de sa femme? les armes devaient décider. En vain après la mort de Tancrède les deux Siciles proclamèrent son jeune fils: il fallait que Henri prévalût. [8]

Une des plus grandes lâchetés qu'un souverain puisse commettre, servit à ses conquêtes. L'intrépide roi d'Angleterre Richard Cœur de Lion, en revenant d'une de ces croisades dont nous parlerons, fait naufrage près de la Dalmatie; il passe sur les terres d'un duc d'Autriche. Ce duc viole l'hospitalité, charge de fers le roi d'Angleterre, le vend à l'empereur Henri VI comme les Arabes vendent leurs esclaves. Henri en tire une grosse rançon, [10] et avec cet argent va conquérir les deux Siciles; il fait exhumer le corps du roi Tancrède, et par une barbarie aussi atroce qu'inutile, le bourreau coupe la tête au cadavre. [11] On crève les yeux au jeune roi son fils, on le

1193.

Empereur Henri VI très cruel. [9]
1194.

---

28   w56-w75g: revenant de sa croisade, fait

---

[7] Après la mort de Guillaume le Bon, tous les seigneurs du royaume ne sont pas d'accord pour céder la couronne aux Hohenstaufen et Tancrède fils naturel de Roger Ier duc d'Apulie, est couronné à Palerme 'du consentement de la cour de Rome' (Fleury, année 1189, §26). Le pape, d'abord mécontent, lui donne finalement l'investiture (Fleury; Giannone, livre 13, ch.3, 1re partie, p.389).

[8] Heiss mentionne un 'petit enfant nommé Guillaume que les Napolitains avaient déclaré roi après la mort de son père' (ch.14, année 1195). Guillaume III de Sicile (*c.*1185-1198) a été couronné dès la mort de son frère Roger, en décembre 1193.

[9] Le rappel de la cruauté d'Henri VI est récurrent chez Heiss (année 1195, manchette), Giannone (livre 14, ch.1, p.414, 421), Barre (année 1196) et Fleury (livre 74, année 1197, §62), même si tous relèvent aussi ses grandes qualités.

[10] Sur cet épisode, voir aussi ci-dessous, ch.56, lignes 164-74. L'arrestation et la détention de Richard Cœur de Lion sont rapportées, avec un degré décroissant de précision, par Barre (année 1193), Fleury (année 1192, §41-42), Giannone (t.2, livre 14, introduction, p.410; ch.1, p.421) et Heiss (année 1195). Aucune source en revanche n'établit de relation entre le versement de la rançon et le financement de la campagne de Sicile.

[11] Fleury ne mentionne pas l'exhumation et la décapitation du cadavre de Tancrède, mais Barre les rapporte (année 1194, 'Destruction de Salerne'). Giannone mentionne l'exhumation, mais ne parle pas de décapitation, disant seulement qu'on lui ôta la couronne de la tête 'comme une marque d'honneur qui ne leur appartenait pas' (livre 14, ch.1, p.415).

fait eunuque, on le confine dans une prison à Coire chez les Grisons. [12] On enferme ses sœurs en Alsace avec leur mère. Les partisans de cette famille infortunée, soit barons, soit évêques, périssent dans les supplices. [13] Tous les trésors sont enlevés et portés en Allemagne. [14]

Ainsi passèrent Naples et Sicile aux Allemands, après avoir été conquis par des Français. [15] Ainsi vingt provinces ont été sous la domination de souverains que la nature a placés à trois cents lieues d'elles: [16] éternel sujet de discorde, et preuve de la sagesse d'une loi telle que la *Salique*; loi qui serait encore plus utile à un petit Etat qu'à un grand. [17] Henri VI, alors fut beaucoup plus puissant que

40

45

40-41   MSP, 53-54N: Allemands. Ainsi
45-51   MSP, 53-54N: grand. ¶A la mort

[12] Seul Fleury évite de parler de la castration de l'enfant. Le récit complet se trouve chez Barre (année 1195) et Heiss: Henri VI dépouilla Guillaume de tous ses biens 'et par un motif de vengeance extraordinaire, fit châtrer l'enfant, lui fit crever les yeux' (année 1195).

[13] Voltaire tire certains détails de Barre (année 1195), d'autres de Fleury: à la Noël 1194, Henri VI 'fit arrêter la reine Sibille veuve de Tancrède, Guillaume son fils et plusieurs autres, tant évêques que comtes', faisant aveugler les uns, brûler ou pendre les autres (année 1195, §59).

[14] Ni Heiss ni Fleury ne mentionnent ces trésors envoyés en Allemagne. Voltaire suit ici Barre (année 1194) et Giannone, qui précise qu'il fallut 'cent cinquante chevaux de somme' pour emporter ces trésors (livre 14, ch.1, p.417).

[15] Voir Giannone: 'Voilà comment les royaumes de la Sicile et de la Pouille, passèrent de la maison des princes normands à celle des princes de la maison de Souabe' (p.414). En remplaçant 'Normands' par 'Français' et 'Souabe' par 'Allemands', Voltaire souligne le paradoxe que constituent ces deux dominations étrangères successives, afin de préparer le développement des lignes 41-45.

[16] En fait, le royaume des Deux-Siciles ne comptera jamais plus de quinze provinces. Voltaire désigne-t-il dès lors toute la partie italienne du Saint Empire? La distance de 'trois cent lieues' (environ 1200 km) qu'il mentionne paraît tout de même exclure les provinces du nord.

[17] Voir aussi ci-dessous, lignes 51-53. Cet éloge de la loi salique est récurrent chez Voltaire (voir, par exemple, l'art. 'Salique, loi salique' des *QE*, 1771, *M*, t.19, p.607-13; et les nombreuses occurrences déjà signalées, notre t.2, p.571) mais infléchi ici vers la critique d'une souveraineté exercée par des seigneurs étrangers. Il intervient paradoxalement dans un contexte où plusieurs de ses sources font état des tentatives d'Henri VI pour 'rendre l'empire héréditaire dans sa maison [...] comme l'étaient la Sicile et la Pouille' (Barre, année 1196, t.5, p.481; Giannone, livre 14, ch.1, p.420).

Frédéric Barberousse.[18] Presque despotique en Allemagne, souverain en Lombardie, à Naples, en Sicile, suzerain de Rome, tout
tremblait sous lui. Sa cruauté le perdit; sa propre femme Constance,   *1198.*
dont il avait exterminé la famille, conspira contre ce tyran, et enfin,
50   dit-on, le fit empoisonner.[19]

A la mort de Henri VI, l'empire d'Allemagne est divisé.[20] La
France ne l'était pas; c'est que les rois de France avaient été assez
prudents ou assez heureux pour établir l'ordre de la succession.
Mais ce titre d'empire que l'Allemagne affectait, servait à rendre la
55   couronne élective. Tout évêque et tout grand seigneur donnait sa
voix. Ce droit d'élire et d'être élu, flattait l'ambition des princes, et
fit quelquefois les malheurs de l'Etat.[21]

Le jeune Frédéric II fils de Henri VI, sortait du berceau.[22] Une   *1198.*
faction l'élit empereur, et donne à son oncle Philippe le titre de
60   *roi des Romains*.[23] Un autre parti couronne Othon de Saxe son

56   MSP: et l'espérance d'être
60-61   MSP, 53-w68: Saxe. Les papes

---

[18] Avec Henri VI, le Saint Empire atteint en effet pour peu de temps son extension
maximale. Barre fait état à deux reprises de ses rêves d'empire universel (année 1195,
'Vanité de l'empereur'; année 1197, 'Son portrait'), que Voltaire passe sous silence,
recentrant son argumentation sur la loi salique.

[19] Le caractère hypothétique de cette affirmation est dans les sources, en
particulier chez Fleury: 'le bruit courut qu'elle [Constance] l'avait fait empoisonner'
(livre 74, année 1197, §62). Barre parle de 'conjuration' parce qu'il avait 'exterminé
toute sa famille' (année 1197, t.5, p.494; même idée chez Heiss, livre 2, ch.14,
année 1197).

[20] Les termes 'divisé' et 'division' se trouvent expressément chez Heiss (ch.15,
années 1197, 1199). Voir aussi Barre, année 1197.

[21] Voltaire revient dans le ch.70 sur le mode d'élection des empereurs.

[22] Appliqué à Frédéric II, le mot 'berceau' se trouve chez Heiss, dans un contexte
légèrement différent: rentré en Allemagne, Henri VI fit aussitôt 'élire roi des
Romains son fils Frédéric, quoiqu'au berceau' (Heiss, ch.14, année 1197). Barre
souligne qu'à la mort d'Henri VI, son héritier n'a que trois ans (année 1197).

[23] Le terme de 'faction' se trouve chez Barre (année 1197). Tout ce passage résume
Heiss, qui évoque les manœuvres du pape Innocent pour faire élire un empereur dans
une autre famille que celle des Hohenstaufen et la guerre civile qui en résulte (ch.15,

neveu. (*a*) Les papes tirèrent bien un autre fruit des divisions de l'Allemagne, que les empereurs n'avaient fait de celles d'Italie.

Innocent III pape puissant. Innocent III fils d'un gentilhomme d'Agnani près de Rome, bâtit enfin l'édifice de la puissance temporelle, dont ses prédécesseurs avaient amassé les matériaux pendant quatre cents ans. [24] Excommunier Philippe, [25] vouloir détrôner le jeune Frédéric, prétendre exclure à jamais du trône d'Allemagne et d'Italie cette maison de Suabe si odieuse aux papes, [26] se constituer juge des rois, c'était le   65

(*a*) C'est cet empereur Philippe qui érigea la Bohême en royaume. [27] Il fut assassiné par un seigneur de Vittelsbac en 1208.

n.*a*   MSP, 53-W68: [*absente*]
63   MSP: [*manchette*] *Puissance temporelle des papes sous Innocent III.*
68   MSP: rois était

---

années 1197-1207). Philippe de Souabe (1198-1208) est l'élu des gibelins, Othon IV de Brunswick (1198-1218), celui des guelfes, partisans du pape.

[24] Les lignes 161-62, quelque peu énigmatiques car par trop elliptiques, résument Heiss: 'Le pape fomente les divisions de l'Allemagne pour faire ses affaires', pour se faire reconnaître le souverain de provinces relevant de l'empire (ch.15, année 1204), puis 'pour s'emparer de l'Apouille, du marquisat d'Ancône, et du comté de Spolète' (livre 2, ch.16, année 1209). Encore une fois, sur le long terme, c'est aux papes que Voltaire accorde la victoire politique dans la querelle qui les oppose aux empereurs (voir ci-dessus, ch.48, ligne 166 et n.43). Fleury mentionne que le père d'Innocent III était 'de la famille des comtes de Segni' (livre 75, année 1198, §1). Qu'il soit natif d'Anagni – et non Agnani comme l'écrit Voltaire – se trouve uniquement chez Bruys (année 1198). Voltaire peut tirer aussi ce détail des premiers mots de l'art. 'Innocent III' dans *Le Grand Dictionnaire* de Moréri.

[25] Voir Heiss, ch.15, année 1199.

[26] Voltaire résume Heiss: Innocent voulait 'profiter de la minorité de Frédéric, comme d'une occasion favorable pour détruire la maison de Souabe, que ses prédécesseurs et lui avaient toujours regardée comme ennemie de leur autorité', et 'transférer à quelque prix que ce fût la dignité impériale dans une autre maison' (ch.15, année 1197).

[27] Voltaire suit Barre, qui précise que, s'il y a des rois de Bohême à partir de 1158, ce titre ne devient perpétuel qu'en 1199 (voir ci-dessus, ch.48, n.27). Sur l'assassinat de l'empereur Philippe, voir Barre (année 1208, t.5, p.568).

style devenu ordinaire depuis Grégoire VII. [28] Mais Innocent III ne
70 s'en tint pas à ces formules. L'occasion était trop belle; [29] il obtint ce
qu'on appelle le Patrimoine de Saint-Pierre si longtemps contesté.
C'était une partie de l'héritage de la fameuse comtesse Mathilde. [30]
La Romagne, l'Ombrie, la marche d'Ancone, Orbitello,
Viterbe, reconnurent le pape pour souverain. Il domina en effet
75 d'une mer à l'autre. La république romaine n'en avait pas tant
conquis dans ses quatre premiers siècles; et ces pays ne lui valaient
pas ce qu'ils valaient aux papes. [31] Innocent III conquit même

---

70-73   MSP, 53-54N: belle, il recouvra tout cet ancien Patrimoine de Saint-
Pierre si longtemps contesté et presque tout l'héritage de la bienfaitrice Mathilde.
¶Ainsi la Romagne
  73   MSP: d'Ancone, Ferrare, Mantoue, une partie de la Toscane, Orbitello
  75-76   MSP: avait guère plus conquis
          53-61: avait pas plus conquis
  77-78   MSP: conquit <même> Rome même. Ce nouveau

---

[28] Il ressort en particulier de Bruys que presque tous les empereurs eurent maille à
partir avec presque tous les papes, surtout Urbain II avec Henri IV; Eugène III,
Adrien IV et Alexandre III avec Barberousse. Voltaire ne précise pas ici, comme le
fait Bruys, que le pape entend 'examiner la personne de celui qui est élu pour roi'
(année 1201, 'Prétentions du pape', t.3, p.132).

[29] Heiss parle d'occasion favorable (année 1197). Selon Fleury, Innocent III fut,
pour certains, 'le plus ambitieux et le plus superbe de tous les hommes' (livre 77,
année 1216, §62).

[30] On trouve chez Moréri, art. 'Patrimoine de Saint-Pierre', la définition suivante:
'province d'Italie appartenant au Saint-Siège, est nommée dans le pays, *la provincia
del Patrimonio*. Elle est entre le Tibre, la Marta et la Mer de Toscane, et a Viterbe
pour capitale.' Voir Heiss: lors de son couronnement à Rome en 1209, Othon IV doit
promettre de laisser à l'Eglise 'le Patrimoine de Saint-Pierre, c'est-à-dire, toute la
succession de la comtesse Mathilde' (livre 2, ch.16, année 1208-1209). Sur la donation
de la comtesse Mathilde, voir ci-dessus, ch.46, n.87; ch.47, lignes 12-19, 53-54; ch.48,
ligne 169.

[31] Selon Heiss, après l'avoir emporté sur Othon, Philippe de Souabe voulut se
réconcilier avec le pape, lequel 'entendit d'autant plus volontiers à cet accommodement que l'empereur lui sacrifia plusieurs pays, qui relevaient de l'empire' (ch.15,
année 1206). Presque toutes les villes et principautés sur lesquelles le pape étend,
selon Voltaire, sa souveraineté sont mentionnées dans l'art. 'Pape' de l'*Encyclopédie*
(où on retrouve également l'expression 'd'une mer à l'autre'), comme provenant de

Rome: le nouveau sénat plia sous lui: il fut le sénat du pape, et non des Romains. Le titre de consul fut aboli. [32] Les pontifes de Rome

---

la donation de la comtesse Mathilde qui 'possédait la Toscane, Mantoue, Parme, Reggio, Plaisance, Ferrare, Modène, une partie de l'Ombrie et du duché de Spolète, Vérone, presque tout ce qui est appelé aujourd'hui *le Patrimoine de Saint-Pierre* depuis Viterbe jusqu'à Orviette, avec une partie de la marche d'Ancône. [...] Henri IV, comme héritier et comme seigneur suzerain ne vit dans une telle donation que la violation des droits de l'empire. Cependant, à la longue, il a fallu céder au Saint-Siège une partie de ces Etats' (t.11, 1765). Mais Voltaire écrit longtemps avant la parution de cet article. Même s'il a pu élaborer les listes mentionnées dans MSP et ici aux lignes 73-74 en compilant différentes sources, il demeure qu'on ne comprend pas pourquoi il y inclut Orbitello (auj. Orbetello), port lagunaire au bord de la mer Tyrrhénienne, qui n'est mentionné par aucune de ses sources possibles et semble ne jamais avoir été sous obédience pontificale, mais fut contrôlé jusqu'en 1221 par la famille gibeline des Aldobrandeschi, avant de passer ensuite sous tutelle siennoise. Toutefois, selon le *Grand Dictionnaire géographique et critique* de Bruzen de la Martinière (La Haye, 1726-1739, BV564), art. 'Orbitelle': 'Ce petit Etat est fort voisin du Patrimoine de Saint-Pierre [...] Cette ville dépend pour le spirituel de l'abbaye cistercienne de Trois-Fontaines près de Rome, dont elle était autrefois sujette pour le temporel par la libéralité de Charlemagne qui lui donna tout ce territoire, car la ville ne fut bâtie qu'en 1201.' Deux passages de Barre (année 1209, 'L'empereur Othon rompt avec le pape; 1220, 'Inquiétude du pape') incitent par ailleurs à douter du fait qu'Innocent III (1198-1216) soit parvenu, du moins définitivement, à s'assujettir tous ces territoires. En fait, cela serait en partie postérieur à son règne puisque le nouveau pape, Honorius (1216-1227), espère tirer de Frédéric II 'une cession générale et absolue des fiefs de la comtesse Mathilde en faveur du Saint-Siège', ce que l'empereur lui garantit en effet à l'occasion de son couronnement en 1220. Voir, sur ces questions, D. P. Waley, *The Papal State in the thirteenth century* (Londres, 1961).

[32] Selon Fleury: 'le lendemain de son sacre il reçut le serment de fidélité et l'hommage lige de Pierre, préfet de Rome, auquel il donna par un manteau l'investiture de sa charge [...] jusque-là le préfet l'avait tenue de l'empereur et lui prêtait le serment de fidélité' (livre 75, année 1198, §2; texte pratiquement identique dans Barre et Bruys, année 1198), ce qui peut expliquer la 'conquête' de Rome et l'allégeance de son 'sénat' évoquées par Voltaire. Fleury tire son information de la *Gesta Innocentii III*, un anonyme du début du treizième siècle, dans lequel figure, au ch.8, le texte du serment fait au pape par 'Pierre, préfet de la cité'. L'auteur de la traduction anglaise de la *Gesta*, J. M. Powell (*The Deeds of Pope Innocent III*, Washington, 2004), identifie ce préfet à Pietro de Vico (ou di Vico) qui exerce de 1186 à 1223 une charge que sa famille considère d'ailleurs comme héréditaire (p.8, n.12). Sur le 'sénat' romain, devenu en fait un simple pouvoir municipal aux ordres du pape, voir ci-dessous, ch.52, lignes 19-42 var.

80 commencèrent alors à être rois en effet; et la religion les rendait, suivant les occurences, les maîtres des rois. Cette grande puissance temporelle en Italie ne fut pas de durée. [33]

C'était un spectacle intéressant que ce qui se passait alors entre les chefs de l'Eglise, la France, l'Allemagne, et l'Angleterre. Rome
85 donnait toujours le mouvement à toutes les affaires de l'Europe. Vous avez vu les querelles du sacerdoce et de l'empire jusqu'au pape Innocent III, et jusqu'aux empereurs Philippe, Henri et Othon, pendant que Frédéric II était jeune encore. Il faut jeter les yeux sur la France et sur l'Angleterre, et sur les intérêts que ces
90 royaumes avaient à démêler avec l'Allemagne.

80   MSP: commencèrent à

81   MSP: suivant l'occurrence, les maîtres des rois. Mais cette

84-86   MSP: Angleterre. J'en retranche toujours les croisades qu'il faut traiter à part. L'on a vu

53-54N: Angleterre. On a vu

87   MSP, 53-54N: et aux empereurs

89   MSP: et l'Angleterre

[33] De fait, les contestations ne s'éteignent pas complètement. En 1210, 'Othon, pour s'attacher les seigneurs Italiens, donna à plusieurs des domaines dans la Toscane, dans l'Ombrie et dans les autres Etats de la comtesse Mathilde. Il fit aussi présent du duché de Spolète à Berthold [...] [Othon] avait déjà conquis Viterbe, Monte-Fiascone, le territoire d'Orviete, Pérouse, tout le Patrimoine de Saint-Pierre, le duché de Spolète, Capoue' et des villes des Pouilles et de Calabre (Barre, année 1209, t.5, p.579; 1212, p.590).

CHAPITRE 50

Etat de la France et de l'Angleterre, pendant le douzième siècle, jusqu'au règne de saint Louis et de Jean Sans Terre, et de Henri III. Grand changement dans l'administration publique en Angleterre et en France. Meurtre de Thomas Becquet archevêque de Cantorbéri. L'Angleterre devenue province du domaine de Rome, etc. Le pape Innocent III joue les rois de France et d'Angleterre.

Gouvernement Le gouvernement féodal était en vigueur dans presque toute
féodal. l'Europe, et les lois de la chevalerie partout, à peu près, les

a-399   [*Première rédaction de ce chapitre*: MSP]
a   MSP: Chapitre 31
    W56-W57G: Chapitre 40
    61: Chapitre 46
  b-i   MSP: *Etat de la France et de l'Angleterre jusqu'au règne de Jean Sans Terre et du roi Henri III pendant le douzième siècle.//*
          53-54N: *Etat de la France et de l'Angleterre jusqu'au règne de saint Louis et de Jean Sans Terre, et de Henri III pendant le douzième siècle.//*
  b-d   W56-W57G: de l'Angleterre, jusqu'au règne de saint Louis et de Jean Sans Terre, et de Henri III pendant le douzième siècle. Grand

* Ce chapitre exclut toute mention de Suger et de la croisade de Louis VII, réservée pour le ch.55, quoique l'influence de cet abbé sur le jeune roi et son habile administration du pays pendant les deux années d'absence de Louis lors de cette croisade fussent assez importantes pour sembler en mériter une ici. On peut comparer cette omission à celle de Dunstan, archevêque de Cantorbéri et l'homme le plus influent en Angleterre pendant la deuxième moitié du dixième siècle, absent du ch.42. Quant à l'épisode le plus marquant de l'époque couverte par ce chapitre, l'affaire de Thomas Becket, on constate que Voltaire, qui évite de se prononcer définitivement pour ou contre le roi ou le prélat, a même ôté au premier le qualificatif d'humain qu'il lui avait attribué jusqu'en 1757 (lignes 174-81 var.). On trouve ici un exemple frappant de l'historiographie voltairienne qui pose une question d'un grand intérêt pour les historiens ultérieurs: l'identité et l'origine (en dehors de la légende

mêmes. Il était surtout établi dans l'empire, en France, en
Angleterre, en Espagne, par les lois des fiefs, que si le seigneur
d'un fief disait à son homme lige: 'Venez-vous-en avec moi, car je
veux guerroyer le roi mon seigneur qui me dénie justice': l'homme
lige devait d'abord aller trouver le roi, et lui demander s'il était vrai
qu'il eût refusé justice à ce seigneur? En cas de refus l'homme lige
devait marcher contre le roi au service de ce seigneur, le nombre de
jours prescrits, ou perdre son fief. Un tel règlement pouvait être
intitulé, *Ordonnance pour faire la guerre civile.*

3   MSP: [manchette] *Mauvais gouvernement.*
3-4   MSP, 53-W57G: établi en France par les lois [W56: des fiefs] que
11-36   MSP: *civile.* ¶[manchette: *Pairs.*] Tous les évêques étaient devenus pairs de
France, non seulement parce qu'ils s'étaient tous emparés des droits régaliens, mais
aussi par l'étendue qu'ils avaient su donner à leur dignité. Tous les barons relevant
immédiatement de la couronne étaient aussi pairs. Il en était ainsi en Allemagne, en
Angleterre, en Espagne, à Naples. Le parlement d'Angleterre dans lequel tous les
évêques et tous les barons, soit ducs, soit vicomtes, jouissent également du droit de
pairie, est une preuve encore subsistante de cet usage antique. Douze pairs suffisaient
pour l'authenticité d'une cérémonie ou d'un jugement; Louis le Jeune selon cette
ancienne coutume fut sacré par douze pairs du vivant de Louis le Gros. Les mêmes
pairs avaient probablement assisté au sacre de son prédécesseur, et firent les mêmes
fonctions auprès de son successeur Philippe-Auguste. Deux ou trois exemples font
une loi. L'usage a subsisté après même que ces pairies ont été éteintes, et aujourd'hui
encore on croit que des fantômes de ducs de Normandie, de comtes de Champagne,
de ducs de Guyenne etc. sont nécessaires au sacre des rois de France, quoiqu'en en
effet ces représentations et le sacre même ne soient qu'une cérémonie qui n'ajoute
rien au droit d'un souverain. ¶Le roi Louis le Gros ne fut occupé qu'à combattre à
sept ou huit lieues de Paris contre des barons. ¶Louis le Jeune avait acquis un
            53-W57G: *civile.* ¶Le roi Louis le Gros ne fut occupé qu'à combattre à
sept ou huit lieues de Paris contre les barons. ¶Louis le Jeune avait acquis un

---

carolingienne) des douze pairs de France; les variantes des lignes 285-86, 293-315 et
296-300 témoignent de l'intérêt de Voltaire pour la question et du soin qu'il mettait à y
chercher une solution. Ses sources, comme toujours, sont surtout P. Rapin de Thoyras
(*Histoire d'Angleterre*, La Haye, 1724, éd. citée, t.2; nouv. éd. N. Tindal, Paris, 1749,
BV2871) pour l'histoire anglaise, et G. Daniel (*Histoire de France*, Amsterdam, 1720-
1725, t.2) pour la française, avec des détails pris aussi chez Fleury (*Histoire
ecclésiastique*, Paris, 1719-1738, livres 69, 72, 74, 77), et Mézeray (*Abrégé chronologique*,
Paris, 1667-1668, t.1-2), Le Gendre (*Nouvelle Histoire de France*, Paris, 1718, t.2) et
Du Chesne (*Histoire générale d'Angleterre, d'Ecosse et d'Irlande*, Paris, 1666).

L'empereur Frédéric Barberousse abolit en 1158 cette loi établie par l'usage, et l'usage l'a conservée malgré lui dans l'empire toutes les fois que les grands vassaux ont été assez puissants pour faire la guerre à leur chef.[1] Elle fut en vigueur en France jusqu'au temps de l'extinction de la maison de Bourgogne.[2] Le gouvernement féodal fit bientôt place en Angleterre à la liberté; il a cédé en Espagne au pouvoir absolu.

Dans les premiers temps de la race de Hugues, nommée improprement *capétienne*,[3] du sobriquet donné à ce roi, tous les petits vassaux combattaient contre les grands, et les rois avaient souvent les armes à la main contre les barons du duché de France. La race des anciens pirates danois qui régnait en Normandie et en Angleterre, favorisait toujours ce désordre. C'est ce qui fit que

[1] A la diète de Roncaglia, près de Lodi en Lombardie, fut promulgué en novembre 1158 un décret qui, si Frédéric avait pu en faire respecter tous les éléments, aurait fait de lui le souverain absolu de la région (voir, par exemple, P. Munz, *Frederick Barbarossa: a study in medieval politics*, Londres, 1969, p.119-21). Voltaire fournira son interprétation de l'importance du décret dans les *Annales de l'Empire*: 'Frédéric [...] ordonne qu'aucun fief ne pourra se partager; et comme les vassaux, en prêtant hommage aux seigneurs des grands fiefs, leur juraient de les servir indistinctement envers et contre tous, il ordonne que dans ces serments on excepte toujours l'empereur: loi sagement contraire aux coutumes féodales de France, par lesquelles un vassal était obligé de servir son seigneur en guerre contre le roi, ce qui était, comme nous l'avons dit ailleurs, une jurisprudence de guerres civiles' (année 1158, p.320).

[2] Le duché indépendant de Bourgogne ne laissera pas de créer des problèmes récurrents à la monarchie, comme l'attestent les carrières de Jean Sans Peur (1371-1419), de Philippe III le Bon (1419-1467) et de Charles le Téméraire (1467-1477). C'est à la mort de ce dernier que Louis XI fit rentrer le duché dans le domaine de la couronne.

[3] L'adjectif *capétien* était controversé et son origine divisait les historiens. Moréri, par exemple, écrit: 'Au reste ce grand prince, dit Capet à cause de sa bonne tête, ou pour d'autres raisons que rapportent les historiens, est le chef de la troisième race de nos rois, dite des Capetans' (*Grand Dictionnaire historique*, Paris, 1699, art. 'Hugues Capet', t.3, p.210). D'autres (voir, par exemple, la *Chronographia regum francorum*, livre 10) avaient prétendu que Capet devait son origine à *capatus*, le demi-manteau ou capet qu'Hugues avait l'habitude de porter. Voltaire n'évoquera jamais plus cette question.

25   Louis le Gros eut tant de peine à soumettre un sire de Couci, un baron de Corbeil, un sire de Montlhéri, un sire du village de Puiset, un seigneur de Baudouin, de Châteaufort:[4] on ne voit pas même qu'il ait osé et pu faire condamner à mort ces vassaux.[5] Les choses sont bien changées en France.

30   L'Angleterre dès le temps de Henri Ier fut gouvernée comme la France. On comptait en Angleterre, sous le roi Etienne fils de Henri Ier, mille châteaux fortifiés.[6] Les rois de France et d'Angleterre ne pouvaient rien alors sans le consentement et le secours de cette multitude de barons: et c'était, comme on l'a déjà vu, le règne

35 de la confusion.

   Le roi de France Louis le Jeune acquit un grand domaine par un mariage; mais il le perdit par un divorce. Eléonor sa femme, héritière de la Guienne et du Poitou, lui fit des affronts qu'un mari devait ignorer.[7] Fatiguée de l'accompagner dans ces croisades

Louis le Jeune renonce à sa femme et à des provinces.

---

39 MSP: doit

---

[4] Louis VI le Gros (roi de 1110 à 1137) passa sa vie à guerroyer contre ses barons. Par exemple, en 1105, associé déjà à la royauté par son père Philippe Ier, il avait été obligé de défendre la forteresse de Montlhéry, assiégée par Milon, vicomte de Troyes, et de nouveau en 1110 par Hugues de Crécy. Il ne réussit d'ailleurs à prendre le château fort d'Hugues, seigneur du Puiset, qu'après deux sièges (1111, 1112).

[5] Voltaire puise dans Daniel, qui fournit les six mêmes noms sur une même page (année 1108, p.449).

[6] Etienne (roi d'Angleterre de 1135 à 1154) n'était pas le fils d'Henri Ier, mais son neveu. Il fut obligé, comme Louis le Gros, à guerroyer, dès 1139, contre ses barons dans un état de guerre civile permanent. Pour ce qui est de la remarque concernant les châteaux, Voltaire utilise Rapin: 'Mais sa plus grande faute fut, de permettre aux barons de faire fortifier leurs châteaux, puisque par là il les mettait en état de se révolter quand ils croiraient en avoir sujet. En peu de temps, il y eut plus de mille de ces châteaux fortifiés, en divers endroits du royaume' qu'Etienne avait laissé construire par 'cette multitude de barons' (livre 6, 'Etienne', année 1136, §'Il permet aux barons de faire fortifier leurs châteaux', p.113).

[7] Louis VII le Jeune (1120-1180), roi de France en 1137, épousa Aliénor d'Aquitaine, à Bordeaux, le 25 juillet 1137. Les 'affronts' dont parle Voltaire sont un écho de Daniel, qui parle d'un 'sujet de chagrin [...] à quoi [Louis] ne devait pas s'attendre' (année 1148, p.511).

199

illustres et malheureuses, elle se dédommagea des ennuis que lui   40
causait, à ce qu'elle disait, un roi qu'elle traitait toujours de moine. [8]

1152. Le roi fit casser son mariage sous prétexte de parenté. [9] Ceux
qui ont blâmé ce prince de ne pas retenir la dot en répudiant sa
femme, ne songent pas qu'alors un roi de France n'était pas assez
puissant pour commettre une telle injustice. [10] Mais ce divorce est un   45
des plus grands objets du droit public que les historiens auraient
bien dû approfondir. Le mariage fut cassé à Beaujenci par un
concile d'évêques de France, sur le vain prétexte qu'Eléonor était
arrière-cousine de Louis: encore fallut-il que des seigneurs gascons
fissent serment que les deux époux étaient parents, comme si on ne   50
pouvait connaître que par un serment une telle vérité. [11] Il n'est que

40   MSP: malheureuses dont je parlerai, elle
45-69   MSP, 53-W57G: injustice. ¶Un descendant

[8] Voir ci-dessous, ch.55, lignes 188-92.
[9] Daniel, année 1151 ou 1152. La longue variante de 1761 qui prolonge cette
observation (lignes 45-69) s'explique en partie sans doute par une lecture de P.-F.
Velly (*Histoire de France*, Paris, 1755-1774, BV3409), année 1152, qui, beaucoup plus
que Daniel, insiste sur ce problème à l'exclusion de tout autre: 'Il ne fut question ni
des intrigues d'Eléonore ni des mécontentements de Louis. Quelques-uns de ses
parents [...] vinrent le trouver [...] pour lui représenter [qu'elle] était sa parente dans
un degré défendu' (t.3, 1760, année 1152, p.161). Notons la volonté de Voltaire de
dénoncer l'intraitabilité de Rome dans le domaine du divorce. Voir surtout les art.
'Adultère' et 'Divorce' des *QE* (*OCV*, t.38, p.109-12; t.40, p.500-508), 'Du divorce'
(*OCV*, t.63B, p.261-83) et le *Prix de la justice et de l'humanité* (*OCV*, t.80B, art.12,
p.136-42).
[10] Sur la question de la dot (lignes 43-45), voir Le Gendre: 'En répudiant la reine,
il n'y avait d'autre parti à prendre que de lui rendre tous ses biens, ou d'en retenir une
partie pour servir de dot à ses filles [...] Il y eut bien des gens qui traitèrent de
simplicité une si scrupuleuse bonne foi' (p.356), plutôt que les dires plus généraux de
Daniel et de Mézeray (année 1180).
[11] Le mariage fut annulé le 21 mars 1152 par le synode de Beaugency (Daniel,
année 1152). Les 'parents de la reine' de Daniel deviennent chez Voltaire de simples
'seigneurs gascons'. Il continue sur sa lancée en réduisant à un simple 'concile
d'évêques' une assemblée de quatre archevêques avec 'grand nombre d'evêques et
seigneurs' évoquée par Mézeray (année 1180) et par Fleury (livre 69, année 1152,
§55).

trop certain que ce mariage était nul par les lois superstitieuses de ces temps d'ignorance. Si le mariage était nul, les deux princesses qui en étaient nées, étaient donc bâtardes; elles furent pourtant mariées en qualité de filles très légitimes. [12] Le mariage d'Eléonor leur mère fut donc toujours réputé valide, malgré la décision du concile. Ce concile ne prononça donc pas la nullité, mais la cassation, le divorce; et dans ce procès de divorce, le roi se garda bien d'accuser sa femme d'adultère: ce fut proprement une répudiation en plein concile sur le plus frivole des motifs. [13]

Il reste à savoir comment, selon la loi du christianisme, Eléonor et Louis pouvaient se remarier. Il est assez connu, par saint Matthieu et par saint Luc, [14] qu'un homme ne peut ni se marier après avoir répudié sa femme, ni épouser une répudiée. Cette loi est émanée expressément de la bouche du Christ, et cependant elle n'a jamais été observée. Que de sujets d'excommunications, d'interdits, de troubles et de guerres, si les papes alors avaient voulu se mêler d'une pareille affaire dans laquelle ils sont entrés tant de fois!

Un descendant du conquérant Guillaume, Henri II, depuis roi d'Angleterre, déjà maître de la Normandie, du Maine, de l'Anjou, de la Touraine, moins difficile que Louis le Jeune, crut pouvoir sans honte épouser une femme galante, qui lui donnait la Guienne et le Poitou. Bientôt après, il fut roi d'Angleterre: et le roi de France

---

[12] Les deux filles sont Marie (1145-1198), qui épousa en 1164 Henri Ier de Champagne, et Alix (1150-1195), qui épousa, également en 1164, Thibaud V, comte de Blois. Les deux époux sont frères d'Adèle de Champagne, la deuxième femme de Louis VII (1160), auxquels ce dernier les avait promises en épousant leur sœur.

[13] Le Gendre est précis: il écrit deux fois 'divorce', t.2, p.356; et cite un 'divorcium' de Matthieu Paris, p.354. Mézeray (année 1152: 'séparation', 'répudiée') et Daniel (années 1151/1152: 'répudier', 'divorce', 'divorce', 'se séparant', 'dissolution du mariage', 'divorce') le sont beaucoup moins. Le seul qui, comme Voltaire ici, parle d'annulation, est Fleury, qui ensuite rapporte sans les commenter les deux mariages qui s'ensuivirent (livre 69, année 1152, §55).

[14] Matthieu 5:31-32 et Luc 6:18. Mais Voltaire doit penser surtout ici au premier qui seul accepte l'adultère comme une raison licite pour renvoyer sa femme (raison que Louis n'invoqua pas).

en reçut l'hommage lige, qu'il eût voulu rendre au roi anglais pour tant d'Etats. [15]

75

Le gouvernement féodal déplaisait également aux rois de France, d'Angleterre et d'Allemagne. Ces rois s'y prirent presque de même, et presque en même temps, pour avoir des troupes indépendamment de leurs vassaux. Le roi Louis le Jeune donna des privilèges à toutes les villes de son domaine, à condition que chaque paroisse marcherait à l'armée, sous la bannière du saint de son église, comme les rois marchaient eux-mêmes sous la bannière de saint Denis. Plusieurs serfs, alors affranchis, devinrent citoyens; et les citoyens eurent le droit d'élire leurs officiers municipaux, leurs échevins et leurs maires. [16]

80

85

76 MSP: [manchette] Affranchissement.
78 MSP: avoir quelques troupes
83-84 MSP: devinrent citoyens, ils eurent

[15] Henri II (1133-1189), premier roi Plantegenêt, fut reconnu, le 6 novembre 1153, comme successeur d'Etienne par le traité de Wallingford, et lui succéda le 25 octobre 1154. Il avait épousé Aliénor d'Aquitaine le 18 mai 1152. Rapin note le voyage d'Henri II en France pour rendre hommage à Louis, et aussi fait état des grandes possessions d'Henri: 'Dès que Henri eut achevé de régler ses affaires en Angleterre, il repassa la mer pour aller rendre hommage au roi de France, des provinces qu'il possédait dans ce royaume. Ces possessions rendaient Henri le plus puissant des vassaux de la couronne de France, et presqu'autant que le souverain lui-même, dont les domaines étaient peu considérables en comparaison de ce qu'ils ont été dans la suite' (livre 7, 'Henri II', année 1156, §'Henri va en Normandie', p.176). Voir aussi Daniel, année 1156.

[16] C'est pendant la toute première année de son règne (1137) que Louis VII prit cette intiative d'autodéfense. Cette réforme – menée à bien dans 'certaines villes', et non pas 'toutes les villes' (ligne 80) – est décrite par Daniel (année 1137), mais il n'en identifie aucune. La source de ce paragraphe est Daniel (année 1137). Il est néanmoins évident que pour Daniel (comme pour Voltaire; voir les lignes 86-87) l'auteur de ces changements est plutôt le père de Louis, Louis le Gros. Serait-ce là une explication de l'approximation de datation de la ligne suivante, à la charnière des deux règnes? Daniel pousse plus loin un aperçu, déjà fourni par Mézeray (et que Voltaire adopte ici), qui souligne l'approbation royale de la création de magistrats parmi les habitants des villes dans le but de réfréner le pouvoir opprimant des 'seigneurs et gentilshommes' (Mézeray, année 1136).

C'est vers les années 1137 et 1138 qu'il faut fixer cette époque du rétablissement de ce gouvernement municipal des cités et des bourgs. Henri II roi d'Angleterre, donna les mêmes privilèges à plusieurs villes pour en tirer de l'argent, avec lequel il pourrait
90 lever des troupes. [17]

Les empereurs en usèrent à peu près de même en Allemagne. Spire, par exemple, acheta en 1166 le droit de se choisir des bourgmestres, malgré l'évêque qui s'y opposa. La liberté, naturelle aux hommes, renaquit du besoin d'argent où étaient les princes.
95 Mais cette liberté n'était qu'une moindre servitude, en comparaison de ces villes d'Italie qui alors s'érigèrent en républiques.

L'Italie citérieure se formait sur le plan de l'ancienne Grèce. La plupart de ces grandes villes libres et confédérées semblaient devoir former une république respectable; mais de petits et de
100 grands tyrans la détruisirent bientôt.

Les papes avaient à négocier à la fois avec chacune de ces villes, avec le royaume de Naples, l'Allemagne, la France, l'Angleterre et l'Espagne. Tous eurent avec les papes des démêlés, et l'avantage demeura toujours au pontife.

91   MSP: [*manchette*] *Villes libres.*

91-92   MSP: même. Spire

97-98   MSP: Grèce. Les papes protégeaient surtout quiconque brisait le joug de l'esclavage allemand. L'horreur de la servitude s'enracina encore dans les cœurs par la haine contre les mahométans, chez lesquels il n'y avait que deux sortes d'hommes, des maîtres et des esclaves. Peu à peu l'usage s'établit que quiconque abordait dans la
5   chrétienté était libre. [*manchette*: *Serfs.*] C'était un grand triomphe de la religion chrétienne sur la musulmane, mais ce triomphe n'a pas été si complet qu'il n'en reste encore des serfs en Pologne, en Bohême, en Hongrie. Les Espagnols, les Anglais, les Français n'ont point d'esclave dans le continent, mais ils en ont dans l'Amérique. ¶Cependant la plupart de ces grandes villes [MSG: libres] d'Italie confédérées

[17] Ni Rapin, ni Larrey (*Histoire d'Angleterre*, t.3, Rotterdam, 1707, 1re partie) ne parlent de ces franchises municipales; ils n'identifient pas non plus les villes dont il pourrait s'agir (sur ce problème en général, voir C. R. Young, *The English Borough and royal administration, 1130-1307*, Durham, NC, 1961; R. Bartlett, *England under the Norman and Angevin kings 1075-1225*, Oxford, 2000, p.337-42).

Le roi de France Louis le Jeune en 1142 ayant donné l'exclusion   105
à un de ses sujets, nommé Pierre la Châtre, pour l'évêché de
Bourges, l'évêque, élu malgré lui, et soutenu par Rome, mit en
interdit les domaines royaux de son évêché: de là suit une guerre
civile; mais elle ne finit que par une négociation, en reconnaissant
l'évêque et en priant le pape de faire lever l'interdit. [18]   110

Roi d'Angleterre Les rois d'Angleterre eurent bien d'autres querelles avec
qui renonce au l'Eglise. Un des rois dont la mémoire est le plus respectée chez les
droit de régale. Anglais, est Henri Ier, le troisième roi depuis la conquête, qui
commença à régner en 1100. Ils lui savent bon gré d'avoir aboli la loi
du couvre-feu, qui les gênait. Il fixa dans ses Etats les mêmes poids et   115
les mêmes mesures, ouvrage d'un sage législateur, qui fut aisément
exécuté en Angleterre, et toujours inutilement proposé en France.
Il confirma les lois de saint Edouard, que son père Guillaume
le Conquérant avait abrogées. Enfin, pour mettre le clergé dans ses
intérêts, il renonça au droit de régale qui lui donnait l'usufruit des   120
bénéfices vacants: droit que les rois de France ont conservé. [19]

Il signa surtout une charte, remplie de privilèges qu'il accordait

105   MSP, 53-61: roi Louis
110   MSP: priant les légats du pape
        w68: priant les papes de
115   MSP: [*manchette*] *Liberté anglaise.*
121-22   MSP, 53-54N: vacants. ¶Il

[18] Cf. Daniel, dont Voltaire reprend même un petit passage: '[l'évêque] mit en
interdit le domaine du roi dans l'étendue de l'archevêché' (année 1141, p.484).
Pourtant Daniel – et Mézeray également – donnent la date de 1141; c'est Fleury, dont
Voltaire ne suit pas de si près le texte, qui fournit l'année 1142 (livre 68, §78). Aucun
ne parle de guerre civile ni d'une défaite finale.

[19] Voltaire suit Rapin (livre 6, 'Henri I', année 1100, §Il accorde à ses sujets une
Chartre fort avantageuse'), qui détaille toutes les réformes qu'Henri consentit à
instaurer. Or Voltaire ne choisit que celles qui lui semblent les plus significatives.
L'initiative concernant le droit de régale, qui figure en tête de la liste dressée par
Rapin, est ici reléguée à la dernière place. Plus loin, Rapin nous apprend qu'Henri II
jugea politique de confirmer de nouveau (1175) les lois de saint Edouard mais que
cette 'condescendance du roi ne consista qu'en une simple apparence, et en des ordres
publics qui ne furent jamais exécutés' (année 1175, p.224).

204

à la nation: première origine des libertés d'Angleterre, tant accrues dans la suite. [20] Guillaume le Conquérant son père avait traité les
125 Anglais en esclaves, qu'il ne craignait pas. Si Henri son fils les ménagea tant, c'est qu'il en avait besoin. Il était cadet, il ravissait le *1103.* sceptre de son aîné Robert. Voilà la source de tant d'indulgence. [21] Mais tout adroit et tout maître qu'il était, il ne put empêcher son clergé et Rome de s'élever contre lui pour ces mêmes investitures.
130 Il fallut qu'il s'en désistât, et qu'il se contentât de l'hommage que les évêques lui faisaient pour le temporel. [22]

126 MSP: ménageait

127-28 MSP: d'indulgence après lui avoir ôté l'Angleterre par la faveur des barons, il lui ôta [MSG: ôte] la Normandie par la force des armes. Mais

128 MSP: [*manchette*] *1103.*

MSG: ne peut

129 MSP: investitures qui avaient troublé l'empire.

131-35 MSP, 53-W57G: temporel. ¶Pour la France, elle était exempte de ces troubles, parce que la cérémonie de la crosse et de l'anneau n'y était pas introduite. ¶Il

[20] Voltaire induit en erreur: la 'charte' n'est pas une initiative supplémentaire, elle est précisément celle dont il vient de détailler certaines clauses.

[21] Pour ce qui est de l'attitude de Guillaume vis-à-vis de ses nouveaux sujets réduits à l'esclavage, voir ci-dessus, ch.42, lignes 134, 153-55 et n.32. Quant à l'indulgence de son successeur, qui profita de l'absence de son frère aîné, Robert (1054-1134), non encore rentré de la première croisade, pour se faire proclamer roi, voir Rapin: 'Comme la prétendue élection de Henri troublait l'ordre naturel de la succession, il était à craindre, qu'elle ne fît, sur les esprits du peuple, des impressions qui auraient pu avoir de fâcheuses suites. Il était donc très nécessaire qu'il commençât son règne par des actions qui donnassent lieu à ses sujets de bien espérer de son gouvernement' (livre 6, 'Henri I', année 1100, §'Henri travaille à réformer les abus', p.81). Voltaire choisit de taire l'observation suivante: 'Mais la prospérité lui fit oublier ses promesses. [...] il se mettait peu en peine d'observer sa propre chartre, ou de corriger les abus qui tournaient à son profit' (année 1108, §'Il devient plus fier envers ses sujets', p.94). A ce propos, voir ci-dessus, n.19.

[22] Cf. Rapin: '[le pape] permit aux prélats de faire hommage au roi, et Henri se désista du droit de donner l'investiture' (année 1103, §'Cette affaire finit par un accommodement', p.88). Voltaire finit son bref exposé du règne d'Henri Ier sur encore un incident montrant la prépondérance du pouvoir ecclésiastique que Rapin n'avait traité 'qu'en passant'.

La France était exempte de ces troubles; la cérémonie de la crosse[23] n'y avait pas lieu, et on ne peut attaquer tout le monde à la fois.

Il s'en fallait peu que les évêques anglais ne fussent princes temporels dans leurs évêchés: du moins les plus grands vassaux de la couronne ne les surpassaient pas en grandeur et en richesses. Sous Etienne, successeur de Henri Ier, un évêque de Salisburi, nommé Roger, marié et vivant publiquement avec celle qu'il reconnaissait pour sa femme, fait la guerre au roi son souverain; et dans un de ses châteaux pris pendant cette guerre, on trouva, dit-on, quarante mille marcs d'argent: si ce sont des marcs, des demi-livres, c'est une somme exorbitante; si ce sont des marques, des écus, c'est encore beaucoup dans un temps où l'espèce était si rare.[24]

Après ce règne d'Etienne, troublé par des guerres civiles, l'Angleterre prenait une nouvelle face sous Henri II qui réunissait la Normandie, l'Anjou, la Touraine, la Saintonge, le Poitou, la Guienne avec l'Angleterre, excepté Cornouaille non encore

135

140

145

141-42   MSP: guerre, le roi saisit, dit-on,

142-45   MSP, 53-w57G: d'argent, qui [MSP: lesquels], à huit onces au marc, font deux millions de livres au cours présent de France. Somme incroyable dans un temps où l'espèce était aussi rare que le commerce resserré. ¶Après le [53-w57G: ce] règne

146-47   MSP: réunissait, comme je l'ai dit, la Normandie

148   MSP: avec toute l'Angleterre

23 Une synecdoque particularisante signifiant les investitures. La remise de la crosse fait partie de la cérémonie d'ordination d'un nouvel évêque: après la remise de l'anneau (signe de fidélité envers l'Eglise), puis de la mitre (signe de la recherche d'une vie sainte à la tête de la communauté), on lui remet la crosse, ou le bâton de pasteur.

24 Rapin donne force détails sur le pouvoir temporel et militaire de l'évêque de Salisbury (Roger), et de celui de ses deux neveux, Alexandre, évêque de Lincoln, et Nigel, évêque d'Ely: pour se soustraire à une citation de comparaître devant la cour du roi, l'evêque d'Ely était allé se renfermer dans le château fort de son oncle Roger, à Devizes, où Mathilde, 'femme ou concubine de l'évêque de Salisburi s'etait aussi renfermée'. Cédant aux menaces du roi, Mathilde lui rendit le château 'où il trouva quarante mille marcs en argent comptant' ('Etienne', année 1139, §'Il se saisit de leurs châteaux', p.120).

soumise. Tout y était tranquille, lorsque ce bonheur fut troublé par
la grande querelle du roi et de Thomas Becquet, qu'on appelle
saint Thomas de Cantorbéri. [25]

Ce Thomas Becquet, avocat élevé par le roi Henri II à la dignité
de chancelier, et enfin à celle d'archevêque de Cantorbéri, primat
d'Angleterre et légat du pape, devint l'ennemi de la première
personne de l'Etat, dès qu'il fut la seconde. Un prêtre commit un
meurtre. Le primat ordonna qu'il serait seulement privé de son
bénéfice. Le roi indigné lui reprocha qu'un laïque en cas pareil étant
puni de mort, c'était inviter les ecclésiastiques au crime que de
proportionner si peu la peine au délit. L'archevêque soutint
qu'aucun ecclésiastique ne pouvait être puni de mort, et renvoya
ses lettres de chancelier pour être entièrement indépendant. [26] Le roi
dans un parlement proposa qu'aucun évêque n'allât à Rome,
qu'aucun sujet n'appelât au Saint-Siège, qu'aucun vassal et officier
de la couronne ne fût excommunié et suspendu de ses fonctions,

*Histoire de
Thomas Becquet
ou saint Thomas
de Cantorbéri.*

154   53-w68: légat du Saint-Siège,
155   MSP: [*Intertitre*] Paragraphe 2: *Saint Thomas de Canterbery.*

[25] Thomas Becket (né vers 1118) fut nommé chancelier d'Angleterre au mois de
janvier 1155, et archevêque de Cantorbéri au mois de mai 1162. Voltaire consacre
proportionnellement autant de place à l'histoire de Becket que Rapin (vingt pages,
livre 7, années 1162-1171). Du Chesne se contente d'un paragraphe (t.2, p.264-65) et
Mézeray d'à peine l'équivalent d'une demi-page (années 1170-1173). Daniel
(années 1161-1171) et Fleury (livres 70-72, années 1162-1170, *passim*) accordent
bien de l'importance, mais, à l'encontre de Voltaire et de Rapin, ils entrecoupent
leurs récits d'autres événements qui eurent lieu à la même époque. Il est à remarquer
qu'encore une fois Rapin est au moins aussi critique du pouvoir exercé par le parti
ecclésiastique que Voltaire (ce qui contraste, par exemple, avec Du Chesne, qui va
jusqu'à accuser des historiens anglais de décupabiliser leur roi en accusant l'église du
meurtre).

[26] Ces cinq lignes résument Rapin, en le renforçant et le dramatisant: Becket avait
'privé le prêtre de son bénéfice et le fait renfermer dans un monastère' (année 1163,
§'Première occasion de la querelle entre le roi et Becket', p.188); les protestations du
roi n'allaient pas jusqu'à constater que la position de l'archevêque invitait au crime;
l'envoi des sceaux précédait l'incident. Ce procédé est poursuivi tout le long du
résumé.

207

sans permission du souverain; qu'enfin les crimes du clergé fussent   165
soumis aux juges ordinaires. Tous les pairs séculiers passèrent ces
propositions. Thomas Becquet les rejeta d'abord. Enfin il signa des
lois si justes; mais il s'accusa auprès du pape d'avoir trahi les droits
de l'Eglise, et promit de n'avoir plus de telles complaisances.

Accusé devant les pairs d'avoir malversé pendant qu'il était   170
chancelier, il refusa de répondre, sous prétexte qu'il était archevêque. Condamné à la prison, comme séditieux, par les pairs
ecclésiastiques et séculiers, il s'enfuit en France, et alla trouver
Louis le Jeune, ennemi naturel du roi d'Angleterre. Quand il fut en
France, il excommunia la plupart des seigneurs qui composaient le   175
conseil de Henri. Il lui écrivait, *Je vous dois, à la vérité, révérence
comme à mon roi, mais je vous dois châtiment comme à mon fils
spirituel.* Il le menaçait dans sa lettre d'être changé en bête comme
Nabucodonosor, quoique après tout il n'y eût pas un grand rapport
entre Nabucodonosor et Henri II. [27]   180

Le roi d'Angleterre fit tout ce qu'il put pour engager l'arch-

---

165   MSP: crimes fussent

170   MSP: malversé dans le temps qu'il

174-81   MSP: naturel de Henri II, son vassal trop puissant. Il faut rendre justice
au roi Henri, il fit humainement tout ce qu'il

     53-w57G: naturel de Henri II. Il [w56-w57G: Le roi d'Angleterre] fit
humainement tout ce [53-w57G: humainement ce] qu'il

---

[27] Rapin: 'Comme à mon roi, je vous dois toute révérence [...] Comme à mon fils,
je vous dois le châtiment et l'exhortation' (année 1166, §'Sa lettre au roi', p.196). La
référence à Nabuchodonosor est bien plus sélective, et, en plus, ouvertement
grotesque, Becket s'étant contenté, d'après Rapin, de dire: 'On voit, dans divers
exemples tirés de l'Ecriture sainte, que les rois qui ont méprisé les commandements
de Dieu ont été privés de la gloire, de la science et de la force, ainsi qu'il a paru dans
Pharaon, Saül, Salomon, Nabuchodonosor, et dans plusieurs autres' (p.196).
Voltaire se base sur l'explication du songe de Nabuchodonosor (Daniel 4:18-27):
'On te chassera du milieu des hommes, tu auras ta demeure avec les bêtes des
champs, et l'on te donnera comme aux bœufs de l'herbe à manger' (25). Voltaire
évoque cette métamorphose dans une note ajoutée à *La Pucelle d'Orléans* en 1762
(*OCV*, t.7, p.342), dans les art. 'Ane' et 'Cirus' des *QE* (*OCV*, t.38, p.358; t.40, p.119)
et surtout dans *Le Taureau blanc* (*OCV*, t.74A, p.63-135).

evêque à rentrer dans son devoir. Il prit dans un de ses voyages Louis le Jeune son seigneur suzerain pour arbitre: 'Que l'archevêque, dit-il à Louis en propres mots, agisse avec moi comme le

185 plus saint de ses prédécesseurs en a usé avec le moindre des miens, et je serai satisfait.'[28] Il se fit une paix simulée entre le roi et le prélat. Becquet revint donc en Angleterre; mais il n'y revint que pour excommunier tous les ecclésiastiques, évêques, chanoines, *1170.* curés, qui s'étaient déclarés contre lui. Ils se plaignirent au roi, qui

190 était alors en Normandie. Enfin Henri II outré de colère, s'écria: 'Est-ce possible qu'aucun de mes serviteurs ne me vengera de ce brouillon de prêtre?'[29]

Ces paroles plus qu'indiscrètes semblaient mettre le poignard à la main de quiconque croirait le servir en assassinant celui qui ne

195 devait être puni que par les lois.

Quatre de ses domestiques allèrent à Kenterburi, que nous *Thomas* nommons Cantorbéri; ils assommèrent à coups de massue l'arch- *assassiné.* evêque au pied de l'autel.[30] Ainsi un homme qu'on aurait pu traiter *1170.*

190   MSP: Normandie. Henri
193   MSP: [*manchette*] *Tomas assassiné.*
196-97   MSP, 53-54N: à Cantorbery [53: Ils assommèrent] assommer à coups

[28] Rapin écrit 'qu'il agisse envers moi, comme les plus saints archevêques de Cantorbéri ont agi envers les moindres de mes prédécesseurs, et je serai satisfait' (année 1168, §'Conférence entre Henri et Becket devant le roi de France', p.200).

[29] Ni Larrey (p.381), ni Rapin (année 1170), ni Daniel (année 1170) ne donnent cette leçon, ni rien d'approchant. Cf. Fleury, livre 72, année 1070, §30.

[30] Pourquoi, à partir de l'époque de sa variante (lignes 196-97), Voltaire tient-il à utiliser une forme de ce nom de lieu – évidemment censée être anglaise – qui n'a jamais existé? Sans renier la forme courante (Cantorbéry), il récidivera, quelques années plus tard, en proposant soit Kenterburi soit Kenterbury, dans une nouvelle édition (1762) de *La Pucelle* (p.508), dans l'*Examen important de milord Bolingbroke* (*OCV*, t.62, p.191, 362), ainsi que dans *L'A.B.C.* (*M*, t.27, p.362) et *Dieu et les hommes* (*OCV*, t.69, p.472). Aurait-il reproduit ce qu'il croyait avoir entendu prononcer à Londres? Aurait-il cédé, voulant se singulariser, à la tentation de proposer à son public une bien meilleure 'étymologie' du mot qui 'logiquement' eût dû s'écrire ainsi, Cantorbéry étant pour diverses raison la ville la plus importante du Kent? Le mystère demeure entier. Quant à l'assassinat de Thomas, Voltaire se remémore peut-être, non seulement le texte de Rapin, mais la gravure assez

en rebelle, devint un martyr; et le roi fut chargé de la honte et de l'horreur de ce meurtre.

L'histoire ne dit point quelle justice on fit de ces quatre assassins: il semble qu'on n'en ait fait que du roi. [31]

Le pape donne l'Irlande au roi Henri, pourvu qu'il se fasse fouetter par pénitence. On a déjà vu comme Adrien IV donna à Henri II la permission d'usurper l'Irlande. Le pape Alexandre III successeur d'Adrien IV, confirma cette permission, [32] à condition que le roi ferait serment qu'il n'avait jamais commandé cet assassinat, et qu'il irait pieds nus recevoir la discipline sur le tombeau de l'archevêque par la main des chanoines. [33] Il eût été bien grand de donner l'Irlande, si Henri

200

205

202　MSP: n'en fît aucune.

204-206　MSP: l'Irlande; mais il faut dire ici qu'il ne la lui donna qu'à condition qu'il ferait serment de n'avoir jamais

208-22　MSP, 53-W57G: chanoines. ¶Le roi contre

---

grossière, où on voit les quatre chevaliers, assommant Becket à coups de massues énormes. Placée en tête du livre 7, elle est censée figurer l'événement marquant du règne d'Henri II.

[31] Voltaire choisit d'ignorer les sources qui permirent à Fleury ainsi qu'à Larrey, citant L.-E. Dupin, de soutenir que tous les quatre assassins moururent dans les trois années qui suivirent leur crime (p.382). Fleury donne des détails plus précis sur leur destinée (livre 72, année 1172, §41).

[32] Voltaire a déjà consacré quelques remarques à cette bonne entente qui régnait entre Adrien IV et Henri II dans le ch.48 (ci-dessus, lignes 98-112). C'est en 1155 qu'Adrien (pape de 1154 à 1159) publia la bulle *Laudabiliter*, accordant ainsi à Henri le droit d'envahir l'Irlande. Le roi décida de ne pas en profiter toute de suite, et n'y débarqua qu'en 1171. C'est en 1172 qu'Alexandre III (pape de 1159 à 1181) ratifia son invasion des terres irlandaises. Voir Rapin (p.208-10) et Larrey (p.384).

[33] Rapin évoque '[une condition secrète], par laquelle ce monarque s'engageait à s'en aller pieds nus au tombeau de Becket, et à y recevoir la discipline, par les mains des moines de saint Augustin' (§'Condition de son absolution', p.217). Aucun des autres prédécesseurs de Voltaire n'exprime aussi clairement les détails de cette pénitence. Daniel dit seulement que, 's'étant mis à genoux, [Henri] reçut publiquement l'absolution' (année 1172, p.556), tandis que Fleury nie carrément toute action infamante: 'il reçut l'absolution à genoux, mais sans ôter ses habits, ni être fustigé' (livre 72, année 1172, §39). Mézeray parle vaguement de 'pénitences' (années 1171-1173) et Le Gendre d'un simple 'pèlerinage [...] à Cantorbéry' (t.2, p.362). C'est la version Rapin–Voltaire, reprise à l'art. 'Austérités' des *QE* (*OCV*, t.39, p.237), qui prévaut de nos jours.

avait eu le droit de s'en emparer, et le pape celui d'en disposer. Mais
210 il était plus grand de forcer un roi puissant et coupable à demander
pardon de son crime.

Le roi alla donc conquérir l'Irlande; c'était un pays sauvage   *1172.*
qu'un comte de Pembroke avait déjà subjugué en partie avec douze
cents hommes seulement. Ce comte de Pembroke voulait retenir sa
215 conquête. Henri II plus fort que lui, et muni d'une bulle du pape,
s'empara aisément de tout. [34] Ce pays est toujours resté sous la
domination de l'Angleterre, mais inculte, pauvre et inutile, jusqu'à
ce qu'enfin dans le dix-huitième siècle l'agriculture, les manufactures, les arts, les sciences, tout s'y est perfectionné, et l'Irlande
220 quoique subjuguée, est devenue une des plus florissantes provinces
de l'Europe. [35]

Henri II, contre lequel ses enfants se révoltaient, accomplit sa   *1174.*
pénitence après avoir subjugué l'Irlande. Il renonça solennellement

211-22   w56-w57G: crime. ¶Le roi contre
223-56   MSP, 53-54N: l'Irlande. [MSP: et il ne l'accomplit [MSG: probablement]
que parce qu'il craignait le sort de l'empereur Henri IV et de Louis le Débonnaire.]
La plupart des Anglais se sont élevés depuis contre cette [MSP: la] pénitence de leur

[34] Richard FitzGilbert de Clare, 2ᵉ comte de Pembroke était parti en Irlande, en
1169, 'menant avec lui douze cents hommes' (Rapin, année 1171, p.214). Très vite il
se saisit de Waterford et, à la mort du roi de Leinster (mai 1171), dont il était devenu
le gendre, hérita de son royaume. Pour expliquer l'invasion d'Henri, Rapin évoque
en détail la richesse agricole du pays et sa situation idéale pour faire du commerce
non seulement avec l'Europe mais avec le monde entier. 'Mais le véritable motif était
le désir d'aggrandir ses Etats par la conquête de cette île si voisine de l'Angleterre'
(p.208). En plus, Henri était passablement inquiet du succès de Pembroke, qui était
en passe de devenir puissant et indépendant.

[35] Voltaire (qui semble avoir oublié le portrait plus qu'avantageux brossé par
Rapin) y apporte, sur l'Irlande moderne, un point de vue très optimiste, certainement
plus influencé par des préoccupations économiques et philosophiques (qui figurent, à
la même époque, dans le *Traité sur la tolérance*, *OCV*, t.56c, p.148-49). Mais une telle
approbation est exceptionnelle car, chez Voltaire, l'Irlande figure presque toujours
comme le théâtre des guerres et des massacres religieux du dix-septième siècle (voir
Ireland and the French Enlightenment, 1700-1800, éd. G. Gargett et G. Sheridan,
Basingstoke, 1999, plus spécialement p.129-70).

à tous les droits de la monarchie qu'il avait soutenus contre Becquet. Les Anglais condamnent cette renonciation, et même sa pénitence. [36] Il ne devait certainement pas céder ses droits, mais il devait se repentir d'un assassinat; l'intérêt du genre humain demande un frein qui retienne les souverains, et qui mette à couvert la vie des peuples. Ce frein de la religion aurait pu être par une convention universelle dans la main des papes, comme nous l'avons déjà remarqué. [37] Ces premiers pontifes en ne se mêlant des querelles temporelles que pour les apaiser, en avertissant les rois et les peuples de leurs devoirs, en reprenant leurs crimes, en réservant les excommunications pour les grands attentats, auraient toujours été regardés comme des images de Dieu sur la terre; mais les hommes sont réduits à n'avoir pour leur défense que les lois et les mœurs de leur pays: lois souvent méprisées, et mœurs souvent corrompues. [38]

225

230

235

---

roi, parce qu'elle était commandée par une puissance ennemie des rois. L'intérêt des hommes cependant n'exige-t-il pas qu'il y ait un frein qui retienne les souverains et [53-54N: qui] mette à couvert la vie des sujets? Ce frein de la religion aurait pu être [MSP: mis], par une convention universelle dans la main des papes, mais il fallait un frein non moins fort aux papes mêmes [53-54N: mais il leur en fallait un à eux-mêmes]: ainsi les hommes sont réduits à n'avoir pour leur défense que les mœurs et les lois de chaque pays. ¶Un autre

5

10

[36] Rapin détaille les cinq conditions mises à son absolution, dont la cinquième était la suivante: 'Enfin, qu'il abolirait toutes les lois et coutumes introduites depuis peu, au préjudice de l'église de Cantorbéri, et de toute autre d'Angleterre' (année 1172, p.217). Evidemment par ces clauses, il y allait de l'indépendance de la monarchie qui reconnaissait le pouvoir de Rome. D'où Voltaire tire-t-il cette information concernant 'cette renonciation' qui (remarquons le temps présent employé) ne laissait pas de choquer les Anglais?

[37] Voir les *Annales*, années 858-865: 'il est à souhaiter sans doute qu'il y ait un tribunal sacré qui avertisse les souverains de leurs devoirs et les fasse rougir de leurs violences' (p.252).

[38] Cette réflexion globalisante a pu être inspirée par les remarques de Daniel suscitées par les mêmes événements: 'Tant de maux que produisirent ces funestes contestations dans l'espace de sept années qu'elles durèrent, pourraient apprendre aux princes et aux puissances ecclésiastiques, à se ménager les uns les autres, et à

L'Angleterre fut tranquille sous Richard Cœur de Lion, fils et *Richard Cœur de*
240 successeur de Henri II. Il fut malheureux par ces croisades dont *Lion.*
nous ferons bientôt mention; mais son pays ne le fut pas. Richard
eut avec Philippe-Auguste quelques-unes de ces guerres, inévitables entre un suzerain et un vassal puissant. Elles ne changèrent
rien à la fortune de leurs Etats. [39] Il faut regarder toutes les guerres
245 pareilles entre les princes chrétiens comme des temps de contagion,
qui dépeuplent des provinces sans en changer les limites, les usages
et les mœurs. Ce qu'il y eut de plus remarquable dans ces guerres,
c'est que Richard enleva, dit-on, à Philippe-Auguste son chartrier
qui le suivait partout; il contenait un détail des revenus du prince,
250 une liste de ses vassaux, un état des serfs et des affranchis. On
ajoute que le roi de France fut obligé de faire un nouveau chartrier,
dans lequel ses droits furent plutôt augmentés que diminués. Il
n'est guère vraisemblable que dans des expéditions militaires on

240   W56-W57G: [*manchette*] *1189.*
240-41 53-W75G: par les croisades, mais
248   53-W68: enleva à
250-51 53-61: affranchis. Le roi
        61-W68: affranchis. Le roi
252   53-54N: diminués [*avec note*: L'an 1194.]
252-56 W56-W68: diminués. Un autre

demeurer dans de certaines bornes, dont à la vérité il est bien difficile qu'ils puissent
convenir, et qu'on n'a pu jusqu'à présent, et qu'apparemment on ne pourra jamais
bien déterminer' (année 1172, p.557). Alexandre III, très estimé de Voltaire (voir
ch.81, 83 et surtout 197), autorise ce rêve. Voltaire se laissera aller fugitivement à des
appréciations aussi positives dans le cas de Benoît XIV (voir le *Précis du siècle de
Louis XV*, ch.36, *OH*, p.1523-24; l'art. 'Mariage' des *QE*, *M*, t.20, p.28, 29-30).
[39] Voltaire passe sans aucun commentaire sur la condamnation fondamentale que
fait Rapin du caractère de Richard Ier et de ses qualités de souverain: 'Après avoir
loué sa valeur qui approchait un peu de la férocité, on cherche vainement en lui
quelque autre vertu qui puisse servir de matière à son éloge' et 'il ne fut jamais plus de
huit mois [en Angleterre], pendant le cours de son règne qui dura près de dix ans'
(livre 7, 'Richard I', année 1199, p.274). Les historiens français ne sont pas plus
élogieux; cf. Daniel, année 1199; Le Gendre, t.2, p.380-81.

porte ses archives dans une charrette, comme du pain de munition. Mais que de choses invraisemblables nous disent les historiens![40] 255

1194. Un autre fait digne d'attention, c'est la captivité d'un évêque de Beauvais, pris les armes à la main par le roi Richard: le pape *Evêque portant* Célestin III redemanda l'évêque; *Rendez-moi mon fils*, écrivait-il à *les armes.* Richard: le roi en envoyant au pape la cuirasse de l'évêque, lui répondit par ces paroles de l'histoire de Joseph: *Connaissez-vous la* 260 *tunique de votre fils?*[41]

Il faut observer encore à l'égard de cet évêque guerrier, que si les lois des fiefs n'obligeaient pas les évêques à se battre, elles les obligeaient pourtant d'amener leurs vassaux au rendez-vous des troupes. 265

Philippe-Auguste saisit le temporel des évêques d'Orléans et

---

258 61: redemande
258 MSP: *Vous devez me rendre mon*
259 MSP: Richard: mais le roi
260 MSP: *Reconnaissez-vous*

---

[40] Les chartes de la couronne, qui accompagnaient les rois de France dans leurs déplacements, furent enlevées à Philippe-Auguste à la bataille de Fréteval (3 juillet 1194). Cet événement décida Philippe à déposer désormais en lieu sûr, au milieu de la capitale, tous les édits et ordonnances du royaume. C'est l'origine du chartrier de France. Rapin appelle cet incident 'une perte irréparable de tous les anciens registres de la couronne [...]'. C'était alors la coutume que les archives du royaume suivaient le roi partout où il allait' ('Richard I', année 1195, §'Philippe perd les anciens régistres de la couronne', p.270). Même chose chez Daniel, année 1194, p.628. Le Gendre constate simplement le fait, en faisant la comparaison avec 'aujourd'hui le Grand Seigneur parmi les Turcs' (t.2, p.378).

[41] Philippe de Dreux (1158-1217), évêque de Beauvais et petit fils de Louis le Gros, fut pris au mois de mai 1196 et emprisonné à Rouen. Célestin III (pape de 1191 à 1198) intervint en sa faveur. Nous nous trouvons confrontés ici, encore une fois, à un exemple de la 'dramatisation' de l'histoire par Voltaire autant que de son goût de l'anecdote: les répliques du pape et de Richard sont en discours indirect chez Rapin (années 1195-1199). Daniel et Fleury donnent la réponse de Richard en discours direct: '*Reconnaissez-vous là la robe de votre fils?*' (Daniel, année 1197, p.635-36); 'Voyez si c'est la robe de votre frère' (Fleury, livre 74, année 1197, §60). Rapin et Daniel notent en outre que la réponse de Richard convainquit le pape de se le tenir pour dit.

d'Auxerre, pour n'avoir pas rempli cet abus, devenu un devoir. Ces évêques condamnés commencèrent par mettre le royaume en interdit, et finirent par demander pardon. [42]

270   Jean Sans Terre qui succéda à Richard, devait être un très grand terrien; car à ses grands domaines il joignit la Bretagne qu'il usurpa sur le prince Arthur son neveu, à qui cette province était échue par sa mère. Mais pour avoir voulu ravir ce qui ne lui appartenait pas, il perdit tout ce qu'il avait, et devint enfin un grand exemple qui doit
275   intimider les mauvais rois. Il commença par s'emparer de la

Jean Sans Terre.
1199.

267   MSP: pas obéi à cet

269-73   MSP, 53-W68: pardon. ¶Nous verrons dans les croisades les autres aventures de Richard Cœur de Lion. Jean Sans Terre, son fils [53-W68: son frère], qui lui succéda [MSP: en 1199] devait être le plus grand terrien de l'Europe, car outre les domaines de son père il eut encore la Bretagne qu'il usurpa sur le prince Artur son
5   neveu, à qui cette province était échue, par sa mère. [MSP: Ainsi les hommes sont réduits à n'avoir pour leur défense que les mœurs et les lois de chaque pays. / Paragraphe 3. Philippe-Auguste et Jean Sans Terre. / L'Angleterre fut tranquille sous Richard Cœur de Lion, fils et successeur de Henry. Ce roi fut malheureux par les croisades; mais son pays ne le fut pas. Richard eut avec Philippe-Auguste
10   quelques-unes de ces guerres inévitables, entre un suzerain et un vassal puissant, elles ne changèrent rien à la fortune de leurs Etats. Il faut regarder toutes les guerres pareilles entre les princes chrétiens, comme des temps de contagion qui dépeuplent des provinces sans en changer les limites, les usages, ni les mœurs. Ce qu'il y a de plus remarquable dans ces guerres, c'est que Richard enleva [*manchette: Chartrier de*
15   *France enlevé.*] à Philippe-Auguste son chartrier qui le suivait partout. Il contenait un détail des revenus du prince, une liste de ses vassaux, un état des esclaves, et des affranchis. Le roi de France fut obligé de faire un nouveau chartrier [*manchette: 1194.*] dans lequel ses droits furent plutôt augmentés, que diminués.] Mais

275   MSP: par chercher à s'emparer

[42] Il s'agit des deux frères Guillaume de Seignelay (évêque d'Auxerre) et de Manassès de Seignelay (évêque d'Orléans) dans une série d'événements datant de 1209. Sommés, avec tous les barons et évêques, de paraître avec leurs vassaux à Mantes, ils s'y présentèrent. Mais 'voyant que le roi n'y était pas, ils les ramenèrent, disant qu'ils n'étaient obligés d'aller ni d'envoyer à l'armée que quand le roi y allait en personne' (Fleury, livre 76, année 1211, §9). En guise de punition, le roi confisqua leurs régales. Sur ce, les deux évêques 'jetèrent l'interdit sur les terres du roi *qui étaient dans leurs diocèses*'. Fleury ne parle pas de repentir non plus: 'Enfin les deux évêques ayant été condamnés à l'amende, et l'ayant payée au roi, il leur rendit ce qu'il avait saisi sur eux'. Les lignes 7-16 de la variante reparaissent dans les lignes 239-52 du texte de base.

Bretagne, qui appartenait à son neveu Artur.[43] Il le prit dans un combat, il le fit enfermer dans la tour de Rouen, sans qu'on ait jamais pu savoir ce que devint ce jeune prince. L'Europe accusa avec raison le roi Jean de la mort de son neveu.

Les pairs de France font le procès au roi d'Angleterre. Qui sont ces pairs? Heureusement pour l'instruction de tous les rois, on peut dire que ce premier crime fut la cause de tous ses malheurs. Les lois féodales, qui d'ailleurs faisaient naître tant de désordres, furent signalées ici par un exemple mémorable de justice. La comtesse de Bretagne, mère d'Artur, fit présenter à la cour des pairs de France une requête, signée des barons de Bretagne.[44] Le roi d'Angleterre

280

285

280   w75G: tous ces rois [*erreur*]
282   msp: faisaient tant
283   msp: [*manchette*] *Pairs de France jugent à mort le roi d'Angleterre.*
285-86 msp: Bretagne. Aucun historien ne dit quels furent les pairs qui rendirent le jugement, mais par d'autres assemblées des pairs en ce temps-là l'on doit présumer que ce furent le duc de Bourgogne, le comte de Penthièvre, le comte de Dreux, le comte de Ponthieu, le comte de Joigny, les évêques de Chartres, de Senlis, de Lisieux, et les six autres pairs ecclésiastiques connus. Le roi d'Angleterre fut sommé par eux de comparaître.

5

[43] Arthur (1187-3 avril 1203), duc de Bretagne (1196), fils de Geoffroy Plantegenêt et petit-fils d'Henri II. Richard Cœur de Lion le désigna (hiver 1190) comme son héritier au trône d'Angleterre. Ce dernier fut tué le 6 avril 1199, et Jean Sans Terre se posa immédiatement comme prétendant. Les détails du récit qui suit sont pris dans plusieurs sources, à commencer par Rapin qui – tout comme Larrey (p.452) et Fleury (livre 75, année 1203, §57) – précise qu'Arthur fut enfermé a Rouen 'dans la Tour neuve' (livre 8, 'Jean', année 1202, p.296); Daniel écrit 'le château de Rouen'. Rapin: 'On était généralement persuadé que ce prince avait été tué par les ordres du roi [...] il ne fit aucune diligence pour découvrir de quelle manière ce prince était mort. Par là il acheva de convaincre tout le monde, qu'il était lui-même l'auteur de cette barbare action' (p.296). C'est un lieu commun qu'il n'y avait aucune certitude concernant la manière dont disparut Arthur et l'identité de son assassin.

[44] Voltaire se fourvoie en quittant Rapin pour la tradition française: Daniel (année 1202) et Mézeray (1202) nomment la mère d'Arthur (Constance de Bretagne, 1161-1201), comme ayant intenté le procès contre Jean. Comme l'indique Rapin, pourtant, Constance mourut en 1201, l'année précédant la disparition de son fils (livre 8, 'Jean', année 1200, §'Elle meurt'), son titre passant à la sœur d'Arthur.

fut sommé par les pairs de comparaître. La citation lui fut signifiée à Londres par des sergents d'armes. Le roi accusé envoya un évêque demander à Philippe-Auguste un sauf-conduit. Qu'il vienne, dit le roi, il le peut. Y aura-t-il sûreté pour le retour? demanda l'évêque.

290 Oui, si le jugement des pairs le permet, répondit le roi. [45] L'accusé *1203.* n'ayant point comparu, les pairs de France le condamnèrent à mort, déclarèrent toutes ses terres situées en France acquises et confisquées au roi. Mais qui étaient ces pairs qui condamnèrent un roi d'Angleterre à mort? ce n'étaient point les ecclésiastiques, lesquels

295 ne peuvent assister à un jugement criminel. On ne dit point qu'il y eût alors à Paris un comte de Toulouse, et jamais on ne vit aucun acte de pairs signé par ces comtes. Baudouin IX comte de Flandres était alors à Constantinople où il briguait les débris de l'empire d'Orient. [46] Le comte de Champagne était mort, et la succession était

300 disputée. C'était l'accusé lui-même qui était duc de Guienne et de Normandie. L'assemblée des pairs fut composée des hauts barons relevant immédiatement de la couronne. C'est un point très important que nos historiens auraient dû examiner, au lieu de

286 MSP: [*manchette*] *1202.*
287-88 MSP: évêque anglais demander
288-89 MSP: vienne, il le peut, dit le roi de France. Y aura-t-il
292-315 MSP, 53-W57G: confisquées au souverain [W56-W57G: au roi]. ¶Philippe
296-300 61: Toulouse, un comte de Flandre, un duc de Bourgogne. C'était

[45] Rapin rapporte que c'était une assemblée des seigneurs bretons, tenue à Vannes (aiguillonnés par Philippe-Auguste), qui décida de demander justice au roi de France (année 1202, §'Ils sont animés par le roi de France'). Larrey propose les deux explications ('Constance, les seigneurs bretons') sans trancher (p.453). Voltaire passe encore au discours direct car ici Rapin dit: 'Le roi répondit, qu'il pouvait venir en toute sûreté. Mais comme les ambassadeurs demandaient un sauf-conduit pour le retour, il leur répondit nettement que cela dépendait du jugement qui serait donné' (p.297).
[46] Baudouin IX (1171-1205 ou 1206), devenu Baudouin Ier, Empereur de Constantinople (16 mai 1204).

ranger à leur gré des armées en bataille, et de s'appesantir sur les sièges de quelques châteaux qui n'existent plus. [47]

On ne peut douter que l'assemblée des pairs barons français qui condamna le roi d'Angleterre, ne fût celle-là même qui était convoquée alors à Melun pour régler les lois féodales *Stabilimentum feudorium*. Eudes duc de Bourgogne y présidait sous le roi Philippe-Auguste. On voit encore au bas des chartes de cette assemblée les noms d'Hervé comte de Nevers, de Renaud comte de Boulogne, de Gaucher comte de Saint Paul, de Gui de Dampierre. Et ce qui est très remarquable, on n'y trouve aucun grand officier de la couronne. [48]

305

310

305-15   61: plus. Philippe
310   w68-w75G: vit

[47] Voltaire s'intéresse à ce problème précis (à la différence de Fleury, Larrey et Rapin) car le jugement de Jean Sans Terre par la cour des pairs, en 1203, est le premier jugement de cette importance qu'elle rendît. Dans l'*Histoire du parlement de Paris* (1768), il renouvellera la même incrédulité: 'Il est bien étrange que nos historiens ne nous aient jamais dit quels étaient ces pairs qui osèrent juger à mort un roi d'Angleterre. Un événement si considérable méritait un peu plus d'attention. Nous avons été, généralement parlant, très peu instruits de notre histoire. Je me souviens d'un magistrat qui croyait que Jean Sans Terre avait été jugé par les chambres assemblées' (*OCV*, t.68, p.195). Cette curiosité de Voltaire serait amplement justifiée un siècle plus tard; voir C. Bémont, 'La condamnation de Jean Sans-Terre', *Revue historique* 32 (1886), p.33-72, 290-311; F. Lot, 'Quelques mots sur l'origine des pairs de France', *Revue historique* 54 (1894), p.34-59; P. Guilhiermoz, 'Les deux condamnations de Jean Sans-Terre', *Bibliothèque de l'Ecole des chartes* 60 (1899), p.45-85, 363-72 (correspondance entre Bémont et Guillermoz); G. de Manteyer, 'L'origine des douze pairs de France', dans *Etudes d'histoire du Moyen Age, dédiées à Gabriel Monod* (Paris, 1896), p.187-200. Dans ce domaine, Voltaire est injuste envers Daniel car il avait – bien avant Voltaire – défini le même problème (année 1201).

[48] Il doit s'agir de l'assemblée qui fut convoquée à Melun en juillet 1216 pour décider de la succession de Thibaut III de Champagne, dont il est parlé dans le paragraphe précédent. Voltaire a pu en voir les détails (et les signatures) dans L.-A. Le Paige, *Lettres historiques sur les fonctions essentielles du parlement* (Amsterdam, 1753-1754, BV2050), t.2, p.98-120 (malgré cette note dédaigneuse écrite sur la page de titre de son exemplaire: 'par le page, avocat / livre sans méthode et peu instructif'; *CN*, t.5, p.311).

315   Philippe se mit bientôt en devoir de recueillir le fruit du crime du roi son vassal. Il paraît que le roi Jean était du naturel des rois tyrans et lâches. Il se laissa prendre la Normandie, la Guienne, le Poitou, et se retira en Angleterre, où il était haï et méprisé. [49] Il trouva d'abord quelque ressource dans la fierté de la nation anglaise, indignée de voir son roi condamné en France; [50] mais les barons d'Angleterre se lassèrent bientôt de donner de l'argent à un roi qui n'en savait pas user. Pour comble de malheur, Jean se brouilla avec la cour de Rome pour un archevêque de Cantorbéri, que le pape voulait nommer de son autorité malgré les lois. [51]

325   Innocent III, cet homme sous lequel le Saint-Siège fut si formidable, mit l'Angleterre en interdit, et défendit à tous les sujets de Jean de lui obéir. [52] Cette foudre ecclésiastique était en effet

320

*1212.
Innocent III
met l'Angleterre
en interdit, et*

315-16 MSP: crime et de la condamnation du roi
318-19 MSP: trouva pourtant d'abord
325 MSP: était
326 MSP: [*manchette*] *1211.*
327 MSP: [*manchette*] *Le pape donne l'Angleterre au roi de France.*

[49] Voir Fleury, année 1212, livre 77, §5; ainsi que Rapin, année 1200, p.288. La formule 'se laissa prendre' semble traduire la description que présente Rapin à plusieurs reprises d'un roi pas toujours capable de réagir devant la perte de ses terres.

[50] Echo de Rapin: 'Les Anglais murmurèrent beaucoup de ce jugement, d'autant plus que leur roi était actuellement en guerre contre la France' (année 1202, p.298).

[51] A la mort d'Hubert Walter (13 juillet 1205), archevêque de Cantorbéry, les moines élirent leur propre sous-prieur. Jean Sans Terre cassa l'élection et leur imposa John de Gray, évêque de Norwich. Le pape cassa les deux élections et imposa Stephen Langton. C'est le début d'une longue et pénible bataille (1206-1213) entre Innocent III (secondé par Philippe-Auguste) et Jean. Rapin raconte en grand détail cette histoire et ses ramifications (années 1205-1213).

[52] Voir Fleury, livre 76, année 1207, §32-33. Les effets de l'interdiction (1207) sont expliqués par Rapin: 'On vit alors cesser le service divin dans toutes les églises, et l'on n'administra plus les sacrements, qu'aux enfants nouveaux-nés et aux personnes mourantes. Il n'y eut plus ni prières publiques, ni aucune cérémonie religieuse. Les cimetières étaient fermés, et l'on enterrait les morts dans les fossés comme des charognes' (année 1208, p.308-309; mêmes détails chez Fleury, livre 76, §40). En novembre 1209, le pape excommunia Jean. En 1211, pour comble de malheur, il 'publia une bulle qui déliait les sujets de Jean du serment de fidélité, et leur enjoignait, sous peine d'excommunication, de lui refuser toute obéissance' (année 1211, p.313).

la donne au roi de France. terrible, parce que le pape la remettait entre les mains de Philippe-Auguste, auquel il transféra le royaume d'Angleterre en héritage perpétuel, l'assurant de la rémission de tous ses péchés, s'il réussissait à s'emparer de ce royaume. Il accorda même pour ce sujet les mêmes indulgences qu'à ceux qui allaient à la Terre Sainte. [53] Le roi de France ne publia pas alors qu'il n'appartenait pas au pape de donner des couronnes. Lui-même avait été excommunié quelques années auparavant, en 1199, et son royaume avait aussi été mis en interdit par ce même pape Innocent III, parce qu'il avait voulu changer de femme. Il avait déclaré alors les censures de Rome insolentes et abusives. Il avait saisi le temporel de tout évêque et de tout prêtre assez mauvais Français pour obéir au pape. Il pensa tout différemment quand il se vit l'exécuteur d'une bulle qui lui donnait l'Angleterre. Alors il reprit sa femme, dont le divorce lui avait attiré tant d'excommunications, et ne songea qu'à exécuter la sentence de Rome. [54] Il employa une année à faire construire dix-sept cents vaisseaux, (c'est-à-dire mille sept cents grandes barques,) et à préparer la plus belle armée qu'on eût jamais

330

335

340

345

329   MSP: il conféra le
343-45   MSP: année entière à faire construire dix-sept cents barques et à
344-45   53-54N: 170 vaisseaux et à
        W56-W57G: dix-sept cents vaisseaux et à
345   MSP: [*manchette*] *Flotte française de 1700 vaisseaux.*

[53] Les lignes 330-32 sont basées sur Rapin, année 1212, p.315-16.
[54] Fleury, livre 75, année 1199, §25. Philippe avait épousé Ingeborg de Danemark en 1193, mais la relégua dans un couvent. Le 7 mai 1196, il épousa Agnès de Méranie. Or, comme il refusait de s'en séparer, le pape mit le royaume en interdit (1199-1200) avec les mêmes résultats qu'en Angleterre (voir ci-dessus, ligne 327 et n.52). Philippe reprit Ingeborg le 7 septembre 1200 (§25); il devait s'en séparer de nouveau en 1201 (§34). Bien que le pape fût de nouveau saisi de l'affaire en 1202 (§43), le différend ne fut réglé qu'en 1213. En cherchant les raisons de la reprise de sa femme par Philippe-Auguste, Daniel offre deux possibilités: 'soit par principe de conscience, soit par complaisance pour le pape' (année 1212, p.700-701). Voltaire tranche donc, optant pour le côté pratique, sinon cynique. Fleury accepte que c'était à cause de la volonté du pape, mais verse dans l'anodin en insistant plutôt et surtout sur l'effet qu'eut l'action du roi sur ses sujets: 'cette réconciliation causa une joie universelle dans le peuple' (livre 77, année 1213, §24).

vue en France. [55] La haine qu'on portait en Angleterre au roi Jean, valait au roi Philippe encore une autre armée. Philippe-Auguste était prêt de partir: et Jean de son côté faisait un dernier effort pour le recevoir. Tout haï qu'il était d'une partie de la nation, l'éternelle émulation des Anglais contre la France, l'indignation contre le procédé du pape, les prérogatives de la couronne toujours puissantes, lui donnèrent enfin pour quelques semaines une armée de près de soixante mille hommes, [56] à la tête de laquelle il s'avança jusqu'à Douvres pour recevoir celui qui l'avait jugé en France, et qui devait le détrôner en Angleterre.

L'Europe s'attendait donc à une bataille décisive entre les deux rois, lorsque le pape les joua tous deux, et prit adroitement pour lui ce qu'il avait donné à Philippe-Auguste. Un sous-diacre son domestique, nommé Pandolfe, légat en France et en Angleterre, consomma cette singulière négociation. Il passe à Douvres, sous prétexte de négocier avec les barons en faveur du roi de France. Il voit le roi Jean: 'Vous êtes perdu, lui dit-il: l'armée française va

1213.

350-51   MSP: France, l'horreur du procédé
355   MSP: qui venait le
356   MSP: [*manchette*] *L'Angleterre, province du pape.*
358   MSP, 53-54N: à Philippe.
361   MSP: barons anglais en

[55] Selon Daniel, Louis 'commença ses préparatifs; à quoi il employa près d'une année, surtout à faire construire des vaisseaux [...] dix-sept cents vaisseaux de toutes sortes de façons et de grandeurs' (année 1212, p.700-701). Voltaire emprunte et raccourcit, non sans modifier, et en éliminant les approximations.

[56] Le chiffre de 60 000 se trouve chez Daniel (année 1212), Rapin (année 1213, §'Jean assemble une grande armée'), Fleury (livre 77, année 1213, §25) et Mézeray (*Histoire de France*, Paris, 1685, p.152), mais sans le qualificatif dans aucun des cas (Rapin dit même qu'un plus grand nombre s'était présenté, si grand même que Jean n'en a retenu que les meilleurs). Les raisons données par Voltaire de cet appui populaire semblent lui être tout à fait particulières, Rapin surtout l'expliquant de façon bien différente, à savoir: la crainte qu'éprouvaient les Anglais devant leur roi ('ses ordres furent si pressants, et ses menaces firent un si prompt effet, qu'en peu de temps, il assembla beaucoup plus de vaisseaux et de troupes qu'il n'en pouvait entretenir', §'Jean assemble une grande armée', p.316).

mettre à la voile, la vôtre va vous abandonner: vous n'avez qu'une
ressource; c'est de vous en rapporter entièrement au Saint-Siège.' [57]
Jean y consentit, en fit serment, et seize barons jurèrent la même   365
chose sur l'âme du roi. [58] Etrange serment, qui les obligeait à faire ce
qu'ils ne savaient pas qu'on leur proposerait. L'artificieux Italien
intimida tellement le prince, disposa si bien les barons, qu'enfin le
15 mai 1213, [59] dans la maison des chevaliers du temple au faubourg
de Douvres, le roi à genoux, mettant ses mains entre celles du légat,   370
prononça ces paroles:

Angleterre cédée
solennellement
au pape.

'Moi Jean par la grâce de Dieu roi d'Angleterre et seigneur
d'Hibernie, pour l'expiation de mes péchés, de ma pure volonté, et
de l'avis de mes barons, je donne à l'Eglise de Rome, au pape

366   MSP: les engageait à
374   MSG: l'Eglise romaine,

[57] Voltaire résume Fleury: 'Mais pendant qu'il se préparait ainsi à bien recevoir le
roi Philippe, arrivèrent à Douvres deux templiers "qui le vinrent trouver et lui
dirent: Nous venons, grand roi, de la part de Pandolphe, sous-diacre et domestique
du pape, qui vous demande une conférence pour vous proposer le moyen de vous
réconcilier à l'église". Le roi envoya les templiers pour amener incessamment
Pandolphe qui, étant venu à Douvres, dit au roi Jean [...]' (livre 77, année 1213, §25).
Le discours direct que Voltaire emprunte à Fleury non seulement dramatise les
versions de Rapin (année 1213) et de Daniel (année 1212), mais n'y correspond que
très approximativement. Rapin met en discours direct d'autres paroles du légat. Jean
accepta les propositions de Pandolphe (13 mai 1213); la cérémonie de la signature de
leur charte, et du serment de Jean, sont du 15. A la différence de Fleury, Daniel et
Rapin qualifient Pandolphe de légat du pape.

[58] Voir Daniel: 'Le légat lui fit confirmer par serment cette protestation générale,
et seize barons d'Angleterre jurèrent la même chose *sur l'âme du roi*, s'engageant à
l'obliger de tenir sa parole par toutes sortes de voies en cas qu'il voulût s'en dédire'
(année 1213, p.702). Dans *L'Examen important de milord Bolingbroke*, Voltaire fait
dire à ce dernier: 'notre île vit le misérable roi Jean Sans Terre se déclarer à genoux
vassal du pape [...]. Comme un de mes ancêtres eut le malheur de signer ce traité, le
plus infame des traités, je dois en parler avec plus d'horreur qu'un autre' (*OCV*, t.62,
p.340-41).

[59] La datation précise de cette cérémonie est fournie par Fleury (livre 77,
année 1213, §25). La localité est prise directement dans Daniel: 'Les seigneurs s'étant
encore assemblés la veille de l'Ascension en la maison des chevaliers du Temple au
fauxbourg de Douvres, le roi fit publiquement une nouvelle protestation'
(année 1213, p.703).

375 Innocent et à ses successeurs, les royaumes d'Angleterre et
d'Irlande, avec tous leurs droits: je les tiendrai comme vassal du
pape: je serai fidèle à Dieu, à l'Eglise romaine, au pape mon
seigneur et à ses successeurs légitimement élus. Je m'oblige de lui
payer une redevance de mille marcs d'argent par an, savoir sept
380 cents pour le royaume d'Angleterre et trois cents pour l'Hibernie.' [60]
C'était beaucoup dans un pays qui avait alors très peu d'argent, et
dans lequel on ne frappait aucune monnaie d'or. [61]

Alors on mit de l'argent entre les mains du légat comme premier
paiement de la redevance. On lui remit la couronne et le sceptre. Le
385 diacre italien foula l'argent aux pieds, et garda la couronne et le
sceptre cinq jours. Il rendit ensuite ces ornements au roi, comme un
bienfait du pape leur commun maître. [62]

Philippe-Auguste n'attendait à Boulogne que le retour du légat   *Rome se moque*
pour se mettre en mer. Le légat revient à lui pour lui apprendre   *de Philippe-*
390 qu'il ne lui est plus permis d'attaquer l'Angleterre, devenue fief de   *Auguste.*
l'Eglise romaine, et que le roi Jean est sous la protection de Rome.

380-83   MSP-W68: l'Hibernie [MSP: ou l'Irlande].' ¶Alors
386   MSP: jours, et rendit
389   MSP: légat vint à
390-91   MSP: de l'Empire romain

[60] Voltaire dramatise le traité entre Jean et Innocent III du 13 mai 1213 où le roi
anglais se soumet au pape en lui donnant en fief l'Angleterre et l'Irlande. Les
éléments du texte donnés par Voltaire permettent de conclure qu'il a suivi une
indication de Daniel, selon qui 'l'acte entier est à la Bibliothèque Royale, parmi les
mss. de Brienne vol.27' (année 1213, p.703n), et a puisé directement dans le manuscrit
même, le premier document du volume intitulé 'Traités entre les rois d'Angleterre et
les rois de Castille, les empereurs, les princes de la maison d'Austruche, les rois
d'Espagne, les rois de Navarre, l'électeur palatin, les ducs de Bretagne' (BnF,
n.a.fr. 6998, f.6-7). Dans l'art. 'Donations' des *QE*, §'Donation de l'Angleterre et de
l'Irlande aux papes, par le roi Jean', le texte que propose Voltaire est à la fois différent
et plus court (*OCV*, t.40, p.519).
[61] La monnaie d'or fut introduite en Angleterre, une première fois et fugitivement, par Edouard III en 1343; elle fut définitivement adoptée en 1346.
[62] L'argent foulé aux pieds se trouve dans les versions de Fleury (livre 77,
année 1213, §25) et de Rapin (année 1213, §'Il résigne sa couronne au pape et lui rend
hommage'), mais l'incident de la prise et la restitution de la couronne et du sceptre se
trouve uniquement dans Rapin.

Le présent que le pape avait fait de l'Angleterre à Philippe, pouvait alors lui devenir funeste. Un autre excommunié, neveu du roi Jean, s'était ligué avec lui pour s'opposer à la France, qui devenait trop à craindre. Cet excommunié était l'empereur Othon IV, qui disputait à la fois l'empire au jeune Frédéric II fils de Henri VI, et l'Italie au pape. C'est le seul empereur d'Allemagne qui ait jamais donné une bataille en personne contre un roi de France.

394   MSP: avec l'Angleterre pour
395-99   MSP, 53-54N: craindre.//

224

CHAPITRE 51

D'Othon IV et de Philippe-Auguste, au treizième siècle. De la bataille de Bouvines. De l'Angleterre et de la France, jusqu'à la mort de Louis VIII père de saint Louis. Puissance singulière de la cour de Rome: pénitence plus singulière de Louis VIII, etc.

Quoique le système de la balance de l'Europe n'ait été développé que dans les derniers temps, cependant il paraît qu'on s'est réuni

a-216   [*Première rédaction de ce chapitre:* MSP]

a   MSP: Chapitre 32

53-54N: [*pas de rupture; suite du chapitre précédent*]

W56-W57G: Chapitre 41

61: Chapitre 47

b-f   MSP: *Suite des événements et des mœurs en France, en Angleterre, en Allemagne sous Philippe-Auguste et sous Louis VIII jusqu'au règne de saint Louis.//*

W56-W57G: *D'Othon IV et de Philippe-Auguste au treizième siècle. De la bataille de Bouvines, de l'Angleterre et de la France jusqu'à la mort de Louis VIII, père de saint Louis.//*

1-7   MSP, 53-54N: Othon IV disputait l'empire au jeune Frédéric II, fils de Henri VI, et disputait en même temps l'Italie au pape. Il avait même arraché quelques villes au Saint-Siège. Mais le roi de France, prêt d' [53-54N: à] envahir l'Angleterre, fit bientôt revenir Othon d'Italie. Le comte de Flandres, Ferran, fils de Sanche Ier, roi de Portugal, comte de Flandres par sa femme, se joignit à l'Angleterre, et à l'Allemagne. Ferran était vassal

5

---

* La première rédaction de ce chapitre se trouve dans la version primitive mais la section finale (à partir de la ligne 195) fut ajoutée en 1761. Le récit de la bataille de Bouvines réapparaît, avec quelques additions, dans les *Annales de l'Empire*. Les principales sources de Voltaire sont celles du ch.50: surtout Rapin (t.2) pour l'histoire anglaise et Daniel (t.2) pour la française, avec des détails pris dans d'autres, principalement Mézeray (t.1), Larrey (t.3) et sans doute Fleury. On trouve ici des exemples saillants, non seulement de la critique que fait Voltaire des méthodes historiques de ses prédécesseurs, mais aussi de sa propre philosophie de l'histoire qui exige qu'on se laisse guider par la raison (lignes 82-85, 181-83, 188-91, 195-206).

toujours autant qu'on a pu contre les puissances prépondérantes. [1]
L'Allemagne, l'Angleterre et les Pays-Bas armèrent contre Phi-
lippe-Auguste, ainsi que nous les avons vus se réunir contre   5
Louis XIV. Ferrand comte de Flandres se joignit à l'empereur
Othon IV. Il était vassal de Philippe; mais c'était par cette raison
même qu'il se déclara contre lui aussi bien que le comte de
Boulogne. [2] Ainsi Philippe, pour avoir voulu accepter le présent

---

A noter également la reprise du leitmotiv concernant les papes, leur ingérence dans
les affaires d'Etat, et le respect déplacé (parfois il convient de dire: la crainte) que les
différents monarques leur vouent la plupart du temps. Contrairement aux histoires
de Daniel et de Mézeray, ce chapitre exclut toute mention de l'entrée triomphante de
Philippe-Auguste à Paris après la victoire de la bataille de Bouvines (événement
pourtant capital dans l'histoire de France) et passe sous silence également la cruauté
de Jean Sans Terre envers ses sujets (qui provoque des récits détaillés sous les plumes
de Daniel, de Mézeray, et de Le Gendre, t.2). Ces silences symptomatiques
soulignent l'importance dans l'historiographie de Voltaire, non des rois et de leurs
batailles, mais des conséquences pour la nation.

[1] Le 'système de la balance' ('cette balance qu'établit en Europe l'alliance de
quelques princes considérables pour s'opposer aux ambitieux, et qui n'a pour but que
le repos du monde', *L'Anti-Machiavel*, ch.10, *OCV*, t.19, p.162) était connu en
Europe depuis la Renaissance (voir les Sforza et les Médicis) mais ne devint la
pratique courante des nations émergentes (Angleterre, Hollande, Prusse, Suède)
qu'à partir de l'époque du Traité d'Utrecht (1713). Les théoriciens, dont Voltaire a
pu connaître les écrits dans ce domaine, sont principalement Fénelon, Grotius,
Charles Davenant, Daniel Defoe, l'abbé de Saint-Pierre et, plus récemment, David
Hume (*Of the balance of power*, 1752). A partir des années 1730, Voltaire fait toute la
place qu'il fallait à cette nouvelle réalité (*Histoire de Charles XII, OCV*, t.4, p.199-
200, 528) et y revient souvent (*Epître au prince royal, depuis roi de Prusse, OCV*, t.16,
p.381-83; *Remarques sur l'histoire* de 1742, *OCV*, t.28B, p.162; *Le Siècle de
Louis XIV, OH*, p.621, 624, 625, 626, 703, 795; *LP*, t.1, p.120, variantes de 1756;
Histoire de l'empire de Russie, OCV, t.47, p.761). Voltaire élucidera l'importance de
ce 'système de la balance' dans l'*EM* (voir principalement le ch.111, ainsi que 83, 118,
119, 123, 124, 125) et dans les *Annales*, 'De l'Allemagne du temps de Joseph et de
Charles VI' (p.610).

[2] Voir Daniel, années 1213-1214. Ferrand (1188-1233) devint comte de Flandre
lors de son mariage avec Jeanne, comtesse de Flandre (janvier 1211). Renaud, comte
de Dammartin (*c*.1175-1227), devint Boulogne par mariage (1190) à Ide, comtesse de
Boulogne. Ferrand se tourna contre son suzerain, Philippe, en février 1212: Philippe
lui avait volé les villes d'Aire et de Saint-Omer. Ferrand et Renaud furent

10 du pape, se mit au point d'être opprimé. [3] Sa fortune et son courage
le firent sortir de ce péril avec la plus grande gloire qu'ait jamais
méritée un roi de France.

Entre Lille et Tournai est un petit village nommé Bouvines, [4] près
duquel Othon IV, à la tête d'une armée qu'on dit forte de plus de   *1215.*
15 cent mille combattants, vint attaquer le roi, qui n'en avait guère que
la moitié. [5] On commençait alors à se servir d'arbalètes. Cette arme
était en usage à la fin du douzième siècle. [6] Mais ce qui décidait d'une

---

13   MSP: [*manchette*] *Bataille de Bouvines.*

16-17   MSP, 53-54N: arbalètes. [MSP: C'était une machine qui lançait de longues
et pesantes flèches et qu'on tendait avec un tourniquet.] Cette arme commença à être
en usage sous Louis le Gros. Mais

---

emprisonnés comme vassaux rebelles tout de suite après Bouvines. Le premier fut
libéré en 1227, le second en 1226.

[3] Voltaire entend désigner, non Ferrand et Renaud, mais les forces réunies de
l'Allemagne, de l'Angleterre et des Pays-Bas. Leur hostilité s'explique par
l'empressement de Philippe à envahir l'Angleterre suivant l'invitation
d'Innocent III (voir ci-dessus, ch.50, lignes 328-32) et les intérêts enchevêtrés
d'Othon, de Jean Sans Terre, et de Ferrand. Larrey appelle leur entente 'une si
redoutable ligue' (p.464).

[4] La manchette est sans doute une erreur de typographe: la bataille de Bouvines
eut lieu le 27 juillet 1214. Voltaire aurait pu trouver une description détaillée de la
bataille dans G. Daniel, *Histoire de la milice française*, t.1 (Amsterdam, 1724, BV939),
livre 5, p.234 et suiv.

[5] Daniel, qui parle des deux troupes réunies (allemande et anglaise) donne un total
de 150 000 hommes (année 1214). Même chiffre chez Larrey (p.466) et Mézeray; la
formulation dont se sert Voltaire pour décrire le nombre des combattants de
Philippe-Auguste est similaire à celle de Mézeray ('plus faible de la moitié',
année 1214).

[6] Voir Daniel, *Histoire de la milice*, livre 6, ch.4, §'Des flèches, de l'arc et de
l'arbalète' (voir l'illustration, p.229), qui est sans doute la source principale. Voltaire
a pu lire dans Rapin que l'arbalète, 'cette diabolique invention' (livre 7, 'Richard I',
année 1199, §'Remarque sur l'usage des arbalètes', p.215), expliquait largement la
facilité avec laquelle les troupes de Pembroke défirent les Irlandais par la terreur que
leur causait cette nouvelle arme, qui était en usage aussi à Bouvines (Rapin,
année 1214, p.706). Bien qu'elle ait été proscrite par le concile de Latran (1139)
comme trop meurtrière, les Anglais la conservèrent, et Richard Cœur de Lion la
réintroduisit en France lors de ses démêlés avec Philippe-Auguste.

journée, c'était cette pesante cavalerie toute couverte de fer.
L'armure complète du chevalier était une prérogative d'honneur,
à laquelle les écuyers ne pouvaient prétendre; il ne leur était pas   20
permis d'être invulnérables. Tout ce qu'un chevalier avait à
craindre, était d'être blessé au visage quand il levait la visière de
son casque; ou dans le flanc au défaut de la cuirasse, quand il était
abattu et qu'on avait levé sa chemise de mailles; enfin sous les
aisselles, quand il levait le bras. [7]   25

Il y avait encore des troupes de cavalerie, tirées du corps des
communes, moins bien armées que les chevaliers. Pour l'infanterie,
elle portait des armes défensives à son gré, et les offensives étaient
l'épée, la flèche, la massue, la fronde.

Armée du roi   Ce fut un évêque qui rangea en bataille l'armée de Philippe-   30
commandée par   Auguste: il s'appelait Guérin, et venait d'être nommé à l'évêché de
un évêque.   Senlis. Cet évêque de Beauvais, si longtemps prisonnier du roi
Richard d'Angleterre, se trouva aussi à cette bataille. [8] Il s'y servit

---

18-19   MSP: fer, composée de tous les seigneurs de fief et de leurs écuyers. Les
chevaliers portaient une cuirasse, des bottines, des genouillères, des brassards, des
cuissards, un casque. Toute cette armure était de fer, et par-dessus la cuirasse, ils
avaient encore une chemise de mailles, appelée haubert, du mot *albus*. Cette cotte de
mailles était ornée d'une pièce d'étoffe brodée des armoiries du chevalier. Ces   5
armoiries qui commençaient à être d'usage n'ont été appelées ainsi que parce qu'elles
étaient peintes sur les armes du chevalier, pour le faire reconnaître dans les batailles.
Les écuyers n'avaient pas le droit de porter le haubert. Leur casque n'était pas fermé
et n'était pas de si bonne défense. Ils n'avaient ni brassards, ni cuissards. Ainsi armés
plus à la légère, ils en avaient plus d'agilité pour monter à cheval et pour relever dans   10
les combats ces masses pesantes de chevaliers qui ne pouvaient se remuer et qu'on ne
pouvait blesser que difficilement. L'armure complète de chevalier était encore une
22   MSP: levait le visier de
27   MSP: moins armées

---

[7] Les lignes 19-25 ainsi que la variante font supposer une source illustrée telle que
Daniel, *Histoire de la milice* (livre 6, ch.1, §'Des armes défensives'; voir l'illustration,
p.230).
[8] Voir Daniel: 'Garin ou Guérin chevalier de l'Hôpital de Jérusalem, nommé à
l'évêché de Senlis; mais qui n'en avait pas pris possession, et qui portait encore l'habit
de chevalier [...] y faisait l'office de maréchal de bataille pour ranger les troupes'

Pl. 24.

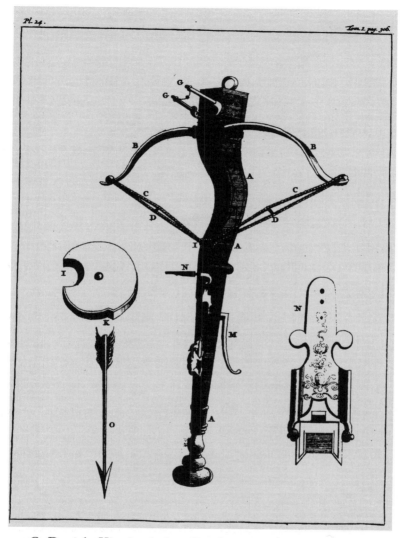

4. G. Daniel, *Histoire de la milice française* (Amsterdam, 1724),
t.1, livre 6, ch.4, §'Des flèches, de l'arc et de l'arbalète',
p.306/307.

Pl. 16.   Tom. 1. pag. 281.

AA. Haubert. BB. Chaperon du Haubert. CC. Chausses de maille.

5. G. Daniel, *Histoire de la milice française* (Amsterdam, 1724),
t.1, livre 6, ch.1, §'Des armes défensives', p.280/81.

35 toujours d'une massue, disant qu'il serait irrégulier s'il versait le sang humain.[9] On ne sait point comment l'empereur et le roi disposèrent leurs troupes. Philippe avant le combat fit chanter le psaume, *Exsurgat Deus, et dissipentur inimici ejus*: comme si Othon avait combattu contre Dieu. Auparavant les Français chantaient des vers en l'honneur de Charlemagne et de Roland. [10] L'étendard

40 impérial d'Othon était sur quatre roues. C'était une longue perche qui portait un dragon de bois peint, et sur le dragon s'élevait un aigle de bois doré. [11] L'étendard royal de France était un bâton doré

---

40   MSP: sur un chariot à quatre roues, selon l'usage d'Allemagne et d'Italie. C'était

---

(année 1214, p.706-708). L'évêque de Beauvais, Philippe de Dreux, a fait son apparition déjà dans le ch.50 (lignes 256-61). Mézeray fait également la distinction entre les princes combattants et les évêques (année 1214). Le passé de l'évêque en tant que prisonnier de Richard renvoie aussi au ch.50.

[9] Voir Daniel: 'le comte de Salisbury surnommé Longue-Epée, que Philippe de Dreux évêque de Beauvais, abattit à ses pieds d'un coup de massue, dont il se servit durant tout le combat, prétendait qu'en assommant seulement les ennemis avec cet instrument, et n'usant ni de l'épée ni du javelot, il ne faisait rien contre les Canons, qui défendent aux évêques de tremper leurs mains dans le sang, même en une guerre juste' (année 1214, p.712).

[10] Ces précisions suivent de près Daniel, qui écrit là-dessus: 'Philippe ordonna à son chapelain de faire la prière, le chapelain entonna avec quelques autres ecclésiastiques ce psaume de David [68:1]: *Que le Seigneur se lève, et que ses ennemies soient dissipés.* Aussitôt les trompettes sonnèrent, et on commença à s'ébranler' (année 1214, p.708). Fleury, par contre, dit qu'ils chantèrent les psaumes 143, 67 et 20, tous trois convenables au sujet, 'ayant ouï sonner les trompettes' (livre 77, année 1214, §33). Le contraste voulu entre les prétendues préférences de Philippe à Bouvines et celles d'un Guillaume le Conquérant à Hastings est donc plus apparent que réel. Voltaire a déjà mentionné le geste de Roland dans les ch.15 (lignes 171-76) et 42 (lignes 99-103).

[11] Si Voltaire n'a pas eu accès à des gravures figurant l'étendard d'Othon sur un chariot à quatre roues (ce qui est peu probable), il en trouva la description sommaire chez Larrey: 'Othon faisait porter devant lui l'aigle de l'Empire planté sur un pal, et fondant sur un dragon' (p.466). Pour l'étendard royal de France, voir Daniel: '[l'infanterie allemande] s'avança fièrement vers la troupe du roi, où paraissait la bannière royale, reconnaissable par les fleurs de lis dont elle était ornée, et desquelles on voit ici le nom [manchette: Floribus Lilii.] pour la première fois dans notre

231

avec un drapeau de soie blanche semé de fleurs de lis: ce qui n'avait
été longtemps qu'une imagination de peintre, commençait à servir
d'armoiries aux rois de France. D'anciennes couronnes des rois   45
lombards, dont on voit des estampes fidèles dans Muratori, sont
surmontées de cet ornement, qui n'est autre chose que le fer d'une
lance lié avec deux autres fers recourbés, une vraie hallebarde. [12]

Outre l'étendard royal, Philippe-Auguste fit porter l'oriflamme
de saint Denis. Lorsque le roi était en danger, on haussait ou baissait   50
l'un ou l'autre de ces étendards. Chaque chevalier avait aussi le
sien, et les grands chevaliers faisaient porter un autre drapeau
qu'on nommait bannière. Ce terme de bannière si honorable était
pourtant commun aux drapeaux de l'infanterie, presque toute

43-44   MSP: fleurs de lis couleur d'or, car cet ornement qu'on appelle fleurs de
lis qui n'avait été qu'une

43   MSP: [manchette] *Observations sur les fleurs de lis.*

48-49   MSP, 53-W75G: recourbés. [MSP: C'est ainsi que sont aussi figurés
plusieurs sceptres des anciens rois lombards.] ¶Outre

49   MSP: fit encore porter

50   MSP: saint Denis, qui était une lame de cuivre doré où pendait un gonfanon
de soie rouge. Lorsque

52   MSP: sien qu'on appelait pennon et les grands chevaliers qui avaient d'autres
chevaliers sous eux, faisaient

---

histoire. [...] Galon de Montignac [...] donnait incessamment en baissant et relevant
cet étendard, le signal du péril où était le roi' (année 1214, p.710). L'origine des fleurs
de lis comme symbole héraldique distinctif de la monarchie française a évidemment
divisé les historiens. Daniel en parle comme d'un phénomène récent au début du
treizième siècle. Boulainvilliers, par exemple, dans son *Histoire de l'ancien gouvernement de la France* (La Haye et Amsterdam, 1727, BV505, BV506), évoque Hugues
Capet (987-996), qui 'fit arborer la bannière semée de fleurs de lis que le roi Eudes
[roi de 888 à 893] avait porté le premier' (t.1, p.136; voir *CN*, t.1, p.443).

[12] L'hypothétique origine de la fleur de lis, comme Voltaire le propose, est
effectivement une hallebarde, ou plutôt *ranseur* à deux fers recourbés vers la hampe.
La référence à L. A. Muratori est exacte. Dans ses *Antiquitates italicae medii aevi*
(Milan, 1738-1742), on trouve deux vignettes, l'une représentant Rodolphe II, roi
carolingien d'Italie du Nord (c'est-à-dire la Lombardie) de 924 à 926, portant une

55 composée de serfs. Le cri de guerre des Français était, *Montjoie saint Denis*. Le cri des Allemands était, *Kyrie eleison*.

Une preuve que les chevaliers bien armés ne couraient guère d'autre risque que d'être démontés, et n'étaient blessés que par un très grand hasard, c'est que le roi Philippe-Auguste, renversé de
60 son cheval, fut longtemps entouré d'ennemis, et reçut des coups de toute espèce d'armes sans verser une goutte de sang. [13]

On raconte même qu'étant couché par terre, un soldat allemand voulut lui enfoncer dans la gorge un javelot à double crochet, et n'en put jamais venir à bout. Aucun chevalier ne périt dans la

Un seul chevalier tué dans la bataille.

---

55 MSP: serfs ou de nouveaux affranchis.

55-57 MSP: était d'ordinaire *mon joie saint Denis*. On disait indifféremment *mon joie* ou *ma joie* dans le jargon barbare de France. Il n'est pas dit quel était le cri des Allemands. ¶L'armée teutonne très forte en infanterie avait bien moins de chevalerie
5 que celle du roi. C'est à cette différence qu'on peut principalement attribuer le gain de cette grande bataille. Ces escadrons de chevaux caparaçonnés d'acier, portant des hommes impénétrables aux coups, armés de longues lances, devaient mettre en désordre les milices allemandes presque nues et désarmées en comparaison de ces citadelles mouvantes. ¶Une

56-57 53-54N: *saint Denis*. Il n'est pas dit quel était le cri des Allemands. ¶Une
57-58 MSP: couraient d'autre
58-59 MSP: un grand

---

couronne à fleur de lis (t.2, p.42), l'autre figurant Lothaire d'Arles, également roi d'Italie du Nord (948), portant et une couronne et un sceptre à fleur de lis (p.470).

[13] Les trois exemples que cite Daniel de ce genre de mésaventure (le duc de Bourgogne, Pierre de La Tourelle et Philippe-Auguste, année 1214), permettent à Voltaire de faire une telle généralisation. Evidemment il choisit l'exemple le plus frappant du côté français, car il aurait tout aussi bien pu choisir l'empereur lui-même: 'Gérard Scropne porta à ce prince un grand coup d'épée dans l'estomac. L'épée plia contre la cuirasse' (p.711). Or, cette référence au renversement de Philippe-Auguste est bien plus sélective que les descriptions offertes par Mézeray et par Daniel. Daniel lui accorde de l'importance: 'Il s'en tire heureusement par la valeur de divers seigneurs qui le dégagent' (année 1214, manchette) et il s'en sert pour illustrer la loyauté des seigneurs envers leur roi. Pour Mézeray, l'incident montre le courage du roi qui 'y courut grand risque de sa personne, ayant été abattu, foulé aux pieds des chevaux et blessé à la gorge' (année 1214, p.411).

bataille, sinon Guillaume de Longchamp, qui malheureusement   65
mourut d'un coup dans l'œil, adressé par la visière de son casque. [14]

On compte du côté des Allemands vingt-cinq chevaliers
bannerets et sept comtes de l'empire prisonniers, mais aucun de
blessé. [15]

L'empereur Othon perdit la bataille. On tua, dit-on, trente mille [16]   70
Allemands, nombre probablement exagéré. On ne voit pas que le
roi de France fît aucune conquête du côté de l'Allemagne après la

---

69-70   MSP: blessé. Le véritable danger était donc pour la cavalerie légère et
surtout pour cette infanterie d'esclaves ou de nouveaux affranchis sur qui tombait
toute la fatigue de la guerre aussi bien que le péril. ¶L'empereur

71   MSP: exagéré. L'usage était alors de charger de chaînes les prisonniers. Le
comte de Flandres et le comte de Boulogne furent menés à Paris les fers aux pieds et
aux mains. Le roi Richard d'Angleterre, Cœur de Lion, disait lui-même qu'étant
arrêté en Allemagne contre le droit des gens, on *l'avait chargé de fers, aussi pesant qu'il
avait pu les porter*. Au reste, on ne voit   5

---

[14] Lecture quelque peu négligente de Daniel, qui raconte que le soldat allemand,
avec 'un de ces javelots [...] où il y avait deux crochets à chaque côté de la pointe,'
l'atteignit vers la gorge au défaut de la cuirasse' et 'en tirant de toutes ses forces
entraîna le roi de dessus son cheval, et l'abattit par terre. Philippe eut l'adresse et la
force de se relever aussitôt mais sans que le soldat le lâchât' (année 1214, p.710). A la
même page, on apprend que le seul chevalier tué s'appelait Etienne de Longchamp,
qui 'tomba mort aux pieds du roi d'un coup d'épée dans l'œil'.

[15] Sur le rôle des chevaliers bannerets, voir Daniel, *Histoire de la milice* (livre 3,
ch.5). Dans son *Histoire de France*, il mentionne les 'vingt-cinq seigneurs bannerets'
(année 1214, p.712), mais aucune trace des 'sept comtes de l'empire'. Daniel: 'du côté
des ennemis furent pris deux comtes allemands, le comte de Flandres, le comte
de Boulogne, le comte de Hollande, et le comte de Salisbury' (p.712) – ce qui en fait
six.

[16] Les lignes 70-74, ainsi que la leçon de la variante ligne 71, se trouvent mot pour
mot dans les *Annales* (p.342). Voir Daniel: 'les historiens les plus sûrs se contentant
de nous dire en général qu'il se fit un grand carnage des ennemis, n'ont point marqué
le nombre des morts de part et d'autre, non plus que des prisonniers. Il y en a un qui
fait monter la perte des vaincus jusqu'à trente mille hommes, tant tués que
prisonniers' (année 1214, p.712).

victoire de Bouvines; mais il en eut bien plus de pouvoir sur ses vassaux.

75   Celui qui perdit le plus à cette bataille, fut Jean d'Angleterre, [17] dont l'empereur Othon semblait la dernière ressource. Cet empereur mourut bientôt après en 1218 comme un pénitent. Il se faisait, dit-on, fouler aux pieds de ses garçons de cuisine et fouetter par des moines, selon l'opinion des princes de ce temps-là, qui
80 pensaient expier par quelques coups de discipline le sang de tant de milliers d'hommes. [18]

    Il n'est point vrai, comme tant d'auteurs l'ont écrit, que Philippe reçut le jour de la victoire de Bouvines la nouvelle d'une autre bataille, gagnée par son fils Louis VIII contre le roi Jean. Au
85 contraire Jean avait eu quelque succès en Poitou. [19] Mais, destitué

---

73   MSP, 53-54N: en fut bien plus puissant sur
77   MSP: après comme
79   MSP: moines, conformément aux idées des
82-83   MSP: Philippe le jour de la victoire de Bouvines reçut la nouvelle

[17] Contrairement à Daniel, Le Gendre et Mézeray, Voltaire va mettre en valeur les conséquences en Angleterre de la bataille de Bouvines (lignes 85-105). Pour Le Gendre, il s'agit d'"Une victoire si glorieuse: je n'en sache point dans l'histoire de la troisième race, de plus célèbre que celle-ci [...] Quand Philippe revint à Paris, les bourgeois l'y reçurent avec de grandes acclamations, son entrée fut une espèce de triomphe' (p.393). Même genre de récit chez Daniel, qui évoque la grande fête à Paris qui 'dura pendant huit jours, durant lesquels ce ne furent que festins, que danses, et qu'illuminations pendant la nuit' (année 1214, p.714). Voltaire n'évoque pas l'entrée glorieuse de Philippe-Auguste à Paris. A sa place il consacre deux paragraphes à la *Charte des libertés d'Angleterre*.

[18] Voir les *Annales*: 'Sa pénitence était, à ce qu'on prétend, de se faire fouler aux pieds par ses valets de cuisine, comme si des coups de pied d'un marmiton expiaient les fautes des princes. Mais doit-on croire ces inepties écrites par des moines?' (p.343). L'anecdote se trouve également chez Moréri, *Grand Dictionnaire historique*, 'Othon IV dit *le Superbe*'.

[19] Mézeray (année 1214) et Le Gendre (p.394) prétendent que Philippe reçut la nouvelle de la victoire de Louis sur Jean le même jour que sa victoire à Bouvines. Rapin, qui place cet événement bien avant Bouvines, nous raconte qu'il s'agissait du siège du château de La Roche-aux-Moines en Anjou où, à l'approche de Louis, Jean leva le siège: 'Les historiens français disent qu'il fut vivement poussé

du secours de ses alliés, il fit une trêve avec Philippe. Il en avait besoin. Ses propres sujets d'Angleterre devenaient ses plus grands ennemis. Il était méprisé, parce qu'il s'était fait vassal de Rome. *1215.* Les barons le forcèrent de signer cette fameuse charte qu'on appelle la *Charte des libertés d'Angleterre.*

Grande charte.   Le roi Jean se crut plus lésé en laissant par cette charte [20] à ses sujets les droits les plus naturels, qu'il ne s'était cru dégradé en se faisant sujet de Rome; il se plaignit de cette charte comme du plus grand affront fait à sa dignité: cependant qu'y trouve-t-on en effet d'injurieux à l'autorité royale? [21] Qu'à la mort d'un comte, son fils

90

95

---

88   MSP: Rome et haï parce qu'il voulait se servir de cette vassalité même pour se rendre despotique.

90-94   MSP, 53-54N: *d'Angleterre.* ¶Il est étonnant qu'un homme, parce qu'il portait le titre de roi, se soit plaint d'avoir signé une telle charte. Qu'y trouve-t-on

91   MSP: [*manchette*] *Charte des libertés anglaises.*

---

dans sa retraite, et qu'il reçut même un grand échec. Les Anglais au contraire soutiennent que Louis, content de lui avoir fait lever ce siège, se retira sans le poursuivre' (livre 8, année 1214, p.326).

[20] Voltaire semble avoir eu connaissance du texte entier de la Charte (voir Rapin, année 1215) car quelques lignes plus bas (95-103), il n'hésite ni à la citer, ni à la juger.

[21] Voici la plus grande divergence entre Daniel et Voltaire. Pour Daniel, la Charte des communes libertés (signée le 15 juin 1215) fournit 'l'occasion de tant de guerres civiles, la source de tous les différends du souverain avec ses peuples et avec les assemblées des Etats, appelées aujourd'hui du nom de Parlement' (année 1215, p.719). Quant à Le Gendre, grâce à la Charte, '[Jean] leva une armée de bandits et de scélérats, à qui il ne donnait d'autre solde que la permission de piller' (année 1216, p.394). Voltaire a raison dans son analyse de la Grande Charte, car les 67 articles qui la composent n'ont rien d'injurieux pour un roi juste, respectueux des lois d'Edouard Ier (que les barons réclamaient). Comme le dit Fleury: 'Les autres articles [en dehors de ceux consacrés à l'Eglise] touchant les fiefs, les forêts, et autres semblables affaires temporelles ne contiennent rien qui ne paraisse juste et opposé à divers abus' (livre 77, année 1215, §37). Or, considéré du point de vue d'un monarque médiéval (et non de celui de ces monarques constitutionnels anglais que Voltaire connaissait si bien), c'est surtout l'art.61 de la Charte originale qui était plus qu'injurieux à l'autorité royale: il stipulait qu'un groupe de 25 barons pouvait – en cas

majeur, pour entrer en possession du fief, paiera au roi cent marcs d'argent, et un baron cent schellings; qu'aucun bailli du roi ne pourra prendre les chevaux des paysans, qu'en payant cinq sous par jour par cheval? [22] Qu'on parcoure toute la charte, on trouvera seulement que les droits du genre humain n'y ont pas été assez défendus. On verra que les communes qui portaient le plus grand fardeau, et qui rendaient les plus grands services, n'avaient nulle part à ce gouvernement, qui ne pouvait fleurir sans elles. Cependant Jean se plaignit; il demanda justice au pape son nouveau souverain. [23]

Ce pape Innocent III qui avait excommunié le roi, excommunie alors les pairs d'Angleterre. [24] Les pairs outrés font ce qu'avait fait

97   MSP: schellings, selon l'ancienne taxe; qu'aucun

98-99   MSP: cinq oboles pour chaque cheval.

103   MSP: qui pourtant ne

103-104   MSP: elles. D'ailleurs tous les droits qu'un sage roi doit souhaiter lui étaient assurés. Cependant

105   MSP: souverain contre ses barons qui lui avaient extorqué un serment.

---

de différend avec le roi – passer outre à ses désirs, le cas échéant par la force. Voltaire l'ignorait car le texte qu'il trouva chez Rapin (année 1215) est celui de la deuxième version de la Charte, promulguée le 12 novembre 1216 par le régent, William Marshal, comte de Pembroke (1190-1231), au nom d'Henri III, où l'art.61 ne se trouve plus. Mais Rapin explique ailleurs en détail (référence exacte à l'appui dans la manchette) la teneur de l'art.61 (livre 8, 'Jean', §'Il signe la Grande Chartre et la Chartre des forêts'; §'Précautions des barons pour faire observer les deux chartres').

[22] Voltaire préfère encore une fois faire ses propres calculs: 'Aucun sherif ou bailli ne prendra par force, ni chariots ni chevaux, pour porter notre bagage, qu'en payant le prix ordonné par les anciens règlements, savoir dix sols par jour pour un chariot à deux chevaux, et quatorze sols pour un à trois chevaux' (art.38).

[23] Selon Rapin, dans sa requête au pape, Jean s'était désigné comme 'Vassal du Saint-Siège' et avait déclaré que tous les articles que la Charte contenait 'étaient autant d'usurpations sur sa puissance royale, et par conséquent sur le seigneur suzerain' (année 1215, §'Il demande du secours au pape', p.333).

[24] Les barons, refusant d'obéir à l'injonction du pape du 24 août 1215, celui-ci les excommunia (Rapin, année 1215; Daniel, année 1215; Fleury, livre 77, année 1215, §38).

ce même pontife. Ils offrent la couronne d'Angleterre à la France. Philippe-Auguste, vainqueur de l'Allemagne, possesseur de presque tous les Etats de Jean en France, appelé au royaume d'Angleterre, se conduisit en grand politique. Il engagea les Anglais à demander son fils Louis pour roi. [25] Alors les légats de Rome vinrent lui représenter en vain que Jean était feudataire du Saint-Siège. [26] Louis de concert avec son père, lui parle ainsi en présence du légat: 'Monsieur, suis votre homme lige pour li fiefs que m'avez baillés en France; mais ne vos appartient de décider du fait du royaume d'Angleterre: et si le faites, me pourvoirai devant mes pairs.' (a) [27]

Louis VIII va conquérir l'Angleterre.

Après avoir parlé ainsi, il partit pour l'Angleterre, malgré les défenses publiques de son père, qui le secourait en secret d'hommes

110

115

120

(a) C'est une grande preuve que la pairie décidait alors de toutes les grandes affaires.

112   MSP: [*manchette*] *Louis de France, roi d'Angleterre.*
113   MSP: lui présenter
114   MSP: Saint-Siège; que de plus il venait de se croiser pour aller combattre les infidèles. Louis de concert avec son père lui parla ainsi
119   MSP: avoir ainsi parlé
n.a   MSP, 53-w68: [*absente*]

[25] Voir Daniel et Rapin, année 1215. Les barons envoyèrent une députation pour proposer la couronne à Louis dès l'automne de 1215.
[26] Voltaire emprunte ce passage à Le Gendre, année 1216, p.393. Voir aussi Daniel, année 1216.
[27] Voir Daniel: 'Alors Louis, se tournant vers le roi son père, lui parla en ces termes: "Monsieur je suis votre homme lige pour les fiefs que vous m'avez donnés en France; mais il ne vous appartient point de rien décider touchant le royaume d'Angleterre: et si vous entreprenez de vous opposer à mes prétentions, sur lesquelles vous n'êtes ni en droit, ni en pouvoir de me rendre justice, je me pourvoyerai contre cette violence devant la cour des pairs."' (année 1216, p.725). Notons de nouveau l'intérêt que Voltaire porte à l'influence des douze pairs de France (ce qui renvoie au ch.50, ci-dessus, lignes 295-303).

238

et d'argent. Innocent III excommunia en vain le père et le fils. Les évêques de France déclarèrent nulle l'excommunication du père. [28] *1216.*

Remarquons pourtant qu'ils n'osèrent infirmer celle de Louis: c'est-à-dire, qu'ils avouaient que les papes avaient le droit

125 d'excommunier les princes. Ils ne pouvaient disputer ce droit aux papes, puisqu'ils se l'arrogeaient eux-mêmes; mais ils se réservaient encore celui de décider si l'excommunication du pape était juste ou injuste. Les princes étaient alors bien malheureux, exposés sans cesse à l'excommunication chez eux et à Rome: mais

130 les peuples étaient plus malheureux encore: l'anathème retombait toujours sur eux, et la guerre les dépouillait.

Le fils de Philippe-Auguste fut reconnu roi solennellement dans Londres. Il ne laissa pas d'envoyer des ambassadeurs plaider sa cause devant le pape. Ce pontife jouissait de l'honneur qu'avait

135 autrefois le sénat romain, d'être juge des rois. Il mourut avant de *1216.* rendre son arrêt définitif. [29]

Jean Sans Terre, errant de ville en ville dans son pays, mourut *Mort de Jean* dans le même temps, abandonné de tout le monde, dans un bourg *Sans Terre.*

128-32   MSP, 53-54N: injuste. [MSP: Où est l'homme qui pourra régler les bornes de ces prétentions?] ¶Le fils

136-37   MSP: définitif. ¶Le pontificat n'eut jamais plus d'éclat et de grandeur que sous ce pape. ¶Jean Sans Terre

[28] Louis débarqua à Stonar, près de Sandwich, le 22 mai 1216 et guerroya en Angleterre près de seize mois (Daniel, années 1216-1217; Rapin, année 1216) jusqu'au traité de Lambeth (11 septembre 1217) par lequel il se désista de sa prétention à la couronne d'Angleterre. Pour l'excommunication, voir Daniel, année 1216. Notons que Daniel, loin de prétendre que les évêques de France 'déclarèrent nulle l'excommunication du père', avait écrit: 'plusieurs évêques de France [...] déclarèrent que le roi, nonobstant la lettre du pape, ne serait point tenu pour excommunié jusqu'à ce qu'on eût reçu de nouvelles lettres de Rome' (p.727).

[29] Voir Rapin et Daniel, année 1216. Louis fut proclamé roi (mais non pas couronné) à Londres, peu avant le 14 juin 1216. Les détails de l'ambassade à Rome sont pris dans Mézeray, mais le point que relève ici Voltaire est différent. Pour Mézeray, l'ambassade souligne la tyrannie de Jean (année 1216). Voltaire s'en sert pour faire comprendre le pouvoir papal.

de la province de Norfolck. [30] Un pair de France avait autrefois conquis l'Angleterre, et l'avait gardée: un roi de France ne la garda pas. [31]

Louis VIII après la mort de Jean d'Angleterre, du vivant même de Philippe-Auguste, fut obligé de sortir de ce même pays qui l'avait demandé pour roi; et au lieu de défendre sa conquête, il alla se croiser contre les Albigeois, qu'on égorgeait alors en exécution des sentences de Rome. [32]

Louis VIII abandonne l'Angleterre. Il ne régna qu'une seule année en Angleterre: les Anglais le forcèrent de rendre à leur roi Henri III, [33] dont ils n'étaient pas encore

140

145

140 MSP: France beaucoup plus puissant ne

142 MSP, 53-W57G: Louis VIII, du vivant

146-66 MSP, 53: Rome, ainsi qu'on le verra dans l'article des croisades. ¶Philippe-Auguste laissant [53: laissait] à sa mort [53: *avec note*: L'an 1223.] ses domaines augmentés de la Normandie

146-71 56-W57G: Rome. ¶Philippe Auguste laissait à sa mort des domaines augmentés de la Normandie, du Maine, [*manchette: 1223.*] du Poitou; mais le reste des biens appartenant à l'Angleterre était encore défendu par beaucoup de seigneurs. ¶Du temps de Louis VIII une partie de la Guyenne était française, l'autre était anglaise. Il n'y eut alors rien de grand ni de décisif. ¶Le testament

5

[30] Cf. Rapin: 'Cependant ce malheureux prince était dans un perpétuel mouvement, ne sachant à qui se fier, et ses propres amis lui étant devenus suspects' (année 1216, §'Jean porte sa couronne et ses trésors à Lyn', p.340). Quant 'au bourg de la province de Norfolk', Rapin nous apprend qu'il s'agit de la ville de Lynn (l'actuelle King's Lynn), d'une fidélité inébranlable à Jean, à laquelle à cette époque précise, et pour cette raison, il 'accorda de grandes immunités' (p.340). Mais situer la mort de Jean ici même ne s'explique que par une mémoire défaillante, à moins qu'il ne s'agisse d'une lecture trop rapide de Rapin, qui (tout comme Larrey, p.471) dit que Jean mourut au château de Newark, dans la nuit du 18/19 octobre 1216 (p.341). Voltaire passe sans aucun commentaire sur les causes de la mort de Jean, qui avaient tant intéressé les historiens précédents.

[31] Une description succincte qui condense les textes de Daniel et de Mézeray (année 1216, p.413-14).

[32] Rentré en France au mois de septembre 1217, Louis devait en effet retourner en Languedoc reprendre sa croisade contre les Albigeois, mais ce ne fut que deux ans plus tard, en 1219 (voir ci-dessous, ch.59).

[33] Henri III, roi d'Angleterre de 1216 à 1272, fils de Jean Sans Terre et d'Isabelle d'Angoulême, fut couronné une première fois à Gloucester le 28 octobre

mécontents, le trône qu'ils avaient ôté à Jean père de ce Henri III.
150 Ainsi Louis ne fut que l'instrument dont ils s'étaient servis pour se
venger de leur monarque. Le légat de Rome qui était à Londres,
régla en maître les conditions auxquelles Louis sortit d'Angleterre.
Ce légat l'ayant excommunié pour avoir osé régner à Londres *Louis VIII*
malgré le pape, lui imposa pour pénitence de payer à Rome le *excommunié, et*
155 dixième de deux années de ses revenus. Ses officiers furent taxés au *ses chapelains*
fouettés.
vingtième, et les chapelains qui l'avaient accompagné furent
obligés d'aller demander à Rome leur absolution. Ils firent le
voyage; on leur ordonna d'aller se présenter dans Paris à la porte de
la cathédrale, aux quatre grandes fêtes, nu-pieds et en chemise,
160 tenant en main des verges dont les chanoines devaient les fouetter.
Une partie de ces pénitences fut, dit-on, accomplie.[34]

   Cette scène incroyable se passait pourtant sous un roi habile et
courageux, sous Philippe-Auguste, qui souffrait cette humiliation
de son fils et de sa nation. Le vainqueur de Bouvines ne finit pas
165 glorieusement sa carrière illustre. Il avait augmenté son royaume *1225.*
de la Normandie, du Maine, du Poitou, le reste des biens
appartenant à l'Angleterre était encore défendu par beaucoup de
seigneurs.

166   w56-w57G: [*manchette*] *1223.*

167-69   MSP: appartenant à la maison d'Angleterre était encore défendue par
beaucoup de seigneurs qui aimaient mieux dépendre immédiatement de l'Angleterre
que de la France. C'était donc une source intarissable de guerres. ¶Du

1216, et de nouveau (à l'insistance du pape Honorius III qui alléguait des irrégularités
aux yeux de l'Eglise) le 17 mai 1220 à Londres.

[34] Daniel dit clairement que ce sont le légat (le cardinal Gallon) et le grand
maréchal d'Angleterre (William Marshal, comte de Pembroke) qui négocièrent
ensemble le départ de Louis (année 1217). Tous les détails concernant la pénitence
qui fut imposée à ce dernier (une amende pécuniaire) et à ceux qui l'avaient suivi en
Angleterre (pénitence de l'amende honorable) sont empruntés à Daniel, mais la
transcription n'est pas tout à fait fidèle: Daniel désigne, non les 'quatre' grandes fêtes
de Voltaire, mais six grandes fêtes; et pour 'les chanoines', il faut lire 'le chantre'
(p.732). Voltaire évoque la déférence qu'avait Louis envers le pape (et que Daniel
mentionne en ces termes précis) pour illustrer la puissance de Rome. Voltaire
reprend ces détails dans l'art. 'Austérités' des *QE* (*OCV*, t.39, p.237-38).

Du temps de Louis VIII, une partie de la Guienne était française, l'autre était anglaise. Il n'y eut alors rien de grand ni de décisif. [35]   170

Testament de   Le testament de Louis VIII, fait en 1225, mérite seulement
Louis VIII.   quelque attention. [36] Il lègue cent sous à chacune des deux mille léproseries de son royaume. Les chrétiens, pour fruit de leurs croisades, ne remportèrent enfin que la lèpre. Il faut que le peu d'usage du linge et la malpropreté du peuple eût bien augmenté le   175 nombre des lépreux. Ce nom de léproserie n'était pas donné indifféremment aux autres hôpitaux; car on voit par le même testament, que le roi lègue cent livres de compte à deux cents hôtels-Dieu. [37] Le legs que fit Louis VIII de trente mille livres une fois

171   MSP: [*manchette*] *Testament remarquable.*

174   MSP: lèpre qui dès longtemps infectait l'Occident mais qui fut alors beaucoup plus commune. Il

175   MSP: peuple de France eût

176   nombre de lépreux

179   MSP: hôtels-Dieu. La livre de compte ne valait déjà qu'environ trois onces d'argent, ainsi que la livre sterling. Le sou était donc en Angleterre et en France environ la dixième partie d'une once et demie d'argent pur et il me semble qu'il en était ainsi à peu près dans toute l'Europe. Ainsi le legs

[35] Voltaire passe en une seule phrase sur les événements en France et les machinations de cour concernant le bref règne de Louis VIII (1123-1126) qui retiennent Daniel, Mézeray et Le Gendre. En abrégeant ainsi, Voltaire donne plus d'importance au testament de Louis, dont il va parler dans le paragraphe suivant.

[36] Tous les détails du testament se trouvent chez Daniel (année 1226). Voltaire va pouvoir démontrer à quel point sa méthode historique qui consiste à interroger les documents de façon serrée est de loin supérieure à celle de ses devanciers. Pour ce qui est des legs, Daniel énumère, dans l'ordre suivant, ceux consentis à Blanche de Castille, à sa fille Elizabeth, aux hôtels-Dieu, aux léproseries, aux abbayes.

[37] Voltaire ne suit absolument pas l'ordre des volontés et des legs de Louis détaillés dans son testament, mais privilégie celui qui lui paraît mériter un commentaire sociologique. C'est évidemment le chiffre de 'deux mille' léproseries qui l'a particulièrement frappé (à ne pas confondre, comme il le dit lui-même, avec les deux cents hôtels-Dieu). Voltaire savait parfaitement que la lèpre n'avait pas été introduite en Europe par les croisés revenant de la Terre Sainte (voir

180   payées à son épouse la célèbre Blanche de Castille, [38] revenait à cinq
cent quarante mille livres d'aujourd'hui. J'insiste souvent sur ces
prix des monnaies; c'est, me semble, le pouls d'un Etat, et une
manière assez sûre de reconnaître ses forces. [39] Par exemple, il est
clair que Philippe-Auguste fut le plus puissant prince de son temps,
185   si indépendamment des pierreries qu'il laissa, les sommes spécifiées
dans son testament montent à près de neuf cent mille marcs de huit
onces, qui valent à présent quarante-cinq millions à cinquante
livres de compte le marc. [40] Mais il faut qu'il y ait quelque erreur de

180   MSP: célèbre reine Blanche de
      53-W75G: célèbre reine de
182   MSP, K: ce me semble
183   MSP: de connaître ses forces en comparant ses besoins, ses ressources et les
prix des denrées. Par
184-85   MSP, 53-54N: fut un très puissant prince, puisqu'indépendamment
186-88   K: marcs d'argent de huit onces qui valent à présent environ quarante-
neuf millions de notre monnaie, à 54 livres 19 sous le marc d'argent fin [*avec note*].
Mais
187   53-54N: à présent cinq millions
187-88   MSP: à présent environ quarante-neuf millions de notre monnaie à
54 liv. 19s. le marc d'argent fin. Mais
188-216   MSP, 53-54N: marc.//

ch.19, notre t.2, p.298-99). Il savait que la lèpre est depuis la plus haute antiquité
endémique au Moyen-Orient (voir, par exemple, *Collection d'anciens évangiles, Dieu
et les hommes*). Mais ces expéditions répétées n'avaient rien arrangé. Comme il dira
plus tard dans l'art. 'Lèpre et vérole' des *QE*: 'Tout ce que nous gagnâmes à la fin de
nos croisades, ce fut cette gale; et de tout ce que nous avions pris, elle fut la seule
chose qui nous resta. Il fallut bâtir partout des léproseries, pour renfermer ces
malheureux attaqués d'une gale pestilentielle et incurable' (*M*, t.19, p.574).
  [38] Blanche de Castille (1188-1252), fille d'Alphonse VIII de Castille et d'Eléonore
Plantegenêt d'Angleterre, fut mariée à Louis VIII le 23 mai 1200.
  [39] Le commentaire de Daniel sur le testament de Louis VIII est singulièrement
plat et peu révélateur. 'Dès l'an 1225, au mois de juin, il avait fait son testament que je
rapporterai ici tout au long, à cause des lumières qu'il nous fournit pour l'histoire'
(année 1226, p.746). Voltaire l'a donc fait à sa place en y apportant un point de vue
plus à jour (voir la variante) et plus influencé par des préoccupations économiques.
  [40] Cette phrase appelle plusieurs remarques. Il est clair que pour Voltaire
Louis VIII n'eut guère le temps d'amasser de l'argent et dut plutôt hériter donc de

calcul dans ce testament: il n'est point du tout vraisemblable qu'un roi de France, qui n'avait de revenu que celui de ses domaines particuliers, ait pu laisser alors une somme si considérable. La puissance de tous les rois de l'Europe consistait alors à voir marcher un grand nombre de vassaux sous leurs ordres, et non à posséder assez de trésors pour les asservir.

Conte ridicule d'une fille. C'est ici le lieu de relever un étrange conte que font tous nos historiens. [41] Ils disent que Louis VIII étant au lit de la mort, les médecins jugèrent qu'il n'y avait d'autre remède pour lui que l'usage des femmes; qu'ils mirent dans son lit une jeune fille, mais que le roi la chassa, aimant mieux mourir, disent-ils, que de commettre un péché mortel. Le père Daniel, dans son *Histoire de France*, a fait graver cette aventure à la tête de la vie de Louis VIII comme le plus bel exploit de ce prince. [42]

190

195

200

194-216   w56-w57G: asservir.//

ce que lui avait laissé son père. Voilà sans doute pourquoi il est question ici de Philippe-Auguste. La formule 'son' testament (quand on ne trouve nulle part des détails sur le testament de Philippe lui-même) doit signifier 'le testament de Louis'. Les joyaux dont il s'agit (Daniel, année 1226) devaient être vendus et employés à la fondation et construction d'une nouvelle abbaye de l'ordre de Saint Victor. Quant aux sommes spécifiées, il s'agit, d'après Daniel, d'un total de 100 040 livres.

[41] Ajouté en 1761, ce passage suit de près Mézeray (année 1226) et surtout Daniel (année 1226). Louis mourut le 8 novembre 1226. Pour Daniel, qui met en valeur cet 'étrange conte', il mourut en odeur de sainteté: 'Cet exemple [de Louis] qui ne devrait jamais être oublié de ceux que Dieu a revêtus de la souveraine puissance, est autant digne d'en être imité, qu'admiré. [...] Ce grand prince mourut de la plus précieuse mort qu'un roi chrétien pût souhaiter, martyr de la chasteté et les armes à la main pour le défense de la religion contre l'hérésie (année 1226, p.745; même chose chez Fleury, livre 79, §29). En résumant le jugement de Daniel, Voltaire critique à la fois son historiographie et sa conception de la vertu. En répudiant l'interprétation offerte par 'le jésuite Daniel', il finit son bref exposé du règne de Louis VIII sur une remarque qui définit le rôle de l'historien. Son rejet de la 'fable' de l'usage des filles sera répété en 1771 dans l'art. 'Histoire' des *QE* (*M*, t.19, p.365-66).

[42] Voir aussi ci-dessus, ch.50, ligne 196 et n.30: tout comme la gravure d'Henri II, placée en tête du livre 7 de Daniel, celle-ci sert de résumé visuel de la vie et du caractère de Louis.

Cette fable a été appliquée à plusieurs autres monarques. Elle n'est, comme tous les autres contes de ces temps-là, que le fruit de
205 l'ignorance. Mais on devrait savoir aujourd'hui que la jouissance d'une fille n'est point un remède pour un malade; et après tout, si Louis VIII n'avait pu réchapper que par cet expédient, il avait Blanche sa femme qui était fort belle, et en état de lui sauver la vie. Le jésuite Daniel prétend donc que Louis VIII mourut glorieuse-
210 ment, en ne satisfaisant pas la nature, et en combattant les hérétiques. Il est vrai qu'avant sa mort il alla en Languedoc pour s'emparer d'une partie du comté de Toulouse, que le jeune Amauri comte de Montfort, fils de l'usurpateur, lui vendit. [43] Mais acheter un pays d'un homme à qui ce pays n'appartient pas, est-ce là combattre
215 pour la foi? Un esprit juste, en lisant l'histoire, n'est presque occupé qu'à la réfuter.

209   61-w68: Le père Daniel

[43] Amaury VI de Montfort (1192-1241), fils de Simon de Montfort, figure incontournable de la croisade contre les Albigeois, hérita du comté de Toulouse en 1219. Son père l'avait ravi à Raymond VI de Toulouse en 1214, en était devenu l'administrateur, et en avait reçu l'investiture en 1219 (Daniel, année 1219). Mais qu'entend Voltaire par 'lui vendit'? Il est vrai que Daniel insiste sur le fait que, 'faute d'argent', Amaury fut obligé d'abandonner Carcassonne et 'les autres places qu'il tenait encore', et 'fit au roi la même proposition qu'il avait faite à Philippe-Auguste de lui céder tous ses droits sur le comté de Toulouse' (année 1225, p.743-44). En échange (en 1224, mais nullement contre argent comptant), il reçut la charge de Connétable de France.

CHAPITRE 52

De l'empereur Frédéric II, de ses querelles avec les papes, et de l'empire allemand. Des accusations contre Frédéric II. Du livre De tribus impostoribus. *Du concile général de Lyon, etc.*

Vers le commencement du treizième siècle, tandis que Philippe-Auguste régnait encore, que Jean Sans Terre était dépouillé par

a-299 [*Première rédaction de ce chapitre*: MSP]
a   MSP: Chapitre 33
    w56-w57G: Chapitre 42
    61: Chapitre 48
b-e   MSP, 53-w57G: *De Frédéric II, de ses querelles avec les papes et de l'empire allemand.*//

* L'idée fondamentale de ce chapitre, présenter les luttes de l'empereur Frédéric avec les papes, qui se trouve déjà dans la version primitive, prend un tour de plus en plus politique et polémique au fil des différents remaniements du texte, comme en témoigne déjà la modification du titre. L'autorité du pape est quelque peu contrebalancée par le pouvoir des rois, mais l'excommunication de ceux-ci devient un véritable leitmotiv du chapitre. Déjà présente dès le début, la critique de Voltaire à propos du pouvoir des papes et de l'utilisation abusive qu'ils font des croisades devient de plus en plus forte, comme le montrent les variantes des années 1753-1754, puis la version définitive. La description des structures politiques de l'Europe de ce temps constitue le second thème de ce chapitre. Enfin, outre les discussions et guerres de religions suscitées par les suppôts de l'Eglise, Voltaire fustige également les usages 'barbares' des seigneurs, parmi lesquels le fameux droit de cuissage, un sujet qu'il aborde également dans d'autres ouvrages (voir ci-dessous, n.6). Les thèmes de ce chapitre se succèdent sans grande unité, mais le début et la fin constituent un cadre et mettent en relief que la 'république' européenne formée par les divers Etats est sortie affaiblie de ces luttes folles et de ces guerres civiles. Les expressions qu'il emploie dans les *Annales de l'Empire* pour présenter le règne de Frédéric II reçoivent souvent ici une formulation assez similaire, mais Voltaire en tire les conclusions de façon plus marquante, et accuse plus fortement la culpabilité des papes et de l'empereur pour l'anarchie qui règne en Europe. Dans le texte définitif, Voltaire devient plus indulgent envers les 'cruautés inutiles' de Frédéric II, ce qui rend

Louis VIII; qu'après la mort de Jean et de Philippe-Auguste, Louis VIII chassé d'Angleterre, régnait en France, et laissait l'Angleterre à Henri III: dans ces temps, dis-je, les croisades, les persécutions contre les Albigeois épuisaient toujours l'Europe. L'empereur Frédéric II faisait saigner les plaies mal fermées de l'Allemagne et de l'Italie. La querelle de la couronne impériale et de la mitre de Rome, les factions des guelfes et des gibelins, les haines des Allemands et des Italiens, troublaient le monde plus que jamais. [1]

Frédéric II fils de Henri VI, et neveu de l'empereur Philippe, jouissait de l'empire qu'Othon IV son compétiteur avait abandonné avant de mourir. [2] Les empereurs étaient alors bien plus puissants que les rois de France; car outre la Souabe et les grandes terres que Frédéric possédait en Allemagne, il avait aussi Naples et

5-8   MSP, 53-54N: dis-je, les entreprises des croisades duraient toujours. L'empereur Frédéric II faisait saigner les plaies de l'Allemagne et de l'Italie, mal fermées. La querelle

12-13   MSP, 53-54N: fils de Henri VI et neveu de Philippe, élu dès son enfance en 1211, jouissait de l'empire qu'Othon avait

---

convaincant le portrait contradictoire de ce roi qui, malgré ses grandes qualités intellectuelles et militaires, était cependant 'malheureux'. L'évocation des dissensions entre le pape et le roi permet également à Voltaire de parler en détail de l'ouvrage *De tribus impostoribus* qu'il mentionne dans le titre de la version définitive. Cela lui permet d'intervenir dans la querelle philosophique du siècle sur l'athéisme. Son appréciation sera critiquée par Prosper Marchand en 1758 (voir ci-dessous, n.20). Il reviendra à plusieurs reprises sur ce sujet dans sa correspondance et dans son *Epître à l'auteur du livre des Trois imposteurs* (1769). Il met également en relief, après 1757 par une mention dans le titre, l'importance du concile de Lyon, le moment le plus fort du conflit des papes et de l'empereur. La source fondamentale de Voltaire est ici l'*Histoire ecclésiastique* de Fleury (Paris, 1720-1738, BV1350), complétée notamment par l'*Histoire civile du royaume de Naples* de P. Giannone (La Haye [Genève], 1742, BV1464) et l'*Histoire générale d'Allemagne* de J. Barre (Paris, 1748, BV270). Cf. 'Frédéric II' dans les *Annales* (p.343-55).

[1] Voltaire souligne par ce paragraphe les leitmotive de l'histoire européenne en ce début de treizième siècle, et relie le règne de Frédéric II aux ch.50-51, 53-60, 62-63.

[2] Voir ci-dessus, ch.51, lignes 76-81.

Droit de vol.

Sicile par héritage. La Lombardie lui appartenait par cette longue possession des empereurs; mais cette liberté dont les villes d'Italie étaient alors idolâtres, respectait peu la possession des Césars allemands.[3] C'était en Allemagne un temps d'anarchie et de brigandage, qui dura longtemps. Ce brigandage s'était tellement accru, que les seigneurs comptaient parmi leurs droits celui d'être voleurs de grand chemin dans leurs territoires, et de faire de la fausse monnaie. Frédéric II les contraignit dans la diète d'Egra[4] en 1219 de faire serment de ne plus exercer de pareils droits: et, pour leur donner l'exemple, il renonça à celui que ses prédécesseurs s'étaient attribué de s'emparer de toute la dépouille des évêques à leur décès. Cette rapine était alors autorisée partout, et même en Angleterre.[5]

Droit de cuissage.

Les usages les plus ridicules et les plus barbares étaient alors établis. Les seigneurs avaient imaginé le droit de cuissage, de marquette, de prélibation; c'était celui de coucher la première nuit avec les nouvelles mariées leurs vassales roturières. Des évêques, des abbés eurent ce droit en qualité de hauts barons; et quelques-uns se sont fait payer au dernier siècle par leurs sujets la

20

25

30

35

19-42   MSP, 53-54N: Césars d'Allemagne. ¶Rome n'avait plus de consuls. On élisait tantôt plusieurs sénateurs, tantôt un seul, mais qui n'étaient que des magistrats municipaux recevant les ordres du pape. ¶Milan
28-30   W56-W57G: décès. ¶Les usages

[3] Sur ce thème des villes italiennes éprises de liberté, voir ci-dessus, ch.47, lignes 88-93; ch.48, ligne 115.

[4] 'Ville d'empire' située en Bohême (auj. Cheb, en République tchèque).

[5] Les termes 'anarchie', 'brigandage' et 'rapine', utilisés comme synonymes, évoquent les droits abusifs que s'arrogent ceux que Voltaire appelle le plus souvent 'les seigneurs particuliers', rebelles à toute sujétion dans le cadre d'une féodalité toujours associée par lui au seul règne de la cupidité et de la violence (voir, entre autres, ci-dessus ch.43, lignes 46-47; ci-dessous, ch.63, lignes 2-4, 25-26; ch.64, lignes 185-87; ch.65, lignes 26-28; pour une définition plus large du phénomène, ch.96).

renonciation à ce droit étrange, qui s'étendit en Ecosse, en Lombardie, en Allemagne et dans les provinces de France. Voilà les mœurs qui régnaient dans le temps des croisades. [6]

L'Italie était moins barbare, mais n'était pas moins malheureuse.
40 La querelle de l'empire et du sacerdoce avait produit les factions guelfe et gibeline qui divisaient les villes et les familles.

Milan, Brescia, Mantoue, Vicence, Padoue, Trévize, Ferrare, et presque toutes les villes de la Romagne, sous la protection du pape, étaient liguées entre elles contre l'empereur.

45 Il avait pour lui Crémone, Bergame, Modène, Parme, Reggio, Trente. [7] Beaucoup d'autres villes étaient partagées entre les factions guelfe et gibeline. L'Italie était le théâtre non d'une guerre mais de cent guerres civiles, qui en aiguisant les esprits et les courages,

---

48 MSP: l'esprit et le courage

---

[6] Ce sujet est en débat au dix-huitième siècle et Voltaire y intervient à plusieurs reprises. En témoignent ses comédies *Nanine* (1749) et *Le Droit du seigneur* (1760), qui ironise, par l'arbitraire de la violence sexuelle, sur celle de l'autorité seigneuriale, ou encore *La Défense de mon oncle* (1767) et les art. 'Cuissage ou culage. Droit de prélibation, de marquette, etc.' et 'Taxe' des *QE* (1771). Dans *La Défense de mon oncle*, ch.2, Voltaire insiste sur le fait que dans les époques précédentes, ces abus ont autant été le fait des gens d'Eglise que des laïcs (*OCV*, t.64, p.200-201). Dans l'art. 'Cuissage', il s'étonne que dans l'Europe chrétienne un abus pareil ait pu devenir 'une espèce de loi féodale' et remarque que 'cet excès de tyrannie' ne fut jamais approuvé par aucune loi publique (*OCV*, t.40, p.326-30), tandis que dans l'art. 'Taxe', il cite des documents selon lesquels dans la deuxième moitié du dix-septième siècle 'ces droits honteux ont été partout convertis en des prestations modiques appelées *marchetta*' (*M*, t.20, p.486). Voir un choix de textes de Voltaire sur le sujet en annexe de l'édition par M. Poirson de *Le Droit du seigneur ou l'Ecueil du sage* (1762-1779), de même que des extraits de l'*Encyclopédie* et des débats juridiques et historiques de l'époque (Paris, 2002, p.209-48).

[7] La liste des villes guelfes et gibelines et la mention de 'la Romagne' sont proches de Giannone (livre 16, ch.5, t.2, p.511-12), mais la dernière ville mentionnée par lui est Pavie, et non Trente (t.2, p.511).

n'accoutumaient que trop les nouveaux potentats italiens à
l'assassinat et à l'empoisonnement.[8]   50

Frédéric II était né en Italie. Il aimait ce climat agréable, et ne
pouvait souffrir ni le pays, ni les mœurs de l'Allemagne dont il fut
absent quinze années entières. Il paraît évident que son grand
dessein était d'établir en Italie le trône des nouveaux Césars. Cela
seul eût pu changer la face de l'Europe. C'est le nœud secret de   55
toutes les querelles qu'il eut avec les papes.[9] Il employa tour à tour

49   53-54N: les Italiens
50-85   MSP, 53-54N: l'empoisonnement. ¶Frédéric fatigua quatre papes de suite
par sa politique et par ses armes, sans en faire fléchir aucun. Les Vénitiens mettaient
déjà un assez grand poids dans la balance d'Italie. Ils se liguèrent avec les villes qui
prenaient d'eux l'exemple de la liberté. ¶Le fils du doge Tiepolo à la tête de l'armée
de ces villes libres attaqua Frédéric II sous les murs de Milan, mais en aucun temps la   5
fortune des Milanais n'a pu prévaloir contre les empereurs. Frédéric II vainqueur fit
couper la tête à tous les chefs et à Tiepolo lui-même. ¶On ne voit guère dans le
monde que des cruautés inutiles. Cette victoire et cet abus de la victoire ne rendirent
pas Frédéric II plus heureux. Il perdit autant de villes qu'il en subjuga. Ferrare entre
autres, alors considérable, fut défendue par Azon d'Este, à qui le pape la donna   10
comme un fief du Saint-Siège et c'est de là que les princes d'Este furent ducs de
Ferrare. ¶D'ailleurs ce qui était arrivé à Henri IV dans les mêmes circonstances,
arriva aussi à Frédéric II. Son propre fils, qui se nommait Henri, se révolta contre lui.
Le père eut l'adresse de le [MSP: faire] saisir et de l'enfermer dans un château de la
Pouille. Frédéric II ne perdit point l'empire comme Henri IV, mais sa vie fut un   15
enchaînement de malheurs qu'il causa et qu'il essuya. ¶Si les papes excitaient contre
lui les villes d'Italie, il soulevait contre les papes Rome même, toujours prête si elle
avait [53-54N: l'avait] pu, à chasser pour jamais et papes et empereurs. Grégoire IX
en 1232 fut chassé de la ville par les Romains dans le temps même que la puissance
papale semblait être à son comble. Il se vit réduit à implorer le secours de ce même   20
Frédéric qui l'opprimait [53-54N: qu'il opprimait] secrètement à Rome et ouvertement ailleurs. ¶La Sardaigne

[8] Voltaire prépare le lecteur aux événements cruels et tragiques qui vont
ensanglanter les villes italiennes, et fait dériver de l'accoutumance à la violence
contractée lors des guerres civiles entre guelfes et gibelins la rapacité et la cruauté de
ceux qu'il appelle 'les nouveaux potentats italiens'.
[9] Voir les *Annales*, années 1221-1224 (p.345-46). Né en 1194 à Iesi, dans la marche
d'Ancône, Frédéric II hérite trois ans plus tard du royaume de Sicile. Elevé en Italie,
il est élu empereur en 1212 par les princes allemands à l'instigation du pape

la souplesse et la violence, et le Saint-Siège le combattit avec les mêmes armes.

60 Honorius III et Grégoire IX ne peuvent d'abord lui résister qu'en l'éloignant, et en l'envoyant faire la guerre dans la Terre Sainte. (*a*) Tel était le préjugé du temps, que l'empereur fut obligé de se vouer à cette entreprise, de peur de n'être pas regardé par les peuples comme chrétien. Il fit le vœu par politique; et par politique *1228.* il différa le voyage. [10]

(*a*) Voyez le chapitre des croisades. [11]

n.*a* 53-w75G: [*absente*]

Innocent III qui a excommunié l'empereur Othon IV, et se rend pour la première fois en Allemagne en 1212 pour son couronnement à Aix-la-Chapelle en juillet 1213. Deux ans plus tard, il renouvelle le serment d'allégeance au Saint-Siège et il est confirmé par le pape Innocent. Frédéric quitte finalement l'Allemagne en 1220 pour se rendre en Italie et se fait couronner à Rome par le pape Honorius III avant de défendre la Sicile menacée par les Sarrasins, puis de rejoindre la croisade en Palestine en 1228. Rentré en Italie en 1229, il ne reprend le chemin de l'Allemagne qu'en 1235. Voltaire a notamment pu suivre ses pérégrinations dans le t.5 de Barre, sa principale source sur l'histoire du Saint Empire. Ni Barre – qui dit même que la 'langue naturelle' de Frédéric était l'allemand – ni Heiss von Kogenheim dans son *Histoire de l'Empire* (La Haye, 1685, BV1604; Paris, 1731, BV1605), ni Fleury, ne mentionnent le fait que Frédéric 'ne pouvait souffrir' l'Allemagne (ligne 52; on retrouve la même expression, cette fois à propos du pape Jean XII, dans le ch.35, notre t.2, p.493). C'est pour Voltaire une façon de renforcer sa thèse d'une volonté de Frédéric 'd'établir en Italie le nouveau trône des Césars'.

[10] Malgré sa promesse, à son retour d'Allemagne en 1220, de rejoindre au plus vite la croisade, Frédéric ne part pour la Terre Sainte qu'en 1128, trop occupé jusque-là par les affaires internes de l'Italie. Ce retard lui est reproché par le pape, qui l'excommunie (ci-dessous, ligne 65). Voltaire suit Fleury (livre 79, année 1227, §38, 39; voir aussi Barre, t.5, année 1227), mais ajoute un commentaire sur les motivations de l'empereur, qu'il présente comme strictement politiques. Sur l'empereur 'obligé' de rejoindre la croisade et sa peine de n'être plus 'regardé comme chrétien', voir ci-dessous, n.12.

[11] Ci-dessous, ch.58.

Grégoire IX l'excommunie selon l'usage ordinaire. [12] Frédéric   65
part; et tandis qu'il fait une croisade à Jérusalem, le pape en fait une
contre lui dans Rome. [13] Il revient après avoir négocié avec les
soudans, se battre contre le Saint-Siège. Il trouve dans le territoire
de Capoue son propre beau-père Jean de Brienne roi titulaire de
Jérusalem, à la tête des soldats du pontife qui portaient le signe des   70
deux clefs sur l'épaule. Les gibelins de l'empereur portaient le signe
de la croix, et les croix mirent bientôt les clefs en fuite. [14]

67   w56-w57G: [*manchette*] *1230*.

[12] Le pape excommunie l'empereur à deux reprises: en septembre 1227, puis en
mars 1228. La première excommunication suit immédiatement un départ avorté de
Frédéric qui, malade (Fleury, livre 79, année 1227, §37-38), rentre au port d'Otrante
après trois jours de navigation (selon Barre, t.5, année 1227). Fleury mentionne la
seconde excommunication (livre 79, année 1228, §41, 'Excommunication réitérée
contre l'empereur'), mais ajoute que Frédéric, ayant 'peu d'égard pour cette terrible
bulle', fête Pâques avec magnificence et ne s'embarque qu'en juin pour la Terre
Sainte (§42). L'ironie de Voltaire à propos de cette arme suprême du pape, dont il
minimise ici la portée en en faisant un simple procédé politique, est peut-être
inspirée par cette réaction de l'empereur, décrite par Fleury. Voir aussi, ci-
dessous, un passage de MSP, curieusement supprimé par Voltaire dans les éditions
imprimées (lignes 109-14 var., lignes 11-12, 'ces excommunications [...] cérémonies
d'Eglise').

[13] Même idée dans les *Annales*, formulée différemment (années 1228-1229). La
juxtaposition des deux 'croisades' est une façon pour Voltaire de les tourner toutes
deux en dérision.

[14] 'Soudans' équivaut ici à 'sultans' (dans *Zaïre*, I.i.21, Voltaire parle du 'sérail
d'un soudan'; *OCV*, t.8, p.431). Les 'deux clefs' sont celles de saint Pierre, qui
figurent sur les armoiries des papes: celle du salut des âmes et celle du Paradis (voir
Fleury, livre 79, année 1228, §44). Sur ces factions, Voltaire a pu aussi consulter
Giannone (livre 16, ch.1, t.2, p.483-84). Même ironie que précédemment à propos du
combat des 'croix' et des 'clefs'. Voir aussi les *Annales*, année 1230 (p.349, 359), et
l'art. 'Confession' du *DP* (*OCV*, t.35, p.634). Veuf depuis 1222, Frédéric épouse, à
Brindisi en novembre 1225, Isabelle, fille de Jean de Brienne, roi de Jérusalem depuis
1210. Le lendemain du mariage, Frédéric dépose son beau-père, qui vient alors le
combattre en Italie, se réfugie à Rome auprès du pape, puis devient par la suite
empereur latin de Constantinople (1231-1237). Isabelle, alors âgée de 13 ans, mourra
en 1228 en accouchant du futur Conrad IV.

Il ne restait guère alors d'autre ressource à Grégoire IX que de soulever Henri roi des Romains, fils de Frédéric II, contre son père, ainsi que Grégoire VII, Urbain II et Paschal II avaient armé les enfants de Henri IV. [15] Mais Frédéric, plus heureux que Henri IV, se saisit de son fils rebelle, le dépose dans la célèbre diète de Mayence, et le condamne à une prison perpétuelle. [16]

75

1235.

Il était plus aisé à Frédéric II de faire condamner son fils dans une diète d'Allemagne, que d'obtenir de l'argent et des troupes de cette diète pour aller subjuguer l'Italie. Il eut toujours assez de forces pour l'ensanglanter, et jamais assez pour l'asservir. Les guelfes, ces partisans de la papauté, et encore plus de la liberté, balancèrent toujours le pouvoir des gibelins partisans de l'empire. [17]

80

La Sardaigne était encore un sujet de guerre entre l'empire et le sacerdoce, et par conséquent d'excommunications. L'empereur s'empara en 1238 de presque toute l'île. [18] Alors Grégoire IX accusa

85

*Prétendu livre
des trois
imposteurs.*

86-87 MSP: d'excommunications. Le pape et l'empereur n'avaient guère sur cette île d'autre droit que celui du plus fort et l'empereur le fut. Il s'empara

---

[15] Reprise du texte des *Annales*, années 1232-1234 (p.349-50). Sur les conflits avec les papes, voir ci-dessus, ch.39, 41, 46-48.

[16] Voir les *Annales*, année 1235 (p.350). Voltaire suit Barre (t.5, années 1234-1235) et Giannone (livre 17, ch.1, t.2, p.551). Henri VII est né en 1211 du premier mariage de Frédéric II avec Constance d'Aragon. Duc de Souabe en 1216, roi des Romains en 1220, il se révolte en septembre 1234 contre Frédéric qui le dépose en juillet 1235. Il meurt en février 1242, peut-être de la lèpre, dans sa prison en Calabre.

[17] Voltaire tient à souligner que les guelfes se révoltent plus contre l'empereur pour défendre les libertés urbaines et le patriotisme italien, que par fidélité au pape. Cette analyse ne se trouve ni chez Barre, ni chez Giannone, ni chez Fleury.

[18] Voir Fleury, livre 81, année 1238, §18. La Sardaigne est alors partagée entre Génois, au nord, et Pisans, au sud. En 1238, Frédéric marie son fils naturel Heinz (*c.*1220-1272) avec Adelasia di Torres (1207-1259), héritière des 'giudicati' (seigneuries) génoises de Logoduro, qui lui vient de son père, et Gallura, qui lui vient de son mari, récemment décédé, et les époux sont proclamés, avec l'accord des Génois, 'roi et reine de Sicile', faisant ainsi perdre aux Pisans et au Saint-Siège toute influence sur l'île. Ils sont excommuniés peu après.

publiquement Frédéric II d'incrédulité. 'Nous avons des preuves,
dit-il dans sa lettre circulaire du premier juillet 1239, qu'il dit
publiquement que l'univers a été trompé par trois imposteurs,   90
Moyse, Jésus-Christ et Mahomet. Mais il place Jésus-Christ fort
au-dessous des autres; car il dit, Ils ont vécu pleins de gloire, et
l'autre n'a été qu'un homme de la lie du peuple, qui prêchait à ses
pareils. L'empereur, ajoute-t-il, soutient qu'un Dieu unique et
créateur ne peut être né d'une femme, et surtout d'une vierge.'[19]   95
C'est sur cette lettre du pape Grégoire IX qu'on crut dès ce temps-

88   MSP: [*manchette*] *Accusations ridicules sérieusement intentées.*
       MSP, 53-54N: Frédéric II de ne pas croire en Jésus-Christ.
88-89 MSP: preuves, écrit-il dans
89   MSP: du mois de juillet
95-99 MSP, 53-W57G: vierge.' ¶Ces

[19] Dans les *Annales*, la même phrase est au style indirect: 'Le pape accuse
l'empereur de soutenir que le monde a été trompé par trois imposteurs' (années 1238-
1239, p.351). Voltaire est encore plus sévère dans MSP au sujet des motivations du
pape (lignes 100-103 var.). Fleury cite la lettre du pape que Voltaire suit de près, mais
il réorganise le texte. Il résume et interprète l'acte du pape avant la citation ('accusa
publiquement Frédéric II d'incrédulité'), tandis que Fleury fait dire ces détails par le
pape ('preuves encore plus fortes contre sa foi', 'Il a de plus osé dire qu'il n'y a que
des insensés qui croient que Dieu créateur de tout ait pu naître d'une vierge' (livre 81,
année 1239, §23). Giannone mentionne à propos du livre que quelques-uns l'ont
attribué à Pierre des Vignes, le chancelier capouan de Frédéric II (voir ci-dessous,
lignes 187-88), 'mais on l'en a d'autant plus chargé sans fondement, et contre la
vérité, que bien des gens doutent encore que ce livre ait jamais existé, tant s'en faut
qu'il eût été composé par ordre de Frédéric' (livre 16, ch.4, t.2, p.506). Dans une
lettre du 24 septembre 1753, peu après l'épisode de son assignation à résidence à
Francfort, Voltaire établit entre son sort et celui du chancelier un parallélisme:
'Quant au Fréderic d'aujourd'hui, il me traite à peu près comme Fréderic second
traita son chancelier des Vignes à cela près qu'il ne m'a pas fait crever les yeux'
(D5528). Bien que Frédéric, se pensant trahi par des Vignes (Heiss, t.2, livre 2,
année 1247), ait ordonné qu'on lui crève les yeux, celui-ci échappe au supplice en se
suicidant dans sa prison en 1249 (Barre, t.5, année 1249-1250; Fleury, livre 83,
année 1249, §15).

là qu'il y avait un livre intitulé *De tribus impostoribus*: on a cherché
ce livre de siècle en siècle, et on ne l'a jamais trouvé. (*b*) [20]

Ces accusations, qui n'avaient rien de commun avec la
100 Sardaigne, n'empêchèrent pas que l'empereur ne la gardât: les

(*b*) On en a fait de nos jours sous le même titre. [21]

n.*b* MSP, 53-W68: [*absente*]

99-100 MSP, 53-54N: avec leurs querelles politiques n'empêchèrent

100-103 MSP: ne gardât la Sardaigne. Frédéric s'était croisé selon la mode du
temps et avait fait des traités avantageux avec les musulmans. Il s'était même fait
livrer Jérusalem. Il en était roi, comme nous le verrons. Mais en vain il se vantait
d'avoir combattu pour ce qu'on appelait la cause de Dieu. L'ennemi du pape devait
5 être excommunié, et en conséquence de l'excommunication, déposé. ¶Un cardinal
53-54N: ne gardât la Sardaigne. Frédéric s'était croisé selon la mode du temps et
avait fait des traités avantageux avec les musulmans. Mais Grégoire, révéré dans
Rome, publia une croisade contre lui et en effet presque tous les guelfes portèrent
alors une croix sur l'épaule. ¶Un cardinal

[20] Le texte 'prétendument médiéval', dont maintes copies et traductions existent au
dix-huitième siècle (certaines mentionnent comme auteur Pierre des Vignes), a été
publié après 1677. Les recherches de M. Benítez révèlent que la forme primitive de
l'ouvrage est introduite par une lettre attribuée à Frédéric II, 'étayant la fiction de la
naissance de l'ouvrage dans l'entourage de Frédéric II' ('Une histoire interminable:
origines et développement du *Traité des trois imposteurs*', dans *Heterodoxy, Spinozism,
and free thought in early-eighteenth-century Europe: studies on the 'Traité des Trois
Imposteurs'*, éd. S. Berti, F. Charles-Daubert et R. H. Popkin, Londres, 1996, p.53-
75). Voltaire critique plus explicitement l'attitude du pape dans les *Annales* (années
1238-1239, p.354), mettant en rapport avec ses ambitions la naissance du 'préjugé' qui
attribue le livre à Frédéric. Il mentionne les brochures de son époque et l'avis commun
selon lequel c'est une sottise de l'attribuer à Frédéric ou à son chancelier. Dans
l'art.'Impostoribus', n.*b*, de son *Dictionnaire historique* (La Haye, 1758), Prosper
Marchand accuse Voltaire d'avoir renouvelé les accusations contre Frédéric II et son
chancelier. Il fustige en particulier l'*Abrégé de l'Histoire universelle* et les *Annales*.
(Voir 'Marchand's article *Impostoribus*', éd. J. Dean, dans Berti *et al.*, p.477-524.)

[21] En 1769, Voltaire réagit par une *Epître à l'auteur du livre des Trois imposteurs*
résolument déiste ('Corrige le valet, mais respecte le maître. / Dieu ne doit point
pâtir des sottises du prêtre. [...] Si Dieu n'existait pas, il faudrait l'inventer') à la
parution (Yverdon [Amsterdam], mars 1768) d'une nouvelle version du *Traité*, qu'il
juge plat et 'd'un athéisme grossier'. Voir le *DgV* (p.449-50, la notice de C. Porset) et
le *Dictionnaire de Voltaire* (éd. R. Trousson, J. Vercruysse et J. Lemaire, Bruxelles,
1994, p.71, celle de J. Lemaire).

divisions entre Frédéric et le Saint-Siège n'eurent jamais la religion pour objet; et cependant les papes l'excommuniaient, publiaient contre lui des croisades, et le déposaient. Un cardinal nommé Jacques, évêque de Palestrine, [22] apporta en France au jeune Louis IX des lettres de ce pape Grégoire, par lesquelles sa sainteté, ayant déposé Frédéric II, transférait de son autorité l'empire à Robert comte d'Artois, frère du jeune roi de France. [23] C'était mal prendre son temps: la France et l'Angleterre étaient en guerre: les barons de France soulevés dans la minorité de Louis, étaient encore puissants dans sa majorité. On prétend qu'ils répondirent, *qu'un frère d'un roi de France n'avait pas besoin d'un empire, et que le pape avait moins de religion que Frédéric II*. Une telle réponse est trop peu vraisemblable pour être vraie. [24]

105   MSP: Grégoire IX
106   MSP: déposé l'empereur Frédéric II
109-14   MSP: France qui s'étaient soulevés dans la minorité de Louis étaient encore à craindre. Frédéric II était puissant. Les princes de l'empire n'auraient pas voulu d'un prince de France. Les barons assemblés rejetèrent donc la proposition indiscrète du pontife romain. Plusieurs historiens rapportent après Mathieu Paris, que les ambassadeurs du roi auprès de Frédéric II dirent que *leur roi, leur maître, son allié, n'avaient pas besoin de l'empire parce qu'il était au-dessus des empereurs et qu'il suffisait à Robert d'Artois d'être frère d'un si grand monarque.* On croit bien que des ambassadeurs avaient trop de sens pour faire un si mauvais compliment. Ce n'est pas avec une grossièreté révoltante qu'on fait valoir la grandeur de son maître. ¶Après ces excommunications si terribles quand elles sont appuyées de quelques puissances, et si vaines quand elles ne sont que des cérémonies d'Eglise, Innocent IV, successeur en tout de Grégoire IX, s'adressa encore à Louis IX contre l'empereur. Rien
109-14   53-54N: Louis. ¶Rien
110   MSP: [*manchette*] *Fameuse réponse réfutée.*

[22] Voir Fleury (livre 81, année 1240, §36; papillon collé en marge, p.278, *CN*, t.3, p.549). Palestrina est située au sud-est de Rome.
[23] Robert Ier d'Artois (1216-1250).
[24] Dans la version primitive, Voltaire mentionne, pour le réfuter, Matthieu Paris comme source première de la citation à laquelle recourent les historiens. Ce chroniqueur du treizième siècle possédait des lettres échangées entre le pape Innocent IV et le roi de France Louis IX. Son *Historia major* (Londres, 1571, 1640, etc.) est considérée comme une source primordiale pour l'époque. Il est

Rien ne fait mieux connaître les mœurs et les usages de ce temps,
que ce qui se passa au sujet de cette demande du pape.

Il s'adressa aux moines de Cîteaux, chez lesquels il savait que
saint Louis devait venir en pèlerinage avec sa mère. Il écrivit au
chapitre: 'Conjurez le roi qu'il prenne la protection du pape contre
le fils de Satan Frédéric; il est nécessaire que le roi me reçoive dans
son royaume, comme Alexandre III y fut reçu contre la persécution
de Frédéric Ier, et saint Thomas de Cantorbéri contre celle de
Henri II roi d'Angleterre.'[25]

Le roi alla en effet à Cîteaux, où il fut reçu par cinq cents moines,
qui le conduisirent au chapitre: là ils se mirent tous à genoux devant
lui, et les mains jointes le prièrent de laisser passer le pape en
France. Louis se mit aussi à genoux devant les moines, leur promit
de défendre l'Eglise; mais il leur dit expressément, *qu'il ne pouvait
recevoir le pape sans le consentement des barons du royaume, dont un
roi de France devait suivre les avis.*[26] Grégoire meurt: mais l'esprit de
Rome vit toujours. Innocent IV l'ami de Frédéric quand il était
cardinal, devient nécessairement son ennemi dès qu'il est souverain
pontife. Il fallait à quelque prix que ce fût affaiblir la puissance

*Saint Louis
sollicité en vain
par les papes de
favoriser leurs
prétentions.*

115

120

125

130

124 MSP: [*manchette*] *Réponse très remarquable de saint Louis.*
125 MSP: de vouloir laisser
127 MSP: *ne pourrait*

129-37 MSP, 53-54N: *avis.* ¶Le pape Innocent IV s'arrêta donc dans la ville de
Lyon. Cette ville démembrée du royaume de Bourgogne, avait été usurpée par les
archevêques avec un territoire immense dont ils faisaient hommage aux empereurs.
¶Le pape y convoqua en 1245 le treizième concile général qui a cette inscription dans

également accusé de partialité: on lui reproche d'inventer et de se tromper parfois.
Dans les *Annales* (année 1240), Voltaire le cite directement: '*Tantum religionis in
papa non invenimus*' exprime ses doutes sur la vraisemblance de cette réponse, et
critique les historiens qui 'érigent leurs propres idées en monuments publics' (p.352).

[25] L'expression 'fils de Satan' est dans Fleury (livre 82, année 1244, §16; signet et
ruban, p.345, *CN*, t.3, p.549). Sur Alexandre III, voir ci-dessus ch.48, lignes 127-80.

[26] Voltaire suit Fleury: le nombre des moines, l'évocation de la scène de rencontre
sont identiques. Chez Fleury la citation n'est pas au style direct (livre 82, année 1244,
§16; signet et ruban, p.345-46, *CN*, t.3, p.549).

impériale en Italie, et réparer la faute qu'avait faite Jean XII
d'appeler à Rome les Allemands. [27]

Innocent IV
dépose
l'empereur
Fréderic II.

Innocent IV après bien des négociations inutiles, assemble dans 135
Lyon ce fameux concile, qui a cette inscription encore aujourd'hui
dans la bibliothèque du Vatican: *Treizième concile général, premier
de Lyon. Frédéric II y est déclaré ennemi de l'Eglise, et privé du siège
impérial.* [28]

Il semble bien hardi de déposer un empereur dans une ville 140
impériale; mais Lyon était sous la protection de la France, et ses
archevêques s'étaient emparés des droits régaliens. Frédéric II ne
négligea pas d'envoyer à ce concile, où il devait être accusé, des
ambassadeurs pour le défendre. [29]

Le pape, qui se constituait juge à la tête du concile, fit aussi la 145
fonction de son propre avocat; et après avoir beaucoup insisté sur

Accusations
absurdes contre
Fréderic II.

les droits temporels de Naples et de Sicile, sur le patrimoine de la
comtesse Mathilde, il accusa Frédéric d'avoir fait la paix avec les
mahométans, d'avoir eu des concubines mahométanes, de ne pas
croire en Jésus-Christ, et d'être hérétique. [30] Comment peut-on 150

135   MSP: [*manchette*] *1245.*
       w56-w57G: [*manchette*] *1254.*
139-42 MSP, 53-54N: *impérial.* ¶Frédéric II
148   MSP: Mathilde, cette source interminable de querelles, il
149-55 MSP, 53-54N: mahométanes, en un mot d'être hérétique. Les ambassadeurs

[27] Sinibaldo Fieschi prend le nom d'Innocent IV (1243-54). A propos du pape
Jean XII (955-963), voir ch.34, 35 (notre t.2, p.480, 491-93).
[28] Voltaire suit Fleury pour présenter la déposition de Frédéric par le pape
(livre 82, année 1245, §29). Sur le concile de Lyon, voir aussi l'art. 'Conciles' du *DP*
(*OCV*, t.35, p.627). La citation extraite de 'la bibliothèque du Vatican' n'est pas dans
Fleury, Barre, ou Giannone, ni dans Bruys, *Histoire des papes* (La Haye, 1732-1734,
BV563), t.3.
[29] Le texte de ce paragraphe correspond aux *Annales* (année 1245, p.354-55). Lyon
est ville impériale depuis 1032, mais l'archevêque, 'primat des Gaules' depuis 1078, y
a fait reconnaître son autorité politique par l'empereur dès 1173.
[30] Ces 'accusations absurdes' sont évoquées par Fleury (livre 82, année 1245, §29),
mais ce dernier défend le pape, déclarant qu'il ne faut pas en tirer la conclusion que

être à la fois hérétique et incrédule? et comment dans ces siècles pouvait-on former si souvent de telles accusations? Les papes Jean XII, Etienne VIII, et les empereurs Frédéric Ier, Frédéric II, le chancelier des Vignes, Mainfroi régent de Naples, beaucoup
155 d'autres essuient cette imputation.[31] Les ambassadeurs de l'empereur parlèrent en sa faveur avec fermeté, et accusèrent le pape, à leur tour de rapine et d'usure. Il y avait à ce concile des ambassadeurs de France et d'Angleterre. Ceux-ci se plaignirent bien autant des papes que le pape se plaignit de l'empereur. 'Vous tirez par vos
160 Italiens, dirent-ils, plus de soixante mille marcs par an du royaume d'Angleterre: vous nous avez en dernier lieu envoyé un légat qui a donné tous les bénéfices à des Italiens. Il extorque de tous les religieux des taxes excessives, et il excommunie quiconque se plaint de ses vexations. Remédiez-y promptement, car nous ne souffri-
165 rons pas plus longtemps ces avanies.'

Accusations différentes contre la cour de Rome.

Le pape rougit, ne répondit rien,[32] et prononça la déposition de l'empereur. Il est très à remarquer qu'il fulmina cette sentence, non pas, dit-il, de l'approbation du concile, mais en présence du concile.

152-54   w56-w57G: accusations? Jean XII, Etienne VIII, Frédéric I, Frédéric II, le chancelier
154   w56-w57G: Mainfroi l'usurpateur de Naples
159   MSP: [*manchette*] *Forte plainte contre la cour romaine.*
166   MSP: [*manchette*] *Empereur déposé dans un concile.*
168   MSP: pas de l'approbation, mais en présence, dit-il, du

---

le pape agirait contre les souverains: 'la puissance ecclésiastique en général ne s'étend point sur les choses temporelles'. Voltaire évoque pourtant dans MSP les 'traités avantageux' signés par Frédéric 'avec les musulmans' (ci-dessus, lignes 100-103 var., ligne 2). Peut-être a-t-il jugé finalement que ce rappel déforcerait trop 'l'absurdité' des accusations?

[31] Voir, pour Etienne VIII, ch.35 (notre t.2, p.490-91); pour Frédéric Ier, ci-dessus, ch.48; pour 'Mainfroi' ou Manfred, ci-dessous, ch.61.

[32] Voltaire condense et cite parfois textuellement Fleury (livre 82, année 1245, §27). Ni Fleury, ni Bruys (t.3, année 1245), ni Giannone (livre 17, ch.3, §1, t.2, p.578-83) ne disent que le pape 'rougit', mais seulement qu'il demeure silencieux. Dans les *Annales* (p.354), la citation est attribuée uniquement à l'ambassadeur d'Angleterre, et elle est beaucoup plus longue. Le concile de Lyon y est d'ailleurs dépeint avec plus de détails et de vivacité.

Tous les pères tenaient des cierges allumés, quand le pape prononçait. Ils les éteignirent ensuite. Une partie signa l'arrêt, une autre partie sortit en gémissant. [33]

N'oublions pas que dans ce concile le pape demanda un subside à tous les ecclésiastiques. Tous gardèrent le silence; aucun ne parla ni pour approuver ni pour rejeter le subside, excepté un Anglais *Despotisme du* nommé Mespham doyen de Lincoln. Il osa dire que le pape *pape sur le* rançonnait trop l'Eglise. Le pape le déposa de sa seule autorité, *clergé.* et les ecclésiastiques se turent. Innocent IV parlait donc et agissait en souverain de l'Eglise, et on le souffrait. [34]

Juste colère de Frédéric II ne souffrit pas du moins que l'évêque de Rome agît *l'empereur.* en souverain des rois. Cet empereur était à Turin, qui n'appartenait point encore à la maison de Savoie. C'était un fief de l'empire, gouverné par le marquis de Suze. [35] Il demanda une cassette: on la lui apporta. Il en tira la couronne impériale. 'Ce pape et ce concile, dit-il, ne me l'ont pas ravie; et avant qu'on m'en dépouille, il y aura bien du sang répandu.' [36] Il ne manqua pas d'écrire d'abord à tous les princes d'Allemagne et de l'Europe par la plume de son fameux

170

175

180

185

171-80   MSP, 53-54N: gémissant. ¶L'empereur était
181   MSP: [*manchette*] *Fermeté de l'empereur.*
192   MSP: découvririez-vous, à la

[33] La scène, que l'on imagine dramatique étant donné l'important enjeu politique et le caractère alors précaire du pouvoir pontifical qui a dû fuir Rome, est clairement inspirée de Fleury (livre 82, année 1245, §29).

[34] Ce développement (lignes 174-176) paraît curieux. Le doyen de Lincoln en 1245 était Roger de Wesham, qui fut consacré évêque de Chester lors du concile. Richard de Meopham, doyen de Lincoln (1273), assista au 2ᵉ concile de Lyon en 1274 où il défendit les droits de l'Eglise d'Angleterre. Le chroniqueur Walter de Guisborough rapporte que, Mespham ayant contredit le pape Grégoire X, celui-ci aurait dit: 'privavit eum omni beneficio ecclesiastico et erat privatus tribus diebus et tribus noctis' (*Chronicon domini Walteri de Hemingburgh* [...] *de gestis regum Angliae*, Londres, 1848-1849, t.2, p.3-4). Nulle mention toutefois de Meopham dans les sources historiques habituellement consultées par Voltaire, qui a déjà évoqué (lignes 157-65) les griefs importants des Anglais soulevés devant Innocent IV lors du concile de 1245.

[35] Turin n'est incorporée dans le duché de Savoie qu'en 1281.

[36] La déclaration de la sentence et la scène se trouvent chez Fleury (livre 82, année 1245, §30). Même citation dans les *Annales* (p.354-55).

chancelier Pierre des Vignes, tant accusé d'avoir composé le livre des *trois imposteurs*:[37] 'Je ne suis pas le premier, disait-il dans ses lettres, que le clergé ait ainsi indignement traité, et je ne serai pas le
190 dernier.[38] Vous en êtes cause, en obéissant à ces hypocrites, dont vous connaissez l'ambition sans bornes. Combien, si vous vouliez, découvririez-vous dans la cour de Rome d'infamies qui font frémir la pudeur?[39] Livrés au siècle, enivrés de délices, l'excès de leurs richesses étouffe en eux tout sentiment de religion. C'est une
195 œuvre de charité de leur ôter ces richesses pernicieuses qui les accablent: et c'est à quoi vous devez travailler tous avec moi, etc.'[40]
    Cependant le pape, ayant déclaré l'empire vacant, écrivit à sept

---

196-97   MSP: moi.' ¶Le pape de son côté employait des armes nouvelles. Il publiait dans l'Europe une croisade contre l'empereur. Ce qui avait été imaginé contre les mahométans fut tourné contre le premier prince de la chrétienté. Les guelphes mirent une croix rouge sur leur épaule. Le signe de la patience chrétienne
5 devint ainsi la marque de la guerre civile. Les légats du pape prêchèrent cette croisade en France même et en Angleterre. ¶[*manchette: Taxe pour la croisade.*] L'ignorance et l'aveuglement des hommes étaient au point qu'on osa demander au clergé anglais la cinquième partie de ses revenus pour cette guerre qu'on appelait sainte. L'archevêque de Cantorbery paya pour sa part huit cents marcs d'argent. On relevait de
10 leurs vœux ceux qui s'étaient voués à la guerre de la Palestine pourvu qu'ils se croisassent contre l'empereur et on les relevait de ce dernier vœu pour de l'argent. ¶A la honte de ce siècle, ce fut une très grande gloire pour la reine Blanche, mère de saint Louis, d'avoir réprimé en France ces abus. Il fallut qu'elle fît saisir les terres de quelques petits vassaux qui, par leur légèreté naturelle, s'étaient embarqués dans
15 cette croisade pour faire fortune, je dis des petits vassaux, car elle n'eût pu s'opposer aux grands. ¶Cependant

---

[37] Voir ci-dessus, n.19.

[38] Sur l'accusation portée contre Frédéric II, voir l'art. 'Athée, athéisme' du *DP* (*OCV*, t.35, p.378).

[39] Même citation, avec quelques écarts, dans les *Annales*, mais elle s'arrête à 'infamies'.

[40] La citation de la lettre de Frédéric correspond mot pour mot à Fleury (livre 82, année 1245, §30). Même si le contenu de MSP (lignes 196-97 var., lignes 1-6) est en partie repris ci-dessous sous la manchette, ligne 215, on s'explique mal l'absence de toute allusion, dans les éditions imprimées, au reste de ce long passage, inspiré de Fleury. Peut-être Voltaire a-t-il estimé que ces détails concernant l'Angleterre et la France rompraient par trop le fil du récit? Ou bien, après l'avoir projeté, a-t-il oublié de les intégrer dans les chapitres suivants?

princes ou évêques: c'étaient les ducs de Bavière, de Saxe, d'Autriche et de Brabant, les archevêques de Salzbourg, de Cologne et de Mayence. Voilà ce qui a fait croire que sept électeurs étaient alors solennellement établis. Mais les autres princes de l'empire et les autres évêques prétendaient aussi avoir le même droit.[41]

Les empereurs et les papes tâchaient ainsi de se faire déposer mutuellement. Leur grande politique consistait à exciter des guerres civiles.

On avait déjà élu roi des Romains en Allemagne Conrad fils de Frédéric II, mais il fallait, pour plaire au pape, choisir un autre empereur. Ce nouveau César ne fut choisi ni par les ducs de Saxe, ou de Brabant, ou de Bavière, ou d'Autriche, ni par aucun prince de l'empire. Les évêques de Strasbourg, de Vurtzbourg, de Spire, de Metz, avec ceux de Mayence, de Cologne et de Trèves, créèrent cet empereur. Ils choisirent un landgrave de Thuringe, qu'on appela le *roi des prêtres*.[42]

Quel étrange empereur de Rome qu'un landgrave qui recevait la couronne seulement de quelques évêques de son pays! Alors le pape fait renouveler la croisade contre Frédéric.[43] Elle était prêchée

Rome arme souvent les fils contre les pères.

Croisade contre l'empereur.

200

205

210

215

---

202   MSP: prétendaient bien avoir

203-204   MSP: droit. ¶La plupart des princes séculiers tenaient pour leur empereur. Le pape s'adressa donc à d'autres. Les empereurs

210   MSP: [*manchette*] *Empereur des prêtres.*

211   MSP: Strasbourg, de Spire

212   MSP: [*manchette*] *1246.*

215   MSP: Quel empereur
      53-54N: C'était un étrange empereur

---

[41] C'est en 1356 que la bulle d'or établira les sept électeurs de l'empereur. Voir ch.70.

[42] Le terme se trouve chez Fleury (livre 82, année 1245, §36). Voir MSP, manchette: *Empereur des prêtres.* Henri Raspe, landgrave de Thuringe est élu pour souverain (on l'appelle aussi antiroi) de France Orientale, de Germanie et du Saint Empire (1246-1247).

[43] L'idée et le terme de croisade se trouvent chez Fleury (livre 83, année 1248, §2;

par les *frères prêcheurs*, que nous appelons *dominicains*, et par les *frères mineurs*[44] que nous appelons *cordeliers* ou *franciscains*. Cette nouvelle milice des papes commençait à s'établir en Europe. (*c*)[45] Le Saint-Siège ne s'en tint pas à ces mesures. Il ménagea des conspirations contre la vie d'un empereur qui savait résister aux conciles, aux moines, aux croisades; du moins l'empereur se plaignit que le pape suscitait des assassins contre lui, et le pape ne répondit point à ces plaintes.[46]

Les mêmes prélats qui s'étaient donné la liberté de faire un César, en firent encore un autre après la mort de leur Thuringien, et ce fut un comte de Hollande. La prétention de l'Allemagne sur l'empire romain ne servit donc jamais qu'à la déchirer. Ces mêmes évêques qui élisaient des empereurs, se divisèrent entre eux: leur comte de Hollande fut tué dans cette guerre civile.[47]

Frédéric II avait à combattre les papes depuis l'extrémité de la Sicile jusqu'à celle de l'Allemagne. On dit qu'étant dans la Pouille, *1249.* il découvrit que son médecin, séduit par Innocent IV, voulait

(*c*) Voyez le chapitre des ordres religieux.

219   MSP: nous nommons codeliers
220   MSP: papes, dont nous verrons l'origine en son lieu, commençait alors à s'établir dans l'Europe
234   MSP: par le pape Innocent
n.*c*   MSP, 53-w68: [*absente*]

---

marque en haut du signet, 'croisade / contre federi[c]', p.448-50, *CN*, t.3, p.552). Voltaire reprend ici une idée déjà exprimée: voir ci-dessus, lignes 63, 196-97 var. (ligne 2).

[44] Voir Fleury, livre 83, année 1248, §3.

[45] Renvoi au ch.139, où Voltaire souligne le rôle des deux ordres, fondés au début du treizième siècle, dans les croisades en général, ainsi que le lien entre les dominicains et l'Inquisition.

[46] Voir Fleury, qui mentionne seulement des accusations de Frédéric contre 'des évêques' (livre 82, année 1246, §37). Giannone évoque 'des barons' qui, débauch[és] par le pape, 'complotèrent pour [...] assassiner' l'empereur (t.2, livre 17, ch.3, p.586).

[47] Guillaume (comte) de Hollande est élu roi des Romains (antiroi) en octobre 1247, après la mort d'Henri Raspe (voir ci-dessus, n.42). Il meurt en 1256. Fleury le dit 'frère du comte de Hollande' (livre 82, année 1247, §58).

l'empoisonner. Le fait me paraît douteux; mais dans les doutes que 235
fait naître l'histoire de ces temps, il ne s'agit que du plus ou du
moins de crimes. [48]

Frédéric, voyant avec horreur qu'il lui était impossible de
confier sa vie à des chrétiens, fut obligé de prendre des mahométans
pour sa garde. [49] On prétend qu'ils ne le garantirent pas des fureurs de 240
Mainfroi son bâtard, qui l'étouffa, dit-on, dans sa dernière maladie.
Le fait me paraît faux. [50] Ce grand et malheureux empereur, roi de
Sicile dès le berceau, ayant porté trente-huit ans la vaine couronne
de Jérusalem, et celle des Césars cinquante-quatre ans, (puisqu'il
1250. avait été déclaré roi des Romains en 1196) (*d*) mourut âgé de 245
cinquante-sept ans dans le royaume de Naples, et laissa le monde
aussi troublé à sa mort qu'à sa naissance. [51] Malgré tant de troubles,

(*d*) Il mourut en 1250.

241-42   MSP, 53-54N: Mainfroi, l'un de ses bâtards qui l'étouffa, dit-on, dans sa
dernière maladie. [MSP: Mais encore une fois, de tels crimes doivent être bien prouvés
pour être crus.] Quoi qu'il en soit, ce grand
244-46   MSP, 53-54N: Césars 33 ans, mourut âgé de 52 ans
247-54   53-54N: naissance. ¶Depuis
n.*d*   MSP, 53-W75G, K: [*absente*]

[48] Fleury raconte en détail l'empoisonnement raté de Frédéric (livre 83,
année 1249, §15).
[49] Fleury évoque la présence à ses funérailles de 'deux cent Sarrasins à pied qui
étaient ses gardes du corps' (livre 84, année 1250, §24).
[50] Pour relater la tentative de meurtre de Frédéric par 'Mainfroi, prince de
Tarente, son fils naturel' (Manfred, 1231-1266), Giannone, qui semble dubitatif, se
réfère à Cuspinien (Johannes Spiessheimer, diplomate au service des Habsbourg,
alias Cuspinianus, *De Caesaribus atque Imperatoribus Romanis opus insigne*, Argen-
torati [Strasbourg], 1540), qui 'assure qu'on soupçonna, Mainfroi [...] de l'avoir
empoisonné, afin de se rendre maître du royaume comme il tenta de le faire' (livre 17,
ch.4, t.2, p.590). Comme Fleury, 'Le bruit courut depuis, que Mainfroi l'avait
étouffé, en lui mettant un oreiller sur le visage' (livre 83, année 1250, §24). Ces vagues
soupçons, appuyés sur les dires d'un auteur très postérieur aux faits, ne convainquent
pas Voltaire.
[51] Voltaire est fasciné par le caractère contradictoire de la personnalité de ce
'grand homme'. Dans les *Annales*, il en demeurait à une constatation plus

ses royaumes de Naples et de Sicile furent embellis et policés par
ses soins. Il y bâtit des villes, y fonda des universités, y fit fleurir un
250 peu les lettres. La langue italienne commençait à se former alors,
c'était un composé de la langue romance et du latin. On a des vers
de Frédéric II en cette langue.[52] Mais les traverses qu'il essuya
nuisirent aux sciences autant qu'à ses desseins.

    Depuis la mort de Frédéric II jusqu'en 1268, l'Allemagne fut
255 sans chef, non comme l'avait été la Grèce, l'ancienne Gaule,
l'ancienne Germanie, et l'Italie avant qu'elle fût soumise aux
Romains: l'Allemagne ne fut ni une république, ni un pays partagé
entre plusieurs souverains, mais un corps sans tête, dont les
membres se déchiraient.[53]
260   C'était une belle occasion pour les papes; mais ils n'en profi-

254   MSP: [*manchette: Anarchie dans l'empire.*] Frédéric II, c'est-à-dire depuis
1250 jusqu'en

255   MSP: non pas comme

259-60   MSP: déchiraient. La liberté de quelques villes impériales se fortifia de
cette confusion, et l'Italie depuis les Alpes jusqu'aux portes de Rome, songea à vivre
sans maître. Il n'y eut aucune ville qui ne voulut être libre, et bientôt presque aucune
qui n'eût des tyrans. ¶C'était

---

lapidaire: 'Malgré son esprit, son courage, son application et ses travaux, il fut très
malheureux; et sa mort produisit de plus grands malheurs encore' (année 1250, p.356-
57).

[52] Voltaire résume Giannone et rend hommage au souverain éclairé qui protège
les arts et les cultive lui-même (livre 17, ch.4, t.2, p.597-98). Il ne mentionne pourtant
pas que la cour de Frédéric devient brillante grâce à la rencontre des deux cultures
(européenne et arabe), ni que l'empereur était un scientifique reconnu (ses
observations concernant les oiseaux migrateurs sont encore mentionnées en
ornithologie).

[53] En fait l''Interrègne' (que Barre qualifie aussi d'"anarchie de l'empire', t.6,
année 1266), sur lequel Voltaire ne reviendra pratiquement pas, dure jusqu'à l'élection
de Rodolphe Ier de Habsbourg en 1273. Après la mort, en 1254, de Conrad IV, héritier
de Frédéric II, les luttes entre Manfred (1231-1266), fils naturel de Frédéric, et les
partisans du fils de Conrad IV, Conradin (1252-1268), se déroulent essentiellement en
Italie, notamment en Sicile (voir ci-dessous, ch.61). Quant à Richard de Cornouailles,
fils de Jean Sans Terre, couronné empereur à Aix-la-Chapelle en 1257, il ne revient
pratiquement plus en Allemagne avant sa mort, en 1272.

tèrent pas.[54] On leur arracha Brescia, Crémone, Mantoue, et beaucoup de petites villes.[55] Il eût fallu alors un pape guerrier pour les reprendre; mais rarement un pape eut ce caractère. Ils ébranlaient à la vérité le monde avec leurs bulles. Ils donnaient des royaumes avec des parchemins. Le pape Innocent IV en 1247 265 déclara de sa propre autorité Haquin roi de Norvège, en le faisant enfant légitime de bâtard qu'il était. Un légat du pape couronna ce roi Haquin, et reçut de lui un tribut de quinze mille marcs d'argent, et cinq cents marcs (ou marques) des églises de Norvège; ce qui était peut-être la moitié de l'argent comptant qui roulait dans un 270 pays si peu riche.[56]

1251.   Le même pape Innocent IV créa aussi un certain Mandog roi de Lithuanie, mais roi relevant de Rome. *Nous recevons*, dit-il dans sa bulle du 15 juillet 1251, *ce nouveau royaume de Lithuanie au droit et à*

262   MSP: villes sur lesquelles ils avaient des droits.

262-63   MSP: guerrier et conquérant pour

263   MSP: caractère et ceux qui avaient le courage manquaient de puissance.

265   MSP, 53-W57G: royaumes. Le pape en
       61: pape en 1247

267   MSP: était. 'En vertu, dit-il, de la plénitude de notre puissance, nous vous accordons dispense pour être élevé à la dignité royale et pour la transmettre à vos enfants.' Un

268   MSP: lui en tribut

268-69   MSP: quinze mille marcs des églises

269   53-W57G: et cinq cents marcs des églises

270   MSP: était au moins la

273-80   53-54N: Rome. ¶Les papes semblaient donc les maîtres

274   MSP: juillet *ce*

[54] Bruys, en manchette: 'Le pape devient maître absolu en Italie' (t.3, année 1254).

[55] Giannone écrit qu'après la victoire de Frédéric II à Cortenuova en 1237 contre la Ligue lombarde soutenue par le pape, 'toutes les villes [de Lombardie] entrèrent sous son obéissance' (livre 17, ch.1, t.2, p.557). Alliées de l'empereur depuis le début des années 1230, Crémone, Brescia, passent définitivement dans le camp impérial après Cortenuova. A Mantoue, la famille gibeline des Bonacolsi l'emporte en 1273 sur ses rivales et prend le contrôle de la cité.

[56] Fleury raconte de manière similaire le couronnement du roi Haquin (Haakon IV, 1217-1263) et mentionne les sommes d'argent (livre 82, année 1247, §57).

275 *la propriété de saint Pierre, vous prenant sous notre protection, vous, votre femme et vos enfants.* C'était imiter en quelque sorte la grandeur de l'ancien sénat de Rome, qui accordait des titres de rois et de tétrarques. La Lithuanie ne fut pas cependant un royaume; elle ne put même encore être chrétienne que plus d'un siècle après. [57]

280 Les papes parlaient donc en maîtres du monde, et ne pouvaient être maîtres chez eux: il ne leur en coûtait que du parchemin pour donner ainsi des Etats; mais ce n'était qu'à force d'intrigues qu'ils pouvaient se ressaisir d'un village auprès de Mantoue ou de Ferrare.

285 Voilà quelle était la situation des affaires de l'Europe: l'Allemagne et l'Italie déchirées, la France encore faible, l'Espagne partagée entre les chrétiens et les musulmans: ceux-ci entièrement chassés de l'Italie; l'Angleterre commençant à disputer sa liberté contre ses rois; le gouvernement féodal établi partout; la chevalerie

290 à la mode; les prêtres devenus princes et guerriers; une politique presque en tout différente de celle qui anime aujourd'hui l'Europe. [58]

276-80   MSP: *enfants.* ¶Les papes semblaient donc les maîtres
280   MSG: [*manchette*] *Grandeur et faiblesse des papes.*
281   MSP, 53-54N: du papier pour
282   MSP: Etats au bout de l'Europe, mais
284-85   MSP: Ferrare. Souvent même ils étaient obligés de fuir Rome. Il n'y avait plus ni sénat, ni consuls, mais le peuple nommait un sénateur qui seul balançait quelquefois l'autorité du pape. ¶Voilà
291   MSP: presque toute différente

[57] La création du royaume de 'Lithvanie', à la demande du prince Mandog, les détails et la date de la bulle, se trouvent (avec quelques légers écarts: Mandog, Mendog ou Mindof, etc.) chez Fleury (livre 82, année 1246, §44), mais Voltaire ajoute son commentaire (en haut du signet: 'le pape / donne le / royaume / de lituanie / etc.', p.524-25; *CN*, t.3, p.553). Grand-duc de Lituanie depuis 1236, converti au christianisme vers 1250, Mindaugas accepte en 1253 la couronne royale proposée par le pape. Devant l'opposition de son peuple, il abjure après 1261, et est assassiné en 1263.

[58] En conclusion, Voltaire dresse le tableau d'une Europe déchirée, instable, et que le seul ciment du christianisme ne parvient pas à protéger des ravages conjugués de la féodalité et de la *rabbia papale*. Il se plaît à souligner le contraste entre cette situation et la coexistence relativement pacifique de grandes monarchies centralisées

Il semblait que les pays de la communion romaine fussent une grande république dont l'empereur et les papes voulaient être les chefs; et cette république, quoique divisée, s'était accordée long-temps dans les projets des croisades, qui ont produit de si grandes et de si infâmes actions, de nouveaux royaumes, de nouveaux établissements, de nouvelles misères, et enfin beaucoup plus de malheur que de gloire. Nous les avons déjà indiquées. Il est temps de peindre ces folies guerrières.

295

293   MSP: le pape
295   MSP: le projet de ces croisades
298-99   MSP, 53-w68: gloire.//

---

et de quelques républiques qui constitue le cadre de la géopolitique européenne de la seconde moitié du dix-huitième siècle. Notons qu'il présente déjà au treizième siècle l'Angleterre, véritable héraut de l'avenir, comme 'commençant à disputer sa liberté contre les rois'.

CHAPITRE 53

De l'Orient au temps des croisades, et de l'état de la Palestine.

Les religions durent toujours plus que les empires. Le mahomé- *Commencements* tisme florissait, et l'empire des califes était détruit par la nation des *des Turcs.*

a-162 [*Première rédaction de ce chapitre*: MSP, 50]
a   MSP: Chapitre 34
  w56-w57G: Chapitre 43
  61: Chapitre 49
a-c 50: *Histoire des croisades, par M. de Voltaire / Etat de l'Europe*
b-c MSP, 53-54N: *De l'Orient et des croisades.//*
  w56-w57G: *De l'Orient au temps des croisades.//*
1   50: Lorsque ces guerres commencèrent, voici quelle était la situation des
affaires de l'Europe; l'Allemagne et l'Italie étaient déchirées; la France encore faible;
l'Espagne partagée entre les chrétiens et les musulmans; ceux-ci entièrement chassés
de l'Italie; l'Angleterre commençant à disputer sa liberté contre ses rois; le
5   gouvernement féodal établi partout; la chevalerie à la mode; les prêtres devenus
princes et guerriers; une politique presque toute différente de celle qui anime
aujourd'hui l'Europe; il semblait que les pays de la communion romaine fussent une
grande république, dont l'empereur et le pape voulaient être les chefs; cette
république, quoique divisée, s'était accordée longtemps dans le projet de ces
10   croisades qui ont produit de si grandes et de si infâmes actions, de nouveaux
royaumes, de nouveaux établissements, de nouvelles misères, enfin beaucoup plus de
malheurs que de gloire. / *Etat de l'empire des Turcomans.* / Les religions

* Sur l'édition séparée de l'*Histoire des croisades*, voir la présentation de
H. Duranton ci-dessus, p.lii-liii. Ce chapitre a pour but de planter le décor dans
lequel vont se dérouler, à travers cinq chapitres d'une densité remarquable, près de
200 ans d'histoire commune à toute l'Europe. Voltaire y présente une région qui
n'était ni plus ni moins qu'un bouillonnant chaudron où successivement, dès le
dixième siècle, s'affrontaient différents peuples prédateurs, constamment aux prises
les uns avec les autres, dans des luttes dont étaient issues d'innombrables entités
territoriales autonomes. Comme le dira Voltaire (lignes 62-63): 'Tout était divisé, et
c'est ce qui pouvait rendre les croisades heureuses.' Pour ces nouveaux prédateurs
venus d'Europe, la présence sur les lieux d'un allié potentiel, l'empire de
Constantinople, était en principe une garantie supplémentaire de succès. Car si

Turcomans. [1] On se fatigue à rechercher l'origine de ces Turcs. Elle est la même que celle de tous les peuples conquérants. Ils ont tous

3   MSP, 50, 52HCA: de ces peuples, elle
4   MSP, 50: peuples uniquement conquérants

---

ces descendants de Constantin s'étaient parfois révélés inférieurs à leurs illustres prédécesseurs, ils représentaient tout de même une présence chrétienne dans une région où leur importance n'était pas négligeable. Or le théâtre des guerres et des campagnes des années 1095-1270, à savoir la Palestine essentiellement, était toutefois un lieu aride; pays au centre duquel se trouvait cette ville sainte, Jérusalem, possédée par les mahométans, qui, dès le milieu du douzième siècle, allait provoquer des affrontements cataclysmiques. La Palestine se trouvait au cœur d'une région à l'histoire mouvementée où tout était en perpétuel devenir, et ce de manière brutale. A lire ces lignes introductives, au seuil d'une entreprise monumentale, on croirait entendre Géronte. Mais ici, sans nulle intention comique, Voltaire se pose une question à la fois peu caractéristique de l'historiographie française, et douloureuse, question omniprésente dans les ch.53-59: Pourquoi cette aventure? Ce chapitre n'a pas d'équivalent dans l'*Histoire des croisades* de Maimbourg, la source principale de Voltaire, à qui un seul paragraphe de 45 lignes suffit pour planter le décor (origine des Turcs, leurs invasions, livre 1, année 637), et dont le récit commence d'emblée avec Pierre l'Ermite. Pour rédiger le sien, Voltaire n'avait en réalité besoin que de faire appel à sa culture générale. Certains détails pointus, que nous identifions, se trouvent toutefois dans les ouvrages classiques suivants: L. Cousin, *Histoire de Constantinople* [...] *traduit sur les originaux grecs* (Paris, 1671-1674, BV891); Fleury, *Histoire ecclésiastique*; d'Herbelot, *Bibliothèque orientale* (Paris, 1697, BV1626); J. Hübner, *Géographie universelle* (Bâle, 1746, BV1686); Moréri, *Grand Dictionnaire historique*; Sale *et al.*, *Histoire universelle* (trad. fr., Amsterdam et Leipzig, 1742-1802). Cet ensemble de chapitres 53-59 suscita une critique scientifique hostile quand il parut, pour la première fois dans le *Mercure de France*: voir la 'Lettre aux auteurs de ces Mémoires sur une nouvelle histoire des croisades', *Journal de Trévoux*, octobre 1750, p.2268-79; novembre 1750, p.2470-88. L'auteur anonyme préfaça ainsi sa désapprobation: 'Quoi qu'il en soit néanmoins, et indépendamment de toute dénomination d'auteur, j'y remarque des traits fort hasardés, je puis même dire très faux, très téméraires et très voisins de l'impiété' (p.2268-69). C'est une attitude symptomatique de l'hostilité à cette nouvelle histoire *philosophique*, qui tournera si souvent en dialogue de sourds. L'introduction de la version publiée dans le *Mercure* reprend mot pour mot les lignes 285-97 du ch.52 dans le texte de MSP.

[1] Les califes, successeurs de Mahomet, réunissaient en leurs personnes l'autorité temporelle et spirituelle; ils étaient chefs de l'empire et du sacerdoce. Il y en avait

5   été d'abord des sauvages, vivant de rapine. Les Turcs habitaient autrefois au-delà du Taurus et de l'Immaüs, et bien loin, dit-on, de l'Araxe.[2] Ils étaient compris parmi ces Tartares que l'antiquité nommait Scythes. Ce grand continent de la Tartarie, bien plus vaste que l'Europe, n'a jamais été habité que par des barbares.

10 Leurs antiquités ne méritent guère mieux une histoire suivie que les loups et les tigres de leur pays.[3] Ces peuples du Nord firent de tout temps des invasions vers le midi. Ils se répandirent vers le onzième siècle du côté de la Moscovie. Ils inondèrent les bords de la mer Caspienne. Les Arabes sous les premiers successeurs de Mahomet avaient soumis presque toute l'Asie Mineure, la Syrie et la Perse:

15 les Turcomans vinrent enfin, qui soumirent les Arabes.[4]

---

5   MSP, 50: été des sauvages, vivant de rapine. Les Turcs et les Turcomans habitaient

8-9   MSP, 50, 53-54N: Tartarie, quatre fois plus vaste que l'Europe, ne fut [53-54N: n'a] jamais

9-10 MSP, 50: barbares, au moins depuis qu'on a quelque faible connaissance de ce globe. ¶Leurs

11-12 w56-61: pays. Ils

11-14 MSP, 50, 53-54N: pays. Ils se répandirent au commencement du [53-54N: vers le] onzième siècle vers la Moscovie; ils inondèrent les bords de la mer Noire et ceux de la mer Caspienne

16-32 MSP, 50: Arabes. Bagdad, siège de l'empire des califes, tomba vers 1055 entre les mains de ces nouveaux ravisseurs. ¶Togrul-Bey

---

deux branches: celle des Ommeyades et celle des Abbassides. Voltaire identifie ici, de manière très oblique, les années 1298-1300, date de la fondation de l'émirat ottoman par Osman Ier.

   [2] 'Imaüs (*Géog. anc.*) longue chaîne de montagnes qui traverse l'Asie, au nord de ce que les anciens appellent proprement l'Inde' (*Encyclopédie*, t.8, p.565). De nos jours le Taurus est la chaîne du Caucase.

   [3] Ayant vaguement fait l'équation entre les Turcs et leurs prétendus ancêtres les Scythes, Voltaire veut-il ici dénoncer Hérodote (cible souvent identifiée par l'historien 'moderne' qu'il est)? Hérodote avait consacré à la Scythie, non pas une histoire suivie, mais maints commentaires, parfois d'une longueur remarquable (voir l'*Histoire*, livre 4, §1-142).

   [4] Cette rapide synthèse semble un souvenir lointain du t.23, 'Histoire de l'empire ottoman', de Sale (p.374-75).

Un calife de la dynastie des Abassides, nommé Motassem, fils du grand Almamon, et petit-fils du célèbre Aaron al Rachild, protecteur comme eux de tous les arts, contemporain de notre Louis le Débonnaire ou le Faible, posa les premières pierres de 20 l'édifice sous lequel ses successeurs furent enfin écrasés. Il fit venir une milice de Turcs pour sa garde. [5] Il n'y a jamais eu un plus grand exemple du danger des troupes étrangères. Cinq à six cents Turcs à la solde de Motassem sont l'origine de la puissance ottomane, qui a tout englouti, de l'Euphrate jusqu'au bout de la Grèce; et a de nos 25 jours mis le siège devant Vienne. Cette milice turque augmentée avec le temps devint funeste à ses maîtres. [6] De nouveaux Turcs arrivent qui profitèrent des guerres civiles excitées pour le califat. Les califes abassides de Bagdat perdirent bientôt la Syrie, l'Egypte, l'Afrique, que les califes fatimites leur enlevèrent. Les Turcs 30 dépouillèrent et Fatimites et Abassides.

Décadence des Togrul-Beg, ou Ortogrul Beg, de qui on fait descendre la race
califes. des Ottomans, entra dans Bagdat, à peu près comme tant d'em-
1050. pereurs sont entrés dans Rome. Il se rendit maître de la ville et du calife, en se prosternant à ses pieds. Ortogrul conduisit le calife 35

35 MSP: [*manchette*] *Turcs soumettent et respectent les califes.*

[5] Haroun al-Raschid (né en 763) le cinquième calife abbasside (786-809) dont un des successeurs sera Al-Mamun (né en 786), qui régna de 813 à 833. A celui-ci succéda son fils Al-Mu'tassim (794), calife de 833 à 842. C'est ce dernier qui fit venir à Bagdad une milice composée de prisonniers pris parmi les Ghulams, peuplade turque d'Asie Centrale, qui sont à l'origine des mamelouks. Louis Ier le Pieux, ou le Débonnaire ou le Faible (778-840).

[6] Voltaire semble confondre les mamelouks (à l'origine la garde personnelle du calife abbasside) avec les janissaires (la garde rapprochée du sultan ottoman). Dans le *Saint Fargeau notebook*, il écrit: 'Les janissaires créés l'an de L'égire 763 par Amurat' (dont il propose la date 1384 de notre ère; *OCV*, t.81, p.164). Leur influence politique était considérable. Comme le note Voltaire par deux fois: 'Les Turcs sont l'esclave du sultan, et le sultan est l'esclave des janissaires' (*L'Anti-Machiavel*, *OCV*, t.19, p.214), et 'L'empire turc est l'empire des janissaires' (*Notebook fragments*, *OCV*, t.82, p.714). Le siège de Vienne eut lieu en septembre-octobre 1529.

Caiem à son palais en tenant la bride de sa mule; mais plus habile ou plus heureux que les empereurs allemands ne l'ont été dans Rome, [7] il établit sa puissance, et ne laissa au calife que le soin de commencer le vendredi les prières à la mosquée, et l'honneur d'investir de leurs Etats tous les tyrans mahométans qui se faisaient souverains.

Il faut se souvenir que comme ces Turcomans imitaient les Francs, les Normands et les Goths dans leurs irruptions, ils les imitaient aussi en se soumettant aux lois, aux mœurs et à la religion des vaincus. C'est ainsi que d'autres Tartares en ont usé avec les Chinois; et c'est l'avantage que tout peuple policé, quoique le plus faible, doit avoir sur le barbare, quoique le plus fort.

Ainsi les califes n'étaient plus que les chefs de la religion, tels que le dairi pontife du Japon, qui commande en apparence aujourd'hui au cubosama, et qui lui obéit en effet; tels que le shérif de la Mecque, qui appelle le sultan turc son vicaire; tels enfin qu'étaient

40 d'investir

50 au cubosama

---

46   MSP, 50: que le peuple policé
47   MSP, 50: sur le peuple barbare
47-66   MSP, 50, 53-54N: fort. ¶Ainsi donc [MSP: que] les califes n'étaient plus que les chefs de la religion, ce que les papes avaient été sous les rois lombards. Les princes des Turcomans prenaient le nom de sultans. Il y eut bientôt parmi eux, comme ailleurs, des hommes illustres. [MSP, 50: et même qui méritaient de l'être.]
5   ¶L'empereur [51HCA, 53-54N: ¶L'empire] de

---

[7] Caiem Ben Rillah, 26e calife, en fonction de 1030 à 1074. Toghrul-Beg ou Ortogrul-Beg, fondateur de la dynastie des Seldjoukides, prit Bagdad en 1055. Togrul-Beg 'vint avec une grosse armée de Turcs et entra dans Bagdet où il rendit au khalife tous les honneurs qui étaient dûs à sa dignité [...] Il le conduisit à pied jusqu'au palais impérial portant sa main tantôt à l'étrier, et tantôt à la bride de sa mule' (d'Herbelot, art. 'Caiem-Bembrillah', t.2, p.155). Quant à la référence à la bride de la mule (du pape), Voltaire évoque l'acte de soumission que l'empereur Constantin aurait fait au pouvoir spirituel (voir ch.10, notre t.2, p.208-209; art. 'Donations' des QE, OCV, t.40, p.510). Pour cette pratique et plus spécialement les empereurs allemands, voir ci-dessus, ch.48 (lignes 35, 43-45), et ch.71 (lignes 66-67), informations que Voltaire répète dans les Annales de l'Empire à propos de Conrad, Lothaire II, Frédéric Ier et Charles IV (p.303, 311, 317, 409).

les papes sous les rois lombards. [8] Je ne compare point sans doute la religion mahométane avec la chrétienne, je compare les révolutions. Je remarque que les califes ont été les plus puissants souverains de l'Orient, tandis que les pontifes de Rome n'étaient rien. Le califat est tombé sans retour; et les papes sont peu à peu devenus de grands souverains, affermis, respectés de leurs voisins, et qui ont fait de Rome la plus belle ville de la terre. [9]

Il y avait donc au temps de la première croisade un calife à Bagdat qui donnait des investitures, et un sultan turc qui régnait. Plusieurs autres usurpateurs turcs et quelques Arabes, étaient cantonnés en Perse, dans l'Arabie, dans l'Asie Mineure. Tout était divisé, et c'est ce qui pouvait rendre les croisades heureuses. Mais tout était armé, et ces peuples devaient combattre sur leur terrain avec un grand avantage.

Décadence de Constantinople. L'empire de Constantinople se soutenait: tous ses princes n'avaient pas été indignes de régner. Constantin Porphirogénète, fils de Léon le Philosophe, et philosophe lui-même, fit renaître, comme son père, des temps heureux. [10] Si le gouvernement tomba dans le mépris sous Romain fils de Constantin, il devint respectable

55

60

65

70

52-53   w56-61: doute le trône de l'erreur à celui de la vérité. Je compare
66   50: [*intertitre*] *Etat de Constantinople*

[8] Jusqu'en 1585 le dairi, ou dairo, était l'empereur héréditaire du Japon et exerçait à la fois le pouvoir ecclésiastique et le pouvoir séculier. Mais à partir de cette date l'empereur Ogimachi (1517-1593) transféra le pouvoir politique à Toyotomi Hideyoshi (1536-1598), qui, en tant que *kubo*, ou *cubo-sama*, devint l'empereur séculier. Pour les rapports papes–rois lombards, voir ch.13 (notre t.2, p.228-43).

[9] L'essor politique apparemment irréversible des papes, qui convoitaient la domination temporelle, a été un des leitmotive de Voltaire dès le ch.13 ('Origine de la puissance des papes').

[10] Tout ce paragraphe est nourri d'une lecture cursive de la *Vie de l'empereur Léon*, dans l'*Histoire de Constantinople* de Cousin, années 886-911 (t.3, p.577-600). Constantin VII Porphyrogénète fut empereur de 913 à 959.

aux nations sous Nicéphore Phocas, qui avait repris Candie en 961 avant d'être empereur. Si Jean Zimiscès assassina ce Nicéphore, et souilla de sang le palais, s'il joignit l'hypocrisie à ses crimes, il fut d'ailleurs le défenseur de l'empire contre les Turcs et les Bulgares. [11]

75 Mais sous Michel Paphlagonate on avait perdu la Sicile: sous Romain Diogène presque tout ce qui restait vers l'orient, excepté la province de Pont; [12] et cette province, qu'on appelle aujourd'hui Turcomanie, tomba bientôt après sous le pouvoir du Turc Soliman, qui maître de la plus grande partie de l'Asie Mineure, établit le

80 siège de sa domination à Nicée, et menaçait de là Constantinople au temps où commencèrent les croisades. [13]

71   MSP, 50: Candie sur les arabes en
72   50: avant que d'être
77   MSP, 50: Pont. Cette
80   MSP, 50: et de là menaçait Constantinople

[11] Voir la *Vie de l'empereur Constantin*, années 912-959 (Cousin, t.3, p.607-52). Romain II le Jeune, empereur de 959 à 963. Nicéphore II Phocas, empereur de 963 à 969. Jean Ier Tzimiskès, amant de Théophane, femme de Romain II, puis de Nicéphore II Phocas, régna de 969 à 976: pour justifier son usurpation, il déploya beaucoup d'énergie à refouler les envahisseurs de l'empire, annexa la Bulgarie et entreprit avec succès deux campagnes contre l'empire abbasside. Candie: ancien nom de la Crète d'origine vénitienne (1204).

[12] *Vies de Constantin Ducas et de Romain Diogène*, années 1059-1071 (Cousin, t.3, p.657-97). Michel IV le Paphlagonien, empereur (1034-1041), faillit (par l'entremise de son général, George Maniakès), évincer les musulmans de Sicile (1037-1040), mais après s'être brouillé avec ses alliés Lombards et Normands, il perdit l'île en 1041.

[13] Suleiman ibn Qutulmish, sultan seldjoukide de Rûm (1077), s'établit dans l'ouest de l'Anatolie, non par la force, mais par la diplomatie: en 1078, Michel VII demanda son aide contre Nicéphore III Botaniate qui lui disputait la couronne. Trahissant Michel, Suleiman aida Nicéphore à ravir la couronne. En récompense, Suleiman et ses Turcomans furent autorisés à s'installer dans le Pont. En 1080, Suleiman aida Nicéphore Mélissène dans sa tentative de détrôner Nicéphore III et fut autorisé à s'établir en Nicée.

L'empire grec était donc borné alors presque à la ville impériale, du côté des Turcs; mais il s'étendait dans toute la Grèce, la Macédoine, la Thessalie, la Thrace, l'Illyrie, l'Epire, et avait même encore l'île de Candie. Les guerres continuelles, quoique 85 toujours malheureuses contre les Turcs, entretenaient un reste de courage. Tous les riches chrétiens d'Asie, qui n'avaient pas voulu subir le joug mahométan, s'étaient retirés dans la ville impériale, qui par là même s'enrichit des dépouilles des provinces. Enfin malgré tant de pertes, malgré les crimes et les révolutions du palais, 90 cette ville, à la vérité déchue, mais immense, peuplée, opulente et respirant les délices, se regardait comme la première du monde. [14] Les habitants s'appelaient Romains, et non Grecs. Leur Etat était l'empire romain: et les peuples d'Occident, qu'ils nommaient Latins, n'étaient à leurs yeux que des barbares révoltés. 95

Tableau de la   La Palestine n'était que ce qu'elle est aujourd'hui, un des plus
Palestine.   mauvais pays de l'Asie. [15] Cette petite province est dans sa longueur d'environ soixante-cinq lieues, et de vingt-trois en largeur. Elle est couverte presque partout de rochers arides, sur lesquels il n'y a pas

82   50: borné, presque
83   MSP, 50: Turcs et à quelques rivages de la Propontide et de la mer Noire; mais
84   MSP, 50, 53-61: Macédoine, l'Epire, la Thessalie, la Thrace, l'Illyrie, et
93-94   MSP, 50: Romains, et les peuples d'Occident
96   MSP [*manchette*], 50 [*intertitre*]: Vrai portrait de la Palestine
96-97   MSP, 50, 53-w68: aujourd'hui, le plus mauvais pays de tous ceux qui sont habités dans l'Asie
98   MSP, 50: environ 45 lieues communes et de 30 à 35 de largeur

[14] Résumé du ch.29, et des diverses notations des ch.6, 11, 27, 28, 35, 43.
[15] La description de la Palestine est en partie empruntée à J. Hübner, *La Géographie universelle* (Bâle, 1746), t.4, p.40-44. Insistant de façon historique très ambiguë sur l'aridité de ce pays biblique 'où coulent le lait et le miel' (Exode 3:8), Voltaire a beaucoup choqué le critique anonyme du *Journal de Trévoux* (octobre 1750, p.2269-71), qui – citant Fleury, Calmet et 'une infinité d'autres écrivains tant anciens que modernes' – évoque au contraire son opulence. Voltaire récidivera dans une longue addition de 1761. Voir ci-dessous, lignes 113-33 et n.17.

100 une ligne de terre. Si ce coin de terre était cultivé, on pourrait le comparer à la Suisse. La rivière du Jourdain, large d'environ cinquante pieds dans le milieu de son cours, ressemble à la rivière d'Aar chez les Suisses, qui coule dans une vallée plus fertile que d'autres cantons. La mer de Tibériade n'est pas comparable au lac
105 de Genève. [16] Les voyageurs qui ont bien examiné la Suisse et la Palestine, donnent tous la préférence à la Suisse, sans aucune comparaison. Il est vraisemblable que la Judée fut plus cultivée autrefois quand elle était possédée par les Juifs. Ils avaient été forcés de porter un peu de terre sur les rochers pour y planter des
110 vignes. Ce peu de terre, liée avec les éclats des rochers, était soutenu par de petits murs dont on voit encore des restes de distance en distance.

Tout ce qui est situé vers le midi, consiste en déserts de sables salés du côté de la Méditerranée et de l'Egypte, et en montagnes
115 affreuses, jusqu'à Esiongaber vers la mer Rouge. [17] Ces sables et ces

100   K: ce canton de
100-101   MSP, 50: terre. Si cette petite province était cultivée, on ne pourrait mieux la comparer qu'à
          53-54N: terre. On ne peut mieux comparer cette petite province qu'à
103   MSP, 50: d'Aar qui coule chez les Suisses dans
103-107   MSP, 50, 53-W57G: vallée moins stérile que le reste. La mer de Tibériade peut être comparée au lac de Lausanne [W56: Genève]. Cependant les voyageurs qui ont bien examiné la Suisse et la Palestine donnent toute [53-W57G: tous] la préférence à la Suisse. Il
111   MSP: par des petits
112-34   MSP, 50, 53-W57G: distance. ¶La Palestine, malgré tous les [50: ses] efforts, n'eut

[16] Cette comparaison avec la Suisse, est bien entendu le seul fait de Voltaire. On notera son hésitation. Dans les premières éditions, le lac de Tibériade est comparé au lac Léman, honneur qui lui est refusé à partir de l'édition de 1761, peut-être parce que le propriétaire des Délices était désormais mieux à même de juger (voir les lignes 103-107 var.). Cette comparaison suscita d'ailleurs l'incrédulité du critique du *Journal de Trévoux* (octobre 1750, p.2271-74).
[17] Avant les années 1760-1770, Voltaire se contente de proclamer en peu de mots que la Palestine, ou la Judée, est un pays de déserts (cf. les *Annales de l'Empire*, p.344; *Sermon des cinquante*, *OCV*, t.49A, p.83). Sans aucun doute l'origine de cette variante

rochers habités aujourd'hui par quelques Arabes voleurs, [18] sont
l'ancienne patrie des Juifs. Ils s'avancèrent un peu au nord dans
l'Arabie pétrée. Le petit pays de Jérico qu'ils envahirent, est un des
meilleurs qu'ils possédèrent: le terrain de Jérusalem est bien plus
aride; il n'a pas même l'avantage d'être situé sur une rivière. Il y a
très peu de pâturages: les habitants n'y purent jamais nourrir de
chevaux: les ânes firent toujours la monture ordinaire. Les bœufs y
sont maigres; les moutons y réussissent mieux; les oliviers en
quelques endroits y produisent un fruit d'une bonne qualité. On y
voit encore quelques palmiers; et ce pays que les Juifs améliorèrent
avec beaucoup de peine, quand leur condition toujours malheureuse le leur permit, fut pour eux une terre délicieuse, en
comparaison des déserts de Sina, de Param et de Cadès-Barné.

Saint Jérôme qui vécut si longtemps à Bethléem, avoue qu'on
souffrait continuellement la sécheresse et la soif dans ce pays de
montagnes arides, de cailloux et de sables, où il pleut rarement, où
l'on manque de fontaines, et où l'industrie est obligée d'y suppléer
à grands frais par des citernes. [19]

La Palestine, malgré le travail des Hébreux, n'eut jamais de quoi
nourrir ses habitants; et de même que les treize cantons envoient le
superflu de leurs peuples servir dans les armées des princes qui

120

125

130

135

---

de 1761 (lignes 113-33) s'explique-t-elle par les besoins de la grande campagne contre
l'infâme, que Voltaire prépare depuis une dizaine d'années déjà, et qui englobe ses
attaques contre la Bible. Elle voudra qu'il se prononce plus longuement et
fréquemment sur les prétendus délices de la 'Terre promise'. A ce propos, voir
l'art. 'Judée' du *DP* (*OCV*, t.36, p.262-66, et plus spécialement n.1-2, 5, 11), l'art.
'Juifs' des *QE* ('Sixième lettre. Sur la beauté de la terre promise', *M*, t.19, p.538-40),
Un chrétien conte six Juifs (*M*, t.29, p.502-503) et *La Bible enfin expliquée* (*M*, t.30,
p.74-75).

[18] En émettant ce jugement négatif sur les Arabes, Voltaire généralise; Moréri
précise une différence entre les Arabes des villes et ceux de la campagne: 'Ceux-ci [...]
sont endurcis aux fatigues et au travail, mais ils ont une si furieuse inclination à
dérober qu'il y en a beaucoup parmi eux qui ne vivent que de larcin' (Paris, 1740, art.
'Arabie; mœurs des Arabes d'Asie').

[19] Saint Jérôme fit un pèlerinage à Bethléem en 385, et s'y installa en 388. Il
rapporte que au-delà de Bethléem s'étend un désert ('vastissima solitudo'; *Opera
omnia*, Paris, 1579, vol.1, t.3, p.106).

peuvent les payer, les Juifs allaient faire le métier de courtiers en
Asie et en Afrique. [20] A peine Alexandrie était-elle bâtie, qu'ils y
étaient établis. Les Juifs commerçants n'habitaient guère Jérusa-
140 lem; et je doute que dans le temps le plus florissant de ce petit Etat, il
y ait jamais eu des hommes aussi opulents que le sont aujourd'hui
plusieurs Hébreux d'Amsterdam, de la Haye, de Londres, de
Constantinople.

Lorsque Omar, l'un des premiers successeurs de Mahomet,
145 s'empara des fertiles pays de la Syrie, il prit la contrée de la
Palestine; et comme Jérusalem est une ville sainte pour les
mahométans, il y entra chargé d'une haire, et d'un sac de pénitent,
et n'exigea que le tribut de treize drachmes par tête, ordonné par le
pontife. C'est ce que rapporte Nicétas Coniates. [21] Omar enrichit
150 Jérusalem d'une magnifique mosquée de marbre, couverte de
plomb, ornée en dedans d'un nombre prodigieux de lampes

138   MSP, 50: Alexandrie avait-elle [50: avait] été bâtie qu'ils s'y
141-42   MSP, 50: sont plusieurs
142-44   53-W57G: d'Amsterdam, et de la Haye. ¶Lorsque
144   MSP, 50, 53-W57G: Lorsque Omar, successeur de
145   50: des terres fertiles de
        MSP, 50: prit aussi la contrée
146   50: était une ville
147-50   MSP, 50, 53-W57G: mahométans, il l'enrichit d'une

[20] Les mercenaires suisses sont réputés dans les différentes armées d'Europe
depuis la fin du Moyen Age, et particulièrement dans celle des rois de France. Les
ducs de Milan auraient été les premiers à les soudoyer (voir ch.110), suivis de près par
Louis XI qui les fit venir en 1464 lors de la guerre du Bien Public.
[21] Omar ibn al-Khattab (?-644), compagnon de Mahomet, devint le deuxième
calife de l'Islam en succédant à Abu Bakr en 634. Il prit Damas en 635, les villes les
plus importantes de la Syrie en 636, et Jérusalem en janvier 637. Sur Omar, voir notre
t.2, p.124, 126, 133, 135, 137-38, 140, 161. Sur Nicétas Choniatès, historien byzantin,
voir ci-dessous, ch.57, n.*.

d'argent, parmi lesquelles il y en avait beaucoup d'or pur. (*a*)
Quand ensuite les Turcs déjà mahométans s'emparèrent du pays
vers l'an 1055, ils respectèrent la mosquée, et la ville resta toujours
peuplée de sept à huit mille habitants. C'était ce que son enceinte   155
pouvait alors contenir, et ce que tout le territoire d'alentour
pouvait nourrir. Ce peuple ne s'enrichissait guère d'ailleurs que
des pèlerinages des chrétiens et des musulmans. Les uns allaient
visiter la mosquée, les autres l'endroit où l'on prétend que Jésus fut
enterré. Tous payaient une petite redevance à l'émir turc qui   160
résidait dans la ville, et à quelques imans qui vivaient de la curiosité
des pèlerins.

(*a*) Elle fut fondée sur les débris de la forteresse bâtie par Hérode et
auparavant par Salomon; forteresse qui avait servi de temple.

152   MSP: avait d'or
n.*a*   MSP, 50, 53-61: [*absente*]
152-53   MSP, 50: pur. Lorsque les Turcs
152-62   53-54N: pur.//
155-56   MSP: son ancienneté pouvait
159-60   MSP, 50: autres le Saint-Sépulcre. Tous
161   MSP: résidait à sa ville
         MSP, 50, 51HCA: quelque iman qui vivait [51HCA: vivaient]

CHAPITRE 54

De la première croisade, jusqu'à la prise de Jérusalem.

Tel était l'état de l'Asie Mineure, lorsqu'un pèlerin d'Amiens *Un fanatique* suscita les croisades. Il n'avait d'autre nom que Coucoupètre ou *auteur des croisades.*

a-315 [*Première rédaction de ce chapitre*: MSP, 50]
a   MSP, 53-54N: [*pas de rupture; suite du chapitre précédent*]
     50: *Origine des croisades.*
     W56-W57G: Chapitre 44
     61: Chapitre 50
1   MSP: [*manchette*] *Origine des croisades.*
1-2 MSP, 50: Mineure et de la Palestine, lorsqu'un
     51HCA, 52HCA: d'Amiens en Picardie suscita

* Ce chapitre, consacré à la première croisade (1095-1099) donne d'emblée le ton aux quatre chapitres qui vont lui succéder. Les impressions de Voltaire, lecteur assidu de ses prédécesseurs, sont multiples. La première, constamment présente, c'est l'ampleur même du phénomène, parti à l'origine *mirabile dictu* d'un simple particulier (Pierre l'Ermite) et d'une simple anecdote, que notre observateur n'hésite pas à désigner du terme d'*émigration*, et qu'il comparera (chapitre suivant, lignes 1-20) aux grands mouvements de masse qui émaillèrent l'histoire de l'Europe dès le quatrième siècle av. J.-C. Encore une fois, tout y était: d'une part les armées de guerriers enrôlés 'sous mille drapeaux différents' (ligne 62), d'autre part les nombreux compagnons de route: écoliers, femmes, marchands, moines, prêtres, paysans, vivandiers (lignes 63-64, 91). Mais si, à plusieurs reprises, l'importance extraordinaire de ces vagues déferlantes composées de croisés migrateurs ne laisse pas de l'étonner (lignes 66, 90-91, 116, 135, 145, 232-33), ce sont en parallèle – deuxième série d'impressions – leurs motivations diverses qui, constituant soit une 'fureur épidémique' (lignes 71-72) soit un 'enthousiame épidémique' (ligne 144), lui paraissent également dignes de commentaires, que ces motivations aillent des plus nobles jusqu'aux plus basses: un Robert de Normandie (lignes 123-29) et un Raimond de Toulouse (lignes 130-34) étaient partis par dévotion, alors que la grande majorité, à commencer par les Normands de Sicile, tout aussi arrogants prédateurs que leurs pairs européens, ne demandait qu'à 'courir au pillage' (ligne 148). Et que dire de cette papauté, constamment dans les coulisses, ne demandait qu'à étendre sa domination (lignes 15-17, 28-29, 32-33, 154-56, 161-64, 308-11) et qui visait la monarchie universelle? Mais si la barbarie de cette première croisade l'étonne autant qu'elle le choque

Cucupiêtre,[1] comme le dit la fille de l'empereur Comnène, qui le vit à Constantinople. Nous le connaissons sous le nom de Pierre

3-4   MSP, 50, 53-W57G: qui vit à Constantinople cet ermite.
4-14   MSP, 50, 53-54N: de l'Ermite Pierre [53-54N: ou plutôt Pierre l'Ermite].
[MSP, 50: Il se disait gentilhomme et prétendait avoir porté les armes.] Quoi qu'il en soit, ce Picard qui avait toute l'opiniâtreté de son pays, fut si touché des avanies qu'on lui fit à Jérusalem, en parla à son retour à Rome d'une manière si vive, [53: et] fit

(lignes 77-78, 92-100, 104, 279-84, 293-95), c'est le caractère complètement évanescent de cette sanglante 'émigration' que Voltaire trouvera inexplicable (chapitre suivant, lignes 12-17), ainsi que la volonté d'échanger des terres autrement plus riches et délicieuses contre quelques arpents de cette maudite 'Arabie pétrée' (ligne 38). La dernière remarque de ce chapitre, farouchement voulue, dirait-on, ne concerne-t-elle pas Godefroi de Bouillon, celui-là même qui avait littéralement abandonné une patrie qui 'valait bien au-delà de ce qu'il avait acquis en Palestine' (lignes 314-15)? Ne cherchons pas d'autre conclusion à ce chapitre, qui sert toujours de vecteur à une vision manifestement négative (qu'il ne trouva jamais aucune raison de modifier, le manque de variantes en fait foi), et qui y aboutit de nouveau dans une dernière formule-synthèse qui donne à réfléchir. Pour s'orienter dans sa réflexion (les remarques critiques, tout comme les inductions qu'elle lui suggéra, sont immédiatement reconnaissables), Voltaire s'est tourné de nouveau vers ces historiens qu'il pratique depuis le début: le père Daniel, *Histoire de France* (Paris, 1729, BV938, t.4), et l'abbé Fleury, dont il utilise non seulement l'*histoire ecclésiastique*, mais encore le 6ᵉ *Discours sur l'histoire ecclésiastique*: croisades, abrégé avec des réflexions personnelles de la part de Fleury, t.18 de l'*Histoire ecclésiastique*. Pour les détails Voltaire s'appuie sur le R.P. Maimbourg (*Histoire des croisades pour la délivrance de la Terre Sainte*, livres 1-3, 2ᵉ éd., t.1, Paris, 1686), qui est à l'évidence une source de choix, lui-même sans doute le point de départ pour Fleury ainsi que pour Daniel. Pour tout ce qui concerne Constantinople et les Comnènes, il avait à sa disposition les témoignages grecs rapportés par L. Cousin, *Histoire de Constantinople* [...] *traduite sur les originaux grecs* (Paris, 1671-1674, BV891, t.4).
   [1] Pierre l'Ermite (dont la légende est rapportée à l'origine par Albert d'Aix et la *Chanson d'Antioche*) fit le voyage en Terre Sainte en 1093. Bien que Voltaire reproduise fidèlement la version classique que l'on trouve chez Maimbourg, Fleury et Daniel, il n'y a pas trouvé le surnom qu'il lui attribue. Celui-ci se trouve dans l'*Alexiade* d'Anne Comnène où on lit par trois fois 'Koukoupetros' (ch.5.5, 6.3; trad. Bernard Leib, Paris, 1937-1967, t.2, p.207, 211). Voilà pourquoi il est curieux que Cousin traduise chaque occurrence soit par Pierre l'Ermite (p.398), soit tout simplement par Pierre (p.404). On dirait qu'il s'agit là, non d'une simple négligence,

6. L. Maimbourg, *Histoire des croisades* (Paris, 1682), t.1, frontispice.

7. L. Maimbourg, *Histoire des croisades*, t.5 (1686), 1re partie, frontispice.

5   l'Ermite. Ce Picard parti d'Amiens pour aller en pèlerinage vers
l'Arabie, fut cause que l'Occident s'arma contre l'Orient, et que
des millions d'Européens périrent en Asie. C'est ainsi que sont
enchaînés les événements de l'univers. Il se plaignit amèrement à
l'évêque secret qui résidait dans le pays, avec le titre de patriarche
10   de Jérusalem, des vexations que souffraient les pèlerins; les
révélations ne lui manquèrent pas. Guillaume de Tyr assure que
Jésus-Christ apparut à l'Ermite. *Je serai avec toi*, lui dit-il, *il est
temps de secourir mes serviteurs.* [2] A son retour à Rome, il parla d'une
manière si vive, et fit des tableaux si touchants, que le pape
15   Urbain II crut cet homme propre à seconder le grand dessein
que les papes avaient depuis longtemps d'armer la chrétienté contre

16   MSP, 50: avaient eu d'armer

---

mais d'un choix réfléchi. Quelle qu'en fût la raison, Cousin aurait-il jugé le sobriquet
inacceptable? Or, le problème se complique si l'on considère qu'à leur tour les
sources habituelles de Voltaire (Maimbourg, Daniel, Fleury) n'appellent le
personnage que Pierre l'Ermite. Quelle aurait donc été l'origine, soit de Coucou-
pierre, soit de l'encore plus pittoresque Cucupiètre? L'origine du surnom est
proposée par J.-B. Mailly (lui-même influencé par Voltaire?), *L'Esprit des croisades*
(Dijon, 1778-1780), en ces termes: 'Ce mot de Cucupiètre est formé du nom de baptême du
solitaire, et de celui de l'habillement qu'il portait d'ordinaire, comme qui dirait,
Petrus Cucullatus. Il n'est point absurde de penser avec Du Cange (*not. In Alex*) que
ce fut un sobriquet que les soldats croisés donnèrent à ce bizarre général parce que,
même dans ses expéditions, il avait la tête couverte de la cuculle monastique' (t.3,
p.55). Les notes de Du Cange renvoient à la traduction latine de l'*Alexiade* d'Anne
Comnène, procurée dès 1651 par le R.P. P. Poussines, avec notes, explications et
commentaires de Du Cange. Sources historiques à part toutefois, et étant donné les
consonances très particulières, voire savoureuses du nom, l'intention dévalorisante
de Voltaire en l'appelant Cucupiètre paraît évidente (voir aussi sa réapparition dans
Quelques petites hardiesses de M. Clair, *OCV*, t.74B, p.101).
   [2] Le songe est rapporté par Maimbourg: 'Lève-toi, Pierre [...] je serai toujours
avec toi. Il est temps que la sainteté de ces lieux consacrés par ma présence cesse enfin
d'être profanée, et que je délivre mon peuple de la cruelle servitude dans laquelle il y
a déjà plusieurs siècles qu'il gémit' (année 1093, livre 1, p.10-11; les années chez
Maimbourg sont traitées en grand détail: nous fournissons les numéros de page de
l'éd. consultée, t.1). Le songe se trouve également chez Fleury (livre 64, année 1095,
§31) et chez Daniel, qui reproduit la même phrase. Tous trois indiquent la source:
Guillaume de Tyr.

le mahométisme.[3] Il envoya Pierre de province en province communiquer par son imagination forte l'ardeur de ses sentiments et semer l'enthousiasme.

1094.   Urbain II tint ensuite vers Plaisance un concile en rase   20
campagne, où se trouvèrent plus de trente mille séculiers outre les ecclésiastiques.[4] On y proposa la manière de venger les chrétiens. L'empereur des Grecs Alexis Comnène, père de cette princesse qui écrivit l'histoire de son temps,[5] envoya à ce concile des ambassadeurs pour demander quelque secours contre les musul-   25
mans; mais ce n'était ni du pape, ni des Italiens qu'il devait l'attendre. Les Normands enlevaient alors Naples et Sicile aux Grecs; et le pape, qui voulait être au moins seigneur suzerain de ces royaumes, étant d'ailleurs rival de l'Eglise grecque, devenait nécessairement par son état, l'ennemi déclaré des empereurs   30
d'Orient, comme il était l'ennemi couvert des empereurs teuto-

---

17   MSP, 50: mahométisme. ¶Grégoire VII, homme à vastes projets, avait le premier imaginé d'armer l'Europe contre l'Asie. Il paraît par ses lettres qu'il devait se mettre lui-même à la tête d'une armée de chrétiens. Urbain II tenta une partie de l'entreprise. Il envoie [50: envoya] Pierre

26   MSP: des papes

29   50: royaumes, et qui n'aimait pas d'ailleurs l'Eglise

30   MSP, 50, 53-54N: par son état nécessairement l'ennemi

---

[3] Les vexations souffertes par les chrétiens en Terre Sainte, soit autochtones, soit pèlerins, étaient connues en Occident depuis la fin du septième siècle (Fleury, 6e *Discours*, §1). Deux papes en particulier, Sylvestre II (999-1003) et Grégoire VII (1073-1085), s'en émurent et avaient songé sérieusement à intervenir. Fleury mentionne des préludes à la première croisade sous la forme de pèlerins en bandes armées dont un datant de 1064: '7000 Allemands [...] firent le voyage [...] et [...] se défendirent si vaillamment contre les voleurs arabes' (§1).

[4] Le concile de Plaisance eut lieu au printemps 1095. Maimbourg évoque la présence de 'près de quatre mille ecclésiastiques et jusqu'à trente mille laïques' (livre 1, p.17). Fleury répète Maimbourg mais précise 'plus de trente mille laïques' (année 1094, §22), alors que Daniel fait mention uniquement de 'quatre mille laïques' (année 1095, p.40).

[5] Anne Comnène; voir ci-dessus, n.1; ch.40, n.46.

niques. Le pape, loin de secourir les Grecs, voulait soumettre l'Orient aux Latins. [6]

Au reste, le projet d'aller faire la guerre en Palestine, fut vanté
35 par tous les assistants au concile de Plaisance, et ne fut embrassé par personne. Les principaux seigneurs italiens avaient chez eux trop d'intérêts à ménager, et ne voulaient point quitter un pays délicieux pour aller se battre vers l'Arabie pétrée. [7]

On fut donc obligé de tenir un autre concile à Clermont en *1095.*
40 Auvergne. Le pape y harangua dans la grande place. [8] On avait *Croisade*
pleuré en Italie sur les malheurs des chrétiens de l'Asie. On s'arma *déclarée.*
en France. Ce pays était peuplé d'une foule de nouveaux seigneurs,

---

37   MSP, 50: ne voulaient pas quitter
40   MSP, 50: pape harangua

---

[6] Dans son évocation du concile de Plaisance, Voltaire reproduit le récit factuel classique. Mais sa prédiction de ce que l'avenir réservait aux ambassadeurs de Constantinople (sagesse rétrospective, lignes 26-33) est la sienne propre, car Maimbourg, Fleury et Daniel ne disent mot des arrières-pensées politiques des principaux protagonistes.

[7] Il se peut que Voltaire se laisse influencer ici par ses prédécesseurs qui n'évoquent aucun apport italien, mais insistent lourdement sur le caractère foncièrement français de l'entreprise (voir, par exemple, Daniel: 'Cette guerre sainte [...] regarde les Français plus que toutes les autres nations', année 1098, p.32). Or il est plus probable qu'il veuille dans son commentaire ironiser aux dépens de Maimbourg ('Le pontife, ravi de voir si heureusement réussi le dessein qu'il avait si sagement conduit jusqu'alors, exhorta l'assemblée à se ressouvenir de son serment quand on apprendrait que le temps était venu de l'accomplir', livre 1, p.18) et de Daniel ('mille voix s'élevèrent [...] pour applaudir à la proposition du pape. Tous crièrent qu'ils étaient prêts de donner leur sang et leur vie pour une si belle cause', p.40). Tous les deux auraient été 'incapables' d'extrapoler et de flairer l'ironie inhérente à de si belles protestations que l'avenir devait désavouer.

[8] Cette proposition, tributaire de la précédente déclaration, est imputable à Voltaire uniquement. Maimbourg, Fleury et Daniel s'accordent pour dire que le concile de Clermont (24-28 novembre 1095) fut convoqué pour confirmer les décrets du concile de Plaisance (Maimbourg, livre 1, p.19) et pour 'prendre des mesures plus prochaines' (Daniel, p.40) en vue de la croisade. Notons que Voltaire ne cède pas à la tentation (très claire chez Maimbourg, Fleury et Daniel) de reproduire la célèbre exhortation du pape.

inquiets, indépendants, aimant la dissipation et la guerre, plongés
pour la plupart dans les crimes que la débauche entraîne, et dans
une ignorance aussi honteuse que leurs débauches. [9] Le pape   45
proposait la rémission de tous leurs péchés, et leur ouvrait le
ciel, en leur imposant pour pénitence de suivre la plus grande de
leurs passions, de courir au pillage. On prit donc la croix à l'envi.
Les églises et les cloîtres achetèrent alors à vil prix beaucoup de
terres des seigneurs, qui crurent n'avoir besoin que d'un peu   50
d'argent et de leurs armes pour aller conquérir des royaumes en
Armement Asie. [10] Godefroi de Bouillon, par exemple, duc de Brabant, vendit sa
prodigieux. terre de Bouillon au chapitre de Liège, et Stenay à l'évêque de
Verdun. Baudouin, frère de Godefroi, vendit au même évêque le
peu qu'il avait en ce pays-là. [11] Les moindres seigneurs châtelains   55

43-44   MSP, 50: plongés la plupart
45   MSP, 50, 53-W68: ignorance qui égalait leurs
45-46   MSP, 50, 53-61: pape leur proposait
48   MSP, 50, 53-54N: passions, d'aller faire la guerre. ¶On
48-49   MSP, 50: envi. C'était à qui vendrait son bien pour aller en Palestine. Les
églises
49   50: alors beaucoup

[9] Voltaire partage ce point de vue avec Fleury (6ᵉ *Discours*, §1, 2) sauf dans
l'observation, typiquement sienne, qui exprime son mépris pour le caractère
généralement inculte du monde médiéval.

[10] Malgré les apparences, il ne s'agit pas ici d'une pique voltairienne, mais d'une
remarque qui est pleinement cautionnée par Maimbourg: 'les princes séculiers
s'appauvrissaient pour servir Jésus-Christ, et ceux de l'Eglise, profitant pour le
temporel d'une dévotion dont ils devaient donner l'exemple, s'enrichissaient de leurs
dépouilles' (année 1096, livre 1, p.38). Maimbourg se refuse cependant, à la
différence de Voltaire, à émettre un jugement négatif: 'Mais si l'histoire doit louer
la générosité de ceux qui vendirent jusqu'à leurs patrimoines en cette occasion, elle
n'a pas le droit de blâmer l'intention de ceux qui les achetèrent pour en accommoder
les églises dont ils étaient les pères et les pasteurs' (p.38).

[11] Ces détails se retrouvent tels quels chez Maimbourg (année 1096, livre 1, p.38).
Pour Godefroi de Bouillon, voir ci-dessus, ch.46 (ligne 267). Baudouin de Boulogne
(1058-1118) devait devenir comte d'Edesse (1098), et à la mort de son frère lui
succéda comme 'avoué du Saint-Sépulcre', prenant le titre de roi de Jérusalem
(1100). Il prit Saint-Jean-d'Acre (1104), Beyrouth (1109) et Sidon (1110).

288

partirent à leurs frais; les pauvres gentilshommes servirent d'écuyers aux autres. Le butin devait se partager selon les grades, et selon les dépenses des croisés. C'était une grande source de division, mais c'était aussi un grand motif. La religion, l'avarice, et l'inquiétude encourageaient également ces émigrations. [12] On enrôla une infanterie innombrable, et beaucoup de simples cavaliers sous mille drapeaux différents. Cette foule de croisés se donna rendez-vous à Constantinople. Moines, femmes, marchands, vivandiers, tout partit, comptant ne trouver sur la route que des chrétiens, qui gagneraient des indulgences en les nourrissant. Plus de quatre-vingt mille de ces vagabonds se rangèrent sous le drapeau de Coucoupètre, que j'appelerai toujours l'Ermite Pierre. Il marchait en sandales et ceint d'une corde, à la tête de l'armée. Nouveau genre de vanité! [13] Jamais l'antiquité n'avait

57-61   MSP, 50, 53-54N: autres. On
61   50, 53-54N: et de
62-63   52HCA: innombrable, et de simples
63   MSP, 50: Constantinople sans que la plupart sussent où ils allaient, ni quel chemin il fallait prendre. Moines
64   MSP, 50, 53-W68: vivandiers, ouvriers, tout
67   MSP, 50: Cucupietre
69-74   MSP, 53-W57G: vanité! ¶La première
    50: armée. ¶La première

[12] Maimbourg évoque l'enthousiasme général, mais, n'omettant pas de mentionner les mobiles moins nobles, ajoute: 'Toute la canaille du royaume et des pays circonvoisins, attirée par l'espérance de trouver une fortune plus favorable que la sienne en cette occasion, se mêlant avec les croisés, ne servit qu'à mettre partout le désordre et la confusion, sans qu'on pût jamais arrêter le cours, ou plutôt le débordemement de cette fureur qui, pour s'autoriser, prenait le prétexte et le nom de piété' (année 1095, p.28-29). Fleury ne pense pas autrement: 'je crains que l'intérêt temporel n'y eût autant ou plus de part que le zèle de la religion' (6e *Discours*, §13).

[13] Maimbourg, qui n'évoque ni sandales, ni corde, soupçonne aussi une vanité cachée derrière cette modestie ostentatoire: 'Et certes toutes ses manières, sa forme de vie et ses actions, étaient extrêmement propres, pour attirer l'applaudissement et l'admiration du peuple. [...] Il allait vêtu d'une longue tunique de simple laine sans teinture, avec un grand froc, dont la pointe lui descendait jusqu'aux talons. [...] Il avait les pieds nus. [...] Mais il apprit bientôt [...] que celui qui agit hors des bornes de sa profession ne réussit pas, n'ayant plus la bénédiction de Dieu, qui veut que chacun

vu de ces émigrations d'une partie du monde dans l'autre, 70
produites par un enthousiasme de religion. Cette fureur épidémique parut alors pour la première fois, afin qu'il n'y eût aucun
fléau possible qui n'eût affligé l'espèce humaine. [14]

La première expédition de ce général ermite, fut d'assiéger une
ville chrétienne en Hongrie, nommée Malavilla, parce que l'on 75
avait refusé des vivres à ces soldats de Jésus-Christ, qui malgré leur
sainte entreprise, se conduisaient en voleurs de grand chemin. La
ville fut prise d'assaut, livrée au pillage, les habitants égorgés.
L'Ermite ne fut plus alors le maître de ses croisés, excités par la soif
du brigandage. Un des lieutenants de l'Ermite, nommé Gautier 80
Sans Argent, [15] qui commandait la moitié des troupes, agit de même en
Bulgarie. [16] On se réunit bientôt contre ces brigands, qui furent
presque tous exterminés, et l'Ermite arriva enfin devant Constantinople, avec vingt mille personnes mourant de faim.

79   MSP: ne fut pas alors
      MSP, 50, 53-54N: croisés, enivrés de la
83-84   50: Constantinople (1096) avec
84   MSP, 50: mille vagabonds mourant

---

garde son ordre et son rang' (p.42, 44). Voir aussi où Maimbourg renouvelle ce qui
est désormais une condamnation de son outrecuidance (p.61).

[14] Remarque qui vaut pour à peu près tous les chapitres consacrés aux croisades:
même l'assez longue variante des lignes 69-74 (qui date de l'édition de 1761) n'est
qu'un commentaire qui n'ajoute rien sur le plan de l'information. Ainsi en va-t-il des
nombreuses variantes relevées dans ces chapitres qui sont soit, le plus souvent, le
témoignage de la version primitive, soit des nuances stylistiques. Voltaire se corrige
sans doute, mais en écrivain et philosophe, non pas en historien.

[15] 'Il la fit attaquer [Maleville] de vive force, contre la foi donnée à Caloman [roi
de Hongrie], et la prit d'assaut, en faisant périr plus de 4000 Hongrois qui passèrent
par le fil de l'épée. Après quoi il ne fut plus maître de ses gens et perdit toute autorité'
(Maimbourg, t.1, année 1096, p.46-47); voir aussi Daniel, année 1096.

[16] En vertu de sa dénomination Gautier Sans-Avoir, les historiens le présentent
littéralement comme un vaillant croisé désargenté (voir Maimbourg, année 1096,
p.44-45; Fleury, livre 64, année 1096, §40; Daniel). Il s'agit d'une méprise. C'était le
nom héréditaire des seigneurs de Boissy-Sans-Avoir, près de Mantes. Maimbourg
traite des 'horribles ravages que fit ce lieutenant de l'Ermite 'en passant par la
Hongrie, et par les confins de la Bulgarie' (p.47); voir aussi Daniel, année 1096.

85   Un prédicateur allemand nommé Godescald, [17] qui voulut jouer le
même rôle, fut encore plus maltraité. Dès qu'il fut arrivé avec ses
disciples dans cette même Hongrie où ses prédécesseurs avaient fait
tant de désordres, la seule vue de la croix rouge qu'ils portaient, fut
un signal auquel ils furent tous massacrés. [18]

90   Une autre horde de ces aventuriers, composée de plus de deux
cent mille personnes, tant femmes que prêtres, paysans, écoliers,
croyant qu'elle allait défendre Jésus-Christ, s'imagina qu'il fallait
exterminer tous les Juifs qu'on rencontrerait. Il y en avait beaucoup
sur les frontières de France: tout le commerce était entre leurs
95   mains. Les chrétiens, croyant venger Dieu, firent main basse sur
tous ces malheureux. Il n'y eut jamais depuis Adrien un si grand
massacre de cette nation. Ils furent égorgés à Verdun, à Spire, à   *Juifs massacrés*
Vorms, à Cologne, à Mayence: et plusieurs se tuèrent eux-mêmes,   *sur la route par*
après avoir fendu le ventre à leurs femmes, pour ne pas tomber   *les croisés.*
100   entre les mains des barbares. La Hongrie fut encore le tombeau de
cette troisième armée de croisés. [19]

85   MSP: [*manchette*] *1096*.
95   MSP, 50: Dieu et s'enrichir, firent
96   MSP, 50: depuis l'empereur Adrien
98   MSP, 50: Mayence. Plusieurs
99   MSP, 50: femmes et à leurs enfants plutôt que de tomber

[17] Gottschalk, prêtre allemand du Palatinat qui, à l'imitation de Pierre l'Ermite,
avait prêché la croisade et levé une bande de quelque quinze mille soldats lorrains et
allemands. Maimbourg (p.48-49) et Fleury (§40) le nomment Godescalc; Daniel,
Gotescalc (année 1096).

[18] Les Hongrois 'les mirent tous au fil de l'épée, à la réserve de très peu, qui
s'échappèrent du massacre, pour en porter en leur pays la nouvelle aux autres croisés
qui n'en devinrent pas plus sages' (Maimbourg, année 1096, p.49).

[19] Maimbourg est ici la source principale de Voltaire (année 1096, p.49-52). Cette
'troisième armée de croisés', commandée par le comte Emich von Leiningen s'en prit
aux Juifs de Spire (3 mai 1096), de Worms (18 mai), et de Mayence (25-29 mai).
Maimbourg fustige leurs œuvres et le désespoir qu'elles causèrent: 'S'étant
barricadés dans leurs maisons, les mères devenues furieuses, y coupèrent la gorge
aux enfants qu'elles allaitaient, les maris à leurs femmes et à leurs filles, et les pères,
les fils, et les valets s'entretuèrent, pour ne pas tomber entre les mains de ces

Ermite sans
armée.   Cependant l'Ermite Pierre trouva devant Constantinople
d'autres vagabonds italiens et allemands, qui se joignirent à lui,
et ravagèrent les environs de la ville. L'empereur Alexis Comnène,
qui régnait, était assurément sage et modéré. Il se contenta de se   105
défaire au plus tôt de pareils hôtes. Il leur fournit des bateaux pour
les transporter au-delà du Bosphore. Le général Pierre se vit enfin à
la tête d'une armée chrétienne contre les musulmans. Soliman,
soudan de Nicée, tomba avec ses Turcs aguerris sur cette multitude
dispersée. Gautier Sans Argent y périt avec beaucoup de pauvre   110
noblesse. [20] L'Ermite retourna cependant à Constantinople, regardé
comme un fanatique qui s'était fait suivre par des furieux.

   Il n'en fut pas de même des chefs des croisés, plus politiques,
moins enthousiastes, plus accoutumés au commandement, et
conduisant des troupes un peu plus réglées. Godefroi de Bouillon   115
menait soixante et dix mille hommes de pied et dix mille cavaliers

---

103-104   MSP, 50:   se rejoignirent à lui, et qui ravagèrent
   105   50:   régnait alors, était
         MSP, 50:   modéré. Il pouvait traiter ces brigands comme leurs compagnons
l'avaient été; il se contenta
   108   MSP, 50:   les infidèles. Soliman,
   110   MSP, 50:   Argent, et [50: Argent, ce] lieutenant de l'Ermite, y
   111   MSP, 50:   noblesse assez insensée pour marcher sous de tels drapeaux.
L'Ermite
   113   MSP, 50:   des autres chefs
   115   MSP, 50:   peu mieux réglées
   116   MSP, 50:   menait avec lui soixante

---

impitoyables, qui profanaient et rendaient odieux le nom de chrétien dont ils étaient
indignes' (p.50). Fleury est tout aussi virulent (année 1096, §41, 'Juifs massacrés'),
détail que Voltaire remarqua car en haut d'un signet (*CN*, t.3, p.526), il nota: 'juifs
massacrés / par les croisés / croisés, taillés / en pièces, / avant d'arriver'. Le roi de
Hongrie, Coloman, informé de ces violences, et lui ayant interdit l'entrée du pays,
Emich entreprit d'assiéger la ville frontière de Wieselburg. Attaqué par l'armée
hongroise, il périt dans la déroute qui s'ensuivit (vers le 20 août 1096).

   [20] Il s'agit de la bataille de Civetot (Kibitos) en Asie Mineure (à proximité de
Nicée), le 21 octobre 1096. Pour cette expédition désastreuse, voir Maimbourg (p.58-
61) et Daniel (année 1096).

couverts d'une armure complète, sous plusieurs bannières de seigneurs tous rangés sous la sienne. [21]

Cependant Hugues, [22] frère du roi de France Philippe Ier, marchait *Princes croisés.*
120 par l'Italie avec d'autres seigneurs qui s'étaient joints à lui. Il allait tenter la fortune. Presque tout son établissement consistait dans le titre de frère d'un roi très peu puissant par lui-même. [23] Ce qui est plus étrange, c'est que Robert duc de Normandie, fils aîné de Guillaume Conquérant de l'Angleterre, quitta cette Normandie,
125 où il était à peine affermi. Chassé d'Angleterre par son cadet Guillaume le Roux, il lui engagea encore la Normandie pour subvenir aux frais de son armement. C'était, dit-on, un prince voluptueux et superstitieux. Ces deux qualités, qui ont leur source dans la faiblesse, l'entraînèrent à ce voyage. [24]

130 Le vieux Raimond, comte de Toulouse, maître du Languedoc et d'une partie de la Provence, qui avait déjà combattu contre les musulmans en Espagne, ne trouva ni dans son âge ni dans les intérêts de sa patrie aucune raison contre l'ardeur d'aller en Palestine. Il fut un des premiers qui s'arma et passa les Alpes,

118-19 MSP, 50: sienne. ¶Il traversa heureusement cette même Hongrie où la horde de l'Ermite s'était fait égorger. Cependant
122   50: roi, titre très peu puissant par lui-même, et ce
128-30 50: qualités ont la même source, la faiblesse. ¶Le vieux
134 MSP: s'armèrent et passa
    50: s'armèrent et il passa

[21] Chiffres et détails fournis par Maimbourg (p.62).
[22] Hugues Ier le Grand, ou Hugues de Vermandois (1057-1102) fut l'un des chefs de la première croisade et participa aux prises de Nicée et d'Antioche. Etant reparti en France avant la prise de Jérusalem, il voulut réparer sa faute, et c'est pourquoi il refait une apparition dans le chapitre suivant, lignes 147-48.
[23] Pour plus de détails concernant Hugues, voir Maimbourg (p.52, 63-64).
[24] Robert II Courteheuse (c.1054-1134), duc de Normandie (1087-1106), fut spolié du trône d'Angleterre par son frère Henri Ier Beauclerc (1100), qui le dépouilla aussi de la Normandie (1106). Guillaume II le Roux (c.1056-1100), roi d'Angleterre en 1087. Le 'dit-on' (ligne 127) renvoie à Maimbourg qui fournit à Voltaire tous les traits du caractère de Robert (p.81-82). Selon Maimbourg, il s'était croisé pour 'satisfaire à Dieu pour les débauches de sa vie passée' (p.82).

suivi, dit-on, de près de cent mille hommes. Il ne prévoyait pas que [135] bientôt on prêcherait une croisade contre sa propre famille. [25]

Le plus politique de tous ces croisés, et peut-être le seul, fut Bohémond, fils de ce Robert Guiscard conquérant de la Sicile. Toute cette famille de Normands, transplantée en Italie, cherchait à s'agrandir, tantôt aux dépens des papes, tantôt sur les ruines de [140] l'empire grec. Ce Bohémond avait lui-même longtemps fait la guerre à l'empereur Alexis en Epire et en Grèce; et n'ayant pour tout héritage que la petite principauté de Tarente et son courage, il profita de l'enthousiasme épidémique de l'Europe, pour rassembler sous sa bannière jusqu'à dix mille cavaliers bien armés et quelque [145] infanterie, avec lesquels il pouvait conquérir des provinces, soit sur les chrétiens, soit sur les mahométans. [26]

La princesse Anne Comnène dit que son père fut alarmé de ces émigrations prodigieuses, qui fondaient dans son pays. [27] On eût cru,

---

135   MSP, 51HCA: dit-on, de cent mille

136   MSP, 50: famille et que son pays serait ravagé par ce fléau qu'il portait en Asie.

138   MSP, 50: Sicile, plus usurpée sur les empereurs d'Orient que conquise sur les musulmans.

141   MSP, 50: grec. Ils avaient déjà tâché de s'établir en Epire. Ce Bohémond avait fait lui-même longtemps la

144-45   51HCA: rassembler dans sa

146   MSP: pourrait

148   MSP: [manchette] Témoignage de la princesse Comnène.

---

[25] Le 'on' (ligne 135) renvoie encore une fois à Maimbourg qui rapporte le chiffre de 'près de cent mille hommes' (p.76), et qui plus généralement fournit à Voltaire tous les autres détails (p.76-78). La 'croisade contre sa propre famille' est celle des Albigeois (voir ci-dessous, ch.62, 'De la croisade contre les Languedociens').

[26] Daniel, année 1096. Maimbourg fournit une histoire détaillée de l'implantation des Normands, et de leurs incursions dans l'empire d'Orient (année 1097, p.69-74).

[27] L'*Alexiade*, livre 10, ch.6, et livre 12, ch.4 (Cousin, p.398, 496). Il est question de l'inquiétude d'Alexis dans la plupart des sources, dont certaines s'interrogent sur le rôle joué par l'empereur: Alexis était-il un héros qui défendait son pays ou bien un faux ami perfide qui faisait tout pour se débarrasser de ses hôtes encombrants? (cf. Maimbourg, année 1096, p.53-54). Dans l'ensemble l'accent est plutôt mis sur la

150 dit-elle, que l'Europe, arrachée de ses fondements, allait tomber sur l'Asie. Qu'aurait-ce donc été, si près de trois cent mille hommes, dont les uns avaient suivi l'Ermite Pierre, les autres le prêtre Godescald, n'avaient déjà disparu?

On proposa au pape de se mettre à la tête de ces armées
155 immenses qui restaient encore. C'était la seule manière de parvenir à la monarchie universelle, devenue l'objet de la cour romaine. Cette entreprise demandait le génie d'un Mahomet ou d'un Alexandre. Les obstacles étaient grands, et Urbain ne vit que les obstacles. [28]

Intérêt des papes aux croisades.

160 Grégoire VII[29] avait autrefois conçu ce projet des croisades. Il aurait armé l'Occident contre l'Orient, il aurait commandé à l'Eglise grecque comme à la latine. Les papes auraient vu sous leurs lois l'un et l'autre empire. Mais du temps de Grégoire VII une telle idée n'était encore que chimérique. L'empire de Constanti-
165 nople n'était pas encore assez accablé, la fermentation du fanatisme n'était pas assez violente dans l'Occident. Les esprits ne furent bien disposés que du temps d'Urbain II.

151 MSP, 50: si plus de
151-54 53-54N: l'Asie. ¶On
157 MSP, 50: entreprise que Grégoire VII avait voulu tenter, demandait
        61: entreprise que le pape Grégoire VII avait osé méditer, demanda
157-58 52HCA: génie d'un Alexandre
158 MSP, 50: et le pape Urbain
158-68 53-54N: Alexandre. ¶Le pape et les princes avaient
159-68 MSP, 50: obstacles. Il lui suffit d'espérer qu'on allait fonder en Orient des Eglises qui seraient sujettes de [50: à] celle de Rome et que bientôt on forcerait les Grecs à reconnaître la suprématie du Saint-Siège. Le pape
        w56-61: obstacles. ¶Le pape

---

traîtrise des Grecs décrits comme s'efforçant de faire tomber les croisés dans des pièges où ils seront massacrés par les Arabes ou les Turcs.

[28] Daniel, année 1096. Urbain prétexta le danger de s'absenter d'Italie à cause du schisme, et de laisser ainsi le champ libre à l'empereur Henri IV et à l'antipape Clément III.

[29] Voir ci-dessus, n.3. Grégoire aurait même eu l'intention de prendre part à l'expédition qu'il projetait et d'en être sans doute le chef.

Le pape et les princes croisés avaient dans ce grand appareil leurs vues différentes, et Constantinople les redoutait toutes. On y haïssait les Latins, qu'on y regardait comme des hérétiques et des barbares. On craignait surtout que Constantinople ne fût l'objet de leur ambition plus que la petite ville de Jérusalem; et certes on ne se trompait pas; puisqu'ils envahirent à la fin Constantinople et l'empire.

Ce que les Grecs craignaient le plus, et avec raison, c'était ce Bohémond et ses Napolitains, ennemis de l'empire. Mais quand même les intentions de Bohémond eussent été pures, de quel droit tous ces princes d'Occident venaient-ils prendre pour eux des provinces que les Turcs avaient arrachées aux empereurs grecs? [30]

Caractère des principaux croisés. On peut juger d'ailleurs quelle était l'arrogance féroce des seigneurs croisés, par le trait que rapporte la princesse Anne Comnène, de je ne sais quel comte français qui vint s'asseoir à côté de l'empereur sur son trône dans une cérémonie publique. Baudouin frère de Godefroi de Bouillon, prenant par la main cet homme indiscret pour le faire retirer, le comte dit tout haut dans son jargon barbare: 'Voilà un plaisant rustre que ce Grec, de s'asseoir devant des gens comme nous.' [31] Ces paroles furent

170
175
180
185

168   MSP, 50: appareil chacun leurs

171-74   MSP, 50: barbares. Les prêtres grecs trouvaient horrible que les prêtres latins qui suivaient en foule ces armées, souillassent continuellement leurs mains de sang humain dans les batailles; non que ces Grecs fussent plus vertueux, mais parce qu'il n'était pas d'usage qu'ils fussent guerriers. ¶Ce
      53-w68: barbares. ¶Ce

178-79   MSP, 50: grecs? Alexis avait demandé un secours de dix mille hommes et il se trouvait pressé au contraire par une irruption de sept cent mille Latins qui venaient les uns après les autres, dévaster son pays et non le défendre. ¶On

183   MSP: par le bras cet

[30] L'extrême défiance de l'empereur vis-à-vis des croisés est évidente depuis le début de l'expédition. Voir, par exemple, Maimbourg, p.69-70; Fleury, année 1097, §45; Daniel, année 1097.

[31] Paraphrase d'Anne Comnène: 'Voilà un beau paysan, pour être assis seul, pendant que tant d'excellents capitaines sont debout' (livre 10, ch.10; Cousin, p.422-23). Voir aussi, ci-dessous, lignes 209-10.

interprétées à Alexis, qui ne fit que sourire. Une ou deux indiscrétions pareilles suffisent pour décrier une nation. Alexis fit demander à ce comte qui il était. 'Je suis, répondit-il, de la race la
190 plus noble. J'allais tous les jours dans l'église de ma seigneurie, où s'assemblaient tous les braves seigneurs qui voulaient se battre en duel et qui priaient Jésus-Christ et la sainte Vierge de leur être favorables. Aucun d'eux n'osa jamais se battre contre moi.' 32

Il était moralement impossible que de tels hôtes n'exigeassent
195 des vivres avec dureté, et que les Grecs n'en refusassent avec malice. C'était un sujet de combats continuels entre les peuples et l'armée de Godefroi, qui parut la première après les brigandages des croisés de Pierre l'Ermite. Godefroi en vint jusqu'à attaquer les faubourgs de Constantinople, et l'empereur les défendit en
200 personne. L'évêque du Puy en Auvergne, nommé Monteil, légat du pape dans les armées de la croisade, voulait absolument qu'on commençât les entreprises contre les infidèles par le siège de la ville où résidait le premier prince des chrétiens. Tel était l'avis de Bohémond, qui était alors en Sicile, et qui envoyait courriers sur
205 courriers à Godefroi pour l'empêcher de s'accorder avec l'empereur. 33 Hugues frère du roi de France, eut alors l'imprudence de

187   MSP, 50: à l'empereur Alexis
188-94   MSP, 50: nation; mais les croisés n'avaient pas besoin de ces témérités pour être haïs des grecs et suspects à l'empereur. ¶Il était

  53-w57G: nation. ¶Il était
  w56: nation. Il était

196   50: le peuple
198   MSP: l'Ermite. en vint [erreur]
201   51HCA: armées, voulait
203   MSG: prince chrétien

32 Paraphrase d'Anne Comnène (Cousin, p.423). Cf. le *Saint-Fargeau notebook*: 'Du temps des croisades, selon Anne Comnène, les seigneurs français logés chez l'empereur Alexis furent en deux jours les maîtres de la maison' (*OCV*, t.81, p.228).
33 Daniel rapporte que le pape pria les croisés 'de regarder' Aimar, ou Adhémar, de Monteil 'comme sa propre personne [...] qu'il avait nommé pour son légat dans cette expédition' (année 1096, p.49). Plus loin, sans mentionner le légat, Daniel

quitter la Sicile, où il était avec Bohémond, et de passer presque seul sur les terres d'Alexis. Il joignit à cette indiscrétion celle de lui écrire des lettres pleines d'une fierté peu séante à qui n'avait point d'armée. Le fruit de ces démarches fut d'être arrêté quelque temps prisonnier.[34] Enfin la politique de l'empereur grec vint à bout de détourner tous ces orages. Il fit donner des vivres. Il engagea tous les seigneurs à lui prêter hommage pour les terres qu'ils conquereraient.[35] Il les fit tous passer en Asie les uns après les autres, après les avoir comblés de présents. Bohémond qu'il redoutait le plus, fut celui qu'il traita avec le plus de magnificence. Quand ce prince vint lui rendre hommage à Constantinople,[36] et qu'on lui fit voir les *Magnificence de* raretés du palais, Alexis ordonna qu'on remplît un cabinet de *l'empereur* meubles précieux, d'ouvrages d'or et d'argent, de bijoux de toute *Alexis.* espèce, entassés sans ordre, et de laisser la porte du cabinet entrouverte. Bohémond vit en passant ces trésors, auxquels les conducteurs affectaient de ne faire nulle attention. 'Est-il possible, s'écria-t-il, qu'on néglige de si belles choses? Si je les avais, je me croirais le plus puissant des princes.' Le soir même l'empereur lui envoya tout le cabinet. Voilà ce que rapporte sa fille, témoin

210
215
220
225

---

210   MSP: d'être quelque
216   MSP, 50: avec plus de magnificence quand ce
219-20 50: toutes espèces
220   50: et qu'on laissât la
222   50: faire aucune attention
225   MSP, 50: envoya le

---

prétend que c'est Bohémond qui était persuadé qu'une fois qu'ils seraient 'maîtres de Constantinople, ils exécuteraient avec beaucoup plus de facilité leurs desseins contre les Turcs' (p.61).

[34] Daniel rapporte un fragment de lettre, transcrite de la traduction francaise de l'*Alexiade*, censément envoyée par Hugues de France à l'empereur, et qui est d'une arrogance étonnante (p.54). Quant à son emprisonnement, voir Maimbourg (livre 1, p.63-65).

[35] Voir Maimbourg, p.68-69.

[36] Bohémond parvint à Constantinople vers le 10 avril 1097.

oculaire.[37] C'est ainsi qu'en usait ce prince, que tout homme désintéressé appellera sage et magnifique, mais que la plupart des historiens des croisades ont traité de perfide,[38] parce qu'il ne voulut pas être l'esclave d'une multitude dangereuse.

230 Enfin, quand il s'en fut heureusement débarrassé, et que tout fut passé dans l'Asie Mineure, on fit la revue près de Nicée, et on a prétendu qu'il se trouva cent mille cavaliers et six cent mille hommes de pied en comptant les femmes.[39] Ce nombre, joint avec les premiers croisés qui périrent sous l'Ermite et sous d'autres, fait 235 environ onze cent mille. Il justifie ce qu'on dit des armées des rois de Perse,[40] qui avaient inondé la Grèce, et ce qu'on raconte des transplantations de tant de barbares; ou bien c'est une exagération semblable à celles des Grecs qui mêlèrent presque toujours la fable

226   MSP, 50: ce monarque que
228-29   50: ne voulut point être
229   MSP, 50: de cette multitude
231-32   MSP, 50, 53-w68: Nicée et il se trouva
237-39   MSP, 50, 53-w68: barbares. Les Français

[37] Cousin, p.426-27. L'anecdote est exactement rapportée, mais la fin est omise, ce qui en change le sens. Bohémond aurait, après réflexion, refusé le don, disant: 'Je ne m'attendais pas que l'empereur me dût faire un tel affront. Reportez-lui ses présents.'

[38] Ici Voltaire tient à se différencier des historiens qu'il pratique pour qui Byzantin est plutôt synonyme de traître (voir ci-dessus, n.27). Mais il n'est pas unique en son genre. Voir Fleury: 'L'empereur Alexis, qui régnait alors, avait eu de grands différends avec Robert Guichard, duc de Pouille, et à son désavantage, de sorte que, voyant Bohémond, fils de Robert, au milieu de la Grèce à la tête d'une armée formidable, il se crut perdu, ne doutant point que ce prétendu pèlerin ne visât à sa couronne: ainsi il ne faut pas s'étonner s'il nuisit aux croisés de tout son pouvoir, et si, au défaut de la force, il employa contre eux l'artifice, suivant le génie de sa nation' (6e *Discours*, §3).

[39] Voltaire a mal copié Maimbourg, année 1097: '*sans compter* [c'est nous qui soulignons] les prêtres et les moines, les femmes et les valets, dont le nombre était infini, ceux qui étaient présents assurent qu'il y avait bien six cent mille combattants, entre lesquels étaient du moins cent mille cavaliers bien armés' (livre 2, p.88).

[40] Référence à Xénophon (*La Cyropédie*, Paris, 1749, BV3853). Voir surtout l'art. 'Xénophon' des *QE* (*M*, t.20, p.601, 602), où Voltaire – par deux fois – évoque le roi Artaxerxès et ses 'douze cent mille combattants'.

à l'histoire. Les Français enfin, et surtout Raimond de Toulouse, se
trouvèrent partout sur le même terrain que les Gaulois méridio- 240
naux avaient parcouru treize cents ans auparavant, quand ils
allèrent ravager l'Asie Mineure et donner leur nom à la province
de Galatie. [41]

Les historiens nous informent rarement comment on nourrissait
ces multitudes. C'était une entreprise qui demandait autant de soins 245
que la guerre même. Venise ne voulut pas d'abord s'en charger.
Elle s'enrichissait plus que jamais par son commerce avec les
mahométans, et craignait de perdre les privilèges qu'elle avait chez
eux. Les Génois, les Pisans et les Grecs équipèrent des vaisseaux
chargés de provisions, qu'ils vendaient aux croisés en côtoyant 250
l'Asie Mineure. La fortune des Génois s'en accrut, et on fut étonné
bientôt après de voir Gênes devenue une puissance. [42]

Le vieux Turc Soliman soudan de Syrie, qui était sous les califes
de Bagdat ce que les maires avaient été sous la race de Clovis, [43] ne

244   MSP, 50: nous disent rarement
246-49   MSP, 50: même. Les Vénitiens ne voulurent pas d'abord s'en charger.
Ils s'enrichissaient plus que jamais par leur commerce avec les mahométans, et
craignaient de perdre les privilèges qu'ils avaient en Asie en se mêlant d'une guerre
douteuse. Les Génois
251   MSP, 50: Mineure. Par ce moyen, une partie de l'or et de l'argent dont les
Gaules étaient [50: s'étaient] dégarnies, rentra dans la chrétienté. La fortune
253-55   MSP, 50, 53-54N: vieux Soliman, ni son fils, ne purent résister

[41] On lit dans Moréri, art. 'Galatie': 'Province de l'Asie Mineure, fut ainsi
nommée des Gaulois, qui après avoir brûlé Rome et désolé l'Italie, s'y vinrent
habituer' (t.3, p.6). Rien de tel, pourtant, dans les chapitres sur les Gaulois de l'*EM*.
[42] En un certain sens, Voltaire a raison car Maimbourg, Fleury et Daniel, par
exemple, tout en évoquant la nécessité de ravitailler ces masses considérables, et les
différents problèmes qu'elles causaient, ne disent pas exactement comment on y
parvint. Il est vrai toutefois que Fleury n'ignorait pas que 'ces entreprises
produisirent des effets moins brillants, mais plus solides: l'accroissement de la
navigation et du commerce qui enrichit Venise, Gênes et les autres villes maritimes
d'Italie' (6e *Discours*, §13, 'Avantages temporels des croisades').
[43] Autre façon de dire que le véritable pouvoir politique s'exerçait en coulisses.
Sur les maires du palais (dont le plus célèbre, Pépin), voir les ch.13, 17 (notre t.2,
p.231-32, 290).

255 put avec le secours de son fils résister au premier torrent de tous ces princes croisés. Leurs troupes étaient mieux choisies que celles de Pierre l'Ermite, et disciplinées autant que le permettaient la licence et l'enthousiasme.

On prit Nicée;[44] on battit deux fois les armées commandées par le 260 fils de Soliman.[45] Les Turcs et les Arabes ne soutinrent point dans ces commencements le choc de ces multitudes couvertes de fer, de leurs grands chevaux de bataille, et des forêts de lances auxquelles ils n'étaient point accoutumés.[46] *1097.*

Bohémond eut l'adresse de se faire céder par les croisés le fertile 265 pays d'Antioche.[47] Baudouin alla jusqu'en Mésopotamie s'emparer de la ville d'Edesse,[48] et s'y forma un petit Etat. Enfin on mit le siège

1098.
Prise de
Jérusalem.

257-58   MSP, 50: licence de l'enthousiasme.
259-60   MSP, 50: armées du jeune Soliman
260-61   MSP, 50: ce commencement

[44] Maimbourg décrit longuement la campagne qui aboutit à la reddition de Nicée (année 1097, livre 2, p.84-92). Les armées commençaient à se rassembler devant la ville le 6 mai, elles entrèrent en action le 14 mai, et Soliman le Jeune se rendit le 19 juin, non aux croisés, mais à l'empereur Alexis (avec qui il avait secrètement négocié sa soumission dans le but d'éviter une prise d'assaut).

[45] Maimbourg donne ce détail en racontant comment les princes Normands, haranguant leurs troupes à la bataille de Dorylée (1er juillet 1097), les encourageaient à vaincre de nouveau 'de lâches Arabes, accoutumés plutôt au brigandage qu'à la guerre' (p.98).

[46] '[Le comte Raymond] s'alla jeter à toute bride, la lance baissée, et suivi de toute sa cavalerie, dans les escadrons ennemis qu'il avait en tête, et qui ne pouvant soutenir le rude choc de ces lances européennes, auxquelles ils n'avaient ni boucliers ni plastrons qui pussent résister, furent bientôt enfoncés' (Maimbourg, p.100).

[47] Voltaire ne dit mot du siège et de la prise d'Antioche (octobre 1097-juin 1098) que Maimbourg détaille sur des dizaines de pages (p.112-56). De même le récit s'égare en nombreux récits annexes et en digressions qui ne seront pas reprises.

[48] Baudouin n'avait pas besoin de s'emparer d'Edesse, 'une sorte de principauté' (Maimbourg, p.110) peuplé de chrétiens, car ceux-ci l'avaient appelé parmi eux. Notons donc que le comté d'Edesse n'est pas à strictement parler une création de la première croisade. Encore byzantine en 1050, la ville passa sous contrôle arménien en 1077, et puis seldjoukide (1087); elle devint de nouveau arménienne en 1095. Des

devant Jérusalem,[49] dont le calife d'Egypte s'était saisi par ses lieutenants. La plupart des historiens disent que l'armée des assiégeants, diminuée par les combats, par les maladies et par les garnisons mises dans les villes conquises, était réduite à vingt mille hommes de pied et à quinze cents chevaux, et que Jérusalem, pourvue de tout, était défendue par une garnison de quarante mille soldats. On ne manque pas d'ajouter qu'il y avait outre cette garnison vingt mille habitants déterminés.[50] Il n'y a point de lecteur sensé qui ne voie qu'il n'est guère possible qu'une armée de vingt mille hommes en assiège une de soixante mille dans une place fortifiée;[51] mais les historiens ont toujours voulu du merveilleux.

267   MSP: [manchette] Siège de Jérusalem.

274   MSP, 50: Il n'y a pas de

275   MSP, 50, 61: qu'il est moralement impossible qu'une

275-76   MSG: ne voie comment 60 000 soldats en assiègent

276   MSP, 50: assiège ainsi une

277   MSP, 50: fortifiée. ¶D'ailleurs, pour que Jérusalem eût pu contenir avant le siège vingt mille habitants portant les armes, il fallait qu'elle eût été peuplée alors d'environ soixante mille âmes, indépendamment de la garnison, et il s'en fallait beaucoup que ce pays dévasté en eût pu nourrir dans ses murs la cinquième partie. Enfin comment cinquante mille [50: soixante mille] soldats turcs et arabes n'auraient-ils pas attaqué vingt mille chrétiens en pleine campagne? Comment n'auraient-ils pas

---

attaques seldjoukides contraignirent le maître de la ville, Thoros, à faire appel à Baudouin Ier de Boulogne. Celui-ci lui succéda le 9 mars 1098.

[49] Maimbourg met l'accent sur les sentiments d'exaltation et de piété qui saisirent les croisés à la vue de Jérusalem (année 1099, p.177-79).

[50] '[Le prince sarrasin] en fit sortir les chrétiens qui étaient en âge de porter les armes, et y mit une puissante garnison de 40 000 de ses meilleurs soldats, outre vingt mille habitants bien armés. [...] [chez les chrétiens] il n'y avait que 20 000 fantassins, et quinze cents cavaliers qui fussent en état de combattre' (Maimbourg, livre 3, année 1099, p.183-84). Mêmes indications chez Daniel. Fleury fournit les mêmes chiffres: '20 000 hommes de pied et 1500 chevaux' contre '40 000 hommes bien armés avec toutes sortes de munitions' sans mentionner toutefois le renfort des habitants (livre 64, année 1099, §66). Aucun ne remarque la disproportion des forces relevée par Voltaire. On constate par ailleurs que Voltaire dit 1500 *chevaux*, comme Fleury et Daniel, alors que Maimbourg dit *cavaliers*.

[51] Comme Voltaire le dira beaucoup plus tard, dans ses *Fragments sur l'Inde*, se

Ce qui est vrai, c'est qu'après cinq semaines de siège la ville fut emportée d'assaut, et que tout ce qui n'était pas chrétien, fut
280 massacré. L'Ermite Pierre, de général devenu chapelain, se trouva à la prise et au massacre. Quelques chrétiens que les musulmans avaient laissé vivre dans la ville, conduisirent les vainqueurs dans les caves les plus reculées, où les mères se cachaient avec leurs enfants: et rien ne fut épargné. Presque tous les historiens
285 conviennent qu'après cette boucherie, les chrétiens tout dégouttants de sang allèrent en procession à l'endroit qu'on dit être le sépulcre de Jésus-Christ, et y fondirent en larmes. [52] Il est très *1099.*

[MSP: au moins] ruiné cette petite armée d'assiégeants par des sorties continuelles? Mais les historiens

278   MSP: semaines seulement de siège la
      50: semaines seulement de siège (1099), la
280   MSP: [*manchette*] *1099.*
      MSP, 50: massacré pendant plusieurs jours sans distinction d'âge ni de sexe.
281   50: prise de Jérusalem.
284   MSP, 53-W57G: épargné. Tous
284-302 50: épargné.// [*fin de la livraison de septembre 1750; la suivante (octobre) commence à la ligne 302*: Les seigneurs]
286-87   MSG: le tombeau de
287   MSP, 53-54N: et fondirent

---

basant sur Vauban: 'Il est reçu dans la tactique qu'il faut d'ordinaire cinq assiégeants contre un assiégé' (1re partie, art.14, *OCV*, t.75B, p.142).

[52] Alors que Daniel (année 1099; tout comme Fleury, §66) est extrêmement discret sur ce massacre et ce qu'il prend lui aussi pour un étonnant passage à l'autre extrême de l'effusion de piété, Maimbourg est plus loquace: 'On fit passer tout indifféremment au fil de l'épée. D'abord on mit en pièces, sans miséricorde, à grands coups de sabre, tout ce qu'on trouva par les rues et par les places. [...] Les pauvres chrétiens qui étaient restés à Jérusalem se mêlant parmi les soldats, leur montraient les maisons des Sarrasins, où l'on tuait jusqu'aux enfants entre les bras de leurs mères, pour éteindre, si l'on eût pu, cette maudite race, comme Dieu voulut autrefois que l'on fit périr toute celles des Amalécites' (année 1099, livre 3, p.200). En revanche l'émotion pieuse des vainqueurs n'est pas oubliée: 'Les princes, les chefs, les soldats, le peuple, et généralement tous les croisés avec les chrétiens de Jérusalem, allèrent en procession, se prosterner devant le Saint-Sépulcre; et ce qu'il y a d'admirable, est qu'ils y rendirent leurs vœux avec tant de larmes et de sanglots,

vraisemblable qu'ils y donnèrent des marques de religion; mais cette tendresse qui se manifesta par des pleurs, n'est guère compatible avec cet esprit de vertige, de fureur, de débauche et d'emportement. Le même homme peut être furieux et tendre, mais non dans le même temps. 290

Elmacim [53] rapporte qu'on enferma les Juifs dans la synagogue qui leur avait été accordée par les Turcs, et qu'on les y brûla tous. Cette action est croyable après la fureur avec laquelle on les avait exterminés sur la route. 295

Jérusalem fut prise par les croisés le 5 juillet 1099, [54] tandis qu'Alexis Comnène était empereur d'Orient, Henri IV d'Occident, et qu'Urbain II chef de l'Eglise romaine vivait encore. [55] Il mourut avant d'avoir appris ce triomphe de la croisade dont il était l'auteur. 300

Les seigneurs, maîtres de Jérusalem, s'assemblaient déjà pour donner un roi à la Judée. Les ecclésiastiques, suivant l'armée, se

292-97   w56-w57G: temps. ¶Jérusalem
292-302 MSP, 53-54N: temps. ¶Les seigneurs

---

et tant d'autres marques d'une dévotion infiniment tendre, qu'on eût dit que ces gens qui venaient de prendre une ville d'assaut et d'y faire un furieux carnage de leurs ennemis, sortaient d'une longue retraite, et d'une profonde méditation de nos mystères, qui eût fait dans leurs cœurs un de ces changements de la grâce, laquelle peut faire en un instant d'un grand pécheur un très grand saint' (t.1, p.204, année 1099). La présence de Pierre l'Ermite n'est mentionnée par Maimbourg qu'en passant (p.208), et après la prise de Jérusalem, car il l'a évidemment pris en grippe (la dernière mention conséquente de lui, très désobligeante, se trouve à la p.120). C'est Daniel qui, ajoutant – tout comme Fleury, §66 – une sorte de post-scriptum, écrit: 'Pierre l'Hermite fut comblé d'honneurs et de louanges par les chrétiens, habitants de Jérusalem, qui l'y avaient vu cinq ans auparavant, et le regardaient comme un ange du Seigneur [...] comme un autre Moïse par lequel Dieu avait opéré de si grandes choses' (année 1099, p.83).

[53] Nulle mention de Georgius Elmacinus (*c.*1223-1274), historien copte d'Egypte, dans Maimbourg et Daniel.

[54] Il s'agit ici d'une coquille jamais repérée: Maimbourg donne le 15 juillet (p.202), la date retenue par l'historiographie moderne.

[55] Urbain II mourut le 29 juillet.

rendirent dans l'assemblée, et osèrent déclarer nulle l'élection
305 qu'on allait faire, parce qu'il fallait, disaient-ils, faire un patriarche
avant de faire un souverain. [56]

Cependant Godefroi de Bouillon fut élu, non pas roi, mais duc
de Jérusalem. [57] Quelques mois après arriva un légat nommé
Damberto, qui se fit nommer patriarche par le clergé; et la première
310 chose que fit ce patriarche, ce fut de prétendre le petit royaume de
Jérusalem pour lui-même au nom du pape. Il fallut que Godefroi de
Bouillon, qui avait conquis la ville au prix de son sang, la cédât à cet
évêque. Il se réserva le port de Joppé et quelques droits dans

304   MSP, 50: et déclarèrent nulle
308   MSP, 50: légat du pape, nommé Daim-Barte
310-11   MSP, 50, 53-54N: fut de prendre [53-54N: le petit royaume de] Jérusalem
pour lui-même. Il
311   W56-61: lui-même. Il

[56] C'est le 22 juillet 1099 – suivant le refus de Raimond de Toulouse – que
Godefroi fut reconnu comme le chef du gouvernement. Ici Voltaire semble avoir
recours plutôt à Fleury: 'Huit jours après la conquête, les seigneurs s'assemblèrent
pour choisir un d'entre eux qui fût roi de la ville et du pays. Comme ils étaient
enfermés pour délibérer, quelques-uns du clergé demandèrent à entrer et leur dirent:
Le spirituel doit aller devant le temporel: c'est pourquoi nous croyons que l'on doit
élire un patriarche avant que d'élire un roi: autrement nous déclarons nul tout ce que
vous ferez sans notre consentement' (année 1099, §67, 'Godefroi de Bouillon roi de
Jérusalem').
[57] L'idée que Godefroi de Bouillon fut élu duc et non roi semble propre à Voltaire,
et ne suit pas de soi la protestation de manque de mérite évoquée par Maimbourg:
'On lui présenta la couronne d'or, mais il la refusa, en protestant qu'il n'en porterait
jamais de pareille en une ville où le Roi des Rois n'avait été couronné que d'épines. Il
ne prit pas même le titre de roi: on ne laissa pas pourtant de le lui donner [...] et certes,
jamais roi ne mérita mieux que lui de porter ce glorieux titre' (année 1099, p.207). Il
est à noter que Voltaire ne dit rien sur la bataille d'Ascalon (voir Maimbourg, p.212-
17) 'que le Tasse a néanmoins rendue fameuse' (p.217).

Jérusalem. [58] Sa patrie qu'il avait abandonnée valait bien au-delà de
ce qu'il avait acquis en Palestine. 315

---

[58] Daimbert (aussi Dagobert), évêque (1085), puis archevêque de Pise (1092),
arriva en Terre Sainte à la fin de 1099, ayant été nommé par Pascal II pour remplacer
le patriarche temporaire Arnoul de Chocques. Ici Voltaire résume Fleury (§67).
Quelques mois après son arrivée, Daimbert 'prétendait que le roi avait donné à Dieu
la ville de Jérusalem et sa forteresse'. C'est le 1er avril 1100 que Godefroi 'céda de
même au patriarche la ville de Jérusalem [...] à condition toutefois que le roi aurait la
jouissance de Jérusalem et de Joppé jusqu'à ce qu'il eût augmenté son royaume d'une
ou de deux autres villes' (§67).

CHAPITRE 55

Croisades depuis la prise de Jérusalem. Louis le Jeune prend la croix. Saint Bernard, qui d'ailleurs fait des miracles, prédit des victoires, et on est battu. Saladin prend Jérusalem, ses exploits, sa conduite. Quel fut le divorce de Louis VII dit le Jeune, etc.

Depuis le quatrième siècle le tiers de la terre est en proie à des

a-215 [*Première rédaction de ce chapitre*: MSP, 50]
a   MSP, 50, 53-54N: [*pas de rupture; suite du chapitre précédent*]
    W56-W57G: Chapitre 45
    61: Chapitre 51
b   W56-W57G: *Croisades depuis la prise de Jérusalem.*//
1-20   MSP, 50, 53-54N: [*absent*]

* Poursuivant sur sa lancée, Voltaire utilise encore une fois dans ce chapitre le même ton désapprobateur que dans le chapitre précédent pour traiter, de façon toujours sélective, de la seconde croisade (1147-1149) dans une synthèse aussi rapide que celle de Fleury dans son 6ᵉ *Discours sur l'histoire ecclésiastique* – 138 mots (§4, 'Motifs de ces entreprises'). Comme pour le chapitre précédent, les sujets d'étonnement et de perplexité sont les mêmes. Voltaire est à nouveau frappé par tant d'efforts, *tant d'hommes* sacrifiés, mais cette fois-ci littéralement pour rien. Car la notion essentielle qui sous-tend ces deux chapitres est celle d'une gigantesque émigration (lignes 1-21, 140-41) dont l'ampleur est inouïe (lignes 13-14, 45, 46, 48, 49, 88, 91-92, 114, 141-44, 185). Voltaire se pose une question capitale: quelles sont les raisons du manque de succès des croisés (lignes 19-20)? Les réponses (où, à la différence des Maimbourg et des Daniel, Voltaire n'allègue jamais la prétendue traîtrise des Byzantins) sont multiples: d'une part, il évoque la faiblesse inhérente à ces principautés, comtés et marquisats nés de la première croisade (lignes 56-57, 76, 80), faiblesse rendue mortelle par leur incapacité de s'unir pour vaincre (lignes 156-59) car jaloux les uns des autres, dans leurs rivalités, de leur indépendance individuelle (lignes 71-72, 83-85, 180-84). D'autre part, il discerne parmi les chefs nouvellement arrivés surtout leurs défauts de caractère, soit imprudence, soit outrecuidance (lignes 80-81, 158-59, 170-71), raisons en somme qui, prises dans l'ensemble, expliquent pourquoi cette seconde croisade se solde par des pertes d'une ampleur troublante (lignes 210-11). D'où cette interrogation renouvelée, née du

Emigrations. émigrations presque continuelles. [1] Les Huns venus de la Tartarie chinoise s'établissent enfin sur les bords du Danube, et de là ayant pénétré sous Attila dans les Gaules et en Italie, ils restent fixés en Hongrie. Les Hérules, les Goths, s'emparent de Rome. Les 5 Vandales vont des bords de la mer Baltique subjuguer l'Espagne et l'Afrique. Les Bourguignons envahissent une partie des Gaules: les Francs passent dans l'autre. Les Maures asservissent les Visigoths conquérants de l'Espagne, tandis que d'autres Arabes étendaient leurs conquêtes dans la Perse, dans l'Asie Mineure, en 10 Syrie, en Egypte. Les Turcs viennent du bord oriental de la mer Caspienne, et partagent les Etats conquis par les Arabes. Les croisés de l'Europe inondent la Syrie en bien plus grand nombre

9   w56-w57G: Visigoths qui régnaient en Espagne
11   w56-w57G: viennent des bords de

---

même constat d'une disproportion lamentable: à l'origine de la première croisade, un simple particulier, une simple anecdote; à l'origine de la seconde, la mauvaise conscience de Louis VII qui – au lieu de rester en France, pour y faire tout le bien dont il était capable, surtout épaulé par l'abbé Suger (lignes 102-104, 113-14) – fit 'égorger des millions d'hommes pour réparer la perte de quatre ou cinq cents Champenois' (lignes 114-15). D'où enfin la conclusion désabusée de ce chapitre, aussi farouchement voulue que celle du précédent: confronté à l'énormité des massacres parmi les Français et les Allemands dont il avait été lui-même la cause directe, saint Bernard (lignes 211-15) s'en tire par une pirouette d'un cynisme désinvolte, si ce n'est révoltant. Comme dans le chapitre précédent, les sources de celui-ci (qui ne subit que peu de modifications en 1761) sont Maimbourg (livre 3, éd. citée, t.1), Daniel, et Fleury (livre 69); sur les ordres militaires Voltaire aurait pu consulter également l'abbé Vertot, *Histoire des chevaliers hospitaliers de Saint Jean de Jérusalem* (Paris, 1726). On notera la présence inopportune de Saladin dans cet intitulé au seuil d'un chapitre où il ne figure pas: il s'agit d'un résidu de l'intitulé de la version primitive où les ch.55 et 56 ne faisaient qu'un, tandis que la digression sur le divorce de Louis VII est ajoutée en 1761.

[1] Ce paragraphe, qui n'apparaît qu'en 1756, reprend délibérément une idée propre à Voltaire apparue au chapitre précédent, à savoir: les croisades sont à comprendre démographiquement dans le cadre des grands mouvements de masse ethniques (voir ch.54, n.*). Il néglige le fait que la plupart des croisés sont retournés dans leur pays. Il résume les vicissitudes du monde connu depuis la chute de l'empire romain, du moins telles qu'elles apparaissent dans les chapitres précédents.

que toutes ces nations ensemble n'en ont jamais eu dans leurs
15 émigrations, tandis que le Tartare Gengis-Kan subjugue la haute
Asie. Cependant au bout de quelque temps il n'est resté aucune
trace des conquêtes des croisés.[2] Gengis, au contraire, ainsi que les
Arabes, les Turcs, et les autres, ont fait de grands établissements
loin de leur patrie. Il sera peut-être aisé de découvrir les raisons du
20 peu de succès des croisés.

Les mêmes circonstances produisent les mêmes effets. On a vu
que quand les successeurs de Mahomet eurent conquis tant d'Etats,
la discorde les divisa. Les croisés éprouvèrent un sort à peu près
semblable. Ils conquirent moins, et furent divisés plus tôt.[3] Voilà
25 déjà trois petits Etats chrétiens formés tout d'un coup en Asie,
Antioche, Jérusalem et Edesse.[4] Il s'en forma quelques années
après un quatrième; ce fut celui de Tripoli de Syrie, qu'eut le jeune
Bertrand, fils du comte de Toulouse. Mais pour conquérir Tripoli,
il fallut avoir recours aux vaisseaux des Vénitiens. Ils prirent alors
30 part à la croisade, et se firent céder une partie de cette nouvelle
conquête.[5]

29 50: vaisseaux vénitiens.

[2] Il s'agit ici d'une induction imputable au seul Voltaire qui, manifestement, avait
été impressionné par les chiffres cités par tous ses prédécesseurs (voir ch.54, n.* et
lignes 233-39). Parvenu à la ligne 45, son étonnement devant l'ampleur du
phénomène l'incite à répéter ses propres calculs.

[3] Daniel: 'Si tous ces princes étaient demeurés bien unis entre eux, ils auraient été
invincibles.' Mais très tôt 'la division se mit entre le comte d'Edesse et le prince
d'Antioche' (année 1144, t.4, p.163).

[4] Antioche tomba aux mains des croisés au mois de juin 1098; Jérusalem le
15 juillet 1099, et Edesse le 9 mars 1098. Edesse, l'un des bastions de l'occupation
franque, fut parmi les premiers comtés à tomber: les Seldjoukides de Mossoul le
reprirent le 26 décembre 1144 et non pas en 1140 comme le dit Voltaire (ligne 82).

[5] Maimbourg fait la même présentation des quatre Etats chrétiens (année 1118).
Quant à Tripoli, qui tomba enfin, après un siège de sept ans, le 12 juillet 1109, on lit:
'[Baudouin de Jérusalem] prit la ville [...], qu'il laissa sous le titre de comté, avec
hommages, à Bertrand, fils du comte de Toulouse' (p.221). L'appui des Vénitiens ou
des Génois, avec leurs flottes importantes, était souvent nécessaire pour le succès des
opérations militaires en Terre Sainte. Ils s'en faisaient grassement récompenser (voir
Fleury, 6e *Discours*, §13). Mais ici Voltaire se trompe: ce sont les Génois qui, en 1109,
fournirent 70 vaisseaux à éperon pour la descente de Tripoli.

309

De tous ces nouveaux princes qui avaient promis de faire hommage de leurs acquisitions à l'empereur grec, aucun ne tint sa promesse, et tous furent jaloux les uns des autres. En peu de temps, ces nouveaux Etats divisés et subdivisés, passèrent en beaucoup de mains différentes. Il s'éleva, comme en France, de petits seigneurs, des comtes de Joppé, des marquis de Galilée, de Sidon, d'Acre, de Césarée. Soliman qui avait perdu Antioche et Nicée, tenait toujours la campagne, habitée d'ailleurs par des colons musulmans; et sous Soliman, et après lui, on vit dans l'Asie un mélange de chrétiens, de Turcs, d'Arabes, se faisant tous la guerre. Un château turc était voisin d'un château chrétien, de même qu'en Allemagne les terres des protestants et des catholiques sont enclavées les unes dans les autres. [6]

De ce million de croisés bien peu restaient alors. Au bruit de leurs succès, grossis par la renommée, de nouveaux essaims partirent encore de l'Occident. Ce prince Hugues, frère du roi de France Philippe Ier, [7] ramena une nouvelle multitude, grossie par des Italiens et des Allemands. On en compta trois cent mille; mais en réduisant ce nombre aux deux tiers, ce sont encore deux cent

35

40

45

50

32 50: Tous ces nouveaux princes avaient
34 MSP, 50: sa parole, et
35 MSP, 50: ces Etats
40-41 MSP, 50: dans la Syrie et dans l'Asie Mineure un mélange
44 MSP, 50, 53-W57G: sont mutuellement interceptées.
47-48 MSP, 50: frère de Philippe Ier, qui était retourné en France avant la prise de Jérusalem, sans avoir obtenu de son frère, ramena
    53-W68: frère de Philippe Ier, ramena
48-49 MSP, 50: par des Allemands et des Italiens.
50 MSP: [*manchette*] *Treize cent mille croisés vers la fin du onzième siècle.*

[6] Ce sont ici les impressions que Voltaire avait recueillies à la lecture de Maimbourg (années 1100, 1119, 1131, 1141, p.218-20, 221-23, 237-41). Pour Soliman, voir ch.53, n.13.

[7] La prise de Jérusalem fut suivie par des appels de renfort. Les expéditions mineures de 1100 et 1101 dont il est ici question furent pour la plupart composées de ceux qui s'étaient enrôlés pour la première croisade mais qui n'avaient pas pu réaliser leurs vœux, ainsi que ceux qui étaient partis en croisade mais qui avaient rebroussé chemin avant de gagner la Terre Sainte.

mille hommes qu'il en coûta à la chrétienté. Ceux-là furent traités vers Constantinople à peu près comme les suivants de Pierre l'Ermite. Ceux qui abordèrent en Asie, furent détruits par Soliman; et le prince Hugues mourut presque abandonné dans l'Asie
55 Mineure.[8]

Ce qui prouve encore, ce me semble, l'extrême faiblesse de la principauté de Jérusalem, c'est l'établissement de ces religieux soldats, templiers et hospitaliers. Il faut bien que ces moines, fondés d'abord pour servir les malades, ne fussent pas en sûreté, puisqu'ils
60 prirent les armes.[9] D'ailleurs, quand la société générale est bien gouvernée, on ne fait guère d'associations particulières.

Les religieux consacrés au service des blessés, ayant fait vœu de

---

51   MSP, 50: hommes au moins qu'il
56-57   MSP, 50: prouve peut-être encore la faiblesse de la nouvelle principauté
57   MSP: [manchette] Templiers, hospitaliers et chevaliers teutoniques. 1092.
       50: l'établissement (1092) de
58   51HCA, 52HCA: que ces religieux,
59   MSP, 50: malades dans les hôpitaux, ne

---

[8] Il n'est pas clair à quoi le 'million de croisés' (ligne 45) renvoie dans le texte de Voltaire. Maimbourg (année 1102) parle de 260 000 quand ils passèrent en Asie, et évoque une 'multitude confuse et déréglée de volontaires de toute sorte de conditions, qui suivaient sans ordre, sans discipline, sans obéissance et presque sans armes, les princes et les evêques qui allaient plutôt en pèlerinage qu'à une guerre sainte, après la conquête de Jérusalem. [...] La plupart de ces pèlerins si mal conduits périrent de misères par les chemins, ou par les armes des Turcs de Soliman [...] Ils en firent périr plus de cent mille' (p.220). Hugues de Vermandois mourut à Tarse, en Cilicie, en octobre 1102.

[9] Maimbourg présente les hospitaliers de Saint Lazare en détail (année 1118, p.223 et suiv.), les templiers beaucoup plus rapidement (p.226-27). Quant à la prise d'armes par les hospitaliers, Maimbourg n'est pas d'un avis différent: 'Ils prirent les armes, non seulement pour la défense des pauvres pèlerins, mais aussi pour servir les rois de Jérusalem, auxquels ils rendirent de grands services dans toutes leurs guerres' (p.225). La date de 1092 que l'on trouve dans la version primitive ne peut qu'induire en erreur car ne pouvant correspondre qu'aux hospitaliers, le seul des deux ordres à exister à ce moment-là. Comme l'explique Maimbourg: 'Il est certain, qu'avant que les princes chrétiens eussent conquis la Terre Sainte, il y avait à Jérusalem des hospitaliers, dont les uns recevaient les pèlerins [...] et les autres avaient soin des pauvres malades' (p.223-24).

Templiers. se battre, vers l'an 1118, il se forma tout d'un coup une milice semblable, sous le nom de *Templiers*, qui prirent ce titre, parce qu'ils demeuraient auprès de cette église qui avait, disait-on, été autrefois le temple de Salomon. [10] Ces établissements ne sont dus qu'à des Français, ou du moins à des habitants d'un pays annexé depuis à la France. Raimond Dupuy, premier grand-maître et instituteur de la milice des hospitaliers, était de Dauphiné. [11]

A peine ces deux ordres furent-ils établis par les bulles des papes, qu'ils devinrent riches et rivaux. Ils se battirent les uns contre les autres aussi souvent que contre les musulmans. Bientôt après, un nouvel ordre s'établit encore en faveur des pauvres Allemands *Chevaliers* abandonnés dans la Palestine: et ce fut l'ordre des moines *teutons.* teutoniques, qui devint après en Europe une milice de conquérants. [12]

65

70

75

64 MSP: [*manchette*] *1118*.

67-68 MSP, 50: Français. Raimond

69-70 MSP, 50: Dauphiné. Les fondateurs des templiers étaient d'autres Français. ¶A

72 MSP, 50: les mahométans. L'habit blanc des templiers et la robe noire des hospitaliers étaient un signal continuel de combat. Bientôt

73 MSP, 50: des Allemands

75 MSP, 50: de moines conquérants.

[10] Maimbourg évoque ainsi la création des templiers: 'Quelque temps après, environ l'an onze cent dix-huit, neuf gentilshommes français [...] s'allèrent présenter à Guarimond, patriarche de Jérusalem, entre les mains duquel ils firent vœu [...] d'employer leur vie pour tenir les passages et chemins libres aux pèlerins de la Terre Sainte' (p.226).

[11] L'Ordre des hospitaliers de Saint-Jean-de-Jérusalem fut fondé en 1119 à l'imitation des templiers, et reconnu par le pape Calixte II en 1123. Voir Maimbourg: Les chevaliers 'choisirent pour leur chef, frère Raymond du Puy, gentilhomme du Dauphiné' (année 1119, p.230). En 1349, Humbert II, sans descendance, vendit ses biens au roi de France, Philippe VI, et le Dauphiné devint bientôt l'apanage traditionnel de l'héritier de la couronne.

[12] Maimbourg brosse un tableau rapide de la fondation des chevaliers teutoniques dont la raison d'être était la même que celle des templiers qui leur servirent de modèle: 'en imitant à peu près la conduite, la forme de vie et la règle des templiers jusqu'à ce qu'environ soixante-dix ans après le pape Célestin III les érigea en ordre militaire pour la seule nation germanique' (année 1119, p.227-28).

Enfin, la situation des chrétiens était si peu affermie, que Baudouin, premier roi de Jérusalem, qui régna après la mort de Godefroi son frère, fut pris presque aux portes de la ville par un prince turc. [13]

80 Les conquêtes des chrétiens s'affaiblissaient tous les jours. Les premiers conquérants n'étaient plus; leurs successeurs étaient amollis. Déjà l'Etat d'Edesse était repris par les Turcs en 1140, et Jérusalem menacée. [14] Les empereurs grecs ne voyant dans les princes d'Antioche leurs voisins que de nouveaux usurpateurs, leur

85 faisaient la guerre, non sans justice. [15] Les chrétiens d'Asie, près d'être accablés de tous côtés, sollicitèrent en Europe une nouvelle croisade générale.

La France avait commencé la première inondation: ce fut à elle qu'on s'adressa pour la seconde. Le pape Eugène III naguère

Saint Bernard et
ses prophéties.

79-80   MSP, 50: turc, dont la veuve aima mieux bientôt après le relâcher à prix d'argent que de venger par sa mort le sac de Jérusalem. ¶Les conquêtes
83   53-W57G: empereurs ne
87-88   MSP, 50: croisade. Les papes n'avaient pas moins d'intérêt à défendre tant d'églises qui devaient augmenter leurs droits et leurs richesses.] ¶La France
53-54N: croisade. ¶La France

---

[13] Le premier roi de Jérusalem (Baudoin Ier) mourut en 1118. Il est question ici de son successeur et cousin, Baudouin II du Bourg (?-1131), comte d'Edesse (1100-1118), qui fut fait prisonnier par les Turcs.

[14] D'après Maimbourg, le comte d'Edesse, Jocelin de Courtenay, 'vaillant prince [...] généreux vieillard [et] héros chrétien' (année 1143, p.241-42) se couvre de gloire, mais son fils, du même nom que lui, est un 'lâche', qui se 'déshonora par une vie très dissolue en toutes sortes de débauches [et qui] abandonne la ville à son triste sort' (p.241, 243-45). D'où Maimbourg tire cette grande leçon (que Voltaire a dû remarquer): 'Mais c'est de tout temps qu'on a vu ce que la sagesse, le courage, et la vigilance de plusieurs grands hommes ne peuvent établir qu'avec bien de la peine et bien du temps, la brutalité, la fainéantise d'un seul voluptueux et dissolu le ruine très souvent en peu de jours' (p.243).

[15] Antioche avait non seulement affaire à Sanguin (Zengî, atabeg de Mossoul), qui venait de prendre Edesse (24 décembre 1144), mais aussi à Manuel Ier Comnène, empereur byzantin (1143-1180) qui renouvelait la politique de son prédécesseur Jean II Comnène (1118-1143). Maimbourg parle peu des vicissitudes d'Antioche.

disciple de saint Bernard, fondateur de Clervaux, choisit avec raison   90
son premier maître, pour être l'organe d'un nouveau dépeuplement. [16] Jamais religieux n'avait mieux concilié le tumulte des affaires
avec l'austérité de son état: aucun n'était arrivé comme lui à cette
considération purement personnelle, qui est au-dessus de l'autorité
même. [17] Son contemporain l'abbé Suger était premier ministre de   95
France; son disciple était pape; mais Bernard, simple abbé de
Clervaux, était l'oracle de la France et de l'Europe.

1146.   A Vézelai en Bourgogne fut dressé un échafaud dans la place
publique, où Bernard parut à côté de Louis le Jeune roi de France. [18]
Il parla d'abord, et le roi parla ensuite. Tout ce qui était présent, prit   100
la croix. Louis la prit le premier des mains de saint Bernard. Le
ministre Suger ne fut point d'avis que le roi abandonnât le bien
certain qu'il pouvait faire à ses Etats, pour tenter en Syrie des
conquêtes incertaines: [19] mais l'éloquence de Bernard, et l'esprit du

---

91-92   MSP: dépeuplement. / Chapitre 34 / *Suite des croisades au douzième
siècle.* / Jamais
    92   MSP: [*manchette*] *Saint Bernard.*
        MSP: concilié que Bernard le
94-95   MSP: de l'austérité même
    95   MSP: Suger premier
    96   MSP, 50: disciple Eugène était
    98   50: Bourgogne (1146) fut
   101   MSP, 50: croix. Le roi la

---

[16] Comme Maimbourg l'explique, Eugène III (pape de 1145 à 1153) – en repli à
Viberbe à cause de ses démêlés avec Arnaud de Brescia – ne put s'absenter d'Italie
pour animer lui-même la croisade, et ordonna à saint Bernard de la prêcher en France
et en Allemagne (année 1145, p.249-50). Fleury, année 1145, §11.

[17] Cf. l'édifiant portrait de Bernard ('l'oracle de la France et même de toute la
chrétienté') chez Maimbourg (année 1143, p.247-48).

[18] Vézelay était dès le onzième siècle un haut lieu de pèlerinage à sainte Marie-
Madeleine. Richard Cœur de Lion et Philippe Auguste s'y donnèrent rendez-vous au
départ de la troisième croisade (1191). Sur cette Assemblée générale (31 mars 1146),
voir Maimbourg (année 1146, p.251-53), Fleury (année 1146, §14), et Daniel.

[19] Moine et homme politique, condisciple et ami de Louis VI, Suger (*c.*1081-1151)
fut son ambassadeur auprès de la papauté. Après son élection comme abbé de Saint-

105 temps, sans lequel cette éloquence n'était rien, l'emportèrent sur les conseils du ministre.

On nous peint Louis le Jeune comme un prince plus rempli de *Louis le Jeune.* scrupules que de vertus. Dans une de ces petites guerres civiles que le gouvernement féodal rendait inévitables en France, les troupes

110 du roi avaient brûlé l'église de Vitry, et une partie du peuple réfugiée dans cette église avait péri au milieu des flammes. On persuada aisément au roi qu'il ne pouvait expier qu'en Palestine ce crime, qu'il eût mieux réparé en France par une administration sage. Il fit vœu de faire égorger des millions d'hommes pour

115 réparer la perte de quatre ou cinq cents Champenois. [20] Sa jeune femme, Eléonor de Guienne, [21] se croisa avec lui, soit qu'elle

110-11   MSP, 50, 53-W75G: et le peuple réfugié
111   MSP, 50, 53-W75G: péri dans les flammes
113   MSP, 50: qui eût été mieux
114-15   MSP, 50, 53-W75G: sage. Sa
    K: pour expier la mort de
116   MSP, 50: avec le roi,

Denis (1122), il resta conseiller du roi puis devint celui de son fils Louis VII, qui lui confia la régence à son départ pour la croisade. Voir Maimbourg: 'Ce sage ministre, de qui les vues étaient bien plus perçantes, et avaient beaucoup plus d'étendue que celles des autres, non seulement ne conseilla pas au roi cette croisade, mais aussi qu'il fit au commencement tout ce qu'il put pour s'opposer à cette résolution, prévoyant sans doute dès lors les fâcheuses suites qu'elle devait avoir selon toutes les apparences' (année 1147, p.261). Daniel le décrit de la même manière. Mais Voltaire ne signale pas les réticences de saint Bernard, qui au début disait ne pas vouloir 'donner conseil sur un voyage de cette importance' (Maimbourg, année 1145, p.250). Daniel fournit les mêmes détails.

[20] Tout ce paragraphe doit beaucoup à Maimbourg, qui raconte l'histoire de Louis VII qui fit 'brûler misérablement dans la grande église plus de quinze cents personnes qui s'y étaient réfugiées comme dans un asile' (année 1143, p.246). Il fait une dépression à la suite de ce forfait. 'C'est pourquoi, aussitôt qu'il entendit l'extrême danger où les affaires des chrétiens étaient réduites en Orient, il se résolut, par esprit de pénitence, à faire ce voyage pour expier un si grand crime' (p.247). Daniel le raconte aussi, mais sans insister (année 1141). Selon lui, il y périt 1300 personnes. Voltaire relativise et l'incident et les chiffres.

[21] Sur cette héritière de la Guyenne, voir également ci-dessus, ch.50.

l'aimât alors, soit qu'il fût de la bienséance de ces temps d'accompagner son mari dans de telles aventures.

Bernard s'était acquis un crédit si singulier, que dans une nouvelle assemblée à Chartres on le choisit lui-même pour le chef de la croisade. Ce fait paraît presque incroyable; mais tout est croyable de l'emportement religieux des peuples. Saint Bernard avait trop d'esprit pour s'exposer au ridicule qui le menaçait. L'exemple de l'Ermite Pierre était récent. Il refusa l'emploi de général, et se contenta de celui de prophète. [22]

De France il court en Allemagne. Il y trouve un autre moine qui prêchait la croisade. Il fit taire ce rival, qui n'avait pas la mission du pape. [23] Il donne enfin lui-même la croix rouge à l'empereur

120

125

118   MSP, 50: telles guerres.

120   MSP, 50: pour être le

121   MSP, 50: incroyable. On avait un roi de France et on choisissait un moine [50: un religieux]; mais

122   50: l'emportement des

124-25   MSP: et prit celui

124-26   50: Il refusa. ¶De

126   50: autre religieux qui

127   50: Il fait taire

22 Voir Maimbourg: 'On se mit si fort dans l'esprit que l'heureux succès du voyage et de la guerre dépendait de lui, qu'il y fut résolu d'un commun consentement, que non seulement il en serait, mais aussi qu'il aurait le commandement général de toute l'armée, qui ne pouvait manquer d'être toujours victorieuse, sous un chef qu'on croyait disposer de la toute-puissance de Dieu même. [...] Saint Bernard, qui était tout un autre homme que Pierre l'Ermite, et qui savait admirablement l'art d'accorder la sagesse et la raison avec la grâce et la dévotion, s'opposa formellement à cette résolution, qu'il crut n'être point du tout raisonnable' (année 1146, p.254). Fleury rapporte le même refus en reproduisant une longue lettre de Bernard au pape (année 1146, §14).

23 Dans un premier temps, Bernard ne va pas en Allemagne, se contentant 'de très éloquentes lettres' (Maimbourg, année 1146, p.256), puis, pour faire taire 'un certain Radulphe, moine vagabond', il finit par s'y rendre et écarta son concurrent. De même, Fleury raconte qu'un 'moine nommé Rodolphe, qui prêchait en même temps la croisade à Cologne, à Mayence, à Worms et aux autres villes proches du Rhin', prêchait aussi le massacre des Juifs (année 1146, §15). Fleury décrit les efforts de

130 Conrad III,[24] et il promet publiquement de la part de Dieu des victoires contre les infidèles. Bientôt après un de ses disciples, nommé Philippe, écrivit en France que Bernard avait fait beaucoup de miracles en Allemagne. Ce n'étaient pas à la vérité des morts ressuscités; mais les aveugles avaient vu, les boiteux avaient marché, les malades avaient été guéris. On peut compter parmi ces

135 prodiges, qu'il prêchait partout en français aux Allemands.[25]

L'espérance d'une victoire certaine entraîna à la suite de l'empereur et du roi de France la plupart des chevaliers de leurs Etats. On compta, dit-on, dans chacune des deux armées soixante et dix mille gendarmes, avec une cavalerie légère prodigieuse;[26] on

129   50: publiquement des
130   MSP, 50: victoires sur les
130-36   50: infidèles. ¶L'espérance
137   MSP, 50: des rois

Bernard outre-Rhin de contrecarrer Rodolphe qui, à son avis, 'est plein de l'esprit d'arrogance, et cherche à se faire un grand nom' (§16).

[24] Sur Conrad III, voir ci-dessus, ch.48.

[25] Cf. les *Annales de l'Empire*: 'Saint Bernard, abbé de Clairvaux [...] prêche [la croisade] en Allemagne. Mais en quelle langue prêchait-il donc? il n'entendait point le tudesque. Il ne pouvait parler latin au peuple. Il y fit beaucoup de miracles: cela peut être: mais il ne joignit pas à ces miracles le don de la prophétie, car il annonce de la part de Dieu les plus grands succès' (p.313). Maimbourg évoque ces miracles, mais n'y croit pas, laissant 'libre à chacun d'en croire ce qu'il lui plaira, sans rien diminuer de l'éminente sainteté de saint Bernard' (année 1146, p.255). Donc l'ironie de Voltaire n'est pas de mise pour lui. Elle peut l'être pour Fleury, qui proclame qu''en ce voyage il fit un grand nombre de miracles dont nous avons une relation exacte' (année 1146, §16) et y consacre plus de sept pages qu'il rapporte sans commentaire.

[26] Maimbourg évoque pour ce qui est uniquement de l'empereur 'une florissante armée de soixante et dix milles gendarmes, tous cuirrassiers, sans compter les chevau-légers et avec une infanterie la plus nombreuse et la plus leste qu'aucun empereur ait jamais eue' (année 1147, p.263). Daniel: 'plus de cent mille combattants parmi lesquels il y avait soixante et dix mille cuirassiers à cheval' (année 1147). Ni l'un ni l'autre ne parlent de 70 000 dans chaque armée.

ne compta point les fantassins. On ne peut guère réduire cette 140
seconde émigration à moins de trois cent mille personnes, qui
jointes aux treize cent mille que nous avons précédemment
trouvées, fait jusqu'à cette époque seize cent mille habitants
transplantés.²⁷ Les Allemands partirent les premiers, les Français
ensuite. Il est naturel que de ces multitudes qui passent sous un 145
autre climat, les maladies en emportent une grande partie.
L'intempérance surtout causa la mortalité dans l'armée de
Conrad vers les plaines de Constantinople.²⁸ De là ces bruits
répandus dans l'Occident, que les Grecs avaient empoisonné les
puits et les fontaines. Les mêmes excès que les premiers croisés 150
avaient commis, furent renouvelés par les seconds, et donnèrent les
mêmes alarmes à Manuel Comnène, qu'ils avaient données à son
grand-père Alexis.²⁹

140   MSP, 50: fantassins. Saint Bernard dans ses lettres dit qu'il ne resta dans
plusieurs bourgs que les femmes et les enfants; on envoya [MSG, 50: envoyait] une
quenouille et un fuseau à quiconque pouvait se croiser et ne le faisait pas. La plupart
des femmes de croisés suivaient [50: suivirent] leurs maris. On
141-42   MSP, 50: personnes ce qui joint aux
147   MSP: [manchette] 1147.
      50: (1147) L'intempérance
149   MSG, 50: dans tout l'occident
151-52   50: donnèrent à Manuel Comnène les mêmes alarmes qu'ils

²⁷ Le premier chiffre est celui de la ligne 49, mais il est question là de 1102, et
Voltaire n'en donne aucune justification. Le second se trouve en manchette dans MSP
(ligne 50 var.), mais n'a pas de rapport avec la croisade de 1147 et diffère aussi de celui
de 'onze cent mille' donné dans le ch.54 (ci-dessus, ligne 235). On avait séparé les
deux contingents (lignes 144-45), celui de Louis suivant celui de Conrad 'afin qu'on
pût pourvoir plus aisément à la commodité des vivres pour les deux armées'
(Maimbourg, p.259).
²⁸ S'intéressant uniquement aux motivations et faiblesses humaines comme
facteurs de la mortalité parmi les croisés, Voltaire passe sous silence l'épouvantable
ouragan et 'l'effroyable déluge' qui s'abattirent sur l'armée de l'empereur dans la
Chersonèse de Thrace, causant dégâts considérables et perte de vies humaines
(Maimbourg, année 1147, p.264-66).
²⁹ Manuel Iᵉʳ Comnène (1143-1180) est depeint par Maimbourg comme un
débauché et un traître (année 1147, p.273). D'après lui, c'est Manuel qui force les

318

Conrad, après avoir passé le Bosphore, se conduisit avec
155 l'imprudence attachée à ces expéditions. La principauté d'Antioche *Nouvelles fautes*
subsistait. On pouvait se joindre à ces chrétiens de Syrie, et *des croisés.*
attendre le roi de France. [30] Alors le grand nombre devait vaincre.
Mais l'empereur allemand, jaloux du prince d'Antioche et du roi de
France, s'enfonça au milieu de l'Asie Mineure. Un sultan d'Icone,
160 plus habile que lui, attira dans des rochers cette pesante cavalerie
allemande, fatiguée, rebutée, incapable d'agir dans ce terrain. Les
Turcs n'eurent que la peine de tuer. [31] L'empereur blessé, et n'ayant
plus auprès de lui que quelques troupes fugitives, se sauva vers
Antioche, et de là fit le voyage de Jérusalem en pèlerin, au lieu d'y
165 paraître en général d'armée. Le fameux Frédéric Barberousse, son
neveu et son successeur à l'empire d'Allemagne, le suivait dans ces
voyages, apprenant chez les Turcs à exercer un courage que les
papes devaient mettre à de plus grandes épreuves. [32]
L'entreprise de Louis le Jeune eut le même succès. Il faut avouer
170 que ceux qui l'accompagnaient, n'eurent pas plus de prudence que

156   MSP: [*manchette*] *1147.*
166   MSP, 50: suivit
168   MSP, 50: papes mirent depuis à
170   50: que si ceux

---

troupes germaniques à s'embarquer immédiatement, qui empoisonne la farine qu'on
leur livre, 'ce qui causa une étrange mortalité parmi ces pauvres Allemands', enfin
qui les trahit auprès des Turcs (p.277). Daniel insiste aussi sur l'extrême défiance de
part et d'autre, et la traîtrise des Byzantins (par exemple, année 1147, t.4, p.177-78,
180-83). Voltaire, qui est pourtant prompt d'ordinaire à dénoncer la barbarie des
mœurs de la cour byzantine, ne reprend pas ce thème.

[30] Conrad passa le Bosphore au moment même où Louis arrivait à Constantinople
(4 octobre 1148).

[31] Il s'agit dans ces lignes de la déroute de Dorylée (25 octobre 1147). Conrad, naïf
et présomptueux, 'se laisse conduire, avec toute sa grande armée, dans un magnifique
appareil, comme une victime couronnée de fleurs qu'on mène en triomphe à l'autel
pour y être égorgé. [...] Il ne se vit jamais une si pitoyable défaite d'une si belle armée'
(Maimbourg, année 1147, p.278-80).

[32] Sur Frédéric Ier Barberousse et ses différends avec le Saint-Siège, voir ci-
dessus, ch.48.

les Allemands, et eurent beaucoup moins de justice. A peine fut-on arrivé dans la Thrace, qu'un évêque de Langres proposa de se rendre maître de Constantinople. Mais la honte d'une telle action *1147.* était trop sûre, et le succès trop incertain. L'armée française passa l'Hellespont sur les traces de l'empereur Conrad. [33]

175

Il n'y a personne, je crois, qui n'ait observé que ces puissantes armées de chrétiens firent la guerre dans ces mêmes pays où Alexandre remporta toujours la victoire avec bien moins de troupes contre des ennemis incomparablement plus puissants que ne l'étaient alors les Turcs et les Arabes. Il fallait qu'il y eût dans la discipline militaire de ces princes croisés un défaut radical, qui devait nécessairement rendre leur courage inutile. Ce défaut était probablement l'esprit d'indépendance que le gouvernement féodal avait établi en Europe. Des chefs sans expérience et sans art conduisaient dans des pays inconnus des multitudes déréglées. Le roi de France surpris comme l'empereur dans des rochers vers Laodicée, fut battu comme lui; [34] mais il essuya dans Antioche des

180

185

173   MSP, 50: Constantinople, selon le projet du légat du pape dans la première croisade. Mais
174   51HCA: succès incertain
181   MSP, 50: des princes
186   50: France, (1149) surpris
187   MSP: [*manchette*] *1149.*

[33] Godefroy, évêque de Langres, 'qui était un homme d'une prudence consommée', conseille dans un discours rapporté de s'emparer de Constantinople (Maimbourg, année 1147, p.283-86), mais sa proposition est rejetée par la majorité, assaillie de scrupules. Voltaire choisit de passer sous silence que 'quelques-uns des plus sages l'approuvèrent' (p.286), et que Daniel prétend même que 'le roi, à qui la pensée était venue avant son départ de se saisir de Constantinople, ayant consulté le pape sur ce sujet, le pape n'avait osé décider que la chose fût permise' (année 1147, t.4, p.182). Louis reprit la route, initialement en compagnie des rescapés de l'armée impériale (décembre 1147), se dirigeant sur Ephèse.

[34] Malgré les continuelles trahisons des Grecs, l'armée française se défend, passe le Méandre, ce qui donne prétexte à un parallèle avec le glorieux passage du Rhin par Louis XIV (Maimbourg, année 1148, p.298-99), puis, traîtrise d'un côté, présomption de l'autre, connaît elle aussi un sort funeste à la bataille du Mont Kadmos,

malheurs domestiques plus sensibles que ces calamités. Raimond prince d'Antioche, chez lequel il se réfugia avec la reine Eléonor sa
190 femme, fit publiquement l'amour à cette princesse. On dit même qu'elle oubliait toutes les fatigues d'un si cruel voyage avec un jeune Turc d'une rare beauté, nommé Saladin. [35]

Louis enleva sa femme d'Antioche, et la conduisit à Jérusalem, en danger d'être pris avec elle, soit par les musulmans, soit par les
195 troupes du prince d'Antioche. Il eut du moins la satisfaction d'accomplir son vœu, et de pouvoir un jour dire à saint Bernard qu'il avait vu Bethléem et Nazareth. [36] Mais pendant ce voyage, ce qui lui restait de soldats fut battu et dispersé de tous côtés. Enfin trois mille Français désertèrent à la fois, et se firent mahométans
200 pour avoir du pain. [37]

Désastres de Louis le Jeune.

1148.

---

188   MSP, 50, 53-61: que les calamités publiques.
190   MSP, 50, 53-W57G: femme, fut soupçonné d'aimer cette
192-201 MSP, 50, 53-W57G: Saladin. ¶La conclusion de toute cette entreprise fut

---

6 janvier 1148 (p.304). Le roi, en vrai paladin, réfugié sur son rocher (p.306), accomplit des prodiges et vit des aventures héroïques tout en faisant retraite en bon ordre (p.306-11).

[35] Louis arriva dans Antioche le 19 mars 1148. Maimbourg est peu explicite sur les déboires conjugaux du souverain, évoquant 'certains engagements que la reine avait dans Antioche, et qui sans doute ne lui plaisaient pas' (année 1148, p.313). Daniel en dit plus: 'La reine était une princesse très bien faite, pleine d'esprit et d'attraits, à qui le prince d'Antioche avait su plaire. Le roi avait sur cet article plus que des soupçons, et il est surprenant qu'une reine de France fût venue de si loin et par dévotion, et au travers de tant de périls, pour se déshonorer ainsi elle-même et le roi son mari' (année 1148, t.4, p.511-12). Au demeurant, Voltaire ne précise pas que ce prince d'Antioche était l'oncle d'Eléonore. Sur Raimond d'Antioche et Eléonor, voir également ci-dessus, ch.50, lignes 37-41 et notes. Sur cette légende misogyne tardive, voir J. Flori, *Eléonor d'Aquitaine, la reine insoumise* (Paris, 2004), ch.9. Ne se contentant pas de colporter la rumeur d'une infidélité, jamais prouvée, de la reine de France, la légende au fil des siècles l'a accusée d'autres liaisons adultères, dont l'une avec un Sarrasin, tôt identifié comme le grand Saladin lui-même.

[36] Voltaire rend dérisoire le comportement du roi, alors que ce dernier, allié à l'empereur allemand, tenta, en vain certes, mais courageusement, d'inverser le cours des choses (voir Maimbourg, p.310-31; Daniel, année 1148).

[37] Il s'agit ici d'un gros résidu de ces troupes que Louis avait laissées à Attalia

La conclusion de cette croisade fut, que l'empereur Conrad
retourna presque seul en Allemagne. [38] Le roi Louis le Jeune ne
ramena en France que sa femme et quelques courtisans. A son
retour il fit casser son mariage avec Eléonor de Guienne, sous
prétexte de parenté, car l'adultère, ainsi qu'on l'a déjà remarqué,   205
n'annulait point le sacrement du mariage; mais par la plus absurde
des lois, le crime d'avoir épousé son arrière-cousine annulait ce
sacrement. [39] Louis n'était pas assez puissant pour garder la dot en
renvoyant la personne; il perdit la Guienne, [40] cette belle province de
France, après avoir perdu en Asie la plus florissante armée que son   210
pays eût encore mise sur pied. Mille familles désolées éclatèrent en
vain contre les prophéties de saint Bernard, qui en fut quitte pour se
comparer à Moïse, lequel, disait-il, avait comme lui promis de la
part de Dieu aux Israélites de les conduire dans une terre heureuse,
et qui vit périr la première génération dans les déserts. [41]   215

---

202   MSP, 50, 53-W57G: Allemagne et le roi ne
204-209   MSP, 50, 53-W57G: Guienne et perdit ainsi cette
211-15   50: éclatèrent contre saint Bernard.//
214   MSP: Dieu au peuple israélite de

(Adalia). Affamées, elles tentèrent une sortie mais furent défaites: 'Les Sarrasins leur
offrirent, s'ils voulaient changer de religion, de les recevoir parmi eux et il y en eut
jusqu'à trois mille qui acceptèrent ce parti' (Daniel, année 1148, t.4, p.204).

[38] Conrad III quitta Acre pour Salonique le 8 septembre 1148; Louis prit le chemin
du retour au début de l'été 1149, et débarqua en Calabre le 29 juillet.

[39] Daniel fait un sort conséquent à ce divorce lourd de conséquences politiques.
Fleury, de son côté, dit en une plaisante litote que 'Le roi Louis avait reçu de la reine
Aliénor tant de mauvais traitements pendant le voyage de la Terre Sainte qu'il ne
pouvait plus la souffrir' (année 1152, §55). Mais aucun ne fait allusion au prétexte
invoqué pour obtenir le divorce, passage d'ailleurs inclus tardivement (1761) dans le
récit par Voltaire ici et dans le ch.50, ci-dessus (lignes 42-47).

[40] Daniel évoque le sort de la Guyenne (année 1150).

[41] Maimbourg s'attarde sur l'apologie de saint Bernard, vivement critiqué (année
1149, p.332-33) pour avoir prédit le succès de la seconde croisade (p.334-36). Quant à
Fleury, il consacre autant de place à cette apologie qu'à la croisade tout entière
(année 1150, §47). Tous deux reproduisent la comparaison avec Moïse.

CHAPITRE 56

De Saladin.

Après ces malheureuses expéditions, les chrétiens de l'Asie furent plus divisés que jamais entre eux. La même fureur régnait chez les

a-219   [*Première rédaction de ce chapitre*: MSP, 50]
a   MSP, 50, 53-W57G: [*pas de rupture; suite du chapitre précédent*]
     61: Chapitre 52
2   MSP, 50: plus que jamais divisés

* Si ce chapitre, consacré à la troisième croisade (1187-1192) et aux préparatifs de la quatrième (1202-1204), véhicule les mêmes thèmes négatifs que les précédents (triste inutilité de la croisade comme institution; disproportion monstrueuse entre les efforts déployés et les sommes d'argent dépensées par rapport aux résultats obtenus; discorde entre les croisés comme facteur d'échec), s'il passe délibérément sous silence tout élément un tant soit peu positif du côté des Européens, il sert néanmoins de vecteur à un portrait uniformément positif de celui qui fut à l'origine de cette troisième croisade: Saladin. Les barbares en somme – Voltaire ne le laisse pas seulement entendre, il le dit – n'étaient pas du côté qu'on croyait. Ce grand guerrier qui faisait trembler l'Occident était évidemment impitoyable pour l'adversaire, surtout l'adversaire déloyal. Par ailleurs, c'était un vainqueur chevaleresque envers les hommes de bonne foi, humain, tolérant, conscient surtout de la vanité de ce monde. Dans un premier élan d'enthousiasme, Voltaire n'était-il pas allé (voir lignes 186-88 var.) jusqu'à le saluer comme un *philosophe*? Cette vive admiration pour les qualités de Saladin, déjà là en filigrane dans *Zaïre* (1732; *OCV*, t.8), sera de nouveau proclamée (sinon fréquemment du moins fermement) dans les *Annales de l'Empire*, où il est présenté comme 'le plus grand homme de son temps' (p.331), et dans trois textes espacés où il figure comme le 'grand Saladin' (art. 'Julien le Philosophe', du *DP*, *OCV*, t.36, p.275; *Discours de l'empereur Julien*, *OCV*, t.71B, p.249; *Commentaire sur l'Esprit des lois*, *OCV*, t.80B, p.413). Pour se renseigner, et pour préparer sa synthèse tout aussi succincte que celles qui l'ont précédée, Voltaire utilise presque exclusivement Maimbourg (livre 4). Certains détails proviennent toutefois à n'en pas douter de Daniel et de Fleury. On notera encore une fois la forme foncièrement dès le départ définitive de ce chapitre, qui ne connut que des modifications surtout d'ordre stylistique auxquelles sont venues s'ajouter, en 1761, quelques remarques sorties d'une plume philosophiquement engagée.

Alliance du roi musulmans. [1] Le prétexte de la religion n'avait plus de part aux
chrétien de affaires politiques. Il arriva même vers l'an 1166 qu'Amauri roi de
Jérusalem avec Jérusalem se ligua avec le soudan d'Egypte contre les Turcs. Mais à   5
un soudan. peine le roi de Jérusalem avait-il signé ce traité, qu'il le viola. [2] Les
chrétiens possédaient encore Jérusalem, et disputaient quelques
territoires de la Syrie aux Turcs et aux Tartares. Tandis que
l'Europe était épuisée pour cette guerre, tandis qu'Andronic
Manuel montait sur le trône chancelant de Constantinople par le   10
1182. meurtre de son neveu, [3] et que Frédéric Barberousse et les papes
tenaient l'Italie en armes, la nature produisit un de ces accidents qui
Horrible devraient faire rentrer les hommes en eux-mêmes, et leur montrer
tremblement de le peu qu'ils sont, et le peu qu'ils se disputent. Un tremblement de
terre.

3-4   MSP, 50: aux intérêts politiques
6-27   MSP, 50: viola. Les religieux hospitaliers de Saint Jean de Jérusalem
l'assistèrent de leur argent et de leurs forces, qui n'étaient pas médiocres. Ils
espéraient soumettre l'Egypte et ils furent tous obligés de retourner à Jérusalem,
avec la honte d'avoir violé leur serment. ¶Au milieu de ces troubles s'élevait le grand
Saladin, neveu de Noradin, soudan d'Alep. Il conquit la Syrie, l'Arabie, la Perse et la   5
Mésopotamie. Un religieux templier, nommé Mélier, [50: Mélieu] quitta son ordre et
sa religion pour servir sous ce conquérant et contribua beaucoup à lui soumettre
l'Arménie. Saladin, maître de tant de pays, ne voulut pas laisser [MSP: aux croisés] au
milieu de ses Etats le royaume
6-26   53-W57G: viola. ¶Au milieu de tous ces troubles s'élevait le grand Saladin,
neveu de Noradin, soudan d'Egypte. Il conquit la Syrie

[1] Comme dit Maimbourg: 'Cependant les affaires des chrétiens en Orient, après le
départ des Français et des Allemands [...] furent bientôt réduites en un état très
pitoyable' (année 1149, t.1, p.336).
[2] Amaury Ier ou Almaric Ier (1135-1174), roi de Jérusalem en 1163. Successeur de
Baudouin III, sa politique expansionniste se fit aux dépens du calife fatimide du
Caire. Maimbourg raconte comment Amaury s'immisça dans les affaires d'Egypte,
tout d'abord en soutenant Dorgan, soudan du Caire, et puis Sanar que ce dernier
avait momentanément évincé (année 1167, t.1, p.336-40). Sanar cherchait en lui un
allié contre Nûr al-Dîn qui voulait s'emparer de l'Egypte. Mais Amaury, aveuglé par
la passion qu'il avait de posséder les trésors de l'Egypte, 'rompit, contre la foi donnée
la paix qu'il venait de faire avec le soudan' (p.339-40). Dans la version MSP (lignes 6-
27 var., ligne 5) il s'agit d'une erreur: Saladin est le neveu de Chîrkûh, avec qui il
servit Nûr al-Dîn.
[3] Andronic Ier Comnène, petit-fils d'Alexis Comnène, empereur byzantin (1183-
1185) s'empara du trône en faisant étrangler Alexis II Comnène dont il était le tuteur.

15 terre plus étendu que celui qui s'est fait sentir en 1755, renversa la
plupart des villes de Syrie et de ce petit Etat de Jérusalem; la terre
engloutit en cent endroits les animaux et les hommes. On prêcha
aux Turcs que Dieu punissait les chrétiens; on prêcha aux chrétiens
que Dieu se déclarait contre les Turcs, [4] et on continua de se battre
20 sur les débris de la Syrie. [5]

Au milieu de tant de ruines s'élevait le grand Salaheddin, qu'on *Saladin.*
nommait en Europe Saladin. [6] C'était un Persan d'origine, du petit
pays des Curdes, nation toujours guerrière et toujours libre. Il fut
au rang de ces capitaines qui s'emparaient des terres des califes, et
25 aucun ne fut aussi puissant que lui. [7] Il conquit en peu de temps

21-22   w56-w57G: Au milieu de tous ces troubles s'élevait le grand Saladin:
c'était

[4] Les lignes 15-17 sont à peu près similaires à la description de ce tremblement de
terre évoqué par F.-L.-C. Marin (*Histoire de Saladin*, Paris, 1758, BV2320), qui
donne comme date juin 1170. Ce passage est marqué par Voltaire (*CN*, t.5, p.518),
mais en ce qui suit Marin prend une perspective opposée: 'Les chrétiens et les
mahométans qui venaient de s'entretuer, par un effet extraordinaire aux grandes
douleurs, se rencontraient sans se nuire, et se soulageaient dans leur misère.
Occupées de leur perte commune, les deux nations relevaient à la hâte les
fortifications et les édifices détruits' (t.1, p.173-74). Cf. Maimbourg: 'Ce terrible
tremblement de terre [...] avait fait d'effroyables désordres [...] comme pour en
faciliter la prise à Saladin, qui était le fléau de Dieu, et l'Attila de ce temps-là destiné à
punir les crimes des chrétiens de la Syrie et de la Palestine' (année 1171, t.1, p.343).
[5] Une seconde mission pour trouver de l'aide en Europe est également occultée
par Voltaire. Confiée à Heraclius, patriarche de Jérusalem, et aux deux grands-
maîtres de l'Hôpital et du Temple, elle n'eut pas plus de succès que la première
(Maimbourg, années 1183-1185, p.346-56; Daniel, année 1187).
[6] Constamment Maimbourg louange Saladin comme, 'le plus grand et le plus
glorieux conquérant de son siècle' (année 1168, t.1, p.341). Fleury insiste surtout,
dans les quelque trois pages qu'il lui consacre, sur 'une des réformes qu'il fit au
commencement de son règne [...] pour diminuer le crédit des chrétiens et des Juifs'
(livre 72, année 1171, §36). Voltaire aurait pu consulter également l'art. 'Salaheddin'
de la *Bibliothèque orientale* d'Herbelot (p.742-43), d'où il a tiré peut-être l'orthographe du nom qui ne se trouve ni chez Maimbourg ni Fleury.
[7] A ces précisions la version antérieure à 1761 (voir lignes 6-26 var., 6-27 var.)
ajoute le fait que Saladin était le neveu de Nûr al-Dîn (1118-1174; mais voir ci-dessus,
n.2), seigneur d'Alep, qui secourut Damas menacée par les croisés (septembre

l'Egypte, la Syrie, l'Arabie, la Perse et la Mésopotamie. Saladin maître de tant de pays, songea bientôt à conquérir le royaume de Jérusalem. De violentes factions déchiraient ce petit Etat, et hâtaient sa ruine. Gui de Lusignan, couronné roi, mais à qui on disputait la couronne, rassembla dans la Galilée tous ces chrétiens divisés que le péril réunissait, et marcha contre Saladin; [8] l'évêque de Ptolémaïs portant la chape par-dessus sa cuirasse, et tenant entre ses bras une croix qu'on persuada aux chrétiens être la même qui avait été l'instrument de la mort de Jésus-Christ. [9] Cependant tous

30

33   MSP: persuadait aux chrétiens être celle-là même
     51HCA: ses mains une
33-34   50: croix, encourageait les troupes à combattre sur ce même terrain où leur Dieu avait fait tant de miracles; cependant
34   MSP: Jésus-Christ, encourageait les troupes à combattre sur ce même terrain où leur Dieu avait fait tant de miracles. Cependant

1148), qui acheva la conquête du comté d'Edesse et prit aux Francs plusieurs forteresses. 'Car Noradin [Nûr al-Dîn], pour profiter d'une si belle occasion, étant entré avec une puissante armée dans la principauté d'Antioche, y défit et tua le prince Raimond en bataille, se rendit maître de la forteresse de Harenc' (Maimbourg, t.1, p.336). Daniel donne un résumé similaire d'une situation qui ira en se dégradant (année 1187). Puis, tout comme Amaury, roi de Jérusalem, il convoita l'Egypte qu'il fit occuper (1163-1169) par son neveu qui mit fin à la dynastie fatimide en se proclamant sultan, et en rétablissant le sunnisme (1171).

[8] A la mort de Baudouin V, roi de Jérusalem de 1186 à 1192, Gui de Lusignan avait été couronné roi, mais Raymond de Tripoli lui disputait la couronne.

[9] Cf. Maimbourg: 'Tokedin, neveu de Saladin le poursuivit [Lusignan] si vivement, qu'il le fit prisonnier et prit aussi la vraie croix, que Rufin évêque de Ptolémaïs [auj. Acre] portait ce jour-là, selon la coutume, dans la bataille. Cet évêque s'étant armé d'une cuirasse, contre la coutume de tous les autres prélats qui avaient porté avant lui ce sacré Bois, sans que pas un d'eux eût été blessé, reçut au travers du corps un grand coup de flèche qui lui fit perdre la vie et la croix' (année 1187, p.369-70). L'épisode prend donc un tout autre sens chez Voltaire à partir de données similaires. L'incapacité politique de Gui de Lusignan, jointe à l'abjecte perfidie de Raimond de Tripoli, provoqua la désastreuse bataille de Hattin (près de la ville de Tibériade, le 4 juillet 1187) et par conséquent la perte de Jérusalem. La bataille de Hattin signale la défaite totale des croisés. Fleury, égal à lui-même, commente: 'Mais la perte qui fut estimée la plus considérable fut celle de la vraie croix' (livre 74, année 1187, §10).

35 les chrétiens furent tués ou pris. Le roi captif, qui ne s'attendait qu'à *Le roi de*
la mort, fut étonné d'être traité par Saladin comme aujourd'hui les *Jérusalem captif*
prisonniers de guerre le sont par les généraux les plus humains. [10] *de Saladin.*

Saladin présenta de sa main à Lusignan une coupe de liqueur
rafraîchie dans de la neige. Le roi, après avoir bu, voulut donner sa
40 coupe à un de ses capitaines, nommé Renaud de Châtillon. C'était
une coutume inviolable, établie chez les musulmans, et qui se
conserve encore chez quelques Arabes, de ne point faire mourir les
prisonniers auxquels ils avaient donné à boire et à manger. Ce droit
de l'ancienne hospitalité était sacré pour Saladin. Il ne souffrit pas
45 que Renaud de Châtillon bût après le roi. Ce capitaine avait violé
plusieurs fois sa promesse. Le vainqueur avait juré de le punir; et
montrant qu'il savait se venger comme pardonner, il abattit d'un
coup de sabre la tête de ce perfide. [11] Arrivé aux portes de Jérusalem, *1187.*
qui ne pouvait plus se défendre, il accorda à la reine femme de *Générosité de*
Saladin.

41   MSP, 50: inviolable chez
47-48   MSP, 50: pardonner, il fit abattre d'un coup de sabre la tête de celui qu'il
croyait [MSG: croyait être] perfide
48   MSP: [*manchette*] *Saladin prend Jésusalem.* ¶1187.

[10] Cf. Herbelot: 'Saladin reçut le roi de Jérusalem, son prisonnier, sous une tente
magnifique qu'il fit dresser exprès pour cette cérémonie' (*Bibliothèque orientale*, art.
'Saleheddin', p.743).

[11] L'exécution de Renaud de Châtillon (Maimbourg, année 1187, p.370-71) est un
lieu commun chez tous les historiens. Voir, par exemple, Fleury, livre 74, année 1187,
§9, 10; Marin, t.2, p.22-23. Renaud de Châtillon-sur-Loing (1125-4 juillet 1187) fut
successivement prince d'Antioche (1153-1160) et prince d'Outre-Jourdain (1177-
1187). Ses raids constants dans les territoires de Saladin, malgré des traités et des
trêves, furent le comble de l'imprudence car Saladin ne voyait en lui qu'un pirate sans
foi ni loi (voir Fleury, année 1182, §44; année 1187, §9). Fleury ajoute que Saladin
promet à son ennemi de lui laisser la vie sauve s'il se convertit: '[Renaud] répondit
avec fermeté qu'il voulait mourir chrétien et ne témoigna que du mépris tant pour les
offres avantageuses que lui fit le sultan que pour les tourments dont il le menaça'
(§10). Tous les chroniqueurs assurent qu'il fut exécuté par Saladin même; le
commentateur anonyme du *Journal de Trévoux* (novembre 1750, p.2485-86) signala
la leçon fautive de la version primitive (lignes 47-48), corrigée par Voltaire par la
suite.

Lusignan une capitulation qu'elle n'espérait pas. Il lui permit de se   50
retirer où elle voudrait. Il n'exigea aucune rançon des Grecs qui
demeuraient dans la ville. Lorsqu'il fit son entrée dans Jérusalem,
plusieurs femmes vinrent se jeter à ses pieds, en lui redemandant les
unes leurs maris, les autres leurs enfants, ou leurs pères qui étaient
dans ses fers. Il les leur rendit avec une générosité qui n'avait pas   55
Il purifie la encore eu d'exemple dans cette partie du monde. [12] Saladin fit laver
mosquée. avec de l'eau rose, par les mains même des chrétiens, la mosquée
qui avait été changée en église. [13] Il y plaça une chaire magnifique, à
laquelle Noradin soudan d'Alep avait travaillé lui-même, et fit

51   50: voudrait. (1187) Il
52   MSP, 50: ville et n'en reçut qu'une médiocre [MSG: qu'une faible] des Latins.
58   50: chaire (1187) magnifique
59   MSP, 50, 53-54N: laquelle son oncle Noredin

[12] Avant de se porter sur Jérusalem, Saladin chercha, après Tibériade, à libérer la
côte (donc à protéger ses liaisons maritimes avec l'Egypte). Il s'empara de Toron
(26 juillet 1187), Sidon (29 juillet), Beyrouth (6 août) et Ascalon (5 septembre). Ce
n'est que vers la mi-septembre qu'il se posta devant Jérusalem. Nouveau maître de
Jérusalem, Saladin expulse tous les chrétiens: 'Il n'y eut jamais de spectacle plus
touchant et plus lamentable que de voir tant de gens [...] contraints de quitter cette
sainte ville que leurs pères avaient si glorieusement conquise, et pour laquelle ils
n'avaient jamais eu tant de tendresse et tant de passion. [...] Durant toute la nuit qui
précéda ce funeste jour, on n'entendit que des gémissements, des pleurs, des
hurlements de désespoir et des cris pitoyables' (Maimbourg, année 1187, p.374).
Alors que Maimbourg consacre trois pages à l'évacuation forcée de Jérusalem
(p.374-76), Voltaire n'en dit mot. Maimbourg rapporte honnêtement le comportement chevaleresque de Saladin avec la reine puis avec les autres femmes (p.376-77).
Voltaire copie fidèlement ce qu'il y trouve.
[13] Voir Maimbourg: 'La première chose qu'il fit se voyant maître de Jérusalem, fut
d'abolir toutes les marques de la religion chrétienne dans le temple de Salomon, où
après l'avoir fait laver d'eau rose avec de l'eau commune, comme pour le purifier, il
alla faire ses prières à la mahométaine' (année 1187, p.379-80). Mais les autres églises
furent ignominieusement profanées, quoique sans ordre de sa part (p.380). Voir
Fleury (année 1187, §11; avec signet: 'Belle mosquée / à Jérusalem. / L'état de
l'église / du Temple', *CN*, t.3, p.526). Voltaire semble avoir lu Fleury un peu trop
rapidement, car celui-ci dit en réalité que dans 'les autres églises, excepté celle du
Saint-Sépulcre, on contraignit les esclaves chrétiens à effacer les images et les
peintures dont elles étaient ornées, en laver les murailles et frotter le pavé par un
pénible travail' (§11).

60 graver sur la porte ces paroles: 'Le roi Saladin, serviteur de Dieu, mit cette inscription après que Dieu eut pris Jérusalem par ses mains.' [14]

Il établit des écoles musulmanes; mais malgré son attachement à sa religion, il rendit aux chrétiens orientaux l'église qu'on appelle 65 du Saint-Sépulcre quoiqu'il ne soit point du tout vraisemblable que Jésus ait été enterré en cet endroit. [15] Il faut ajouter que Saladin, au bout d'un an, rendit la liberté à Gui de Lusignan, en lui faisant jurer qu'il ne porterait jamais les armes contre son libérateur. Lusignan ne tint pas sa parole.

70 Pendant que l'Asie Mineure avait été le théâtre du zèle, de la gloire, des crimes et des malheurs de tant de milliers de croisés, la fureur d'annoncer la religion les armes à la main s'était répandue dans le fond du Nord. [16]

61   53-54N: Dieu [avec note: L'an 1187.]
62-63   MSP, 50: mains'. ¶Mais malgré
64-66   MSP, 50: l'église du Saint-Sépulcre. Si l'on compare cette conduite avec celle des chrétiens, lorsqu'ils prirent Jérusalem, on voit avec douleur quels sont les barbares.] Il faut encore ajouter
       53-W75G: l'église du Saint-Sépulcre. Il faut encore ajouter
69-74   53-54N: parole. ¶Nous avons

[14] La citation, que Voltaire abrège, est fournie par Fleury (année 1187, §11).

[15] Pour les écoles musulmanes et l'église du Saint-Sépulcre, Voltaire suit toujours Fleury (année 1187, §11). Maimbourg donne à l'acte une signification nettement plus mercantile. 'Saladin ne voulut pas absolument que l'on touchât à l'église du Saint-Sépulcre soit qu'il eût de la vénération pour Jésus-Christ, que les mahométans reconnaissent pour un grand prophète, ou plutôt qu'il ne voulût pas se priver du grand profit qu'il espérait tirer de la dévotion des pèlerins qui feraient le voyage de Jérusalem' (p.380).

[16] Cette croisade européenne contre les Slaves n'est pas mentionnée par Maimbourg, sans doute parce qu'il estime qu'elle n'est pas son sujet. A noter donc que Fleury, 6e Discours sur l'histoire ecclésiastique, intercale toute une section (§6, 'Croisades multipliées') où il est question de la croisade en Allemagne contre les païens de Prusse, de Livonie et des pays voisins. Voir aussi Fleury, Histoire ecclésiastique, livre 69, année 1148, §30. La phrase de Voltaire 'la fureur d'annoncer la religion les armes à la main' a provoqué une vive réaction de la part de Nonnotte qui lui consacre le ch.19 de ses Erreurs de Voltaire (Amsterdam, 1766, BV2579).

Nous avons vu, il n'y a qu'un moment, Charlemagne convertir
l'Allemagne septentrionale avec le fer et le feu. Nous avons vu   75
ensuite les Danois idolâtres faire trembler l'Europe, conquérir la
Normandie, sans tenter jamais de faire recevoir l'idolâtrie chez les
vaincus. A peine le christianisme fut affermi dans le Dannemarck,
dans la Saxe et dans la Scandinavie, qu'on y prêcha une croisade
contre les paiens du Nord qu'on appelait *Sclaves*, ou *Slaves*, et qui   80
ont donné le nom à ce pays qui touche à la Hongrie, et qu'on
appelle Sclavonie. [17] Les chrétiens s'armèrent contre eux depuis
Brême jusqu'au fond de la Scandinavie. Plus de cent mille croisés
portèrent la destruction chez ces peuples. On tua beaucoup de
monde: on ne convertit personne. On peut encore ajouter la perte   85

74   50: vu Charlemagne
75-76   MSP, 50: septentrionale, qu'on appelait Saxe, avec le fer et le feu. Nous
avons ensuite vu les
77-78   MSP, 50: d'y faire recevoir l'idolâtrie. A peine
79   MSP, 50: dans l'ancienne Saxe
79-80   MSP: croisade entre les
81   MSP, 50: leur nom
82   MSP, 50: Sclavonie. Ils habitaient alors vers le bord oriental de la mer
Baltique. L'Ingrie, la Livonie, la Samogitie, la Curlande, la Poméranie, la Prusse. Les
chrétiens
83   MSP, 50: Bremen
84   MSP, 50, 53-w56: ces idolâtres.
85   MSP: [*manchette*] *Dix-sept cent mille hommes péris dans les croisades à la fin du*
douzième siècle.
        MSP, 50: personne. Cette croisade finit bientôt dans ces [50: ce] pays affreux,
où les troupes ne pouvaient subsister longtemps et où l'art de la guerre n'était qu'un
brigandage de sauvages. On peut

[17] Ces pays ont été précisés dans la version primitive. Ingrie: ancienne
dénomination d'une partie de la Finlande; Livonie: nom donné par les Allemands
aux régions de la côte Baltique au nord de la Lituanie. Dans un sens plus large,
Livonie désigne les territoires de la Lettonie et de l'Estonie actuelles. La Samogitie:
province de la Pologne entre la Lituanie, la Courlande, la Prusse ducale et la mer
Baltique. La Courlande (en allemand Kurland): région de Lettonie entre la mer
Baltique et la Daugava (Divina Occidentale).

de ces cent mille hommes aux seize cent mille que le fanatisme de
ces temps-là coûtait à l'Europe.

Cependant il ne restait aux chrétiens d'Asie qu'Antioche,
Tripoli, Joppé, et la ville de Tyr. Saladin possédait tout le reste,
90   soit par lui-même, soit par son gendre le sultan d'Iconium ou de
Cogni. [18]

Au bruit des victoires de Saladin, toute l'Europe fut troublée. Le   *Dîme saladine.*
pape Clément III remua la France, l'Allemagne, l'Angleterre. [19]
Philippe-Auguste qui régnait alors en France, et le vieux
95   Henri II, roi d'Angleterre, suspendirent leurs différends, et
mirent toute leur rivalité à marcher à l'envi au secours de l'Asie. [20]
Ils ordonnèrent chacun dans leurs Etats, que tous ceux qui ne se
croiseraient point, paieraient le dixième de leurs revenus et de leurs

86-87   50: que ces sortes de guerres avaient coûté à l'Europe

89   MSP, 50: Tyr, autrefois la dominatrice des mers et alors un simple refuge des
vaincus. Saladin

91-92   MSP, 50: Cogni qui gouvernait le pays que nous appelons aujourd'hui
Caramanie. ¶Au

93-94   MSP, 50: l'Angleterre, l'Allemagne. ¶Philippe-Auguste

95   53-54N: d'Angleterre [*avec note*: L'an 1188.]

98   MSP, 50: croiseraient pas

[18] Ce bilan négatif suscite une réflexion de Maimbourg qui s'interroge sur le sens
de cette débandade (année 1188). La réponse est d'ordre moral: les premiers croisés
étaient meilleurs; leurs successeurs amollis ne les valent pas (t.1, p.388-93). 'Iconium,
qu'on appelle aujourd'hui Cogny, capitale de la Lycaonie et de tous les Etats du
soudan qui comprenait, outre cette province, la Pisidie, la Cappadoce, la Pamphilie,
et l'Isaurie, ce qui est à peu près ce qu'on nomme depuis la Caramanie' (année 1190,
p.447).

[19] C'est Grégoire VIII (pape d'octobre à décembre 1187), prédécesseur de
Clément III (1187-1191), qui avait annoncé la troisième croisade. Le 27 octobre
1187, il invitait les évêques d'Allemagne à agir auprès de l'empereur Frédéric, et le
29 octobre, par la bulle *Audita tremendi*, il informait toute la chrétienté de l'étendue
du désastre de Jérusalem. Clément III reprit l'appel.

[20] Les rois de France et d'Angleterre se rencontrèrent à Gisors le 21 janvier 1188.
Maimbourg fait état de l'enthousiasme général qui provoque la décision de partir
pour la Terre Sainte (année 1188, p.393-400). Cf. les *Annales*: 'Saladin, le plus grand
homme de son temps, ayant repris Jérusalem sur les chrétiens, le pape Clément III
fait prêcher une nouvelle croisade dans toute l'Europe' (p.31).

biens meubles pour les frais de l'armement. C'est ce qu'on appelle
la dîme saladine.[21] Taxe qui servait de trophée à la gloire du   100
conquérant.

Cet empereur Frédéric Barberousse, si fameux par les persécutions qu'il essuya des papes et qu'il leur fit souffrir, se croisa
presque au même temps.[22] Il semblait être chez les chrétiens d'Asie
ce que Saladin était chez les Turcs: politique, grand capitaine,   105
éprouvé par la fortune, il conduisait une armée de cent cinquante
mille combattants.[23] Il prit le premier la précaution d'ordonner qu'on
ne reçût aucun croisé qui n'eût au moins cinquante écus, afin que
chacun pût par son industrie prévenir les horribles disettes qui
avaient contribué à faire périr les armées précédentes.[24]   110

L'empereur de   Il lui fallut d'abord combattre les Grecs. La cour de Constan-
Constantinople tinople, fatiguée d'être continuellement menacée par les Latins, fit
allié de Saladin. enfin une alliance avec Saladin.[25] Cette alliance révolta l'Europe;

---

104   MSP, 50: temps et se signala le premier de tous. Il semblait [50: être] destiné
à être
107   MSP, 50: prit la
108   MSP, 50, 53-w68: au moins cent cinquante francs d'argent comptant [MSP,
50: de notre monnaie d'aujourd'hui], afin

21 Sur la dîme saladine ou dîme royale, voir Maimbourg (année 1188, p.400-401);
cf. Fleury (§15) et Daniel (année 1188).
22 Frédéric Barberousse convoqua à Mayence une diète générale – la *Hoftag Jesus
Christi* – et y prit la croix avec ses barons le 27 mars 1188.
23 'Une belle et florissante armée d'environ cent cinquante mille hommes, tous
gens d'élite' (Maimbourg, année 1189, t.1, p.421). Même chiffre chez Daniel, année
1190, t.4, p.378.
24 Il prit 'un édit, par lequel il défendait étroitement à ceux qui n'auraient pas de
quoi faire la dépense du moins de trois marcs d'argent, pour se pourvoir des choses
nécessaires à un si long voyage, de s'y engager, ni de s'enrôler' (Maimbourg, année
1189, p.419-20).
25 Isaac II l'Ange (c.1155-1204), empereur byzantin (1185-1195, 1203-1204), dont
Maimbourg brosse un portrait extrêmement négatif, s'allie avec Saladin (année 1189,
p.423), qui 'l'avait si bien su amuser par de vaines promesses de lui donner la
Palestine s'il empêchait les Occidentaux de passer, qu'il fit alliance avec lui' (p.422-
23).

mais il est évident qu'elle était indispensable; on ne s'allie point
avec un ennemi naturel sans nécessité. Nos alliances d'aujourd'hui
avec les Turcs, moins nécessaires peut-être, ne causent pas tant de
murmures. [26] Frédéric s'ouvrit un passage dans la Thrace, les armes à
la main, contre l'empereur Isaac l'Ange: [27] et victorieux des Grecs, il
gagna deux batailles contre le sultan de Cogni; [28] mais s'étant baigné
tout en sueur dans les eaux d'une rivière qu'on croit être le Cidnus,
il en mourut, [29] et ses victoires furent inutiles. Elles avaient coûté cher
sans doute, puisque son fils le duc de Souabe ne put rassembler de
ces cent cinquante mille hommes que sept à huit mille tout au plus. [30]

₁₁₅ (line number)
₁₂₀ (line number)

115   MSP, 50: avec son ennemi
119   MSP: [*manchette*] *1190*.
       MSP, 50: gagna [50: (1190)] deux victoires contre
121   MSP, 50: coûté bien cher
122-23 50: duc Frédéric de Souabe ne put rassembler des cent
123   MSP, 50: hommes qui avaient suivi son père que

[26] Etablie en 1538, l'alliance diplomatique franco-ottomane durerait jusqu'au
début du dix-neuvième siècle.
[27] Frédéric est décrit comme triomphant de toutes les embûches tendues par les
Grecs (Maimbourg, année 1189, p.429-32), traversant l'Hellespont (23-29 mars
1190), arrivant en Orient, où il conclut un accord avec le soudan d'Iconium qui le
trahit à son tour. 'Ce qui doit apprendre aux princes chrétiens, qu'ils doivent prendre
des précautions et des sûretés extraordinaires, quand la nécessité de leurs affaires les
oblige de traiter avec des gens qui n'ayant point de vraie foi à l'égard de Dieu, n'en
gardent pas trop ordinairement aux hommes' (p.435).
[28] Trois lignes suffisent à Voltaire pour résumer vingt pages de batailles
(Maimbourg, année 1190, p.434-53), où s'exprime à plein le génie militaire de
Barberousse. Ici comme ailleurs il fait montre de son peu de goût pour les exploits
guerriers.
[29] Frédéric périt le 10 juin 1190. Voir Fleury, qui évoque une simple noyade
(année 1190, §23), et Maimbourg, qui privilégie le seul coup de froid (année 1190, t.1,
p.454-55), alors que Daniel donne deux versions: ou Frédéric se noya dans le Cydnus
(le Selef), son cheval s'étant abattu sous lui, ou bien il mourut saisi tout à coup du
froid extraordinaire de l'eau de ce fleuve (année 1190). Cette dernière version ferait
de Frédéric le malheureux émule d'Alexandre le Grand, qui faillit se noyer dans le
Cydnus pour la même raison. Dans les *Annales*, Voltaire se contente de dire que
Frédéric 'meurt de maladie après sa victoire' (p.332).
[30] Frédéric VI de Hohenstaufen, ou Frédéric VI (1167-1191), troisième fils de

Il les conduisit à Antioche, et joignit ces débris à ceux du roi de
Jérusalem, Gui de Lusignan, qui voulait encore attaquer son   125
vainqueur Saladin, malgré la foi des serments [31] et malgré l'inégalité
des armes.

Après plusieurs combats dont aucun ne fut décisif, ce fils de
Frédéric Barberousse, qui eût pu être empereur d'Occident, perdit
la vie près de Ptolémaïs. [32] Ceux qui ont écrit qu'il mourut martyr de   130
la chasteté, et qu'il eût pu réchapper par l'usage des femmes, sont à
la fois des panégyristes bien hardis et des physiciens peu instruits.
On a eu la sottise d'en dire autant depuis du roi de France
Louis VIII. [33]

Philippe-
Auguste et
Richard Cœur de
Lion.

L'Asie Mineure était un gouffre où l'Europe venait se précipiter.   135
Non seulement cette armée immense de l'empereur Frédéric était
perdue; mais des flottes d'Anglais, de Français, d'Italiens, d'Alle-

126   MSP, 50: vainqueur, malgré
129   MSP, 50: eût dû être
130   MSP, 50: Ptolémaïs, par la maladie qui emportait tous les Allemands dans
ces climats. Ceux qui ont écrit que ce prince mourut
133   MSP, 50, 53-W75G: On en dit autant

Frédéric Barberousse, et duc de Souabe dès 1170, fut reconnu à la mort de son père
chef de l'armée allemande, mais 'd'une armée qui était si florissante et si nombreuse
en entrant dans l'Asie, il ne resta pas plus de sept mille hommes de pied, et cinq ou six
cents chevaux' (Maimbourg, année 1190, p.458).

[31] Lusignan avait obtenu sa libération à condition de repasser la mer au plus tôt.
'Mais les évêques déclarèrent que ce serment ne le pouvait nullement obliger parce
qu'on l'avait tiré de lui par contrainte' (Maimbourg, année 1190, p.458-59).

[32] Frédéric de Souabe mourut devant Ptolémaïs (Acre) le 20 janvier 1191.

[33] 'Les médecins du Levant l'ayant assuré qu'il pouvait aisément guérir par
l'usage des femmes, il répondit, sans hésiter un seul moment, qu'il aimait beaucoup
mieux perdre la vie, que de la conserver par cette sorte de remède, en souillant son
âme et son corps, en même temps qu'il tâchait d'accomplir le vœu de son pèlerinage
pour plaire à Jésus-Christ, qui est le roi, la couronne et l'époux des âmes chastes, et la
pureté même' (Maimbourg, année 1190, p.486-87). Maimbourg fournit également un
autre exemple de cette conduite héroïque: celui d'un prince Casimir, fils du roi de
Pologne, 300 ans plus tard (p.487). Cela dit, Voltaire fait tout un sort à un mince
épisode qui n'occupe que quelques lignes dans sa source. Pour Louis VIII et le même
'remède', voir ci-dessus, ch.51, lignes 195-211.

mands, précédant encore l'arrivée de Philippe-Auguste et de
Richard Cœur de Lion, avaient amené de nouveaux croisés et de
140 nouvelles victimes.

Le roi de France et le roi d'Angleterre arrivèrent enfin en Syrie
devant Ptolémaïs. [34] Presque tous les chrétiens de l'Orient s'étaient
rassemblés pour assiéger cette ville. Saladin était embarrassé vers
l'Euphrate dans une guerre civile. Quand les deux rois eurent joint
145 leurs forces à celles des chrétiens d'Orient, on compta plus de trois
cent mille combattants. [35]

Ptolémaïs à la vérité fut prise; [36] mais la discorde qui devait *1190.*
nécessairement diviser deux rivaux de gloire et d'intérêt, tels que
Philippe et Richard, fit plus de mal que ces trois cent mille hommes
150 ne firent d'exploits heureux. Philippe, fatigué de ces divisions, et
plus encore de la supériorité et de l'ascendant que prenait en tout
Richard son vassal, retourna dans sa patrie, [37] qu'il n'eût pas dû

142 MSP, 50: Ptolémaïs, qu'on nomme Acre ou Saint-Jean d'Acre.
143 MSP, 50: ville qu'on regardait comme la clé de ces pays.

[34] Par voie de mer, entre septembre-octobre 1189 et mars-octobre 1190, il arriva
des contingents comprenant Pisans, Génois, Vénitiens, Danois, Flamands, Bretons,
Francais et Anglais. Philippe Auguste arriva devant Acre le 20 avril 1191, alors que
Richard n'y parvint que le 7 juin 1191.
[35] Chiffre donné par Maimbourg, qui dit toutefois 'près de trois cent mille
hommes' (année 1191, p.528).
[36] C'est bien vite expédier le siège d'Acre qui a duré plus de deux ans, et ne pas
tenir compte du jugement de Maimbourg: la ville fut enfin 'reprise par les chrétiens,
après un des plus longs et des plus mémorables sièges qu'on ait jamais vus, et avec la
perte de plus de braves gens qu'il n'en fallait pour conquérir toute l'Asie' (année 1191,
p.531-32).
[37] C'étaient 'deux princes, dont les intérêts, les tempéraments, les humeurs, les
sentiments, les inclinations et les mœurs s'accordaient assez mal' (Maimbourg, année
1190, p.496). A cette considération de tempéraments (Fleury se contente de
mentionner 'plusieurs différends dès Messine', année 1191, §30). Il faut encore
ajouter que l'armée de Richard était plus nombreuse, et que Philippe n'avait pu
réunir le même appui financier que son rival (Maimbourg, p.489-92). Philippe
Auguste s'embarqua à Tyr le 3 août 1191. A la différence de Maimbourg (p.535),
Voltaire omet d'ajouter que Philippe de Flandre étant mort devant Acre, il

quitter peut-être, mais qu'il eût dû revoir avec plus de gloire. [38]

Richard demeuré maître du champ d'honneur, mais non de cette multitude de croisés, plus divisés entre eux que ne l'avaient été les deux rois, déploya vainement le courage le plus héroïque. Saladin qui revenait vainqueur de la Mésopotamie, livra bataille aux croisés près de Césarée. Richard eut la gloire de désarmer Saladin: ce fut presque tout ce qu'il gagna dans cette expédition mémorable. [39]

Les fatigues, les maladies, les petits combats, les querelles continuelles ruinèrent cette grande armée: [40] et Richard s'en

155

160

158   MSP, 50: Césarée. On vit ce conquérant à la tête de ces [50: ses] mahométans et Richard à celle des chrétiens, combattre l'un contre l'autre, comme deux chevaliers en champ clos. Richard eut la gloire de désarçonner Saladin

importait à Philippe Auguste de remettre la main sur une partie de ses terres qui devaient retourner à la couronne à sa mort, principalement le Vermandois occupé par Philippe Auguste en 1193 et réuni à la couronne en 1212.

[38] Au titre des coupures opérées dans le récit de Maimbourg, on peut mentionner ici les exploits cocasses d'un abbé Joachim, fameux enthousiaste (année 1190, p.508-14). Prophétisant avec assurance, faisant mille folies, il avait tout pour plaire à Voltaire qui pourtant n'en dit mot.

[39] Tout ce que l'on sait, grâce à Maimbourg (p.539), c'est que cette rencontre se situe en 1191. Mais il s'agirait, d'après les quelques détails qu'il fournit (p.539-40), de la bataille d'Arsur (7 septembre 1191) qui eut lieu dans les environs de Césarée. Maimbourg raconte l'affrontement des deux princes à l'instar d'un duel homérique. Ainsi du début: 'comme ils étaient tous deux de puissants hommes, très avantageusement montés et excités par un ardent désir de gloire qui les animait, sans toutefois que la haine y eut part' et ainsi de suite (p.543-44).

[40] Voir Maimbourg: 'Ainsi cette grande croisade, où toutes les forces de l'Allemagne, de la France et de l'Angleterre furent employées sous les trois plus grands princes de la terre, contre un seul conquérant, n'aboutit enfin qu'à la prise d'une seule place, avec la perte d'une infinité de braves hommes, dont la moindre partie, si elle n'eût eu qu'un seul chef, pouvait aisément conquérir l'empire de tout l'Orient' (année 1192, p.563). Négatif par principe quand il s'agit des croisés, Voltaire ne se donne jamais pour tâche que de fournir le bilan de leurs revers. Ecoutons un historien plus impartial: 'Ainsi, la troisième croisade, si elle avait échoué à reconquérir le royaume de Jérusalem et les autres terres perdues en 1187-1188, s'achevait sur la reconnaissance de la présence franque en Syrie. [...] Son projet d'élimination des Francs avait donc été mis en échec' (J. Richard, *Histoire des croisades*, Paris, 1996, p.242).

retourna,[41] avec plus de gloire à la vérité que Philippe-Auguste, mais d'une manière bien moins prudente. Il partit avec un seul vaisseau: et ce vaisseau ayant fait naufrage sur les côtes de Venise, il
165 traversa déguisé et mal accompagné la moitié de l'Allemagne. Il avait offensé en Syrie par ses hauteurs un duc d'Autriche, et il eut l'imprudence de passer par ses terres. Ce duc d'Autriche [42] le chargea de chaînes et le livra au barbare et lâche empereur Henri VI, qui le garda en prison comme un ennemi qu'il aurait pris en guerre, et qui
170 exigea de lui, dit-on, cent mille marcs d'argent pour sa rançon. [43]

1191.

1193.

163-64   MSP, 50: seul vaisseau de cette côte de Syrie, vers laquelle il avait conduit un an auparavant une flotte formidable et son vaisseau ayant

168   MSP, 50, 53-54N: livra à l'empereur

169-70   MSP, 50: guerre, il exigea de lui cent

170-75   MSP, 50: rançon. ¶L'Angleterre perdit ainsi bien plus que la France à cette nouvelle croisade, dans laquelle un empereur et deux rois puissants et courageux suivis des forces de l'Europe, ne purent prévaloir contre Saladin. ¶Ce fameux musulman qui avait fait

53-w57G: rançon. ¶Saladin

[41] Richard quitta la Terre Sainte à l'automne de 1192, plus tôt que prévu, car il avait reçu des nouvelles inquiétantes concernant les tractations de Philippe Auguste et Jean Sans Terre dont il aurait fait les frais.

[42] Léopold V (1157-1194) devint duc d'Autriche le 13 janvier 1177 à la mort de son père. Il arriva au printemps de 1191 pour prendre part au siège d'Acre où il reçut le commandement des forces impériales, sans chef depuis la mort du duc de Souabe. Richard Cœur de Lion est censé avoir sérieusement affronté Léopold, non seulement en faisant enlever sa bannière ducale des murs d'Acre après la reddition (12 juillet 1191), mais aussi en ayant tramé, disait-on, l'assassinat de son cousin (28 avril 1192), Conrad de Montferrat, peu après son élection comme roi de Jérusalem.

[43] Comme on l'a vu ci-dessus, au ch.49, Henri VI, fils de Frédéric Barberousse, en voulait à Richard à cause de l'alliance qu'il avait faite avec Tancrède de Lecce qui avait disputé avec succès la couronne de Sicile à sa femme Constance (1190-1194). Ce voyage de retour malheureux est rapporté par Voltaire exactement comme il l'a trouvé dans sa source (Maimbourg, année 1192, p.565-66): 'le pauvre Richard ne fut délivré qu'après plus d'un an de prison, en payant cent mille marcs d'argent'. Mêmes détails chez Daniel (année 1193).

Mais cent mille marcs feraient aujourd'hui, en 1760, cinq
de nos millions, et alors l'Angleterre n'était pas en état de payer
cette somme; c'était probablement cent mille marques (*marcas*) qui
revenaient à cent mille écus. [44] Nous en avons parlé au chapitre 49.

Saladin qui avait fait un traité avec Richard, par lequel il laissait   175
aux chrétiens le rivage de la mer depuis Tyr jusqu'à Joppé, garda

Mort de   fidèlement sa parole. Il mourut trois ans après à Damas, admiré des
Saladin: son   chrétiens mêmes. Il avait fait porter dans sa dernière maladie, au
testament.   lieu du drapeau qu'on élevait devant sa porte, le drap qui devait
1195.   l'ensevelir; et celui qui tenait cet étendard de la mort, criait à haute   180
voix: 'Voilà tout ce que Saladin, vainqueur de l'Orient, remporte
de ses conquêtes.' On dit qu'il laissa par son testament des
distributions égales d'aumônes aux pauvres mahométans, Juifs et
chrétiens: voulant faire entendre par cette disposition, que tous les
hommes sont frères, et que pour les secourir il ne faut pas   185
s'informer de ce qu'ils croient, mais de ce qu'ils souffrent. Peu
de nos princes chrétiens ont eu cette magnanimité, et peu de nos
chroniqueurs dont l'Europe est surchargée ont su rendre justice. [45]

171-72   K: marcs d'argent fin feraient aujourd'hui, en 1778, environ cinq
millions et demi; et alors

174-75   61-w75G: écus. ¶Saladin

176-77   MSP, 50: Joppé et se réservait tout le reste, garda fidèlement sa parole
dont il était esclave. Il mourut [51HCA, 52HCA: (1195)] quinze ans

177   MSP: [*manchette*] *1195.*

182   MSP, 50: ses victoires.

184   MSP, 50: ces dispositions

186-88   MSP, 50: souffrent. Aussi n'avait-il jamais persécuté personne pour sa
religion. Il avait été à la fois conquérant, humain et philosophe.// [MSP: Chapitre 35]

186-89   53-w75G: souffrent. ¶L'ardeur

[44] La supputation de la somme est, comme il était à prévoir, le fait de Voltaire.
Maimbourg se contente de commenter: 'Il fallut pour cela cotiser toute l'Angleterre,
et fondre jusques aux calices et autres vases sacrés' (année 1194, p.567).

[45] La mort de Saladin (13 mars 1193) est reprise exactement de Maimbourg
(notamment le drapeau-linceul), mais l'interprétation en varie du tout au tout. L'un y
voit une preuve de générosité œcuménique (considération renforcée en 1761 par

L'ardeur des croisades ne s'amortissait pas: [46] et les guerres de

190 Philippe-Auguste contre l'Angleterre et contre l'Allemagne n'empêchèrent pas qu'un grand nombre de seigneurs français ne se croisât encore. Le principal moteur de cette émigration fut un prince flamand, ainsi que Godefroi de Bouillon, chef de la première; c'était Baudouin, comte de Flandres. [47] Quatre mille

189 MSP, 50: [MSP: Chapitre 35 / *Nouvelle croisade. Constantinople saccagée, nouvel empire et nouveaux malheurs.* /] [50: *Suite de l'Histoire des croisades, par M. de Voltaire.* /] L'ardeur des croisades ne s'amortissait pas. L'intérêt des papes, les prédications des religieux, le point d'honneur, l'esprit de chevalerie, l'espérance de
5 vaincre ceux que Godefroi de Bouillon avait vaincus autrefois, tout servait à nourrir cette flamme qui embrasait toujours l'Europe. Les guerres

192 MSP, 50: cette nouvelle émigration

---

l'ajout des lignes 186-88), l'autre un ingénieux calcul *post mortem*. 'Ce grand prince qui, par l'engagement de sa naissance, et par politique, pour l'intérêt de sa fortune, avait fait, durant sa vie, profession publique du mahométisme, fit bien voir, à sa mort, qu'il n'était pas trop bien persuadé de la vérité de sa secte [...] Il en usa de la sorte, pour faire, à ce qu'il s'était imaginé, un coup sûr, en mourant, et pour être assuré que s'il perdait les deux tiers de son aumône, comme étant donnés en faveur des deux fausses religions, le troisième du moins, qu'il aurait indubitablement donné en considération de la vraie, puisqu'il ne balançait qu'entre ces trois, serait profitable au salut de son âme' (année 1195, p.573). Quant à Fleury, la mort de Saladin ne lui donne matière à aucun bilan, pas même un mot de commentaire. Pourtant il se vante à cet endroit d'avoir eu accès à une histoire manuscrite composée par l'abbé Renaudot 'sur les autres [auteurs] originaux, la plupart arabes' (livre 74, année 1195, §55).

[46] 'L'ardeur des croisades ne s'amortissait pas', écrit Voltaire. C'est une manière de dire sans dire. De fait, dans Maimbourg, Célestin III , suivi de l'empereur, Henri VI, est au départ d'une nouvelle croisade pour reprendre Jérusalem, qui est pour Maimbourg, la quatrième (1196-1198) (année 1198, t.2, p.7). L'historiographie moderne ne la compte pas en tant que telle. Mais, semble-t-il, Voltaire se sent en droit d'en faire l'économie, car en définitive 'cette croisade, qui ne fut que de la seule nation germanique et de quelques italiens ne servit du tout à rien' (Maimbourg, p.25).

[47] En effet, à la tête de la quatrième croisade se trouvait au départ un triumvirat formé de Baudouin IX, comte de Flandre, Louis de Blois et Thibaud de Champagne, lequel était le *primus inter pares*. A la mort de ce dernier (24 mai 1201), c'est Boniface de Montferrat, frère de Conrad, prince de Tyr, qui fut reconnu chef de la croisade (août 1201).

339

chevaliers, neuf mille écuyers, et vingt mille hommes de pied,[48] 195
composèrent cette croisade nouvelle, qu'on peut appeler la
cinquième.[49]

Venise gagne
aux croisades.

Venise devenait de jour en jour une république redoutable, qui
appuyait son commerce par la guerre. Il fallut s'adresser à elle
préférablement à tous les rois de l'Europe.[50] Elle s'était mise en état 200
d'équiper des flottes, que les rois d'Angleterre, d'Allemagne, de
France ne pouvaient alors fournir. Ces républicains industrieux,
gagnèrent à cette croisade de l'argent et des terres. Premièrement,
ils se firent payer quatre-vingt-cinq mille écus d'or,[51] pour transporter seulement l'armée dans le trajet. Secondement, ils se 205
servirent de cette armée même, à laquelle ils joignirent cinquante
1202. galères, pour faire d'abord des conquêtes en Dalmatie.[52]

196   50: croisade, qu'on
198   MSP: [*manchette*] *Venise s'enrichit et s'agrandit.*
204   MSP, 50: payer [50: quatre-vingt-cinq] mille marcs d'argent pour
207   MSP, 50: Dalmatie sur les chrétiens au profit de la république.

[48] Maimbourg évoque 'quatre mille *cinq cents* chevaliers' (année 1201, t.2, p.44).

[49] Dans ces lignes plutôt mal rédigées, Voltaire parle en fait, non de l'expédition
de 1196-1198, mais d'une nouvelle croisade, celle que nous appellons la quatrième
croisade (1202-1204), mais que lui-même, se basant sur Maimbourg (voir ci-dessus,
n.46), appelle la cinquième.

[50] A cause des déboires occasionnés, lors des précédentes croisades, par la décision
de se rendre en Terre Sainte par voie de terre, les responsables de la quatrième
décidèrent 'qu'on ne pouvait mieux faire que de traiter avec les Vénitiens, qui étaient
en ce temps-là sans contredit les peuples de toute l'Europe les plus puissants sur la mer
Méditerranée' (Maimbourg, p.42-43). Fleury n'est pas d'un autre avis: c'est aux
croisades qu'il faut attribuer 'l'accroissement de la navigation et du commerce qui
enrichit Venise, Gênes et les autres villes maritimes d'Italie' (6e *Discours*, §13).

[51] Maimbourg parle de '85 000 marcs d'argent, qui, selon la plus véritable
supputation, faisaient environ 800 000 écus, qui était une somme fort extraordinaire
en ce temps-là' (p.44).

[52] '[...] cinquante galères bien équipées et bien armées, avec autant de soldats qu'il
en faudrait pour servir utilement par mer, en même temps que les Français agiraient
sur terre' (Maimbourg, année 1201, t.2, p.45). Les croisés furent dans l'incapacité de
régler l'intégralité de la somme demandée par les Vénitiens. Ceux-ci leur remirent
cette dette, mais exigèrent leur aide pour s'emparer de Zara (Zadar), ce qui fut fait
(année 1202, p.50-51).

Le pape Innocent III les excommunia, soit pour la forme, soit qu'il craignît déjà leur grandeur. Ces croisés excommuniés n'en 210 prirent pas moins Zara et son territoire, qui accrut les forces de Venise en Dalmatie. [53]

Cette croisade fut différente de toutes les autres, en ce qu'elle trouva Constantinople divisée, et que les précédentes avaient eu en tête des empereurs affermis. Les Vénitiens, le comte de Flandres, le 215 marquis de Montferrat joint à eux, enfin les principaux chefs toujours politiques quand la multitude est effrénée, virent que le temps était venu d'exécuter l'ancien projet contre l'empire des Grecs. Ainsi les chrétiens dirigèrent leur croisade contre le premier prince de la chrétienté.

211 MSP, 50, 61: Venise.
213 MSP, 50: les autres avaient eu
216 MSP, 50: multitude n'est que violente,
   53-54N: politiques, virent
218-19 MSP, 50, 53-W57G: Grecs.//

[53] Zara (Zadar) s'était libérée en 1186 de la domination vénitienne et s'était placée (1189) sous la protection du roi de Hongrie. Mais comme celui-ci s'était croisé, Innocent III fit savoir qu'il excommunierait les croisés s'ils osaient s'y attaquer. On passa outre. La ville capitula le 24 novembre 1202, mais le pape ne mit pas sa menace à exécution.

CHAPITRE 57

Les croisés envahissent Constantinople. Malheurs de
cette ville et des empereurs grecs. Croisade en Egypte.
Aventure singulière de saint François d'Assise.
Disgrâces des chrétiens

L'empire de Constantinople,[1] qui avait toujours le titre d'empire
romain, possédait encore la Thrace, la Grèce entière, les îles,

a-299   [*Première rédaction de ce chapitre*: MSP, 50]
a   MSP, 50, 53-W57G: [*pas de rupture; suite du chapitre précédent*]
    61: Chapitre 53
1-30   MSP, 50, 53-W57G: [*absent*]

* Ne cherchons pas dans ce chapitre, qui recouvre sur à peine 300 lignes, non
seulement les quatrième, cinquième et sixième croisades (1203-1229), mais aussi la
croisade des barons (1234-1240), une synthèse structurée qui tiendrait compte de la
complexité de la période et des enjeux multiples qui la caractérisent. Comme dans les
précédents chapitres (54-56), mais à un degré accentué, nous n'y trouvons qu'une
vision très personnelle de ces entreprises, à la fois impressionniste et surtout négative
car très chargée idéologiquement. C'est le caractère choquant de cette 'maladie
épidémique' (ligne 117) aux conséquences déplorables qui ne laisse pas d'étonner
Voltaire, aussi souvent qu'elle l'offense dans ses principes humanitaires et
rationalistes. Quelle triste litanie! Ces guerres 'saintes' n'ont eu pour premier
résultat que le démembrement d'un empire chrétien par des pilleurs aussi cruels que
rapaces dont les scandaleuses déprédations furent couronnées d'un succès inouï;
échecs cuisants infligés en Palestine ou en Egypte à ces masses de croisés – fine fleur
de la noblesse européenne – échecs imputables, comme par le passé, à l'incompé-
tence, à la division, à la stupidité et à l'orgueil de leurs chefs; naissance risible de
l'esprit missionnaire et convertisseur dans la personne d'un quasi fou, appelé saint
François d'Assise, et ses compagnons tout aussi illuminés; folie tout aussi
incompréhensible qui voulait que les princes, les empereurs, les papes et les rois
fussent 'hors de chez eux' (ligne 253) alors que les chapitres précédents (qui ont déjà
assez condamné le phénomène) avaient fortement suggéré qu'ils auraient été
beaucoup mieux employés à vaquer au bien être de leurs Etats. Parmi tant de
sources de honte et d'entreprises futiles, une seule personne (une personne

l'Epire, et étendait sa domination en Europe jusqu'à Belgrade et jusqu'à la Valachie. Il disputait les restes de l'Asie Mineure aux
5 Arabes, aux Turcs et aux croisés. On cultivait toujours les sciences et les beaux-arts dans la ville impériale. Il y eut une suite d'historiens non interrompue, jusqu'au temps où Mahomet II s'en rendit maître.[2] Les historiens étaient ou des empereurs, ou

---

hautement controversée par ailleurs) mérite l'approbation de Voltaire (lignes 229-32, 239-40): Frédéric II, un croisé fort indécis qui 'concevait très bien l'inutilité des croisades'. La coupure entre ce chapitre et le précédent établie en 1756, sépare complètement le cours de la quatrième croisade et le pillage de Constantinople de leurs causes (voir ci-dessus, ch.56). Voltaire mentionne ici seulement en passant le rôle central des Vénitiens (lignes 39-41). Comparativement aux ch.54-56, ce chapitre fut l'objet d'une rédaction tardive (1761); voir lignes 1-41, 84-87, 108-10, 175-206. Les sources principales restent Maimbourg (*Histoire des croisades*, Paris, 1686, t.2, livres 7-9) et Fleury (*Histoire ecclésiastique*, livres 75-77), qui lui-même s'appuie sans doute sur Maimbourg. Pour la quatrième croisade Voltaire aurait pu avoir accès à deux témoignages oculaires – ceux de Nicétas Choniatès et de Geoffroi de Villehardouin, présents tous deux à la prise de Constantinople. Nicétas (*c*.1155-1216) remplit d'abord des fonctions importantes à la cour (grand *logothete* ou chancelier; gouverneur du *theme* de Philippopolis: moitié sud de la Bulgarie). Après la prise de Constantinople (1204), il se réfugia à Nicée, à la cour de l'empereur Théodore Lascaris. Sa série d'histoires des empereurs byzantins couvre la période 1118-1207 et fut traduite par L. Cousin (*Histoire de Constantinople* [...] *traduite sur les originaux grecs*, Paris, 1671-1674, BV891, t.5-6; *CN*, t.2, avec plusieurs signets). Geoffroi de Villehardouin, maréchal de Champagne et un des chefs de la quatrième croisade, reçut le titre de maréchal de Romanie et resta en Orient où il rédigea sa *Conquête de Constantinople*. Le récit de Villehardouin était facilement disponible en français moderne depuis les années 1650 dans l'édition de C. Du Cange, qui était également l'auteur d'une *Histoire de l'empire de Constantinople sous les empereurs français* (1697); sur Du Cange, voir D7232 et la notice dans le 'Catalogue des écrivains' du *Siècle de Louis XIV* ainsi que la *Défense de Louis XIV* (*OH*, p.1285). Deux ouvrages écrits par ses contemporains que Voltaire aurait pu consulter sont l'*Histoire des révolutions de l'empire de Constantinople* de J. Levesque de Burigny (Paris, 1750), t.2, et l'*'Histoire des croisades'* de la continuation par Bruzen de La Martinière de l'*Introduction à l'histoire moderne, générale et politique de l'univers* de S. Pufendorf, t.7 (Paris, 1732), ch.14.

[1] Les lignes 1-39, ajoutées en 1761, traitent d'événements quelque peu périphériques par rapport aux croisades; les renseignements sont tirés de Cousin.

[2] C'est-à-dire jusqu'à la prise de Constantinople par les Turcs en 1453 (Mehmet II

des princes, ou des hommes d'Etat, et n'en écrivaient pas mieux; ils
ne parlent que de dévotion; ils déguisent tous les faits; ils ne   10
cherchent qu'un vain arrangement de paroles; ils n'ont de
l'ancienne Grèce que la loquacité: la controverse était l'étude de
la cour. L'empereur Manuel, au douzième siècle, disputa longtemps avec ses évêques sur ces paroles, *Mon père est plus grand que
moi*, pendant qu'il avait à craindre les croisés et les Turcs. [3] Il y avait   15
un catéchisme grec, dans lequel on anathématisait avec exécration
ce verset si connu de l'Alcoran, où il est dit que *Dieu est un être
infini, qui n'a point été engendré, et qui n'a engendré personne.* Manuel
voulut qu'on ôtât du catéchisme cet anathème. [4] Ces disputes
signalèrent son règne et l'affaiblirent. Mais remarquez que dans   20
cette dispute Manuel ménageait les musulmans. Il ne voulait pas
que dans le catéchisme grec on insultât un peuple victorieux, qui
n'admettait qu'un Dieu incommunicable, et que notre Sainte
Trinité révoltait.

Alexis Manuel son fils, qui épousa une fille du roi de France   25
Louis le Jeune, fut détrôné par Andronic un de ses parents. [5] Cet

---

al-Fatih, sultan ottoman 1444-1446 et 1451-1481). Voltaire fait allusion peut-être aux
histoires byzantines dans les huit volumes de Cousin. Comme 'prince', il signale
peut-être Anne Comnène (voir ci-dessus, ch.40, lignes 241-46); comme homme
d'Etat, il pourrait entendre Nicétas Choniatès, ou même Procope.

[3] Manuel Ier Comnène, empereur byzantin 1143-1180; voir l'*Histoire de l'empereur
Manuel Comnène* de Nicétas, dans Cousin, t.5. La première controverse théologique
est narrée aux p.208-10.

[4] Coran, ch.112; voir également ch.7 (notre t.2, p.152 et n.13). Au reste, à lire
Nicétas il paraît réducteur de ramener tout le règne à cette seule composante, Manuel
Comnène ayant fait davantage que de disputer de théologie. Vaillant soldat et
diplomate énergique, il soumit les Hongrois et les Serbes, annexa la Dalmatie (1168),
fit reconnaître sa suzeraineté aux principautés latines de l'Orient et obtint un succès
temporaire en Italie du Sud. Mais Voltaire répète ici l'une de ses critiques constantes
de l'esprit vétilleux des théologiens byzantins, visible dès l'époque de Constantin, et
dont les empereurs mêmes n'étaient pas exempts: voir, par exemple, ch.14, n.* (notre
t.2, p.244). Avec son *Thesaurus orthodoxae fidei*, Nicétas fut une des autorités
incontournables dans le domaine des hérésies et des hérésiarques du douzième siècle.

[5] *Histoire de l'empereur Alexis Manuel* et *Histoire de l'empereur Andronic Comnène*,
toujours par Nicétas, toujours dans Cousin, t.5. Alexis Manuel II Comnène,

Andronic le fut à son tour par un officier du palais, nommé Isaac *1185.*
l'Ange. On traîna l'empereur Andronic dans les rues; on lui coupa
une main, on lui creva les yeux, on lui versa de l'eau bouillante sur
30 le corps, et il expira dans les plus cruels supplices. [6]

Isaac l'Ange, qui avait puni un usurpateur avec tant d'atrocité, *Révolutions*
fut lui-même dépouillé par son propre frère Alexis l'Ange, qui lui *horribles dans*
fit crever les yeux. Cet Alexis l'Ange prit le nom de Comnène, *l'empire grec.*
quoiqu'il ne fût pas de la famille impériale des Comnènes; et ce fut *1195.*
35 lui qui fut la cause de la prise de Constantinople par les croisés. [7]

Le fils d'Isaac l'Ange alla implorer le secours du pape, et surtout
des Vénitiens, contre la barbarie de son oncle. Pour s'assurer de
leur secours, il renonça à l'Eglise grecque, et embrassa le culte de la
latine. [8] Les Vénitiens et quelques princes croisés, comme Baudouin

---

31-41   MSP, 50, 53-w57G: Isaac l'Ange avait été privé de la liberté et [53-w56: de
l'usage] de la vue par son frère Alexis. Le fils d'Isaac avait un parti. Les croisés lui
offrirent leur dangereux secours. [MSP, 50: A leur approche l'usurpateur s'enfuit de
Constantinople et les croisés exigèrent pour s'être montrés, deux cent mille marcs
5   d'argent du jeune Alexis et la soumission de l'Eglise grecque à l'Eglise latine.] De tels

---

empereur d'Orient 1180-1183, n'avait que onze ans en 1183; il avait épousé en 1180
Agnès de France, fille de Louis VII le Jeune et d'Adèle de Champagne, âgée de neuf
ans. Andronic Ier Comnène (1183-1185), cousin de Manuel Ier, exploita les difficultés
du début de règne du jeune Alexis et finit par usurper son trône.

[6] Voir les histoires d'Alexis Manuel et d'Andronic. Les supplices endurés par
Andronic sont encore plus horribles que ce qu'en dit Voltaire. Voir avec un grand
luxe de détails, Cousin, t.5, p.341-42. Les années 1190-1195 sont traitées par Nicétas
dans l'*Histoire de l'empereur Isaac l'Ange* (Cousin, t.5). Sur Isaac l'Ange, voir ci-
dessus, ch.56, ligne 113 et note.

[7] Alexis III Ange (mort vers 1210) renversa son frère Isaac (1195) et fut
emprisonné par son gendre Théodore Ier Lascaris qui s'était fait reconnaître
empereur à Nicée en 1205. Maimbourg décrit la fuite d'Alexis et son arrivée à
Rome (année 1202, p.59-61). Voir aussi Fleury (livre 75, année 1202, §47, 49).

[8] Le fils d'Isaac l'Ange, emprisonné avec son père par Alexis III, fut Alexis IV
Ange le Jeune, empereur d'Orient 1203-1204. Après s'être échappé de Constantinople, il se rendit à Rome en 1202 où il implora l'aide du pape Innocent III en 1202. La
sœur du jeune Alexis, fille d'Isaac l'Ange, était l'épouse de Philippe Ier de Souabe
(empereur germanique 1198-1208), ce qui facilitait son accueil en Occident (voir

comte de Flandre, Boniface marquis de Montferrat, lui donnèrent   40
leur dangereux secours. [9] De tels auxiliaires furent également odieux
à tous les partis. Ils campaient hors de la ville, toujours pleine de
tumulte. [10] Le jeune Alexis, détesté des Grecs pour avoir introduit les
Latins, fut immolé bientôt à une nouvelle faction. [11] Un de ses

41   MSP: [*manchette*] *1203.*

Maimbourg, année 1202). Maimbourg signale de manière plus imprécise: 'la sincère
volonté qu'avait [le fils d'Isaac l'Ange], de faire rendre au pape dans tout l'empire
d'Orient l'obéissance qui lui était due' (p.67). Une fois couronné empereur associé, il
écrivit au pape 'de fort belles lettres par lesquelles, en renonçant au schisme de ses
pères, il le reconnaît pour vicaire de Jésus-Christ en terre [...] et promet [...]
d'employer tout son pouvoir pour faire que l'Eglise grecque suive son exemple, et se
réunisse à son chef' (année 1203, p.105). Voir aussi Fleury, année 1203, §52.

[9] A la ligne 39 le texte rejoint la chronologie de la fin du ch.56, où Voltaire
pourtant n'a dit mot sur la situation en Orient, que Maimbourg résume ainsi:
'Philippe [de Souabe] qui avait alors de grandes affaires sur ses bras en Allemagne
pour se maintenir dans l'empire qu'il disputait encore avec Othon son compétiteur
[...] et qui d'ailleurs désirait avec une extrême passion le rétablissement d'Isaac et
d'Alexis [...] fit entendre au prince son beau-frère que dans l'état ou se trouvait
l'Europe en ce temps-là, il ne voyait pas qu'il y eût d'autre moyen de le rétablir qu'en
y engageant les Français et les Vénitiens, qui avaient une puissante armée sur pied
pour la conquête de la Terre Sainte' (année 1202, p.61). Boniface III marquis de
Montferrat était choisi chef de la croisade en 1201, avec parmi les princes confédérés
Baudouin IX comte de Flandre (futur empereur d'Orient; voir ci-dessus, ch.56, line
194). Voltaire ne mentionne ni les hésitations ni les désagréments entre les croisés
français et vénitiens, lieu commun dans toutes les sources.

[10] C'est le 23 juin 1203 que la flotte vénitienne jeta l'ancre près de Scutari et que les
croisés entreprirent leur débarquement sur la rive asiatique du Bosphore. A coup sûr,
les croisés étaient bien là dans l'intention de prendre la ville. Une bataille avait eu lieu
dès leur arrivée, qu'ils gagnèrent (Maimbourg, année 1203, p.88-93).

[11] Alexis IV Ange le Jeune fut couronné dans Sainte Sophie le 1er août 1203
(Maimbourg, t.2, p.105; Fleury, année 1203, §52). Les Grecs éprouvaient contre
Alexis 'une haine implacable, à cause de la liaison qu'il avait avec les Latins, dont ils
ne pouvaient pas seulement souffrir le nom' (Maimbourg, année 1203, p.114). Le
25 janvier 1204, Constantinople se souleva et Alexis V Doukas Murzuphle en profita
pour déposer l'empereur (année 1204, p.122-25). Maimbourg dit de Murzuphle
'qu'on n'en trouvera guère dans l'histoire de plus scélérat, ni qui ait eu l'âme plus
noire et plus cruelle' (année 1203, p.112). Nicétas dit seulement qu'il 'fit étrangler'

45 parents, surnommé Mirziflos, l'étrangla de ses mains, et prit les
brodequins rouges qui étaient la marque de l'empire.

Les croisés, qui avaient alors le prétexte de venger leurs *Prise de*
créatures, profitèrent des séditions qui désolaient la ville, pour la *Constantinople*
ravager. Ils y entrèrent presque sans résistance; et ayant tué tout ce *par les croisés.*
1204.
50 qui se présenta, ils s'abandonnèrent à tous les excès de la fureur et
de l'avarice. [12] Nicétas assure que le seul butin des seigneurs de
France fut évalué deux cent mille livres d'argent en poids. [13] Les

45   MSP, 50: Myrsytlos ou Mirtille l'étrangla
45-47 MSP, 50, 53-W57G: mains. Les croisés
47   MSP, 50: croisés alors qui avaient le [MSP, *manchette: Les croisés prennent et
pillent Constantinople.*]
47-48 MSP, 50: leur créature
49   MSP, 50: ravager sous couleur de justice. [MSP, *manchette: 1204.*]
51   MSP, 50: Nicétas et Villehardouin assurent
52-53 MSP, 50, 53-W57G: fut de quatre cent mille marcs d'argent. [MSP, 50: sans
compter les meubles précieux, les chevaux et les équipages.] Les [MSP, 50: La plupart
des] églises

---

le jeune Alexis (*Histoire de l'empereur Isaac l'Ange, et de son fils Alexis*, ch.5). La
précision 'de ses propres mains' se trouve seulement chez Maimbourg (année 1204,
p.126), tandis que celle des 'brodequins d'écarlate' vient de Fleury, qui fournit la date
du 8 février 1204 (livre 76, année 1204, §1).

[12] Maimbourg précise que l'attaque contre Constantinople commença le samedi
9 avril 1204; les combats reprirent le lundi 12 avril et la ville fut prise d'assaut le 13. Il
ajoute: 'L'historien Nicétas qui était présent, dit qu'ils y commirent tous les excès les
plus horribles qu'on puisse imaginer en toute sorte de crimes, de violence' (année
1203, t.2, p.143). Toutefois Maimbourg estime que Nicétas exagère, en se référant
aux témoignages de Villehardouin et autres occidentaux 'qui assurément étaient gens
d'honneur et de probité' (année 1204, p.144). Voltaire privilégie la version sanglante
qui se trouve également chez Fleury: 'On jeta les reliques en des lieux immondes, on
répandit par terre le corps et le sang de Notre Seigneur, on employa les vases sacrés à
des usages profanes. La sacré table de Sainte-Sophie composée des matières les plus
précieuses [...] fut mise en pièces et partagée comme le reste du butin; et pour enlever
les portes et les balustres d'argent, on fit entrer des mulets jusque dans le sanctuaire
qu'ils profanèrent de leurs ordures' (livre 76, année 1204, §2).

[13] Bien que Nicétas s'étende longuement sur les barbaries des croisés et les

églises furent pillées: et ce qui marque assez le caractère de la
nation, qui n'a jamais changé, les Français dansèrent avec des
femmes dans le sanctuaire de l'église de Sainte-Sophie, tandis   55
qu'une des prostituées qui suivaient l'armée de Baudouin chantait
des chansons de sa profession dans la chaire patriarcale.[14] Les
Grecs avaient souvent prié la sainte Vierge en assassinant leurs
princes. Les Français buvaient, chantaient, caressaient des filles
dans la cathédrale en la pillant: chaque nation a son caractère.   60

Ce fut pour la première fois que la ville de Constantinople fut

55-61   MSP, 50: Sainte-Sophie, mais ce qui ne caractérise pas moins les Grecs, ils
vinrent en procession avec leur clergé implorer la miséricorde de leurs destructeurs
contre lesquels ils auraient pu se défendre. Ce
        53-w68: Sainte-Sophie. ¶Ce
57-61   61-w68: patriarcale. ¶Ce

malheurs de Constantinople (*Histoire de l'empereur Alexis Ducas Murzuphle*, ch.3,
§4-ch.4, §1; dans Cousin, t.5, p.589 et suiv.; *CN*, avec signets), il ne s'intéresse pas
pourtant à la division du butin entre les Français et les Vénitiens, dont il dit seulement
qu'ils 'proposaient des récompenses à ceux qui y monteraient les premiers'. C'est en
effet Villehardouin, comme signalé dans la version primitive, qui parle des
prévisions très détaillées proposées avant le pillage pour la division du butin ainsi
que des fiefs. Voltaire suit Maimbourg, qui cite Villehardouin en manchette: 'Il y eut
encore de reste pour les Français, après toutes leurs dettes payées aux Vénitiens qui
partagèrent avec eux par moitié, plus de 400 000 marcs d'argent, qui leur furent
distribués' (année 1204, p.145). Fleury dit, par contre, que les Vénitiens 'partagèrent
également le butin: la part des Français fut estimée [à] quatre cent mille marcs
d'argent' (année 1204, §2).

[14] Cet affront est reproduit dans toutes les sources. Voir la description fournie par
Nicétas: 'Une femme chargée de péchés, une servante de démons, une prêtresse des
Furies, une boutique d'enchantements et de sortilèges s'assit dans la chair patriarcale,
pour insulter à Jésus-Christ; elle y entonna une chanson impudique et dansa dans
l'église. On commettait toutes ces impiétés avec le dernier emportement, sans que
personne fît paraître la moindre modération' (dans Cousin, t.5, p.591). Voir Fleury,
année 1204, §2; Maimbourg, plus pudique, se contente d'évoquer 'impudicité' et
'désordres' (années 1203, 1204, p.143, 144).

prise et saccagée par des étrangers, et elle le fut par des chrétiens qui avaient fait vœu de ne combattre que les infidèles. [15]

On ne voit pas que ce feu grégeois, [16] tant vanté par les historiens,
65 ait fait le moindre effet. S'il était tel qu'on le dit, il eût toujours donné sur terre et sur mer une victoire assurée. Si c'était quelque chose de semblable à nos phosphores, l'eau pouvait à la vérité le conserver, mais il n'aurait point eu d'action dans l'eau. [17] Enfin,

62 MSP, 50: saccagée et

63-64 MSP, 50: infidèles. ¶Dans tous ces petits combats qui s'étaient donnés entre les Grecs et les Latins depuis la première croisade et particulièrement dans cette prise de Constantinople, on ne voit

64 MSP: [manchette] Feu grégeois.

65 MSP, 50: dit; si l'eau même lui servait d'aliment, il

67 MSP, 50: phosphores, et à l'huile éthérée, nouvellement découverte, l'eau

68 MSP, 50: l'eau: sa flamme même n'eût pas [50: point] été bien pénétrante et bien destructive. On ajoute qu'on ne l'éteignait [50: jamais] qu'avec [52HCA: l'éteignait qu'avec] de l'urine, du vinaigre et du sable. C'est ainsi à la vérité qu'on éteint l'huile éthérée enflammée; mais il paraît assez difficile qu'on eût toujours de
5 quoi arrêter l'incendie. Enfin

[15] Voir le récit également plat et délibéré de la prise de Jérusalem, ci-dessus, ch.54, lignes 297-501. Maimbourg donne à l'événement une portée épique: 'Ainsi, par un prodige étonnant, et qui n'a point son semblable dans toute l'histoire, la plus grande ville du monde, la plus riche, la mieux fortifiée selon l'art de ce temps-là, et défendue par plus de quatre cent mille hommes, fut prise d'assaut et possédée paisiblement ensuite par l'armée des Francs, qui n'était alors tout au plus que de 20 000 combattants' (année 1204, p.141).

[16] Le feu grégeois est un mélange de soufre, de poix, de salpêtre, etc., que les Byzantins utilisaient à la guerre.

[17] Maimbourg décrit la manière qu'ont les Byzantins de fabriquer le feu grégeois et de s'en servir: il s'agissait de 'tonneaux remplis de résine, de poix, et de graisse, pour y mettre le feu [...] quand il en serait temps. [...] C'est le propre de ce feu de brûler jusque dans la mer, et d'augmenter sa force et sa violence dans l'eau, qui semble lui servir d'aliment et d'entretien, par un prodige tout à fait contraire à la nature de ces deux éléments qui sont ennemis l'un de l'autre [...] joignant à une extrême légèreté la propriété des corps terrestres et pesants [il] se portait en bas, et allait à droite ou à gauche avec impétuosité, selon la violente impression qu'il recevait de ceux qui savait l'art de le jeter. Car on pouvait ou le lancer bien loin par des machines à ressort [...] ou même le souffler par de longues sarbacanes ou tuyaux

malgré ce secret, les Turcs avaient enlevé presque toute l'Asie
Mineure aux Grecs, et les Latins leur arrachèrent le reste. 70

*Election
singulière d'un
empereur.*

Le plus puissant des croisés, Baudouin comte de Flandres, se fit
élire empereur.[18] Ils étaient quatre prétendants. On mit quatre
grands calices de l'église de Sophie pleins de vin devant eux.
Celui qui était destiné à l'élu, était seul consacré. Baudouin le but,
prit les brodequins rouges, et fut reconnu.[19] Ce nouvel usurpateur 75
condamna l'autre usurpateur Mirziflos (*a*) à être précipité du haut

(*a*) Les Français alors très grossiers l'appellent Mursufle, ainsi que
d'Auguste ils ont fait *aoust*; de *pavo paon*, de *vigenti vingt*, de *canis chien*,
de *lupus loup*, etc.

69-70   MSP: enlevé ^Vaux Grecs⁺ presque toute l'Asie Mineure, et
70   50: Mineure, et
72-75   MSP, 50, 53-W57G: empereur. Ce
76   MSP, 50: Myrtille
    53-54N: Mursulphe
n.*a*   MSP, 50, 53-W68: [*absente*]

de cuivre, par lesquels ce feu liquide s'élançant impétueusement comme l'eau
poussée par les seringues, allait donner contre les personnes et contre les choses
qu'on prétendait embraser. [...] L'on ne s'en pouvait guère défaire qu'avec du
vinaigre mêlé d'urine et de sable' (année 1203, p.118-19). Ainsi Voltaire dialogue
avec sa source, sans qu'en fait le lecteur ne s'en aperçoive. D'autre part, à y bien
regarder, il ne dit mot d'un combat naval. Or c'est à cette occasion que Maimbourg
évoque le feu grégeois utilisé par les Grecs qui lancèrent sur la flotte vénitienne
(1er janvier 1204) dix-sept grands brûlots qu'on arriva à détourner. De ce fait
l'analyse de Voltaire paraît ici un peu hors de propos.

[18] Baudouin fut élu empereur le 17 mai 1204.

[19] Le sacre de Baudouin est rapporté par Nicétas, qui précise qu'ils mirent 'quatre
calices de rang pour les quatre compétiteurs' (*Histoire de ce qui arriva depuis la prise de
Constantinople*, ch.4, dans Cousin, t.5, p.615-16). Si Voltaire suit Nicétas en désignant
quatre prétendants, il entend, sans les nommer, après l'heureux élu, les comtes de
Blois, de Flandre, et de Saint-Pol. Maimbourg toutefois ne parle que de deux,
Boniface de Monferrat et Baudouin (année 1204, p.149-50). Fleury ne parle pas de
cette cérémonie et ne nomme aucun autre prétendant (livre 76, année 1204, §4).

d'une colonne.[20] Les autres croisés partagèrent l'empire.[21] Les Vénitiens se donnèrent le Péloponèse, l'île de Candie et plusieurs villes des côtes de Phrygie, qui n'avaient point subi le joug des Turcs. Le marquis de Montferrat prit la Thessalie. Ainsi Baudouin n'eut guère pour lui que la Thrace et la Mœsie. A l'égard du pape, il y gagna, du moins pour un temps, l'Eglise d'Orient.[22] Cette conquête eût pu avec le temps valoir un royaume: Constantinople était autre chose que Jérusalem.

80

78 MSP, 50: se donnèrent les principales îles vers le Péloponèse, celle de Candie
80 MSP, 50: Thessalie. Villehardouin, maréchal de Champagne, prit pour lui l'Achie ou la Grèce proprement dite. Un gentilhomme de Bourgogne, nommé La Roche, s'empara d'Athènes et de Thèbes. De là vinrent les sires de Thèbes et les ducs d'Athènes. Un seigneur d'Avesme, du comté de Hainault, eut l'île d'Eubée ou le Négrepont pour son partage. Ainsi

5

82 MSP, 50: temps une partie de l'Eglise d'Orient, dans laquelle il y avait des évêchés à donner et de l'argent à recueillir. Cette
    53-W57G: temps toute l'Eglise
84-87 MSP, 50: Jérusalem. ¶Innocent III donna le Pallium (c'est la marque du métropolitain) à Thomas Morosini, Vénitien, élu patriarche de Constantinople par les croisés.[23] On vit enfin le patriarche des Grecs faire serment de fidélité à celui de

[20] L'exécution de Murzuphle, précipité du haut de la colonne sur la grande Place du Taureau, est décrite dans les mêmes termes par Maimbourg (année 1204, p.155-56), avec la morale: 'Il était juste qu'il mourût ainsi d'un effroyable genre de mort, qui pût apprendre à la postérité, que si l'ambition fait monter quelquefois un méchant homme à une éminente fortune [...] il arrive aussi bien souvent qu'elle lui fait trouver sur cette hauteur la pointe d'un horrible précipice où il est renversé par une chute d'autant plus funeste qu'elle le fait tomber de plus haut' (p.156-57). L'orthographe Mursufle (n.a) n'est pas pourtant celle de Fleury, qui écrit Mourchoufle (livre 76, année 1204, §1). Toutes les sources fournissent le détail qu'Alexis V Doukas était surnommé Murzuphle à cause de ses sourcils épais.

[21] Maimbourg donne le renseignement dans la variante concernant Villehardouin (année 1203, p.119); les autres ne s'y trouvent pas. Achie: Achaïe, contrée de l'ancienne Grèce au nord-ouest du Péloponèse.

[22] Ce partage de l'empire est présenté dans les mêmes termes par Maimbourg (année 1204, p.152-53), qui ne fournit pourtant pas les précisions supplémentaires de la version primitive (lignes 78, 80-81).

[23] L'élection de Thomas Morosini comme patriarche de Constantinople est

Ainsi le seul fruit des chrétiens dans leurs barbares croisades fut 85
d'exterminer d'autres chrétiens. Ces croisés qui ruinaient l'empire,
auraient pu bien plus aisément que tous leurs prédécesseurs chasser
les Turcs de l'Asie. Les Etats de Saladin étaient déchirés. Mais de
tant de chevaliers qui avaient fait vœu d'aller secourir Jérusalem, il
ne passa en Syrie que le petit nombre de ceux qui ne purent avoir 90
part aux dépouilles des Grecs. De ce petit nombre fut Simon de
Montfort, qui ayant en vain cherché un Etat en Grèce et en Syrie, se
mit ensuite à la tête d'une croisade contre les Albigeois, pour
usurper avec la croix quelque chose sur les chrétiens ses frères. [24]

Débris de   Il restait beaucoup de princes de la famille impériale des 95
l'empire grec. Comnènes, qui ne perdirent point courage dans la destruction de
leur empire. Un d'eux, qui portait aussi le nom d'Alexis, se réfugia

---

Rome. Innocent écrivait à Morosini: 'le Saint-Siège de Rome a donné rang à votre
Eglise entre les patriarches [52HCA: patriarchales] et l'a tirée de la poussière.' Ce 5
pape, en parlant ainsi, ignorait ou feignait d'ignorer l'antiquité; mais l'ignorance
même tenait souvent lieu de droit. ¶Ces croisés qui ruinaient des chrétiens, leurs
frères, auraient

     53-W75G: Jérusalem. ¶Ces croisés qui ruinaient des chrétiens, leurs frères,
auraient
   92   MSP, 50, 53-54N: Syrie, retourna ensuite en France et se
   93   52HCA: mit à
   93-95   MSP, 50, 53-54N: Albigeois. ¶Il
   94   W56-W75G: chrétiens.

---

rapportée par Maimbourg, qui signale que 'le pape Innocent III, quoiqu'il eût déclaré
d'abord son élection nulle et contre les canons, [la] confirma néanmoins depuis'
(année 1204, p.152).
   [24] La synthèse que nous propose Voltaire ne peut qu'induire en erreur. C'est le
détournement de la croisade contre Zara qui, pour des raisons soit morales, soit
militaires, divisa les croisés, et certains des chefs se désolidarisèrent de leurs
compagnons. Simon de Montfort, 5e comte de Leicester, a fait partie de ceux qui
passèrent directement en Orient, sans faire le détour de Zara puis de Constantinople
et qui se rembarquèrent presque immédiatement en apprenant le mauvais sort de
l'autre armée aux mains du soudan d'Alep. Voir Maimbourg: 'Simon de Monfort, qui
fit tant de merveilles après cela dans la guerre contre les Albigeois, fut contraint de
s'en retourner en France, sans avoir rapporté de son voyage autre chose que le regret
de n'y avoir rien fait' (année 1204, p.162).

avec quelques vaisseaux vers la Colchide; et là, entre la mer Noire
et le mont Caucase, forma un petit Etat, qu'on appela *l'empire de*
100 *Trébisonde*:[25] tant on abusait de ce mot d'*empire*.[26]

Théodore Lascaris[27] reprit Nicée, et s'établit dans la Bithinie, en
se servant à propos des Arabes contre les Turcs. Il se donna aussi le
titre d'empereur, et fit élire un patriarche de sa communion.
D'autres Grecs, unis avec les Turcs mêmes, appelèrent à leur
105 secours leurs anciens ennemis les Bulgares, contre le nouvel
empereur Baudouin de Flandres, qui jouit à peine de sa conquête.
Vaincu par eux près d'Andrinople, on lui coupa les bras et les   *1205.*
jambes, et il expira en proie aux bêtes féroces.[28]

98-99   50, 53-W75G: mer et
100-101   MSP, 50: d'empire. Ce petit Etat subsista jusqu'au temps de Mahomet
second. ¶Théodore
108-10   MSP, 50, 53-W57G: féroces. ¶[MSP, 50: Dans ces secousses de tant d'Etats
et au milieu de tant de dévastations, les princes qu'on appelle latins, ne conservèrent
leur faible empire à Constantinople que cinquante-huit ans [MSP, 52HCA: années],
jusqu'en 1261. Ce temps ne suffit pas pour réunir l'Eglise grecque avec la latine.
5   Rome ne put que faire célébrer l'office en latin chez un peuple qui abhorrait cette
langue et donner [MSP: donnèrent] quelque temps les bénéfices aux Italiens. Le
patriarche grec contreminait le patriarche latin. Les Grecs [MSP: alors] haïssaient les
chrétiens romains plus que les Turcs. Pendant ce temps-là [MSP, 52HCA: même] une
autre croisade contre d'autres chrétiens désolait la France. C'est celle qui dépeupla le
10   Languedoc et qui extermina les Albigeois. Il faut attendre pour en parler que celles de
l'Orient soient finies. [MSP: ¶*Paragraphe 2 / Nouvelles croisades malheureuses*]] ¶On

[25] Trabzon, ville et port de Turquie.
[26] A la suite de la prise de Constantinople par les croisés l'empire de Trébizonde
(1204-1461) fut fondé par deux princes Comnène, dont Alexis Ier Comnène
surnommé le Grand, qui fut empereur de 1204 à 1222. Ce paragraphe et le suivant
(lignes 95-108) ne proviennent pas de Maimbourg, qui d'ailleurs s'en explique:
'Comme les choses qui se sont faites après cela sous les empereurs français de
Constantinople ne sont plus de la croisade, il faut que je les laisse' (année 1204,
p.159). Les détails les plus importants concernant Théodore Lascaris semblent avoir
leur source dans Fleury (année 1206, §26).
[27] Théodore Ier Lascaris, empereur byzantin fondateur de l'empire de Nicée 1204-
1222.
[28] Ces détails se trouvent dans Fleury, où, toutefois, il fut 'la proie des oiseaux'
(année 1206, §23, 'Mort de Baudouin').

Les sources de ces émigrations devaient tarir alors; mais les
esprits des hommes étaient en mouvement. Les confesseurs ⟨110⟩
ordonnaient aux pénitents d'aller à la Terre Sainte. Les fausses
nouvelles qui en venaient tous les jours, donnaient de fausses
espérances.

*Croisades
dégénérées en
folie.*
Un moine breton nommé Esloin[29] conduisit en Syrie vers l'an
1204 une multitude de Bretons. La veuve d'un roi de Hongrie[30] se ⟨115⟩
croisa avec quelques femmes, croyant qu'on ne pouvait gagner le
ciel que par ce voyage. Cette maladie épidémique passa jusqu'aux
enfants: et il y en eut des milliers, qui conduits par des maîtres
d'école et des moines, quittèrent les maisons de leurs parents, sur la
foi de ces paroles: *Seigneur, tu as tiré ta gloire des enfants.* Leurs ⟨120⟩
conducteurs en vendirent une partie aux musulmans: le reste périt
de misère.[31]

---

s'étonne que les sources de ces émigrations ne tarissent pas. On pourrait s'étonner du
contraire. Les esprits

113-14   MSP, 50: espérances. ¶Il partait de tous les pays de l'Europe des pèlerins
armés sans aucuns chefs, véritables chevaliers errants. Un moine

117   MSP, 50: voyage et [50: voyage; elle] alla mourir à Ptolomaïs. Cette

[29] Tout ce que l'on sait d'Esloin, c'est qu'il était moine de Saint-Denis.
Maimbourg l'appelle *Herloïn* (année 1204, p.161). Les Bretons que ce moine avait
conduits en Palestine y furent décimés. Maimbourg ajoute: 'ils furent bientôt
dispersés, sans savoir ni ce qu'ils devaient ni ce qu'ils pouvaient faire [...] et ceux
qui restèrent d'un si grand nombre eurent bien de la peine à regagner enfin la
Bretagne sans avoir rien exécuté qui fût digne de la grandeur de leur zèle et de leur
courage' (p.162).

[30] Cette histoire concerne Marguerite de Hongrie, fille de Louis VII et veuve de
Béla III de Hongrie, qui fit un tel pèlerinage en Terre Sainte en 1196. Elle mourut à
Acre en 1197, comme signalé dans la version primitive (voir Maimbourg, livre 7,
année 1195, p.7). Voltaire la confond peut-être avec la comtesse Marie, femme de
Baudouin de Flandre, récemment élu empereur d'Orient, dont parle ici Maimbourg
(année 1204, p.165). Celui-ci dit pourtant que la comtesse mourut en route à
Constantinople, 'de sorte que les vaisseaux envoyés par l'empereur pour la conduire
à Constantinople n'y transportèrent que son corps' (année 1204, p.166) et loue sa
courageuse fermeté en tant que croisée; mais nulle mention chez lui d'autres femmes.

[31] Ce récit de la croisade des enfants est une reprise fidèle de Maimbourg, sinon

L'Etat d'Antioche était ce que les chrétiens avaient conservé de plus considérable en Syrie. Le royaume de Jérusalem n'existait plus que dans Ptolémaïs. Cependant il était établi dans l'Occident qu'il fallait un roi de Jérusalem. Un Emery de Lusignan, [32] roi titulaire, étant mort vers l'an 1205, l'évêque de Ptolémaïs proposa d'aller demander en France un roi de Judée. Philippe-Auguste nomma un cadet de la maison de Brienne en Champagne, qui avait à peine un patrimoine. [33] On voit par le choix du roi quel était le royaume.

Le roi de France fait un roi de Jérusalem.

Ce roi titulaire, ses chevaliers, les Bretons qui avaient passé la mer, plusieurs princes allemands, un duc d'Autriche, André roi de Hongrie [34] suivi d'assez belles troupes, les templiers, les hospitaliers,

---

124   MSP, 50: Jérusalem, bien moindre en effet, n'existait

125   MSP: Cependant l'opinion de l'Occident était qu'il

126   MSP, 50: Jérusalem. Emeri

128   MSP, 50: Judée à Philippe-Auguste, espérant qu'avec ce nouveau roi, on recevrait des secours. ¶Philippe-Auguste [MSP, *manchette: Sixième croisade. Le roi de France nomme un roi de Jérusalem.*]

130-31   MSP, 50: royaume. Plusieurs chevaliers se joignirent à ce roi de Jérusalem et chacun fit le voyage à ses dépens. ¶Ce roi titulaire de Judée, ses [50: ces] chevaliers, quelques Bretons

132-33   MSP, 50, 53-54N: allemands [MSP, 52HCA: qui venaient de temps en temps], un duc d'Autriche, un roi de Hongrie nommé André suivi

---

que chez Maimbourg les enfants chantent: 'Seigneur Jésus, rendez-nous votre sainte croix' (année 1213, p.174-75). Fleury donne un récit semblable mais ne fait pas mention de ce chant, ni de musulmans (livre 77, année 1212, §14). Maimbourg ajoute qu'à Marseille 'deux marchands nommés Hugues le Fer et Guillaume Porc, insignes scélérats, qui leur ayant promis de les passer pour rien dans la Palestine, en chargèrent sept de leurs vaisseaux, dont deux firent naufrage, avec perte de tous ces pauvres enfants qu'ils portaient, et pour ceux qui étaient sur les cinq autres, ces traîtres les allèrent vendre en Egypte aux Sarrasins' (p.174). Fleury raconte leurs malheurs en termes plus généraux (année 1212, §14).

[32] Amaury II ou Amalric II de Lusignan, roi de Chypre 1194-1205 et de Jérusalem 1198-1205.

[33] Jean de Brienne, roi de Jérusalem par son mariage avec Marie, fille de Conrad de Montferrat (1209) et empereur latin d'Orient 1231-1237.

[34] Il s'agit de Léopold VI, duc d'Autriche et d'André II, roi de Hongrie 1205-1235.

les évêques de Munster et d'Utrecht; tout cela pouvait encore faire une armée de conquérants, si elle avait eu un chef; mais c'est ce qui manqua toujours. 135

Le roi de Hongrie s'étant retiré,[35] un comte de Hollande entreprit ce que tant de rois et de princes n'avaient pu faire. Les chrétiens semblaient toucher au temps de se relever: leurs espérances s'accrurent par l'arrivée d'une foule de chevaliers qu'un légat du pape leur amena. Un archevêque de Bordeaux, les évêques de Paris, d'Angers, d'Autun, de Beauvais, accompagnèrent le légat avec des troupes considérables. Quatre mille Anglais, autant d'Italiens, vinrent sous diverses bannières. Enfin Jean de Brienne, qui était arrivé à Ptolémaïs presque seul, se trouve à la tête de près de cent mille combattants.[36] 140 145

134   MSP, 50: faire encore
138   MSP, 50: faire. Le pape lui donna le titre de connétable des croisés. Les
139   MSG: semblèrent
140   MSP: [manchette] 1218.
145   MSP, 50: se trouvait
         53-54N: se trouva

[35] Dans cette transition que rien ne prépare, Voltaire passe de la quatrième croisade (1202-1204) à la cinquième (1217-1221). Nous trouverons le même genre d'imprécision quant à la sixième croisade (lignes 234 et suiv.). Notons d'ailleurs que Voltaire est parfois rapide au point d'en être elliptique. Chez lui, le roi de Hongrie apparaît (ligne 133), puis disparaît (ligne 137) sans raison ni explication. Selon Maimbourg, il promet de se croiser, accomplit son vœu, prend part à la guerre, puis repart en hâte avec son butin pour apaiser des troubles dans son pays, ce malgré les demandes instantes des autres croisés sérieusement affaiblis par son départ (année 1218, p.195-96). Guillaume Ier (1167-1223), comte de Hollande (1203) était le chef, ou le connétable, des croisés qui étaient partis de l'embouchure de la Meuse le 29 mai 1217 (Fleury, année 1217, §10). Il assista à la prise de Damiette, puis disparut.

[36] Maimbourg donne exactement les mêmes détails concernant les ecclésiastiques qui accompagnaient le cardinal Pélage d'Albano, bénédictin espagnol et légat du pape (année 1218, p.218-19). Mais il ne donne aucun détail sur le nombre des Anglais impliqués, encore moins le chiffre des effectifs désormais à la disposition de Jean de Brienne (évoqué à la ligne 129). Voltaire aurait-t-il lu Maimbourg trop négligeamment car, dans la dernière ligne du paragraphe précédant la mention de l'arrivée des renforts, celui-ci évoque 'cent mille personnes [qui] furent abîmées' (p.218). L'impression globale risque d'ailleurs d'être trompeuse car ces renforts

Saphadin,[37] frère du fameux Saladin, qui avait joint depuis peu
l'Egypte à ses autres Etats, venait de démolir les restes des
murailles de Jérusalem, qui n'était plus qu'un bourg ruiné:[38] mais
comme Saphadin paraissait mal affermi dans l'Egypte, les croisés
crurent pouvoir s'en emparer.[39]

150

De Ptolémaïs le trajet est court aux embouchures du Nil. Les
vaisseaux qui avaient apporté tant de chrétiens, les portèrent en
trois jours vers l'ancienne Péluse.[40]

155

Près des ruines de Péluse est élevée Damiette, sur une chaussée

147   MSP, 50: frère de Saladin
148   MSP, 50: le reste

149-54   MSP, 50: ruiné. Le vœu de tous les croisés était de reprendre Jérusalem;
l'entreprise paraissait très aisée, surtout vers la fin du règne de Saphadin, dont le
gouvernement s'affaiblissait; mais les premiers objets d'une entreprise changent
toujours avec le temps. Saphadin paraissait mal affermi dans l'Egypte, les croisés
5   crurent pouvoir s'en emparer. Ils étaient presque aussi près du Nil que du Jourdain et
l'Egypte valait mieux que Jérusalem. ¶De Ptolémaïs, que les chrétiens nommaient
Saint-Jean d'Acre, le trajet est court aux embouchures du Nil. Les vaisseaux qui
avaient porté tant de chrétiens de presque tous les ports de l'Europe, les portèrent
dans trois

n'arriveront que plus tard au moment où les croisés auront depuis des mois déjà mis
le siège devant Damiette (lignes 154-57).

[37] Malik al-'Adil (dit Sayf al-Din, en français Safadin), sultan ayyubide 1198-1218,
frère de Saladin.

[38] Ce n'est pas Safadin, mais Corradin, son fils, sultan de Damas, qui, avant de
venir secourir Damiette assiégée, fit 'démolir cette sainte cité [...] et réduisit enfin une
ville si forte et si fameuse en un misérable village' (Maimbourg, année 1219, p.226).

[39] Traduction d'un brusque changement de cap dans le camp des croisés. On
décida 'qu'on changerait désormais la manière de faire la guerre; et qu'au lieu de
s'amuser dans la Palestine, comme on avait fait jusqu'alors, on l'irait porter en
Egypte, pour aller tout droit à la cause et à la racine du mal. On remontra *que c'était de
là que venaient toutes les grandes armées que les soudans envoyaient dans la Terre Sainte*'
(Maimbourg, année 1218, p.202).

[40] Ancienne ville et port d'Egypte sur le bras le plus oriental du Nil. Maimbourg
dit que les premiers éléments de l'armée, commandés par Henri de Hainaut, comte de
Sarrebruck, 'arrivèrent en trois jours devant Damiette le trentième de mai' (année
1218, p.203).

357

1218. qui la défend des inondations du Nil. Les croisés commencèrent le siège pendant la dernière maladie de Saphadin, et le continuèrent après sa mort. [41] Mélédin, l'aîné de ses fils, régnait alors en Egypte, et passait pour aimer les lois, les sciences et le repos plus que la guerre. [42] Corradin, [43] sultan de Damas, à qui la Syrie était tombée en partage,   160 vint le secourir contre les chrétiens. Le siège, qui dura deux ans, fut mémorable en Europe, en Asie et en Afrique.

Saint François à   Saint François d'Assise, qui établissait alors son ordre, [44] passa lui-
la croisade.   même au camp des assiégeants: et s'étant imaginé qu'il pourrait

---

156 MSP, 50: Nil. Elle subsiste encore et est une clé de l'Egypte. Les

158 MSP, 50: régnait en

160 MSP, 50: Damas, son frère, à

163 MSP: [*manchette*] *Saint François d'Assise et le sultan Mélédin.*

      MSP, 50: ordre, et qui envoyait ses compagnons dans toutes les parties de la terre connue, passa

---

[41] Le siège de Damiette a lieu en 1218. Safadin, apprenant la prise d'une importante tour qui protègeait la ville (la Tour du Nil), 'en mourut de douleur peu de jours après dans son palais de Babylone' (Maimbourg, année 1218, t.2, p.215).

[42] Malik al-Kamil, sultan ayyubide (1218-1238), fut le fils de al-Malik al-'Adil auquel il succéda quand les Francs menaçaient Damiette. Voir Maimbourg: 'Le nouveau sultan Mélédin, qui n'était pas à beaucoup près si grand homme de guerre que son père, et qui était d'une humeur assez douce et pacifique pour un Sarrasin' (année 1218, p.216).

[43] Malik al-Afdal, prince ayyubide, second fils de Saladin, obtint le gouvernement de Damas et participa avec son père à la lutte contre les Francs pendant la troisième croisade.

[44] Ici, tout comme Maimbourg (année 1219, p.231), Voltaire bifurque, laissant les croisés au siège de Damiette, pour s'occuper de saint François d'Assise, fondateur de l'ordre des Frères mineurs, qui arriva sur les lieux en juillet 1219. L'importance de cette arrivée est qu'elle marque l'apparition de l'idée missionnaire dans la croisade. L'ordre dont il s'agit est celui des Frères mineurs. Avec l'afflux des disciples, l'ordre dut s'organiser, contre les vœux du fondateur (1217), si bien qu'après son voyage en Egypte (lignes 164-76), il en abandonna la direction à Pierre de Catane. Fleury décrit la fondation et l'essor de l'ordre (livre 76, année 1209, §53-54; livre 77, année 1215, §59), et c'est chez lui que Voltaire trouvera les détails concernant le zèle missionnaire des disciples de François au Maroc (livre 78, année 1219, §25).

165 aisément convertir le sultan Mélédin, il s'avança avec son
compagnon, frère Illuminé, vers le camp des Egyptiens. On les
prit, on les conduisit au sultan. François le prêcha en italien. Il
proposa à Mélédin de faire allumer un grand feu, dans lequel ses
imans d'un côté, François et Illuminé de l'autre, se jetteraient, pour
170 faire voir quelle était la religion véritable. Mélédin, à qui un
interprète expliquait cette proposition singulière, répondit en riant,
que ses prêtres n'étaient pas hommes à se jeter au feu pour leur foi.
Alors François proposa de s'y jeter tout seul. Mélédin lui dit, que
s'il acceptait une telle offre, il paraîtrait douter de sa religion.
175 Ensuite il renvoya François avec bonté, voyant bien qu'il ne
pouvait être un homme dangereux. [45]

Telle est la force de l'enthousiasme, que François n'ayant pu
réussir à se jeter dans un bûcher en Egypte, et à rendre le soudan

167   50: Saint François
    MSP, 50: italien, langue que probablement le sultan ignorait. Il
170-71 MSP, 50: Mélédin répondit
174   MSP, 50: une pareille proposition, il paraîtrait douter de sa religion et qu'en
cela il offenserait son peuple.

175-206 MSP, 50: voyant [50: bien] qu'il ne pouvait être un espion dangereux. Si
ce fait n'était attesté par des historiens qui étaient au siège de Damiette, et s'il n'était une
puissante preuve de ce que peut un esprit persuadé, je ne le rapporterais pas. ¶Damiette
        53-w57G: voyant bien qu'il ne pouvait être un espion dangereux.
¶Damiette

[45] Saint François fit d'abord preuve de bon sens en prédisant aux croisés que s'ils
livraient bataille ils seraient infailliblement vaincus, ce qui arriva le 29 août 1219, jour
où les croisés perdirent 6000 hommes (Maimbourg, année 1219, p.232-33; Fleury,
livre 78, année 1219, §27). Puis il se fit prendre volontairement pour entretenir
Mélédin. 'Le saint lui prêcha l'Evangile avec une ferveur admirable. Il lui offrit même
de lui en prouver la vérité par l'épreuve du feu. Mais il travailla inutilement pour la fin
qu'il s'était proposée: car il ne put jamais obtenir ni le martyre, parce que le soudan
charmé et de ses discours et de sa vertu, bien loin de le faire mourir, lui fit mille
caresses; ni aussi la conversion de ce prince, parce que la crainte qu'il avait de ses
sujets eut plus de force sur lui, que la vérité qu'on lui fit connaître' (Maimbourg,
p.233-34). Maimbourg termine par une leçon de probité historique en dénonçant
ceux qui ont prétendu que le soudan s'était converti (manchette: 'Luc Wading *et alii*,
Jacques de Vitry, livre 3; Anton, p.3, tit. 19'). Voir aussi Fleury, qui (en manchette)
ne cite que la chronique de Jacques de Vitry (livre 78, année 1219, §27).

chrétien, voulut tenter cette aventure à Maroc. Il s'embarqua
d'abord pour l'Espagne; mais étant tombé malade, il obtint de   180
frère Gille et de quatre autres de ses compagnons, qu'ils allassent
convertir les Marocains. [46] Frère Gille et les quatre moines font voile
vers Tétuan, [47] arrivent à Maroc, et prêchent en italien dans une
charrette. Le miramolin ayant pitié d'eux les fit rembarquer pour
l'Espagne. Ils revinrent une seconde fois; on les renvoya encore. Ils   185
revinrent une troisième; l'empereur poussé à bout, les condamna à
la mort dans son divan, et leur trancha lui-même la tête. [48] C'est un
usage superstitieux autant que barbare, que les empereurs de Maroc
soient les premiers bourreaux de leur pays. Les miramolins se
disaient descendus de Mahomet. Les premiers qui furent con-   190
damnés à mort sous leur empire, demandèrent de mourir de la main
du maître, dans l'espérance d'une expiation plus pure. Cet
abominable usage s'est si bien conservé, que le dernier empereur
de Maroc Mulei Ismaël a exécuté de sa main près de dix mille
hommes dans sa longue vie. [49]   195

1218.
On coupe
la tête à cinq
compagnons de
saint François.

193   k: le fameux empereur

[46] Légères inexactitudes selon Fleury (année 1219, §25). Saint François a bien
envoyé des frères au Maroc, mais ce fut avant sa propre équipée; d'ailleurs ce n'est
pas François qui les accompagna initialement avant de tomber malade en Aragon,
mais un nommé Vital que François leur avait donné pour supérieur; et ils partirent
aussi sans 'frère Gilles' qu'on dit très aimé de saint François, mais qui fut employé
pour d'autres missions.
[47] Ville du Maroc septentrional.
[48] Fleury: 'Un jour comme frère Bérard, monté sur un chariot, prêchait le peuple,
le roi passant par là, et voyant qu'il ne cessait pas en sa présence, crut qu'il était fou, et
ordonna qu'on chassât de la ville les cinq frères' (année 1219, §25). On les renvoie
deux fois, ils reviennent encore 'pour la troisième fois'. Le roi alors 'leur coupa la tête
de sa propre main', le 16 janvier 1220.
[49] Mulei-Ismaël, ou Semein (1646-1727), fut reconnu empereur du Maroc, et roi
de Fès, à la mort de son frère, Mulei-Archy, en 1672. Il figure rarement dans les
œuvres de Voltaire, mais chaque fois comme un parfait tyran. On le retrouvera plus
loin dans le ch.191, où Voltaire le caractérise comme 'le plus grand des tyrans [qui]
exerçait dans l'empire de Maroc de plus horribles cruautés'. Il se trouve dans
Candide, ch.11, à la tête d'un royaume ravagé par une anarchie sanglante (*OCV*, t.48,
p.156), alors que dans l'art. 'Grâce' des *QE*, il est présenté non seulement comme

Cette mort de cinq compagnons de François d'Assise est encore célébrée tous les ans à Coimbre par une procession aussi singulière que leur aventure. On prétendit que les corps de ces franciscains revinrent en Europe après leur mort, et s'arrêtèrent à Coimbre dans
200 l'église de Sainte Croix. [50] Les jeunes gens, les femmes et les filles vont tous les ans la nuit de l'arrivée de ces martyrs, de l'église de Sainte Croix à celle des cordeliers. Les garçons ne sont couverts que d'un petit caleçon qui ne descend qu'au haut des cuisses; les femmes et les filles ont un jupon non moins court. La marche est longue, et
205 l'on s'arrête souvent. [51]

Damiette cependant fut prise, et semblait ouvrir le chemin à la conquête de l'Egypte. [52] Mais Pélage Albano, bénédictin espagnol, *1220.* légat du pape, et cardinal, fut cause de sa perte. [53] Le légat prétendait *Défaite* que le pape étant chef de toutes les croisades, celui qui le *des chrétiens.*
210 représentait, en était incontestablement le général; que le roi de Jérusalem n'étant roi que par la permission du pape, devait obéir en tout au légat. Ces divisions consumèrent du temps. Il fallut écrire à

206   MSP, 50: prise après deux ans de siège,
208   MSP, 50: cardinal, voulant absolument commander seul l'armée, fut
212   MSP, 50: légat. Il est évident que le cardinal avait plus de crédit que le roi qui ne défendit ses droits qu'en se retirant de l'armée avec quelques troupes. Ces

---

le père de cinq cents enfants, mais aussi et surtout comme un fou sanguinaire (*M*, t.19, p.304-305).

[50] Fleury: 'Leurs corps ayant été traînés hors de la ville et mis en pièces par les infidèles, furent recueillis par les chrétiens et l'infant D. Pedro les envoya en Portugal, où ils furent mis dans le monastère de Sainte Croix de Conimbre et y sont encore. Il s'y fit un grand nombre de miracles et 260 ans après, ces cinq martyrs furent canonisés par le pape Sixte IV qui permit aux Frères mineurs d'en faire l'office publiquement par sa bulle du 7 août 1481' (livre 78, année 1219, §25).

[51] Notons que l'histoire de saint François, élargi en 1761, qui est de bien peu d'importance dans le cadre de l'histoire des croisades, occupe plus d'une page chez Voltaire, ce qui n'est pas indifférent.

[52] Mélédin s'enfuit de Damiette dans la nuit du 4 au 5 février 1219, mais la ville ne tomba que le 5 novembre 1219.

[53] Ici on retourne en arrière, car le légat Pélage est venu avec les renforts évoqués aux lignes 154 et suiv., arrivant à Damiette le 30 mai 1218.

Rome. Le pape ordonna au roi de retourner au camp, et le roi y retourna pour servir sous le bénédictin. [54] Ce général engagea l'armée entre deux bras du Nil, précisément au temps que ce fleuve, qui nourrit et qui défend l'Egypte, commençait à se déborder. Le sultan par des écluses inonda le camp des chrétiens. D'un côté, il brûla leurs vaisseaux; de l'autre côté, le Nil croissait et menaçait d'engloutir l'armée du légat. Elle se trouvait dans l'état où l'on peint les Egyptiens de Pharaon, quand ils virent la mer prête à retomber sur eux. [55]

Les contemporains conviennent que dans cette extrémité on

215

220

1221.

215-16   53-54N: fleuve commençait
217   MSP, 50: par le secours des écluses
217-18   50: chrétiens d'un côté, et brûla leurs vaisseaux, de l'autre. Le Nil qui croissait, menaçait
218   MSP: de l'autre, le Nil qui croissait
222   MSP: [*manchette*] *1222.*

[54] Le légat arrive avec une lettre du pape qui le charge de 'conserver une parfaite union dans l'armée, et pour l'animer à bien faire, en marchant devant elle [...] avec une humilité digne de Jésus-Christ qu'il représente [...] Mais il faut avouer que le bon prélat s'acquitta fort mal de sa charge, et qu'il agit d'une manière bien contraire aux intentions de ce saint pontife [...] Il lui dit nettement, et sans façon, qu'il voulait commander l'armée, alléguant pour toute raison que l'Eglise avait ordonné la croisade, et que les croisés qui étaient venus au secours de la Terre Sainte n'étaient pas les sujets du roi de Jérusalem, et qu'ils dépendaient de l'Eglise' (Maimbourg, année 1218, p.219-20). Il s'agissait donc d'une initiative personnelle, jugée incongrue, alors que Voltaire en fait l'expression du pape. Mais il ne pouvait manquer une si belle occasion, d'autant que ce nouveau 'général' sera tenu pour responsable des désastres qui vont suivre. Fleury, livre 78, année 1218, §15.

[55] Le légat commit l'imprudence de s'engager au mauvais endroit, au mauvais moment, comme l'avait prévu le sultan. L'armée franque, prise 'entre deux bras d'un grand fleuve' (Maimbourg, année 1221, p.255), se fit enfin encercler par les eaux montantes (juillet 1221), ce que Maimbourg commente longuement (p.251-57). Mais il dirait sans doute que le parallélisme que Voltaire feint de voir entre l'armée franque et les troupes de Pharaon lancées à la poursuite des Israélites (Exode 14: 26-28), englouties par la mer, est plus spirituel que justifié.

traita avec le sultan. [56] Il se fit rendre Damiette; il renvoya l'armée
en Phénicie, après avoir fait jurer que de huit ans on ne lui ferait la
225 guerre; et il garda le roi Jean de Brienne en ôtage. [57]

Les chrétiens n'avaient plus d'espérance que dans l'empereur
Frédéric II. Jean de Brienne, sorti d'ôtage, lui donna sa fille, et les
droits au royaume de Jérusalem pour dot. [58]

L'empereur Frédéric II concevait très bien l'inutilité des
230 croisades; mais il fallait ménager les esprits des peuples et éluder
les coups des papes. [59] Il me semble que la conduite qu'il tint, est un

*Comment
Fréderic II se
démêlait des
croisades.*

223   MSP, 50: sultan et qu'il daigna traiter.

225-26   MSP, 50: ôtage. Il est bien surprenant qu'il accordât des conditions si
douces; mais on dit qu'il était le plus humain des hommes. On pourrait ajouter peut-
être que les chrétiens avaient encore quelques ressources puisqu'on ne les fit pas tous
esclaves. ¶Les chrétiens

227   MSP, 50: Frédéric II qui alors combattait les papes, avec lesquels ils avaient
[50: il avait] plus d'intérêts à démêler qu'avec les Turcs. Jean

228-29   MSP, 50: dot. Le pape Grégoire IX qui aimait beaucoup mieux envoyer
l'empereur en Asie que le voir en Italie, le pressait d'accomplir le vœu qu'on avait
exigé de lui. ¶L'empereur

230   MSP, 50: croisades, et le danger dont celle-ci était pour ses intérêts; mais

[56] Par 'contemporains' Voltaire entend sûrement désigner les historiens byzantins
consultés par Maimbourg et qui figurent en manchettes (année 1221, p.256-58). La
ratification de la capitulation fut signée le 30 juillet 1221, et Damiette fut rendue le 8
septembre 1221.

[57] Maimbourg: 'Car soit que ce soudan, qui était naturellement fort humain, ne
voulût pas laisser périr si misérablement tant de princes et tant de seigneurs de la plus
haute qualité [...] il est certain qu'il leur offrit pour huit ans une trève, qui fut acceptée
sur-le-champ, à condition qu'on lui rendrait Damiette' (année 1221, p.257).

[58] Grâce au soutien d'Innocent III, Frédéric II, empereur germanique (1212),
renouvela le serment d'allégeance au Saint-Siège, et promit de se croiser. Pour
renforcer sa résolution plutôt faible de croisé (voir ci-dessous, n.59), le pape, secondé
par Jean de Brienne et les maîtres des Ordres militaires imaginèrent de le marier avec
la fille de Jean de Brienne, Isabelle, héritière de la couronne de Jérusalem (voir
Maimbourg, année 1223, p.264-65).

[59] Cela est corroboré par la chronologie: Frédéric s'était croisé dès 1215, mais ce
n'est qu'en 1218 qu'il avait annoncé la réunion d'une diète où l'on devrait préparer la
croisade pour mars 1219. Celle-ci ne se tint qu'à la fin de l'année. Les premiers
éléments de son armée ne se mirent pas en route avant 1221, et lui-même, sans se

modèle de saine politique. [60] Il négocie à la fois avec le pape et avec
le sultan Mélédin. Son traité étant signé entre le sultan et lui, il part
pour la Palestine, mais avec un cortège, plutôt qu'avec une armée. [61]
A peine est-il arrivé, qu'il rend public le traité par lequel on lui cède
Jérusalem, Nazareth, et quelques villages. Il fait répandre dans
l'Europe, que sans verser une goutte de sang, il a repris les saints
lieux. [62] On lui reproche d'avoir laissé par le traité une mosquée dans

235

232   MSP, 50, 53-W57G: de la plus parfaite politique
234   MSP: [*manchette*] *1228.*
        MSP, 50: armée, pour ne se pas trop dégarnir en Europe.
236   MSP, 50: villages, dont ni lui ni le sultan ne se souciaient guère.
238   MSP, 50: lieux. Par là il satisfait à son vœu. Il impose silence à ses ennemis: il
        se met en état de retourner avec gloire en Italie et d'y être plus que jamais redoutable
        au pape qui opposait des excommunications à cette politique profonde. On lui
        reprochait d'avoir
            53-61: reprochait

---

hâter, ne s'engagea à partir que par le traité de San Germano (25 juillet 1225),
promettant de se mettre en route le 15 août 1227. Il appareilla finalement le 28 juin
1228. Nous avons affaire ici à la sixième croisade (1228-1229).

[60] Le bruit courut avec insistance que 'tout ce qu'il avait fait jusqu'alors n'était
qu'un jeu pour amuser le monde; et que nonobstant toutes ses promesses, tous ses
vœux, et tous ses serments, il n'avait jamais eu une sincère volonté de se mettre à la
tête des croisés pour aller conquérir la Terre Sainte' (Maimbourg, année 1228,
p.281). Voir les *Annales de l'Empire*, où le récit de ces événements est plus ample
(p.348).

[61] Frédéric négociait avec Mélédin depuis 1226, mais le traité de Jaffa, qui ne
couvrait que le seul royaume de Jérusalem et qui proclamait une trêve de dix ans, ne
fut signé que le 11 février 1229 (Maimbourg, année 1228, p.285-87, 290; Fleury, livre
79, année 1229, §48, 'Traité de Frédéric avec le sultan'). Il part 'sur vingt galères avec
une suite et des troupes, qui pour leur petit nombre n'étaient dignes ni de la majesté
d'un si puissant prince, ni de la grandeur de la guerre, et de l'entreprise à laquelle il
s'engageait' (Maimbourg, p.282).

[62] Frédéric fit son entrée dans Jérusalem le 17 mars 1229. 'Il écrivit au pape, et à
tous les rois et princes chrétiens des lettres, par lesquelles il les invite en termes très
pompeux et très magnifiques à rendre à Dieu de solennelles actions de grâces, pour
avoir fait en sorte par un coup miraculeux de sa toute-puissance, qu'on ait enfin
heureusement achevé, sans effusion de sang chrétien, et presque sans forces, cette

Jérusalem. Le patriarche de cette ville le traitait d'athée. [63] Ailleurs
240 il était regardé comme un prince qui savait régner. [64]

Il faut avouer, quand on lit l'histoire de ces temps, que ceux qui *Suite*
ont imaginé des romans, n'ont guère pu aller par leur imagination *d'événements*
au-delà de ce que fournit ici la vérité. C'est peu que nous ayons vu *étranges.*
quelques années auparavant un comte de Flandres, qui ayant fait
245 vœu d'aller à la Terre Sainte, se saisit en chemin de l'empire de
Constantinople. C'est peu que Jean de Brienne, cadet de Champagne, devenu roi de Jérusalem, ait été sur le point de subjuguer
l'Egypte. Ce même Jean de Brienne, n'ayant plus d'Etats, marche
presque seul au secours de Constantinople. Il arrive pendant un

240-41   MSP, 50: régner. ¶Au reste, pour avoir quelque idée de ce qu'était
Mélédin et de la manière dont les arts étaient cultivés chez ses sujets, je ne dois pas
omettre qu'il fit présent à Frédéric II d'une tente à plusieurs appartements, dans l'un
desquels le plafond représentait le ciel et le mouvement [50: les mouvements] des
5 astres, exécutés par des ressorts cachés, ouvrage qui supposait une assez grande
connaissance de l'astronomie et des mécaniques. ¶Il
242   MSP, 50: romans de chevalerie,
246-47   MSP, 50: Champagne, sans patrimoine, devenu
249   MSP, 50: Constantinople que les princes de la maison de Comnène tâchaient
toujours de ressaisir. Il

---

entreprise que tant de grands princes n'avaient pu exécuter avec tant de puissantes
armées' (Maimbourg, année 1229, p.291).

[63] Le patriarche se plaint amèrement de Frédéric 'parce qu'il est honteux que les
Sarrasins partagent la sainte cité avec les chrétiens' (Maimbourg, p.292; Fleury, livre
79, année 1229, §49). Mais pas un mot sur la mosquée ni sur l'accusation d'athéisme.
Maimbourg écrit à ce propos: 'qu'il [le] traita assurément d'une manière qu'on ne
peut douter qui ne soit du moins injurieuse', p.292; langage encore plus mitigé chez
Fleury. L'épisode a donné matière à deux des très rares notations relatives aux
croisades conservées dans les Carnets de Voltaire: 'Frédéric II laissa le Saint-
Sépulcre au soudan; cela paraît peu chrétien; mais le soudan y ayant fait bâtir une
mosquée ne pouvait l'abandonner' (*Saint-Fargeau notebook*, *OCV*, t.81, p.139); et
plus loin, cette remarque non reprise ici: 'Nul prêtre ne veut le couronner roi de
Jérusalem, il est obligé de se couronner lui-même' (p.140).

[64] Dans l'édition de 1753 Voltaire retire, en dépit de son 'je ne dois pas omettre',
quelques lignes de la version primitive, dont il avait sans doute trouvé ces détails tels
quels dans Maimbourg (année 1232, p.293-94).

1224. interrègne, et on l'élit empereur. [65] Son successeur Baudouin II, [66]   250
dernier empereur latin de Constantinople, toujours pressé par les
Grecs, courait, une bulle du pape à la main, implorer en vain le
secours de tous les princes de l'Europe. Tous les princes étaient
alors hors de chez eux. Les empereurs d'Occident couraient à la
Terre Sainte: les papes étaient presque toujours en France, et les   255
rois prêts à partir pour la Palestine. [67]

Thibaud de Champagne roi de Navarre, si célèbre par l'amour
qu'on lui suppose pour la reine Blanche, et par ses chansons, fut
1240. aussi un de ceux qui s'embarquèrent alors pour la Palestine. Il
revint la même année: et c'était être heureux. Environ soixante et   260
dix chevaliers français, qui voulurent se signaler avec lui, furent
tous pris et menés au Grand-Caire, au neveu de Mélédin, nommé
Mélecsala, [68] qui ayant hérité des Etats et des vertus de son oncle,
les traita humainement, et les laissa enfin retourner dans leur patrie
pour une rançon modique. [69]   265

252   MSP: court
253-54   MSP, 50: princes alors étaient hors
255   MSP, 50: Sainte; les empereurs de Constantinople allaient en Occident. Les
papes
256-57   MSP, 50: Palestine. On publiait des croisades, tantôt contre les Turcs,
tantôt contre les Grecs, tantôt contre Frédéric second. ¶Thibaud
257-58   MSP, 50, 53-W57G: par son amour pour la reine Blanche, mère de saint
Louis, et

[65] Voir ci-dessus, lignes 71-72, 129.

[66] Baudouin II de Courtenay, dernier empereur latin d'Orient 1228-1261.

[67] Thibaud V de Champagne (1201-1253), guerrier et trouvère, roi de Navarre
(1234). Maimbourg parle de 'quelques vers qu'il fit, après avoir quitté la cour de
France, où la passion qu'on sait l'attachait, et dans lesquels il exprime les sentiments
un peu trop tendres, quoiqu'infiniment respectueux, qu'il avait dans le fond de l'âme'
(année 1235, p.297). Voltaire parle ici, mais encore une fois sans le nommer, de la
croisade dite 'des barons' (1234-1240) dont celle de Thibaut (1239-1240) ne
constituait qu'un seul élément. Thibaut débarqua à Acre en septembre 1239 et y
rembarqua douze mois plus tard.

[68] Voir ci-dessous, ch.58 ligne 80, note.

[69] Pour la campagne de Thibaud, et la prise du 'connétable Amaury de Montfort et
des soixante-dix grands seigneurs francais' à la bataille de Gaza (13 novembre 1239),

En ce temps le territoire de Jérusalem n'appartient plus ni aux Syriens ni aux Egyptiens, ni aux chrétiens, ni aux musulmans. Une révolution qui n'avait point d'exemple, donnait une nouvelle face à la plus grande partie de l'Asie. Gengis-Kan et ses Tartares avaient
270 franchi le Caucase, le Taurus, l'Immaüs. Les peuples qui fuyaient devant eux, comme des bêtes féroces chassées de leurs repaires par d'autres animaux plus terribles, fondaient à leur tour sur les terres abandonnées. [70]

Les habitants du Chorasan, qu'on nomma Corasmins, poussés *1244.*
275 par les Tartares, se précipitèrent sur la Syrie, ainsi que les Goths au *Autres*
quatrième siècle, chassés, à ce qu'on dit, par des Scythes, étaient *brigands.*
tombés sur l'empire romain. Ces Corasmins idolâtres égorgèrent ce qui restait à Jérusalem de Turcs, de chrétiens, de Juifs. Les chrétiens qui restaient dans Antioche, dans Tyr, dans Sidon et sur
280 ces côtes de la Syrie, suspendirent quelque temps leurs querelles particulières pour résister à ces nouveaux brigands. [71]

---

268 MSP, 50: d'exemple encore dans l'histoire connue du monde, donnait
     MSP, 50: Tartares, dont on parlera après les croisades, avaient [50: avait]
271 50: leur repaire
276 MSP, 50, 61: chassés par
278 MSP, 50: Juifs, et détruisirent également les églises et les mosquées. Les
279-80 MSP, 50: Sidon, suspendirent

---

voir Maimbourg (années 1235, 1236, 1240, p.295-98, 308-13). Mais on y cherchera en vain (année 1240, p.315), le jugement de valeur très positif sur Melech-Sala (Maimbourg dit tout au plus qu'il 'était assez de bonne foi').

[70] Au début de son livre 11, Maimbourg évoque le déferlement des Tartares, et les conséquences qui en découlaient pour la Terre Sainte (année 1244, p.327-28). Peut-être s'agit-il aussi d'un souvenir de Fleury (livre 79, année 1224, §2, 'Conquêtes des tartares sous Guinguiz-can'). Il est par ailleurs longuement traité des conquêtes de Gengis-Khan dans le ch.60, ci-dessous.

[71] Une des quatre armées tartares, 'ayant subjugué toute la Perse, obligea les Corasmins [Khorezmiens, issus des anciens Parthes] d'aller chercher leur aventure au-delà du Tigre et de l'Euphrate, où ils s'adressèrent au soudan d'Egypte pour lui demander d'autres terres' (Maimbourg, p.328). Le soudan leur abandonna toute la Palestine (p.329).

Ces chrétiens étaient alors ligués avec le soudan de Damas. Les templiers, les chevaliers de Saint-Jean, les chevaliers teutoniques, étaient des défenseurs toujours armés. L'Europe fournissait sans cesse quelques volontaires. Enfin, ce qu'on put ramasser, combattit les Corasmins. La défaite des croisés fut entière. Ce n'était pas là le terme de leurs malheurs. De nouveaux Turcs vinrent ravager ces côtes de Syrie après les Corasmins, et exterminèrent presque tout ce qui restait de chevaliers. Mais ces torrents passagers laissèrent toujours aux chrétiens les villes de la côte. [72]

Les Latins, renfermés dans leurs villes maritimes, se virent alors sans secours, et leurs querelles augmentaient leurs malheurs. Les princes d'Antioche n'étaient occupés qu'à faire la guerre à quelques chrétiens d'Arménie. Les factions des Vénitiens, des Génois et des Pisans se disputaient la ville de Ptolémaïs. Les templiers et les chevaliers de Saint-Jean se disputaient tout. L'Europe refroidie n'envoyait presque plus de ces pèlerins armés. [73] Les espérances des chrétiens d'Orient s'éteignaient, quand saint Louis entreprit la dernière croisade.

285

290

295

---

282 MSP, 50: Damas, car tantôt alliés de l'Egypte qui obéissait à Mélecsala, tantôt réunis avec le soudan de Syrie, ils tâchèrent alors de conserver par un peu de politique les côtes dont la possession allait à tout moment leur échapper. Les

290 MSP, 50: côte trop bien fortifiées pour être assiégées par ces multitudes sans ordre qui paraissaient et disparaissaient comme des oiseaux de proie.

296 MSP, 50: disputaient aussi. Toute l'Europe

297-98 MSP, 50: armés, dont le cours n'avait guère été interrompu pendant cent cinquante années. Les espérances des chrétiens s'éteignaient

---

[72] Maimbourg décrit l'incursion des bandes khorezmiennes de Bereke Khan, et l'horrible carnage, qui se solde par l'anéantissement des chrétiens dans Jérusalem (23 août 1244) (p.329-30). Il n'est pas clair toutefois si Voltaire parle ici de Jérusalem ou de la bataille de la Forbie (17 octobre 1244), où les Francs, encerclés, furent pratiquement anéantis à leur tour: 'Ils furent presque tous tués sur la place, ou faits prisonniers' (p.332). Cette défaite désastreuse allait être la cause directe de la septième croisade (1248-1254). Voir aussi Fleury, livre 82, année 1244, §19.

[73] Voltaire fait silence sur le concile de Lyon tenu en 1245 (Maimbourg, année 1245, p.335-44) et sur les démêlés de Frédéric II avec la papauté (p.344-49), qui ont pourtant directement pesé sur le sort des Latins d'Orient.

CHAPITRE 58

De saint Louis. Son gouvernement, sa croisade,
nombre de ses vaisseaux, ses dépenses, sa vertu,
son imprudence, ses malheurs.

Louis IX [1] paraissait un prince destiné à réformer l'Europe, si elle *Portrait de*
avait pu l'être, à rendre la France triomphante et policée, et à être *saint Louis.*

a-270 [*Première rédaction de ce chapitre:* MSP, 50]
a   MSP: Chapitre 36
    W56-W57G: Chapitre 46
    61: Chapitre 54
a-d   50: *Fin de l'histoire des croisades, par M. de Voltaire.*
b-d   MSP, 53-W57G: *De saint Louis et de la dernière croisade.//*

* Dans ce dernier chapitre consacré aux croisades (les septième et huitième), où il a de nouveau recours aux trois historiens qui l'accompagnent dans ses recherches depuis le début, Voltaire demeure tout aussi fidèle à lui-même. Si certains thèmes naguère privilégiés s'estompent (par exemple, les croisades comme émigration; les croisades condamnées à l'insuccès par des divergences et des divisions imputables aux différentes nationalités impliquées), d'autres par contre demeurent absolument constants. Et c'est la personne exceptionnelle de saint Louis qui cristallise les raisons de la condamnation sans appel que Voltaire fait de quelque 175 années d'efforts européens qui s'étaient soldés par des échecs invariables. Que de sacrifices humains de proportions monstrueuses, que de sommes d'argent fabuleuses ces huit campagnes n'avaient-elles pas coûté à l'Europe, et surtout à la France? La tragédie globale dont il s'agit se résume dans la malheureuse idée fixe de ce roi, le modèle des rois, qui réunissait en sa personne toutes les vertus monarchiques les plus positives (que Voltaire commente avec admiration), mais dont les initiatives pourtant et les absences à l'étranger (que la raison se doit de réprouver) n'avaient servi qu'à compromettre son pays et le bien-être de ses sujets. Dans cette synthèse prévisible, aussi partielle que partiale, il faut toutefois reconnaître une autre constante, celle-là positive: comme il avait naguère, presque seul de son espèce, refusé de noircir les Byzantins, cherchant plutôt à les comprendre comme ils se seraient compris eux-mêmes, de même il refuse ici, allant certainement à contre-courant de l'historiographie, de diaboliser les Sarrasins tout comme, dans le ch.56, il avait cherché à présenter Saladin de manière équilibrée. Pour tout ce qui a trait aux septième et

en tout le modèle des hommes. Sa piété, qui était celle d'un anachorète, ne lui ôta aucune vertu de roi. Une sage économie ne déroba rien à sa libéralité. Il sut accorder une politique profonde 5 avec une justice exacte: et peut-être est-il le seul souverain qui mérite cette louange: prudent et ferme dans le conseil, intrépide

4   MSP: ôta peu de vertus royales.
    50: ôta point les vertus royales.
4-5   MSP, 50, 53-W57G: roi. [MSP, 50: royales.] Sa libéralité ne déroba rien à une sage économie. Il

---

huitième croisades (1248-1253, 1270), Voltaire se tourne de nouveau vers Maimbourg (*Histoire des croisades*, Paris, 1686, t.2, livres 11-12) qu'il complète au besoin en prenant chez Fleury (*Histoire ecclésiastique*) certains menus détails extrêmement précis. Pour l'histoire domestique du règne de Louis IX, et certains développements concernant l'action du roi à l'étranger, il prend de nouveau Daniel pour guide (*Histoire de France*). Le chapitre résultant connut, dans son élaboration, trois stades d'importances inégales. Une première série d'interventions se situe en 1753, époque à laquelle Voltaire retranche de son texte beaucoup plus qu'il n'y ajoute (voir les variantes des lignes 32-33, 53-54, 109-11, 144, 194): ces lignes sont sacrifiées car elles n'ajoutent rien de capital à ses arguments. La seconde série d'interventions (1756) est beaucoup plus conséquente. Totalisant une centaine de lignes, elles fournissent des compléments d'information dont le but est d'étayer, et même de renforcer, certains des arguments-clés de Voltaire à propos du règne de Louis IX. Ici il est évident qu'il a à cœur d'insister essentiellement sur la réputation grandissante de Louis, comme l'architecte de l'affermissement du pouvoir royal, et comme le véritable père de ses peuples (lignes 11-28, 162-90). *A contrario* il veut établir par là que l'absence de ce bon roi, qui s'est lancé dans deux croisades indignes de sa grandeur d'homme d'Etat (lignes 88-96, 205-208, 209-15), s'est avérée néfaste au niveau de son royaume en termes politiques et monétaires (lignes 38-42, 65-73, 243-53). La troisième et dernière intervention de Voltaire, lecteur de son propre travail, se fait de façon fugitive en 1761: approfondissant sa réflexion sur le coût des croisades, et surtout de la septième, il ajoute deux lignes (58-60) où il insiste sur l'énormité de l'entreprise qui consistait à faire construire 1800 'gros vaisseaux ronds' pour transporter les croisés, ce qui donne lieu à une réflexion supplémentaire et superfétatoire (lignes 60-64). Par la même occasion, ces différents interventions et remaniements amènent Voltaire à reformuler le titre qu'il donne finalement à son chapitre afin que celui-ci en reflète mieux le contenu.

[1] Les lignes 1-42 ne doivent rien à Maimbourg, toujours fidèle à son principe de s'en tenir exactement à son sujet: les croisades (voir aussi, ci-dessous, lignes 161-90).

dans les combats sans être emporté, compatissant comme s'il n'avait jamais été que malheureux. Il n'est pas donné à l'homme de porter plus loin la vertu.

Il avait, conjointement avec la régente sa mère qui savait régner, réprimé l'abus de la juridiction trop étendue des ecclésiastiques. Ils voulaient que les officiers de justice saisissent les biens de quiconque était excommunié, sans examiner si l'excommunication était juste ou injuste. Le roi distinguant très sagement les lois civiles auxquelles tout doit être soumis, et les lois de l'Eglise dont l'empire doit ne s'étendre que sur les consciences, ne laissa pas plier les lois du royaume sous cet abus des excommunications. [2] Ayant dès le commencement de son administration, contenu les prétentions des évêques et des laïques dans leurs bornes, il avait réprimé les factions de la Bretagne: il avait gardé une neutralité prudente entre les emportements de Grégoire IX et les vengeances de l'empereur Frédéric II. [3]

Son domaine déjà fort grand, s'était accru de plusieurs terres qu'il avait achetées. [4] Les rois de France avaient alors pour revenus

9-10   MSP, 50: n'est guère donné à l'homme de pousser la vertu plus loin.
10-29   53-54N: vertu. ¶Une sage administration
12-13   MSP: Il voulait
          50: Il ne voulait pas que
15   MSP, 50, K: sagement entre les [51IHCA: β]
18   MSP: sous abus
21-23   50: entre Grégoire IX et Frédéric II
22-23   MSP: vengeances de Frédéric II

[2] Voir Daniel: 'Ces plaintes des évêques furent faites au roi, en conséquence d'une Ordonnance qu'il avait publiée en 1228 ou 1229 contre les hérétiques excommuniés pour les obliger à satisfaire à l'Eglise. Mais les ecclésiastiques en avaient tellement abusé, et les juges avaient sur cela fait de si fréquentes remontrances que ce sage prince se crut obligé d'y mettre des modifications' (année 1233, p.30).

[3] Voir ci-dessus, ch.52, lignes 99-107.

[4] Voir ci-dessous, lignes 171-72. Le tout dernier paragraphe du chapitre que Daniel consacre à saint Louis détaille les 'domaines qu'il avait réunis à la couronne' (année 1270, p.267). Parmi ceux-ci, payés *argent comptant*, figurent le château de la Ferté-Aleps en Beauce, le comté de Mâcon, les seigneuries de Loches et de Châtillon-sur-Indre, la châtellenie de Péronne.

leurs biens propres, et non ceux des peuples. Leur grandeur
dépendait d'une économie bien entendue, comme celle d'un
seigneur particulier.

Cette administration l'avait mis en état de lever de fortes armées
contre le roi d'Angleterre Henri III et contre des vassaux de France   30
unis avec l'Angleterre. Henri III moins riche, moins obéi de ses
Anglais, n'eut ni d'aussi bonnes troupes, ni d'aussitôt prêtes. Louis
le battit deux fois, et surtout à la journée de Taillebourg en Poitou. [5]
1241. Le roi anglais s'enfuit devant lui. Cette guerre fut suivie d'une paix
utile. Les vassaux de France rentrés dans leur devoir, n'en sortirent   35
plus. Le roi n'oublia pas même d'obliger l'Anglais à payer cinq
mille livres sterling pour les frais de la campagne. [6]

Quand on songe qu'il n'avait pas vingt-quatre ans lorsqu'il se
conduisit ainsi, et que son caractère était fort au-dessus de sa
fortune; on voit ce qu'il eût fait, s'il fût demeuré dans sa patrie, et on   40
gémit que la France ait été si malheureuse par ses vertus mêmes,
qui devaient faire le bonheur du monde.

Son vœu   L'an 1244, Louis attaqué d'une maladie violente, crut, dit-on,
d'entreprendre dans une léthargie, entendre une voix qui lui ordonnait de prendre
une croisade.   la croix contre les infidèles. A peine put-il parler, qu'il fit vœu de se 45

26 50: propres; leur grandeur
32-33 MSP, 50: Louis qui le surpassait en courage comme en prévoyance, le battit
33 53-54N: Poitou [*avec note*: L'an 1241.]
34 MSP, 50: guerre glorieuse fut
37-43 53-54N: campagne. ¶L'an 1244

[5] Voir Daniel, années 1229-1231, 1241-1242. C'est à ce moment (1242) que Louis
s'en prit aux Anglais et à leur domination en Saintonge, ainsi qu'à leurs clients. Tout
tournait autour de la présence capétienne dans la région avec l'accession du frère de
Louis, Alphonse (1220-1271) comme comte de Poitiers (1241), ce qui déplut à
Hugues X de Lusignan, comte de la Marche et d'Angoulême, qui était son vassal.
D'où la révolte de Lusignan, et l'appui du roi d'Angleterre, Henry III.
[6] Le détail est dans Daniel, qui précise que la redevance 'de cinq mille livres
tournois' devait être annuelle (année 1241, p.69). La bataille de Taillebourg eut lieu
le 21 juillet 1242, celle de Saintes deux jours plus tard.

croiser. [7] La reine sa mère, la reine sa femme, son conseil, tout ce qui l'approchait, sentit le danger de ce vœu funeste. L'évêque de Paris même lui en représenta les dangereuses conséquences; [8] mais Louis regardait ce vœu comme un lien sacré qu'il n'était pas permis aux hommes de dénouer. Il prépara pendant quatre années cette expédition. [9] Enfin laissant à sa mère le gouvernement du royaume, il part avec sa femme, et ses trois frères que suivent aussi leurs

50

1243.

51   MSP: [*manchette*] *1248.*
52   MSP, 50: et trois de ses frères que suivent leurs

[7] Maimbourg: 'Tombé malade au mois de décembre [1244], la violence de son mal le réduisit à telle extrémité qu'il fut tenu pour mort, étant demeuré sans pouls et sans aucun sentiment durant tout un jour' (livre 11, année 1245, p.349-50). Voir aussi Fleury (livre 82, année 1244, §18) et Daniel (année 1244). Quant à la voix que Louis aurait entendue, Maimbourg parle d'une supposition: 'comme l'assure un ancien écrivain [manchette: Richeri. Monach. Chr. C.10. Obs. M. du Cange] [...] il eût eu une vision dans laquelle, en voyant l'armée des chrétiens vaincue par les Sarrasins, comme elle le fut devant Gaze [à la bataille de la Forbie], il ouït une voix céleste qui lui dit: *Roi de France, va venger cette perte irréparable*' (année 1245, p.349-50). En revanche on ne trouve pas trace de cette 'voix' dans Fleury ou Daniel.
[8] Maimbourg, passant sous silence un évêque de Paris (Guillaume d'Auvergne, 1190-1249), évoque 'les prières et les larmes des deux reines, sa mère et sa femme, qui le conjuraient, les genoux en terre, d'attendre qu'il se portât mieux pour prendre une pareille résolution' (année 1245, p.350). Fleury aussi les mentionne, plus Guillaume d'Auvergne, tous les trois fortement émus et craintifs (livre 82, année 1244, §18). Guillaume d'Auvergne – natif d'Aurillac – ou Guillaume de Paris, conseiller et confesseur de saint Louis, est évêque de Paris depuis 1228.
[9] Entre le 9 octobre 1245, jour où le roi réunit à Paris une grande assemblée de princes, de prélats et de barons pour annoncer sa décision, et son départ, trois ans plus tard, au mois d'août 1248, Louis se trouva confronté à une impressionnante série de problèmes que Voltaire préfère ne pas mentionner, mais qui expliquent le laps de 'quatre années': tiédeur de la part des rois d'Europe à le seconder; refus de Haakon de Norvège de fournir une flotte; crainte qu'Henri III d'Angleterre ne profite de son absence, d'où la nécessité de négocier une trêve; préparation morale et matérielle de la croisade; constitution d'un trésor de guerre; constitution d'une base arrière convenablement ravitaillée à Limassol. Mais voir lignes 65-73. Voir aussi Fleury (livre 82, année 1247, §56) et Daniel (année 1246).

épouses; presque toute la chevalerie de France l'accompagne. [10] Il y eut dans l'armée près de trois mille chevaliers bannerets. [11] Une partie de la flotte immense qui portait tant de princes et de soldats, part de Marseille, l'autre d'Aiguemortes, qui n'est plus un port aujourd'hui.

La plupart des gros vaisseaux ronds qui transportèrent les troupes, furent construits dans les ports de France. Ils étaient au nombre de dix-huit cents. Un roi de France ne pourrait aujourd'hui faire un pareil armement, parce que les bois sont incomparablement plus rares, tous les frais plus grands à proportion, et que l'artillerie nécessaire rend la dépense plus forte, et l'armement beaucoup plus difficile.

Ses dépenses.   On voit par les comptes de saint Louis combien ces croisades appauvrissaient la France. Il donnait au seigneur de Valeri huit

---

53-54   MSP, 50: l'accompagne. Un duc de Bourgogne, un comte de Bretagne, un comte de Flandres, un comte de Soissons, un comte de Vendôme amènent leurs vassaux. [12] Il y eut dans l'armée près de trois mille chevaliers bannerets. La France fut plus déserte que du temps de la croisade de saint Bernard, et cependant on ne l'attaqua pas. Les empereurs et les rois d'Angleterre étaient trop occupés chez eux. Une partie

57-65   W56-W57G: aujourd'hui. ¶On voit
57-74   MSP, 53-54N: aujourd'hui. ¶Si
57-87   50: aujourd'hui. Tout ce grand armement devait fondre en Egypte. ¶Louis

---

[10] Louis prit la bannière de saint Denis et l'écharpe de pèlerin le 12 juin 1248. Accompagné de sa femme et ses frères (Alphonse, comte de Poitiers; Robert, comte d'Artois; Charles, comte d'Anjou), il partit d'Aigues-mortes le 27 août 1248. Tous les détails concernant sa suite, résumée par la formule 'presque toute la chevalerie de France', se trouvent dans Maimbourg qui, suivant son habitude (comme Daniel, année 1246), égrène la liste des sommités qui accompagnaient le roi (année 1245, p.352-53). Voir aussi Fleury (livre 83, année 1248, §1, 7) et Daniel (année 1248).

[11] Divergence avec Maimbourg, qui voit le roi partir avec 'une bonne armée de trente à quarante mille hommes [...] composée pour la plupart de gentilshommes' (année 1247, p.359).

[12] Les détails contenus dans la première phrase, dans le même ordre, se trouvent dans Maimbourg (année 1245, p.352).

mille livres pour trente chevaliers, ce qui revenait à près de cent
soixante et neuf mille livres numéraires de nos jours. Le connétable
avait pour quinze chevaliers trois mille livres. L'archevêque de
70 Rheims et l'évêque de Langres recevaient chacun quatre mille
livres pour quinze chevaliers que chacun d'eux conduisait. Cent
soixante et deux chevaliers mangeaient aux tables du roi. Ces
dépenses, et les préparatifs étaient immenses. [13]

Si la fureur des croisades et la religion des serments avaient
75 permis à la vertu de Louis d'écouter la raison, non seulement il eût
vu le mal qu'il faisait à son pays, mais l'injustice extrême de cet
armement qui lui paraissait si juste.

Le projet n'eût-il été que d'aller mettre les Français en
possession du misérable terrain de Jérusalem, ils n'y avaient
80 aucun droit. Mais on marchait contre le vieux et sage Mélecsala

67-68   K: à peu près cent quarante-six mille livres numéraires
chevaliers. Le
   79   MSP, 53-W75G: possession de Jérusalem
       MSP: il n'y avait

[13] Les détails contenus dans ce paragraphe ne figurent pas dans les sources
ordinairement utilisées. Chez Velly (*Histoire de France*, Paris, 1755-1774, BV3409),
qui s'inspire peut-être de Voltaire, on trouve de même: 'dans ces anciens temps, nos
souverains étaient obligés d'acheter quelquefois bien cher les services de leurs sujets,
et [...] ces fiers paladins, qu'on nous représente si délicats sur l'honneur, se vendaient
le plus qu'ils pouvaient [...] et toujours sous la condition d'avoir la table' (t.5, s.d.,
p.30). Voir Dom M. Bouquet, *Rerum gallicarum et francicarum* (Paris, 1738-1904),
'Dissertation sur les dépenses et les recettes ordinaires de saint Louis' (t.21, 1855,
p.53-81; 'Dépenses de saint Louis de 1250 à 1253', p.512-15; la somme totale pour la
septième croisade, 1 053 476 livres, p.515). Pour une vue d'ensemble moderne des
dépenses, voir W. C. Jordan, *Louis IX and the challenge of the crusade: a study in
rulership* (Princeton, 1979), et plus particulièrement ch.4 ('War finance: men,
material and money'), p.65-104. La référence au 'seigneur de Valeri' (ligne 66)
aiguille vers la même croisade: Jean de Vallery, le preudomme; le connétable de
France, nommé en 1248, est Humbert V de Beaujeu (1198-1250); l'archevêque de
Reims (1245-1250) est Juhel de Mayen; l'évêque de Langres (1242-1250) est Hugues
de Rochecorbon.

soudan d'Egypte, [14] qui certainement n'avait rien à démêler avec le roi de France. Mélecsala était musulman: c'était là le seul prétexte de lui faire la guerre. Mais il n'y avait pas plus de raison à ravager l'Egypte parce qu'elle suivait les dogmes de Mahomet, qu'il n'y en aurait aujourd'hui à porter la guerre à la Chine, parce que la Chine est attachée à la morale de Confucius.   85

   Louis mouilla dans l'île de Chypre: le roi de cette île se joint à lui. [15] On aborde en Egypte. [16] Le soudan d'Egypte ne possédait point

82   MSP: France et qui n'avait pas un pouce de terrain dans la Palestine. Mélecsala

86-87   MSP: Confucius. ¶La folie du temps précipita le plus sage des rois dans la plus fatale imprudence et le plus vertueux des hommes dans l'injustice la plus cruelle. ¶Louis

88-96   MSP, 53-54N: en Egypte. Nos historiens disent qu'on chassa d'abord les barbares de Damiette. [MSP: *manchette*: *1249*.] Mais les historiens arabes disent que les barbares se rendirent maîtres de Damiette. [17] [53-54N: Damiette *avec note*: L'an 1249.] [MSP: Car la cour d'Egypte pouvait-elle regarder cette croisade d'un autre œil   5 que la cour de Charles le Chauve par exemple avait vu les invasions des Normands?] Le vieux

88-99   50: en Egypte et on chasse d'abord les barbares de Damiette. Le vieux Mélecsala, et presque incapable d'agir, demanda la paix et on la lui refusa. ¶Saint Louis était renforcé par de nouveaux secours arrivés de France, suivi de soixante mille combattants, obéi, aimé, instruit par les malheurs que Jean de Brienne avait essuyés dans une pareille conjecture [52HCA: conjoncture], ayant   5

[14] Voir ch.57, lignes 263-65. Malik al-Salih, sultan ayyubide 1240-1249.

[15] Voir Maimbourg (années 1248-1249, p.361-67), Fleury (livre 83, année 1248, §7) et Daniel (année 1248). Louis arriva à Chypre le 17 septembre 1248. Le roi de l'île depuis 1246 est Henri Ier de Lusignan (1217-1254), auquel, en 1247, Innocent IV avait confié la protection de la Terre Sainte.

[16] Notation brève, alors que Maimbourg évoque longuement ce débarquement à Damiette (5 juin 1249), qu'il décrit comme un exploit héroïque (année 1249, p.369-75). Fleury (livre 83, année 1249, §16) et Daniel (année 1249) font de même.

[17] Voltaire entend sans doute désigner, du côté français, Joinville et Nangis, qui figurent souvent dans les manchettes de Maimbourg et de Daniel quand ils parlent de Damiette. Mais qui sont les 'historiens arabes' auxquels Voltaire fait allusion? Comme cela se produit si souvent chez lui quand il veut donner l'impression de maîtriser une abondance de sources, il cite tout simplement les manchettes qu'il avait trouvées dans les historiens modernes. Cf. Daniel, 'Traduction d'historiens arabes dans la Bibliothèque du roi' (année 1249, t.3, p.93, manchette).

Jérusalem. La Palestine alors était ravagée par les Corasmins. Le
90 sultan de Syrie leur abandonnait ce malheureux pays, et le calife de
Bagdat, toujours reconnu et toujours sans pouvoir, ne se mêlait
plus de ces guerres. Il restait encore aux chrétiens, Ptolémaïs, Tyr,
Antioche, Tripoli. Leurs divisions les exposaient continuellement à
être écrasés par les sultans turcs et par les Corasmins.

95   Dans ces circonstances il est difficile de voir pourquoi le roi de   *Il va en Egypte.*
France choisissait l'Egypte pour le théâtre de sa guerre. Le vieux
Mélecsala malade demanda la paix; on la refusa. Louis était
renforcé par de nouveaux secours arrivés de France, suivi de
soixante mille combattants, obéi, aimé, ayant en tête des ennemis
100 déjà vaincus, un soudan qui touchait à sa fin. [18] Qui n'eût cru que
l'Egypte et bientôt la Syrie seraient domptées? Cependant la moitié
de cette armée florissante périt de maladie; [19] l'autre moitié est   *Défait et pris.*
vaincue près de la Massoure. Saint Louis voit tuer son frère Robert   *1250.*
d'Artois. [20] Il est pris avec ses deux autres frères, le comte d'Anjou et

97   MSP: Mélecsala, malade et presque incapable d'agir, demanda la paix et on la
refusa. Tant les préjugés de ce siècle prévalaient sur l'équité naturelle du monarque
chrétien. Il était

99   MSP: aimé, instruit par les malheurs que Jean de Brienne avait essuyés dans
une pareille conjoncture, ayant

100   MSP, 50: vaincus [50: et] un sultan qui

101   MSP, 50, 53-54N: Syrie ne fussent domptées

[18] La formulation de Voltaire est ambiguë. D'après Maimbourg, le total de 60 000
hommes fut atteint quand les troupes du roi de Chypre, du prince d'Achaïe, et
l'arrière-ban de France, arrivèrent à Damiette mais seulement après la prise de la ville
(année 1249, p.378). Malik al-Salih, malade depuis l'année précédente (année 1248,
p.368), devait mourir le 24 novembre 1249.

[19] Louis avait voulu séjourner à Damiette pour permettre à ses troupes de se
reposer. Ce fut un mauvais choix: les soudards s'adonnèrent à la débauche, beaucoup
tombèrent malades; bref l'armée commença à se débander (Maimbourg, année 1249,
p.375). Voir aussi Daniel (année 1249).

[20] La défaite de Massoure (la forteresse de la Mansûra), due à une imprudence de
Robert d'Artois (qui y perdit la vie), eut lieu le 8 février 1250. C'est seulement
l'arrivée, au soir, du duc de Bourgogne, avec ses arbalétriers, qui empêcha un
désastre. Maimbourg y voit une bataille légendaire, qu'il narre avec lyrisme (année
1250, p.377-86), brossant (d'après Joinville) le portrait quasi poétique d'un roi

le comte de Poitiers. [21] Ce n'était plus alors Mélecsala qui régnait en 105
Egypte, c'était son fils Almoadan. Ce nouveau soudan avait certainement de la grandeur d'âme; car le roi Louis lui ayant offert pour sa rançon et pour celle des prisonniers un million de besants d'or, Almoadan lui en remit la cinquième partie. [22]

Ce soudan fut massacré par les mameluks, dont son père avait 110 établi la milice. [23] Le gouvernement, partagé alors, semblait devoir

---

105   MSP, 50: Poitiers. La plupart de ses chevaliers sont captifs avec lui. Ce

109-11   MSP, 50: partie. ¶Mélecsala son père avait institué la milice des mamelices, semblable aux gardes prétoriennes des empereurs romains et des janissaires d'aujourd'hui. Ces mamelices furent [MSG, 50: à peine formés qu'ils furent] redoutables à leurs maîtres. Almoadan qui voulut les réprimer, fut assassiné par eux, dans le temps même qu'il traitait de la rançon de Louis. Le gouvernement 5 partagé alors entre les émirs, semblait

---

guerrier et héroïque sans pareil où il célèbre 'le courage invincible du roi, et les actions héroïques qu'il fit en cette occasion' (p.385). Daniel non plus ne sait résister à l'attrait du lyrisme et décrit l'imposante bravoure de Louis à cheval (année 1250). Fleury en revanche est beaucoup plus sobre (livre 83, année 1250, §18). Voltaire, peu friand des grands exploits guerriers, passe outre.

[21] Restée à Massoure, l'armée fut très éprouvée de différentes manières (scorbut, dysenterie, disette), si bien que le roi décida de la retirer à Damiette. Tombé de nouveau malade, Louis fut pris à Muryat Abu Abdallah, avec ses frères, parmi les traînards (6 avril 1250) à l'arrière-garde. Voir Maimbourg (année 1250, p.393-402), Fleury (livre 83, année 1250, §19) et Daniel (année 1250).

[22] Il y a inversion des mérites d'un historien à l'autre. Maimbourg célèbre la 'merveilleuse grandeur d'âme' de saint Louis, qui accepte le million exigé sans daigner marchander, et l'oppose à la mentalité de boutiquier du soudan qui 'selon la coutume des marchands, avait demandé beaucoup plus qu'il ne croyait qu'on dût donner' (année 1250, p.403). Almoadan (al-Mû'adham), surpris de ce marché si facilement conclu, accepte alors d'en rabattre un peu: 'il s'écria que le Français était trop franc et trop généreux d'accorder d'abord une si grande somme [...] et qu'il lui en quittait cent mille livres, en se contentant de quatre cent mille' (p.404). La somme de 'huit cent mille besants d'or' se trouve en toutes lettres dans le texte du traité de trêve. 400 000 livres tournois valaient 800 000 besants d'or. Même anecdote dans Fleury (livre 83, année 1250, §20) et Daniel à cette exception près: c'est le sultan qui, au départ, fixa la rançon à un million de besants d'or, somme que Louis accepta sans hésiter. A noter: la mention de 'la cinquième partie' se trouve en toutes lettres chez Daniel (année 1250).

[23] Maimbourg détaille la formation du corps des mamelouks, et explique la

être funeste aux chrétiens. Cependant le conseil égyptien continua de traiter avec le roi. Le sire de Joinville rapporte que les émirs même proposèrent, dans une de leurs assemblées, de choisir Louis
115 pour leur soudan.[24]

Joinville était prisonnier avec le roi. Ce que raconte un homme de son caractère, a du poids sans doute. Mais qu'on fasse réflexion, combien dans un camp, dans une maison, on est mal informé des faits particuliers qui se passent dans un camp voisin, dans une
120 maison prochaine; combien il est hors de vraisemblance que des musulmans songent à se donner pour roi un chrétien ennemi, qui ne connaît ni leur langue, ni leurs mœurs, qui déteste leur religion, et qui ne peut être regardé par eux que comme un chef de brigands étrangers; on verra que Joinville n'a rapporté qu'un discours
125 populaire. Dire fidèlement ce qu'on a entendu dire, c'est souvent rapporter de bonne foi des choses au moins suspectes. Mais nous n'avons point la véritable histoire de Joinville; ce n'est qu'une

Fables de Joinville, dont on n'a point la véritable histoire.

---

112   MSP, 50: chrétiens captifs.
117   MSP, 50: caractère et de sa naïveté, a
121   MSP, 50: un ennemi chrétien
122-24   50: religion, et on verra
123   MSP: regardé que
126-30   MSP, 50, 53-54N: suspectes. ¶Je

---

méfiance (loin d'être paradoxale) des soudans à leur égard, et vice versa (année 1250, p.405-408). Leurs chefs, croyant qu'Almoadan, victorieux grâce à eux, allait peut-être les sacrifier, frappèrent les premiers en l'assassinant le 2 mai 1250. Voir aussi Daniel (année 1250, t.2, p.408). D'après Maimbourg, les mamelouks auraient présenté à Louis son cœur sanguinolen; même détail dans Daniel.

[24] Tellement impressionnés par la majesté et la fermeté de Louis, bref 'tellement éblouis de l'éclat des vertus royales de ce grand roi, et de la majesté avec laquelle il les traitait [...] Ils mirent en délibération s'ils l'éliraient pour leur soudan' (Maimbourg, année 1250, p.415). Daniel donne les mêmes détails; Fleury n'en dit mot. Il est d'ailleurs à remarquer que Maimbourg, comme Voltaire (voir ci-dessous, n.25), mais à sa manière, donne aussi une leçon de critique historique en montrant l'absurdité d'une légende, rapportée par Jean de Serres (p.411; et Paul Jove, p.414), mais passée sous silence par Voltaire, selon laquelle saint Louis aurait donné en gage 'le saint ciboire, avec le très saint sacrement de l'eucharistie' (p.412).

traduction infidèle qu'on fit du temps de François Ier, d'un écrit
qu'on n'entendrait aujourd'hui que très difficilement. [25]

Je ne saurais guère encore concilier ce que les historiens disent   130
de la manière dont les musulmans traitèrent les prisonniers. Ils
racontent qu'on les faisait sortir un à un d'une enceinte où ils
étaient renfermés, qu'on leur demandait s'ils voulaient renier
Jésus-Christ, et qu'on coupait la tête à ceux qui persistaient dans
le christianisme. [26]   135

130-31   50: que disent les historiens de

[25] Daniel dit expressément que Joinville et saint Louis ne furent pas logés
ensemble: 'Joinville et les autres seigneurs furent mis dans un quartier que les
infidèles faisaient exactement garder, et le roi dans une tente entourée pareillement
d'une grosse garde' (année 1250, t.3, p.112). Mais le pyrrhonisme de Voltaire ici va un
peu trop loin. Maimbourg, et toute l'historiographie ultérieure d'ailleurs, établit que
Joinville était un intime de Louis fort apprécié, et donc à même de savoir ce qui s'était
produit (années 1245, 1250, p.352-53, 416, 420). En disant que l'historien n'avait
'rapporté qu'un discours populaire' (lignes 124-25), Voltaire traduit peut-être par
cette phrase celle de Maimbourg où celui-ci traite l'idée reçue (voir ci-dessus, n.24),
selon laquelle Louis aurait donné en gage le saint ciboire, etc., de 'celle de toutes les
fables qui a été le plus sottement inventée' (p.412), condamnation qu'il répète par
trois fois, en appelant ce 'on-dit' un 'conte' (deux fois, p.413) et (de nouveau) une
'fable' (p.413). A la fin de ce paragraphe, Voltaire traduit assez exactement ce que l'on
savait de son temps sur l'œuvre de Joinville. Le manuscrit original, offert à Louis le
Hutin, avait disparu. Un autre, proche du précédent, ne fut redécouvert, un peu par
hasard, qu'en 1746 et constitue la base de toute édition moderne. Au moment où
Voltaire écrit, le texte n'est connu que par une adaptation due à Antoine Pierre
(1547). Une autre avait suivi au début du dix-septième siècle (par Claude Ménard,
1617) qu'apparemment il ignore. Or cette dernière – reproduite par C. Du Fresne,
sieur Du Cange, dans l'*Histoire de saint Louis* (Paris, 1668) – est de bonne qualité,
alors que la précédente n'est effectivement qu'une 'traduction infidèle' entachée
d'ajouts fantaisistes. Un fait est à retenir: tous les historiens de saint Louis font grand
usage du témoignage, de fait capital, de Joinville. Mais Voltaire est le seul à faire des
réserves (à notre sens un peu trop vétilleuses) sur la qualité de celui-ci. La remarque
n'apparaît d'ailleurs qu'en 1756, renforçant une analyse qui date de l'étape
manuscrite de l'*EM*.

[26] La contradiction que Voltaire croit percevoir chez les historiens (lignes 130-40)
s'explique, comme nous allons le voir, par une lecture négligente de ses sources. 'Ils
tranchèrent la tête sur-le-champ à tous ceux [...] qui refusèrent constamment de
renoncer à Jésus-Christ, et en firent autant de martyrs' (Maimbourg, année 1250,

D'un autre côté ils attestent, qu'un vieil émir fit demander par interprète aux captifs, s'ils croyaient en Jésus-Christ; et les captifs ayant dit qu'ils croyaient en lui: 'Consolez-vous, dit l'émir; puisqu'il est mort pour vous, et qu'il a su ressusciter, il saura
140 bien vous sauver.' [27]

Ces deux récits semblent un peu contradictoires; et ce qui est plus contradictoire encore, c'est que ces émirs fissent tuer des captifs dont ils espéraient une rançon. [28]

Au reste ces émirs s'en tinrent aux huit cent mille besants *Générosité des*
145 auxquels leur soudan avait bien voulu se restreindre pour la rançon *vainqueurs.*
des captifs. Et lorsqu'en vertu du traité, les troupes françaises qui *1250.*
étaient dans Damiette, rendirent cette ville, on ne voit point que les vainqueurs fissent le moindre outrage aux femmes. On laissa partir la reine et ses belles-sœurs avec respect. Ce n'est pas que tous les
150 soldats musulmans fussent modérés; le vulgaire en tout pays est féroce: il y eut sans doute beaucoup de violences commises, des

---

139-40   MSP, 50: et qu'il a [50: qu'il est] ressuscité, il saura bien vous secourir.'

144   MSP, 50: Au reste, il me semble que ces émirs, quoiqu'ils eussent tué leur soudan, avaient pourtant cette espèce de bonne foi et de vertu, sans laquelle nulle société ne peut subsister. Ils s'en tinrent

148   MSP, 50: femmes qui étaient en très grand nombre.

149   MSP, 50: ses deux belles-sœurs

---

p.400). Ce passage est assez fidèlement repris de Maimbourg (p.401). Chez Daniel, on trouve de même: 'Les prisonniers [...] étaient renfermés dans une espèce de parc fermé de murailles. Un des principaux officiers sarrasins arriva avec des soldats, et faisant sortir les prisonniers du parc les uns après les autres, on leur demandait en sortant s'ils voulaient renoncer Jésus-Christ; quand ils répondaient que non, on leur coupait la tête dans le moment' (année 1250, t.3, p.111-12).

[27] Cette anecdote se trouve telle quelle dans Daniel (année 1250).

[28] Par négligence Voltaire a trouvé dans ces trois récits des difficultés où il n'y en a pas. Car Maimbourg et Daniel sont là-dessus très précis: les Sarrasins massacrèrent la piétaille (les 'mariniers', 'les simples soldats et les valets'), mais laissèrent la vie sauve à ceux dont ils 'espéraient tirer des sommes très considérables' (Maimbourg, année 1250, p.400), détail que l'on retrouve chez Daniel. Quant au 'vieil émir', Daniel fait clairement comprendre qu'il parlait aux prisonniers de marque, dont 'Joinville et les autres seigneurs' (année 1250).

captifs maltraités et tués; mais enfin j'avoue que je suis étonné que
le soldat mahométan n'exterminât pas un plus grand nombre de ces
étrangers, qui des ports de l'Europe étaient venus sans aucune
raison ravager les terres de l'Egypte. [29]

155

Saint Louis de   Saint Louis, délivré de captivité, [30] se retire en Palestine, et y
retour en France.   demeure près de quatre ans avec les débris de ses vaisseaux et de
son armée. Il va visiter Nazareth, au lieu de retourner en France, et
enfin ne revient dans sa patrie qu'après la mort de la reine Blanche
sa mère; [31] mais il y rentre pour former une croisade nouvelle.

160

    152   50: je ne suis pas étonné
    153   MSP, 50: le simple soldat
    153-54   50: mahométan ait été féroce contre des étrangers,
    154-55   50: venus ravager
    159   MSP, 50: ne rentre dans
    160   MSP, 50: rentre dans le dessein de former
         W56-W57G: pour forcer une

[29] Ce que rapporte Voltaire est exact car la reine put s'embarquer sans encombre et, selon Voltaire, 'avec respect'. Mais ici il s'écarte de sa source ou en fait une lecture orientée. S'il veut établir et célébrer l'esprit chevaleresque des vainqueurs, il convient d'ajouter que, malgré les termes du traité de trêve, les mamelouks, s'étant enivrés des vins laissés par les croisés, massacrèrent, le jour de la reddition de Damiette (6 mai 1250), tous les malades qu'ils y trouvèrent et mirent le feu à tous les biens qu'ils devaient rendre selon les termes du traité (Maimbourg, année 1250, p.418). Si Voltaire mentionne bien ces déprédations, c'est pour les excuser, ou pour le moins les relativiser. Les mamelouks délibérèrent s'ils ne devraient pas aussi massacrer les prisonniers. Seule la perspective de l'énorme rançon leur fit épargner le roi (p.418).

[30] Louis, ayant pensé y laisser la vie, fut libéré le 6 mai 1250.

[31] Cette présentation est assez désinvolte. Certes le roi fit un pèlerinage à Nazareth, lequel occupe un paragraphe dans Maimbourg (année 1253, p.441-42). Mais une vingtaine de pages (p.424-42) y illustrent l'incessante activité de saint Louis qui pendant quatre années consacra toute son énergie à raffermir, et partout rebâtir, les places maritimes d'Acre, de Jaffa et de Sidon, à défendre et venger les chrétiens persécutés par les Sarrasins en dépit des accords passés (voir aussi Fleury, livre 83, année 1251, §32, 37). Louis se crut même moralement obligé de rester en Palestine tant que les quelque 12 000 prisonniers de Damiette et d'ailleurs n'auraient pas été libérés (Maimbourg, année 1250, p.425). C'est la mort de Blanche de Castille (26 novembre 1252) qui le détermina à rentrer en France où sa présence était nécessaire. Il ne devait toutefois débarquer à Hyères que le 11 juillet 1254.

Son séjour à Paris lui procurait continuellement des avantages et de la gloire. Il reçut un honneur qu'on ne peut rendre qu'à un roi vertueux. Le roi d'Angleterre Henri III et ses barons le choisirent pour arbitre de leurs querelles. Il prononça l'arrêt en souverain; et si cet arrêt qui favorisait Henri III, ne put apaiser les troubles d'Angleterre, il fit voir au moins à l'Europe quel respect les hommes ont malgré eux pour la vertu. Son frère le comte d'Anjou dut à la réputation de Louis et au bon ordre de son royaume, l'honneur d'être choisi par le pape pour roi de Sicile, honneur qu'il ne méritait pas par lui-même. [32]

Louis cependant augmentait ses domaines de l'acquisition de Namur, de Péronne, d'Avranches, de Mortagne, du Perche. Il pouvait ôter aux rois d'Angleterre tout ce qu'ils possédaient en France. Les querelles de Henri III et de ses barons lui facilitaient les moyens: mais il préféra la justice à l'usurpation. Il les laissa jouir de la Guienne, du Périgord, du Limousin: mais il les fit renoncer pour jamais à la Touraine, au Poitou, à la Normandie, réunis à la

---

161   MSP: [*manchette*] *1263.*

162-91   53-54N: gloire. Il augmentait ses domaines. Treize ans

164   MSP: [*manchette*] *1264.*

169   MSP: [*manchette*] *1264.* ¶*1265.*

169-71   MSP, 50, W56-W75G: Sicile. ¶Louis

171   MSP: [*manchette*] *Bon gouvernement de saint Louis.*

---

[32] Daniel ne parle de cet arbitrage qu'en passant (année 1263). Fleury est un peu plus loquace (livre 85, année 1264, §24). Henri III d'Angleterre, à l'instar de son père Jean Sans Terre, refusait de respecter la Grande Charte de 1215. Dès 1258 il connut donc de graves difficultés avec ses barons réunis autour de Simon V de Montfort. Il en résulta les 'Provisions d'Oxford' par lesquelles la royauté fut mise sous tutelle. Refusant de s'y plier, Henri en appela aux armes, donnant ainsi lieu (1262) à la seconde Guerre des barons. Ayant recours ensuite à la diplomatie (car les forces de Montfort faisaient des progrès considérables), il fit appel à l'arbitrage de Louis qui rendit en sa faveur le Dit d'Amiens du 23 janvier 1264. Charles Ier d'Anjou (1227-1285), dernier fils de Louis VIII, auquel Urbain IV avait offert le royaume de Sicile (1264), se constitua si bien un parti en Italie que Clément le reconnut roi *de facto.* Il y régna de 1266 à 1282, puis devint roi titulaire de Jérusalem de 1278 à 1285. Daniel parle longuement du comte d'Anjou et du royaume de Sicile (années 1264-1266).

couronne par Philippe-Auguste. Ainsi la paix fut affermie avec sa réputation. [33]

Son gouvernement en France. Il établit le premier la justice de ressort, et les sujets opprimés par les sentences arbitraires des juges des baronnies, commencèrent à pouvoir porter leurs plaintes à quatre grands bailliages royaux créés pour les écouter. Sous lui des lettrés commencèrent à être admis aux séances de ces parlements dans lesquels des chevaliers qui rarement savaient lire décidaient de la fortune des citoyens. Il joignit à la piété d'un religieux la fermeté éclairée d'un roi, en réprimant les entreprises de la cour de Rome, par cette fameuse pragmatique, qui conserve les anciens droits de l'Eglise, nommés libertés de l'Eglise gallicane, s'il est vrai que cette pragmatique soit de lui. (*a*) [34]

180

185

190

(*a*) Voyez le

189-91   MSP, 50, W56-W75G: gallicane. [*note absente*] Enfin

[33] Ici on trouve tout d'abord des détails pris dans Daniel (année 1270). Ensuite vient une présentation simplifiée des clauses du traité de paix avec l'Angleterre, signé à Paris le 28 mai 1258. Elles sont empruntées soit à Fleury (livre 84, années 1258, §53), soit à Daniel (année 1258, 'Autre [traité] avec le roi d'Angleterre' et plus particulièrement 'Articles qu'il contenait').

[34] Dans la note *a*, Voltaire pense peut-être à son *Panégyrique de saint Louis* (1750; *OCV*, t.31B, p.495-15). Les initiatives mentionnées dans ce paragraphe se trouvent dans Daniel (années 1254, 1270). La première référence fait double emploi: Voltaire pense sans doute à l'Ordonnance de 1254 (*Statuta sancti Ludovici*) qui, dans le domaine de la justice rendue aux particuliers, était proprement 'une moralisation de l'administration royale' (J. Le Goff, *Saint Louis*, Paris, 1996, p.218). Quant aux bailliages cités, 'pour juger en dernier ressort les appels des justices des seigneurs' (*Histoire du parlement de Paris*, *OCV*, t.68, p.158-59), les dictionnaires courants du dix-huitième siècle (Moréri, l'*Encyclopédie*) prétendent que ces bailliages avaient été fondés, non par saint Louis, mais sous les premiers Capétiens. C'est Boulainvilliers, *Histoire de l'ancien gouvernement de la France* (La Haye et Amsterdam, 1727, BV505, BV506), qui les attribue à saint Louis. Voltaire a coché BV505 (*CN*, t.1, p.463), alors que dans BV506 il a inscrit en marge: 'les quatre grands bailliages' (*CN*, t.1, p.494). A propos des lettrés, Voltaire évoque les transformations intervenues après l'Ordonnance de 1254 relatives à l'administration de la justice: la procédure prenant un aspect plus technique, les grands seigneurs en disparaissaient, et ce sont les 'lettrés', les

Il repart pour sa croisade.

Enfin treize ans de sa présence réparaient en France tout ce que son absence avait ruiné; mais sa passion pour les croisades l'entraînait. Les papes l'encourageaient. Clément IV lui accordait une décime sur le clergé pour trois ans. Il part enfin une seconde fois,[35] et à peu près avec les mêmes forces. Son frère, qu'il a fait roi de Sicile, doit le suivre. Mais ce n'est plus ni du côté de la Palestine, ni du côté de l'Egypte, qu'il tourne sa dévotion et ses armes. Il fait cingler sa flotte vers Tunis.

195

191   MSG, 51HCA: réparèrent

194   MSP, 50: ans. Le clergé qui, du temps de la dîme saladine, avait fait beaucoup de représentations pour ne rien payer, en fit encore de très fortes; elles furent aussi inutiles qu'indécentes [50: que peu décentes] sous un roi qui prodiguait son sang et ses biens dans une guerre tant prêchée par le clergé.[36] Il part

196   50: plus du côté

198-212   50: Tunis. ¶Ce fut Charles d'Anjou, roi de Naples et de Sicile, qui fit servir la piété héroïque

gradés universitaires, à la solide culture juridique, qui y jouaient un rôle de plus en plus prépondérant. Quant à la *Pragmatique sanction* de 1268, elle réglait et précisait les relations avec le Saint-Siège, et renforçait l'Eglise gallicane en modérant l'influence de Rome. Conscient de l'impérialisme des papes, Louis y déclara aussi, et peut-être surtout, que la couronne de France relevait de Dieu seul.

[35] L'engagement de Louis vis-à-vis de la délivrance de la Terre Sainte ne fait pas de doute. Dès 1236, il oblige ses feudataires et vassaux révoltés à prendre la croix; en 1239, il finance si bien les efforts de son connétable, Amaury de Montfort, dans la croisade des barons, que son armée prit les allures d'une armée royale; la même dévotion explique son rachat de la couronne d'épines (1239) et la construction de la Sainte-Chapelle (1242-1248). Mais il ne faut pas passer sous silence le calcul politique: jouer un rôle de tout premier plan parmi les souverains d'Occident en vengeant l'humiliation du monde chrétien; se mettre très visiblement à la tête d'un peuple uni qu'il compte ressouder encore plus; s'assurer, dans ses querelles interminables avec Henri III d'Angleterre, l'indispensable bienveillance du pape. Bref, Voltaire ne dit pas tout. Pour la période précédant la huitième croisade, voir Fleury (livre 85, année 1267, §51) et Daniel (année 1267). Maimbourg en dit très peu (année 1268, p.460-63, 468-70).

[36] Fleury: 'Le clergé de France s'opposa fortement à cette décime, et nous avons la lettre du chapitre de Rheims et des autres cathédrales de la même province, où ils employaient à peu près les mêmes raisons que Pierre de Blois apportait contre la dîme saladine quatre-vingts ans auparavant' (livre 85, année 1267, §51). Voir ch.56, lignes 92-101.

Etat de la Syrie.   Les chrétiens de Syrie n'étaient plus la race de ces premiers Francs établis dans Antioche et dans Tyr. C'était une génération   200 mêlée de Syriens, d'Arméniens et d'Européens. On les appelait *Poulains,*[37] et ces restes sans vigueur étaient pour la plupart soumis aux Egyptiens. Les chrétiens n'avaient plus de villes fortes que Tyr et Ptolémaïs.

Les religieux templiers et hospitaliers, qu'on peut en quelque   205 sens comparer à la milice des mameluks, se faisaient entre eux, dans ces villes mêmes, une guerre si cruelle, que dans un combat de ces moines militaires, il ne resta aucun templier en vie.[38]

Croisade contre   Quel rapport y avait-il entre cette situation de quelques métis
Tunis.   sur les côtes de Syrie, et le voyage de saint Louis à Tunis?[39] Son frère   210

203   MSP: Egyptiens qui après le départ du roi s'étaient emparés d'Antioche. Les
204-19   53-54N: Ptolémaïs. ¶Louis est
206   MSP: des mamelices
209   MSG: [*manchette*] *Saint Louis va faire la guerre à Tunis.*
210   MSP: les voyages

[37] Le mot, courant depuis le treizième siècle, et dont Voltaire donne la définition classique (voir Littré), est d'une étymologie incertaine. En se basant sur la *Historia Hierosolymitana,* §67, de Jacques de Vitry (évêque de Ptolémaïs de 1214 à 1225), Maimbourg donne du terme une définition tout aussi accablante: 'comme ces sortes de métis dégénèrent pour l'ordinaire des belles qualités de la plus noble nation, et participent aux imperfections de l'autre, plusieurs [beaucoup] de ces demi-Français demi-Syriens tenaient assez des défauts du pays, et singulièrement de la convoitise du bien, et de l'avarice' (t.1, année 1148, p.326). Velly: 'Poulain' 'était une grosse injure' (t.5, p.24).

[38] L'incident très précis que mentionne Voltaire est symptomatique d'un grave trouble généralisé qu'il n'a cure d'identifier. Car, évoquant les dernières causes de la perte de la Terre Sainte, Maimbourg détaille les querelles et divisions meurtrières survenues entre les Vénitiens, les Génois et les Pisans (année 1256, p.444-45; année 1268, p.463-64), qui partout entraînèrent fatalement la participation des 'seigneurs et des chevaliers d'outremer' (p.445). La discorde contagieuse était totale et devait perdurer (p.452, 494).

[39] Pourquoi Tunis? Voltaire se fait l'écho d'une interrogation posée dès les origines. Maimbourg retient d'abord une raison stratégique: 'On lui représenta pour cela qu'il fallait commencer par le royaume de Tunis, si l'on voulait aller tout droit, comme on le devait faire, à la source et à la racine du mal, parce que c'était de là que

Charles d'Anjou roi de Naples et de Sicile, ambitieux, cruel, intéressé, faisait servir la simplicité héroïque de Louis à ses desseins. Il prétendait que le roi de Tunis lui devait quelques années de tribut. Il voulait se rendre maître de ces pays: et

215 saint Louis espérait, disent tous les historiens (je ne sais sur quel fondement), convertir le roi de Tunis. Etrange manière de gagner ce mahométan au christianisme! On fait une descente à main armée dans ses Etats, vers les ruines de Carthage.

Mais bientôt le roi est assiégé lui-même dans son camp par les *Mort du roi.*
220 Maures réunis. Les mêmes maladies que l'intempérance de ses sujets transplantés et le changement de climat avaient attirées dans son camp en Egypte, désolèrent son camp de Carthage. Un de ses fils, né à Damiette pendant la captivité, mourut de cette espèce de contagion devant Tunis. [40] Enfin le roi en fut attaqué; il se fit étendre *1270.*
225 sur la cendre, et expira à l'âge de cinquante-cinq ans, avec la piété

---

214 MSP: ce pays
216-18 50: Tunis. ¶Les troupes chrétiennes firent leur descente vers
224 50: le saint roi
225-30 53-54N: ans. [*avec note*: L'an 1270.] A peine

---

les soudans de Babylone tiraient leurs principales forces, et que leurs chevaux et leurs meilleurs hommes leur venaient de Tunis' (année 1269, p.468). Voltaire écarte ce motif et en retient deux, d'ailleurs présents également dans Maimbourg: d'abord 'Louis [...] croyait qu'en se montrant devant Tunis, ce roi maure qui lui avait fait espérer sa conversion, se ferait baptiser, ce que le saint roi souhaitait avec une extrême passion' (p.469). Daniel (année 1270) répète ici ce qu'on trouve dans Fleury (livre 86, année 1270, §7). Ensuite c'est Charles, roi de Sicile, qui 'se voulait servir d'une si belle occasion de s'assurer de ce royaume, pour la sûreté des côtes de Naples et de Sicile' (Maimbourg, année 1269, p.469; voir aussi p.479). Mais comme on le voit dans les lignes 213-14, Voltaire fait d'une explication secondaire de cette descente dans Maimbourg, Fleury et Daniel le mobile unique de Charles d'Anjou: 'Mais ce qui détermina peut-être le plus à cette entreprise, c'est l'intérêt du roi Charles de Sicile [...] car le roi de Tunis lui devait un tribut qu'il négligeait de lui payer' (Fleury, §7).

[40] Parti de Paris le 15 mars 1270, Louis arriva devant Tunis le 18 juillet. Sitôt là, son armée connut la dysenterie et des fièvres aigües (Maimbourg, année 1270, p.475). Jean Tristan, comte de Nevers, âgé de vingt ans, 'en mourut le troisième d'août' (p.474).

d'un religieux et le courage d'un grand homme. [41] Ce n'est pas un des moindres exemples des jeux de la fortune, que les ruines de Carthage aient vu mourir un roi chrétien qui venait combattre des musulmans dans un pays où Didon avait apporté les dieux des Syriens. A peine est-il mort que son frère le roi de Sicile arrive. On fait la paix avec les Maures, et les débris des chrétiens sont ramenés en Europe.

Pertes de l'Europe. On ne peut guère compter moins de cent mille personnes sacrifiées dans les deux expéditions de saint Louis. Joignez les cent cinquante mille qui suivirent Frédéric Barberousse, les trois cent mille de la croisade de Philippe-Auguste et de Richard, deux cent mille au moins au temps de Jean de Brienne; comptez les cent soixante mille croisés qui avaient déjà passé en Asie, et n'oubliez pas ce qui périt dans l'expédition de Constantinople et dans les guerres qui suivirent cette révolution, sans parler de la croisade du Nord et de celle contre les Albigeois; on trouvera que l'Orient fut le tombeau de plus de deux millions d'Européens. [42]

Plusieurs pays en furent dépeuplés et appauvris. Le sire de Joinville dit expressément, qu'il ne voulut pas accompagner Louis

226-30   MSP, 50: courage d'un héros. ¶A peine
233   MSP: [*manchette*] *Nombre des croisés qui périrent.*
      MSP, 50: ne doit guère
234-35   53-W57G: Joignez les 50 000 qui
237   50: moins, du temps
237-38   MSP, 50: les seize cent mille croisés
242-54   53-54N: Européens. ¶On

[41] On peut comparer ce bref mais sincère éloge du roi, avec le long panégyrique, proche de l'hagiographie, qu'en fait Maimbourg (année 1270, p.475-79).

[42] Cette addition des pertes occasionnées par les croisades est bien une initiative de Voltaire. Depuis le ch.54, allant plus loin que ses prédécesseurs, et démontrant par là sa propre originalité, il est sensible au coût purement humain et aux conséquences démographiques de ces initiatives, aussi folles que malheureuses. Voir ch.54, lignes 233-35; ch.55, lignes 45-51, 114-15, 140-48, 210-11; ch.56, lignes 84-87, 135-40, 160-61; ch.57, lignes 114-22, 214-21, 261-62, 285-89.

245 à sa seconde croisade, parce qu'il ne le pouvait, et que la première
avait ruiné toute sa seigneurie. [43]

La rançon de saint Louis avait coûté huit cent mille besants; c'était
environ neuf millions de la monnaie qui court actuellement (en
1760). [44] Si des deux millions d'hommes qui moururent dans le
250 Levant, chacun emporta seulement cent francs, c'est encore deux
cent millions de livres qu'il en coûta. Les Génois, les Pisans, et
surtout les Vénitiens s'y enrichirent: mais la France, l'Angleterre,
l'Allemagne furent épuisées.

On dit que les rois de France gagnèrent à ces croisades, parce
255 que saint Louis augmenta ses domaines, en achetant quelques

247-48   MSP, 50: c'était au moins neuf millions
248   50: actuellement. Si
249   MSP, W56-W57G: 1740
        K: 1778
255-56   53-54N: domaines. Mais

[43] Voir Maimbourg, année 1268, p.462-63. Le 25 mars 1267, dans une assemblée
générale des princes, des prélats, et des barons de son royaume, Louis annonça sa
décision de reprendre la croix. Nombreux étaient ceux qui l'imitèrent, à l'exception
signalée, dit Maimbourg, du Sénéchal de Champagne, 'qui, étant satisfait de son
premier voyage, se dispensa de celui-ci, sur ce qu'il disait que, durant le premier, on
avait ruiné ses pauvres sujets de sa seigneurie de Joinville' (p.462). Voir aussi Daniel,
où l'on trouve le même raisonnement de la part de Joinville (année 1267).

[44] Quant à la somme d'argent, Voltaire avait, en 1750, remis à jour le calcul de
Fleury, mais sans y revenir en 1760: 'Le sultan demanda un million de besants d'or,
qui valaient alors cinq cents mille livres monnaie de France, et vaudraient
aujourd'hui quatre millions, à trente livres le marc d'argent' (livre 83, année 1250,
§20). Toute la fin du texte (lignes 247-70) ne doit rien à Maimbourg, qui conclut à la
mort du roi: 'Ainsi cette croisade, de laquelle on avait eu sujet d'attendre de si
grandes choses, ne produisit aucun effet pour la délivrance de la Terre Sainte; et
depuis ce temps-là il ne s'en est plus fait aucune, quoique les papes aient souvent fait
de grands efforts pour exciter le zèle des chrétiens à imiter en cela celui de leurs pères'
(année 1272, p.484). Ses dernières pages seront en effet consacrées à une situation en
pleine détérioration et aux tentatives des papes pour ranimer, mais en vain, la flamme
sacrée (p.502-507). De fait, cette longue histoire des croisades se termine sans que
son auteur ait songé à en tirer le moindre enseignement.

terres des seigneurs ruinés. Mais il ne les accrut que pendant ses treize années de séjour par son économie. [45]

Le seul bien que ces entreprises procurèrent, ce fut la liberté que plusieurs bourgades achetèrent de leurs seigneurs. Le gouvernement municipal s'accrut un peu des ruines des possesseurs des fiefs. [46]   260

Peu à peu ces communautés pouvant travailler et commercer pour leur propre avantage, exercèrent les arts et le commerce que l'esclavage éteignait.

Cependant ce peu de chrétiens métis cantonnés sur les côtes de Syrie, fut bientôt exterminé ou réduit en servitude. Ptolémaïs, leur   265
principal asile, et qui n'était en effet qu'une retraite de bandits fameux par leurs crimes, ne put résister aux forces du soudan d'Egypte Mélecséraph. Il la prit en 1291, Tyr et Sidon se rendirent à

256-58   50: accrut par son économie, que pendant le séjour qu'il fit dans ses états. ¶Le seul

259   MSP, 50: rachetèrent

260-61   50: un peu ces communautés

260-64   53-54N: fiefs. ¶Cependant

262   MSP: leurs propres avantages

264   51HCA, 52HCA: Cependant le peu de chrétiens cantonnés

265   MSP: exterminé et réduit en esclavage.

        50: en esclavage.

266   53-54N: principale retraite

267   50: du sultan

[45] Voir ci-dessus, n.2.

[46] Sauf erreur, aucune des sources ne parle de ce phénomène en des termes aussi précis. Il s'agit d'une des conséquences de cette initiative qui fait son apparition lors de la première croisade où Voltaire évoque ces seigneurs qui vendirent à l'Eglise (ci-dessus, ch.54, lignes 48-55), ou à d'autres particuliers (voir aussi ch.54, lignes 125-29), leurs terres pour pouvoir financer leur expédition en Terre Sainte. Le phénomène refait son apparition, au niveau des villes de France, à l'époque de saint Louis et de la septième croisade. Certains types de villes, qu'on nomme 'bonnes villes', 'communes' ou 'municipalités', s'affranchirent de la même manière de la tutelle ou de la mainmise d'un seigneur suzerain, et bénéficièrent désormais (surtout les 'bonnes villes') d'un rapport privilégié avec le roi. Voir J. Le Goff, *Saint Louis* (Paris, 1996), 'Le roi et les villes', p.228-33; 'Le roi et ses bonnes villes', p.662-65; et la bibliographie en notes.

lui. Enfin vers la fin du treizième siècle il n'y avait plus dans l'Asie
270 aucune trace apparente de ces émigrations des chrétiens. [47]

269   MSP, 50: du douzième siècle
269-70   53-54N: lui vers la fin du douzième siècle.//
270   50: apparente des croisades.//

[47] Résumé, très partiel et partial, de Fleury qui, ayant détaillé la foule bigarrée des chrétiens qui s'y trouvaient, évoque l'arrivée de quelque 'seize cents hommes, tant pèlerins que soudoyers qui [...] prétendirent n'être point obligés à la trêve faite sans eux' (livre 89, année 1291, §16). Ils se mirent à piller et tuer les marchands musulmans qui venaient à Acre. Le huitième sultan mamelouk d'Egypte (1288), Malik al-Ashraf (c.1262-1293), demanda réparation. Ne recevant que des excuses, il envoya contre la ville une imposante armée. Acre tomba le 18 mai 1291 et fut dévastée.

CHAPITRE 59

Suite de la prise de Constantinople par les croisés.
Ce qu'était alors l'empire nommé grec.

Ce gouvernement féodal de France avait produit, comme on l'a vu,
bien des conquérants. Un pair de France duc de Normandie, avait

* Voici un chapitre à la fois de synthèse et de transition. Marqué au coin de cet
impressionnisme qui – nous l'avons vu – a caractérisé maints développements au sein
des propos consacrés aux croisades (ch.54-58), Voltaire établit ici le bilan ô combien
douloureux pour cette région du monde, y compris l'Egypte (lignes 72-82), qui
n'avait connu qu'une 'suite de dévastations non interrompue' (lignes 83-85). Depuis
plus de 200 ans elle avait été en proie à des agresseurs, soit brigands, soit usurpateurs
(lignes 75, 78), qui y étaient venus s'entredéchirer (lignes 84-92), et fonder de
nouveaux régimes. Le point de mire (qui est aussi l'exemple par excellence d'un
revirement de fortune remarquable) est ici cet empire d'Orient qui avait connu la
défaite aux mains des Latins, et qui finalement, sous ceux-ci et ensuite sous les
empereurs byzantins rétablis, avait été progressivement appelé – c'est la vision de
Voltaire – à côtoyer la décadence et la désintégration (lignes 14-29, 30-42, 77-78).
S'il est vrai que cet empire s'était en réalité brièvement retrouvé, après le retrait
ignominieux de Baudouin II en 1261, il est non moins vrai que Michel Paléologue se
trouvait désormais à la tête d'un Etat qui n'était plus que la pale et triste ombre de ce
qu'il avait été sous les Comnènes: l'ingérence des Latins (1204-1261), et les
déprédations continues des mahométans avaient sérieusement influé sur l'homogénéité de l'Etat qui n'était plus, tant s'en faut, cet empire autrefois soudé, florissant,
et étendu (Voltaire l'appelle délibérément 'l'empire de Constantin', ligne 78): la

subjugué l'Angleterre; de simples gentilshommes la Sicile; et parmi
les croisés, des seigneurs de France avaient eu pour quelque temps
5 Antioche et Jérusalem. Enfin Baudouin, pair de France et comte de
Flandres, avait pris Constantinople. [1] Nous avons vu les mahométans d'Asie céder Nicée aux empereurs grecs fugitifs. [2] Ces
mahométans même s'alliaient avec les Grecs contre les Francs et
les Latins leurs communs ennemis; et pendant ces temps-là les
10 irruptions des Tartares dans l'Asie et dans l'Europe [3] empechaient
les musulmans d'opprimer ces Grecs. Les Francs, maîtres de
Constantinople, élisaient leurs empereurs, les papes les con-
firmaient.

3 MSP: gentilshommes normands la
8 MSP: mahométans s'alliaient
12 MSP: leur empereur

Grèce avait été perdue, et la presque totalité de l'Asie Mineure et de la Syrie avaient
disparu à leur tour (lignes 66-69, 71-72). Il s'agissait d'ailleurs d'un Etat qui n'avait,
d'après Voltaire, que peu à espérer, après un laps de 60 ans, de ses gouvernants
rétablis dont les mœurs politiques étaient toujours aussi barbares (lignes 47-52), et
dont la religion, affaiblie par le pire des schismes, était foncièrement entachée de
superstition et d'hypocrisie (lignes 53-65). L'histoire nous apprend aussi que Michel
Paléologue avait momentanément fait preuve d'énergie (Voltaire le reconnaît, mais à
contre-cœur: 'L'empire d'Orient reprit cependant un peu la vie', ligne 66). Or ce ne
fut là qu'un dernier sursaut d'énergie (voir aussi lignes 68-92 var., où Voltaire, dès
1756/57, minimise à dessein le succès qu'a connu l'empereur). Pour rédiger ce
chapitre, Voltaire n'avait besoin (comme cela s'est produit au ch.53) que de faire
appel aux connaissances générales engrangées lors de la préparation des ch.54-58
(voir ci-dessous, notes). Pour l'histoire plus pointue de l'empire byzantin, il pouvait
se contenter pour l'essentiel d'une lecture rapide des derniers tomes de l'*Histoire de
Constantinople* de L. Cousin, et de l'*Histoire ecclésiastique* de C. Fleury.

[1] Ici Voltaire se réfère respectivement aux ch.42, 40, 54 et 57, ci-dessus.
[2] Nous avons vu la fondation de l'empire de Nicée (ch.57), mais on n'y trouve
nulle trace d'un marché entre byzantins et mahométans.
[3] Pour les Tartares, voir ch.53 et 56 (voir aussi Gengis-Kan, ci-dessous, lignes 80-
82).

Pierre de Courtenai, comte d'Auxerre, de la maison de France, ayant été élu, fut couronné et sacré dans Rome par le pape   15
Honorius III. [4] Les papes se flattaient alors de donner les empires d'Orient et d'Occident. On a vu ce que c'était que leur droit sur l'Occident, et combien de sang coûta cette prétention. A l'égard de l'Orient, il ne s'agissait guère que de Constantinople, d'une partie de la Thrace et de la Thessalie. [5] Cependant le patriarche latin, tout   20
soumis qu'il était au pape, prétendait qu'il n'appartenait qu'à lui de couronner ses maîtres, tandis que le patriarche grec siégeant tantôt à Nicée, tantôt à Andrinople, anathématisait et l'empereur latin et le patriarche de cette communion, et le pape même. C'était si peu de chose que cet empire latin de Constantinople, que Pierre de   25
Courtenai, en revenant de Rome, ne put éviter de tomber entre les mains des Grecs, et après sa mort ses successeurs n'eurent
1218. précisément que la ville de Constantinople et son territoire. Des Français possédaient l'Achaïe; les Vénitiens avaient la Morée.
Constantinople autrefois si riche, était devenue si pauvre, que   30

---

14   MSP: [*manchette*] *Papes croient donner l'empire d'Orient et d'Occident.*
       W56-W57G: [*manchette*] *1216.*
17   MSG: leurs droits
17-24   53-54N: d'Occident. ¶C'était
27-28   MSP: n'eurent quelques années que

---

[4] Pierre II de Courtenay (*c.*1165-1219), comte d'Auxerre, petit-fils de Louis VI, épousa en secondes noces Yolande, sœur de Baudouin IX, comte de Flandre, et d'Henri de Flandre, respectivement empereurs latins de Constantinople en 1204-1205 et 1206-1216. A la mort d'Henri, on proposa la couronne à Pierre de Courtenay (Fleury, livre 78, année 1216, §3). Il se rendit à Rome pour se faire couronner (9 avril 1217) par Honorius III (Fleury, année 1217, §8). En route pour Constantinople, il fut saisi par le despote d'Epire, Théodore Ange Comnène Doukas, et mourut, toujours prisonnier de ce dernier, deux ans plus tard.

[5] Après l'éclatement de l'empire byzantin, celui de Constantinople n'avait guère plus d'étendue que le duché d'Athènes, la principauté d'Achaïe ou l'empire de Trébizonde. Les territoires de l'empire de Nicée, et du despotat d'Epire étaient infiniment plus importants.

Baudouin II (j'ai peine à le nommer empereur) mit en gage pour quelque argent entre les mains des Vénitiens la couronne d'épines de Jésus-Christ, ses langes, sa robe, sa serviette, son éponge, et beaucoup de morceaux de la vraie croix. [6] Saint Louis retira ces
35 gages des mains des Vénitiens, et les plaça dans la Sainte Chapelle de Paris, avec d'autres reliques, qui sont des témoignages de piété plutôt que de la connaissance de l'antiquité.

On vit ce Baudouin II venir en 1245 au concile de Lyon, dans lequel le pape Innocent IV excommunia si solennellement
40 Frédéric II. Il y implora vainement le secours d'une croisade, [7] et ne retourna dans Constantinople que pour la voir enfin retomber au pouvoir des Grecs ses légitimes possesseurs. Michel Paléologue, empereur et tuteur du jeune empereur Lascaris, reprit la ville par

Les Grecs reprennent l'empire.

29　MSP: l'Achaïe ou la Grèce proprement dite; les Vénitiens avaient acquis une partie de la Morée
34　MSP: la croix. De savoir comment ces monuments signuliers avaient été transportés et conservés à Constantinople, c'est ce qui me paraît difficile. Saint
38　MSP: vit Baudouin II, empereur d'Orient, venir
39　MSP: le pape <Grégoire neuf> Innocent quatre
　　MSG: le pape Grégoire Neuf
40　MSP: Frédéric II, empereur d'Occident.
43　MSP: empereur Théodore Lascaris

[6] Fils de Pierre II de Courtenay, Baudouin II (1217-1273) fut le dernier empereur latin de Constantinople (1228-1261), succédant – sous la tutelle de Jean de Brienne – à son frère Robert de Courtenay (1221-1228). Les détails qui suivent sont empruntés soit à l'*Histoire de l'empereur Baudouin* de Nicétas, dans la version de Cousin (t.5): 'La couronne de Notre Seigneur engagée pour subvenir aux frais de la guerre et à la défense de Constantinople et a été depuis dégagée par saint Louis' (année 1238), soit à Fleury (livre 81, année 1239, §27). L'empire était tellement pauvre que Baudouin dut même vendre ses possessions patrimoniales, Courtenay et le comté de Namur (Fleury, §27), pour financer la défense de l'empire face à Ivan Asen II, tsar des Bulgares, allié aux Grecs.

[7] Face au danger croissant que représentait l'empereur de Nicée (Fleury, livre 82, année 1245, §23), Baudouin vint en Italie (1244) et poussa jusqu'à Lyon (1245) dans sa quête de secours. Il repartit du concile, non avec des renforts en hommes, mais avec de l'argent.

395

1261. une intelligence secrète. [8] Baudouin s'enfuit ensuite en France, où il
vécut de l'argent que lui valut la vente de son marquisat de Namur   45
qu'il fit au roi saint Louis. Ainsi finit cet empire des croisés.

Leurs mœurs.   Les Grecs rapportèrent leurs mœurs dans leur empire. L'usage
recommença de crever les yeux. Michel Paléologue se signala
d'abord en privant son pupille de la vue et de la liberté. On se
servait auparavant d'une lame de métal ardente: Michel employa le   50
vinaigre bouillant, et l'habitude s'en conserva; car la mode entre
jusque dans les crimes. [9]

Paléologue ne manqua pas de se faire absoudre solennellement
de cette cruauté par son patriarche et par ses évêques, qui

44   MSP: s'enfuit en Sicile,

46   MSP: croisés, dans le temps qu'ils perdaient tous leurs établissements en
Asie.

47   MSP: empire, la superstition, la cruauté, la faiblesse.

48   MSP: yeux aux princes qui pouvaient prétendre à la couronne et Michel

49   MSP: [*manchette*] *1262*.

49-50   MSP: liberté. En se servant auparavant

50   MSP: ardente pour ces opérations. Michel

51   MSP: s'en conserva depuis lui, car

52-53   MSP, 50: crimes. ¶On ne peut que louer son patriarche Arsène qui
l'excommunia pour cette barbarie; l'excommunication se bornait uniquement à
l'exclusion des mystères [50: C'est ce que doit faire un évêque en pareille
conjoncture] et c'est tout ce qu'il doit transférer l'empire, délier les sujets de leurs
serments est l'attentat d'un factieux ¶Paléologue se fit bientôt absoudre   5

54   MSP: par un autre patriarche

[8] Michel VIII Paléologue (1224-1282) fut – avec le titre de despote – le tuteur de
Jean IV Doukas Lascaris qui, mineur, monta sur le trône de Nicée en août 1258. Il
usurpa le trône sans tarder (1 décembre 1258) et Jean fut relégué dans un château du
Bosphore. Par 'intelligence secrète', Voltaire entend, comme on le voit dans Fleury
(livre 85, année 1261, §10), les renseignements fournis aux Grecs (partis en réalité
pour attaquer Michel, despote d'Epire) sur l'état pitoyable de la garnison de
Constantinople. Etant à proximité, ils décidèrent d'attaquer. La ville tomba le
25 juillet 1261.

[9] Le supplice infligé à Jean Lascaris, pupille de l'empereur (le jour de Noël 1261),
est narré dans l'histoire de Pachymère, livre 3, ch.10 (Cousin, t.6, p.157-59). Dans
Fleury toutefois, on trouve que Michel 'le fit donc aveugler [...] en lui présentant un
fer rouge près des yeux' (année 1261, §10).

55 répandaient des larmes de joie, dit-on, à cette pieuse cérémonie. Paléologue se frappait la poitrine, demandait pardon à Dieu, et se gardait bien de délivrer de prison son pupille et son empereur. [10]

Quand je dis que la superstition rentra dans Constantinople avec les Grecs, je n'en veux pour preuve que ce qui arriva en 1284. Tout
60 l'empire était divisé entre deux patriarches. L'empereur ordonna, que chaque parti présenterait à Dieu un mémoire de ses raisons dans Sainte Sophie, qu'on jetterait les deux mémoires dans un brasier béni, et qu'ainsi la volonté de Dieu se déclarerait. Mais la volonté céleste ne se déclara qu'en laissant brûler les deux papiers, et
65 abandonna les Grecs à leurs querelles ecclésiastiques. [11]

L'empire d'Orient reprit cependant un peu la vie. [12] La Grèce lui était jointe avant les croisades; mais il avait perdu presque toute

55-66   53-54N: cérémonie. ¶L'empire
63-64   MSG: se déclarerait, mais ce ne fut qu'en
64-65   MSP: et en abandonnant les

[10] Il y a bien eu cérémonie d'expiation, mais Voltaire force le trait: les évêques ne versent pas des larmes de joie chez Pachymère (Cousin, t.6, p.166-69). Au contraire le chroniqueur se fait l'écho de la gêne de la hiérarchie ecclésiastique, complice d'un pardon un peu trop facilement obtenu. Voir aussi Fleury, qui décrit les tractations précédant l'absolution que les différents patriarches lui refusaient (livre 85, année 1262, §15, 30-32, 46-47), et l'absolution même qui lui fut enfin accordée cinq ans plus tard (2 février 1267), où 'les assistants fondaient en larmes, particulièrement le sénat' (§47).

[11] Suite du récit de Pachymère, livre 7, ch.22 (Cousin, t.6, p.502-509). La référence à 'deux patriarches' s'explique par le fait que Michel Paléologue avait refait l'union avec l'Eglise romaine (Fleury, livre 86, année 1273, §30-31; 1274, §40-41, 44). En conséquence l'Eglise orthodoxe s'était scindée en deux confessions, favorables ou hostiles à Rome. En 1284, l'empereur est cependant Andronic II Paléologue (Fleury, année 1282, §67) qui règne depuis le 11 décembre 1282. Il est hostile à l'union (§57), y renonce (§58), et travaille à la réconciliation (§70; et année 1284, §13). Cette 'épreuve par le feu entre les schismatiques' (§14) eut lieu le 8 avril 1284: 'mais le feu fit son effet naturel, les deux volumes brûlèrent comme de la paille, et en moins de deux heures, il n'en resta que de la cendre'.

[12] Louange plutôt tiède: Moréri nous apprend que 'Ce prince [Michel Paléologue] s'acquit le surnom de *Grand* parmi les siens, pour avoir aggrandi l'empire' (Paris, 1699, t.3, p.598). Voir à ce propos ce que dit Voltaire lui-même, lignes 69-92 var. Si bien que son règne est souvent considéré comme le dernier grand règne de l'empire

l'Asie Mineure et la Syrie. La Grèce en fut séparée après les
croisades; mais un peu de l'Asie Mineure restait, et il s'étendait
encore en Europe jusqu'à Belgrade.   70

Tout le reste de cet empire était possédé par des nations
nouvelles. L'Egypte était devenue la proie de la milice des
mameluks, composée d'abord d'esclaves, et ensuite de conquérants. [13] C'étaient des soldats ramassés des côtes septentrionales de
la mer Noire: et cette nouvelle forme de brigandage s'était établie 75
du temps de la captivité de saint Louis.

Le califat touchait à sa fin dans ce treizième siècle, tandis que
l'empire de Constantin penchait vers la sienne. Vingt usurpateurs
nouveaux déchiraient de tous côtés, la monarchie fondée par
Mahomet, en se soumettant à sa religion. Et enfin ces califes de   80
Babilone, nommés les califes abassides, furent entièrement détruits
par la famille de Gengis-Kan. [14]

68   MSP, 53-54N: Mineure.

69-92   MSP, 53-54N: croisades de Baudouin. Mais sous Michel Paléologue,
presque toute l'Asie, la Morée, Calcédoine, Nicée y furent réunis. Si [53-54N:
croisades, mais un peu de l'Asie restait. Si] quelque chose contribue à faire voir que la
religion chez les hommes d'Etat n'est que le masque de la politique, c'est la manière
dont les papes en usèrent avec cet empire à peine rétabli. Michel Paléologue qui   5
craignait une croisade, s'attachait à flatter les papes et ménageait une réunion du rite
grec et du rite latin. Cependant le pape Martin [15] s'unit avec le roi de Sicile, frère de
saint Louis, et avec les Vénitiens pour le détrôner. [53-54N: détrôner.//] [MSP: Il l'eût
été probablement et Constantinople retournait aux Latins sans les Vêpres siciliennes.// *saute à* β *ch.61, ligne 7*: L'empereur]   10

byzantin. Trouvant, en 1261, une capitale dans un état de délabrement pitoyable, il la
rénova. Réorganisant l'administration de l'empire, il rééquipa l'armée et la flotte, et
brisa le pouvoir du despote d'Epire. Ecartant tout risque d'une nouvelle croisade
contre Constantinople, projet cher à Charles d'Anjou, il complota avec succès sa
disparition de la scène politique lors des Vêpres siciliennes (30 mars 1282; voir ci-
dessous, ch.61).

[13] Sur les mamelouks, voir ci-dessus, ch.53 et 58.

[14] Sur les irruptions de Gengis Khan et ses descendants, voir ch.53, 55, 56 et 57.
Voltaire ne les mentionne pas ici, mais il ne faudrait pas oublier non plus les
déprédations des Khorezmiens (ch.57).

[15] Simon de Brie (*c*.1210-1285) fut élu pape sous le nom de Martin IV grâce à un
coup de force de Charles d'Anjou, dont il épousa étroitement les intérêts.

Il y eut ainsi dans les douzième et treizième siècles une suite de dévastations non interrompue dans tout l'hémisphère. Les nations se précipitèrent les unes sur les autres par des émigrations prodigieuses, qui ont établi peu à peu de grands empires. Car tandis que les croisés fondaient sur la Syrie, les Turcs minaient les Arabes; et les Tartares parurent enfin, qui tombèrent sur les Turcs, sur les Arabes, sur les Indiens, sur les Chinois. Ces Tartares conduits par Gengis-Kan et par ses fils changèrent la face de toute la grande Asie, tandis que l'Asie Mineure et la Syrie étaient le tombeau des Francs et des Sarrasins.

CHAPITRE 60

De l'Orient, et de Gengis-Kan.

Au-delà de la Perse, vers le Gion et l'Oxus, il s'était formé un

a-389 [*Première rédaction de ce chapitre:* MSP, *qui s'écarte de l'ordre suivi par* w56, *plaçant ce chapitre après ch.61-63; absent dans* 53, *sauf dans l'édition procurée par Walther*]

a MSP: Chapitre 42
w56-w57G: Chapitre 48
61: Chapitre 56

b MSP: *De l'Orient et particulièrement de Gengis Kan.*

1 MSP: Nous avons vu comment la Syrie et l'Egypte étaient gouvernées et quelles révolutions elles éprouvèrent au temps des croisades vers l'onzième, douzième et treizième siècles, et comment les Turcs venus de Tartarie se répandirent

* Dans le ch.53 Voltaire avait affirmé de façon péremptoire que les antiquités des Tartares 'ne méritent guère mieux une histoire suivie que les loups et les tigres de leurs pays' (ligne 11). Cette prise de position fut critiquée par J. de Guignes dans la préface de son *Histoire générale des Huns, des Turcs, des Mogols, et des autres Tartares occidentaux* (Paris, 1756-1758, BV1573): 'Je suis bien éloigné de penser avec un auteur du siècle, que les Turcs ne méritent guère plus que l'on recherche leur origine et leur histoire, *que les loups et les tigres de leurs pays*. Les hommes sont partout les mêmes, et souvent avec cette grossièreté qui les rend méprisables à des yeux prévenus, ils ont moins de vices, plus de franchise, plus de droiture, plus de bonne foi, et peut-être en général plus de vertus solides' (t.I, 1re partie, p.vi). Or le ch.60 rassemble tout ce qu'il 'convient de savoir des Tartares', d'après l'expression employée par Voltaire dans un ajout de 1761 à la fin du chapitre (ligne 381), expression qui est aussi, selon toute vraisemblance, une réponse indirecte à la prise de position de Guignes. Une lettre de Voltaire au marquis d'Argenson du 7 décembre 1742 constitue un indice important sur les recherches qu'il a menées pour la documentation nécessaire à la rédaction du chapitre: 'Auriez vous la bibliothèque orientale, les histoires de Gingis Kam et de Tamerlan et Calcondile?' (D2696). Les deux premiers ouvrages demandés concernent bien le sujet du chapitre: il s'agit de la *Bibliothèque orientale* de B. d'Herbelot (Paris, 1697, BV1626) et de l'*Histoire du grand Genghizcan* de F. Pétis de La Croix, ouvrage posthume (Paris, 1710) publié par son fils (1653-1713), qui portait le même nom. Si Voltaire semble peu utiliser d'Herbelot pour le ch.60, il en va tout autrement pour ce qui est de Pétis de La Croix qui en constitue sans doute la source

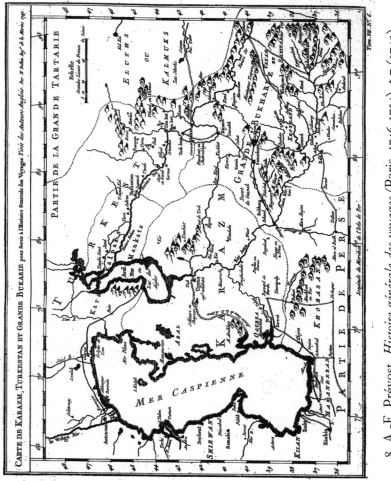

8. A.-F. Prévost, *Histoire générale des voyages* (Paris, 1746-1754), t.7 (1749), p.142/143, carte de Karazm, Turkestan et Grande Bukarie.

dans l'Asie Mineure, après avoir réduit les califes de Bagdad à n'être que des chefs de
la religion et des fantômes de princes. ¶Mahamoud le Grand, de la race des Turcs, le   5
premier qui parmi les musulmans prit le nom de sultan, avait soumis plus que
personne les califes à son pouvoir. Il conquit au commencement de l'onzième siècle
une grande partie de la Perse et des Indes, et rendit l'Inde presque entière
mahométane, ouvrage déjà commencé par le calife Aaron Alrachid, contemporain
de Charlemagne. C'est surtout à Mahamoud que l'ismamisme doit sa propagation   10
dans ces vastes pays orientaux et jusque dans la Chine même. Les prêtres
mahométans y firent autant de prosélytes par leur zèle que Mahamoud par son
épée. Ainsi les califes ne virent jamais leur religion plus étendue que quand leur
pouvoir ne fut plus qu'une ombre. ¶La race du sultan Mahamoud régna dans une
grande partie de la Perse et dans l'Inde deçà le Gange pendant près de cent cinquante   15
années. Tous les auteurs orientaux disent que cette dynastie fut féconde en grands
princes, et qu'il y en eut plusieurs renommés pour leur justice. Il y eut donc des
peuples qui furent heureux pendant cent cinquante années. ¶Cependant les califes
résidaient toujours dans Bagdad avec leur vaine splendeur, donnant des investitures
dans l'Asie occidentale à quiconque les demandait en maîtres. L'Asie Mineure du   20
temps des croisades était disputée par les chrétiens et par plusieurs princes
musulmans, Turcs, Arabes, Syriens, Egyptiens. L'Arménie était surtout un de ces
pays malheureux dont le calife donnait l'investiture au plus fort. Le plus grand

---

fondamentale. On peut donc constater que Voltaire s'est basé sur un ouvrage qui
faisait autorité à l'époque (voir D. Morgan, *The Mongols*, Londres, 1986, p.27-28);
les réserves et les critiques à son égard ne seront avancées que plus tard. Précisons de
toute façon que l'exploitation de Voltaire ne s'est pas faite à partir de l'exemplaire de
l'ouvrage que le marquis d'Argenson semble bien lui avoir passé. En effet, une lettre
du 11 décembre 1742, annonce au marquis la restitution du livre de Pétis de La Croix
('Le pauvre malade monsieur, vous renvoie deux illustres coquins nommés Gingis et
Tamerlan vulgairement. Ce sont des prédécesseurs de Rafiat. Permettez moi de
garder encore quelque temps les contes arabes et tartares sous le nom de la
bibliothèque orientale de M. d'Herbelot'). L'autre ouvrage sur lequel Voltaire se
base pour son chapitre est l'*Histoire généalogique des Tatars* (Leyde, 1726) d'Abu'l
Ghazi Bahadur Khan (souverain de Khiva, 1603-1663). Voltaire utilise cet ouvrage à
plusieurs reprises, surtout les copieuses remarques et notes de bas de page, qui sont
l'ouvrage, semble-t-il, d'un certain 'Bentinck', également auteur de la traduction
française, désigné par le sigle 'D***' dans la page de titre (voir la notice dans
H. F. Hofman, *Turkish Literature. A bio-bibliographical survey*, section 3, part 1:
Authors, vol.2: *A-C*, Utrecht, 1969, p.11-32). La dernière partie du chapitre
s'appuie surtout sur les *Voyages faits principalement en Asie dans les XIIe, XIIIe,
XIVe et XVe siècles*, recueillis par P. Bergeron (La Haye, 1735, BV357). Au

nouvel empire des débris du califat. [1] Nous l'appelons *Carisme*, ou

---

25 nombre des Arméniens était chrétien schismatique, mais connaissant beaucoup mieux le commerce que la religion. Cette grande application au négoce les soumettait plus facilement à leurs maîtres. Ce peuple de marchands et de facteurs de l'Asie travaillait sans cesse pour enrichir tour à tour ceux qui devenaient leurs tyrans. [2] ¶Au-delà

2-3   MSP: Carisme du nom

---

moment de la révision et préparation de l'édition de 1761, Voltaire ajoute une référence explicite à l'ouvrage du père A. Gaubil, *Histoire de Gentchiscan et de toute la dynastie des Mongous* (Paris, 1739, BV1436), ouvrage qu'il utilise peu par ailleurs. En ce qui concerne l'évolution du texte, le chapitre est présent dans MSP, mais il ne figure pas dans 53. Il est imprimé pour la première fois dans 54BD. Dans la préface du t.1, le libraire fait état de l'envoi de ce chapitre par Voltaire lui-même, qui l'aurait retrouvé parmi ses papiers ('J'ai même retrouvé [...] un chapitre concernant Genziskan, qui a été omis parmi bien d'autres dans les premières éditions'). Des ajouts ont surtout été faits au texte de cette édition dans l'édition de 1761, et une note de Voltaire a en outre été ajoutée dans les derniers alinéas de K (ci-dessous, ligne 380, n.*b*). En 1776, Voltaire reviendra sur une bonne partie de ces questions dans les *Lettres chinoises et tartares* (*M*, t.29, p.451-98, en particulier, p.457-58). Signalons enfin trois études sur Voltaire et les Tartares: J. David, 'Les Scythes et les Tartares dans Voltaire et quelques-uns de ses contemporains', *Modern Language Notes* 53 (1938), p.1-10; R. Minuti, *Oriente barbarico e storiografia settecentesca: rappresentazioni della storia dei Tartari nella cultura francese del XVIII secolo* (Venise, 1994), en particulier le ch.3, p.95-139; et R. Minuti, 'Voltaire et l'histoire de l'Orient "barbare" dans l'*Essai sur les mœurs*', dans *Voltaire et ses combats. Actes du congrès international Oxford–Paris 1994*, éd. U. Kölving et C. Mervaud (Oxford, 1997), t.2, p.1337-46.

[1] Voltaire a évoqué, ci-dessus, la décadence, au treizième siècle, du califat, et notamment des Abbassides (ch.59, lignes 77-82). Gion et Oxus sont deux noms différents d'un même fleuve, l'Amou-Daria, appelé anciennement Oxus et, dans la géographie du Moyen Age arabo-musulman, 'Jihoun' ou 'Djihoun'. L'autre fleuve que Voltaire voulait nommer est évidemment le Syr-Daria, appelé anciennement Jaxartes et, en persan, 'Sihoun'. C'est sans doute l'homophonie Gîhon/Sîhon (voir d'Herbelot) qui a trompé Voltaire et provoqué sa confusion. La région à laquelle il fait référence est comprise entre l'Ouzbékistan et le Kazakhstan au sud de la mer d'Aral. Sur les Jaxartes, voir Pétis de La Croix (livre 2, ch.9, p.216). Voir aussi les art. 'Gihun' et 'Sihun, Sihon, Sihoun' de l'*Encyclopédie*.

[2] Ce long passage commence par renvoyer implicitement le lecteur au ch.53,

Kouaresm, du nom corrompu de ses conquérants.[3] Sultan Mohammed y régnait à la fin du douzième siècle et au commencement du treizième, quand la grande invasion des Tartares vint engloutir tant de vastes Etats. Mohammed le Carismin régnait du fond de l'Irac, qui est l'ancienne Médie, jusqu'au-delà de la Sogdiane, et fort avant dans le pays des Tartares. Il avait encore ajouté à ses Etats une partie de l'Inde, et se voyait un des plus grands souverains du monde, mais reconnaissant toujours le calife qu'il dépouillait, et auquel il ne restait que Bagdat.[4]

Des Tartares.   Par delà le Taurus[5] et le Caucase, à l'orient de la mer Caspienne, et du Volga jusqu'à la Chine, et au nord jusque sous la zone glaciale, s'étendent ces immenses pays des anciens Scythes, qui se

5

10

---

ci-dessus. Le développement consacré au premier sultan turc d'Afghanistan, Mahmud de Ghazni (998-1030), à son indépendance par rapport au calife de Bagdad, et à ses successeurs, tout comme le bref passage relatif à l'Arménie et à son peuple (lignes 22-27), seront finalement sacrifiés par Voltaire, qui ne reviendra plus, dans les chapitres suivants, sur ces questions, sinon brièvement à propos de Mahmud au ch.156. Sur les Arméniens 'marchands et facteurs de l'Asie', voir les art. 'Christianisme' des *QE* (*OCV*, t.40, p.75) et 'Patrie' du *DP* (*M*, t.20, p.182).

[3] A propos de la situation du Kharesm, l'ancienne 'Chorasmie', au début du treizième siècle, voir Pétis de La Croix (livre 2, ch.1; livre 3, ch.5, p.304-305). Le pays des Chorasmiens, région du Turkestan occidental au sud de la mer d'Aral, s'étendait sur les deux rives de l'Amou-Daria ('Jihoun' ou 'Djihoun'), entre le khanat de Boukhara et la mer Caspienne. Voir Morgan, p.52-53; *The Cambridge History of Iran*, t.5, *The Saljuqs and Mongol periods*, éd. J. A. Boyle (Cambridge, 1968), ch.1.

[4] Ala ad-Din Muhammad (1200-1220) fut l'avant-dernier et le plus grand des shahs chorasmiens. Dans MSP (ligne 1 var., lignes 5-20), Voltaire donnait des détails sur la 'race' ou dynastie dont descendait Mohammed. Son empire s'étendait du Syr-Daria au golfe Persique, sur presque toute la Perse et la moitié de l'Afghanistan. Voir la notice 'Mohammed Kothbedddin, surnommé Khouarezm Schah' dans d'Herbelot. La Sogdiane (ligne 8) est une région historique qui recouvre en partie l'Ouzbékistan, le Tadjikistan et l'Afghanistan et qui englobe les villes historiques de Samarcande et Boukhara. Elle se situe au nord de la Bactriane, à l'est de Khwârezm entre l'Oxus et le Jaxartes. Voir aussi ci-dessous, ligne 205.

[5] Les monts Taurus constituent une chaine de montagnes longue de 600 km dans le sud de la Turquie.

15 nommèrent depuis *Tatares* du nom de *Tatar-Kan* l'un de leurs plus grands princes, et que nous appelons *Tartares*. [6] Ces pays paraissent peuplés de temps immémorial, sans qu'on y ait presque jamais bâti de villes. La nature a donné à ces peuples, comme aux Arabes bédouins, un goût pour la liberté et pour la vie errante, qui leur a
20 fait toujours regarder les villes comme les prisons où les rois, disent-ils, tiennent leurs esclaves. [7]

15   w56: Tartares, et que nous appelons Tartares du nom de Tatarkan
16   MSP: *Tartares*, du nom de Tatar-Kan, l'un de leurs plus grands princes.
     MSG: paraissaient
18   MSP: nature donne à leurs habitants comme
20   MSP: fait regarder les villes comme des prisons
20-21 MSP: rois tiennent

[6] Le rapprochement des Tartares avec les anciens Scythes était courant (voir, par exemple, *La Philosophie de l'histoire*, ch.14, *OCV*, t.59, p.137-39). Voltaire semble de toute façon s'appuyer ici sur le *Traité des Tartares* de P. Bergeron (dans *Voyages faits principalement en Asie*, t.1, pag. autonome). Bergeron identifie les Tartares aux anciens Scythes; en outre il les rapproche des Arabes 'scénites', c'est-à-dire des Arabes bédouins (ch.1, col.8; voir l'art. 'Saraceni' de l'*Encyclopédie*, t.14, 1765: 'Ce nom d'*Arabes scénites* vient de ce qu'ils logeaient sous des tentes, comme font encore les Bédouins') auxquels Voltaire fera d'ailleurs allusion ci-dessous (ligne 19). Le tableau que Voltaire donne de la vie matérielle des Tartares semble reprendre des éléments de la description de Bergeron. Mais, à propos de l'étymologie de 'Tartares', il laisse de côté Bergeron (ch.2, col.11) et Pétis de La Croix (livre 1, ch.4, p.73-74), qui privilégient le lien avec la rivière 'Tatar', et choisit plutôt de suivre d'Herbelot, notice 'Tatar': 'C'est [...] de ces deux frères [Tatar et Mogul ou Mogol] que les noms de Tartares, et de Mogols, ont pris leur origine' (voir aussi la notice 'Mogol'), et Abu'l Ghazi: 'C'est de [Tatar, fils d'Alänzä-Chan] que la tribu des Tartares a pris son nom et point d'une rivière appelée Tata, comme la plupart des historiens le prétendent' (1re partie, ch.2, p.27, n.*a*). En 1766, dans sa tragédie *Les Scythes*, Voltaire fera de la confrontation entre Scythes et Perses une allégorie des rapports entre la France et la Suisse (*M*, t.6, p.245-330). Voir la notice de J. Vercruysse dans le *DgV*, p.1098-100, et David, p.1-10.

[7] L'assimilation des villes à des prisons semble souligner les contraintes de la vie

Leurs mœurs.   Leurs courses continuelles, leur vie nécessairement frugale, peu
de repos goûté en passant sous une tente, ou sur un chariot, [8] ou sur
la terre, en firent des générations d'hommes robustes, endurcis à la
fatigue, qui comme des bêtes féroces trop multipliées, se jetèrent   25

24   MSP: endurcies
25   MSG: féroces et multipliées

---

policée et constituer une appréciation du 'goût de la liberté' et de l'indépendance de
ces peuplades nomades, mais la comparaison suivante avec des 'bêtes féroces' et la
métaphore des 'tanières' (ci-dessous, lignes 25-26) exprime quel est le point de vue de
l'auteur sur ces sociétés pré-civiles. Voltaire pouvait lire dans Bergeron: 'en nombre
infini de pâtres, qui n'habitaient, ni villes, ni maisons, ils [les Tartares] se vinrent jeter
en la Perse' (*Traité des Tartares*, ch.2, col.12). Mais sur ce sujet il semble généraliser
une remarque bien plus nuancée d'Abu'l Ghazi: 'Il n'y a que les Tartares
mahométans qui cultivent leurs terres, encore n'en cultivent-ils que précisément
autant que la nécessité de leur entretien les oblige de cultiver, car les Callmoucks et la
plupart des Moungales n'ont du tout point l'usage de l'agriculture, ils ne subsistent
absolument que du produit de leurs bestiaux; c'est la raison pourquoi ils ne peuvent
point avoir de demeure fixe, étant obligés de changer de temps en temps d'habitations
selon que les saisons de l'année changent [...]. Dans la partie méridionale de la
Grande Tartarie [...] on trouve des villes, mais dans tout le reste on n'en trouve point,
excepté 4 ou 5 vers les bords de la mer Orientale, et quelque peu d'autres vers les
frontières de la Chine que les Moungales de *Nieucheu* y ont bâti depuis qu'ils sont en
possession de la Chine' (2e partie, ch.12, p.129, n.*a*). Si l'on veut expliquer la raison
de cette généralisation accomplie par Voltaire, il faut considérer le lien étroit établi
habituellement entre l'absence d'agriculture et de villes et l'absence de toute forme de
civilisation et de tradition culturelle. A partir de ce lien, l'absence de toute tradition
culturelle dans les régions de l'Asie centrale ne peut que porter à constater une
absence de société sédentaire liée à l'agriculture et donc une absence de villes.
Notons qu'à partir de la même source, Montesquieu arrivait à la conclusion que '[les
Tartares] n'ont point de ville' (*De l'esprit des lois*, livre 18, ch.19; voir Montesquieu,
Geographica, dans *Œuvres complètes de Montesquieu*, t.16, Oxford, 2007, p.299-300).
Voir aussi A.-F. Prévost, *Histoire générale des voyages*, t.7 (Paris, 1749, BV1645),
1re partie, livre 3, ch.3, §7, p.16. Sur le lien entre Tartares et Bédouins, voir ci-dessus,
n.6.

   8 Voir Bergeron: '[les Scythes] n'avaient point de maisons fermes; mais habitaient
en des chars à quatre et six roues, tirés par deux ou trois paires de bœufs' (*Traité des
Tartares*, ch.1, col.8-9). Sur les mœurs et les usages des Tartares, voir aussi Bergeron,
'Relation des pays orientaux de Marc Paul, Vénitien [Marco Polo]' (livre 1, ch.55-57).

loin de leurs tanières;[9] tantôt vers le Palus Méotide,[10] lorsqu'ils chassèrent au cinquième siècle les habitants de ces contrées qui se précipitèrent sur l'empire romain; tantôt à l'orient et au midi, vers l'Arménie et la Perse; tantôt du côté de la Chine et jusqu'aux Indes; ainsi ce vaste réservoir d'hommes ignorants et belliqueux a vomi[11] ses inondations dans presque tout notre hémisphère: et les peuples qui habitent aujourd'hui ces déserts, privés de toute connaissance, savent seulement que leurs pères ont conquis le monde.[12]

30

26   MSP: les Palus Méotides
27-28   MSP: contrées précipités par eux sur
28-29   MSP: tantôt au midi,
31   MSP: inondations sur presque
31-34   MSP: hémisphère. ¶Chaque

[9] La comparaison avec des 'bêtes féroces' revient souvent sous la plume de Voltaire; voir, par exemple, ci-dessus, ch.53, lignes 10-11. La métaphore des tanières se retrouve chez Bergeron: 'ces Tartares commencèrent à sortir de leurs tanières' (*Traité des Tartares*, ch.3, col.11).

[10] A l'époque de la Grèce antique, la mer d'Azov était considérée comme un lac bordé de marécages, appelé *Palus Meotis* ('Marais Méotide').

[11] Voltaire semble reprendre à propos des Tartares l'image de l''officina gentium' appliquée par Jordanes aux Goths ou Geti de la Scandie (*De Getarum, sive Gothorum origine, et rebus gestis*, ch.4, dans L. A. Muratori, *Rerum italicarum scriptores*, Milan, 1723, t.1, p.193). Voir A. Søby Christensen, *Cassiodorus, Jordanes and the history of the Goths: studies in a migration myth* (Copenhague, 2002), p.7-11, 301-17. Notons que ce lieu commun est repris et développé aussi par Bergeron: 'on peut appeler la *Scythie* le promptuaire et première réserve d'hommes, qui depuis se sont retirés en *Scandie*' (*Traité des Tartares*, ch.1, col.3); 'la justice de Dieu [...] tient comme en réserve [...] ces innombrables essaims d'hommes, pour les verser aux occasions qu'il lui plaît sur tout le reste de la terre' (col.4).

[12] Voir les *Leningrad Notebooks*: 'Les tartares ne savent rien sinon qu'ils ont conquis la terre' (*OCV*, t.81, p.412). Cf. ce que Voltaire dit des peuples de l'Asie comme les Ostiaks dans l'*Histoire de l'empire de Russie sous Pierre le Grand*: 'Ces obscurités [sur l'origine des Ostiaks] ne valent pas nos recherches. Tout peuple qui n'a point cultivé les arts doit être condamné à être inconnu' (*OCV*, t.46, ch.1, p.468); voir aussi ce qu'il dit du Kamtchatka (p.475). Le thème sera repris dans *La Philosophie de l'histoire* (ch.52, p.269 et suiv.). Selon un procédé fréquent sous la plume de Voltaire, la formule amplificatrice 'leurs pères ont conquis le monde' accentue le contraste entre le caractère inculte des peuples décrits et l'étendue de leurs conquêtes.

Leur culte.   Chaque horde ou tribu avait son chef, et plusieurs chefs se
réunissaient sous un kan.[13] Les tribus voisines du Dalaï-lama   35
l'adoraient: et cette adoration consistait principalement en un léger
tribut;[14] les autres, pour tout culte, sacrifiaient à Dieu quelques
animaux une fois l'an. Il n'est point dit qu'ils aient jamais immolé
d'hommes à la Divinité, ni qu'ils aient cru un être malfaisant et
puissant tel que le diable.[15] Les besoins et les occupations d'une vie   40

39   MSP: d'hommes, ni
40   MSP: tel que le sultan des anciens Perses.

[13] Voir ch.18, ce que Voltaire dit des chefs des Tartares, Goths, etc. (notre t.2,
p.292, lignes 15-23). Sur les chefs de tribu, voir Abu'l Ghazi: 'Chaque *tribu* ou chaque
branche séparée d'une tribu a son chef particulier pris dans la *tribu* même qui porte le
nom de *Mursa* [...] Un tel *Mursa* doit avoir annuellement la dîme de tous les bestiaux
de ceux de sa *tribu* et la dîme du butin que sa *tribu* peut faire lorsqu'elle va à la guerre
[...] Ces *Murses* ne sont considérables à leur chan qu'à proportion que leurs *hordes* ou
tribus sont nombreuses, et les chans ne sont redoutables à leurs voisins qu'autant
qu'ils ont beaucoup de *tribus* et des *tribus* composées d'un grand nombre de familles
sous leur obéissance; c'est en quoi consiste toute la puissance, richesse et grandeur
d'un chan des Tartares' (2ᵉ partie, ch.6, p.84, n.*b*). Sur l'emploi du terme 'khan', voir
Abu'l Ghazi: 'Le mot de chan n'est en usage que chez les Tartares tant mahométans
que païens et désigne proprement un seigneur ou un prince régnant; ils donnent ce
nom indifféremment à des princes qui règnent sur des vastes provinces et à ceux qui
possèdent une petite étendue de pays, et même à ceux qui sont tributaires d'autres
princes [...] mais hormis le prince régnant il n'est permis à aucun prince de sa maison
quelque puissant et riche qu'il saurait être de prendre le titre de chan, et ils doivent se
contenter du titre de sultan' (préface, p.4-5, n.*b*).

[14] Sur le dalaï-lama, souverain pontife bouddhiste des Tartares païens, voir Abu'l
Ghazi (2ᵉ partie, ch.2, p.42, n.*a*; 3ᵉ partie, ch.2, p.170n, et ch.3, 182n; 5ᵉ partie, ch.1,
391n). Notons que Voltaire oblitère tout à fait la présence et la diffusion chez les
Tartares de la religion musulmane, négligeant ce qu'il pouvait lire dans ses sources.

[15] Voltaire pourrait généraliser ici Abu'l Ghazi, notamment à propos des
Wogulitzi de la région du fleuve Tura, affluent de l'Irtysch-Ob ('ils ne veulent
point entendre parler d'un diable, [...] ils disent, que s'il y en a un, il ne faut pas qu'il
leur puisse faire du mal, attendu qu'il n'y a point d'exemple qu'il en ait fait à
quelqu'un parmi eux', 4ᵉ partie, ch.1, p.366n), et à propos d'autres peuples de la
Sibérie ('Ce qu'on a répandu dans le monde du commerce que quelques-uns de ces

vagabonde les garantissaient aussi de beaucoup de superstitions nées de l'oisiveté: [16] ils n'avaient que les défauts de la brutalité attachée à une vie dure et sauvage; et ces défauts mêmes en firent des conquérants.

45   Tout ce que je peux recueillir de certain sur l'origine de la grande révolution que firent ces Tartares aux douzième et treizième siècles, c'est que vers l'orient de la Chine les hordes des Monguls ou Mogols, possesseurs des meilleures mines de fer, fabriquèrent ce métal avec lequel on se rend maître de ceux qui 50 possèdent tout le reste. [17] Cal-Kan ou Gassar-Kan, aïeul de Gengis-Kan, se trouvant à la tête de ces tribus, plus aguerries et mieux armées que les autres, força plusieurs de ses voisins à devenir ses vassaux, et fonda une espèce de monarchie, telle qu'elle peut subsister parmi des peuples errants et impatients du joug. [18] Son fils, 55 que les historiens européens appellent Pisouca, affermit cette

41   MSP: garantissaient de
42-45   MSP: oisiveté. ¶Tout
50   MSP: [*manchette: 1150.*] Cabal ou Gassicar Kan

---

peuples doivent avoir avec le diable n'est qu'une pure fiction', 8e partie, ch.2, p.489n). Voir aussi Bergeron, *Traité des Tartares*, ch.7, col.37-38 ('Superstitions des Tartares').

[16] Voltaire veut souligner la relation existant entre les précaires conditions de vie des peuples nomades et l'absence de croyances institutionnalisées chez eux (sauf, bien sûr, ce qu'il dit sur l'adoration du dalaï-lama). C'est ce qui explique peut-être son silence sur la diffusion de la religion musulmane chez les Tartares.

[17] Pétis de La Croix (livre 1, ch.1 p.8) et Abu'l Ghazi (2e partie, ch.5, p.76) mentionnent le développement d'une métallurgie du fer, mais c'est à Voltaire que l'on doit sa mise en évidence comme instrument de domination. La démarche novatrice d'étude 'civilisationnelle' de l'histoire qu'il a adoptée dans l'*EM* montre ici pleinement ses avantages. Voltaire se souvient peut-être ici de l'importance que Locke attribue au fer dans le développement des 'arts' et de l''abondance' des sociétés dans son *Essai philosophique concernant l'entendement humain* (livre 4, ch.12, §11).

[18] Pétis de La Croix (livre 1, ch.1, p.7, 15) et Abu'l Ghazi (3e partie, ch.1, p.157) parlent de Kaboul Khan (*c.*1100-1147) comme du 'bisaïeul' de Temoudjin, alias l'empereur Gengis Khan (*c.*1167-1227).

domination naissante: et enfin Gengis l'étendit dans la plus grande partie de la terre connue. [19]

Prêtre Jean chimérique. Il y avait un puissant Etat entre ses terres et celles de la Chine; cet empire était celui d'un kan dont les aïeux avaient renoncé à la vie vagabonde des Tartares pour bâtir des villes à l'exemple des Chinois: il fut même connu en Europe; c'est à lui qu'on donna d'abord le nom de Prêtre-Jean. Des critiques ont voulu prouver que le mot propre est Prête-Jean, quoique assurément il n'y eût aucune raison de l'appeler ni Prête ni Prêtre. [20]

Ce qu'il y a de vrai, c'est que la réputation de sa capitale, qui faisait du bruit dans l'Asie, avait excité la cupidité des marchands d'Arménie; ces marchands étaient de l'ancienne communion de Nestorius; quelques-uns de leurs religieux se mirent en chemin avec eux; et pour se rendre recommandables aux princes chrétiens qui faisaient alors la guerre en Syrie, ils écrivirent qu'ils avaient converti ce grand kan le plus puissant des Tartares, qu'ils lui

60

65

70

---

56 MSP: Gengis Kan l'étendit

63 MSP: le nom propre est Prête-Jean, quoique assurément il n'y ait

---

[19] Yesügei ba'atour Khan, *c.*1134-1175. Le nom Pisouca se trouve chez Pétis de La Croix (livre 1, ch.1, p.5; voir aussi p.15, 17-19). Voir R. Grousset, *L'Empire des steppes: Attila, Gengis-Khan, Tamerlan* (Paris, 1939), p.253.

[20] Sur la légende du Prêtre Jean 'd'Asie' (voir ci-dessous, lignes 74-76, à propos de celui d'Afrique), attestée depuis le douzième siècle, Voltaire semble se reposer sur Pétis de La Croix (livre 1, ch.2, p.26-46), qui identifie le Prêtre Jean à Whang-Khan (*c.*1130-1203), titre honorifique porté par Togril, le chef des Kéreit, oncle 'adoptif' de Gengis-Khan (voir *La Lettre du Prêtre Jean*, éd. M. Gosman, Groningen, 1982, p.25). Voir également la notice 'Ung ou Aveng' dans d'Herbelot, les remarques éparses dans Bergeron, *Traité des Tartares*, et la 'Quatrième dissertation, du Prêtre Jean', dans J. Lobo, *Voyage historique d'Abissinie* (Paris, 1728), p.233-41. La forme 'Prête-Jean' est largement attestée, de Molière, *La Comtesse d'Escarbagnas*, scène 1 ('Il est informé de ce qui s'agite dans les conseils du Prête-Jean ou du Grand Mogol'), à Prévost, qui fait le point sur la légende (voir t.7, livre 4, ch.3, p.313-14), jusqu'à l'art. 'Preste-Jean', *et par corruption* Prêtre-Jean, de l'*Encyclopédie*.

avaient donné le nom de Jean, qu'il avait même voulu recevoir le sacerdoce. [21] Voilà la fable qui rendit le Prêtre-Jean si fameux dans nos anciennes chroniques des croisades. [22] On alla ensuite chercher le Prêtre-Jean en Ethiopie, et on donna ce nom à ce prince nègre, qui est moitié chrétien schismatique et moitié juif. [23] Cependant le Prêtre-Jean tartare succomba dans une grande bataille sous les

75

74-78: MSP: croisades. Ce prince avait déjà vaincu les Chinois qui lui payaient tribut, mais le vainqueur des Chinois succomba dans une grande bataille sous les armes de Gengis. Il mourut de ses blessures. Le vainqueur

---

[21] Pétis de La Croix: 'Les Nestoriens qui étaient en grand nombre en ce pays-là, où ils avaient été établis dès l'année de grâce 737 par des missionnaires de Moussol et de Basra, en [de la Lettre du Prêtre Jean] ont été les auteurs. Ils avaient fait répandre par leurs émissaires chez tous les chrétiens, qu'ils avaient converti la plupart des peuples de la Scythie' (livre 1, ch.2, p.32-33). C'est Rubruquis (Guillaume de Rubroeck, 1215-1295), cité ci-dessous, ligne 277, qui parle des Nestoriens comme auteurs de la 'fable du Prête-Jean' (voir Prévost, t.7, livre 4, ch.2, p.271; Bergeron, *Traité des Tartares*, ch.12, col.67).

[22] Sur les croisades, la principale référence de Voltaire demeure l'*Histoire des croisades* de Maimbourg (Paris, 1684-1685, BV2262): le Prêtre Jean n'y est pas mentionné explicitement, mais une allusion peut se lire, semble-t-il, dans le t.4, livre 11, année 1244, p.97 et suiv., et surtout année 1249, p.140-43, où l'on fait état de messages entre un 'prince de la Tartarie' et le roi de France, Louis IX (voir le commentaire à la traduction de la *Lettre du Prêtre Jehan*, dans *Le Conservateur, ou collection de morceaux rares et d'ouvrages anciens*, t.18, avril 1758, p.62). Joinville parle du Prêtre Jean et de saint Louis dans son *Histoire de saint Louis*, éd. Du Cange (Paris, 1668, p.91-93; éd. N. de Wailly, Paris, 1874, ch.94, p.263-66, §479-86): on pourrait avancer l'hypothèse qu'une des 'anciennes chroniques' visées par Voltaire est bien le texte de Joinville. Généralement, sur 'le mythe du Prêtre Jean à l'époque des croisades', voir W. Baum, *Die Verwandlungen des Mythos vom Reich des Priesterkönigs Johannes. Rom, Byzanz und die Christen des Orients in Mittelalter* (Klagenfurt, 1999), p.123-99.

[23] Voir Bergeron, *Traité des Tartares*, ch.6, col.24. C'est à partir du quatorzième siècle que l'empire du Prêtre Jean fut placé en Ethiopie (voir *Une image de l'Orient au XIVe siècle: les 'Mirabilia descripta' de Jordan Catala de Sévérac*, éd. C. Gadrat, Paris, 2005). Au ch.144, Voltaire revient en détail sur le syncrétisme religieux pratiqué en Ethiopie entre judaïsme et christianisme.

armes de Gengis. [24] Le vainqueur s'empara de ses Etats, et se fit élire souverain de tous les kans tartares, sous le nom de Gengis-Kan, qui signifie *roi des rois*, ou *grand kan*. Il portait auparavant le nom de Témugin. Il paraît que les kans tartares étaient en usage d'assembler des diètes vers le printemps: ces diètes s'appelaient *Cour-ilté*. [25] Eh qui sait si ces assemblées et nos cours plénières aux mois de mars et de mai n'ont pas une origine commune? [26]

Lois de Gengis-Kan.

Gengis-Kan publia dans cette assemblée qu'il fallait ne croire qu'un Dieu, et ne persécuter personne pour sa religion: preuve certaine que ses vassaux n'avaient pas tous la même créance. La discipline militaire fut rigoureusement établie: des dizeniers, des centeniers, des capitaines de mille hommes, des chefs de dix mille sous des généraux, furent tous astreints à des devoirs journaliers: et tous ceux qui n'allaient point à la guerre, furent obligés à travailler un jour la semaine pour le service du grand kan. L'adultère fut défendu d'autant plus sévèrement que la polygamie était permise. Il n'y eut qu'un canton tartare dans lequel il fut permis aux habitants

80

85

90

81   MSP: étaient dans l'usage
82-83 MSP: Cour-ilté. Qui
91-92 MSP: obligés de travailler un jour de la semaine au service
92-93 MSP: L'adultère était défendu par ces lois d'autant

[24] Sur la défaite, en 1206, d''Ounghcan', chef de la tribu des Kéreit et ancien allié de Gengis Khan (voir ci-dessus, n.20), voir Pétis de La Croix (livre 1, ch.4, p.70, et p.78-79 sur Temugin élu Grand Can de toutes les nations Mogoles).

[25] Voir Pétis de La Croix: 'Diète des Mogols qu'il appellent Couriltay' (livre 1, ch.6, p.98). Il s'agit de la *quiltai* qui eut lieu en 1206 (voir Morgan, p.43, 96 et suiv.).

[26] Voltaire suggère, contre Montesquieu (voir ci-dessous, lignes 289-302), l'existence en Asie d'institutions parlementaires qui seraient à l'origine de formes similaires dans l'Europe d'ancien régime. Les 'cours plénières' sont les assemblées des Francs qui, depuis la conquête des Gaules au cinquième siècle, se réunissent en armes au mois de mars pour délibérer avec leur chef sur les affaires de l'Etat: tout homme libre et guerrier doit y participer. Le roi Pépin change la date de la convocation de ces assemblées, qui se réunissent dès lors aux calendes de mai et prennent le nom de champ de mai. Voir ch.17, notre t.2, p.291.

HISTOIRE

DU GRAND
GENGHIZCAN
PREMIER EMPEREUR
DES ANCIENS MOGOLS
ET TARTARES.
DIVISE'E EN QUATRE LIVRES.

CONTENANT

La Vie de ce Grand Can. Son Elevation. Ses Conquêtes , avec l'Histoire abregée de ses Successeurs qui regnent encore à present. Les Mœurs , les Coûtumes , les Loix des anciens Mogols & Tartares , & la Geographie des vastes Païs de Mogolistan, Turquestan, Capschac, Yugurestan, & de la Tartarie Orientale & Occidentale.

TRADUITE ET COMPILE'E

De plusieurs Auteurs Orientaux & de Voyageurs Européens , dont on voit les noms à la fin , avec un Abregé de leurs Vies.

Par feu M. PE'TIS DE LA CROIX le pere,
Secrétaire Interprete du Roy és Langues Turquesque & Arabesque.

A PARIS,

Dans la Boutique de Claude Barbin.

Chez la Veuve JOMBERT au Palais , sur le second Perron de la Sainte Chapelle.

M. DCCX.
Avec Approbation & Privilege du Roy.

9. F. Pétis de La Croix, *Histoire du grand Genghizcan, premier empereur des anciens Mogols et Tartares* (Paris, 1710), page de titre.

fe conçenta pas de confirmer pour lui & An. gr.
pour ses successeurs l'Empire des Mogols, 1 2 0 5.
on y ajoûta celui de toutes les Nations Heg.
6 0 2.
qu'il avoit subjuguées ; On déclara mê- A. M. le
me les descendans des Princes vaincus Leopard.
déchûs de tous leurs droits. *a* Quand il
eut remercié tout le monde des mar- *Aboul-*
caïr.
ques de zele & de respect qu'il en
recevoit ', n'ignorant pas que l'établissement des Loix est le principal devoir
d'un Souverain, il ne manqua pas de déclarer qu'aux anciennes Loix du Païs, il
jugeoit à propos d'en ajoûter de nouvelles qu'il vouloit qu'on observât.

a Aprés les saluts, on commença à lire les
Yassa.

Loix de Genghizcan. *a*

*Aboul-
caïr p.* 7.

LOY PREMIERE. Il fut ordonné
de croire qu'il n'y a qu'un Dieu Createur
du Ciel & de la terre, *b* qui seul donne la *Mircon*
vie & la mort, les biens & la pauvreté, *&c.*
qui accorde & refuse tout ce qu'il lui plaît,

a Ces Loix en languë Mogole sont appellées
Yassa, & quelquefois Yasac. Quelques Auteurs les nomment Altoura, mais c'est improprement, parce que ce mot Altoura ne doit
être employé que pour la Loy de Moïse.
b Adorer un seul Dieu fut la premiere Loy,

I ij

10. F. Pétis de La Croix, François, *Histoire du grand Genghizcan,
premier empereur des anciens Mogols et Tartares* (Paris, 1710), p.99.

95   de demeurer dans l'usage de prostituer les femmes à leurs hôtes. [27]
Le sortilège fut expressément défendu sous peine de mort. On a vu
que Charlemagne ne le punit que par des amendes. Mais il en
résulte que les Germains, les Francs et les Tartares croyaient
également au pouvoir des magiciens. [28] Gengis-Kan fit jouer dans

100   cette grande assemblée de princes barbares un ressort qu'on voit
souvent employé dans l'histoire du monde. Un prophète prédit à
Gengis-Kan qu'il serait le maître de l'univers; les vassaux du grand
kan s'encouragèrent à remplir la prédiction. [29]

     L'auteur chinois qui a écrit les conquêtes de Gengis, et que le

105   père Gaubil a traduit, assure que ces Tartares n'avaient aucune
connaissance de l'art d'écrire. [30] Cet art avait toujours été ignoré des
provinces d'Arcangel jusqu'au-delà de la grande muraille, ainsi

95   MSP: de conserver l'usage de prostituer leurs femmes
98   MSP: que les Français, les Germains et les Tartares
103-16 MSP, W56-W57G: prédiction. ¶Gengis Kan porta

[27] Aux lignes 85-96, Voltaire suit Pétis de La Croix (livre 1, ch.6, p.99-109). Sur le
code des Lois (Yassa, ou le *yassaq*) de Gengis Khan, voir Grousset (p.278).

[28] Pour Charlemagne et les sortilèges, voir ch.17 (notre t.2, p.287). En soulignant
que les Germains, les Francs et les Tartares croyaient également aux magiciens,
Voltaire veut insister sur l'homogénéité des croyances et des mœurs en dépit des
distances géographiques et culturelles.

[29] Pétis de La Croix: 'outre les moyens dont il s'était servi pour gagner l'esprit de
ses sujets, [Gengis Khan] eut recours à la révélation. Il leur déclara que Dieu l'avait
assuré qu'il deviendrait maître du monde' (livre 1, ch.6, p.110-11). C'est à cette
occasion que Témugin prit le nom de Gengis Khan, qui signifie 'empereur des
océans'. Sur la prédiction, voir Pétis de La Croix, livre 1, ch.6, §22, p.110-12.

[30] Cf. ce que Voltaire écrit dans l'art. 'Histoire' de l'*Encyclopédie*: 'Il y a des
nations qui ont subjugué une partie de la terre sans avoir l'usage des caractères. Nous
savons que Gengis Khan conquit une partie de l'Asie au commencement du treizième
siècle; mais ce n'est ni par lui, ni par les Tartares que nous le savons. Leur histoire
écrite par les Chinois, et traduite par le père Gaubil, dit que ces Tartares n'avaient
point l'art d'écrire' (*OCV*, t.33, p.168). Cf. Gaubil: 'La Horde dont Gentiscan était le
chef n'avait point de caractères, et il paraît que ni lui ni ses enfants ne savaient ni lire
ni écrire avant le temps de son avènement à l'empire' (Remarque 3, p.33; signet et
papier collé, *CN*, t.4, p.70).

qu'il le fut des Celtes, des Bretons, des Germains, des Scandina-
viens, et de tous les peuples de l'Afrique au-delà du mont Atlas.
L'usage de transmettre à la postérité toutes les articulations de la   110
langue, et toutes les idées de l'esprit est un des grands raffinements
de la société perfectionnée, qui ne fut connu que chez quelques
nations très policées, et encore ne fut-il jamais d'un usage universel
chez ces nations. Les lois des Tartares étaient promulguées de
bouche sans aucun signe représentatif qui en perpétuât la mémoire.   115
Ce fut ainsi que Gengis porta une loi nouvelle, qui devait faire des
héros de ses soldats. Il ordonna la peine de mort contre ceux qui
dans le combat, appelés au secours de leurs camarades, fuiraient au
lieu de les secourir.[31] Bientôt maître de tous les pays qui sont entre
1214. le fleuve Volga et la muraille de la Chine, il attaque enfin cet ancien   120
empire qu'on appelait alors *le Cataï*. Il prit Cambalu, capitale du
Cataï septentrional. C'est la même ville que nous nommons
aujourd'hui Pékin.[32] Maître de la moitié de la Chine, il soumit
jusqu'au fond de la Corée.[33]

121   MSP: [*manchette*] *1212.*

124-26   MSP: Corée. ¶Cette grande révolution arriva sous l'empereur chinois
Ningt-son[34] de la dynastie de Song. L'empereur chassé de Péquin se retira vers le
midi de la Chine. Gengis-Kan établit dans cette conquête plutôt des impôts que des

[31] Pétis de La Croix: 'Il défendit sous peine de la vie aux Mogols de prendre la fuite
sans avoir combattu, quelque danger qu'il y eût à vouloir résister' (livre 2, ch.6,
p.191). Tout cela arriva, selon Pétis de La Croix, en 1218, hégire 615.

[32] Voir Pétis de La Croix: '*Cambalu* se doit écrire Can Baleg, Baleg signifie ville et
Can empereur, c'est Péquin située à 46 degrés de latitude' (ch. 'Noms des auteurs et
voyageurs européens', art. 'Golius', p.554), même chose dans l'art. 'Trigaut' (p.561).
Pour ce qui est de Marco Polo, il parle de 'Cambalu' dans Bergeron (livre 2, ch.10):
'Relation des pays orientaux de Marc Paul, Vénitien' (ch.68 dans les éd. modernes).

[33] Le récit de ces conquêtes peut se lire dans Pétis de La Croix (livre 1, ch.8, 9,
p.122-39), qui, sur la prise de Pékin, précise que la conquête a eu lieu en 1210, mais
que les Orientaux la placent en 1213 (p.139). A la même page est mentionnée la
conquête du royaume de Corée.

[34] Ningzong (1194-1224).

125   L'imagination des hommes oisifs, qui s'épuise en fictions *Conquêtes de* romanesques, n'oserait pas imaginer qu'un prince partît du fond *Gengis.* de la Corée, qui est l'extrémité orientale de notre globe, pour porter la guerre en Perse et aux Indes. C'est ce qu'exécuta Gengis-Kan. [35]

130   Le calife de Bagdat, nommé Nasser, l'appela imprudemment à son secours. [36] Les califes alors étaient, comme nous l'avons vu, ce qu'avaient été les rois fainéants de France sous la tyrannie des maires du palais: les Turcs étaient les maires des califes. [37]

    Ce sultan Mohammed de la race des Carismins, dont nous
135 venons de parler, était maître de presque toute la Perse; l'Arménie, toujours faible, lui payait tribut. [38] Le calife Nasser, que ce

---

    lois, et quoique ses fils aient dominé après lui dans le nord de la Chine, les Chinois ne
5 les comptent pas plus au rang de leurs empereurs que nous ne comptons les princes anglais Henri V et Henri VI parmi les rois de France. ¶Les hommes oisifs qui s'épuisent en fictions romanesques n'osèrent [MSG: n'oseraient] pas
    132 MSP: été nos rois fainéants sous
    134 MSP: [*manchette*] *1217.*

[35] Pour Voltaire, les exploits de Gengis Khan dépassent ce que peuvent imaginer les auteurs de fiction.

[36] A propos des rapports entre le calife An-Nasir (1180-1225) et le sultan 'Mohammed' (voir ci-dessus, n.4), voir Pétis de La Croix (livre 2, ch.2, p.164-67).

[37] Voir ci-dessus, ch.53, lignes 48-58. Voir Pétis de La Croix (livre 2, ch.2, p.165) et surtout l'abbé de Marigny, *Histoire des Arabes sous le gouvernement des califes* (Paris, 1750), où l'auteur se demande, à propos de la seconde 'dynastie des califes abbassides' (1261-1517), si 'on peut donner le nom de dynastie à une suite de princes qui n'eurent ni Etats ni aucune autorité temporelle, et qui ne furent uniquement regardés que comme chefs de la religion' (t.4, p.441-42). Voir les *Remarques sur l'Essai sur les mœurs*, dixième remarque.

[38] Sur les 'Carismins', voir ci-dessus, n.3, et l'art. 'Corasmin' de Diderot dans l'*Encyclopédie*: 'peuples d'Asie, qu'on croit originaires de Carizme, royaume que Ptolémée appelle *Chorasmia*, d'où ils se répandirent dans quelques provinces de Perse; ils errèrent ensuite en différents endroits: mais odieux partout et aux mahométans et aux chrétiens, qu'ils vexèrent également par leurs brigandages, ils ne purent s'établir en aucun endroit, et ils disparurent de dessus la surface de la terre' (t.4, 1754).

Mohammed voulait enfin dépouiller de l'ombre de dignité qui lui restait, attira Gengis-Kan dans la Perse. [39]

Le conquérant tartare avait alors soixante ans; il paraît qu'il savait régner comme vaincre; sa vie est un des témoignages qu'il n'y a point de grand conquérant qui ne soit grand politique. [40] Un conquérant est un homme dont la tête se sert avec une habileté heureuse du bras d'autrui. [41] Gengis gouvernait si adroitement la partie de la Chine conquise, qu'elle ne se révolta point pendant son absence; et il savait si bien régner dans sa famille, que ses quatre fils, qu'il fit ses quatre lieutenants généraux, mirent presque toujours leur jalousie à le bien servir, et furent les instruments de ses victoires. [42]

Armées prodigieuses. Nos combats en Europe paraissent de légères escarmouches en comparaison de ces batailles qui ont ensanglanté quelquefois l'Asie. Le sultan Mohammed marche contre Gengis avec quatre cent mille combattants, au-delà du fleuve Jaxarte près de la ville d'Otrar: et dans les plaines immenses qui sont par delà cette ville, au quarante-deuxième degré de latitude, il rencontre l'armée

140

145

150

141-43   MSP: soit un grand politique. Il gouvernait
146   MSP: qu'il nomma ses
146-47   MSP: mirent toute leur
150   MSP: [*manchette*] *1218.*

[39] Voltaire suit Pétis de La Croix, livre 2, ch.2, p.167-72.

[40] D'après Pétis de La Croix, Gengis Khan avait 65 ans au début de la campagne contre Mohammed (livre 2, ch.7, p.197).

[41] Dans le présent volume, Voltaire ne cache pas son admiration pour Guillaume d'Angleterre et les Normands dans l'Italie du sud, mais son jugement oscille continuellement dans toute son œuvre: tantôt 'fléau[x] de la terre' (*La Philosophie de l'histoire*, ch.11, *OCV*, t.59, p.126; voir aussi, ci-dessous, lignes 254-61), tantôt pourvus d'une 'espèce de mérite dont les succès sont la récompense' (voir ch.88).

[42] A propos des quatre fils, choisis parmi d'autres et créés lieutenants généraux, voir ci-dessous, lignes 310 et suiv.

155 tartare de sept cent mille (*a*) hommes, commandée par Gengis et par ses quatre fils: les mahométans furent défaits, et Otrar prise. [43] On se servit du bélier dans le siège; il semble que cette machine de guerre soit une invention naturelle de presque tous les peuples comme l'arc et les flèches. [44]

160 De ces pays qui sont vers la Transoxane, le vainqueur s'avance à Bocara, ville célèbre dans toute l'Asie par son grand commerce, ses manufactures d'étoffes, surtout par les sciences que les sultans turcs avaient apprises des Arabes, et qui florissaient dans Bocara et dans Samarcande. Si même on en croit le kan Abulgasi, de qui nous 165 tenons l'histoire des Tartares, *Bocar* signifie *savant* en langue tartare-mongule; et c'est de cette étymologie, dont il ne reste aujourd'hui nulle trace, que vint le nom de *Bocara*. [45] Le Tartare,

(*a*) Il faut toujours beaucoup rabattre de ces calculs.

155   MSP: tartare forte (dit-on) de sept
n.*a*   MSP, 53-w68: [*absente*]
160   MSG: vainqueur arrive à
161   MSP: commerce, par ses
162   MSP: d'étoffes, et même par
165-66   MSP: Tartares monguls, et
167-68   MSP: Bocara. Gingis, après

[43] Sur le nombre des soldats des deux armées, voir Pétis de La Croix (livre 2, ch.7, p.198), qui commente: 'Cela n'est pas surprenant, quand on se représente toute l'étendue du pays soumis à Genghizcan' (p.193). 'Otrar', dont Pétis de La Croix parle (p.197) comme de la capitale de la province de Farab (dont elle a aujourd'hui pris le nom), est située au sud-est de Samarcande. Sur sa prise, voir Pétis de La Croix, ch.8, p.205-15.

[44] L'emploi du bélier est souligné par Pétis de La Croix (livre 2, ch.8, p.207). Dans ce cas comme dans beaucoup d'autres, Voltaire souligne que des usages semblables sont présents chez des peuples différents: il ne vise pas à en souligner une quelconque origine commune, mais la constance de la nature humaine, qui dans des lieux divers finit par 'inventer' les mêmes choses (usages, instruments, etc.).

[45] La Transoxiane est, à la lettre, la région située 'au-delà de l'Oxus'. Sur l'expédition de Gengis Khan, voir Pétis de La Croix (livre 3, ch.1, p.255-62). Sur 'Bocara', Voltaire s'appuie sur Abu'l Ghazi: 'le mot *Buchar* veut dire en langue

après l'avoir rançonnée, la réduisit en cendres; ainsi que Persépolis avait été brûlée par Alexandre. Mais les Orientaux qui ont écrit l'histoire de Gengis-Kan, disent qu'il voulut venger ses ambassadeurs que le sultan avait fait tuer avant cette guerre.[46] S'il peut y avoir quelque excuse pour Gengis, il n'y en a point pour Alexandre.

Toutes ces contrées à l'orient et au midi de la mer Caspienne furent soumises: et le sultan Mohammed, fugitif de province en province, traînant après lui ses trésors et son infortune, mourut abandonné des siens.[47]

Enfin le conquérant pénétra jusqu'au fleuve de l'Inde; et tandis qu'une de ses armées soumettait l'Indoustan, une autre, sous un de ses fils subjugua toutes les provinces qui sont au midi et à l'occident de la mer Caspienne, le Corassan, l'Irak, le Shirvan, l'Aran.[48] Elle passa les portes de fer, près desquelles la ville de Derbent fut bâtie, dit-on, par Alexandre. C'est l'unique passage de ce côté de la haute Asie à travers les montagnes escarpées et inaccessibles du Caucase.[49] De là, marchant le long du Volga vers Moscou, cette armée,

170

175

180

185

170   MSP: ont dit qu'il
172   MSP: il ne peut y en avoir pour
178   MSP: [*manchette*] *1233*.

mogule *un homme savant*, parce que tous ceux qui se veulent instruire dans les langues et les sciences vont en Bucharie' (3ᵉ partie, ch.14, p.258). Sur le siège et la prise de Bocara (auj. Boukhara), voir Pétis de La Croix (ch.2, p.262-76).

[46] Sur l'épisode des ambassadeurs, voir Abu'l Ghazi, 3ᵉ partie, ch.13, p.247-56.

[47] Sur la fin du sultan Ala ad-Din Muhammad, voir Pétis de La Croix (livre 3, ch.5, p.289-302). Il est mort en décembre 1220 ou en janvier 1221 (voir *The Cambridge History of Iran*, t.5, p.310).

[48] Sur cette expédition, notamment vers le Chirvan (région de Bakou) et l'Arran (entre les fleuves Koura et Araxe, en Azerbaïdjan), voir Pétis de La Croix (livre 4, ch.9, p.442-51).

[49] Voir Pétis de La Croix: 'passer par les portes de fer' (livre 4, ch.9, p.445). Sur la ville de Derbent, située au bord de la mer Caspienne, dans l'actuel Daguestan, voir aussi l'*Histoire de l'empire de Russie sous Pierre le Grand*, 2ᵉ partie, ch.16 (*OCV*, t.47, p.917-27).

partout victorieuse, ravagea la Russie. C'était prendre ou tuer des bestiaux et des esclaves. Chargée de ce butin, elle repassa le Volga, et retourna vers Gengis-Kan par le nord-est de la mer Caspienne. Aucun voyageur n'avait fait, dit-on, le tour de cette mer; et ces troupes furent les premières qui entreprirent une telle course par des pays incultes, impraticables à d'autres hommes qu'à des Tartares, auxquels il ne fallait ni tentes, ni provisions, ni bagages, et qui se nourrissaient de la chair de leurs chevaux morts de vieillesse comme de celle des autres animaux. [50]

Ainsi donc la moitié de la Chine, et la moitié de l'Indoustan, presque toute la Perse jusqu'à l'Euphrate, les frontières de la Russie, Casan, Astracan, toute la grande Tartarie, furent sub-juguées par Gengis en près de dix-huit années. [51] Il est certain que cette partie du Thibet où règne le grand lama, était enclavée dans son empire, et que le pontife ne fut point inquiété par Gengis, qui avait beaucoup d'adorateurs de cette idole humaine dans ses armées. Tous les conquérants ont toujours épargné les chefs des religions, et parce que ces chefs les ont flattés, et parce que la soumission du pontife entraîne celle du peuple.

En revenant des Indes par la Perse et par l'ancienne Sogdiane, [52] il s'arrêta dans la ville de Toncat au nord-est du fleuve Jaxarte, comme au centre de son vaste empire. Ses fils, victorieux de tous

---

187   MSP: elle passa
193-94   MSP: chevaux comme
196   MSP: Euphrate, une grande partie de
205   MSP: [*manchette*] *1222.*

---

[50] A propos de l'exploration de la mer Caspienne au dix-huitième siècle, voir C. Volpilhac-Auger, 'Joindre des déserts aux déserts! Représentations de la mer Caspienne en France au XVIIIᵉ siècle', dans *Les Lumières européennes et la civilisation de la Russie*, éd. S. Karp et S. A. Mezine (Moscou, 2004), p.42-64.

[51] A propos de l'étendue des pays soumis à Gengis Khan, voir Pétis de La Croix, livre 4, ch.11, p.462-63 (voir aussi ci-dessous, n.57).

[52] Voir ci-dessus, ligne 8.

côtés, des généraux, et tous les princes tributaires, lui apportèrent les trésors de l'Asie. Il en fit des largesses à ses soldats, qui ne connurent que par lui cette espèce d'abondance. C'est de là que les Russes trouvent souvent aujourd'hui des ornements d'argent et d'or, et des monuments de luxe enterrés dans les pays sauvages de la Tartarie. C'est tout ce qui reste à présent de tant de déprédations.

Cour plénière.   Il tint dans les plaines de Toncat[53] une cour plénière triomphale, aussi magnifique qu'avait été guerrière celle qui autrefois lui prépara tant de triomphes. On y vit un mélange de barbarie tartare, et de luxe asiatique. Tous les kans et leurs vassaux, compagnons de ses victoires, étaient sur ces anciens chariots scythes, dont l'usage subsiste encore jusque chez les Tartares de

210

215

208   MSP, K: côtés, ses généraux

211   MSP: souvent des

213-14   MSP: Tartarie et c'est ce qui reste aujourd'hui de tant de déprédations et de grandeurs. Il

215-16   MSP: lui avait préparé tant de victoires. On y voit un

219   MSP: encore aujourd'hui jusque

[53] Voir Pétis de La Croix, livre 4, ch.11, 'Diète générale tenue dans la ville de Toncat', p.457-65 (diète qui eut lieu, selon lui, en 1224). Pétis avait déjà décrit précédemment la ville (voir livre 2, ch.9, surtout p.229-30). La description de Pétis est souvent reprise au cours du dix-huitième siècle: voir, par exemple, Bruzen de La Martinière, *Le Grand Dictionnaire géographique et critique* (La Haye, Rotterdam, Utrecht, 1726-1739, BV564, t.8, p.570), et l'art. 'Toncat' de l'*Encyclopédie*, t.16, 1765. La Martinière, après avoir dit comme Pétis, que la ville est placée au 43 degré de latitude, précise que 'M. de l'Isle la place dans sa carte de l'Asie septentrionale, au 47 degré de latitude et à quatre-vingt-neuf de longitude'. La ville est connue aussi sous d'autres noms, par exemple Fenaket, Benaket. Elle se trouvait le long du Syr-Darya non loin de Tashkent, dans l'Ouzbékistan d'aujourd'hui. (Sur son site archéologique actuellement connu sous le nom de Shakhrukhia ou Shahrukhiyah, d'après la dénomination de la ville à partir du quinzième siècle, voir G. Le Strange, *The Lands of the Eastern Caliphate, Mesopotamia, Persia, and Central Asia from the Moslem conquest to the time of Timur*, Cambridge, 1930, p.482.) Son emplacement est marqué ('Fenakent ou Shahrukhiva') dans la carte tirée du t.7 (p.142/43) de Prévost (voir l'illustration, p.401).

220 la Crimée; mais ces chars étaient couverts des étoffes précieuses, de l'or, et des pierreries de tant de peuples vaincus. Un des fils de Gengis lui fit dans cette diète un présent de cent mille chevaux. [54] Ce fut dans ces états généraux de l'Asie qu'il reçut les adorations de plus de cinq cents ambassadeurs des pays conquis. De là il courut
225 remettre sous le joug un grand pays qu'on nommait Tangut, frontière de la Chine. Il voulait, âgé d'environ soixante et dix ans, aller achever la conquête de ce grand royaume de la Chine, l'objet le plus chéri de son ambition. [55] Mais enfin une maladie mortelle [56] le saisit dans son camp sur la route de cet empire, à quelques lieues
230 de la grande muraille.

Mort de Gengis. 1226.

Jamais ni avant ni après lui aucun homme n'a subjugué plus de peuples. [57] Il avait conquis plus de dix-huit cents lieues de l'orient au couchant, et plus de mille du septentrion au midi. Mais dans ses conquêtes il ne fit que détruire; et si on excepte Bocara et deux ou
235 trois autres villes dont il permit qu'on réparât les ruines, son empire, de la frontière de Russie jusqu'à celle de la Chine, fut une dévastation. [58] La Chine fut moins saccagée, parce qu'après la prise de Pékin, ce qu'il envahit ne résista pas. [59] Il partagea avant sa mort

226 MSG: soixante et six
227 MSP: ce vaste royaume de la Chine, objet
236 MSP: empire, depuis Moscou jusqu'à la Corée, fut

[54] Ce détail se trouve dans Pétis de La Croix, livre 4, ch.11, p.454.

[55] Pour le campement de Gengis Khan dans les plaines du 'Tangut' (le Gansu, pays des Tangoutes) et la conquête envisagée de la Chine, voir Pétis de La Croix (livre 4, ch.13, p.475 et suiv.). Voir aussi Grousset, p.309.

[56] Sur la maladie mortelle de Gengis Khan, voir Pétis de La Croix, qui donne 1226 comme date de sa mort, à l'âge de 72 ans (livre 4, ch.13, 14, p.486-90). Il paraît certain qu'il mourut en 1227 (le 18 août). Des doutes subsistent sur son âge: selon certains historiens, il était âgé de 72 ans, selon d'autres, d'à peu près 60 ans.

[57] Voir Pétis de La Croix, livre 1, ch.1, p.1-3, où on peut lire aussi les mesures des terres conquises par Gengis Khan (cf. ci-dessus, n.51).

[58] Sur la reconstruction de Boukhara, Voltaire préfère suivre Abu'l Ghazi (3e partie, ch.14, p.166) que Pétis de La Croix (livre 3, ch.2, p.274), qui indique que c'est l'un des fils de Gengis, 'Ögödeï, qui la décide, après sa mort.

[59] C'est ce qui ressort de Pétis de La Croix, livre 4, ch.13, p.475-83.

ses Etats à ses quatre fils, et chacun d'eux fut un des plus puissants
rois de la terre. [60]

Hommes égorgés   On assure qu'on égorgea beaucoup d'hommes sur son tombeau,
sur son tombeau.   et qu'on en a usé ainsi à la mort de ses successeurs qui ont régné
dans la Tartarie. [61] C'est une ancienne coutume des princes scythes, [62]
qu'on a trouvée établie depuis peu chez les nègres de Congo:
coutume digne de ce que la terre a porté de plus barbare. [63] On
prétend que c'était un point d'honneur chez les domestiques des
kans tartares de mourir avec leurs maîtres, et qu'ils se disputaient
l'honneur d'être enterrés avec eux. Si ce fanatisme était commun, si
la mort était si peu de chose pour ces peuples, ils étaient faits pour

240

245

245-50   MSP: barbare. Les Tartares

[60] Voir Pétis de La Croix, livre 4, ch.14, p.487-89.

[61] Selon Pétis de La Croix, la pratique d'égorger des hommes sur le tombeau ne
fut pas observée dans le cas de Gengis Khan, mais à l'occasion des funérailles des
empereurs qui lui succédèrent (livre 4, ch.14, p.491-92). Voir, à ce propos, Grousset
(p.309-10), qui, en s'appuyant sur l'ouvrage du baron d'Ohsson (*Histoire des
Mongols depuis Tchinguiz-khan jusqu'à Timmour Bey ou Tamerlan*, La Haye et
Amsterdam, 1834, t.2, p.12-13), remarque que c'est en 1229 que le successeur de
Gengis Khan devait célébrer en son honneur de grands sacrifices à la manière
mongole: pour cela, 'il fit choisir [...] les plus belles filles, au nombre de quarante;
elles furent parées de riches vêtements, de joyaux d'un grand prix, et, selon
l'expression de Raschid [ad-Din, un historien du treizième siècle], *on les envoya
servir Tchinguiz-khan* [Gengis Khan] *dans l'autre monde.*'

[62] Voltaire semble viser un passage des *Histoires* d'Hérodote (IV.71-72), où sont
détaillés les rites funéraires des Scythes (voir *Les Histoires d'Hérodote, traduites en
français par M. Du Ryer*, Paris, 1713, BV1631, t.2, p.51-53; *CN*, t.4, p.381-82).
Voltaire reprend ces remarques dans *La Philosophie de l'histoire*, ch.36 (*OCV*, t.59,
p.213, lignes 53-56). Ce que Voltaire dit ici des domestiques des Tartares sacrifiés sur
le tombeau de leur maître (ci-dessous, lignes 246-48) pourrait venir des remarques
d'Hérodote sur les domestiques des Scythes sacrifiés sur le tombeau du roi.

[63] Tout au long du dix-huitième siècle on parla beaucoup des rites sanguinaires et
féroces des Jagas ou Giagues du Congo, à partir de la relation du capucin italien,
Giovanni Antonio Cavazzi, *Istorica Descrizione de' tre regni Congo, Matamba et
Angola* (Bologne, 1687; trad. fr., Paris, 1732, BV675; la description du rite funéraire
du Tombo se trouve t.4, ch.2, 'Histoire de la Princesse Anne Zingha', p.345).

250 subjuguer les autres nations. Les Tartares, dont l'admiration redoubla pour Gengis-Kan, quand ils ne le virent plus, imaginèrent qu'il n'était point né comme les autres hommes, mais que sa mère l'avait conçu par le seul secours de l'influence céleste; comme si la rapidité de ses conquêtes n'était pas un assez grand prodige. [64] S'il 255 fallait donner à de tels hommes un être surnaturel pour père, il faudrait supposer que c'est un être malfaisant.

Les Grecs, et avant eux les Asiatiques, avaient souvent appelé fils des dieux leurs défenseurs et leurs législateurs, et même les ravisseurs conquérants. L'apothéose dans tous les temps d'igno-260 rance a été prodiguée à quiconque instruisit, ou servit, ou écrasa le genre humain.

Les enfants de ce conquérant étendirent encore la domination qu'avait laissée leur père. Octaï et bientôt après Coblaï-Kan [65] fils d'Octaï, achevèrent la conquête de la Chine. C'est ce Coblaï que vit 265 Marc Paolo, vers l'an 1260, lorsque avec son frère et son oncle il pénétra dans ces pays dont le nom même était alors ignoré, et qu'il appelle le Cataï. [66] L'Europe, chez qui ce Marc Paolo est fameux pour

Ses enfants partagent la moitié du monde.

---

252   MSP: n'était pas né
253   MSP: secours d'une influence
256-62   MSP, W56-W57G: malfaisant. ¶Les enfants
264   MSP: Chine entière.
265-66   MSP: lorsqu'il pénétra

---

[64] Voir l'histoire d'Alancu, aïeule de Gengis Khan, visitée par un esprit céleste, chez Abu'l Ghazi (2ᵉ partie, ch.15, p.144-48), et les remarques de Bergeron (*Traité des Tartares*, ch.3, col.14: 'sa mère leur donna à entendre qu'elle l'avait conçu des rayons du soleil, sans mélange d'homme'). Mais ce que disent Bergeron et Abu'l Ghazi ne semble pas suggérer que les Tartares inventèrent cette histoire après la mort de Gengis Khan. Voir aussi Pétis de La Croix, livre 1, ch.1, p.12-13.

[65] Koubilaï Khan (1215-1294) n'est pas le fils d'Octaï, mais de Tului (1194-1232). Voir ci-dessous, lignes 331-37.

[66] Marco Polo (1254-1324), surnommé *Milione*, partit de Venise avec son père et un oncle en 1271 et arriva à destination trois ans et demi plus tard (voir P. Ménard, *Marco Polo à la découverte de l'Asie*, Grenoble, 2009, ch.1, p.17). C'est à partir de

avoir voyagé dans les Etats soumis par Gengis-Kan et ses enfants, ne connut longtemps ni ces Etats ni leurs vainqueurs.

A la vérité le pape Innocent IV, en 1246, envoya quelques 270 franciscains dans la Tartarie. [67] Ces moines, qui se qualifiaient ambassadeurs, virent peu de chose, furent traités avec le plus grand mépris, et ne servirent à rien.

On était si peu instruit de ce qui se passait dans cette vaste partie du monde, qu'un fourbe nommé David fit accroire à saint Louis en 275 Syrie, qu'il venait auprès de lui de la part du grand kan de Tartarie qui s'était fait chrétien. [68] Saint Louis envoya le moine Rubruquis dans ces pays en 1258, pour s'informer de ce qui en pouvait être. [69] Il paraît par la relation de Rubruquis, qu'il fut introduit devant le

---

268-70   MSP: par Gengis ne connut longtemps ni ses états ni ses vainqueurs parce que les relations de Marco Polo ne furent pas connues de son vivant. ¶A la
273   MSP: servirent de rien.
275   MSP: fit croire

---

cette date qu'il a pu voir le 'Grand Can', c'est-à-dire 'Coblaï-Kan' (Ménard, ch.3, p.107-31). 'Cataï' ou 'Cathay', nom donné à la Chine du moyen âge au dix-huitième siècle, vient du peuple 'Kitai' (Khitan) qui occupe le nord de la Chine du huitième au douzième siècle.

[67] Voltaire reprend les renseignements qu'on peut lire dans l'*Avertissement* en tête des *Voyages très curieux faits et écrits par les RR. PP. Jean du Plan Carpin, cordelier et N. Ascelin, jacobin*, dans Bergeron, *Voyages faits principalement en Asie* (t.1, pag. autonome).

[68] Sur 'le fourbe nommé David', voir les 'Additions tirées du miroir historique de Vincent de Beauvais et de l'Histoire de Guillaume de Nangis', en appendice du *Voyage de Guillaume de Rubruquis*, dans Bergeron *Voyages faits principalement en Asie* (t.1, ch.54, col.151).

[69] Le franciscain Guillaume de Rubroeck part en 1253 (et non 1258), pour accomplir la mission que lui a confiée saint Louis (voir Grousset, p.342-48). En janvier 1254, il est reçu en audience à Karakoroum par l'empereur Mangu Khan (1251-1259), fils de Tului. Son *Voyage* est publié par Bergeron, *Voyages faits principalement en Asie*, t.1. Pour le texte original latin, voir *Sinica Franciscana*, t.1, *Itinera et relationes fratrum minorum saeculi XIII et XIV*, éd. A. Van den Wingaert (Florence, 1929), p.147-332.

280 petit-fils de Gengis-Kan qui régnait à la Chine. Mais quelles
lumières pouvait-on tirer d'un moine qui ne fit que voyager chez
des peuples dont il ignorait les langues, et qui n'était pas à portée de
bien voir ce qu'il voyait? Il ne rapporta de son voyage que
beaucoup de fausses notions et quelques vérités indifférentes. [70]

285 Ainsi donc au même temps que les princes et les barons chrétiens
baignaient de sang le royaume de Naples, la Grèce, la Syrie et
l'Egypte, l'Asie était saccagée par les Tartares. Presque tout notre
hémisphère souffrait à la fois. [71]

Les moines qui voyagèrent en Tartarie dans le treizième siècle,
290 ont écrit que Gengis et ses enfants gouvernaient despotiquement
leurs Tartares. [72] Mais peut-on croire que des conquérants armés
pour partager le butin avec leur chef, des hommes robustes nés
libres, des hommes errants, couchant l'hiver sur la neige, et l'été sur
la rosée, se soient laissé traiter par des conducteurs élus en plein
295 champ, comme les chevaux qui leur servaient de monture et de
pâture? Ce n'est pas là l'instinct des peuples du Nord: les Alains, les
Huns, les Gépides, les Turcs, les Goths, les Francs furent tous les

Si les princes de la race de Gengis étaient despotiques.

280-81 MSP: quelle lumière
282 MSP: la langue
285 MSP: que les barons
287 MSP: l'Egypte, le reste de l'Orient était saccagé
288 MSP: hémisphère entière souffrait
288-310 MSP, W56-W57G: fois. ¶Gengis

[70] Voltaire souligne également le peu de fiabilité de la relation de Rubruquis dans ses *Lettres chinoises, indiennes et tartares* (1776): 'Frère Rubruquis, envoyé chez le grand kan par saint Louis même, n'était guère mieux informé' (*M*, t.29, p.458). Absurdité et manque total de philosophie caractérisent d'ailleurs également, selon Voltaire, les relations du frère prêcheur Ascelin et du frère mineur Plan Carpin (p.457-58).

[71] Voir respectivement ci-dessous, ch.61; ci-dessus, ch.57-58.

[72] Voltaire semble faire état surtout des remarques de Jean du Plan Carpin: voir *Relation du voyage*, art.5, 'De l'empire et seigneurie des Tartares', dans Bergeron, *Voyages faits principalement en Asie*, t.1, col.45-46. Voir le texte original latin dans *Sinica Franciscana*, t.1, p.68.

compagnons, et non les esclaves de leurs barbares chefs. [73] Le despotisme ne vient qu'à la longue; il se forme du combat de l'esprit de domination contre l'esprit d'indépendance. Le chef a toujours plus de moyens d'écraser, que ses compagnons de résister; et enfin, l'argent rend absolu.

Le moine Plan Carpin envoyé en 1243, par le pape Innocent IV, [74] dans Caracorum, alors capitale de la Tartarie, témoin de l'inauguration d'un fils du grand kan Octaï, rapporte que les principaux Tartares firent asseoir ce kan sur une pièce de feutre, et lui dirent, *Honore les grands, sois juste et bienfaisant envers tous; sinon, tu seras si misérable, que tu n'auras pas même le feutre sur lequel tu es assis.* Ces paroles ne sont pas d'un courtisan esclave. [75]

Gengis usa du droit qu'ont eu toujours tous les princes de l'Orient, droit semblable à celui de tous les pères de famille dans la loi romaine, de choisir leurs héritiers, et de faire partage entre leurs enfants sans avoir égard à l'aînesse. [76] Il déclara grand kan des Tartares son troisième fils Octaï, dont la postérité régna dans le

311-12 MSP: dans le droit romain

[73] Sur cette question des pouvoirs despotiques, voir ch.18 (notre t.2, p.292-94), et surtout ch.197, où Voltaire prend le contre-pied de la position de Montesquieu. Voir, à ce propos, *De l'esprit des lois*, livre 17, ch.5.

[74] Giovanni da Pian del Carpine, ou Jean du Plan Carpin (1180-1252) est à Rome à la cour d'Innocent IV depuis deux ans, lorsqu'en 1245 (et non 1243) il est envoyé par le pape chez les Mongols 'comme porteur de lettres pontificales les invitant à ne plus attaquer les autres nations et à se faire chrétiens' (Grousset, p.335).

[75] C'est dans le *quriltai* de 1246 que Güyük (1206-1248), fils d'Octaï, est élu grand khan (voir Grousset, p.335). En résumant ce que les principaux Tartares disent au fils d'Octaï, d'après le récit de Jean du Plan Carpin (*Relation du voyage*, art.5, dans Bergeron, *Voyages faits principalement en Asie*, t.1, col.15), Voltaire vise à souligner la contradiction entre la fierté des expressions et l'attitude servile attribuée aux 'seigneurs' tartares. Il reviendra en 1776 sur l'élection d'Octaï dans *Les Lettres chinoises indiennes et tartares*: 'Il y a dans cette cérémonie je ne sais quoi d'une philosophie anglaise qui ne déplaît pas' (p.457-58).

[76] Au sujet des successeurs de Gengis Khan, Voltaire semble suivre essentiellement l''Abrégé de l'histoire des successeurs de Genghizcan', dans Pétis de La Croix ('Abrégé', p.495-524). Il a tenu compte aussi de Gaubil, *Histoire de Gentchiscan*. Voir généralement Grousset, ch.2, §2, p.316-52.

315   nord de la Chine jusque vers le milieu du quatorzième siècle. [77] La force des armes y avait introduit les Tartares; les querelles de religion les en chassèrent. Les prêtres lamas voulurent exterminer les bonzes. Ceux-ci soulevèrent les peuples. Les princes du sang chinois profitèrent de cette discorde ecclésiastique, et chassèrent

320   enfin leurs dominateurs que l'abondance et le repos avaient amollis. [78]

    Un autre fils de Gengis-Kan nommé Touchi, eut le Turquestan, la Bactriane, le royaume d'Astracan, et le pays des Usbecs. [79] Le fils *1234.* de ce Touchi alla ravager la Pologne, la Dalmatie, la Hongrie, les *1235.* environs de Constantinople. Il s'appelait Batou-Kan. [80] Les princes

325   de la Tartarie Crimée descendent de lui de mâle en mâle, et les kans *Descendants de* usbecs qui habitent aujourd'hui la vraie Tartarie vers le nord et *Gengis-Kan.* l'orient de la mer Caspienne, rapportent aussi leur origine à cette source. Ils sont maîtres de la Bactriane septentrionale; mais ils ne mènent dans ces beaux pays qu'une vie vagabonde, et désolent la

330   terre qu'ils habitent.

     319   MSP: chinois en profitèrent et chassèrent
     321   MSP: eut la Perse, le Turquestan
     323-24   MSP: alla jusqu'en Pologne, en Dalmatie et aux portes de Constanti-
nople
     329   MSP: et dévorent la

    [77] Voir Pétis de La Croix, 'Abrégé', p.511-12; livre 2, ch.3, p.174-76. Voici leurs noms: 'Touschican [Djötchi], appelé par quelques-uns Jougi, fut l'aîné des quatre fils de [sa femme] Purtacougine, le second se nommait Zagataycan [Djaghataï], le troisième Octaycan [Ögödeï], et enfin le quatrième Tulican [Tului, Toluï]' (voir Grousset, p.317-19).
    [78] Sur la fin, en Chine, de la période tartare et l'avènement, en 1358, de la dynastie Ming, voir ch.154.
    [79] Sur Djötchi, fils illégitime de Gengis, mort en 1227, voir Pétis de La Croix, 'Abrégé', p.496-507. La Bactriane correspond au bassin du cours moyen de l'Amou-Daria.
    [80] Voir Pétis de La Croix, 'Abrégé', p.497-98. Batou Khan (*c.*1205-1255) reçoit en partage, après la mort de Gengis Khan, la Russie méridionale et la Bulgarie (la 'Horde d'or'). Il envahit la Pologne et la Silésie, conquiert la Moldavie et la Hongrie, ravage la Dalmatie et répand la terreur par toute l'Europe. Cependant, à la suite de quelques échecs, il regagne son palais de Seraï, près de la Volga (1243). Il aide ensuite son parent Mangu à s'emparer de la Perse et à faire la conquête de la Chine.

Tuti, ou Tuli, autre fils de Gengis, eut la Perse du vivant de son père.[81] Le fils de ce Tuti, nommé Houlacou, passa l'Euphrate que Gengis-Kan n'avait point passé. Il détruisit pour jamais dans Bagdat l'empire des califes, et se rendit maître d'une partie de l'Asie Mineure ou Natolie, tandis que les maîtres naturels de cette belle partie de l'empire de Constantinople étaient chassés de leur capitale par les chrétiens croisés.[82]

335

Un quatrième fils, nommé Zagataï,[83] eut la Transoxane, Candahar, l'Inde septentrionale, Cachemire, le Thibet: et tous les descendants de ces quatre monarques conservèrent quelque temps par les armes leurs monarchies établies par le brigandage.

340

Cause des succès de cette famille. Si on compare ces vastes et soudaines déprédations avec ce qui se passe de nos jours dans notre Europe, on verra une énorme différence. Nos capitaines qui entendent l'art de la guerre infiniment mieux que les Gengis, et tant d'autres conquérants; nos armées, dont un détachement aurait dissipé avec quelques canons toutes ces hordes de Huns, d'Alains et de Scythes, peuvent à peine aujourd'hui prendre quelques villes dans leurs expéditions les plus brillantes. C'est qu'alors il n'y avait nul art, et que la force décidait du sort du monde.[84]

345

350

331-32 MSP: Tuty, autre fils de Gengis, eut la Perse et le fils

332 MSP: [*manchette*] *1258.*

337-38 MSP: chrétiens. ¶Les armées de cet Houlacou passèrent comme des torrents en Russie, en Pologne, et en Hongrie. Toute la Moscovie paya tribut à ses successeurs pendant deux cents années. ¶Un quatrième

341-64 W56-W57G: temps leurs Etats. ¶Si on a blâmé Charlemagne d'avoir divisé la monarchie, on doit

[81] Voir Pétis de La Croix, 'Abrégé', p.513-17.

[82] Sur Houlagou (Hulagu, Hülegü, 1217-1265), fondateur en Iran de la dynastie des Ilkhanides (Houlagides), voir Pétis de La Croix, 'Abrégé', p.517-18.

[83] Sur Djaghataï (1186-1241), voir Pétis de La Croix, 'Abrégé', p.507-11.

[84] Dans cet alinéa, ajouté en 1761, Voltaire attire d'abord l'attention du lecteur, sous la forme paradoxale qu'il affectionne, sur le fait que les progrès de l'art militaire ont rendu les armées moins dévastatrices au dix-huitième siècle que du temps où 'la

Gengis et ses fils allant de conquête en conquête crurent qu'ils subjugueraient toute la terre habitable; c'est dans ce dessein que d'un côté Koublaï, maître de la Chine, envoya une armée de cent mille hommes sur mille bateaux appelés *jonques*, pour conquérir le Japon,[85] et que Batou-Kan pénétra aux frontières de l'Italie.[86] Le pape Célestin IV lui envoya quatre religieux, seuls ambassadeurs qui pussent accepter une telle commission. Frère Asselin[87] rapporte qu'il ne put parler qu'à un des capitaines tartares, qui lui donna cette lettre pour le pape.

'Si tu veux demeurer sur terre, viens nous rendre hommage. Si tu n'obéis pas, nous savons ce qui en arrivera. Envoie-nous de nouveaux députés, pour nous dire si tu veux être notre vassal ou notre ennemi.'[88]

[seule] force décidait' de tout. Il semble également revenir ici sur un point qu'il avait déjà précisé dans le chapitre concernant Tamerlan dans l'édition de 1756 (notre ch.88). Dans le dernier alinéa de ce chapitre, Voltaire prenait position contre toute possibilité d'émigration et d'invasion nouvelle de la part des Tartares: 'depuis que l'empire de Russie s'est étendu et civilisé; depuis que la terre est hérissée de remparts bordés d'artillerie, ces grandes émigrations ne sont plus à craindre'. Un écho immédiat de ce jugement peut se trouver chez F. Algarotti, *Saggio di lettere sopra Russia* (Paris [Venise], 1760, BV48, lettre 5, p.83-84, et lettre 6, p.93-94; voir les lettres D9146, D9227, D9428, qui attestent les relations de Voltaire avec Algarotti lors de la parution de l'ouvrage) et chez le chevalier de Jaucourt dans l'art. 'Tartares' de l'*Encyclopédie* (t.15, 1765). Notons enfin que par cette prise de position Voltaire prenait le contre-pied à l'avance de toute prophétie sur une prochaine invasion des Tartares, comme celle avancée par J.-J. Rousseau dans le *Contrat social*, II, 8.

[85] Voltaire reprend Gaubil: 'L'an 1280 l'empereur Houpilay [Koublaï] pensait depuis longtemps à se rendre maître du royaume de *Gepen* [Japon], ou du moins à le rendre tributaire; [il] fit équiper une grande flotte, et ordonna cette année au général Argan de se disposer à attaquer le Japon avec une armée de 100 000 hommes' (*Histoire de Gentchiscan*, p.191). Gaubil donne des précisions sur les difficultés de l'entreprise, mais le détail des 'jonques' manque.

[86] En 1242, des avant-gardes tartares atteignent les côtes de l'Adriatique, à Split et Kotor.

[87] La relation de Nicolas Ascelin (mort *c.*1256) est dans Bergeron, *Voyages faits principalement en Asie*, t.1.

[88] Voltaire résume le texte de la lettre donné *in extenso* dans les *Voyages de frère Ascelin*, ch.7, dans Bergeron, t.1, col.79-80.

On a blâmé Charlemagne d'avoir divisé ses Etats, on doit en louer Gengis-Kan. Les Etats de Charlemagne se touchaient, avaient à peu près les mêmes lois, étaient sous la même religion, et pouvaient se gouverner par un seul homme. Ceux de Gengis, beaucoup plus vastes, entrecoupés de déserts, partagés en religions différentes, ne pouvaient obéir longtemps au même sceptre. [89]

Cependant cette vaste puissance des Tartares-Mogols, fondée vers l'an 1220, s'affaiblit de tous côtés; jusqu'à ce que Tamerlan, plus d'un siècle après, établit une monarchie universelle dans l'Asie, monarchie qui se partagea encore. [90]

La dynastie de Gengis-Kan régna longtemps à la Chine sous le nom d'Iven. [91] Il est à croire que la science de l'astronomie, qui avait rendu les Chinois si célèbres, déchut beaucoup dans cette révolution; car on ne voit en ce temps-là que des mahométans astronomes à la Chine; et ils ont presque toujours été en possession de régler le calendrier jusqu'à l'arrivée des jésuites. C'est peut-être la raison de la médiocrité où sont restés les Chinois. (b) [92]

365

370

375

380

(b) Ceux qui ont prétendu que les grands monuments de tous les arts dans la Chine sont de l'invention des Tartares se sont étrangement trompés. Comment ont-ils pu supposer que des barbares toujours errants, dont le chef Gengis-Kan ne savait ni lire ni écrire fussent plus instruits que la nation la plus policée et la plus ancienne de la terre?

5

369-89   MSP: sceptre. ¶Enfin les divisions inévitables affaiblirent cette vaste puissance des Tartares mogols, fondé vers l'an 1220 jusqu'à ce que Tamerlan, plus d'un siècle après, établit une monarchie nouvelle.//

373-88   w56-w57G: encore. ¶Tournons
374   61-w75G: de Gengis-Kan subsista longtemps
n.b   53-w75G: [absente]

[89] Le pragmatisme que Voltaire affectionne s'applique ici encore. Voir, par exemple, l'art. 'Système' de D. Masseau, dans J. Goulemot, A. Magnan et D. Masseau, *Inventaire Voltaire* (Paris, 1995), p.1287-88.

[90] Sur Tamerlan, voir ch.88.

[91] Voir ch.155.

[92] Sur les progrès que la science de l'astronomie avait faits anciennement en

Voilà tout ce qu'il vous convient de savoir des Tartares dans ces temps reculés. [93] Il n'y a là ni droit civil, ni droit canon, ni division entre le trône et l'autel et entre des tribunaux de judicature, ni conciles, ni universités, ni rien de ce qui a perfectionné ou surchargé la société parmi nous. [94] Les Tartares partirent de leurs déserts vers l'an 1212, et eurent conquis la moitié de l'hémisphère vers l'an 1236. C'est là toute leur histoire.

385

Tournons maintenant vers l'Occident, et voyons ce qui se passait au treizième siècle en Europe.

Chine, voir ch.1, où Voltaire s'appuie sur les *Observations mathématiques, astronomiques* du père Gaubil (Paris, 1729). La 'révolution' marquée par l'invasion des Tartares mongols sert à mettre en évidence que l'histoire de l'esprit humain n'a accompli aucun progrès suite à la conquête de ces peuplades nomades. Voltaire confirme cette position dans la n.*b*, qui n'apparaît qu'en 1784. Cet ajout tardif semble notamment s'adresser à C. de Pauw, *Recherches philosophiques sur les Egyptiens et les Chinois* (Berlin, 1773, BV2674), qui soutient que les formes de l'architecture chinoise ne font que contrefaire les formes d'une 'tente', et que cela est 'très conforme à tout ce qu'on peut savoir de plus vrai sur l'état primitif des Chinois, qui ont été, comme tous les Tartares, des nomades ou des scénites' (t.2, §6, 'Considérations sur l'état de l'architecture', p.13). Voltaire discutera encore les thèses de de Pauw sur les Chinois dans le *Fragment sur l'histoire générale*, art.4 (1773; *M*, t.29, p.234), et les *Lettres chinoises, indiennes et tartares à Monsieur Pauw par un bénédictin* (1776; *M*, t.29, p.451-98; voir ci-dessus, n.70, 75).

[93] Voltaire confirme que tout ce qu'il convient de savoir sur les Tartares est ce qu'il a rassemblé dans son chapitre. C'est une façon de dire que le reste ne mérite pas d'être pris en considération et donc de répéter encore une fois que les antiquités des Tartares 'ne méritent guère mieux une histoire suivie que les loups et les tigres de leurs pays' (ci-dessus, ch.53, lignes 10-11). La prise de position ajoutée en 1761 est donc, selon toute vraisemblance, à interpréter comme une réponse indirecte à de Guignes qui l'avait pris à partie dans la préface de son ouvrage (voir ci-dessus, n.*).

[94] En refusant, en apparence, de choisir entre 'perfectionné' et 'surchargé', et de donner sans équivoque l'avantage aux sociétés 'policées' européennes sur celle des nomades tartares, Voltaire met délibérément dans le plateau de la balance défavorable à l'Europe les institutions qu'il y combat: celles qui dépendent de l'Eglise, et les cours de justice, ou 'parlements'. On sait bien, par ailleurs, que son cœur penche largement, en dépit de tout cela, vers les sociétés 'policées'. Voir notamment l'art. 'Civilisation' de J. Goulemot dans l'*Inventaire Voltaire*, p.267-69.

CHAPITRE 61

De Charles d'Anjou roi des deux Siciles. De Mainfroi, de Conradin, et des Vêpres siciliennes.

Pendant que la grande révolution des Tartares avait son cours, que les fils et les petits-fils de Gengis-Kan se partageaient la plus grande

a-241 [*Première rédaction de ce chapitre*: MSP, *qui saute le ch.60, le plaçant après ch.61-63, et enchaîne donc ch.59-61*]

a   MSP: Chapitre 38
 w56-w57G: Chapitre 49
 61: Chapitre 57

b-c   MSP, 53-w57G: *De Charles d'Anjou, roi des deux-Siciles, et des Vêpres siciliennes.*

1-7   MSP: L'empereur Frédéric II, persécuteur des papes, tant persécuté par eux, avait

 53-54N: L'empereur

* Le ch.61 est axé sur le contraste entre les papes et les empereurs étudié et analysé dans un cas spécifique et précis: la fin de la maison impériale de Souabe (de la mort de Frédéric II en 1250 à celle de Conradin en 1268) et l'opposition des papes (d'Innocent IV à Clément IV) aux successeurs de Frédéric II. Dans ce contexte les prétentions des papes à la suzeraineté du royaume des Deux-Siciles jouent un grand rôle: il s'agit de prétentions qui prennent leur source dans l'hommage lige qu'autrefois les conquérants normands rendirent de façon 'pieuse et adroite' (lignes 23-24) aux souverains pontifes pour affermir leur conquête. La revendication par les papes de ce qu'ils considèrent comme leur 'droit' ne se soutient pas par la force des armes, c'est-à-dire le droit du plus fort (lignes 109-10), mais par les 'armes de l'opinion' (ligne 51), et aboutit, par conséquent, à des situations contradictoires et parfois même comiques, que Voltaire se plaît à souligner: ainsi, Frédéric est-il 'à la fois l'empereur des papes, leur vassal, et leur ennemi' (lignes 8-9); de même, les papes qui ne sont pas 'souverains' de Rome, se prétendent-ils 'suzerains' des Deux-Siciles (lignes 28-29); et Clément IV a, quant à lui, en la personne de Charles d'Anjou, 'l'honneur d'avoir son maître pour son vassal' (ligne 149). Toutefois, ainsi que le souligne Voltaire, les joutes, en quelque sorte 'nominales' ou 'verbales', que provoquent les prétentions des papes, ont de 'dangereuses' retombées (ligne 52) qui peuvent aller jusqu'au conflit armé. Pour faire le récit de ces prétentions et de la lutte entre papes et empereurs, Voltaire s'appuie sur un texte classique de la tradition

434

partie du monde, [1] que les croisades [2] continuaient, et que saint Louis préparait malheureusement sa dernière, l'illustre maison impériale de Souabe finit d'une manière inouïe jusqu'alors. Ce qui restait de son sang coula sur un échafaud. [3]

L'empereur Frédéric II avait été à la fois empereur des papes, leur vassal et leur ennemi. [4] Il leur rendait hommage lige pour le royaume de Naples et de Sicile. [5] Son fils Conrad IV se mit en *1254.*

8   MSP: rendit hommage pour
9   MSP, 53-54N: fils l'empereur Conrad se

anti-curialiste italienne: *Dell'Istoria civile del regno di Napoli* (Naples, 1723) de P. Giannone, trad. *Histoire civile du royaume de Naples* (La Haye [Genève], 1742, BV1464) (voir l'introduction de S. Bertelli, dans *Illuministi italiani*, t.I, *Opere di Pietro Giannone*, éd. S. Bertelli et G. Ricuperati, Milan et Naples, 1971, p.349-64). Des ajouts très considérables liés au texte de Giannone interviennent en 1761: dans 53 et les différentes éditions de 1754 en effet, tout comme dans w56 et w57G, le chapitre correspondant au ch.61 de l'édition définitive ne s'étend que sur quelques pages. A partir de 61, les lignes 14-149 du texte définitif sont ajoutées, tandis qu'un autre alinéa (lignes 192-205), également lié au texte de Giannone, apparaît en 1775, dans K. Faut-il dès lors en conclure que ce n'est qu'entre 1756 (ou 1757) et 1761 que Voltaire prend connaissance de l'ouvrage de Giannone? Cela est contredit par ce que nous savons de façon certaine (grâce à *CN*, t.4, p.91-141; p.678, n.69). Tout d'abord, les *Annales de l'Empire* (p.364-65) contiennent des passages similaires au texte de l'ajout signalé ci-dessus (lignes 192-205), ce qui indique une lecture de Giannone antérieure à leur publication, en 1753. De plus, le *Saint-Fargeau notebook*, qui date de 1752-1755, atteste également avec certitude d'une lecture de l'*Histoire civile du royaume de Naples*: les p.140-41 dans *OCV*, t.81, contiennent en effet des notes de toute évidence tirées de la lecture de cet ouvrage. Il faut donc en conclure que Voltaire a de nouveau consulté, en 1761, le livre de Giannone en vue de la refonte de ce chapitre, et que, selon toute vraisemblance, il l'a fait en tirant profit de la première lecture faite quelques années auparavant.

[1] Voir ci-dessus, ch.60.

[2] Il s'agit de la septième croisade (1248-1251), ci-dessus, ch.58.

[3] Allusion à la mort de Conradin, en 1268: ci-dessous, lignes 188-91.

[4] Voltaire se plaît à souligner l'enchevêtrement contradictoire des différents rapports de pouvoir dans lesquels Frédéric II et d'autres empereurs se trouvent vis-à-vis des papes.

[5] C'est par le mariage, en 1186, de Constance, fille de Roger II de Sicile, avec le futur empereur Henri VI, père de Frédéric II (1194-1250), que les Hohenstaufen, ducs de Souabe depuis 1079, ont acquis des droits sur le royaume de Naples.

HISTOIRE CIVILE
DU ROYAUME
DE NAPLES,
TRADUITE DE L'ITALIEN DE
PIERRE GIANNONE,
Jurifconfulte & Avocat Napolitain.

Avec de nouvelles Notes, Réflexions, & Médailles
fournies par l'AUTEUR, & qui ne fe trouvent
point dans l'Edition Italienne.

TOME SECOND,
*Qui comprend le Gouvernement de ce Royaume fous les PRINCES
NORMANDS, & fous ceux de la MAISON DE SUABE.*

A LA HAYE,
Chez PIERRE GOSSE, & ISAAC BEAUREGARD.

M. D. CC. XLII.

II. P. Giannone, *Histoire civile du royaume de Naples*
(La Haye, 1742), t.2, page de titre.

10 possession de ce royaume. [6] Je ne vois point d'auteur qui n'assure que ce Conrad fut empoisonné par son frère Manfreddo, ou Mainfroi, bâtard de Frédéric; mais je n'en vois aucun qui en apporte la plus légère preuve. [7]

10 W75G: qui assure [erreur]

13-174 MSP, 53-W57G: preuve. ¶Mainfroi se rendit maître du royaume qui, de droit, appartenait à son neveu Conradin, fils de Conrad et petit-fils de Frédéric II. Le pape paraissait en droit comme seigneur suzerain de punir Mainfroi; mais lui était-il permis de déposséder Conradin? [W56-W57G: de ne déposséder l'usurpateur que
5 pour dépouiller un orphelin, seul héritier légitime?] ¶Ce qui semblait utile parut permis. Les papes haïssaient cette maison et la craignaient. Il ne s'agissait plus que de trouver un prince qui, en recevant l'investiture de la Sicile, fût capable de la conquérir. [MSP: On s'adressa d'abord à l'Angleterre. On offrit la couronne de Naples au fils du roi Henri III. Les chroniques d'Angleterre disent que les papes
10 tirèrent plus de cent mille marcs d'argent des Anglais sur ce prétexte. L'Angleterre en effet était une ferme du Saint-Siège. Enfin le pape Urbain IV après avoir épuisé l'Angleterre, présenta la couronne des deux Siciles à Charles d'Anjou, frère de saint Louis.] [53-W56: Charles le comte d'Anjou s'offrit au pape et le pape conclut bientôt avec lui, quoiqu'on eût déjà promis l'investiture à d'autres.] ¶Le comte [53, W56: Ce
15 comte] d'Anjou possédait déjà la Provence par son mariage [MSP: avec l'héritier de cette province démembrée depuis longtemps du royaume d'Arles et de l'empire,] mais ce qui augmentait sa puissance, c'était d'avoir soumis la ville de Marseille [MSP: dans le temps qu'elle établissait à peine sa liberté et qu'elle commençait par son commerce à imiter Gênes et Venise]. Il avait encore une dignité qu'un homme habile

[6] Conrad IV (empereur, 1250-1254) naquit en 1228 du mariage de Frédéric II avec Isabelle II (Yolande de Brienne), reine de Jérusalem (1212-1228). Il fut fait roi des Romains en 1237, et en 1251 des Pouilles et de la Sicile. Il meurt au mois de mai 1254.

[7] Voltaire fait allusion à la rumeur que ses sources principales disent avoir été colportée par les historiens de l'époque. Voir, par exemple, Heiss von Kogenheim, *Histoire de l'Empire* (Paris, 1731, BV1605): 'Quelques auteurs veulent, que Conrad fut empoisonné par son frère naturel Manfroy, prince de Tarente' (t.2, livre 2, ch.18, année 1254); ou Giannone: 'Les écrivains du Parti Guelfe [...] ont écrit, que Manfroy fit empoisonner Conrad' (t.2, livre 18, ch.2). Fleury ne fait pas état de la rumeur, dont la véracité n'a en effet jamais été prouvée (*Histoire ecclésiastique*, t.17, livre 83, année 1254, §52). Manfredi ou Manfroi (1232-1266) était le fils naturel de Frédéric – qu'il fut accusé d'avoir étouffé; voir ci-dessus, ch.52, lignes 241-42 – et, semble-t-il, de Bianca Lanza. Bien que Frédéric ait épousé celle-ci avant de mourir, l'Eglise ne reconnut jamais la légitimité de cette union.

Ce même empereur Conrad IV avait été accusé d'avoir empoisonné son frère Henri: vous verrez que, dans tous les temps, les soupçons de poison sont plus communs que le poison même.[8]

pouvait faire valoir, c'était celle de sénateur unique de Rome. [MSP: Le peuple romain nommait à cette place et elle était à vie. *manchette*: *1264*.] Le pape qui redoutait ce prince en l'appelant à son secours, ne lui donna [53-w57G: *avec note*: L'an 1264.] l'investiture qu'à condition qu'il renoncerait à cette dignité au bout de trois ans, qu'il payerait huit mille [53-w57G: trois mille] onces d'or au Saint-Siège, chaque année, pour la mouvance du royaume de Naples, [MSP: qu'on appelait Sicile aussi], et que, si jamais le paiement était différé plus de deux mois, il serait excommunié. Charles souscrivit aisément à ses [53-w57G: ces] conditions et à toutes les autres. Le pape lui accorda la levée d'une décime sur les biens ecclésiastiques de France [53-w57G: *avec note*: 1266.]. Il part avec de l'argent et des troupes, se fait couronner à Rome, [MSP: mais au lieu de payer son tribut au pape, il se fait donner environ six mille de nos livres par jour; il établit dans Rome son autorité qui accable celle du pape; il se fait déférer le gouvernement de Florence sous le nom de *paciaire* car les Florentins voulaient toujours, à quelque prix que ce fût, se soustraire à la puissance des empereurs comme les Romains à celle des pontifes. ¶Il marche vers la Pouille,] livre bataille à Mainfroi dans les plaines de Bénévent, et est assez heureux pour que Mainfroi soit tué en combattant. [MSP: *manchette*: *1266*.] Il usa durement de la [w56-w57G: sa] victoire, et parut aussi cruel que son frère saint Louis était humain.[9] ¶Cependant

[8] Il s'agit d'Henri (ou Charles-Othon, 1238-1253/54), fils de Frédéric II et d'Isabelle d'Angleterre. Sur les empoisonnements, cf. les *Annales*: 'Conrad fait venir un de ses frères, auquel Frédéric II avait donné le duché d'Autriche. Ce jeune prince meurt, et on soupçonne Conrad de l'avoir empoisonné car, dans ce temps, il fallait qu'un prince mourût de vieillesse pour qu'on n'imputât pas sa mort au poison. Conrad IV meurt bientôt après, et on accuse Mainfroi de l'avoir fait périr par le même crime' (années 1253-1254, p.360; Frédéric, duc d'Autriche et de Styrie, mort en 1251/1252, n'était pas fils de Frédéric II, mais de son fils 'Henri VII'). Sur le sujet de l'emploi du poison, voir quelques remarques au ch.68, lignes 67-71, et l'art. 'Empoisonnements' des *QE* (*M*, t.18, p.529-33).

[9] Dans cette première version du texte, Voltaire se contente d'un récit des faits ayant trait uniquement à la souveraineté sur le royaume de Naples. La version

Cet hommage lige qu'on rendait à la cour romaine, pour les royaumes de Naples et de Sicile, fut une des sources des calamités
20 de ces provinces, de celles de la maison impériale de Souabe, et de celles de la maison d'Anjou, qui après avoir dépouillé les héritiers légitimes, périt elle-même misérablement. [10] Cet hommage fut d'abord, comme vous l'avez vu, une simple cérémonie pieuse et adroite des conquérants normands, qui mirent, comme tant
25 d'autres princes, leurs Etats sous la protection de l'Eglise, pour arrêter, s'il était possible, par l'excommunication, ceux qui voudraient leur ravir ce qu'ils avaient usurpé. [11] Les papes tournèrent bientôt en hommage cette oblation: et n'étant pas souverains de Rome, ils étaient suzerains des deux Siciles. [12]

Pourquoi Naples et Sicile dépendent des papes.

---

définitive, apparue dans 61, beaucoup plus riche en détails, explications et commentaires, notamment sur le rôle des papes successifs, aborde aussi des sujets nouveaux comme la présence musulmane dans le sud de l'Italie, ou encore le séjour de Louis IX en Palestine.

[10] Sur les investitures que les Normands reçurent des papes, voir ci-dessus, ch.40; Voltaire n'emploie pas pourtant le terme 'hommage lige' pour les investitures du neuvième siècle. Voir aussi C. Buffier, *Histoire de l'origine du royaume de Sicile et de Naples* (Paris, 1701), et surtout Giannone (t.2, livre 9, ch.3).

[11] Voir ci-dessus, ch.40.

[12] Voltaire joue ici sur l'homophonie entre 'souverain' et 'suzerain'. D'après M. Bloch, 'c'est par un véritable contresens que "suzerain" a été quelquefois employé dans l'acception de "seigneur". La signification véritable en était bien différente. [...] (le mot semble dérivé de l'adverbe *sus*, par analogie avec souverain) [...] mon suzerain est le seigneur de mon seigneur, non mon seigneur direct' (*La Société féodale*, 1939; Paris, 1968, p.210, 627 n.151). Quant à Voltaire, notons qu'au ch.49, ci-dessus, il présente les termes 'suzerain' et 'propriétaire' (ligne 13) comme des synonymes. A propos des débuts, en 1059, de cette 'suzeraineté' du pape sur la Sicile, Voltaire écrit (ci-dessus, ch.40, lignes 182-85) que *selon toutes les lois du droit féodal* Robert Guiscard et le comte de Capoue, 'vassaux de l'empire, ne pouvaient choisir un autre suzerain. Ils devenaient coupables de félonie envers l'empereur; ils le mettaient en droit de confisquer leurs Etats'. Quant à la suzeraineté du pape sur ces deux provinces, elle n'est à ses yeux 'qu'une usurpation' (ci-dessus, ch.41, ligne 78), d'ailleurs toute théorique: 'Ces conquérants, en se faisant vassaux des papes, devinrent les protecteurs, et souvent les maîtres de leurs nouveaux suzerains'

L'empereur Frédéric II laissa Naples et Sicile dans l'état le plus   30
florissant. De sages lois établies, des villes bâties, Naples embellie,
les sciences et les arts en honneur, furent ses monuments. [13] Ce
royaume devait appartenir à l'empereur Conrad son fils; on ne sait
si Manfreddo, que nous nommons Mainfroi, était fils légitime ou
bâtard de Frédéric II. L'empereur semble le regarder dans son   35
testament comme son fils légitime. [14] Il lui donne Tarente et plusieurs
autres principautés en souveraineté. Il l'institue régent du royaume
pendant l'absence de Conrad, et le déclare son successeur, en cas
que Conrad et Henri viennent à mourir sans enfants; jusque-là tout
paraît paisible. Mais les Italiens n'obéissaient jamais que malgré eux   40
au sang germanique; les papes détestaient la maison de Souabe, et
voulaient la chasser d'Italie; les partis guelfe et gibelin subsistaient
dans toute leur force d'un bout de l'Italie à l'autre.

Le fameux pape Innocent IV, qui avait déposé à Lyon
l'empereur Frédéric II, c'est-à-dire, qui avait osé le déclarer   45
déposé, prétendait bien que les enfants d'un excommunié ne
pouvaient succéder à leur père. [15]

(ch.40, lignes 188-90). Voir aussi l'art. 'Donations' des *QE*, §'Donation de la
suzeraineté de Naples aux papes' (*OCV*, t.40, p.516-18). A propos du pouvoir des
papes à Rome, voir, par exemple, notre t.2, p.253, 272; et ci-dessus, ch.47, lignes 95-
118; ch.49, lignes 77-80.

[13] Voltaire résume ici en une phrase les neuf paragraphes consacrés par Giannone
à un éloge appuyé de l'empereur (t.2, livre 17, fin du ch.4). Voir aussi ci-dessus,
ch.52, lignes 247-52; et les *Annales*: 'La Sicile, et surtout Naples, furent ses [de
Frédéric II] royaumes favoris. Il augmenta et embellit Naples et Capoue [...] fonda
des universités, et cultiva les beaux-arts dans ces climats où ces fruits semblent venir
d'eux-mêmes' (année 1250, p.357).

[14] A plusieurs reprises, Frédéric II parle de *Manfredus filius noster*. Giannone
donne le texte du testament (t.2, livre 17, ch.6). Voir aussi *Monumenta Germaniae
historica* [...] *Legum*, t.2, éd. G.-H. Pertz (Hanovre, 1837); le faux-titre porte:
'Monumenta Germaniae historica. T. IV' (p.357-60).

[15] A propos de la sentence d'Innocent IV (1243-1254), contre Frédéric II, voir ci-
dessus, ch.52, lignes 130-71. L'hostilité d'Innocent IV à l'avènement de Manfred est
mentionnée par Giannone (t.2, livre 18, introduction).

Innocent se hâta donc de quitter Lyon, pour aller sur les frontières de Naples exhorter les barons à ne point obéir à Manfreddo, que nous nommons Mainfroi. [16] Cet évêque ne combattait qu'avec les armes de l'opinion; mais vous avez vu combien ces armes étaient dangereuses. [17] Mainfroi se défia de ses barons, dévots, factieux et ennemis du sang de Souabe. Il y avait encore des Sarrasins dans la Pouille. L'empereur Frédéric II son père avait toujours eu une garde composée de ces mahométans; la ville de Lucéra, ou Nocera, était remplie de ces Arabes; on l'appelait *Lucera da pagani*, la ville des païens. [18] Les mahométans ne méritaient pas à beaucoup près ce nom que les Italiens leur donnaient. Jamais peuple ne fut plus éloigné de ce que nous appelons improprement *le paganisme*, et ne fut plus fortement attaché sans aucun mélange à l'unité de Dieu. [19] Mais ce terme de païens avait rendu odieux Frédéric II, qui avait employé les Arabes dans ses armées; il rendit Manfreddo plus odieux encore. Manfreddo cependant, aidé de ses mahométans, étouffa la révolte et contint tout le royaume, excepté la ville de Naples, qui reconnut le pape Innocent pour son unique maître. [20] Ce pape prétendait que les deux Siciles lui étaient

Les papes veulent dépouiller l'héritier du royaume.

50   61-W75G: Manfreddo ou Mainfroy.

[16] Voltaire suit Giannone, t.2, livre 18, introduction. Voir aussi Fleury, livre 83, année 1251, §28.

[17] Allusion peut-être au pape Léon et la bataille de Civitate (ci-dessus, ch.40). Adversaire des pouvoirs monarchiques du pape au sein de l'Eglise, Voltaire insiste (ligne 50) sur sa qualité de simple évêque. Notons qu'il hésite quant au responsable de l'attribution du titre de 'pape' aux seuls évêques de Rome: Grégoire VII, selon l'art. 'Eglise' des *QE* (*M*, t.18, p.497-98), mais Urbain II, selon l'art 'Yvetot' du fonds de Kehl (*M*, t.20, p.608).

[18] L'expression correcte serait en italien: *Lucera* ou *Nocera dei Pagani* (ou *de' Pagani*). Il s'agit de deux villes distinctes, la première, de la Pouille, l'autre, de la Campagnie: comme telles, elles sont mentionnées par Giannone (voir t.2, livre 16, ch.2, §1; t.3, livre 20, ch.9, §1), mais d'après une tendance courante, Voltaire semble les confondre. Sur les gardes mahométans de Frédéric II, voir ci-dessus, ch.52, lignes 238-40.

[19] Voltaire insiste sur le monothéisme des musulmans, dont le dieu est le même que celui des chrétiens.

[20] Voir Giannone, t.2, livre 18, introduction.

441

dévolues, et lui appartenaient de droit, en vertu des paroles qu'il avait prononcées en déposant Frédéric II et sa race au concile de Lyon. L'empereur Conrad IV arrive alors pour défendre son héritage. Il prend d'assaut sa ville de Naples;[21] le pape s'enfuit à Gênes sa patrie, et là il ne prend d'autre parti que d'offrir le royaume au prince Richard frère du roi d'Angleterre Henri III, prince qui n'était pas en état d'armer deux vaisseaux, et qui remercia le Saint-Père de son dangereux présent.[22]

1254. Les dissensions inévitables entre Conrad roi allemand, et Manfreddo italien, servirent mieux la cour romaine que ne firent la politique et les malédictions du pape.[23] Conrad mourut, et on prétend, comme je vous l'ai dit, qu'il mourut empoisonné.[24] La cour papale accrédita ce soupçon. Conrad laissait sa couronne de Naples à un enfant de dix ans; c'est cet infortuné Conradin, que nous verrons périr d'une fin si tragique.[25] Conradin était en Allemagne. Manfreddo était ambitieux. Il fit courir le bruit que Conradin était mort, et se fit prêter serment comme à un régent si Conradin était en vie, et comme à un roi si ce fils de l'empereur n'était plus.[26] Innocent avait toujours pour lui dans le royaume la faction des guelfes, ce parti ennemi de la maison impériale, et il avait encore *Les papes* pour lui ses excommunications. Il se déclara lui-même roi des deux *prennent pour* Siciles, et donna des investitures. Voilà donc enfin les papes rois de *eux les deux* ce pays conquis par des gentilshommes de Normandie. Mais cette *Siciles.* *1253 et 1254.* royauté ne fut que passagère; le pape eut une armée, mais il ne

70

75

80

85

90

[21] Sur l'arrivée de Conrad en Italie, et sur la fuite du pape à Gênes, voir Giannone, t.2, livre 18, ch.1.

[22] Sur l'offre du pape à Richard de Cornouailles (1209-1272), voir Giannone, t.2, livre 18, ch.1.

[23] Les dissensions entre Italiens et Allemands influencent constamment les relations entre Etats à cette époque: voir, par exemple, ci-dessus, ch.48, lignes 141-43. Né en Italie, Manfred est prince de Tarente depuis la mort de son père, en 1250.

[24] Voir ci-dessus, ligne 11.

[25] Voir ci-dessous, lignes 189-91. Né en Bavière en 1252, Conradin n'avait que deux ans à la mort de son père, Conrad IV.

[26] Voir Giannone, t.2, livre 18, ch.2, avant-dernier paragraphe; livre 19, introduction.

savait pas la commander; il mit un légat à la tête; Manfreddo avec ses mahométans et quelques barons peu scrupuleux, défit entièrement le légat et l'armée pontificale. [27]

Ce fut dans ces circonstances que le pape Innocent ne pouvant prendre pour lui le royaume de Naples, se tourna enfin vers le comte d'Anjou frère de saint Louis, et lui offrit une couronne dont il n'avait nul droit de disposer, et à laquelle le comte d'Anjou n'avait nul droit de prétendre. [28] Mais le pape mourut dès le commencement de cette négociation. C'est à quoi aboutissent tous les projets de l'ambition qui tourmentent si horriblement la vie.

Rinaldo de Signi, Alexandre IV, succéda à la place d'Innocent IV et à tous ses desseins. [29] Il ne put réussir avec le frère du roi de France saint Louis; ce roi malheureusement venait d'épuiser la France par sa croisade et par sa rançon en Egypte, et il dépensait le peu qui lui restait à rebâtir en Palestine les murailles de quelques villes sur la côte, villes bientôt perdues pour les chrétiens. [30]

Le pape Alexandre IV commence par citer par-devant lui Manfreddo; il en était en droit par les lois des fiefs, puisque ce prince était son vassal. Mais ce droit ne pouvant être que celui du plus fort, il n'y avait pas d'apparence qu'un vassal armé comparût devant son seigneur. Alexandre était à Naples, dont ses intrigues lui avaient ouvert les portes. Il négocia avec son vassal qui était dans la Pouille; il pria le Saint-Père de lui envoyer un cardinal pour traiter avec lui. La cour du pape décida: *id non convenire Sanctae Sedis honori, ut cardinales isto modo mittantur,* qu'il ne convenait pas à l'honneur du Saint-Siège d'envoyer ainsi des cardinaux. [31]

1254.

Roi de Naples cité devant le pape.

[27] Pour les lignes 87-93, voir Giannone, t.2, livre 18, ch.3, introduction.

[28] Voir Giannone, t.2, livre 18, ch.3, §1. Né en 1227, Charles est comte d'Anjou et du Maine depuis 1232, de Provence depuis 1246 par son mariage avec Béatrice, héritière du comté. Ses ambitions en Italie sont comblées par l'offre d'Innocent IV.

[29] Sur Rinaldo di Segni, Alexandre IV (1254-1261), voir Fleury, livre 84, année 1254, §1.

[30] Sur Louis IX, vaincu et prisonnier en Egypte, en 1250, voir ci-dessus, ch.58. Sur son séjour en Palestine de 1250 à 1254, voir Fleury, livre 83, année 1251, §32; années 1253-1254, §45.

[31] Voltaire suit Giannone, qui cite (t.2, livre 18, ch.4, n.*h*), avec une variante,

La guerre civile continua donc; le pape publia une croisade contre Mainfroi, comme on en avait publié contre les musulmans, les empereurs et les Albigeois. Il y a bien loin de Naples en Angleterre; cependant cette croisade y fut prêchée;[32] un nonce y alla *1255.* lever des décimes; ce nonce releva de son vœu le roi Henri III, qui avait fait serment d'aller faire la guerre en Palestine, et lui fit faire un autre vœu de fournir de l'argent et des troupes au pape dans sa guerre contre Manfreddo.[33]

Matthieu Paris rapporte que le nonce leva cinquante mille livres sterling en Angleterre.[34] A voir les Anglais d'aujourd'hui, on ne croirait pas que leurs ancêtres aient pu être si imbéciles. La cour papale pour extorquer cet argent,[35] flattait le roi de la couronne de

---

l'expression latine reprise par Voltaire: '*id non convenire Sedis honori, ut Cardinales hoc modo mittantur*' (voir *CN*, t.4, p.101, signets).

[32] Voir Giannone, t.2, livre 18, ch.4. L'historien huguenot F. Bruys, *Histoire des papes* (La Haye, 1732-1734, BV563), indique que la croisade contre Mainfroi fut prêchée 'à Londres et dans le reste de l'Angleterre, avec l'indulgence de la Terre Sainte. Ce qui fit murmurer le peuple, qui s'étonnait que l'on promît autant de pardon pour répandre le sang des chrétiens, que pour celui des infidèles' (t.3, 'Alexandre IV, année 1256'). En ce qui concerne l'Angleterre, Voltaire aurait pu consulter l'*Histoire d'Angleterre* de P. Rapin de Thoyras, dans la nouvelle édition (La Haye, 1749, BV2871), avec les notes de N. Tindal en bas de page, livre 8, années 1254-1258, t.2, p.482-500. Les manchettes de Rapin indiquent que celui-ci s'appuie fortement sur les chroniques de Matthieu Paris (1200-1259).

[33] Il s'agit du légat Rustand, nommé par Rapin (p.484), légiste d'origine gasconne envoyé en Angleterre en 1255. A propos de cette 'croisade' d'Henri III, voir également Rapin, t.2, 'Extrait du tome 1 de Rymer', 2ᵉ partie du règne de Henri III, art.1.

[34] La somme est rapportée dans une note de Tindal: 'Outre cette somme exorbitante [135 540 marcs d'argent empruntés au nom du roi], les prélats étaient obligés au pape de la somme de cinquante mille livres sterling et plus, sans leur connaissance et leur consentement. Voici les paroles de *M. Paris* sur cette affaire' (p.486n). La citation qui suit traite des exactions papales souffertes par les Anglais. Le renvoi en fin de note à *M. Paris* 'sur la fin de l'année 1255' permet de retrouver le passage avec la somme citée par Voltaire dans la *Grande Chronique* (*Historia major*, Londres, 1640, p.918).

[35] Le mot 'extorquer' (utilisé une seconde fois, ligne 135) revient également chez Rapin, année 1254, dans le contexte des demandes du pape auprès d'Henri III et les sommes que le roi 'put extorquer des Juifs ou de ses autres sujets' (p.480).

Naples pour le prince Edmond son fils; mais dans le même temps
130 elle négociait avec Charles d'Anjou, toujours prête à donner les
deux Siciles à qui les voudrait payer le plus chèrement. [36] Toutes ces
négociations échouèrent pour lors; le pape dissipa l'argent qu'il
avait levé en Angleterre pour sa croisade, et ne la fit point;
Manfreddo régna, et Alexandre IV mourut sans réussir à rien   *1260.*
135 qu'à extorquer de l'argent de l'Angleterre. [37]

Un savetier devenu pape sous le nom d'Urbain IV, continua ce
que ses prédécesseurs avaient commencé. [38] Ce savetier était de
Troyes en Champagne; son prédécesseur avait fait prêcher une
croisade en Angleterre contre les deux Siciles; celui-ci en fit
140 prêcher une en France; [39] il prodigua des indulgences plénières,
mais il ne put avoir que peu d'argent, et quelques soldats, qu'un
comte de Flandres, gendre de Charles d'Anjou, conduisit en Italie. [40]
Charles accepta enfin la couronne de Naples et de Sicile; le roi
saint Louis y consentit; mais Urbain IV mourut, sans avoir pu voir   *1264.*
145 les commencements de cette révolution. [41]

[36] Sur la double négociation du pape, voir Giannone, t.2, livre 18, ch.4. Edmond
(1245-1296) est le fils cadet du roi Henri III.

[37] Voir Rapin: 'Ce qu'il y a de plus étrange dans la conduite d'Alexandre, c'est
qu'il n'employait pas même à la guerre contre Mainfroi, les sommes excessives qu'il
tirait incessamment de l'Angleterre sous ce prétexte [...] dans le temps même que ce
pape épuisait l'Angleterre d'argent par la conquête projetée, il laissait Mainfroi jouir
tranquillement de sa couronne' (année 1256-1257). Voir aussi Giannone: 'Ce prince
[Mainfroi] continua [...] à régner avec autant de tranquillité que de bonheur jusques à
la mort du pape Alexandre' (t.2, livre 19, introduction, p.667).

[38] Voir Bruys: 'Il était [...] fils d'un savetier' (t.3, année 1261). Urbain IV (1261-
1264) ne put jamais entrer à Rome, occupée par Manfred.

[39] Voir Fleury: 'Ce n'était partout que croisades: en Espagne, en France, en
Hongrie, en Angleterre' (livre 85, année 1265, §36). Sur la croisade prêchée en
France, voir Giannone, t.2, livre 19, ch.1, introduction.

[40] Robert III de Flandre, dit Robert de Béthune (1247-1322), époux de Blanche
d'Anjou (1250-1269), est mentionné par Giannone (ch.1, introduction).

[41] Pour les débuts de l'"affaire de Sicile', voir Fleury (livre 85, année 1263, §23;
année 1264, §25). Voltaire semble plutôt suivre Giannone (t.2, livre 19, ch.1, §1).
Urbain IV meurt le 2 octobre 1264.

445

Voilà trois papes qui consument leur vie à persécuter en vain Manfreddo; un Languedocien (Clément IV) sujet de Charles d'Anjou, termina ce que les autres avaient entrepris, et eut l'honneur d'avoir son maître pour son vassal. [42] Ce comte d'Anjou, Charles, possédait déjà la Provence par son mariage, et une partie du Languedoc; mais ce qui augmentait sa puissance, c'était d'avoir soumis la ville de Marseille. [43] Il avait encore une dignité qu'un homme habile pouvait faire valoir, c'était celle de sénateur unique de Rome; car les Romains défendaient toujours leur liberté contre les papes: ils avaient depuis cent ans créé cette dignité de sénateur unique, qui faisait revivre les droits des anciens tribuns. [44] Le sénateur était à la tête du gouvernement municipal, et les papes qui donnaient si libéralement des couronnes, ne pouvaient mettre un impôt sur les Romains; ils étaient ce qu'un électeur est dans la ville de Cologne. [45] Clément ne donna l'investiture à son ancien maître qu'à condition qu'il renoncerait à cette dignité au bout de trois ans,

150

155

160

[42] Sur Clément IV (1265-1268) et la concession du royaume de Sicile à Charles d'Anjou, voir Fleury (livre 85, année 1264, §34). Mais sur la dépendance du pape, né à Saint Gilles du Gard, envers Charles d'Anjou, Voltaire semble suivre Giannone: 'Ce prélat était non seulement Français de nation, mais encore sujet de Charles' (t.2, livre 19, ch.2, p.677). Voir aussi ci-dessous, ligne 195.

[43] En 1230, l'important port de Marseille s'est mis sous la protection des ducs de Toulouse pour échapper à la domination des comtes de Provence. Charles d'Anjou l'investit en juillet 1252, après un siège de huit mois.

[44] Sur la charge de sénateur, voir Daniel, *Histoire de France* (Paris, 1729, BV938), année 1264, d'après lequel la charge avait été 'instituée six vingt ans auparavant' (en fait un premier 'sénateur unique', 'Benedetto Carushomo', s'est imposé à Rome de 1191 à 1193). Voltaire a aussi consulté C.-J.-F. Hénault, *Nouvel Abrégé chronologique de l'histoire de France* (Paris, 1756, BV1618), années 1145, 1146, 1147: 'Le peuple de Rome prétend que le pouvoir des papes ne s'étend pas au-delà des choses spirituelles, et fait revivre la dignité de sénateur, ce qui affaiblit l'autorité des papes' (voir *CN*, t.4, p.696, n.275).

[45] Voltaire revient en 1763 sur le pouvoir des papes dans la dixième des *Remarques pour servir de supplément à l'Essai sur les mœurs*. Notons que les historiens de son temps soulignent souvent l'importance de la charge de sénateur de Rome: voir, par exemple, Velly, *Histoire de France depuis l'établissement de la monarchie* (Paris, 1755-1774, BV3409), t.5, année 1264.

qu'il payerait trois mille onces d'or au Saint-Siège chaque année pour la mouvance du royaume de Naples, et que, si jamais le paiement était différé plus de deux mois, il serait excommunié. [46]

165 Charles souscrivit aisément à ces conditions et à toutes les autres. Le pape lui accorda la levée d'une décime sur les biens ecclésiastiques de France. [47] Il part avec de l'argent et des troupes, se fait couronner à Rome, livre bataille à Mainfroi dans les plaines de Bénévent, et est assez heureux pour que Mainfroi soit tué en

170 combattant. Il usa durement de la victoire, et parut aussi cruel que son frère saint Louis était humain. Le légat empêcha qu'on ne donnât la sépulture à Mainfroi. [48] Les rois ne se vengent que des vivants; l'Eglise se vengeait des vivants et des morts.

1266. Manfreddo vaincu, son cadavre sans sépulture.

---

170   W56-W57G: [*manchette*] *1269*.

---

[46] A propos de l'élection de Charles d'Anjou pour trois ans sous le pontificat d'Urbain IV, Voltaire suit Fleury (livre 85, année 1265, §35), et la date comme lui de 1264 (voir aussi 53, en manchette, lignes 13-174 var., ligne 21). Le montant de la redevance que Charles doit payer au Saint-Siège manque chez Fleury. Voltaire pourrait suivre Mézeray: '[Charles] fut reçu à Rome avec de grands honneurs par le peuple, déclaré sénateur de cette ville (c'était comme gouverneur et juge souverain) et l'année suivante le 28 juin couronné roi de Sicile par le pape dans l'église de Saint Pierre, à la charge de payer au Saint-Siège huit mille onces d'or' (*Abrégé chronologique de l'histoire de France*, Amsterdam, 1696, t.2, année 1265, p.740). Dans le *Saint-Fargeau notebook* (*OCV*, t.81, p.140), une note sur cette redevance est certainement tirée de Giannone (t.2, livre 19, ch.2, art.10). Voir aussi les *Annales*: 'Il s'engage à payer par an huit mille onces d'or de tribut; consentant d'être excommunié si jamais ce paiement est différé de deux mois' (années 1260-1266, p.363-64). Dans toutes ces sources, le montant de la redevance est de *huit mille onces d'or* et il est difficile d'expliquer l'origine de la leçon 'trois mille', qui apparaît dans les éditions 53-W57G (lignes 13-174 var., ligne 24), et finira par devenir définitive. Peut-être est-ce une erreur de transcription de '8000' en '3000'?

[47] Voir Mézeray: 'Clément IV [...] obtint pour lui [Charles] du Saint Roi [Louis IX] une décime sur le clergé de son royaume' (année 1265, t.2, p.740).

[48] Cf. les *Annales*: 'Le légat du pape, qui était dans l'armée, prive le corps de Mainfroi de la sépulture des chrétiens: vengeance lâche et maladroite qui ne sert qu'à irriter les peuples' (p.364). Sur le couronnement de Charles d'Anjou, le 6 janvier

*Conradin: son
droit, ses
malheurs.*
Cependant le jeune Conradin, véritable héritier du royaume de
Naples, était en Allemagne pendant cet interrègne, qui la désolait;   175
et pendant qu'on lui ravissait le royaume de Naples, ses partisans
l'excitent à venir défendre son héritage. Il n'avait encore que
quinze ans. Son courage était au-dessus de son âge. Il se met, avec
le duc d'Autriche son parent, à la tête d'une armée, et vient soutenir
ses droits. Les Romains étaient pour lui. Conradin excommunié est   180
reçu à Rome aux acclamations de tout le peuple, dans le temps
1268. même que le pape n'osait approcher de sa capitale. [49]

On peut dire que de toutes les guerres de ce siècle, la plus juste
était celle que faisait Conradin; elle fut la plus infortunée. Le pape
fit prêcher la croisade contre lui, ainsi que contre les Turcs. Ce   185

174-75   MSP: royaume, était
179   MSP: d'Autriche (de la première maison d'Autriche) son
180   MSP: lui. Ils aimaient à mortifier l'Espagne et d'ailleurs il y a dans le peuple
un instinct qui le range presque toujours du parti le plus juste, quand cet instinct n'est
pas perverti par le fanatisme. Conradin
185-86   MSP: Turcs et contre l'empereur Frédéric son grand-père. Il est

---

1266, voir Giannone, livre 19, ch.2, §1. La bataille de Bénévent (livre 19, ch.3) a lieu le
22 février 1266. Voir Fleury: 'les Français remportèrent la victoire entière; Mainfroi
y fut tué sur place, et demeura sans sépulture ecclésiastique comme étant
excommunié: mais Charles le fit enterrer sous un monceau de pierres le long du
grand chemin' (livre 85, année 1266, §42).

[49] Le jeune âge de Conradin est également signalé dans les *Annales* (p.364). Même
chose chez Fleury, qui le dit accompagné 'du duc de Bavière son oncle, et du comte
de Tirol, son beau-père' (livre 85, années 1267-1268, §59). Mais Voltaire suit
Giannone, qui mentionne bien un 'duc d'Autriche, jeune prince'. Selon M. S. F.
Schöll, *Cours d'histoire des Etats européens, depuis le bouleversement de l'empire romain
d'Occident jusqu'en 1789*, t.4 (Paris, 1830), il s'agit en fait de Frédéric, margrave de
Bade (c.1249-1268): 'Ce prince qui avait trois ans de plus que Conradin, est aussi
nommé Frédéric d'Autriche, parce que sa mère Gertrude était une de ces princesses
qui se portèrent héritières de la maison de Bamberg [pour 'Babenberg'], et que son
père Hermann avait en effet été en possession jusqu'à sa mort du duché d'Autriche'
(livre 4, ch.10, p.264). Quant au pape, qui 'n'osait approcher de sa capitale',
Clément IV, élu à Pérouse, siège en effet la plupart du temps à Viterbe.

prince est défait et pris dans la Pouille, avec son parent Frédéric duc
d'Autriche. Charles d'Anjou, qui devait honorer leur courage, les
fit condamner par des jurisconsultes. La sentence portait qu'ils
méritaient la mort *pour avoir pris les armes contre l'Eglise.* Ces deux
190 princes furent exécutés publiquement à Naples par la main du
bourreau. [50]

Les historiens contemporains les plus accrédités, les plus fidèles,
les Guichardins et les de Thou de ces temps-là rapportent que
Charles d'Anjou consulta le pape Clément IV, autrefois son
195 chancelier en Provence et alors son protecteur et que ce prêtre
lui répondit en style d'oracle: *vita Corradini mors Caroli*; *mors
Corradini, vita Caroli.* Cependant les valets en robe de Charles
passèrent dix mois entiers [51] à se déterminer sur cet assassinat qu'ils

1268.
*Conradin et
Frédéric
d'Autriche
exécutés par
l'ordre de
l'usurpateur.*

188   MSP: [*manchette: Sentence de mort contre Conradin.*]

191-207   MSP, 53-W75G: bourreau. Le pape Innocent IV [61-W75G: Clément IV]
auquel on semblait le sacrifier, n'osa approuver cette barbarie, d'autant plus
exécrable qu'elle était revêtue des formes de la justice. Je ne puis assez m'étonner
que saint Louis n'ait jamais fait de reproche [53-W75G: reproches] à son frère d'une
5   action si [53, 61-W75G: aussi] déshonorante; lui que les [53, 61: des] Egyptiens avaient
épargné dans une circonstance bien moins favorable, devait [53, 61: favorable! Il
devait] condamner plus qu'un autre la cruauté [53-54N: fureur] [61-W75G: férocité]
de Charles d'Anjou. Le vainqueur, au lieu de ménager les Napolitains, les irrita par
des oppressions. Les Français [61-W68: Les Provençaux] et lui

[50] Dans les *Annales*, Voltaire donne des détails sur l'exécution de Conradin et de
Frédéric d'Autriche (années 1267-1268, p.365). Suivant Fleury (livre 85, année 1268,
§63), il date cet événement du 26 octobre 1268, mais la date exacte est le 29 octobre.

[51] L'exécution de Conradin eut lieu fin octobre. La sentence et le jugement des
'valets en robe' de Charles d'Anjou n'ont pas traîné 'dix mois'. Sans doute cette
méprise de Voltaire a été induite par Giannone, qui critique (t.2, livre 19, ch.4, §2)
l'historien G. A. Summonte (*Historia della città e regno di Napoli*, Naples, 1601-
1602), d'après lequel Clément IV n'a pu donner le conseil de tuer Conradin,
'puisqu'il mourut dix mois auparavant que Conradin eût la tête tranchée' (livre 3,
année 1269, §'Morte di Clemente IV'), mais précise de son côté que 'Charles lui [au
pape] demanda son avis sur ce qu'il devait faire de Conradin; qu'il le lui donna, mais
que peu de temps après, prévenu par la mort, il ne put voir l'exécution des cruautés
qu'il avait conseillées' (t.2, livre 19, ch.4, §2). Or rappelons-le, Clément ne meurt que
le 29 novembre 1268, un mois après l'exécution.

devaient commettre avec le glaive de la justice. La sentence ne fut portée qu'après la mort de Clément IV. (*a*)[52] On ne peut assez s'étonner que Louis IX canonisé depuis, n'ait fait aucun reproche à son frère d'une action si barbare, si honteuse et si peu politique; lui que des Egyptiens avaient épargné si généreusement dans des circonstances bien moins favorables: il devait condamner plus qu'un autre la férocité réfléchie de Charles son frère.[53]

200

205

(*a*) Voyez les Annales de l'Empire sur la maison de Souabe.

n.*a*   53-w68: [*absente*]

[52] Cf. les *Annales*: 'Les historiens Villani, Guadelfiero, Fazelli, assurent que le pape Clément IV demanda le supplice de Conradin à Charles d'Anjou. Ce fut sa dernière volonté. Ce pape mourut bientôt après' (années 1267-1268, p.365). Selon toute vraisemblance, Voltaire suit Giannone (signets, p.706-707; *CN*, t.4, p.102): 'Un grand nombre d'écrivains, entre lesquels nous rapporterons Henri Guadelfier, Villani, Fazzel, et Collenuccio, soutiennent que le Saint-Père décida la question par ces courtes, mais terribles paroles: "Vita Corradini, mors Caroli. Mors Corradini, vita Caroli. Si Corradin vit, Charles mourra: Et si Conradin meurt, Charles vivra".' (t.2, livre 19, ch.4, §2, p.702). Cependant, les historiens nommés par Giannone semblent plus nuancés et moins tranchants que ne le dit l'historien napolitain. Ainsi, par exemple, G. Villani, *Historia universalis a condita Florentia*, livre 7, ch.29, dans L. A. Muratori, *Rerum italicarum scriptores*, t.13, Milan, 1728, col.254; T. Fazello (1498-1570), *De rebus siculis, decades duae*, 1558, 'Decas secunda', livre 8, ch.3. La relation entre le texte de l'*EM* et celui des *Annales* est compliquée. Voltaire utilise déjà Giannone lors de la préparation des *Annales*, mais il ajoute des précisions qui ne sont pas chez l'historien napolitain: comme, par exemple, la date de l'exécution de Conradin (voir ci-dessus, n.50). Or dans les lignes 192-207, qui figurent pour la première fois dans к, il revient, quelques années plus tard, sur les mêmes événements, et il le fait en consultant de nouveau Giannone. Celui-ci semble placer la date de l'exécution après le 29 novembre, jour de la mort de Clément IV: 'Clément [...] ne put pas voir l'exécution du conseil inhumain qu'il avait donné: Le 29 novembre de cette année 1268, ou suivant quelques autres écrivains, le 30 décembre, il mourut' (livre 19, ch.4, §2). Voltaire, qui pourtant écrit dans les *Annales* que l'exécution de Conradin a eu lieu le 26 octobre 1268, et que la mort de Clément IV date du 29 novembre suivant, oublie cette chronologie et, bien qu'il renvoie aux *Annales*, il est cette fois troublé par les indications de Giannone à propos de Summonte et en arrive à affirmer que la sentence de mort 'fut portée après la mort de Clément IV'.

[53] Cf. les *Annales*: 'Ce qui surprend, c'est qu'on ne voit point que saint Louis, frère

Le vainqueur indigne de l'être au lieu de ménager les Napolitains, les irrita par des oppressions; ses Provençaux et lui furent en horreur.

C'est une opinion générale, qu'un gentilhomme de Sicile, *Vêpres*
210 nommé Jean de Procida, déguisé en cordelier, trama cette fameuse *siciliennes.*
conspiration, par laquelle tous les Français devaient être égorgés à la même heure le jour de Pâques au son de la cloche de vêpres. Il est sûr que ce Jean de Procida avait en Sicile préparé tous les esprits à une révolution, qu'il avait passé à Constantinople et en Arragon, et
215 que le roi d'Arragon, Pierre, gendre de Mainfroi, s'était ligué avec l'empereur grec contre Charles d'Anjou: mais il n'est guère vraisemblable qu'on eût tramé précisément la conspiration des *Vêpres siciliennes.* [54] Si le complot avait été formé, c'était dans le royaume de Naples qu'il fallait principalement l'exécuter; et

216-17   MSP, 53-54N: n'est pas vraisemblable
217   MSP: tramé la

───────────────────

de Charles d'Anjou, ait jamais fait à ce barbare le moindre reproche de tant d'horreurs. Au contraire, ce fut en faveur de Charles qu'il entreprit en partie sa dernière malheureuse croisade contre le roi de Tunis protecteur de Conradin' (années 1267-1268, p.265). Au cours de la septième croisade, Louis IX fut fait prisonnier en Egypte, le 6 avril 1250. Voir ci-dessus, ch.58, lignes 104-109; Fleury, livre 83, année 1250, §19-21.

[54] Daniel, années 1279-1282; Giannone, livre 20, ch.5; Velly, année 1282. Quant au déroulement des événements, Voltaire, dont l'esprit critique est toujours en éveil, se distingue des auteurs de son temps (et de ceux du dix-neuvième siècle) par son refus de céder à une 'théorie du complot' qui lui paraît infirmée par les faits (lignes 218-20, 220-21 var.). Dans l'interprétation des 'vêpres', la thèse de la conspiration a été prédominante jusqu'au milieu du dix-neuvième siècle (M. Amari, *La Guerra del Vespro siciliano*, Palerme, 1842). Sur Giovanni da Procida (1210-1298) et sa 'conspiration', voir S. Runciman, *The Sicilian Vespers. A history of the Mediterranean world in the later thirteenth century* (Harmondsworth, 1960), p.222-35. Pierre III d'Aragon (1239-1285), époux de Constance, fille de Manfred de Sicile et héritière des Hohenstaufen, est sans doute le véritable instigateur du massacre qui fait de lui, sous le nom de Pierre Ier, le nouveau roi de Sicile. Adversaire de Charles d'Anjou, qui brigue son trône, l'empereur d'Orient Michel VIII Paléologue (1261-1282) lui prête main-forte à cette occasion.

cependant aucun Français n'y fut tué. Malespina raconte qu'un 220
Provençal, nommé Droguet, (*b*) violait une femme dans Palerme le
1282. lendemain de Pâques, dans le temps que le peuple allait à vêpres. La
femme cria, le peuple accourut, on tua le Provençal. Ce premier
mouvement d'une vengeance particulière anima la haine générale. 55

(*b*) Pour excuser Droguet, on prétend qu'il se contenta de trousser
cette dame dans la rue: j'y consens.

220-21   MSP: tué. D'ailleurs choisit-on le milieu du jour pour une telle action?
Malespina
220-21   MSP, 53-54N: qu'un Français nommé
n.*b*   MSP, 53-W68: [*absente*]
221-22   MSP, 53-54N: le jour de
223   MSP: peuple courut, on tua le Français.

55 Velly commente ainsi ce passage: '[Voltaire], peintre inimitable en tout, mais
principalement dans les portraits d'imagination, dit en parlant de ce fameux
évènement [...]: "Un Provençal violait une femme, le jour de Pâques, dans le
temps que le peuple allait à vêpres". Il y a bien des remarques à faire sur ce peu de
paroles, 1° Malespina, qu'il cite ne dit point "le jour", mais "le lundi" de Pâques, "il
lunedì della Pascha di Resurrezione". 2° Il n'est point question de viol dans cet
auteur, mais d'une insulte faite à une dame par un Français audacieux. "Uno
Francesco per suo rigoglio prese una femina... per farle villania". Un autre historien
[Niccolò Speciale, chroniqueur sicilien du quatorzième siècle] explique la qualité de
l'insulte. Ce fut, dit-il, de fouiller indécemment sous ses robes, sous prétexte qu'il y
avait quelque poignard caché. 3° La circonstance d'une procession où se trouve une
femme au milieu de ses compagnes et de sa famille ne permet pas de soupçonner le
crime qu'on suppose sans aucune autorité' (année 1282, n.*b*). Quant à la date, MSP et
53-54N donnent: 'le jour de Pâques', comme, par exemple, Daniel: 'On choisit le
propre jour de Pâques, qui était cette année-là le vingt-neuvième de Mars' (année
1282). Cf. aussi les *Annales*: 'Enfin le troisième jour de Pâques au son de la cloche des
vêpres tous les provençaux sont massacrés dans l'Isle' (années 1281-1282, p.371-72).
Voltaire répond à Velly dans un ajout posthume à la douzième des *Remarques pour
servir de supplément à l'Essai sur les mœurs*: 'Velly relève aussi l'auteur de l'*Essai sur les
mœurs*, p.361 et 362, sur la raison que celui-ci donne des Vêpres siciliennes. Cependant
M. Velly rapporte lui-même le texte de Malespina, qui dit: "Uno Francese per suo
rigoglio prese una femina... per far le villania" [un Français, par orgueil, prit une
femme... pour lui faire outrage]. Je ne crois pas que ces mots "per far le villania"
signifient "pour fouiller si elle n'avait pas de poignard caché". D'ailleurs on ne dit
point que l'on chercha à fouiller les autres femmes, ni les hommes qui allaient aussi à

225 Les Siciliens, excités par Jean de Procida et par leur fureur,
s'écrièrent qu'il fallait massacrer les ennemis. On fit main basse à
Palerme sur tout ce qu'on trouva de Provençaux. La même rage
qui était dans tous les cœurs, produisit ensuite le même massacre
dans le reste de l'île. On dit qu'on éventrait les femmes grosses
230 pour en arracher les enfants à demi formés, et que les religieux
mêmes massacraient leurs pénitentes provençales. Il n'y eut, dit-
on, qu'un gentilhomme nommé des Porcellets, qui échappa. [56]
Cependant il est certain que le gouverneur de Messine avec sa
garnison se retira de l'île dans le royaume de Naples. [57]
235   Le sang de Conradin fut ainsi vengé, mais sur d'autres que sur
celui qui l'avait répandu. [58] Les Vêpres siciliennes attirèrent encore de
nouveaux malheurs à ces peuples, qui nés dans le climat le plus
fortuné de la terre, n'en étaient que plus méchants et plus

225   MSP: par la fureur
226   MSP: massacrer leurs ennemis
227   MSP, 53-W57G: de Français.
231   MSP, 53-54N: pénitentes françaises.
232   MSP: gentilhomme provençal nommé Porcellets
234-35   MSP: Naples. Si le projet de tuer tous les Français à la même heure avait
été formé, n'aurait-on pas commencé par le gouverneur de Messine? ¶Le sang

---

vêpres' (*M*, t.24, p.567). Le texte de 'Malespina' se trouve dans l'*Aggionta* à l'*Historia Florentina* de R. Malespini (chroniqueur du treizième siècle), dans Muratori, *Rerum italicarum scriptores* (t.8, ch.209, col.1029). Le nom de 'Droguet' ne se trouve pas dans ce texte, mais est cité notamment par P.-J. d'Orléans, *Histoire des révolutions d'Espagne* (Paris, 1734, BV2619), livre 4, année 1282 (pour la lecture de pages proches de ce livre, voir *CN*, t.6, p.192).

[56] Voir Daniel, année 1282. Guillaume III des Porcellets (1195-1288), chambellan de Charles d'Anjou, participe avec lui en 1265 à la conquête du Royaume de Naples. Daniel (année 1282) et Giannone (livre 2, ch.5) mentionnent les femmes enceintes éventrées. Velly évoque les moines (année 1282).

[57] Voir Daniel, année 1282.

[58] Cf. les *Annales*: 'Voilà comme on commença la vengeance de Conradin, et du duc d'Autriche. Leur mort avait été le crime d'un seul homme, de Charles d'Anjou; et huit mille innocents l'expièrent!' (années 1281-1282, p.372).

misérables. [59] Il est temps de voir quels nouveaux désastres furent

239   MSP: misérables. [*manchette: 1283.*] Le pape prêcha la croisade contre eux et contre Pierre III, roi d'Aragon, qui accourut en Sicile pour s'emparer de ce pays toujours prêt à recevoir un étranger. ¶Ces tristes événements se passaient après la mort de saint Louis. Philippe le Hardi envoyait des secours à son oncle Charles d'Anjou. L'empereur grec en donnait à l'Aragonais. L'esprit de chevalerie épargna   5 cette fois beaucoup de sang à l'Europe. Le roi d'Aragon défia Charles d'Anjou à un combat particulier. On convint de se battre avec cent chevaliers de part et d'autre sous les murs de Bordeaux, ville appartenant aux rois d'Angleterre. Le jour du combat fixé le premier juillet 1283: l'Europe s'attendait qu'on verrait enfin deux rois décider leurs querelles particulières sans y envelopper les peuples. Charles d'Anjou   10 comparut avec ses cent chevaliers. Pierre prétendit qu'on lui dressait des embûches et au lieu de se venir battre à Bordeaux, il s'affermit dans l'île de Sicile qui resta pour toujours à sa race. On la nomma quelque temps le royaume de Trinacrie pour la distinguer du royaume de Naples, qui fut encore appelé le royaume de Sicile. Charles d'Anjou veut en vain rentrer dans l'île qu'il a si justement perdue. Son fils Charles le   15 Boîteux est pris en combattant comme l'avait été le malheureux Conradin. Il tomba entre les mains de Constance, fille de Mainfroi, femme du roi d'Aragon alors absent. Qu'on égorge tous les Français pris avec lui et on le destine lui-même à la mort. Constance avait à venger son père Mainfroi et son cousin Conradin sur les fils du tyran. Mais soit pitié, soit politique, elle épargne le sang de Charles le Boîteux. Cette   20 clémence sert encore à rendre la cruauté de Charles d'Anjou plus odieuse. Charles d'Anjou mourut bientôt après. Il expira, disent plusieurs historiens, en très bon chrétien, en disant: 'Seigneur, vous savez que je n'ai conquis la Sicile que pour le bien de l'Eglise.' Il n'y a pas d'apparence qu'il ait prononcé des paroles qui eussent été si ridicules dans sa bouche. Les princes sont dissimulés, mais non pas si grossièrement   25 et on met rarement de l'hypocrisie dans ses dernières paroles. Après sa mort, la paix se fit. Charles le Boîteux régna dans Naples et les Aragonais en Sicile. Ces deux royaumes restèrent séparés jusqu'au seizième siècle. [60] Il est temps

239-40   MSP, 53-54N: temps de retourner [53-54N: revenir] sur mes pas et de voir quels nouveaux désastres furent produits par l'abus

[59] Voir, sur ce thème, l'art. 'Climat' des *QE* (*OCV*, t.40, p.131-32). Voltaire n'étant pas un adepte de cette théorie (voir 'Climat', p.128n), on peut penser qu'il ne fait ici, comme souvent, que souligner un paradoxe. Sur le débat, au dix-huitième siècle, à propos de 'la théorie des climats', voir, par exemple, M. Duchet, *Anthropologie et histoire au siècle des Lumières* (Paris, 1971; rééd. 1995).

[60] Ces épisodes, mentionnés dans MSP, sont définitivement exclus par Voltaire des éditions de l'*EM*, à l'exception du duel manqué, à Bordeaux, entre les chevaliers de Charles d'Anjou et ceux de Pierre d'Aragon, repris au ch.100, où Voltaire indique

240 produits dans ce même siècle par l'abus des croisades et par celui de la religion. [61]

_____

(s'appuyant, semble-t-il, sur *Le Vrai Théâtre d'honneur et de chevalerie* de M. Vulson, Paris, 1648, BV3819, 2e partie, ch.12) que Pierre III n'étant arrivé 'que sur le soir', Charles ne l'a pas attendu. La conclusion de ces événements de Sicile est tirée par Voltaire au ch.64 (ci-dessous, lignes 270-80).

[61] A partir de w56, Voltaire désigne nommément 'l'abus de la religion' comme le principal responsable des 'désastres' qu'il va exposer dans les chapitres suivants.

CHAPITRE 62

De la croisade contre les Languedociens. [1]

Les querelles sanglantes de l'empire et du sacerdoce, les richesses des monastères, l'abus que tant d'évêques avaient fait de leur

a-271 [*Première rédaction de ce chapitre*: MSP]
a   MSP: Chapitre 39
          W56-W57G: Chapitre 50
          61: Chapitre 58
b   MSP, 53-W57G: *De la croisade contre les Albigeois.*

1-4   MSP, 53-54N: Les abus de la puissance du pape sur le clergé et ceux du pouvoir du clergé sur les peuples devaient tôt ou tard révolter les esprits des hommes qui haïssent toujours leurs maîtres. Arnoud de Bresse avait

* Ce chapitre s'inscrit dans la continuité thématique du bloc consacré aux croisades (ch.54-58). Il n'a cependant pas été intégré en son sein, puisque la 'croisade contre les Albigeois' se déroula parallèlement aux croisades en Terre Sainte et inaugura en Europe un combat systématique contre l'hérésie qui conduisit à l'établissement de l'Inquisition. Ce chapitre rompt donc la progression chronologique en constituant un retour en arrière dont Voltaire a remanié la portée. La version MSP est en effet sensiblement plus étoffée que celle des éditions imprimées qui ne donnent pas un certain nombre de passages (lignes 56-63, 73-74, 105-107, 115-16, 147-53, variantes), et tronquent plusieurs citations (lignes 26, 47-49, variantes). Ce sont souvent des commentaires relativement critiques contre la papauté (lignes 10, 20, variantes) ou contre l'intolérance des chrétiens (lignes 73-74, 115-16, variantes). La rédaction 'initiale' – manuscrite et imprimée – s'arrête cependant vers 1218, et n'évoque que très brièvement la fin de la croisade des Albigeois marquée par le traité de Paris en 1229. L'édition de 1761 répare cet 'oubli', et Voltaire étoffe l'exposé extrêmement sévère des commencements de l'Inquisition en France, qui complète utilement le ch.140, publié dans l'édition de 1756, consacré aux développements de l'Inquisition en Europe. Participant du mouvement de lutte contre l'Infâme, le chapitre double alors de volume et s'enrichit d'une tonalité critique qui apparaît par ailleurs dans MSP, comme en témoignent également quelques ajouts disséminés dans la première partie (lignes 81-96, 147-50). Comme à son habitude, Voltaire a paradoxalement puisé l'essentiel de son matériau dans l'*Histoire ecclésiastique* de Fleury, qu'il complète à l'occasion à l'aide du *Glossarium ad*

puissance temporelle, devaient tôt ou tard révolter les esprits, et
leur inspirer une secrète indépendance. Arnaud de Brescia avait osé
5 exciter les peuples jusque dans Rome à secouer le joug.[2] On
raisonna beaucoup en Europe sur la religion dès le temps de
Charlemagne.[3] Il est très certain que les Francs et les Germains ne *Albigeois.*

6-9 MSP: Europe vers le douzième siècle sur la religion, tandis qu'elle était en
Syrie la cause ou le prétexte de tant de ravages. La querelle de Béranger sur
l'eucharistie repoussait de temps en temps des racines. Il se trouva des
    53-61: Europe vers le douzième siècle sur la religion. Il se trouva des

scriptores mediae et infimae latinitatis de Du Cange (Paris, 1733-1736, BV1115), de
l'*Histoire de France* de Daniel (Paris, 1729, BV938), ou de l'*Abrégé chronologique* de
Mézeray (Amsterdam, 1701, BV2444). Bien qu'il possède l'*Histoire des Albigeois
touchant leur doctrine et religion, contre les faux bruits qui ont été semés d'eux* ([Genève],
1595, BV720) de J. Chassanion, Voltaire semble plutôt se reporter à tous ceux qui
l'ont copié. Il ajoute cependant dans l'édition de 1769 des détails fort désobligeants
pour les croisés que nous n'avons pas trouvés dans ces sources (lignes 57-62, 138-41);
il est peu probable qu'il s'agisse d'une pure invention, et ces ajouts bénéficient peut-
être des lectures peu orthodoxes menées pour l'entreprise du *DP*.

[1] A partir de l'édition de 1761, Voltaire se détache de l'appellation traditionnelle,
utilisée constamment par Fleury, faisant référence à la ville d'où la secte se serait
répandue en France. Le terme de 'Languedociens' paraît plus neutre, quand celui
d'‘Albigeois’ est nécessairement associé à l'hérésie. Voici la définition de cette
hérésie dans Fleury: ‘Ils prétendaient mener la vie apostolique, ne mangeaient point
de chair et ne buvaient point de vin [...]. Ils ne disaient point *Gloria Patri*. Ils
soutenaient que l'aumône n'était point méritoire, parce qu'on ne devait pas avoir de
quoi la faire, ni rien posséder. Ils comptaient pour rien la messe et la communion. [...]
Ils n'adoraient ni la croix, ni l'image de Notre Seigneur, disant que c'était une
idolatrie’ (livre 69, année 1147, §25).

[2] Voir ci-dessus, ch.47, ligne 101. Arnaud de Brescia figure dans l'imaginaire
voltairien parmi les martyrs de l'intolérance religieuse aux côtés de Jean Hus, de
Jérôme de Prague et d'Anne Du Bourg. Voir l'art. ‘Apropos, l'apropos’ des *QE*
(*OCV*, t.38, p.537).

[3] Le texte de MSP est plus étoffé que les versions imprimées; la référence à la
querelle sur l'eucharistie faisait double emploi avec ce qui était évoqué en détail au
ch.45. En 1769, Voltaire ajoute cependant un commentaire sarcastique sur les
subtilités théologiques nées de la perversion de l'esprit.

connaissaient alors ni images, ni reliques, ni transsubstantiation. Il se trouva ensuite des hommes qui ne voulurent de loi que l'Evangile, et qui prêchèrent à peu près les mêmes dogmes que tiennent aujourd'hui les protestants. On les nommait *Vaudois*, parce qu'il y en avait beaucoup dans les vallées du Piémont; [4] *Albigeois*, à cause de la ville d'Albi; [5] *bonshommes* par la régularité dont ils se piquaient; [6] enfin *manichéens*, du nom qu'on donnait alors en général aux hérétiques. [7] On fut étonné vers la fin du douzième siècle que le Languedoc en parût tout rempli.

10

15

10 MSP: et qui croyant ne voir dans cet Evangile ni le despotisme du pape, ni celui des évêques, ni la présence réelle, ni l'extrême-onction, ni la confirmation, ni le célibat des prêtres, prêchèrent

53-54N: prêchaient

11 MSP: On sait qu'on les

16-17 MSP: rempli. L'esprit de réforme qui les animait et qui est plus dangereux souvent l'abandonnement à leur licence, effraya les pontifes. ¶Dès

[4] C'est une généralisation de Voltaire, qui pourrait en cela suivre l'avis du protestant J. Basnage (*Histoire de l'Eglise*, Rotterdam, 1699, livre 24, ch.7, §5), qui contestait la distinction de Bossuet entre Vaudois et Albigeois (*Histoire des variations des Eglises protestantes*, Paris, 1752, BV484, livre 11, notamment §130), reprise par Fleury: 'Il ne faut pas confondre ces nouveaux hérétiques [les Vaudois] avec les cathares ou Albigeois beaucoup plus anciens' (livre 73, année 1184, §55).

[5] Fleury: 'Albi était la ville de tout le pays la plus infectée de cette hérésie, d'où vint ensuite le nom d'Albigeois à toute la secte' (livre 69, année 1147, §25).

[6] Cette explication ne se trouve pas telle quelle dans les sources de Voltaire, ni dans l'art. 'Boni homines' de Du Cange, que Voltaire a signalé (*CN*, t.3, p.210, corne en haut de page, col.1337). Il se peut toutefois que Voltaire arrange à sa manière ce qu'il lit chez Daniel: 'Leur abstinence, leur fausse modestie, la sévérité affectée de leurs maximes, quoiqu'ils fussent dans le fond très corrompus, leur fit donner aussi le nom de Bons-hommes' (année 1208, t.3, p.512). Daniel, comme beaucoup de théologiens, insiste sur la conduite immorale des Albigeois, ce que Voltaire ne fait pas, sauf dans MSP (voir ligne 16 var.).

[7] L'observation est exacte. Fleury, par exemple, appelle constamment les Albigeois 'manichéens' (voir, par exemple, la Table des matières des années 1099-1153: 'Albigeois, hérétiques manichéens'). Il en va de même pour des

Dès l'an 1198 le pape Innocent III [8] délégua deux simples moines *Commencements* de Cîteaux pour juger les hérétiques: [9] 'Nous mandons, dit-il, aux *de l'Inquisition.* princes, aux comtes, et à tous les seigneurs de votre province, de les

20 assister puissamment contre les hérétiques, par la puissance qu'ils ont reçue pour la punition des méchants: en sorte qu'après que frère Rainier aura prononcé l'excommunication contre eux, les seigneurs confisquent leurs biens, les bannissent de leurs terres, et les punissent plus sévèrement s'ils osent y résister. Or nous

25 avons donné pouvoir à frère Rainier d'y contraindre les seigneurs par excommunication et par interdit sur leurs biens, etc.' [10] Ce fut le premier fondement de l'Inquisition.

18-19   MSP: hérétiques. Il est difficile de dire qui entreprenait plus sur les privilèges des évêques, ou les hérétiques qui prêchaient sans mission, ou le pape qui, au mépris de l'épiscopat, transférait la juridiction des prélats à deux moines. ¶'Nous mandons, dit-il à tous seigneurs

24   MSP: y demeurer.

26   MSP: leurs terres. Nous écrivons aussi à tout le peuple de votre province que lorsqu'ils en seront requis par frère Rainier et frère Guy, ils marchent contre les hérétiques et nous accordons à ceux qui les assisteront fidèlement la même indulgence que s'ils allaient à Rome ou à Saint-Jacques.' Ce

---

'hérétiques allemands' non spécifiés (livre 70, année 1156, §26), pour les Vaudois (livre 73, année 1185, §55), pour les poplicains du Nivernais (livre 75, année 1198, §7), et pour les bogomiles (4e *Discours sur l'histoire ecclésiastique*, années 1198-1230, p.xli). Daniel à son tour est tout aussi catégorique: l'hérésie des Albigeois 'n'était qu'un renouvellement des erreurs capitales des anciens manichéens, avec un mélange de quelques autres blasphèmes' (année 1208, t.3, p.511). Pour les opinions de Voltaire sur l'étymologie du terme, voir l'art. 'Bulgares, ou Boulgares' des *QE* (*OCV*, t.39, p.476-82).

[8] Nous sommes ici au commencement du règne d'Innocent (élu pape le 8 janvier 1198). Voltaire a déjà évoqué son action de pape très engagé dans les ch.49, 50, 51, 56.

[9] La remarque critique de MSP, qui entre dans un débat intéressant le pouvoir du pape sans rapport avec le sujet du chapitre, ne figure pas dans les éditions imprimées.

[10] Voltaire recopie Fleury, livre 75, année 1198, §8 (signet, *CN*, t.3, p.538). La citation est exacte, sauf deux termes qui figurent en revanche correctement dans MSP

Luxe des
moines. Un abbé de Cîteaux fut nommé ensuite avec d'autres moines
pour aller faire à Toulouse ce que l'évêque devait y faire.[11] Ce
procédé indigna le comte de Foix[12] et tous les princes du pays, déjà   30
séduits par les réformateurs, et irrités contre la cour de Rome.

La secte était en grande partie composée d'une bourgeoisie
réduite à l'indigence par le long esclavage dont on sortait à peine, et
encore par les croisades. L'abbé de Cîteaux paraissait avec
l'équipage d'un prince. Il voulut en vain parler en apôtre. Le   35
peuple lui criait, *Quittez le luxe ou le sermon.* Un Espagnol évêque
d'Osma, très homme de bien, qui était alors à Toulouse, conseilla

> 30   MSP: indigna le comte de Toulouse, le comte de Foix
> 31   MSP: irrités au fond du cœur contre
> 34   MSP: croisades. Ils affectaient surtout cette pauvreté que toute secte nouvelle
> prêche toujours jusqu'à ce qu'elle soit puissante. L'abbé de Cîteaux paraissant avec
> 35   MSP: prince voulut parler

('résister' pour 'demeurer', ligne 24 et var.; 'biens' pour 'terres', ligne 26 et var.). La
suite de la citation qui ne figure que dans MSP provient toujours de Fleury. La
manchette 'Commencements de l'Inquisition' reprend un commentaire inscrit sur un
signet placé aux pages précédentes dans l'exemplaire de Fleury (*CN*, t.3, p.537-38).

[11] Voici comment Fleury décrit la mission de Pierre de Castelnau, et de Raoul,
'moines de l'abbaye de Fontfroide, ordre de Cîteaux au diocèse de Narbonne. [...] Le
pape joignit à la même légation Arnaud, abbé de Cîteaux; et [...] il leur donna un plein
pouvoir dans les provinces d'Aix, d'Arles et de Narbonne, et dans les diocèses voisins
infectés d'hérésie' (livre 76, année 1204, §12; signet annoté 'légats p[ou]r Vaudois',
CN, t.3, p.541). La fin de la phrase (ligne 29), peu claire car très allusive, renvoie
vraisemblablement à la destitution de l'archevêque de Toulouse Raymond de
Rabastens, incapable de financer sa charge et surtout sans doute pris par d'autres
soucis ailleurs: 'ayant été obligé d'engager à ses créanciers ses fermes et ses châteaux,
pour soutenir des procès et des guerres contre un de ses vassaux' (§12).

[12] Raymond Roger V, comte de Foix (1188-1223), parent de Raimond VI de
Toulouse. Il n'était pas ouvertement Albigeois lui-même, mais sa femme et sa sœur
l'étaient. La version manuscrite ajoute le comte de Toulouse, mentionné par Fleury
(année 1204, §12).

aux inquisiteurs de renoncer à leurs équipages somptueux, de marcher à pied, de vivre austèrement, et d'imiter les Albigeois pour les convertir. Saint Dominique, [13] qui avait accompagné cet évêque, donna l'exemple avec lui de cette vie apostolique, et parut souhaiter alors qu'on n'employât jamais d'autres armes contre les erreurs. [14] Mais Pierre de Castelnau, l'un des inquisiteurs, fut accusé de se servir des armes qui lui étaient propres, en soulevant secrètement *1207.* quelques seigneurs voisins contre le comte de Toulouse, et en suscitant une guerre civile. [15] Cet inquisiteur fut assassiné. Le

[13] Fleury décrit Diego de Azebez, l'évêque d'Osma, comme 'un prélat vertueux, zélé et prudent' (livre 76, année 1206, §27). Domingo de Guzmán, dit Domingo de Osma (*c.*1170-1221), membre depuis 1196 du chapitre de son évêque, combat l'hérésie cathare aux côtés de ce dernier. Dans ce but, et prenant pour mission la neutralisation des prédicateurs albigeois, très influents, il fonde en 1215 l'ordre des prêcheurs (ou les dominicains). C'est à ces derniers que Grégoire IX confiera l'Inquisition (1223) par la bulle *Excommunicamus*. Depuis l'époque de *La Pucelle* (*OCV*, t.7, p.351), son nom est pour Voltaire synonyme de *persécution* (voir surtout les textes des années 1760: par exemple, l'art. 'Inquisition' du *DP*, *OCV*, t.36, p.234-39; les *Homélies prononcées à Londres*, 1767, *OCV*, t.62, p.450; la *Seconde Anecdote sur Bélisaire*, 1767, *OCV*, t.63A, p.207; le *Sermon prêché à Bâle*, 1768, *OCV*, t.67 p.29). Les occurrences peuvent paraître peu fréquentes, mais Dominique est très souvent subsumé sous la haine que Voltaire voue à l'Inquisition: entre 1723 et 1776, celle-ci figure plus de 400 fois dans plus de 70 de ses écrits.

[14] Voltaire résume Fleury, livre 76, année 1206, §27 (signet, *CN*, t.3, p.541). La scène se déroule à Montpellier et non à Toulouse, et Voltaire transpose au discours direct (*Quittez le luxe ou le sermon*) ce commentaire expliquant l'échec des inquisiteurs: 'Car quand ils voulaient les prêcher, [les hérétiques] leur objectaient la vie déréglée des ecclésiastiques: disant qu'ils devaient abandonner la prédication, s'ils ne voulaient corriger.'

[15] Voltaire n'invente pas. Fleury raconte comment Pierre de Castelnau, moine cistercien, légat du pape en Languedoc pour combattre les hérétiques, 'était allé en Provence pour réunir la noblesse du pays [...], purger d'hérétiques la province de Narbonne' (livre 76, année 1207, §36). Le comte de Toulouse fut contraint à accepter la paix 'tant par les guerres que lui firent les nobles de Provence excités par Pierre de Castelnau que par l'excommunication qu'il publia contre lui'.

soupçon tomba sur le comte de Toulouse. [16]

Le comte de Toulouse persécuté.

Le pape Innocent III ne balança pas à délier les sujets du comte de Toulouse de leur serment de fidélité. [17] C'est ainsi qu'on traitait les descendants de ce Raimond de Toulouse, qui avait le premier servi la chrétienté dans les croisades. [18]

Le comte, qui savait ce que pouvait quelquefois une bulle, se soumit à la satisfaction qu'on exigea de lui. Un des légats du pape, nommé Milon, lui commande de le venir trouver à Valence, de lui

1209.

50

47-49 MSP: Toulouse. On crut que la vengeance venait de lui, parce qu'on savait qu'il avait été outragé. ¶Le pape Innocent III, irrité d'ailleurs, ne balança pas à délier les sujets du comte de Toulouse de leur serment de fidélité. Voici les singulières expressions de la bulle du pape: 'Comme, selon les saints canons, on ne doit point garder la foi à ceux qui ne la gardent point à Dieu, nous déclarons absous de son serment quiconque a promis fidélité au comte de Toulouse. Permettons à tous catholiques de poursuivre sa personne et de prendre ses terres.' ¶C'est ainsi qu'on traite les

51 MSP: chrétienté en Asie dans
52 MSP: comte savait
54 MSP: V<Valence> Saint-Giles près de Valence

5

[16] Fleury, livre 76, année 1207, §36. Raymond VI, comte de Toulouse (1156-1222), avait toléré l'hérésie albigeoise. Son arrière-grand-père, Raymond IV, dit Raymond de Saint-Gilles (1042-1105), avait été l'un des chefs de la première croisade. L'assassinat de Pierre de Castelnau (15 janvier 1208) conduisit Innocent III à lancer en 1208 la croisade contre les Albigeois.

[17] Les éditions imprimées ne donnent pas la citation des propos d'Innocent III (voir lignes 47-49 var.), qui est prise dans 'une grande lettre adressée à tous les seigneurs et les chevaliers des provinces de Narbonne, d'Arles, d'Embrun, d'Aix et de Vienne' résumée par Fleury (livre 76, année 1207, §36) et que Voltaire a signalée (signet annoté 'Albigeois on ne doit garder la fidélité aux m[êmes] princes', *CN*, t.3, p.542). Voltaire remanie quelque peu la fin du texte donné par Fleury: 'garder la foi à celui qui ne la garde point à Dieu [les légats] déclareront absous de leur serment tous ceux qui ont promis au comte fidélité [...] et [...] il est permis à tout catholique [...] de poursuivre.'

[18] Pour la première mention de Raimond, et le rôle qu'il joua dans la première croisade, voir ci-dessus, ch.54.

55 livrer sept châteaux qu'il possédait en Provence, de se croiser lui-même contre les Albigeois ses sujets, de faire amende honorable. Le comte obéit à tout. [19] Il parut devant le légat nu jusqu'à la ceinture, nu-pieds, nu-jambes, revêtu d'un simple caleçon à la porte de l'église de Saint-Gilles; là un diacre lui met une corde au cou, et un
60 autre diacre le fouetta, tandis que le légat tenait un bout de la corde, après quoi on fit prosterner le prince à la porte de cette église pendant le dîner du légat. [20]

56-63   MSP: honorable, nu en chemise, sur le tombeau de Pierre de Castlenau et de recevoir la discipline. Le comte obéit à tout. On avait prêché la croisade contre son peuple. Un nombre prodigieux d'évêques et de seigneurs de châteaux marchaient de toutes les provinces de France avec leurs vassaux pour venger l'Eglise et pour
5 s'enrichir des dépouilles du Languedoc. Le comte de Toulouse était réduit à se joindre lui-même à ceux qui venaient le détruire et à marcher contre ses sujets qui n'étaient pas révoltés contre lui. ¶On
57-63   53-61: tout. ¶On

[19] Fleury: 'Le pape lui envoya le docteur Milon un de ses clercs, homme recommandable par sa science et par sa vertu, et incapable de se laisser intimider' (livre 76, année 1208, §37). Voltaire réaménage les faits. Cf. Fleury, année 1209, §44 (signet, CN, t.3, p.542): le comte doit livrer sept forteresses en sûreté, et faire amende honorable, mais il demande lui-même à se croiser pour 'se mieux garantir des croisés qu'il craignait terriblement' (année 1209, §45).

[20] Alors que les éditions imprimées jusqu'en 1761 faisaient l'économie des remarques présentes dans la version manuscrite sur le succès de la croisade contre les Albigeois, l'édition de 1769 comporte un ajout détaillant l'humiliation subie par le comte de Toulouse. Si le fil de la narration de Fleury (livre 76, année 1209, §44) mentionne seulement que le comte se présenta 'nu en chemise' (voir MSP), le reste semble provenir du 4e *Discours sur l'histoire ecclésiastique*: 'J'appelle supplices ces spectacles affreux que l'on donnait au public, faisant paraître le pénitent nu jusqu'à la ceinture, avec une corde au cou et des verges à la main, dont il se faisait fustiger par le clergé: comme on fit entre autres à Raimond le vieux comte de Toulouse' (§15, 'Changements dans la pénitence'). En revanche, l'humiliation subie 'pendant le dîner du légat' semble être une mise en scène d'homme de lettres, car ce genre de juxtaposition désinvolte est fréquente chez Voltaire (voir les nombreux exemples dans la scène de l'*autodafé* de *Candide*, OCV, t.48, p.138-39); contentons-nous d'en citer deux où il est précisément question du dîner: *Socrate* (1759), III.i.122-23: 'Oui, oui; nous les pendrons à la première session. Allons dîner', avec note: 'Au seizième siècle, il se passa une scène à peu près semblable, et un des juges dit ces propres

On voyait d'un côté le duc de Bourgogne, le comte de Nevers, Simon comte de Montfort, les évêques de Sens, d'Autun, de Nevers, de Clermont, de Lisieux, de Bayeux à la tête de leurs troupes,[21] et le malheureux comte de Toulouse au milieu d'eux comme leur ôtage: de l'autre côté des peuples animés par le *Tous les* fanatisme de la persuasion. La ville de Béziers voulut tenir *habitants de* contre les croisés. On égorgea tous les habitants, réfugiés dans *Béziers égorgés.* une église. La ville fut réduite en cendres.[22] Les citoyens de Carcassonne, effrayés de cet exemple, implorèrent la miséricorde des croisés. On leur laissa la vie. On leur permit de sortir presque nus de leur ville, et on s'empara de tous leurs biens.[23]

65

70

64 MSP: Montfort l'Amaury,
65 MSP, 53-61: Nevers à
67 MSP, 53-54N: côté étaient des peuples qui avaient le
68 MSP: Béziers n'ayant guère d'autre force voulut en vain tenir
69 MSP: [*manchette*] *1209.*
69-70 MSP: habitants. Il y en eut sept mille massacrés dans la grande église où ils avaient cru trouver un refuge. La ville
70 MSP, 53-W57G: Les habitants de
73-74 MSP: biens. ¶La plupart des croisés étaient des arrière-vassaux qui suivant l'usage de ces temps-là avaient quitté leurs métairies ou leurs donjons, les

paroles: *A la mort; et allons dîner*' (*OCV*, t.49B, p.338); *La Guerre civile de Genève* (1767-1768): 'Les blés sont chers et la disette est grande. / Allons dîner — les genoux n'y font rien' (*OCV*, t.63A, p.91-92).

[21] Liste fournie par Fleury (livre 76, année 1209, §45; signet annoté 'croizade contre les Albigeois', *CN*, t.3, p.542). Voltaire oublie le comte de Saint-Paul, et il ajoute en 1769 les évêques de Lisieux et de Bayeux qui n'apparaissent que plus tard dans le récit de Fleury (livre 77, année 1211, §1; voir ci-dessous, ligne 108).

[22] Le sac de Béziers eut lieu le 22 juillet 1209. Voltaire résume Fleury, qui parle spécifiquement, comme la version MSP, de 7000 habitants réfugiés dans l'église (livre 76, année 1209, §45). La généralisation des éditions imprimées ('on égorgea tous les habitants') permet prudemment de faire concorder ce nombre avec les versions divergentes de Mézeray (60 000 morts) et de Daniel (30 000 morts) qui ajoute: 'Quelques-uns en comptent beaucoup plus, et d'autres beaucoup moins' (année 1209, t.3, p.518).

[23] La reddition de Carcassonne eut lieu le 15 août 1209. D'après Fleury, les croisés

On donnait au comte Simon de Montfort le nom de Macabée. [24]

75 Il se rendit maître d'une grande partie du pays, s'assurant des châteaux des seigneurs suspects, attaquant ceux qui ne se mettaient pas entre ses mains, poursuivant les hérétiques qui osaient se défendre. Les écrivains ecclésiastiques racontent eux-mêmes, que Simon de Montfort ayant allumé un bûcher pour ces malheureux, il

80 y en eut cent quarante qui coururent, en chantant des psaumes, se précipiter dans les flammes. [25] Le jésuite Daniel en parlant de ces

Injustice du jésuite Daniel.

---

uns pour quarante jours, les autres pour un temps moins long. Ils s'en retournaient chargés de butin après l'expiration du terme. Le comte Simon de Montfort s'étant fait

5 déclarer général de cette croisade engagea pour un temps un peu plus long ceux que l'espérance du pillage lui attachait. Il avait cherché en vain des établissements en Syrie et dans la Grèce. Il espérait que la croisade du Languedoc lui serait plus favorable que les autres. On lui donnait le nom

74   53-w68: Macabée, de défenseur de l'Eglise.

78   MSP: défendre et faisant brûler ceux qui, étant en son pouvoir, persistaient dans leur croyance. ¶Les écrivains

79   w56-w57G: [*manchette*] *1210*.

80-81   MSP: qui allèrent en chantant des psaumes s'élancer dans

81-97   53-w57G: flammes. ¶En dépeuplant ainsi le Languedoc

---

décidèrent d'épargner la ville pour ne pas subir les mêmes pertes sèches causées par l'incendie de Béziers: 'ils considérèrent que s'ils la ruinaient comme Béziers, tous les biens qui étaient dedans seraient consumés; et que celui qu'on établirait seigneur du pays, n'aurait ni de quoi entretenir des troupes pour le conserver, ni de quoi subsister lui-même' (livre 76, année 1209, §45). Ils ordonnèrent donc aux habitants de sortir 'nus en chemise' et leurs prirent tous leurs biens. Ici, Voltaire semble reprendre l'interprétation de Mézeray: '[les habitants] de Carcassonne épouvantés d'une si sanglante tuerie [de Béziers], se rendirent à discrétion, bien heureux de sortir tout nus en chemise' (année 1209, t.2, p.328).

[24] Voltaire n'a pas repris le début du paragraphe qui figure dans MSP, et qui introduisait très succinctement Simon IV le Fort, comte de Montfort (*c.*1150-1218), qui à défaut de s'enrichir s'était couvert de gloire lors de la quatrième croisade. Seul le *Grand Dictionnaire historique* de Moréri (Amsterdam, 1740, BV2523), art. 'Monfort (Simon de)', parle du surnom de '*le Fort et le Machabée*'; nous n'avons pas trouvé trace du surnom de 'défenseur de l'Eglise' que supprime l'édition de 1775.

[25] Il s'agit du siège du chateau de Minerbe (juillet 1210), dans le diocèse de

infortunés dans son *Histoire de France*, les appelle *infâmes et détestables*.[26] Il est bien évident que des hommes qui volaient ainsi au martyre, n'avaient point de mœurs infâmes. Il n'y a sans doute de détestable que la barbarie avec laquelle on les traita, et il n'y a d'infâme que les paroles de Daniel. On peut seulement déplorer l'aveuglement de ces malheureux, qui croyaient que Dieu les récompenserait, parce que des moines les faisaient brûler.

L'esprit de justice et de raison qui s'est introduit depuis dans le droit public de l'Europe, a fait voir enfin qu'il n'y avait rien de plus injuste que la guerre contre les Albigeois. On n'attaquait point des peuples rebelles à leur prince; c'était le prince même qu'on attaquait pour le forcer à détruire ses peuples. Que dirait-on aujourd'hui, si quelques évêques venaient assiéger l'électeur de Saxe ou l'électeur palatin, sous prétexte que les sujets de ces princes ont impunément d'autres cérémonies que les sujets de ces évêques?

En dépeuplant le Languedoc, on dépouillait le comte de Toulouse. Il ne s'était défendu que par les négociations. Il alla trouver encore dans Saint-Gilles les légats, les abbés qui étaient à la

85

90

95

1210.

85-86   61: traita. On
98   MSP: négociations et par les plaintes.
99   MSP, 53-54N: légats, les évêques, les abbés

Carcassonne. Cf. Fleury: 'Le comte de Montfort vint lui-même dans la maison où les hérétiques étaient assemblés, et après les avoir exhortés en vain, il les fit tirer du château au nombre de cent quarante ou plus d'entre leurs parfaits. On prépara un grand feu où ils coururent d'eux-mêmes, sans attendre qu'on les y jetât' (livre 76, année 1210, §58). Nous n'avons trouvé, dans les sources de Voltaire, nulle mention des psaumes chantés à cette occasion.

[26] Dans cet ajout de 1761 (lignes 81-96), d'où découle une réflexion générale sur la tolérance religieuse, Voltaire s'en prend à l'une de ses cibles favorites, le 'jésuite Daniel'. Bien que ce dernier ne cesse effectivement de fustiger les 'hérétiques', Voltaire radicalise quelque peu la portée de ses propos: '[les Albigeois] faisaient profession d'une grande chasteté, quoique par un abominable principe, que la pudeur m'empêche d'écrire, ils soutinssent non seulement qu'on ne péchait point, mais encore qu'on ne pouvait pas pécher en s'abandonnant aux plus infâmes voluptés' (année 1208, t.3, p.512).

100 tête de cette croisade. Il pleura devant eux. On lui répondit que ses larmes venaient de fureur. [27] Le légat lui laissa le choix, ou de céder à Simon de Montfort tout ce que ce comte avait usurpé, ou d'être excommunié. Le comte de Toulouse eut du moins le courage de choisir l'excommunication. [28] Il se réfugia chez Pierre II roi

105 d'Arragon, son beau-frère, qui prit sa défense, et qui avait presque autant à se plaindre du chef des croisés que le comte de Toulouse. [29]

Cependant l'ardeur de gagner des indulgences et des richesses multipliait les croisés. Les évêques de Paris, de Lisieux, de Bayeux

Evêques croisés contre les Languedociens.

100   53-54N: croisade [*avec note*: L'an 1210.]
101   MSP: fureur plutôt que de pénitence.

105-107   MSP: beau-frère dont il implora les secours. Ce roi en 1204 avait soumis son royaume au Saint-Siège auquel il payait tribut et dont il était feudataire ainsi que Jean Sans Terre, roi d'Angleterre, son contemporain; mais comme il ne s'était soumis que par politique au siège de Rome, la politique le força de se déclarer contre

5   la croisade et de secourir Raymond de Toulouse. Il prit sa défense non seulement comme son allié, mais comme seigneur suzerain de Béziers, de Comminges, de Béarn et de Foix, ses vassaux poursuivis par la même croisade. Le roi d'Aragon avait presque autant à se plaindre du chef des croisés que le comte de Toulouse. La reine sa femme, mécontente de son mari, avait remis Jacques son fils presque au berceau entre

10   les mains de ce Simon de Montfort. Pierre d'Aragon se déclara bientôt contre le ravisseur de son fils, oppresseur de provinces. ¶Cependant

[27] Voltaire suit Fleury et modifie légèrement son texte: 'Alors le comte de Toulouse commença à répandre des larmes, que Théodise jugea venir plutôt de dépit que de pénitence' (livre 76, année 1210, §58). Voir ligne 101 var.

[28] Le comte de Toulouse fut certes excommunié, mais Fleury ne parle pas de son refus de céder ses terres pour justifier ce fait (livre 76, année 1210, §58). Voltaire semble à nouveau suivre ici la leçon de Mézeray (t.2, p.329).

[29] Ces données se trouvent chez Fleury (livre 77, année 1213, §20), mais Voltaire abandonne l'ordre de sa rédaction qu'il suivait jusqu'alors, et paraît plutôt se reporter au canevas de Daniel (année 1209). La version MSP accorde un large paragraphe introductif à cet acteur secondaire qu'est Pierre II d'Aragon (c.1174-1213), tué à la bataille de Muret. Voltaire semble suivre Fleury: couronnement du roi d'Aragon par le pape, livre 76, année 1204, §10 (signet, *CN*, t.3, p.541); défense de ses vassaux, livre 77, année 1213, §20; allégeance de Jean Sans Terre au pape, livre 77, année 1213, §25 (signet, *CN*, t.3, p.546). En revanche, il semble tirer les précisions sur le devenir de son fils, remis à son ennemi par sa femme, de l'*Histoire des révolutions d'Espagne* de P.-J. d'Orléans (Paris, 1734, BV2619), dont il a signalé le passage (livre 2, t.1, p.404) par un papillon (*CN*, t.6, p.187).

accourent au siège de Lavaur. On y prit prisonnier quatre-vingts chevaliers avec le seigneur de cette ville, que l'on condamna tous à être pendus; mais les fourches patibulaires étant rompues, on abandonna ces captifs aux croisés, qui les massacrèrent. On jeta dans un puits la sœur du seigneur de Lavaur, et on brûla autour du puits trois cents habitants qui ne voulurent pas renoncer à leurs opinions.[30]

Le prince Louis, qui fut depuis le roi Louis VIII, se joignit à la vérité aux croisés pour avoir part aux dépouilles;[31] mais Simon de Montfort écarta bientôt un compagnon qui eût été son maître.[32]

C'était l'intérêt des papes de donner ces pays à Montfort; et le projet en était si bien formé, que le roi d'Arragon ne put jamais par sa médiation obtenir la moindre grâce. Il paraît qu'il n'arma que quand il ne put s'en dispenser.

La bataille qu'il livra aux croisés auprès de Toulouse, dans laquelle il fut tué, passa pour une des plus extraordinaires de ce

1211. (margin, left of paragraph 3)

1213.
Bataille
incroyable. (margin, left of last paragraph)

110

115

120

111-12   MSP: patibulaire s'étant rompues, on les abandonna aux

115-16   MSP: opinions. ¶Le reste de la terre a souffert sans doute d'horribles fléaux. L'ambition et l'avarice l'ont presque toujours ravagée; mais aucun peuple, si on en excepte les chrétiens, n'a jamais fait de ces guerres de religion dans lesquelles des hommes qui se traitent de frères, se détruisent si impitoyablement pour quelques dogmes qui les divisent. ¶La secte des Albigeois s'étendait dans toutes les provinces au-delà de la Loire. Ces pays étaient un vaste objet de conversions et de conquêtes. Philippe-Auguste n'en pouvait profiter, comme il l'eût voulu. Il était pressé alors par les Allemands et par les Anglais. ¶Le prince Louis, qui fut depuis le roi Louis VIII, fils de Philippe-Auguste, et père de saint Louis, se joignit

118   MSP: Montfort, établi général par le pape, écarta

123   MSP: qu'il donna aux

124   MSP: passe pour un des plus extraordinaires événements de

5

[30] Fleury, livre 77, année 1211, §1 (signet annoté 'horribles cruautez contre les Albigeois', *CN*, t.3, p.543). La version MSP présente un commentaire sur ces persécutions qui ne figure pas dans les éditions imprimées.

[31] Fleury, livre 77, année 1213, §22.

[32] Voltaire a lu trop vite (ou déforme volontairement?) car ce commentaire s'applique chez Fleury non à Simon de Montfort mais à un légat, Pierre de Bénévent, qui l'accompagne à la rencontre du prince (livre 77, année 1215, §36).

125 monde. Une foule d'écrivains répète que Simon de Montfort avec huit cents hommes de cheval seulement, et mille fantassins, attaqua l'armée du roi d'Arragon et du comte de Toulouse, qui faisaient le siège de Muret. Ils disent que le roi d'Arragon avait cent mille combattants, et que jamais il n'y eut une déroute plus complète. Ils
130 disent que Simon de Montfort, l'évêque de Toulouse et l'évêque de Cominge, divisèrent leur armée en trois corps en l'honneur de la sainte Trinité. [33]

Mais quand on a cent mille ennemis en tête, va-t-on les attaquer avec dix-huit cents hommes en pleine campagne, et divise-t-on une
135 si petite troupe en trois corps? C'est un miracle, [34] disent quelques écrivains; mais les gens de guerre qui lisent de telles aventures, les appellent des absurdités.

128   MSP: Muret, dont cette journée a pris son nom.

131   MSP: avaient divisé leur armée en trois corps à l'honneur

134-35   MSP, 53-54N: divise-t-on ces dix-huit cents hommes en trois corps [MSP: de six cents chacun]? C'est

137-42   MSP, 53-61: absurdités. ¶Après

[33] Voltaire donne un florilège de ses sources. Fleury ne relate pas la bataille de Muret (12 septembre 1213), mais il précise que les troupes furent divisées en trois corps en l'honneur de la Trinité (livre 77, année 1213, §28; signet, CN, t.3, p.546). Chassanion parle de 800 chevaliers accompagnés de 'peu de gens de pieds', opposés à 100 000 hommes, chiffre avec lequel toutes les autres sources s'accordent (livre 3, ch.23, p.188). Daniel parle de 800 à 900 hommes et de la division des troupes en trois corps, sans faire le rapprochement avec la Trinité (année 1213). Mézeray évoque 1000 à 1200 hommes pour les croisés. En 1748, dans une nouvelle préface à l'*Histoire de Charles XII* (qu'il intitule 'Pyrrhonisme de l'histoire'), Voltaire donne libre cours à la même incrédulité devant ces précisions: 'quand je lis, que Simon de Montfort battit cent mille hommes avec neuf cents soldats divisés en trois corps, je répète alors, *je n'en crois rien*. On me dit, c'est un miracle; mais est-il bien vrai que Dieu ait fait ce miracle pour Simon de Montfort?' (*OCV*, t.4, p.573).

[34] Sur cette victoire 'miraculeuse', Daniel est le seul à s'exprimer ainsi: 'Elle a quelque chose de si prodigieux et de si surprenant, qu'elle serait incroyable si elle n'était attestée non seulement par les auteurs contemporains, mais encore par des témoins oculaires, et par les évêques qui étaient avec le comte de Montfort' (année 1213, t.3, p.543).

Plusieurs historiens assurent que saint Dominique était à la tête des troupes un crucifix de fer à la main, encourageant les croisés au carnage. [35] Ce n'était pas là la place d'un saint; et il faut avouer que si Dominique était confesseur, le comte de Toulouse était martyr. 140

Le comte de Toulouse va demander grâce à Rome. Après cette victoire, le pape tint un concile général à Rome. [36] Le comte de Toulouse vint y demander grâce. Je ne puis découvrir sur quel fondement il espérait qu'on lui rendrait ses Etats. Il fut trop heureux de ne pas perdre sa liberté. Le concile même porta la 145 miséricorde jusqu'à statuer qu'il jouirait d'une pension de quatre cents marcs ou marques d'argent. [37] Si ce sont des marcs, c'est à peu près vingt mille francs de nos jours; si ce sont des marques, c'est environ douze cents francs. Le dernier est plus probable, attendu que moins on lui donnait d'argent, plus il en restait pour l'Eglise. [38] 150

142   MSP: [*manchette*] *1215*.

143   MSP: de Toulouse, excommunié, dépouillé de ses Etats, quoiqu'il n'eût jamais professé la doctrine des Albigeois, vint demander grâce dans le concile. Je ne peux découvrir

147-51   53-w57G: marcs d'argent. ¶Quand

147-53   MSP: marcs d'argent qui reviennent à vingt mille francs de notre monnaie. ¶Quand Innocent III, ce pape qui avait déposé tant de souverains, fut mort, Raimond de Toulouse ne fut pas mieux traité. Les papes meurent, mais l'esprit de la papauté ne meurt pas. Raimond toujours proscrit, rentra enfin dans Toulouse sa capitale, dont les habitants lui étaient toujours dévoués. Le conquérant Montfort l'y 5 assiégea. Mais il y trouva

148   K: vingt-deux mille francs

[35] Cet élément ajouté en 1769 ne provient pas des sources habituelles de Voltaire.

[36] Il s'agit du quatrième concile de Latran (voir Fleury, livre 77, année 1215, §40, 45-56), où, parmi les nombreuses affaires discutées, le comte de Toulouse ferme la marche, figurant en fin de liste parmi les 'autres décrets' (§57).

[37] Sur l'amende infligée au comte de Toulouse, voir Fleury: 'le pape, avec l'approbation de la plus grande et plus saine partie du concile, donna sa sentence, par laquelle il ordonne que le comte Raimond [...] en soit exclu [de ses terres] pour toujours, et demeure en quelqu'autre lieu convenable pour y faire pénitence, avec une pension de quatre cents marcs d'argent' (année 1215, §57; signet, *CN*, t.3, p.546).

[38] Voltaire introduit un doute en 1761 sur le terme de *marc / marques* par pur goût pour la polémique, car toutes ses sources, même secondaires, parlaient sans

Quand Innocent III fut mort, [39] Raimond de Toulouse ne fut pas mieux traité. Il fut assiégé dans sa capitale par Simon de Montfort; *1218.* mais ce conquérant y trouva le terme de ses succès et de sa vie. Un coup de pierre écrasa cet homme, qui en faisant tant de mal avait 155 acquis tant de renommée. [40]

Il avait un fils à qui le pape donna tous les droits du père; mais le pape ne put lui donner le même crédit. La croisade contre le Languedoc ne fut plus que languissante. Le fils du vieux Raimond, qui avait succédé à son père, était excommunié comme lui. Alors le 160 roi de France Louis VIII se fit céder par le jeune Montfort tous ces pays que Montfort ne pouvait garder; mais la mort arrêta Louis VIII au milieu de ses conquêtes. [41]

153   53-54N: mais il trouva
155   MSP: de gloire.
159   MSP: lui. Ainsi ses Etats, par les droits de ces temps-là, étaient au premier occupant. Alors
161-271   MSP: garder. Il est vraisemblable qu'alors ils auraient été réunis à la couronne de France, mais la mort arrêta Louis VIII au milieu de ses conquêtes, et cet Etat ne fut au pouvoir des rois de France que sous Philippe le Hardi, fils et successeur de saint Louis qui s'en mit en possession par les droits du sang. [42] ¶Pendant le règne

---

ambiguïtés orthographiques du marc d'argent, qui équivalait à 8 onces. En revanche la 'marque' 'se dit aussi des jetons, des fiches et autres choses que l'on met au jeu d'argent, et qu'on fait valoir ce que l'on veut' (*Dictionnaire de l'Académie*, éd. 1694).

[39] Innocent III mourut le 16 juillet 1216.

[40] Fleury, livre 78, année 1218, §18 (signet, *CN*, t.3, p.546). Le siège de Toulouse dura neuf mois (octobre 1217-juin 1218). Simon de Montfort meurt le 25 juin 1218.

[41] Raymond VII (1197-1249), comte de Toulouse, avait succédé à son père mort en 1222; il fut excommunié en 1225, après avoir repris Carcassonne à Amaury de Montfort en 1224. Voltaire résume à grands traits des épisodes que Fleury détaille: Louis VIII se croise et récupère les terres d'Amaury VI (livre 79, année 1226, §18, 'Louis VIII se croise contre les Albigeois'; signet, *CN*, t.3, p.546); ses conquêtes sont fructueuses (§28, 'Croisade contre les Albigeois') mais elles sont interrompues par sa mort la même année (§29). Sur cette cession que Voltaire a déjà évoquée, voir ci-dessus, ch.51, lignes 211-15.

[42] La fille de Raymond VII, Jeanne de Toulouse, qui avait hérité du comté, avait

de saint Louis, les malheurs de ces croisades contre l'Egypte et contre Tunis   5
empêchèrent que les Albigeois n'en éprouvassent une nouvelle. Mais l'Inquisition
qui fut établie à Toulouse leur fit une autre guerre. ¶Le pape en 1234 envoya dans
leur pays qui était alors fort tranquille, deux dominicains et un cordelier avec le titre
d'inquisiteur. Les deux dominicains s'y rendirent si odieux que le peuple les chassa de
la ville, eux et toute leur communauté. [43] Rome fut même obligée de suspendre   10
longtemps l'Inquisition, mais elle fut enfin rétablie, et une des règles prescrites par le
pape aux inquisiteurs fut de ne jamais oublier d'exiger de l'argent en forme de caution
des hérétiques convertis. 'Nous vous ordonnons, dit le pape Grégoire dans sa
constitution de 1238, de prescrire aux hérétiques une peine pécuniaire.' [44] ¶Cependant
la secte subsistait toujours, mais faible, peu nombreuse et cachée dans l'obscurité. Ce   15
fut cette secte qui attira sur l'Europe le fléau de l'Inquisition. ¶Le pape Innocent IV
l'établit en 1251 dans toute l'Italie, excepté Naples, comme un nouveau tribunal qui
affermirait l'autorité du Saint-Siège. [45] Il fut confié aux dominicains et aux cordeliers,
mais conjointement avec les évêques. Nous verrons dans la suite quelles cruautés ce
tribunal a exercées dans l'Espagne et dans le Portugal.//   20

162-271   53-w57G: conquêtes et cet Etat ne fut [w56-w57G: entièrement] au
pouvoir des rois de France que sous Philippe le Hardi. [w56-w57G: ¶Les papes
partagèrent la dépouille. Le jeune comte de Toulouse fut obligé de leur céder en 1228
le comtat Venaissin qui comprenait cinq petites villes. C'était son asile; c'était un fief
de l'empire, ainsi que toutes les terres en delà du Rhône. Il eût été à souhaiter que le   5
Saint-Siège eût eu sur ce petit Etat un droit moins odieux, et qu'il n'eût pas été le prix
du sang. L'intelligence de la cour de France avec le pape Grégoire IX ravit à la
maison de Toulouse ce reste de son héritage qu'elle possédait depuis Charlemagne.
La mésintelligence entre l'empereur Frédéric II et le même Grégoire IX rendit au
comte de Toulouse ce petit pays. L'empereur comme suzerain, et comme suzerain   10

été mariée à Alphonse de Poitiers, cinquième fils de Louis VIII et de Blanche de
Castille, et frère de saint Louis. A la mort du couple, sans héritier, en 1271, le comté
revint à la couronne de France, sous le règne de Philippe III le Hardi (1270-1285).

[43] Voltaire résume l'historique thématique que Fleury fait de l'Inquisition
(livre 114, année 1478, §170), et propose la date de 1234 en recoupant avec un
passage puisé dans les paragraphes consacrés aux Albigeois (livre 80, année 1234,
§40) dans lequel Fleury identifie les deux frères prêcheurs comme Pierre Cellan et
Guillaume Arnauld.

[44] Fleury ne mentionne pas ce commandement dans la constitution de
Grégoire IX. En revanche, il parle d'une ordonnance de l'évêque de Toulouse,
prescrivant que 'les villes et les villages où on aura trouvé des hérétiques paieront un
marc d'argent pour chacun, à ceux qui les auront pris' (livre 80, année 1233, §25).

[45] Voltaire synthétise toujours le résumé des débuts de l'Inquisition proposé par
Fleury (livre 114, année 1478, §170).

Le règne de saint Louis,[46] neuvième du nom, commença malheureusement par cette horrible croisade contre des chrétiens ses vassaux. Ce n'était pas par des croisades que ce monarque était destiné à se couvrir de gloire. La reine Blanche de Castille sa mère, femme dévouée au pape, Espagnole frémissant au nom d'hérétique, et tutrice d'un pupille à qui les dépouilles des opprimés devaient revenir, prêta le peu qu'elle avait de forces à un frère de Montfort pour achever de saccager le Languedoc: le jeune Raimond se défendit.[47] On fit une guerre semblable à celle que

La croisade contre le Languedoc sous saint Louis.

---

outragé, fit justice. Philippe le Hardi roi de France, en se mettant depuis en possession du grand comté de Toulouse, remit aux papes le comtat Venaissin, qu'ils ont toujours conservé par la libéralité des rois de France. La ville et le territoire d'Avignon n'y furent point compris. Elle passa dans la branche de France d'Anjou qui régnait à Naples, et y resta jusqu'au temps où la malheureuse reine Jeanne de Naples céda enfin aux papes cet héritage à perpétuité.] ¶Pendant le règne de saint Louis le pape envoya dans le pays des Albigeois, qui étaient alors fort tranquilles, deux dominicains et un cordelier avec le titre d'inquisiteurs. Les deux dominicains se [53: s'y] rendirent si odieux que le peuple les chassa de la ville. Rome fut même obligée de suspendre longtemps l'Inquisition, mais elle fut enfin rétablie. Cependant la secte subsista toujours, mais faible, peu nombreuse et cachée dans l'obscurité. ¶Ce fut cette secte qui attira sur l'Europe le fléau de l'Inquisition. Le pape Innocent IV l'établit dans toute l'Italie, excepté Naples, comme un nouveau tribunal qui affermirait l'autorité du Saint-Siège. Nous verrons dans la suite quelles cruautés ce tribunal a exercées dans l'Espagne et dans le Portugal.//

[46] En 1761, Voltaire revoit à fond la fin du chapitre, et ce dernier double de volume. Il ajoute des précisions sur la fin des démêlés de Raimond de Toulouse avec le pouvoir royal sous saint Louis, alors que la première rédaction les passait sous silence. Surtout, il développe considérablement tout ce qui concerne l'établissement de l'Inquisition en France qu'il évoquait jusqu'alors brièvement. Les versions de MSP et des éditions imprimées jusqu'en 1756-1757 diffèrent peu en revanche: de l'une aux autres, Voltaire a condensé sa matière, et supprimé notamment les citations des propos du pape.

[47] Le début de ce paragraphe pourrait induire en erreur: le début du règne de Louis IX date du 8 novembre 1226, époque à laquelle il hérita de la croisade contre les Albigeois qui dure depuis 1208, et que son père avait relancée en 1225. Blanche de Castille (1188-1252), épouse de Louis VIII, assura la régence de 1226 à 1242. Le frère d'Amaury de Montfort dont il est question est Simon V de Montfort, comte de Leicester (c.1200-1265), qui s'établit ensuite en Angleterre.

473

nous avons vue dans les Cévennes. [48] Les prêtres ne pardonnaient

1227. 1228. jamais aux Languedociens, et ceux-ci n'épargnaient point les prêtres. Tout prisonnier fut mis à mort pendant deux années, toute place rendue fut réduite en cendre.

Enfin la régente Blanche qui avait d'autres ennemis, et le jeune Raimond las des massacres, et épuisé de pertes, firent la paix à Paris. [49] Un cardinal de Saint-Ange [50] fut l'arbitre de cette paix, et voici les lois qu'il donna, et qui furent exécutées.

Le comte de Toulouse devait payer dix mille marcs ou marques, aux églises du Languedoc, entre les mains d'un receveur dudit cardinal; deux mille aux moines de Cîteaux immensément riches, cinq cents aux moines de Clervaux, plus riches encore, et quinze

Cruelle paix cents à d'autres abbayes. [51] Il devait aller faire pendant cinq ans la
faite avec le guerre aux Sarrasins et aux Turcs, [52] qui assurément n'avaient point
comte de fait la guerre à Raimond. Il abandonnait au roi, sans nulle
Toulouse. récompense, tous ses Etats en deçà du Rhône; [53] car ce qu'il possédait en delà était terre de l'empire. Il signa son dépouillement, moyennant quoi il fut reconnu par le cardinal Saint-Ange, et par un légat, non seulement pour être bon catholique, mais pour l'avoir

175

180

185

190

[48] Sur ces événements contemporains, voir *Le Siècle de Louis XIV*, ch.36 (*OH*, p.1059-63), et *Du Protestantisme et de la guerre des Cévennes* (*OH*, p.1277-80).

[49] Le traité de Paris, signé le 12 avril 1229, mit fin à la croisade contre les Albigeois. La régente avait eu à affronter à partir de 1226 la révolte des barons menée par le comte de Champagne. Grégoire IX voulait pour sa part résoudre le problème des cathares pour pouvoir se concentrer sur sa lutte avec l'empereur Frédéric II.

[50] Romano Frangipani (?-1243), autrement dit Romain de Saint-Ange, légat du pape, et d'ailleurs précepteur du jeune Louis IX, plus tard vicaire de Rome et cardinal évêque de Porto. Voir Fleury, livre 79, année 1229, §50; Daniel, année 1228.

[51] Les chiffres de Voltaire ne concordent pas avec ses sources: Fleury parle de 4000 marcs d'argent donnés pour la fondation de l'université de Toulouse qui lui fut imposée (livre 79, année 1229, §50); Mézeray de 1700 marcs payés au roi et aux moines de Cîteaux (année 1228).

[52] Fleury, livre 79, année 1229, §50; Mézeray, année 1228; Daniel, année 1228.

[53] Daniel, année 1228.

toujours été. On le conduisit seulement pour la forme en chemise et nu-pieds devant l'autel de l'église de Notre-Dame de Paris. [54] Là il demanda pardon à la Vierge; apparemment qu'au fond de son cœur il demandait pardon d'avoir signé un si infâme traité.

1228.

Rome ne s'oublia pas dans le partage des dépouilles. Raimond le Jeune, pour obtenir le pardon de ses péchés, céda aux papes à perpétuité le comtat Venaissin qui est en delà du Rhône. Cette cession était nulle par toutes les lois de l'empire: le comtat était un fief impérial, et il n'était pas permis de donner son fief à l'Eglise, sans le consentement de l'empereur et des Etats. Mais où sont les possessions qu'on ne se soit appropriées que par les lois? Aussi bientôt après cette extorsion, l'empereur Frédéric II rendit au comte de Toulouse ce petit pays d'Avignon que le pape lui avait ravi; il fit justice comme souverain, et surtout comme souverain outragé. Mais lorsque ensuite saint Louis, et son fils Philippe le Hardi, se furent mis en possession des Etats des comtes de Toulouse, Philippe remit aux papes le comtat Venaissin, qu'ils ont toujours conservé par la libéralité des rois de France. La ville et le territoire d'Avignon n'y furent point compris. Elle passa dans la branche de France d'Anjou qui régnait à Naples, et y resta jusqu'au temps où la malheureuse reine Jeanne de Naples fut obligée enfin de céder Avignon pour quatre-vingt mille florins, [55] qui ne lui furent jamais payés. Tels sont en général les titres des possessions. Tel a été notre droit public.

Le comtat d'Avignon demeuré aux papes.

Ces croisades contre le Languedoc durèrent vingt années. La seule envie de s'emparer du bien d'autrui les fit naître, et produisit en même temps l'Inquisition. Ce nouveau fléau inconnu auparavant chez toutes les religions du monde, reçut la première

[54] Fleury: 'Ce fut un spectacle touchant de voir ce prince qui avait été si puissant être conduit à l'autel nu-pieds, en chemise et en caleçons' (livre 79, année 1229, §50). Daniel répète les mêmes informations (année 1228), tout comme Mézeray (année 1228, t.2, p.461).

[55] Clément VI, pape de 1342 à 1352, acheta Avignon à Jeanne de Naples en 1348. Voir Fleury, livre 95, année 1348, §44; et *EM*, ch.69.

forme en 1204 sous le pape Innocent III. [56] Elle fut établie en France
dès l'année 1229 sous saint Louis. [57] Un concile à Toulouse commença   220
dans cette année par défendre aux chrétiens laïques de lire l'Ancien
et le Nouveau Testament. [58] C'était insulter au genre humain que
d'oser lui dire, Nous voulons que vous ayez une croyance, et nous
ne voulons pas que vous lisiez le livre sur lequel cette croyance est
fondée.   225

Aristote brûlé   Dans ce concile on fit brûler les ouvrages d'Aristote, c'est-à-
dans un concile. dire, deux ou trois exemplaires qu'on avait apportés de Constantinople dans les premières croisades, livres que personne
n'entendait, et sur lesquels on s'imaginait que l'hérésie des
Languedociens était fondée. Des conciles suivants ont mis Aristote   230
presque à côté des Pères de l'Eglise. [59] C'est ainsi que vous verrez

[56] C'est ce qu'a relaté le début de ce chapitre; voir Fleury, livre 76, année 1204, §12
(signets, CN, t.3, p.541-43).

[57] Voir Fleury, livre 79, année 1229, §50, et surtout Du Cange, art. 'Inquisitores',
t.3, col.1458 (papillon collé, *CN*, t.3, p.228). Mézeray donne pour date 1228.
L'Inquisition naît officiellement en France en 1229 avec le traité de Paris et le
concile de Toulouse qui en codifie les procédures: 'En ce concile on publia quarante-
cinq canons [qui] tendent tous à éteindre l'hérésie et à rétablir la paix et la sûreté
publique' (Fleury, année 1229, §57; signet, *CN*, t.3, p.547).

[58] Le concile de Toulouse eut lieu en septembre 1229. Parmi les canons publiés
(mais non pas le premier comme Voltaire semble vouloir dire), on trouve: 'On ne
permettra point aux laïques d'avoir les livres de l'Ancien ou du Nouveau Testament,
si ce n'est que quelqu'un veuille avoir par dévotion un psautier, un bréviaire, ou les
heures de la Vierge' (Fleury, livre 79, année 1229, §58).

[59] Voltaire serait-il ici trahi par sa mémoire? Aristote était (prétendait-on) la
source des erreurs cathares d'Amaury de Chartres, qui fut condamné par un concile
tenu à Paris en 1210. C'est à ce moment-là que les livres d'Aristote furent brûlés et
que la lecture en fut défendue sous peine d'excommunication. Or, en 1366, Urbain V
permit à l'université de Paris d'expliquer les livres jusqu'alors défendus; en 1448,
Nicolas V approuva l'ensemble de ses ouvrages et en fit faire une nouvelle traduction
latine. Voltaire dénonce souvent la prétendue inconséquence des autorités tant
spirituelles que politiques qui, jadis adversaires résolus d'Aristote, avaient fini par
être ses champions inflexibles. Voir, par exemple, *Sur les contradictions de ce monde*
(1742; *OCV*, t.28B, p.47-71); *Discours aux Welches* (1764; *M*, t.25, p.236); *Les
Guèbres* (1768; *OCV*, t.68, p.468); *Fragments historiques sur l'Inde* (1773; *OCV*, t.75B,

dans ce vaste tableau des démences humaines les sentiments des théologiens, les superstitions des peuples, le fanatisme, variés sans cesse, mais toujours constants à plonger la terre dans l'abrutisse-
235 ment et la calamité, jusqu'au temps où quelques académies, quelques sociétés éclairées ont fait rougir nos contemporains de tant de siècles de barbarie.

Mais ce fut bien pis en 1237, quand le roi eut la faiblesse de permettre qu'il y eût dans son royaume un grand inquisiteur
240 nommé par le pape. [60] Ce fut le cordelier Robert qui exerça ce pouvoir nouveau, d'abord dans Toulouse, et ensuite dans d'autres provinces.

Grand inquisiteur en France, scélérat reconnu.

Si ce Robert n'eût été qu'un fanatique, il y aurait du moins dans son ministère une apparence de zèle, qui eût excusé ses fureurs aux
245 yeux des simples: mais c'était un apostat, qui conduisait avec lui une femme perdue: et pour mettre le comble à l'horreur de son ministère, cette femme était elle-même hérétique. [61] C'est ce que

---

p.183), le *Prix de la justice et de l'humanité* (1777; *OCV*, t.80B, p.121-22, 123), et surtout l'*Histoire du parlement de Paris* (1769; *OCV*, t.68, p.405-407 et n.2, 3).

[60] A la suite du scandale occasionné par la conduite de Pierre Cellan et Guillaume Arnauld en 1234 (voir ci-dessus, lignes 161-271 var., lignes 7-10 et n.43), l'Inquisition fut suspendue en France (Fleury, livre 80, année 1234, §40). Toutefois, un inquisiteur général, agréé par le Saint-Siège, s'était remis à l'œuvre en France, non en 1237, comme le dit Voltaire, mais plutôt en 1238: la manchette chez Fleury (livre 81, année 1239, §29), qui attire l'attention sur le renouveau de ce phénomène en la personne du redoutable Robert le Bougre (voir la note suivante), mentionne Matthieu Paris pour 1238. D'après Fleury, ce grand inquisiteur était 'appuyé de la protection de saint Louis' (livre 81, §29).

[61] Le résumé de la vie du cordelier Robert le Bougre, ancien cathare, correspond, interprétation mise à part, aux informations données par Fleury (livre 81, année 1239, §29), qui reconnaît qu'il 'confondait les innocents avec les coupables'. Ce dernier précise cependant, à la différence de Voltaire qui n'ajoute sa note que dans l'édition de 1769 (ligne 256), qu''on l'avait surnommé le Bulgare, parce qu'il avait été de leur secte'. Quant à la présence de la 'femme perdue' à cette époque-là, Fleury ne cautionne pas la déclaration de Voltaire, en déclarant simplement: 'vers le temps du grand concile de 1215 une femme manichéenne l'avait emmené à Milan, où il avait embrassé cette hérésie.'

rapportent Matthieu Paris, et Mousk, [62] et ce qui est prouvé dans le *Spicilegium* de Luc d'Acheri. [63]

Le roi saint Louis eut le malheur de lui permettre d'exercer ses   250
fonctions d'inquisiteur à Paris, en Champagne, en Bourgogne et en Flandre. Il fit accroire au roi qu'il y avait une secte nouvelle qui infectait secrètement ces provinces. Ce monstre fit brûler sur ce prétexte, quiconque étant sans crédit, et étant suspect, ne voulut pas se racheter de ses persécutions. Le peuple souvent bon juge de ceux   255
qui imposent aux rois, ne l'appelait que Robert le B.... (*a*) Il fut enfin reconnu; ses iniquités et ses infamies furent publiques; mais ce qui vous indignera, c'est qu'il ne fut condamné qu'à une prison perpétuelle; et ce qui pourrait encore vous indigner, c'est que le

(*a*) On commençait alors à donner ce nom indifféremment aux sodomites et aux hérétiques. [64]

n.*a*   MSP, 53-61: [*absente*]

[62] Voltaire semble se contenter des mentions de ces sources dans l'art. 'Bulgari' de Du Cange (t.1, p.1338-39, corne en haut de page, *CN*, t.3, p.210). Matthieu Paris dirigea l'enquête qui mit fin aux excès de Robert le Bougre en 1239, dont témoignent ses *Chronica majora*. Philippe Mouskès (1220-1282), évêque de Tournai, est l'auteur d'une *Chronique rimée* retraçant l'histoire des rois de France depuis ses origines jusqu'en 1242.

[63] Nous n'avons pas trouvé à quoi Voltaire fait référence. On trouve certes dans le *Spicilegium* (Paris, 1723) du bénédictin L. d'Achery (1609-1685) la 'chronique de Guillaume de Nangis', qui mentionne la nomination du frère Robert en 1238 par saint Louis (t.3, p.33), mais rien n'est dit de sa biographie. D'après Pomeau (*EM*, 2e éd., 2 vol., Paris, 1990, t.1, p.632), il le confond (le *Spicilegium* de d'Acheri) avec l'*Amplissima Collectio* de Martène et Durand, et il applique à Robert, qui avait été 'bougre', ce que l'*Amplissima Collectio* dit du chef des bougres: '*captivas ducunt mulierculas peccatis*' ('qui conduisent les faibles femmes captives dans le péché').

[64] C'est ce qu'atteste l'art. 'Bulgari' de Du Cange, qui s'étend surtout sur l'emploi du terme pour désigner les hérétiques. Voir aussi Moréri, art. 'Bulgares'. Daniel fait l'observation suivante: 'On leur donnait divers noms en France. On les appelait en Latin *Bulgari*, et en français, d'un nom qui répond à ce mot latin, et qui est encore aujourd'hui une injure très infâme. [...] La raison pourquoi on leur donna ce nom [...] est que [...] on avait appris qu'il y avait beaucoup de ces hérétiques parmi ces peuples

260 jésuite Daniel ne parle point de cet homme dans son *Histoire de France*. [65]

C'est donc ainsi que l'Inquisition commença en Europe; elle ne méritait pas un autre berceau. Vous sentez assez que c'est le dernier degré d'une barbarie brutale et absurde, de maintenir par des
265 délateurs et des bourreaux, la religion d'un Dieu que des bourreaux firent périr. Cela est presque aussi contradictoire, que d'attirer à soi les trésors des peuples et des rois, au nom de ce même Dieu qui naquit et qui vécut dans la pauvreté. Vous verrez dans un chapitre à part ce qu'a été l'Inquisition en Espagne et ailleurs, [66] et jusqu'à quel
270 excès la barbarie et la rapacité de quelques hommes ont abusé de la simplicité des autres.

[bulgares], et qu'apparemment ils étaient sujets au détestable péché qui attira le feu du ciel sur Sodome et sur Gomorre' (année 1208, t.3, p.512).

[65] L'expression de 'prison perpétuelle' est dans Fleury (livre 81, année 1239, §29). Daniel ne fait qu'une discrète allusion à l'Inquisition dans le Languedoc: 'Le comte Raimond était fort embarrassé à se ménager en même temps avec le pape et les inquisiteurs d'un côté, et les restes des Albigeois de l'autre', etc. (année 1236, t.4, p.40; signet annoté 'assassin'; *CN*, t.3, p.39).

[66] Ch.140.

Variante de MSP, 53-54N

Lors des remaniements de l'*EM* pour l'édition de 1756, Voltaire effectue des changements importants à ce point. Les ch.40-42 de la version primitive sont supprimés: le ch.42 devient l'actuel ch.56. Le contenu du ch.41 est transféré aux ch.81 et 85 de notre texte de base (qui correspondent aux ch.69 et 72 de l'édition de 1756). Le sujet de la seconde moitié du ch.40 de l'édition primitive, Rodolphe de Hapsbourg, est traité au début du ch.63 de notre texte de base. Le début du ch.40 est reproduit ci-dessous tel qu'il apparaît dans MSP. Les variantes de MSG et 53-54N montrent que Voltaire avait déjà raccourci son texte en 1753.

CHAPITRE 40

En quel état était l'Europe après les croisades d'Orient.
Premier établissement de l'Europe

Il parut bientôt que les pèlerinages et les armements qui avaient dépeuplé une partie de l'Europe, l'avaient appauvrie. Nous voyons que les espèces d'or ou d'argent manquèrent si sensiblement, excepté dans quelques villes d'Italie, que les princes européens altérèrent presque partout les monnaies pour subvenir aux besoins publics. ¶Les Anglais se plaignirent les premiers de ces altérations, et on en fit 5 porter la peine aux Juifs. Ils s'étaient enrichis en Angleterre par l'usure à laquelle ils sont attachés autant qu'à leur loi. On les dépouilla, on les chassa et on reprit ainsi sur ce peuple errant un peu de l'argent qu'on avait perdu en attaquant leur ancienne patrie. En France les espèces manquèrent tellement sous le fils et le petit-fils de saint Louis, que Philippe le Bel fut obligé d'affaiblir le titre et le poids des espèces, au point 10 que le denier ne valait plus que les deux tiers de ce qu'il avait valu sous saint Louis. On le donnait cependant pour la même valeur. On peut juger quelle atteinte cet abus portait aux fortunes des particuliers, au commerce et aux lois. On sacrifia aussi les Juifs en France aux plaintes des peuples. Ces usuriers publics furent punis parce que

b   53-54N: *État de l'Europe après les croisades d'Orient.*
c   MSG: *Affaiblissement de l'Europe.*
4-5   53-54N: partout la monnaie. ¶Les Anglais
6-7   53-54N: enrichis dans cette île par l'usure. On
10   53-54N: d'affaiblir tellement le titre
10-11 53-54N: espèces, que le sol et le denier
12-13 53-54N: valeur. On sacrifia
14-15 53-54N: punis de ce que le roi avait fait

15   la cour avait fait de la fausse monnaie. On les pilla, on les chassa en 1306, et pour colorer cette dureté, on disait qu'ils immolaient tous les ans un enfant le Vendredi-Saint. On les accusait de poignarder des hosties. ¶Il n'y a guère de grande ville qui ne conserve la tradition du miracle d'une hostie qui versa du sang sous le couteau d'un Juif. On prend soin d'en perpétuer encore la mémoire par des processions et par des

20   fêtes qui n'attestent en effet que l'injustice et l'ignorance de nos pères. ¶Cette malversation sur la monnaie gagna comme une contagion l'Allemagne et l'Espagne, mais l'Italie en fut préservée. Les Génois, les Pisans et surtout les Vénitiens qui faisaient le grand commerce de l'Europe et de l'Asie, savaient bien qu'il ne faut pas toucher aux espèces et n'avaient pas besoin de cette fraude. ¶Pendant que

25   l'Allemagne n'avait point eu d'empereur et que les seigneurs de châteaux étaient allés en si grand nombre chercher des principautés en Orient, la plupart des grandes villes d'Allemagne, d'Italie et des frontières méridionales de France tâchaient d'établir leur gouvernement municipal et de se délivrer soit du joug de l'empire, soit de celui des évêques et des barons. Ainsi Marseille, Lyon, Arles, Milan,

30   Boulogne, Luques, Sienne, Pistoie, Florence n'avaient en vue que la liberté. ¶Lorsqu'en 1274 les princes et les évêques d'Allemagne, fatigués d'être sans chef, élurent Rodolphe d'Habsbourg, faible tige de la puissante maison d'Autriche, non seulement les villes qu'on nomme impériales en Allemagne et celles d'Italie affermirent pour la plupart cette liberté heureuse, mais les papes y gagnèrent, au

35   moins pour un temps, la confirmation de leur principauté temporelle. [Paragraph 2 / *De Rodolphe d'Habsbourg, tige de la maison d'Autriche* [= *ch.63, lignes 30-38 var.*]

15-20   53-54N: 1306. ¶Cette
21-22   53-54N: et l'Espagne, l'Italie en
24-31   53-54N: fraude. ¶Lorsqu'en 1274 les évêques et les princes d'Allemagne
31   53-54N: sans chefs,
32-33   53-54N: villes impériales et celles
34   53-54N: affermirent cette

CHAPITRE 63

Etat de l'Europe au treizième siècle.

Nous avons vu que les croisades épuisèrent l'Europe d'hommes et

a-161 [*Première rédaction de ce chapitre*: MSP, W56]
a   MSP: Chapitre 43
   W56-W57G: Chapitre 51
   61: Chapitre 59
b   MSP, 53-54N: *De la papauté aux treizième et quatorzième siècles et particulière-ment de Boniface VIII.*
1-67   MSP: Après avoir vu la grande révolution de l'Orient, je me ramène vers nos climats, et je passe de l'abaissement du califat aux entreprises élevées des papes et des malheurs de l'Asie à ceux de l'Europe. ¶La papauté resta vers le quatorzième siècle

* La genèse de ce chapitre, qui fait le bilan de l'Europe des douzième et treizième siècles, démontre bien comment la conception de Voltaire a pu changer au cours de la rédaction. C'est le troisième 'Etat de l'Europe' de l'*EM* où l'historien présente une synthèse de la situation des différents pays européens. Pour le neuvième siècle (ch.24, notre t.2, p.362-74), il a mis en relief l'idée de la rupture qui se fait alors entre les Français et les Allemands et l'autorité grandissante des papes qui 'donnent l'empire en souverains', et ce n'est qu'à propos des dixième et onzième siècles (ch.43) que le panorama s'est étendu aux autres pays. Il rédige d'abord, en 1753-1754, le 'ch.40' de MSP et 53-54N centré sur les conséquences des croisades, et l'importance de l'argent et du rôle des Juifs en Europe, chapitre dont l'essentiel disparaîtra des éditions à partir de W56. Seul le 'Paragraphe 2' de ce chapitre, consacré à Rodolphe de Habsbourg, fondateur de la maison d'Autriche, sera intégré, bien que condensé, dans la version définitive (lignes 30-38). Le chapitre '41' de MSP et 53-54N, qui dresse un panorama des 'Mœurs et usages de ces temps-là' sera réutilisé plus tard, parfois textuellement, dans les ch.81 et 85. Les titres des chapitres '40' et '41', chronologi-quement assez vagues, montrent que Voltaire ne s'est pas décidé avant 1756-1757 en faveur d'un tableau du treizième siècle. Celui-ci est essentiellement présenté comme la sortie progressive de l'Europe de l'état d'anarchie provoqué par les croisades. Voltaire y évoque successivement l'essor des libertés urbaines, l'apparition de la Hanse, l'évolution des différents pays (avec quelques aperçus sur leurs institutions, leurs finances, leur commerce) mais aussi les débuts de 'l'ignorance scolastique'. Le rapport des forces l'intéresse particulièrement: ainsi, il mentionne l'établissement des alliances et envisage l'éventualité d'une suprématie allemande ou française. Il

d'argent, et ne la civilisèrent pas. [1] L'Allemagne fut dans une entière *Anarchie en* anarchie depuis la mort de Frédéric II. [2] Tous les seigneurs *Allemagne.* s'emparèrent à l'envi des revenus publics attachés à l'empire; de
5 sorte que quand Rodolphe de Habsbourg fut élu en 1273, on ne lui accorda que des soldats, avec lesquels il conquit l'Autriche sur Ottocare, qui l'avait enlevée à la maison de Bavière. [3]

C'est pendant l'interrègne qui précéda l'élection de Rodolphe, que le Dannemarck, la Pologne, la Hongrie s'affranchissent
10 entièrement des légères redevances qu'elles payaient aux empereurs, quand ceux-ci étaient les plus forts. [4]

Mais c'est aussi dans ce temps-là que plusieurs villes établissent

---

10-12   w56-w57G: empereurs. ¶Mais

---

cherche aussi à montrer que Rodolphe Ier de Habsbourg n'est, au début, qu'un prince 'sans Etats considérables', et met en relief l'opportunité que la France a par conséquent laissée passer, à cause du 'funeste préjugé' de Louis IX en faveur de la croisade. Ici, Voltaire s'oppose aux historiens de son temps chez lesquels, après Henri IV et les souverains récents, c'est habituellement 'saint Louis' qui reçoit les plus grandes louanges (voir B. Grosperrin, *La Représentation de l'histoire de France dans l'historiographie des Lumières*, Lille, 1982, t.i, p.373). Enfin, à partir de la ligne 67, il décrit les effets négatifs du désir des papes de dominer les souverains. Pour ce chapitre, il utilise surtout l'*Histoire ecclésiastique* de Fleury (Paris, 1720-1738, BV1350), mais aussi l'*Histoire de l'Empire* de Heiss von Kogenheim (La Haye, 1685, BV1604; Paris, 1731, BV1605), et parfois l'*Introduction à l'histoire générale et politique de l'univers* de S. Pufendorf (Amsterdam, 1722, BV2829).

[1] Voltaire reprend l'idée centrale des dix chapitres précédents sur la futilité des croisades, idée qu'il avait même inscrite dans un des titres du manuscrit.

[2] Renvoi à la conclusion du ch.52, ci-dessus: l'Allemagne est 'un corps sans tête'.

[3] Voltaire résume ici le 'Paragraphe 2' de MSP (lignes 30-38 var.). Voir Pufendorf: 'Le vol et le pillage étaient alors permis, et tout était de bonne prise' (ch.8, §25). Voir aussi Heiss, livre 2, ch.22, année 1274. En 1276, Rodolphe Ier de Habsbourg (1273-1291) enlève à Ottokar II de Bohême (1253-1278), qui a contesté son élection à l'empire, l'Autriche, dont celui-ci était duc depuis 1251.

[4] Fleury évoque cet interrègne, qui a commencé en 1245, après la déposition de Frédéric II par le pape Innocent IV, lors du concile de Lyon (livre 86, année 1273, §25); voir ci-dessus, ch.52, lignes 130-39.

leur gouvernement municipal, qui dure encore. Elles s'allient entre
elles pour se défendre des invasions des seigneurs. [5] Les villes
hanséatiques, comme Lubeck, Cologne, Brunsvick, Dantzick,   15
auxquelles quatre-vingts autres se joignent avec le temps, forment
une république commerçante dispersée dans plusieurs Etats
différents. [6] Les Austrègues s'établissent; ce sont des arbitres de
convention entre les seigneurs, comme entre les villes: ils tiennent
lieu des tribunaux et des lois qui manquaient en Allemagne. [7]   20

L'Italie se forme sur un plan nouveau avant Rodolphe de
Habsbourg, et sous son règne beaucoup de villes deviennent
libres. Il leur confirma cette liberté à prix d'argent. [8] Il paraissait
alors que l'Italie pouvait être pour jamais détachée de l'Allemagne.

Election de   Tous les seigneurs allemands pour être plus puissants, s'étaient   25
Rodolphe de   accordés à vouloir un empereur qui fût faible. Les quatre princes, et
Habsbourg.   les trois archevêques, qui peu à peu s'attribuèrent à eux seuls le
droit d'élection, n'avaient choisi de concert avec quelques autres
princes Rodolphe de Habsbourg pour empereur, que parce qu'il
était sans Etats considérables. [9] C'était un seigneur suisse qui s'était   30

30-38   MSP, 53-54N: [*ch.40*] Paragraphe 2 / *De Rodolphe d'Habsbourg, tige de la
maison d'Autriche*] / Rodolphe d'Habsbourg [53-54N: *sans titre*] était un seigneur
suisse dans le voisinage du canton de Bâle. Il avait été d'abord domestique

[5] Sur les premières 'confédérations' de villes allemandes, voir Heiss (livre 2,
ch.19, année 1254).

[6] Voir Heiss, livre 6, ch.26 (*CN*, t.4, p.278-79). L'alliance des villes hanséatiques
commence à se former à partir de 1241.

[7] Voir l'art. 'Austrègues' de l'abbé E. Mallet dans l'*Encyclopédie*, et Heiss, livre 5,
ch.9. Les 'Austrègues', transcription phonétique de 'die Austräge' ('austragen':
'terminer' ou 'régler' un conflit), est le nom d'une juridiction arbitrale de premier
ressort entre membres de l'empire. Le juge – un électeur ou prince laïc ou
ecclésiastique désigné, d'un commun accord, comme arbitre – écoute trois fois les
parties et s'il ne réussit pas à trouver une solution qui convient à celles-ci, elles
doivent en appeler à la chambre impériale.

[8] Voir Heiss, livre 2, ch.21, année 1260; ch.22, année 1286.

[9] Sur les causes du choix de Rodolphe de Habsbourg et sur son élection, voir les
Annales de l'Empire, année 1273. A son avènement, Rodolphe, né en 1218, ne possède

fait redouter comme un de ces chefs que les Italiens appelaient
condottieri. [10] Il avait été le champion de l'abbé de Saint Gall contre
l'évêque de Bâle, dans une petite guerre pour quelques tonneaux de

---

d'Ottocare roi de Bohême, son maréchal de la cour ou son grand maître d'hôtel. Un
de ses frères était chanoine à Bâle, et un autre était au service des Milanais. Pour lui il
s'était fait redouter comme un de ces chefs qu'on appelait en Italie *condottieri* qui
levaient un nombre de cavaliers avec lesquels ils couraient la campagne et
s'emparaient des châteaux voisins. Rodolphe [53-54N: *condottieri*. Rodolphe] fut
longtemps champion de l'abbé de Saint-Gal et de l'évêque de Bâle. Ces deux prélats
se faisaient une guerre opiniâtre pour quelques tonneaux de vin que l'évêque avait
enlevés à l'abbé. Rodolphe prit le parti de l'abbé de Saint-Gal, brûla [53-54N:
Rodolphe brûla] Bâle et prit quelques forteresses. Il secourut aussi la ville de
Strasbourg contre son évêque. Toutes ces [53-54N: petites] guerres avaient augmenté
ses petits domaines et sa réputation. Cette réputation lui avait fait épouser l'héritière
d'une partie de l'Allesace, et [53-54N: alors] il avait figuré en prince. ¶Enfin cette
même renommée, secondée des intrigues de son ami l'archevêque de Mayence, le fit
élire empereur. Il eut le plaisir de vaincre en bataille rangée et de recevoir ensuite à foi
et hommage ce même roi de Bohême qui avait été son maître. Il lui [53-54N: maître, et
lui] enleva l'Autriche qui n'appartenait ni à Ottocare ni à lui, mais que Ottocare avait
enlevée à la maison de Bavière. Rodolphe investit son fils de cette province, dont le
nom et la propriété demeura depuis à sa Maison. Mais cette acquisition ne le rendit
pas assez puissant pour qu'il allât prendre la couronne d'Italie. Il se contenta de tirer
quelque argent de la plupart des villes qui voulurent bien acheter de lui les privilèges
[53-54N: lui ce] dont elle s'était mise en possession. Florence, Gênes, Boulogne,
Luques donnèrent environ six mille ducats chacun. C'est [53-54N: possession. C'est]
à quoi se réduisait alors l'empire romain. Les papes reprirent pour un temps la
Romagne et quelques villes du Patrimoine de Saint-Pierre. Les factions guelphe et
gibeline divisaient toujours la plupart des villes d'Italie et il n'y en eut guère que
quelque petit tyran ne subjuguât ou ne désolât pour la subjuguer. [53-54N: de Saint-
Pierre.] [*ch.41 suit*]

---

certes, en Alsace et en Suisse, que des seigneuries éparses, conquises de haute lutte ou
acquises par héritage, mais qui font tout de même de lui le plus important seigneur de
ces régions. Ce n'est qu'en 1356 qu'une 'Bulle d'or' fixera les règles de l'élection de
l'empereur par les sept Electeurs auxquels Voltaire fait allusion aux lignes 26-28: les
archevêques de Trèves, Mayence et Cologne, le roi de Bohême, le duc de Saxe, le
margrave de Brandebourg et le comte palatin du Rhin. La Bulle exclura explicitement toute influence du pape sur le scrutin.

[10] Dans MSP, Voltaire explique le terme (voir Paragraphe 2, lignes 6-8).

vin. [11] Il avait secouru la ville de Strasbourg. Sa fortune était si peu proportionnée à son courage, qu'il fut quelque temps grand maître 35 d'hôtel de ce même Ottocare roi de Bohême, qui depuis pressé de lui rendre hommage, répondit qu'*il ne lui devait rien, et qu'il lui avait payé ses gages*. [12] Les princes d'Allemagne ne prévoyaient pas alors que ce même Rodolphe serait le fondateur d'une maison longtemps la plus florissante de l'Europe, et qui a été quelquefois 40 sur le point d'avoir dans l'empire la même puissance que Charlemagne. Cette puissance fut longtemps à se former; et surtout à la fin de ce treizième siècle, et au commencement du quatorzième, l'empire n'avait sur l'Europe aucune influence. [13]

La France eût été heureuse sous un souverain tel que saint Louis, 45 sans ce funeste préjugé des croisades qui causa ses malheurs, et qui le fit mourir sur les sables d'Afrique. [14] On voit par le grand nombre de vaisseaux équipés pour ses expéditions fatales, que la France eût pu avoir aisément une grande marine commerçante. Les statuts de saint Louis pour le commerce, une nouvelle police établie par lui 50 dans Paris, sa pragmatique sanction qui assura la discipline de l'Eglise gallicane, ses quatre grands bailliages auxquels ressortissaient les jugements de ses vassaux, et qui sont l'origine du

[11] Dans MSP, Paragraphe 2, Voltaire détaille cette partie, à ses yeux peu glorieuse, de la vie de Rodolphe de Habsbourg.

[12] Dans MSP (Paragraphe 2, ligne 3), Voltaire, suivant Heiss, usait même du terme 'domestique' pour mieux montrer l'insignifiance du personnage de Rodolphe. Toutefois, dans les *Annales*, année 1273, où aucune expression péjorative n'apparaît, il le qualifiait au contraire de 'capitaine célèbre, et grand maréchal de la cour d'Ottocar', expliquant même son élection par sa grande notoriété. Ni Heiss (livre 2, ch.22, année 1268), ni Pufendorf (ch.8, §26), ni Fleury (livre 86, année 1273, §25) ne contiennent d'ailleurs le moindre commentaire dépréciatif sur Rodolphe. On peut penser que Voltaire se plaît ici – en vertu du procédé littéraire du paradoxe, qui lui est cher – à abaisser le plus possible le personnage de Rodolphe afin d'accentuer encore le contraste avec le glorieux destin de ses descendants.

[13] Idée fondamentale des *Annales*, où Voltaire démontre comment l'empire devient par la suite de plus en plus fort et déséquilibre l'Europe.

[14] Voltaire reprend l'idée de base du ch.58, ci-dessus.

parlement de Paris; ses règlements et sa fidélité sur les monnaies;
55 tout fait voir que la France aurait pu alors être florissante.[15]

Quant à l'Angleterre, elle fut sous Edouard Ier aussi heureuse
que les mœurs du temps pouvaient le permettre. Le pays de Galles
lui fut réuni; elle subjugua l'Ecosse, qui reçut un roi de la main
d'Edouard. Les Anglais, à la vérité, n'avaient plus la Normandie, ni
60 l'Anjou, mais ils possédaient toute la Guienne. Si Edouard Ier n'eut
qu'une petite guerre passagère avec la France, il le faut attribuer
aux embarras qu'il eut toujours chez lui, soit quand il soumit
l'Ecosse, soit quand il la perdit à la fin.[16]

Nous donnerons un article particulier et plus étendu à
65 l'Espagne, que nous avons laissée depuis longtemps en proie aux
Sarrasins.[17] Il reste ici à dire un mot de Rome.

La papauté fut vers le treizième siècle dans le même état où elle   *Papes jugent*
était depuis si longtemps. Les papes, mal affermis dans Rome,   *presque tous les*
n'ayant qu'une autorité chancelante en Italie, et à peine maîtres de   *rois.*
70 quelques places dans le Patrimoine de Saint-Pierre, et dans
l'Ombrie, donnaient toujours des royaumes et jugeaient les rois.[18]

---

67   53-54N: La papauté resta vers le quatorzième siècle dans
69-71   MSP, 53-54N: Italie, donnaient

[15] Sur les différentes initiatives de saint Louis signalées ici, outre le résumé de
quelques données déjà présentes dans le ch.58 (ci-dessus, lignes 163-66), Voltaire
s'inspire sans doute de C.-J.-F. Hénault, qui est le seul, dans son *Nouvel Abrégé
chronologique de l'histoire de France* (Paris 1744; Paris, 1756, BV1618, années 1255-
1270), à énumérer l'ensemble de ces actions du roi.

[16] Sur ces épisodes, voir Rapin de Thoyras, *Histoire d'Angleterre*, livre 8 (La Haye
[Paris], 1724). Après la guerre qui a opposé les barons, menés par Simon de Montfort,
à son père Henri III (voir ci-dessus, ch.58, lignes 163-66), Edouard Ier (1272-1307)
annexe le pays de Galles en 1282, et installe, en 1292, John Balliol (1292-1296) sur le
trône d'Ecosse. Toujours insoumise, l'Ecosse se choisit en 1306 Robert Ier Bruce
pour souverain. L'Anjou et la Normandie ont été repris en 1203 à Jean Sans Terre par
Philippe Auguste.

[17] Voir ci-dessous, ch.64.

[18] Un des leitmotive de Voltaire: dénoncer le pouvoir que s'attribuent les papes
sur les royaumes et leurs souverains. Il développera ce sujet en 1768 dans *Les Droits
des hommes et les usurpations des autres* (*OCV*, t.67, p.147-71) et *Le Pyrrhonisme de*

En 1289 le pape Nicolas jugea solennellement à Rome les démêlés du roi de Portugal et de son clergé.[19] Nous avons vu[20] qu'en 1283 le pape Martin IV déposa le roi d'Arragon, et donna ses Etats au roi de France, qui ne put mettre la bulle du pape à exécution. Boniface VIII donna la Sardaigne et la Corse à un autre roi d'Arragon, Jacques surnommé *le Juste*.[21]

Vers l'an 1300, lorsque la succession au royaume d'Ecosse était contestée, le pape Boniface VIII ne manqua pas d'écrire au roi Edouard: 'Vous devez savoir que c'est à nous à donner un roi à l'Ecosse, qui a toujours de plein droit appartenu et appartient encore à l'Eglise romaine; que si vous y prétendez avoir quelque droit, envoyez-nous vos procureurs, et nous vous rendrons justice; car nous réservons cette affaire à nous.'[22]

Lorsque vers la fin du treizième siècle quelques princes

75   MSP: France, Philippe le Hardi, qui
76   MSP: [*manchette*] *1297*.
79   MSP: contestée, et que les prétendants s'en remirent à l'arbitrage dangereux d'Edouard Ier roi d'Angleterre. Le pape
80   MSP: c'est à moi à
85-86   MSP: princes allemands déposèrent

l'histoire (surtout ch.21, *OCV*, t.67, p.327-28). Sur le Patrimoine de Saint-Pierre, voir ci-dessus, ch.46, lignes 304-305.

[19] Nicolas IV (1288-1292) est aussi le pape qui couronne Charles II d'Anjou roi de Sicile en 1289, en exigeant de lui un serment de vassalité. Sur l'accommodement survenu cette même année entre le roi Denis Ier de Portugal (1279-1325) et son clergé, et sur la bulle levant l'interdit porté sur le royaume par le pape Grégoire X, voir Fleury (livre 89, année 1289, ch.1).

[20] Trace peut-être d'une rédaction de ce chapitre postérieure à celle du ch.64, lignes 272-80, où Voltaire évoque ces faits.

[21] Voltaire écrit en marge de son exemplaire de Fleury: 'bonifa[ce] / donne e[n fief] / sardaig[ne] / au roy da[ra]gon' (livre 89, année 1296, §48; *CN*, t.3, p.557). L'acte de Boniface VIII date de 1297.

[22] Voltaire condense Fleury (livre 90, année 1300, §2). On voit d'ailleurs (ligne 80 var.) qu'il a légèrement remanié son texte lors de la première édition. En 1300, l'Ecosse est en pleine révolte, menée par William Wallace (*c.*1270-1305), contre Edouard Ier d'Angleterre, qui a annexé le pays.

déposèrent Adolphe de Nassau, [23] successeur du premier prince de la maison d'Autriche, fils de Rodolphe, ils supposèrent une bulle du pape pour déposer Nassau. Ils attribuaient au pape leur propre pouvoir. Ce même Boniface, apprenant l'élection d'Albert, écrit *1298.*
90 aux électeurs: 'Nous vous ordonnons de dénoncer qu'Albert qui se dit roi des Romains, comparaisse devant nous pour se purger du crime de lèse-majesté et de l'excommunication encourue.' [24]

On sait qu'Albert d'Autriche, au lieu de comparaître, vainquit Nassau, le tua dans la bataille auprès de Spire, et que Boniface après
95 lui avoir prodigué les excommunications, lui prodigua les bénédictions, quand ce pape en 1303 eut besoin de lui contre Philippe le Bel. Alors il supplée, par la plénitude de sa puissance, à l'irrégularité de l'élection d'Albert; il lui donne dans sa bulle le royaume de France, *qui de droit appartenait*, dit-il, *aux empereurs.* [25] C'est ainsi
100 que l'intérêt change ses démarches, et emploie à ses fins le sacré et le profane. (*a*) [26]

(*a*) Voyez le chapitre de Philippe le Bel.

87   MSP, 53-54N: d'Autriche, Rodolphe de Habsbourg, et qu'ils élurent Albert d'Autriche, fils
89   MSP: Albert d'Autriche,
91   MSP: comaraisse par devant nous dans six mois pour
94-102   MSP, 53-54N: Spire et força le pape au silence [53-54N: à se taire]. ¶Mais d'autres têtes
n.*a*   53-W57G: [*absente*]

[23] Adolphe de Nassau est élu en 1292, après la mort de Rodolphe Ier de Habsbourg en 1291. Il est déposé en 1298 au profit d'Albert Ier (mort en 1308), fils de Rodolphe, élu roi des Romains. Fleury écrit que, sur le conseil des électeurs, Albert 'envoya à Rome solliciter auprès du pape la déposition d'Adolphe', et que les électeurs prétendirent en avoir reçu 'l'autorité' du pontife (livre 89, année 1298, §59). Mais, toujours selon Fleury, le pape aurait au contraire répondu négativement aux envoyés d'Albert et proposé de sacrer Adolphe empereur s'il venait à Rome.

[24] La source du paragraphe sur Albert Ier, ainsi que la citation, est toujours Fleury (livre 90, année 1300, §4).

[25] Voltaire suit Fleury, qui parle de 'pleine puissance apostolique' (livre 90, année 1303, §22). Adolphe de Nassau est tué au combat à Göllheim, près de Worms, le 2 juillet 1298.

[26] Ci-dessous, ch.65.

D'autres têtes couronnées se soumettaient à la juridiction papale. Marie femme de Charles le Boiteux roi de Naples, qui prétendait au royaume de Hongrie, fit plaider sa cause devant le pape et ses cardinaux, et le pape lui adjugea le royaume par défaut. [27] 105
Il ne manquait à la sentence qu'une armée.

Papes donnent
presque tous les
royaumes.

L'an 1329, Christophe roi de Dannemarck, ayant été déposé par la noblesse et par le clergé, Magnus roi de Suède demande au pape la Scanie et d'autres terres. *Le royaume du Dannemarck*, dit-il dans sa lettre, *ne dépend, comme vous le savez, très saint père, que de* 110 *l'Eglise romaine, à laquelle il paye tribut, et non de l'empire.* Le pontife que ce roi de Suède implorait, et dont il reconnaissait la juridiction temporelle sur tous les rois de la terre, était Jacques Fournier, Benoît XII, résidant à Avignon; mais le nom est inutile; il ne s'agit que de faire voir que tout prince qui voulait usurper ou 115 recouvrer un domaine, s'adressait au pape comme à son maître. Benoît prit le parti du roi de Dannemarck, et répondit, *qu'il ne ferait justice de ce monarque que quand il l'aurait cité à comparaître devant lui, selon les anciens usages.* [28]

103-104   MSP, 53-54N: Marie, reine de Naples, qui prétendait le [53-54N: au] royaume de Hongrie [MSP: pour son fils, Charles-Martel], fit

105   MSP: pape Nicolas et ses cardinaux en 1290 et le pape lui adjugea le royaume par défaut comme un fief du Saint-Siège.

106   MSP: à cette sentence

106-20   W56-W57G: armée. La France

106-61   MSP, 53-54N: armée [MSP: pour la rendre valide].// [*la suite du chapitre n'a de correspondant ni dans* MSP, *ni dans* 53-54N]

107   61: 1339

[27] Voir Fleury, livre 89, année 1290, §14. Marie, fille d'Etienne V de Hongrie, a épousé en 1270 Charles III, roi de Naples (1285-1309). Selon Fleury, c'est leur fils, Charles Martel, qu'un légat du pape couronne roi de Hongrie, à Naples, le 8 septembre 1290.

[28] Voltaire puise cet exemple dans Fleury (livre 94, année 1339, §65). La première citation est assez fidèlement transposée, tandis qu'il récrit et abrège la seconde. Elu en 1320, Christophe II de Danemark est déposé en 1326 et remplacé par Valdemar III (1326-1330). Celui-ci perd effectivement la Scanie en 1329 (Fleury se trompe sur la date) au profit de Magnus IV, roi de Suède (1319-1374).

490

120   La France, comme nous le verrons, n'avait pas pour Boniface VIII une pareille déférence. [29] Au reste il est assez connu que ce pontife institua le jubilé, et ajouta une seconde couronne à celle du bonnet pontifical, pour signifier les deux puissances. [30] Jean XXII les surmonta depuis d'une troisième. [31] Mais Jean ne fit

125 point porter devant lui les deux épées nues que faisait porter Boniface en donnant des indulgences. [32]

    On passa dans ce treizième siècle de l'ignorance sauvage à l'ignorance scolastique. Albert, surnommé *le Grand*, enseignait les principes du chaud, du froid, du sec, et de l'humide. Il enseignait

130 aussi la politique suivant *les règles de l'astrologie et de l'influence des astres*, et la morale *suivant la logique d'Aristote*. [33]

    Souvent les institutions les plus sages ne furent dues qu'à l'aveuglement et à la faiblesse. Il n'y a guère dans l'Eglise de cérémonie plus noble, plus pompeuse, plus capable d'inspirer la

135 piété aux peuples, que la fête du Saint-Sacrement. L'antiquité n'en

Science scolastique pire que la plus honteuse ignorance.

126-61   w56-w57G: indulgences.//

[29] Allusion à Philippe le Bel, et au ch.65, ci-dessous.

[30] Sur le jubilé, voir Fleury (livre 89, année 1299, §69) et P.-F. Velly, *Histoire de France depuis l'établissement de la monarchie* (Paris, 1755-1774, BV3409), année 1300, §'Institution du jubilé'. Sur la couronne 'que l'on croyait avoir été donnée à saint Silvestre par Constantin', et qui permet à Voltaire d'insister ici sur la volonté des papes de s'affirmer détenteurs des 'deux puissances', la spirituelle et la temporelle, voir Fleury (livre 89, année 1294, §35).

[31] Voltaire fait allusion aux prétentions, énoncées par Fleury (livre 93, année 1323, §4, et année 1328, §53), de Jean XXII contre Louis IV de Bavière qui a obligé par les armes, en 1322, son concurrent Frédéric le Beau à renoncer à l'empire. Selon le pape, c'est le Saint-Siège qui a transféré l'empire romain 'des Grecs aux Germains': il se pense donc autorisé à exercer 'le gouvernement de l'empire [lorsque celui-ci est] vacant', comme c'est alors le cas selon lui puisqu'il juge Louis IV illégitime.

[32] Voir Velly, année 1300, §'Boniface parait publiquement en habits impériaux'. Selon la bulle *Unam Sanctam* (1302), les 'deux glaives' (Luc 22:38) symbolisent les deux pouvoirs, temporel et spirituel.

[33] Voltaire reprend le jugement ironique de Fleury sur l'ignorance d'Albert et sur sa soi-disant 'grandeur': 'Je laisse à ceux qui ont lu plus exactement cet auteur à nous montrer ce qui lui a fait mériter le nom de Grand' (livre 87, année 1280, §49).

eut guère dont l'appareil fut plus auguste. Cependant, qui fut la cause de cet établissement? Une religieuse de Liège nommée Moncornillon, qui s'imaginait voir toutes les nuits un trou à la lune. Elle eut ensuite une révélation qui lui apprit que la lune signifiait l'Eglise, et le trou une fête qui manquait. Un moine nommé Jean, composa avec elle l'office du Saint-Sacrement; la fête s'en établit à Liège, et Urbain IV l'adopta pour toute l'Eglise. [34]

Au douzième siècle les moines noirs et les blancs formaient deux grandes factions, qui partageaient les villes à peu près comme les factions bleues et vertes partagèrent les esprits dans l'empire romain. [35] Ensuite, lorsqu'au treizième siècle les mendiants eurent du crédit, les blancs et les noirs se réunirent contre ces nouveaux venus, jusqu'à ce qu'enfin la moitié de l'Europe s'est élevée contre eux tous. [36] Les études des scolastiques étaient alors et sont demeurées presque jusqu'à nos jours des systèmes d'absurdités, tels que si on les imputait aux peuples de Trapobane, nous croirions qu'on les calomnie. [37] On agitait, *si Dieu peut produire la nature*

[34] Fleury présente en détail les révélations de Julienne, religieuse hospitalière à Mont-Cornillon, près de Liège, ainsi que les diverses démarches qui aboutissent à la fondation de la fête du Saint-Sacrement (livre 85, année 1264, §26-27). Voltaire résume ces trois pages en quelques lignes, où il souligne avec ironie le contraste entre la 'piété' de cette fête, et la crédulité qui en est à l'origine.

[35] Voltaire souligne que la création, au douzième siècle, de l'ordre de Cîteaux, détruit l'unité de la profession monastique, et compare la rivalité nouvelle entre moines 'noirs' (les bénédictins) et 'blancs' (les cisterciens) à celle opposant, à Byzance, la faction des 'bleus', populaire et favorable au monophysisme, à celle, plus patricienne et orthodoxe, des 'verts'. Voir aussi ch.139.

[36] Franciscains et dominicains apparaissent au début du treizième siècle. Voltaire fait allusion à la réforme protestante (lignes 147-49).

[37] Voltaire résume Fleury, qui consacre cinq pages à énumérer les 'erreurs condamnées' par la Sorbonne, et conclut: 'ces erreurs venaient de la mauvaise philosophie qui régnait alors' (livre 87, années 1276-77, §5). Les trouvant quant à lui irrémissibles, Voltaire se contente de les ridiculiser. Pour Pufendorf également, la scolastique consiste en 'spéculations vaines', et la doctrine qu'on professe alors dans les universités est 'accommodée aux intérêts du siège de Rome' (*Introduction à l'histoire générale*, livre 2, ch.5, §34). En mentionnant 'Trapobane' (ligne 151), Voltaire fait allusion à une discussion sans fin, au dix-huitième siècle, à propos de

492

universelle des choses et la conserver, sans qu'il y ait des choses. Si Dieu
peut être dans un prédicat, s'il peut communiquer la faculté de créer,
155 *rendre ce qui est fait non fait, changer une femme en fille; si chaque*
personne divine peut prendre la nature qu'elle veut; si Dieu peut être
scarabée et citrouille; si le Père produit le Fils par l'intellect ou la
volonté, ou par l'essence, ou par l'attribut, naturellement ou librement?
Et les docteurs qui résolvaient ces questions s'appelaient le Grand,
160 le Subtil, l'Angélique, l'Irréfragable, le Solennel, l'Illuminé,
l'Universel, le Profond.

---

161   61-w68: Profond. Ces docteurs étaient à l'égard des anciens pères ce qu'un
faux bel esprit est à un vrai savant.//

---

cette île. Dans l'*Encyclopédie*, les art. 'Taprobane' (*sic*) (t.16, 1765) et 'Sumatra' (t.15,
1765) du chevalier de Jaucourt en rendent compte: certains auteurs (Ptolémée, Pline,
Strabon, entre autres) identifient l'île à celle de Ceylan, d'autres (Mercator, Scaliger
entre autres) à celle de Sumatra. N. Desmarest mentionne (art. 'Géographie', t.7,
1765), parmi les imprécisions fameuses de la *Géographie* de Ptolémée, cette île qu'on
'croit être de Ceylan, de Sumatra ou de Bornéo'.

CHAPITRE 64

De l'Espagne aux douzième et treizième siècles.

Le Cid. Quand le Cid eut chassé les musulmans de Tolède et de Valence à la fin du onzième siècle, l'Espagne se trouvait partagée entre

a-290   [*Première rédaction de ce chapitre*: MSP]
      53-54N: [*chapitre absent*]
a MSP: Chapitre 45
    W56-W57G: Chapitre 52
    61: Chapitre 60
b MSP: *Des Espagnes aux*

* Reprenant le fil chronologique laissé à la fin du ch.44, Voltaire poursuit l'histoire de la reconquête de l'Espagne. Si la progression des chrétiens est indéniable, marquée par la prise de territoires dont Voltaire souligne le caractère définitif, le récit n'en insiste pas moins sur les ralentissements de l'entreprise, dus une nouvelle fois à de multiples facteurs de divisions. A présent encore, des entités se constituent (le royaume de Navarre, celui d'Aragon), mais ces royaumes, dans lesquels les droits des souverains demeurent bornés, se livrent des 'guerres intestines': les avancées les plus significatives interviennent lorsque, face au danger musulman, des alliances se forment, quoique éphémères. Dans ce chapitre, dont le texte n'évolue guère depuis le manuscrit palatin, Voltaire ne s'astreint pas à suivre les étapes successives du récit, parfois longuement détaillé, de P.-J. d'Orléans, dont l'*Histoire des révolutions d'Espagne* (Paris, 1734, BV2619) constitue la source quasi unique. Il attire au contraire l'attention sur des épisodes emblématiques, au sein d'une histoire dans laquelle se détachent principalement deux figures de souverains qui font l'objet d'un traitement inverse par rapport à sa source: alors que d'Orléans célèbre en saint Ferdinand III (roi de Castille de 1217 à 1252, roi de León de 1230 à 1252) un prince chrétien paré de toutes les vertus, Voltaire entreprend un plaidoyer en faveur d'Alphonse X le Sage (roi de Castille et de León de 1254 à 1284), roi 'philosophe' (lignes 193, 212, 254), s'opposant au discours des 'historiens' qui, à commencer par le P. d'Orléans, stigmatisent sa médiocrité politique. Alors que jusque-là les affaires de l'Espagne étaient envisagées de manière autonome, ce chapitre, qui évoque l'émancipation du Portugal de la tutelle espagnole, avec la bénédiction du Saint-Siège, est marqué par les mentions récurrentes de l'intervention des papes, pour le meilleur et pour le pire. L'information de Voltaire est en outre complétée par la consultation des *Annales d'Espagne et de Portugal* (trad. P. Massuet, Amsterdam,

plusieurs dominations. Le royaume de Castille comprenait les deux Castilles, Léon, la Galice, et Valence. Le royaume d'Arragon était
5   alors réuni à la Navarre. L'Andalousie, une partie de la Murcie, Grenade appartenaient aux Maures. Il y avait des comtes de Barcelone qui faisaient hommage aux rois d'Arragon. Le tiers du Portugal était aux chrétiens.

    Ce tiers du Portugal que possédaient les chrétiens, n'était qu'un
10 comté. Le fils d'un duc de Bourgogne, descendant de Hugues Capet, qu'on nomme le comte Henri, venait de s'en emparer au commencement du douzième siècle. [1]

    Une croisade aurait plus facilement chassé les musulmans de l'Espagne que de la Syrie; mais il est très vraisemblable que les
15 princes chrétiens d'Espagne ne voulurent point de ce secours dangereux, et qu'ils aimèrent mieux déchirer eux-mêmes leur patrie, et la disputer aux Maures, que la voir envahie par des croisés.

    Alphonse surnommé *le Batailleur*, roi d'Arragon et de Navarre, prit sur les Maures Sarragosse, qui devint la capitale d'Arragon, et *1114.*
20 qui ne retourna plus au pouvoir des musulmans. [2]

---

11 MSG: nommait

1741, BV56) de J. Alvarez de Colmenar, et, plus ponctuellement, par l'*Histoire ecclésiastique* de Fleury.

  [1] Voir Mariana, *Histoire générale d'Espagne* (trad. Morvan de Bellegarde, Paris, 1723), livre 7, ch.3: 'La partie de Portugal que les Castillans avaient enlevée aux Maures par la force de leurs armes, fut cédée à Henri de Lorraine, à titre de comté, et comme la dot de Therasia son épouse, fille du roi Alphonse VI' (t.2, p.206). Henri de Bourgogne (1066-1112) alla en Espagne (1089) pour tâcher de profiter de la *Reconquista*. Ayant aidé Alphonse VI à conquérir la Galice, il reçut comme récompense sa fille (1093) et le comté du Portugal qui dépendait du royaume de León.

  [2] Voir d'Orléans, qui présente 'le dessein de conquérir Saragosse' (chose faite en 1118) comme 'une entreprise [...] digne d'un héros chrétien' (livre 2, années 1112-1114, t.1, p.255): Alphonse 'résolut de profiter d'un zèle, dont toute l'Europe était allumée contre les infidèles' (p.255). Plus haut, d'Orléans explique qu'Alphonse Ier (roi d'Aragon et de Navarre de 1104 à 1134) a été 'surnommé le Batailleur, pour s'être trouvé, dit-on, à vingt-neuf batailles rangées' (années 1110 et suiv., p.246).

Le fils du comte Henri, que je nomme Alphonse de Portugal,
1147. pour le distinguer de tant d'autres rois de ce nom, ravit aux Maures
Lisbonne, le meilleur port de l'Europe, et le reste du Portugal, mais
1139. non les Algarves. Il gagna plusieurs batailles, et se fit enfin roi de
Portugal. [3]   25

Cet événement est très important. Les rois de Castille alors se
disaient encore empereurs des Espagnes. [4] Alphonse, comte d'une
partie du Portugal, était leur vassal quand il était peu puissant; mais
dès qu'il se trouve maître par les armes d'une province considérable, il se fait souverain indépendant. Le roi de Castille lui fit la   30
guerre comme à un vassal rebelle; mais le nouveau roi de Portugal
soumit sa couronne au Saint-Siège, [5] comme les Normands s'étaient
rendus vassaux de Rome pour le royaume de Naples. [6] Eugène III
confère, donne la dignité de roi à Alphonse et à sa postérité, à la

24-53   MSP, W56-W57G: enfin couronner roi de Portugal. Le pape Alexandre III
ne manqua pas de prétendre que c'était lui qui lui donnait la couronne. Il exigea de lui
un tribut de deux marcs d'or et le roi s'y soumit, sachant que dans les querelles de tant
de souverains d'Espagne, le suffrage du pape pouvait quelquefois faire pencher la
balance. Encore   5

[3] Alphonse Ier Enriquez le Conquérant (*c.*1109-1185). D'Orléans raconte en deux
temps l'accession d'Alphonse (qu'il nomme 'un autre Alphonse fils de Henry comte
de Portugal', livre 2, années 1112 et suiv., t.1, p.254) au trône du Portugal, en 1139, à
l'issue de la bataille d'Ourique. Il est d'abord question, après la mort de son père, de
la victoire d'Alphonse contre son beau-père Ferdinand et sa mère (p.263-64), et de
l'aide demandée par cette dernière au roi de Castille Alphonse VII (p.264-65).
D'Orléans évoque ensuite la guerre entreprise par le 'comte Alphonse', qui 'se fit
déclarer roi' (années 1139 et suiv., p.277), contre les Maures (p.278-80): 'par cette
victoire le Portugal eut le titre de royaume' (p.280), ce qui suscite l'opposition du roi
de Castille. La prise de Lisbonne intervient encore plus tard, le 25 octobre 1147
(années 1147 et suiv., p.286).

[4] Voir le ch.44, lignes 58-67 et n.13.

[5] Le roi du Portugal s'étant déclaré indépendant de León en 1139, Alphonse VII
le Bon (1105-1157), roi de León et de Castille dès 1126, lui fit la guerre en 1141. Mais ce
ne fut qu'en 1143 qu'Alphonse envoya au pape Innocent II une lettre d'oblation où il
se déclara vassal du Saint-Siège et offrit de payer un tribut annuel de quatre onces
d'or. Voir Fleury, livre 69, année 1148, §36.

[6] Voir ci-dessus, ch.40, lignes 99-181.

35 charge d'un tribut annuel de deux livres d'or. Le pape
Alexandre III confirme ensuite la donation, moyennant la même
redevance. [7] Ces papes donnaient donc en effet les royaumes. Les
Etats du Portugal assemblés à Lamego, sous Alphonse, pour établir
les lois de ce royaume naissant, commencèrent par lire la bulle
40 d'Eugène III qui donnait la couronne à Alphonse: [8] ils la regardaient
donc comme le premier droit de leur souveraineté: c'est donc
encore une nouvelle preuve de l'usage et des préjugés de ces
siècles. Aucun nouveau prince n'osait se dire souverain, et ne
pouvait être reconnu des autres princes, sans la permission du pape;
45 et le fondement de toute l'histoire du Moyen Age, est toujours que
les papes se croient seigneurs suzerains de tous les Etats, sans en
excepter aucun, en vertu de ce qu'ils prétendent avoir succédé seuls
à Jésus-Christ; et les empereurs allemands de leur côté feignaient
de penser, et laissaient dire à leur chancellerie, que les royaumes de
50 l'Europe n'étaient que des démembrements de leur empire, parce
qu'ils prétendaient avoir succédé aux Césars. Cependant les
Espagnols s'occupaient de droits plus réels.

1147.

Grande preuve que les papes donnaient les royaumes.

[7] D'Orléans évoque, à la suite de 'quelques historiens', l'arbitrage du pape (voir lignes 30-32), et indique comme montant de la 'redevance annuelle' la somme de 'quatre onces d'or' (livre 2, années 1143 et suiv., t.1, p.280-81). Il signale cependant la confirmation du titre d'Alphonse par Alexandre III (pape de 1159 à 1181). Fleury écrit que Eugène III (pape de 1145 à 1153) 'avait accordé le titre de roi de Portugal à Alfonse Henriquès, moyennant une redevance annuelle de quatre livres d'or, au préjudice de la couronne de Castille' (livre 69, année 1148, §36). L'ensemble des détails donnés par Voltaire se trouve dans l'*Histoire générale de Portugal* (Paris, 1735), où N. de La Clède donne la substance des 'lois fondamentales de l'Etat' établies lors de l'assemblée de Lamego (livre 6, année 1147, t.2, p.103-15; voir ci-dessous): le texte rappelle que 'le pape Eugène avait déjà confirmé à Alfonse Ier le titre de roi' et qu''ensuite Alexandre III [...] confirma aussi par une bulle le titre de roi, à condition qu'on paierait à la Chambre apostolique un cens annuel de deux marcs d'or'; il est toutefois signalé que 'l'on ne croit pas que ce cens ait jamais été payé' (p.111-12). Après avoir cité la bulle d'Alexandre III, La Clède conclut qu''il serait inutile de faire des réflexions sur le droit ridicule que le pape s'y arroge d'accorder un royaume, une couronne, le titre de roi, etc.' (p.114).

[8] Après avoir cité le texte de la bulle, La Clède précise que 'l'original [...] est daté de 1177', et qu''ainsi cette bulle parut longtemps après les états tenus à Lamego, et la prise de Lisbonne' (t.2, p.114).

Encore quelques efforts, et les musulmans étaient chassés de ce continent; mais il fallait de l'union, et les chrétiens d'Espagne se faisaient presque toujours la guerre. Tantôt la Castille et l'Arragon étaient en armes l'une contre l'autre; tantôt la Navarre combattait l'Arragon: quelquefois ces trois provinces se faisaient la guerre à la fois; et dans chacun de ces royaumes il y avait souvent une guerre intestine. Il y eut de suite trois rois d'Arragon qui joignirent à cet Etat la plus grande partie de la Navarre, dont les musulmans occupèrent le reste. Alphonse le Batailleur, qui mourut en 1134, fut le dernier de ces rois. [9] On peut juger de l'esprit du temps, et du mauvais gouvernement, par le testament de ce roi, qui laissa ses royaumes aux chevaliers du Temple, et à ceux de Jérusalem. [10] C'était ordonner des guerres civiles par sa dernière volonté. Heureusement ces chevaliers ne se mirent pas en état de soutenir le testament. Les Etats d'Arragon toujours libres, élurent pour leur roi don Ramire frère du roi dernier mort, quoique moine depuis quarante ans, et évêque depuis quelques années. On l'appela *le prêtre-roi*, et le pape Innocent II lui donna une dispense pour se marier. [11]

La Navarre dans ces secousses, fut divisée de l'Arragon, et

Prêtre évêque, marié, et roi par dispense du pape.

1134.

55

60

65

70

---

68   MSP: [*manchette*] *Evêque, roi et marié.*

[9] Les deux prédécesseurs d'Alphonse sont Sanche Ier Ramírez (1042), roi de 1076 à 1094, et son fils Pedro Sanchez (1068), frère aîné d'Adolphe, qui régna de 1094 à 1104.

[10] Après avoir raconté la mort d'Alphonse (livre 2, années 1134 et suiv., t.1, p.267-69), d'Orléans mentionne ce testament: 'Ce fut de toutes les actions de la vie de ce prince la moins sensée que cette bizarre disposition, et qui marque mieux qu'un grand zèle a besoin pour être réglé de toute l'attention de la prudence' (p.269).

[11] D'après d'Orléans (livre 2, années 1134 et suiv., t.1, p.271-72), qui précise que Ramire II le Moine (*c*.1075-1157) 's'était fait religieux à Saint Pons', après avoir été longtemps abbé du monastère de Sahagun en Castille' et 'avait été élu évêque de Burgos, et quelque temps après de Pampelune, enfin de Roda et de Balbastro' (p.271). Il ajoute que, après avoir répudié la reine Agnès sa femme, 'ce prince prit sagement le parti de descendre du trône [...] et de finir ses jours dans la solitude' (p.274).

redevint un royaume particulier, [12] qui passa depuis par des mariages
aux comtes de Champagne, appartint à Philippe le Bel et à la
75 maison de France, ensuite tomba dans celles de Foix et d'Albret, et
est absorbé aujourd'hui dans la monarchie d'Espagne.

Pendant ces divisions les Maures se soutinrent: ils reprirent   *1158.*
Valence. Leurs incursions donnèrent naissance à l'ordre de
Calatrava. [13] Des moines de Cîteaux, assez puissants pour fournir
80 aux frais de la défense de la ville de Calatrava, armèrent leurs frères
convers avec plusieurs écuyers, qui combattirent en portant le
scapulaire. Bientôt après se forma cet ordre qui n'est plus
aujourd'hui ni religieux, ni militaire, dans lequel on peut se
marier une fois, et qui ne consiste que dans la jouissance de
85 plusieurs commanderies en Espagne. [14]

Les querelles des chrétiens durèrent toujours, et les mahométans
en profitèrent quelquefois. Vers l'an 1197, un roi de Navarre
nommé don Sanche, persécuté par les Castillans et les Aragonais,
fut obligé d'aller en Afrique implorer le secours du miramolin de
90 l'empire de Maroc; mais ce qui devait faire une révolution, n'en fit
point. [15]

75-76 MSP: et qui aujourd'hui est absorbé dans
77 MSP: Maures reprirent
80 MSP: défense de Calatrava

[12] D'Orléans relate la succession complexe d'Alphonse le Batailleur, qui institua
'par un testament solennel les templiers et les chevaliers de Saint Jean de Jérusalem
héritiers de tous ses Etats': les Etats du royaume s'insurgèrent contre ce testament et
choisirent pour roi 'D. Garcie fils du prince Ramire, et d'une des filles du Cid, petit-
fils du roi D. Sanche' (livre 2, années 1134 et suiv., t.1, p.269, 271).

[13] Les circonstances de la fondation de cet ordre, qui doit son existence à
Raimond, abbé de Filéro et à Diego Velasquez, sont indiquées par d'Orléans
(livre 2, années 1158 et suiv., t.1, p. 301-302). Le siège de Valence et de Murcie est
brièvement mentionné par la suite (p.304). Voir aussi ci-dessous, ch.66, ligne 131.

[14] Sur cet 'ordre de Calatrave', voir Fleury, qui précise que l'abbé Raimond
installa dans la forteresse de Calatrava 'environ vingt mille hommes [...]. Tels furent
les commencements de l'ordre de Calatrava en 1158. Il fut confirmé en 1164 par le
pape Alexandre III' (livre 70, année 1159, §32).

[15] Sanche VII le Fort, roi de Navarre (1194-1234). Voir d'Orléans, qui écrit que

Lorsque autrefois l'Espagne entière était réunie sous le roi don Rodrigue, prince peut-être incontinent, mais brave, elle fut subjuguée en moins de deux années:[16] et maintenant qu'elle était divisée entre tant de dominations jalouses, ni les miramolins 95 d'Afrique, ni le roi maure d'Andalousie, ne pouvaient faire de conquêtes. C'est que les Espagnols étaient plus aguerris, que le pays était hérissé de forteresses, qu'on se réunissait dans les plus grands dangers, et que les Maures n'étaient pas plus sages que les chrétiens. 100

1200. Enfin toutes les nations chrétiennes de l'Espagne se réunirent pour résister aux forces de l'Afrique qui tombaient sur eux.

Le miramolin Mahomed-ben Joseph avait passé la mer avec près de cent mille combattants, au rapport des historiens, qui ont presque tous exagéré;[17] on doit toujours rabattre beaucoup du 105 nombre des soldats qu'ils mettent en campagne, et de ceux qu'ils tuent, et des trésors qu'ils étalent, et des prodiges qu'ils racontent. Enfin ce miramolin fortifié encore des Maures d'Andalousie, s'assurait de conquérir l'Espagne. Le bruit de ce grand armement avait réveillé quelques chevaliers français. Les rois de Castille, 110 d'Arragon, de Navarre, se réunirent par le danger. Le Portugal *1212.* fournit des troupes. Ces deux grandes armées se rencontrèrent

---

94 MSP: subjuguée en deux
98-99 MSP: les grands
103-108 MSP: avec plus de cent mille combattants et renforcé encore

---

'Sanche revint en Navarre sans avoir rien rapporté d'Afrique que des promesses et des présents' (livre 2, années 1200 et suiv., t.1, p.348).

[16] Voir ch.27 (notre t.2, p.405).

[17] Lorsqu'il évoque les troupes du miramolin 'Mahomad Aben-Jacob', d'Orléans écrit qu''on comptait dit-on, jusqu'à cent cinquante mille hommes de cavalerie' (livre 2, années 1212 et suiv., t.1, p.358) et, 'selon Rodrigue de Tolède', dénombre, après la bataille, la perte de 'cent mille Maures' pour seulement 'vingt-cinq soldats' chrétiens (p.367).

dans les défilés de la Montagne noire (a) sur les confins de l'Andalousie, et de la province de Tolède. L'archevêque de
115 Tolède était à côté du roi de Castille Alphonse le Noble, et portait la croix à la tête des troupes. Le miramolin tenait un sabre dans une main, et l'Alcoran dans l'autre. Les chrétiens vainquirent; [18] et cette journée se célèbre encore tous les ans à Tolède le 16 juillet: [19] mais la victoire fut plus illustre qu'utile. Les Maures d'Andalousie furent
120 fortifiés des débris de l'armée d'Afrique, et celle des chrétiens se dissipa bientôt. [20]

Presque tous les chevaliers retournaient chez eux dans ce temps-là après une bataille. On savait se battre, mais on ne savait pas faire la guerre; et les Maures savaient encore moins cet art que les
125 Espagnols. Ni chrétiens, ni musulmans n'avaient de troupes continuellement rassemblées sous le drapeau.

L'Espagne occupée de ses propres afflictions pendant cinq cents

(a) La Sierra Morena.

113   MSP: Montagne Morena sur
118   MSP: le sixième juillet
n.a   MSP, 53-61: [absente]

[18] Les détails se trouvent dans le long récit qu'effectue d'Orléans des préparatifs et du déroulement de la bataille de Las Navas de Tolosa (années 1212 et suiv., t.1, p.355-68) qui eut lieu le 16 juillet 1212: Voltaire ne retient pas la mention des manifestations surnaturelles qui amènent d'Orléans à conclure que 'ce ne fut ni à la valeur des troupes, ni à l'expérience des généraux, que les Espagnols furent redevables d'une victoire si étonnante, mais à la protection du Dieu des armées qui s'intéressa pour les croisés, et qui dirigea leurs coups contre les ennemis de son nom' (t.1, p.367). Alphonse VIII le Noble, roi de Castille (1158-1214).
[19] D'Orléans précise que cette fête a 'le titre du *Triomphe de la Croix*' (années 1212 et suiv., t.1, p.368).
[20] D'Orléans écrit que 'les rois revinrent chacun chez eux, comblés de gloire, et chargés de dépouilles' (années 1212 et suiv., t.1, p.369). Alphonse poursuit 'Mahomad', mais, 'pressé d'ailleurs de retourner en son pays, afin de pourvoir à la subsistance de ses sujets désolés par la famine qui ravageait la Castille', il doit conclure 'une trêve qui rendit le calme aux nations sarrasines': 'Ce fléau du ciel fut un contretemps qui ravit à Alphonse le Noble la gloire de chasser les Maures' (p.370).

ans, ne commença d'avoir part à celles de l'Europe que dans le
temps des Albigeois. Nous avons vu comment le roi d'Arragon
Pierre II fut obligé de secourir ses vassaux du Languedoc, et du   130
pays de Foix, qu'on opprimait sous prétexte de religion; et
comment il mourut en combattant Montfort le ravisseur de son fils,
et le conquérant du Languedoc. Sa veuve Marie de Montpellier, qui
était retirée à Rome, plaida la cause de ce fils devant le pape
Innocent III, et le supplia d'user de son autorité pour le faire   135
remettre en liberté. ²¹ Il y avait des moments bien honorables pour la
1214. cour de Rome. Le pape ordonna à Simon de Montfort de rendre cet
enfant aux Aragonais, et Monfort le rendit. ²² Si les papes avaient
toujours usé ainsi de leur autorité, ils eussent été les législateurs de
l'Europe.   140

Premier roi   Ce même roi Jacques est le premier des rois d'Arragon, à qui les
d'Arragon à qui   Etats aient prêté serment de fidélité. ²³ C'est lui qui prit sur les Maures
on fait serment.

130   MSP: Pierre premier
131-32   MSP: et comme il
134-35   MSP: pape et
139-41   MSP: législateurs du monde. ¶C'est ce même roi Jacques le premier

²¹ Voir ci-dessus, ch.62, lignes 104-106 et n.29. Episode rappelé par d'Orléans:
d'après son récit, le comte de Montfort peut d'autant moins être présenté comme le
'ravisseur' de son fils que Pierre II (roi d'Arragon de 1196 à 1213) 'consentit sans
peine' à confier au comte de Montfort 'un enfant de cette naissance' qui était
'abandonné et presque sans éducation' (livre 3, années 1213 et suiv., t.1, p.402). Marie
de Montpellier (1182-1213) épousa Pierre II en 1204, et, en 1208, mit au monde Jaume
qui deviendra Jacques Iᵉʳ le Conquérant, roi d'Aragon de 1213 à 1276. On comprend
mal la référence à la veuve de Pierre II (mort le 13 septembre 1213) car Marie mourut
cinq mois avant lui, le 18 avril 1213. Ce qu'il faut savoir aussi, c'est que Marie se
trouvait à Rome dans le but de contrecarrer les projets de Pierre, qui voulait divorcer
et lui ravir Montpellier.
²² D'Orléans rapporte cet épisode en deux temps, à la fin du livre 2 (années 1213 et
suiv.) et, au cours du récit de l'histoire de Jacques Iᵉʳ, au début du livre 3
(années 1213-1214, p.402-404). Innocent III, pape de 1198 à 1216.
²³ D'après d'Orléans, qui précise que 'l'usage s'en perpétua dans la suite' (livre 3,
années 1214 et suiv., t.1, p.404).

l'île de Majorque;[24] c'est lui qui les chassa du beau royaume de
Valence, pays favorisé de la nature, où elle forme des hommes
145   robustes, et leur donne tout ce qui peut flatter leurs sens.[25] Je ne sais   *1238.*
comment tant d'historiens peuvent dire que la ville de Valence
n'avait que mille pas de circuit, et qu'il en sortit plus de cinquante
mille mahométans.[26] Comment une si petite ville pouvait-elle
contenir tant de monde?

150   Ce temps semblait marqué pour la gloire de l'Espagne, et pour
l'expulsion des Maures. Le roi de Castille et de Léon Ferdinand III,
leur enlevait la célèbre ville de Cordoue,[27] résidence de leurs
premiers rois, ville fort supérieure à Valence, dans laquelle ils
avaient fait bâtir cette superbe mosquée,[28] et tant de beaux palais.

155   Ce Ferdinand troisième du nom, asservit encore les musulmans
de Murcie.[29] C'est un petit pays, mais fertile, et dans lequel les

143   MSG: chassa les Maures de leur royaume
148   MSP: une petite
151   MSP: [*manchette*] *1236.*
      MSP: Léon, qu'on appelle saint Ferdinand,
154   MSP: fait cette
155   MSP: [*manchette*] *Saint Ferdinand.*

[24] Voir d'Orléans (livre 3, années 1228-1229) et Fleury (livre 80, année 1230, §1).

[25] D'Orléans rapporte en détail la conquête de Valence (livre 3, années 1232-1238,
t.1, p.444-69) et brosse un long tableau idyllique du pays: 'son climat' est 'le plus
charmant de l'Europe'; 'les hommes y naissent naturellement guerriers'; il est 'tel que
l'antiquité fabuleuse peignait les champs élyséens, qui passaient pour être la demeure
des bienheureux' (p.459-60).

[26] D'Orléans indique que, après sa victoire, en septembre 1238, Jacques agrandit
l'enceinte de la ville, 'qui ne comprenait auparavant que mille pas géométriques de
circuit' (livre 3, années 1238 et suiv., t.1, p.467); il signalait plus haut qu'au moment
de la reddition, 'cinquante mille Maures tant hommes que femmes et petits enfants
sortirent de Valence' (p.467).

[27] La prise de cette ville, qui se rend en 1236 à Ferdinand III, est évoquée par
d'Orléans au détour du récit de la conquête de Valence (livre 3, années 1234 et suiv.).
Voir aussi Fleury (livre 80, année 1236, §57).

[28] Voir ci-dessus, ch.44, lignes 12-15.

[29] D'Orléans mentionne rapidement la reddition de Murcie (livre 3, années 1240

Maures recueillaient beaucoup de soie, dont ils fabriquaient de belles étoffes. [30] Enfin après seize mois de siège il se rendit maître de Séville, la plus opulente ville des Maures, qui ne retourna plus à

1248. leur domination. [31] La mort mit fin à ses succès. Si l'apothéose est due 160
1252. à ceux qui ont délivré leur patrie, l'Espagne révère avec autant de raison Ferdinand, que la France invoque saint Louis. Il fit de sages lois comme ce roi de France; il établit comme lui de nouvelles juridictions. C'est à lui qu'on attribue le conseil royal de Castille, qui subsista toujours depuis lui. [32] 165

Il eut pour ministre un Ximenès, archevêque de Tolède, nom heureux pour l'Espagne, mais qui n'avait rien de commun avec cet autre Ximenès qui dans les temps suivants a été régent de Castille. [33]

Etats d'Arragon La Castille et l'Arragon étaient alors des puissances: mais il ne
égaux au roi. faut pas croire que leurs souverains fussent absolus; aucun ne l'était 170 en Europe. Les seigneurs en Espagne plus qu'ailleurs resserraient l'autorité du roi dans des limites étroites. Les Aragonais se

160   MSP: succès. Les Espagnols en ont depuis fait un saint. Si
161   MSP: avec encore plus de
162   MSP: France ne rend hommage à saint
171   MSG: Europe. Mais les seigneurs

---

et suiv., t.1, p.474-75) et la soumission de trois villes de la province (Arjone, Alcala, et surtout Jaen) encore réfractaires (années 1243 et suiv., p.474-76).

[30] Alvarez de Colmenar indique que 'le plus grand revenu' de Murcie 'vient de la soie', produite en grande quantité (t.5, p.111-12).

[31] Voir d'Orléans, livre 3, années 1247-1248, t.1, p.480-86.

[32] D'après d'Orléans, qui évoque la 'sainteté des mœurs' de Ferdinand, laquelle justifie le 'parallèle' avec saint Louis, et mentionne son action de législateur (livre 3, années 1252 et suiv., t.1, p.488-91).

[33] Lorsqu'il évoque la mort de 'Rodrigue Ximénés', 'célèbre archevêque de Tolède' (1210-1247), d'Orléans écrit que 'la chrétienté est redevable au zèle de cet incomparable prélat, d'avoir plus contribué que personne à échauffer celui des rois chrétiens, pour chasser les Maures d'Espagne' (livre 3, années 1245 et suiv., t.1, p.479). Sur l'autre Ximenès', le célèbre cardinal Francisco Ximenès de Isneros (1436-1517), archevêque de Tolède, cardinal, ministre d'Etat et régent du royaume de Castille (1516), voir ch.102, 121, 127, 140, 145.

souviennent encore aujourd'hui de la formule de l'inauguration de
leurs rois. Le grand justicier du royaume prononçait ces paroles au
175   nom des Etats: *Nos que valemos tanto como vos, y que podemos mas
que vos, os haʒemos nuestro rey y señor, con tal que guardeis nuestros
fueros, se no, no.* 'Nous qui sommes autant que vous, et qui pouvons
plus que vous, nous vous faisons notre roi, à condition que vous
garderez nos lois, sinon, non.' [34]

180   Le grand justicier prétendait que ce n'était pas une vaine
cérémonie, et qu'il avait le droit d'accuser le roi devant les Etats,
et de présider au jugement. Je ne vois point pourtant d'exemple
qu'on ait usé de ce privilège. [35]

    La Castille n'avait guère moins de droits, et les Etats mettaient
185   des bornes au pouvoir souverain. Enfin on doit juger que dans des
pays où il y avait tant de seigneurs, il était aussi difficile aux rois de
dompter leurs sujets que de chasser les Maures.

    Alphonse X, surnommé *l'Astronome*, ou *le Sage*, fils de   *Justification*
saint Ferdinand, en fit l'épreuve. On a dit de lui qu'en étudiant   *d'Alphonse le*
190   le ciel, il avait perdu la terre. [36] Cette pensée triviale serait juste, si   *Sage.*

---

175   MSP: [*manchette*] *Serment remarquable.*
175-76   MSP: *como vos, os haʒemos*
177-78   MSP: que vous, nous vous
188   MSP: [*manchette*] *Alphonse le Sage, digne de ce nom.*
    w56-w57G: Alphonse surnommé

[34] D'après Alvarez de Colmenar: dans ce développement sur les particularités de
'l'ancienne forme du couronnement des rois d'Aragon', la citation, d'où est absente
l'expression '*y que podemos mas que vos*' ainsi que sa traduction, se trouve au sein du
passage consacré au '*Justicia*' (t.5, p.404-406). Voir aussi les *Notebook fragments*, 35:
'Election des rois d'Arragon. Lesolats, Lascortes leur disaient, nous qui sommes plus
que vous nous vous élisions roy à telles conditions' (*OCV*, t.82, p.653).

[35] D'après Alvarez de Colmenar: 'ils établirent un chef de l'Etat sous le nom de
Justicia, pour avoir soin de veiller sur la conduite du roi, avec plein pouvoir de lui
faire son procès devant les Etats, en cas qu'il voulût abuser de l'autorité royale pour
abolir les lois et les usages du royaume; de sorte qu'on peut dire que, dans un sens, ce
magistrat avait plus de puissance que le roi' (t.5, p.405).

[36] Voltaire recopie exactement d'Orléans, chez qui on trouve d'ailleurs un portrait
plutôt dépréciatif d'Alphonse X: 'Esprit léger, capricieux, changeant, fin sans

Alphonse avait négligé ses affaires pour l'étude; mais c'est ce qu'il ne fit jamais. Le même fonds d'esprit qui en avait fait un grand philosophe, en fit un très bon roi. [37] Plusieurs auteurs l'accusent encore d'athéisme, pour avoir dit, *que s'il avait été du conseil de Dieu, il lui aurait donné de bons avis sur le mouvement des astres*. [38] Ces auteurs ne font pas attention que cette plaisanterie de ce sage prince tombait uniquement sur le système de Ptolomée, dont il sentait l'insuffisance, et les contrariétés. Il fut le rival des Arabes dans les sciences; et l'université de Salamanque, établie en cette ville par son père, n'eut aucun personnage qui l'égalât. Ses tables alfonsines [39] font encore aujourd'hui sa gloire, et la honte des princes qui se font un mérite d'être ignorants; mais aussi il faut avouer qu'elles furent dressées par des Arabes.

195

200

202-204   MSP: ignorants. ¶Les difficultés

---

prudence, entreprenant sans suite, pensant beaucoup, et n'approfondissant rien, se laissant éblouir par les apparences, et quoiqu'il agît avec lenteur, tombant par son inconstance dans tous les inconvénients de la précipitation' (livre 3, années 1252 et suiv., t.1, p.491).

[37] Tout en reconnaissant qu'il mérite le surnom de 'Sage', 'au sens qu'on appelait de ce nom les savants dans l'ancienne Grèce' (t.1, p.491), d'Orléans dénie à Alphonse toute sagesse politique: 'il avait l'esprit assez étendu pour être grand philosophe, grand astronome, et grand roi, s'il eût eu autant de cette prudence politique qui fait un monarque accompli, qu'il avait de cette pénétration spéculative, qui fait un grand philosophe et un mathématicien profond' (années 1252 et suiv., t.1, p.491). Voir aussi Fleury (livre 84, année 1255, §8).

[38] Ce 'mot impie' est mentionné par d'Orléans lorsqu'il évoque la mort d'Alphonse: 'on rapporte qu'il lui échappa de dire un jour en s'entretenant des ouvrages du Créateur, surtout de la composition du corps humain, que s'il eût été du conseil de Dieu, quand il voulut former le monde, bien des choses en auraient été mieux ordonnées' (livre 4, années 1284 et suiv., t.2, p.52). D'Orléans réfute l'accusation d'athéisme, tout en poursuivant sa charge contre Alphonse: 'on doit moins attribuer à l'esprit d'irréligion un discours si mal digéré, qu'à la vanité inconsidérée de cet esprit faussement philosophe, qui se fait honneur d'une liberté de sentiments et de paroles, qu'il porte jusque dans les choses saintes' (p.53).

[39] Alvarez de Colmenar mentionne ces 'tables astronomiques' composées par Alphonse (t.1, p.139). Voir l'art. 'Table', rédigé par Voltaire pour le *Dictionnaire de l'Académie* (*OCV*, t.33, p.257 et n.29).

Les difficultés dans lesquelles son règne fut embarrassé, n'étaient
pas sans doute un effet des sciences qui rendirent Alphonse illustre,
mais une suite des dépenses excessives de son père. Ainsi que
saint Louis avait épuisé la France par ses voyages, saint Ferdinand
avait ruiné pour un temps la Castille par ses acquisitions mêmes, qui
coûtèrent alors plus qu'elles ne valurent d'abord. [40]

Après la mort de saint Ferdinand, il fallut que son fils résistât à la
Navarre, et à l'Arragon jaloux. [41]

Cependant tous ces embarras, qui occupaient ce roi philosophe,
n'empêchèrent pas que les princes de l'empire ne le demandassent
pour empereur; et s'il ne le fut pas, si Rodolphe de Habsbourg fut
enfin élu à sa place, il ne faut, me semble, l'attribuer qu'à la distance
qui séparait la Castille de l'Allemagne. [42] Alphonse montra du moins
qu'il méritait l'empire, par la manière dont il gouverna la Castille.
Son recueil de lois qu'on appelle *las Partidas*, y est encore un des

*Lois d'Alphonse
le Sage.*

---

[40] D'Orléans signale les difficultés financières héritées des 'longues guerres'
entreprises par Ferdinand III, mais il évoque 'un changement dans les monnaies'
effectué par Alphonse pour y remédier qui, 'ayant causé un grand désordre dans le
commerce', 'aliéna de lui les esprits' (livre 3, années 1252 et suiv., t.1, p.492).

[41] D'Orléans souligne au contraire la 'modération du roi d'Aragon' (Jacques Ier)
qui, servant de 'correctif à la conduite du nouveau roi de Castille', évite que
'l'Espagne entière' ne soit 'en danger' (livre 3, années 1252 et suiv., t.1, p.490). Idée
reprise par la suite.

[42] Cette élection est évoquée à plusieurs reprises par d'Orléans. Pour combler la
vacance de l'empire survenue à la mort de Frédéric II, en 1250, s'opposent les
candidatures de Richard, comte de Cornouailles, et d'Alphonse (années 1256 et suiv.,
t.1, p.510-12): affaibli par ses conflits avec ses sujets, la lutte contre les musulmans et
la menace d'une guerre civile, Alphonse laisse l'affaire traîner en longueur jusqu'à
l'élection de Rodolphe Ier de Habsbourg (empereur germanique de 1273 à 1291). Ce
choix est en effet justifié par la 'lenteur' d'Alphonse à 'poursuivre' son 'droit à
l'empire', le rendant 'caduc' (années 1272 et suiv., t.1, p.561), ce que confirme le pape
Grégoire X (années 1273 et suiv., p.565-66). L'éloignement qu'évoque Voltaire n'est
mentionné que pour souligner la vanité de toute entreprise qui chercherait à
'contraindre les Allemands à révoquer leur élection' (p.562). Voir aussi Fleury
(livre 84, année 1258, §47; livre 86, année 1275, §54).

fondements de la jurisprudence. [43] Il dit dans ces lois, *que le despote
arrache l'arbre, et que le sage monarque l'ébranche.* [44]

1283.   Ce prince vit dans sa vieillesse son fils don Sanche III se révolter
contre lui; mais le crime du fils ne fait pas, je crois, la honte du père.
Ce don Sanche était né d'un second mariage, [45] et prétendit, du vivant
de son père, se faire déclarer son héritier, à l'exclusion des petits-fils
du premier lit. Une assemblée de factieux sous le nom d'Etats, lui
déféra même la couronne. [46] Cet attentat est une nouvelle preuve de
ce que j'ai souvent dit, qu'en Europe il n'y avait point de lois, et que

220

225

219-21   MSP: jurisprudence. ¶Il vit dans

[43] D'Orléans en attribue l'essentiel du mérite à Ferdinand III: on lui doit 'un
nouveau recueil de lois, dont il confia la collection et l'examen aux plus célèbres
jurisconsultes de son temps, pour en faire un corps de droit, que l'on appelle encore
aujourd'hui *Las Partidas*'; 'il ne reçut sa dernière perfection que sous le règne de
D. Alphonse' (livre 3, années 1252 et suiv., t.1, p.490). Alphonse ne fait donc
qu'achever cette entreprise. Fleury rapporte en revanche qu'Alphonse 'fit écrire',
entre 1251 et 1258, ce 'corps de lois' qu'il désigne sous le nom de *Las siette partidas*: il
le 'fit composer suivant l'intention du roi Ferdinand son père, et l'ordre qu'il en avait
reçu de lui' (livre 88, année 1284, §11).

[44] Cet ajout de 1756 est peut-être consécutif à la lecture de la *Théorie et pratique du
commerce et de la marine* d'Uztáriz (Paris, 1753, BV3382): l'auteur cite Diego de
Saavedra, notamment 'son soixante-septième emblème, intitulé *Elague sans abattre*',
qui rapporte les propos d'Alphonse le Sage: 'Le laboureur, s'il a besoin de bois, ne
coupe point l'arbre par le pied; il en élague seulement quelques branches afin que le
tronc revêtu bientôt de nouvelles feuilles puisse l'année suivante satisfaire les mêmes
besoins' (ch.13, p.46-47).

[45] Il doit s'agir ici d'une coquille. Pour 'Sanche III' lire Sanche IV (1257-1295), le
sixième enfant d'Alphonse et de sa seule et unique femme: Violante d'Aragon.

[46] A sa mort en 1275, le fils aîné d'Alphonse, don Ferdinand de la Cerda, laisse
deux fils: Alfonso (1270-1324) et Fernando (1275-1322). D'Orléans rapporte, au
début du livre 4, les manœuvres de Sanche pour 'se faire déclarer par les Etats du
royaume de Castille héritier présomptif de la couronne au préjudice des princes ses
neveux' (années 1276 et suiv., t.2, p.2), contre la 'loi commune des successions' (p.6):
d'Orléans précise qu''il avait les vœux du peuple, et les suffrages d'une partie des
grands' (p.2). Alphonse s'oppose en vain à la puissance croissante de 'cet ambitieux
usurpateur' (années 1282 et suiv., p.33) qui, ayant réuni les grands à Valladolid, se
voit déférer 'toute l'autorité': 'on alla même jusqu'à le proclamer roi' (p.37). Voir
aussi Fleury (livre 87, année 1276, §3).

presque tout se décidait suivant l'occurrence des temps, et le caprice des hommes. [47]

230 Alphonse le Sage fut réduit à la douloureuse nécessité de se liguer avec les mahométans contre un fils et des chrétiens rebelles. [48] Ce n'était pas la première alliance des chrétiens avec les musulmans contre d'autres chrétiens, mais c'était certainement la plus juste.

Le miramolin de Maroc appelé par le roi Alphonse X, passa la 235 mer. L'Africain et le Castillan se virent à Zara sur les confins de Grenade. L'histoire doit perpétuer à jamais la conduite et le discours du miramolin. Il céda la place d'honneur au roi de Castille. *Je vous traite ainsi*, dit-il, *parce que vous êtes malheureux, et je ne m'unis avec vous que pour venger la cause commune de tous les rois, et* 240 *de tous les pères.* [49] Alphonse combattit son fils, et le vainquit; [50] ce qui prouve encore combien il était digne de régner; mais il mourut *1284.* après sa victoire.

Le roi de Maroc fut obligé de repasser dans ses Etats, don Sanche fils dénaturé d'Alphonse, et usurpateur du trône de ses neveux, 245 régna, et même régna heureusement.

---

[47] Idée en effet récurrente: voir, par exemple, notre t.2, ch.12, ligne 84; ch.13, lignes 58-61, 235; ch.30, ligne 73.

[48] D'Orléans raconte comment Alphonse chercha secours (mais une seule fois) auprès du roi du Maroc, Aben Joseph (années 1282 et suiv.). Fleury donne toutefois une version legèrement différente: 'Alfonse eut recours au pape, et lui fit représenter que cette division donnait ouverture aux Maures pour faire des progrès en Espagne au préjudice de la religion; mais c'était lui-même qui les appelait, et il fit venir deux fois le roi du Maroc à son secours' (livre 88, année 1283, §4).

[49] Voltaire aménage la citation que rapporte d'Orléans: 'elle [la première place] vous est due, dit le Maure, la longue suite des rois dont vous êtes issu, ne me permet pas de prétendre de m'asseoir au-dessus de vous. Au reste, ajouta-t-il, ne pensez pas que je fasse pour vous, quand vous serez heureux, ce que je fais dans votre malheur; je suis mahométan et vous êtes chrétien, ma religion m'oblige à être votre ennemi, je le redeviendrai quand vous n'en aurez plus d'autre; l'indigne procédé de votre fils m'unit aujourd'hui avec vous en faveur des droits communs de la nature. Je vous aiderai avec zèle à punir un enfant ingrat, qui vous doit la vie, et qui vous ôte la couronne' (livre 4, années 1282 et suiv., t.2, p.39).

[50] D'Orléans déclare que cette victoire provisoire est due au renfort de troupes laissées par le roi du Maroc (années 1282 et suiv., t.2, p.40).

La domination portugaise comprenait alors les Algarves arrachées enfin aux Maures. Ce mot *Algarves* signifie en arabe *pays fertile*.[51] N'oublions pas encore qu'Alphonse le Sage avait beaucoup aidé le Portugal dans cette conquête.[52] Tout cela, ce me semble, prouve invinciblement qu'Alphonse n'eut jamais à se repentir d'avoir cultivé les sciences, comme le veulent insinuer des historiens, qui pour se donner la réputation équivoque de politiques, affectent de mépriser des arts qu'ils devraient honorer.

Alphonse le Philosophe avait oublié si peu le temporel qu'il s'était fait donner par le pape Grégoire X le tiers de certaines décimes du clergé de Léon et de Castille, droit qu'il a transmis à ses successeurs.[53]

Sa maison fut troublée, mais elle s'affermit toujours contre les

252   MSG: des histoires,
253   MSP: devaient honorer

[51] Voir Alvarez de Colmenar: 'Tous les auteurs que j'ai vus [...] s'accordent à dire que c'est un mot arabe, qui signifie une campagne fertile' (t.6, p.310-11). Alvarez ajoute toutefois: 'Le premier qui l'a écrit n'était pas fort bien informé, et tous les autres qui l'ont suivi comme des moutons se sont trompés après lui. Algarve ne signifie autre chose qu'un pays occidental et situé à l'extrémité de la terre, ce qui convient fort bien à cette province. Les Arabes emploient un mot qui a la même origine pour signifier l'Afrique et en particulier la Mauritanie.'
[52] Lorsqu'il rappelle qu'Alphonse III, roi de Portugal, a épousé Béatrix, fille d'Alphonse le Sage, d'Orléans déclare que 'le Portugal s'était étendu considérablement sur les sarrasins, et avait acquis le royaume des Algarves, partie par les armes, partie par un don que leur [*sic*] en avait fait le Castillan pour dot de sa fille, à condition que ce royaume serait tributaire du sien' (livre 3, années 1271 et suiv., t.1, p.557-58).
[53] A la suite de l'élection de Rodolphe de Habsbourg à la tête de l'empire, et des plaintes qu'Alphonse adresse, sans succès, à Grégoire X (pape de 1271 à 1276), d'Orléans écrit que ce dernier 'voulut bien lui accorder la troisième partie des dîmes destinées à la réparation des temples, pour soutenir la guerre contre les infidèles qui venaient tout nouvellement de la déclarer aux chrétiens d'Espagne'. Il ajoute que 'Mariana assure que le pontife n'accorda la disposition de ces revenus que pour un temps limité, et se plaint de ce que les rois de Castille l'avaient retenu jusqu'au sien' (livre 3, années 1273 et suiv., t.1, p.568).

Maures. Son petit-fils Ferdinand IV leur enleva alors Gibraltar, qui *1303.*
260 n'était pas si difficile à conquérir qu'aujourd'hui. [54]

On appelle ce Ferdinand IV, Ferdinand l'Ajourné, parce que dans un accès de colère il fit, dit-on, jeter du haut d'un rocher deux seigneurs, qui avant d'être précipités, l'ajournèrent à comparaître devant Dieu dans trente jours, et qu'il mourut au bout de ce terme.
265 Il serait à souhaiter que ce conte fût véritable, ou du moins cru tel par ceux qui pensent pouvoir tout faire impunément. [55] Il fut père de ce fameux Pierre le Cruel, dont nous verrons les excessives sévérités; [56] prince implacable, et punissant cruellement les hommes, sans qu'il fût ajourné au tribunal de Dieu.
270 L'Arragon de son côté se fortifia, comme nous l'avons vu, et accrut sa puissance par l'acquisition de la Sicile. [57]

Les papes prétendaient pouvoir disposer du royaume d'Arra- *Papes prétendent*
gon, pour deux raisons; premièrement parce qu'ils le regardaient *droit sur*
comme un fief de l'Eglise romaine; secondement parce que *l'Arragon.*

263   MSP: l'ajournèrent, dit-on, à
268   MSP: punissant les

[54] Voir d'Orléans, livre 4, années 1303 et suiv., t.2, p.94. Ferdinand IV l'Ajourné, roi de Castille et de León (1295-1312). D'Orléans présente cependant la prise de Gibraltar comme un dédommagement: 'on alla assiéger Algézire pendant que le roi d'Aragon se disposait à former le siège d'Almérie, qui lui devait tomber en partage; on reprit ni Almérie ni Algézire, mais les Maures furent défaits deux fois en bataille rangée par les Aragonais, et pour se dédommager d'Algézire les Castillans prirent Gibraltar' (p.94). Gibraltar tomba aux mains des Anglais le 4 août 1704, exploit que Voltaire juge digne de remarque car la ville 'passait avec raison pour imprenable' (*Le Siècle de Louis XIV*, *OH*, p.836). Voir aussi le *Précis du siècle de Louis XV* (*OH*, p.1479-80).

[55] Voltaire paraphrase d'Orléans, qui présente 'le fait' comme 'certain', mais qui précise que le peuple y voit une intervention divine et ajoute qu''il serait plus utile que ce fait trouvât créance dans l'esprit des grands, qui d'ordinaire aiment mieux attribuer ces sortes d'événements au hasard qu'à la justice d'un Dieu vengeur de l'innocent et de l'opprimé' (livre 4, années 1303 et suiv., t.2, p.95-96).

[56] Sur Pierre Ier (1334-1369), roi de Castille (1350), surnommé – selon les opinions politiques hostiles ou favorables – le Cruel ou le Justicier, voir ch.77.

[57] Voir ci-dessus, ch.61.

Pierre III surnommé *le Grand*, auquel on reprochait les Vêpres   275
siciliennes, était excommunié, non pour avoir eu part au massacre,
mais pour avoir pris la Sicile que le pape ne voulait pas lui donner. [58]
Son royaume d'Arragon fut donc transféré par sentence du pape à
Charles de Valois petit-fils de saint Louis. Mais la bulle ne put être
mise à exécution. [59] La maison d'Arragon demeura florissante, et   280
bientôt après les papes qui avaient voulu la perdre, l'enrichirent
encore. Boniface VIII donna la Sardaigne et la Corse au roi
1294. d'Arragon Jacques IV dit *le Juste*, pour l'ôter aux Génois et aux
Pisans qui se disputaient ces îles: [60] nouvelle preuve de l'imbécile
grossièreté de ces temps barbares.   285

Alors la Castille et la France étaient unies, parce qu'elles étaient
ennemies de l'Arragon. Les Castillans et les Français étaient alliés
de royaume à royaume, de peuple à peuple, et d'homme à homme.

Ce qui se passait alors en France du temps de Philippe le Bel, au
commencement du quatorzième siècle, doit attirer nos regards.   290

284-86 MSP: îles. ¶Alors
288-90 MSP: homme.//

[58] Voir d'Orléans, qui brosse l'histoire mouvementée de la Sicile dès l'an 1282, et
signale la volonté de Pierre III de s'en emparer (livre 4, années 1282 et suiv.).
Pierre III arriva à Palerme en 1282, accepta la couronne, et fut aussitôt excommunié
par Martin IV (9 novembre), et son royaume mis en interdit (p.27). Ces censures
furent renouvelées en 1284 par le pape Honorius IV (p.51).

[59] Voir d'Orléans, livre 4, années 1283 et suiv. (t.2, p.27), qui ne mentionne
cependant pas le transfert du royaume d'Aragon. Fleury écrit que 'la difficulté' fut de
'mettre à exécution' cette bulle (livre 88, année 1283, §3).

[60] D'après d'Orléans, livre 4, années 1294 et suiv., t.2, p.77-78. Boniface VIII,
pape de 1294 à 1303; Jacques II le Juste, roi d'Aragon (1291-1327) et de Sicile (1285-
1295), et non Jacques IV, contrairement à ce qu'écrit d'Orléans (p.75), que suit
Voltaire.

CHAPITRE 65

Du roi de France Philippe le Bel, et de Boniface VIII.

Le temps de Philippe le Bel, qui commença son règne en 1285, fut une grande époque en France, par l'admission du tiers état aux

a-271 [*Première rédaction de ce chapitre*: MSP, 53, W56]
 MSP, 53-54N: Chapitre 43 / *De la papauté aux douzième et treizième siècles et particulièrement de Boniface VIII* [*dont le début suit l'actuel ch.63 jusqu'à la ligne 107, et se continue dans le présent ch.65 à partir de la ligne 68 avec de nombreuses divergences; il commence par un développement autonome reproduit ci-dessous*]
a W56-W57G: Chapitre 53
 61: Chapitre 61
b W56-W57G: *De Philippe le Bel et de Boniface VIII.*
1-68 MSP, 53-54N: Boniface VIII se repentit d'avoir voulu exercer sur la France une telle autorité et de n'avoir pas assez distingué les lieux, les temps et les

* Les sources principales de Voltaire pour ce chapitre sur Philippe le Bel restent Daniel (*Histoire de France*, Paris, 1731, éd. consultée) et surtout l'*Histoire ecclésiastique* de Fleury, auxquels il convient d'ajouter, pour les importants ajouts des lignes 87-156, 240-69, Velly, *Histoire de France* (éd. consultée, Paris, 1762), t.7, et Mézeray (*Histoire de France depuis Faramond*, éd consultée, Paris, 1643; *Abrégé chronologique de l'histoire de France* (éd consultée, Amsterdam, 1740). Il est évident que Daniel et Velly doivent beaucoup à A. Baillet, *Histoire des démêlés du pape Boniface VIII avec Philippe le Bel roi de France* (2ᵉ éd., Paris, 1718), qui reprend ou amplifie les travaux de P. Dupuy (*Histoire du différend d'entre le pape Boniface VIII et Philippe le Bel*, Paris, 1655). Voltaire ici alterne les emprunts directs, le résumé et le commentaire. Son organisation, qui peut parfois dérouter, fait qu'il privilégie non un récit événementiel chronologique, mais l'effet produit par l'amalgame de certains développements ou décisions-clés qui résument à eux seuls le choc produit par cet affrontement entre deux géants aussi décidés et opiniâtres l'un que l'autre. Les versions de ce chapitre qui datent de 1761 ne sont pas à négliger. Par exemple, les dix-neuf lignes sur la prolifération de bulles papales par Boniface VIII contre Philippe le Bel rédigées en 1756 deviennent après 1761 six paragraphes considérables

personnes. Ce pape [53-54N: autorité. Ce pape] Boniface était un homme très savant dans le droit public de ces temps-là, qui consistait principalement à soumettre toutes les puissances à l'Eglise, et toute l'Eglise au Saint-Siège. Il fut accusé juridiquement 5 après sa mort par un de ses domestiques, nommé Maffredo, et par treize autres témoins, d'avoir insulté la religion qui le rendait si puissant, et d'avoir dit plus d'une fois, 'Ah! que de bien nous a fait cette fable de Jésus-Christ'. ¶La manière dont il avait traité le pape Célestin, son prédécesseur, prouve autant que ces témoins que son intérêt était sa seule religion. Il avait persuadé à Célestin de se démettre. C'est le seul 10 pontife peut-être qui ait été imbécile, et le seul qui ait jamais quitté le trône pontifical. Boniface s'étant fait élire, avait tenu le pontife déposé dans une prison étroite, où il le laissa mourir de chagrin. ¶Dans ces temps encore anarchiques, les rois ne levaient rien sur le clergé qu'avec une bulle du pape. C'était au pape, et non au roi que le clergé payait, et ensuite le roi et le pontife s'arrangeaient entre eux pour partager 15 l'argent. ¶Philippe le Bel, qui en voulait dépenser beaucoup [53-54N: chagrin. ¶Philippe le Bel, qui voulait dépenser beaucoup d'argent], et

---

(lignes 87-156). Que Voltaire ait choisi d'approfondir ce sujet n'est pas surprenant, étant donné la nature anticléricale de son programme des années 1760, et la position qu'il adopte par ailleurs en faveur de la souveraineté française et son indépendance de Rome. Tout comme Baillet, Voltaire tient à faire le lien entre la dispute entre Boniface VIII et Philippe IV et celle, plus récente, qui oppose Innocent XI à Louis XIV. La dispute entre le roi Philippe le Bel et le pape Boniface VIII est un sujet parfaitement adapté à la vision historique de Voltaire. Elle représente à la fois un moment-clé dans le renforcement de la souveraineté française comme dans l'histoire. A travers les siècles, les historiens ont considéré que la victoire de Philippe le Bel sur un pape dominateur fut symbolisée par l'attentat et la fameuse gifle d'Anagni. Philippe IV avait en effet ordonné que Nogaret et Colonna arrêtent le pape dans sa ville natale d'Anagni. Dans la mêlée, on prétend que Colonna a giflé le pape et que le choc de l'attentat et de la gifle provoquèrent sa mort. Dante Alighieri (ennemi mortel de Boniface VIII) fut horrifié qu'une puissance étrangère ait agi ainsi contre un pape (*Purgatorio*, XX, 85-93). Voltaire a choisi d'ignorer des siècles d'histoire et préfère douter de l'histoire de la gifle en particulier. Veut-il mettre le lecteur au défi de chercher le vraisemblable dans l'histoire au lieu d'accepter une légende? Il refuse également de dépeindre la mort de Boniface comme un exemple d'intervention divine.

assemblées de la nation,[1] par l'institution des tribunaux suprêmes nommés parlements, (a)[2] par la première érection d'une nouvelle
5 pairie faite en faveur du duc de Bretagne,[3] par l'abolition des duels en matière civile, par la loi des apanages restreints aux seuls héritiers mâles.[4] Nous nous arrêterons à présent à deux autres

(a) Voyez les chapitres concernant les états généraux, et les tribunaux de parlement.[5]

n.a   MSP, 53-W57G: [absente]

[1] Le président Hénault note qu'on convient généralement que ce fut la première fois qu'on ait admis le tiers état à une réunion des états généraux (Nouvel Abrégé chronologique de l'histoire de France, 1744; Paris, 1752, p.181). Voltaire insiste sur la nouveauté de l'inclusion du 'tiers état' dans la composition des états généraux (28 mars 1302). Voir le Cambridge notebook (OCV, t.81, p.77). Velly est dubitatif quant à savoir s'il s'agit ou non ici de la première convocation des états généraux, alors que Voltaire semble avoir peu de doutes à ce sujet: 'Philippe en 1302 appela pour la première fois le tiers état à ces grandes assemblées' (Histoire du parlement de Paris, 1769, OCV, t.68, p.160). Il précise les raisons pragmatiques qui sous-tendent cette convocation: 'Il s'agissait en effet des plus grands intérêts du monde, de réprimer le pape Boniface VIII qui osait menacer le roi de France de le déposer, et surtout il s'agissait d'avoir de l'argent' (p.160).

[2] Compte tenu de l'intérêt que porte Voltaire au parlement de Paris, il est peu surprenant qu'il mentionne le fait que le parlement établi par Philippe le Bel devait se réunir au moins deux fois par an (voir ch.85, et dans le Pierpont Morgan notebook, OCV, t.82, p.173: 'Sous St Louis quatre parlements par an. Sous Philippe le Bel deux séances par an'). De même, Mézeray a tenu à souligner cette évolution positive dans son Histoire de France, année 1303.

[3] C'est en 1297 que Philippe le Bel consentit à donner à Jean II de Bretagne (1239-1305) le titre de pair de France. C'est saint Louis, père de Philippe, qui le premier tenta, en 1258, d'abolir le duel judiciaire en lui substituant la preuve par témoins, mais n'y parvint que très partiellement; c'est Philippe qui y arriva en 1306.

[4] 'Apanages': Dictionnaire de l'Académie, 1762: 'Ce que les souverains donnent à leurs puînés pour leur tenir lieu de partage [...]'. Les apanages furent introduits par Hugues Capet (987). Jusqu'à Philippe-Auguste les filles des rois avaient reçu des apanages. Mais leur exclusion fut prononcée en 1314 par Philippe dans le codicile par lequel il donna le comté de Poitou à son fils, Philippe le Long.

[5] Ch.76, 83, 85.

objets, aux querelles de Philippe le Bel avec le pape Boniface VIII, et à l'extinction de l'ordre des templiers. [6]

Nous avons déjà vu que Boniface VIII de la maison des Caïetans, [7] était un homme semblable à Grégoire VII, plus savant encore que lui dans le droit canon, non moins ardent à soumettre les puissances à l'Eglise, et toutes les Eglises au Saint-Siège. [8] Les factions gibeline et guelfe divisaient plus que jamais l'Italie. Les gibelins étaient originairement les partisans des empereurs; et l'empire alors n'étant qu'un vain nom, les gibelins se servaient toujours de ce nom pour se fortifier et pour s'agrandir. Boniface fut longtemps gibelin quand il fut particulier, et on peut bien juger qu'il fut guelfe quand il devint pape. [9] On rapporte qu'un premier jour de carême, donnant les cendres à un archevêque de Gènes, il

[6] Ce chapitre traite exclusivement du 'différend' entre Philippe le Bel et Boniface VIII; le chapitre suivant aborde la persécution des templiers.

[7] Sur Boniface VIII, voir également ch.57, 63-66, 68 et 72). La famille des Caïetan, jadis originaire d'Espagne, venue s'établir à Caieta (Gaète), qui était devenue une des plus puissantes familles d'Italie, comptait déjà un pape (Gélase II, élu en 1118) et quatre cardinaux.

[8] Voltaire représente Grégoire VII de manière plutôt sévère dans le ch.46. Ailleurs, il va au-delà de la simple comparaison des deux papes, et pose Boniface comme le plus extrême des deux: 'Boniface huit a été encore plus loin que Grégoire sept' (*Notebook fragments*, *OCV*, t.82, p.609). Daniel, plus explicite que Voltaire au sujet de l'ambition de Boniface VIII, est tranchant: tout en évoquant sa capacité dans le droit canonique, il le qualifie (à l'instar des auteurs 'mêmes ultramontains') de fier, d'arrogant et de présomptueux, ajoutant que ses décrétales concernant les princes, et surtout le roi de France, font voir son ambition d'étendre l'autorité pontificale jusqu'à la démesure, sa 'passion dominante' (année 1303): Le jugement de Mézeray sur le pape est encore plus clair: 'cet esprit orgueilleux', et 'cet esprit superbe' (*Abrégé chronologique*, année 1303, t.3, p.62). Par contre, Fleury s'abstient de tout commentaire personnel ouvertement négatif (livre 89, année 1295, etc.).

[9] C'est l'italianisation du nom de Conrad von Weiblingen (élu empereur en 1138, adversaire résolu des papes) qui donna lieu à *ghibellino*; de la même manière le nom 'Welf', celui d'une puissante famille d'Allemagne qui prit le parti des papes, donna *guelf* ou *guelphe*. Voir Moréri, *Grand Dictionnaire historique* (Paris, 1699), t.3, p.48-49. Cette section sur les guelfes et les gibelins recopie assez fidèlement la section de Velly sur le même sujet (année 1296, t.7, p.101).

les lui jeta au nez, en lui disant; *Souviens-toi que tu es gibelin* au lieu de dire, *Souviens-toi que tu es homme.* [10] La maison des Colonnes, premiers barons romains, qui possédait des villes au milieu du Patrimoine de Saint-Pierre, était de la faction gibeline. [11] Leur intérêt contre les papes était le même que celui des seigneurs allemands contre l'empereur, et des Français contre le roi de France. Le pouvoir des seigneurs de fief s'opposait partout au pouvoir souverain.

Les autres barons voisins de Rome étaient dans le même cas; ils s'unissaient avec les rois de Sicile, et avec les gibelins des villes d'Italie. Il ne faut pas s'étonner si le pape les persécuta, et en fut persécuté. Presque tous ces seigneurs avaient à la fois des diplômes de *vicaires du Saint-Siège*, et de *vicaires de l'empire*, source nécessaire de guerres civiles, que le respect de la religion ne put jamais tarir, et que les hauteurs de Boniface VIII ne firent qu'accroître.

Ces violences n'ont pu finir que par les violences encore plus grandes d'Alexandre VI, [12] plus de cent ans après. Le pontificat du temps de Boniface VIII, n'était plus maître de tout le pays qu'avait

Quel était l'état de Rome.

21-22 K: *gibelin.* La
29 K: Rome avaient le même esprit; ils

[10] L'anecdote figurait déjà dans Moréri (t.1, p.514).
[11] La famille Colonne était tout aussi influente que celle des Caïetan. Leur rivalité s'envenima quand les Colonne s'opposèrent à l'élection de Boniface VIII. Baillet (p.42-50) et Fleury (livre 89, année 1297, §49) détaillent les bras de fer entre Boniface et les Colonne (mai 1297) et surtout pendant l'année 1299 (Fleury, §62) où on apprend que le pape fit 'abattre les palais et les maisons qu'ils avaient dans Rome', fit même 'prêcher la croisade contre eux' et 'fit abattre et ruiner entièrement la ville de Palestrine'. Daniel parle assez longuement de ce qu'il appelle le 'fameux démêlé de la maison des Colonne avec le pape Boniface VIII' (année 1303, manchette).
[12] Alexandre VI, pape en 1492, est Rodrigo de Borja (1431-1503) dont Voltaire parle toujours avec horreur depuis l'époque de *La Henriade* (1723; *OCV*, t.2, p.310, 340) jusqu'à celle de l'*Éloge et Pensées de Pascal* (1778; *OCV*, t.80A, p.183). Il est surtout en évidence ici, dans les ch.106-11.

possédé Innocent III, de la mer Adriatique au port d'Ostie. Il en   40
prétendait le domaine suprême: il possédait quelques villes en
propre: c'était une puissance au rang des plus médiocres. [13] Le grand
revenu des papes consistait dans ce que l'Eglise universelle leur
fournissait, dans les décimes qu'ils recueillaient souvent du clergé,
dans les dispenses, dans les taxes.   45

Une telle situation devait porter Boniface à ménager une
puissance qui pouvait le priver d'une partie de ces revenus, et
fortifier contre lui les gibelins. Aussi dans le commencement même
de ses démêlés avec le roi de France, [14] il fit venir en Italie Charles de
Valois frère de Philippe, qui arriva avec quelque gendarmerie: [15] il   50

Boniface nomme lui fit épouser la petite-fille de Baudouin second empereur de
Charles de Constantinople dépossédé, et nomma solennellement Valois
Valois empereur empereur d'Orient; [16] de sorte qu'en deux années il donna l'empire
d'Orient. d'Orient, celui d'Occident, et la France; car nous avons déjà

[13] Voltaire tient absolument à traiter Boniface VIII sous l'angle politique et
temporel. Fortement hostile à la doctrine de la théocratie papale qui voit son apogée
et sa fin avec Boniface, Voltaire préfigure la philosophie qu'il développera dans les
années 1760 (voir, à titre d'exemple, l'art. 'Histoire des Juifs' du *DP*, *OCV*, t.36,
p.195; *La Philosophie de l'histoire*, *OCV*, t.59, plus spécialement les p.118-19; le
Cinquième entretien de *L'ABC*, 'Des manières de perdre et de garder sa liberté, et de
la théocratie', *M*, t.27, p.342-47). Il finira par dire, dans l'art. 'Miracles' des *QE*: 'Il en
est ainsi chez tous les peuples de la terre. On commence par la théocratie, on finit par
des choses purement humaines. Plus les sociétés perfectionnent les connaissances,
moins il y a de prodiges' (*M*, t.20, p.85).

[14] L'utilisation du terme *démêlés* fait écho au titre de l'histoire éponyme de Baillet.
Bien des historiens utilisent ce terme, ou bien le mot *différend*, ou encore: 'ce fameux
démêlé' (Velly, année 1301, t.7, p.177).

[15] A cette époque, le mot 'gendarmerie' signifiait tout simplement un corps
composé d'hommes armés. Avec le dépréciatif 'quelque', Voltaire ironise car,
d'après Fleury, Charles arriva à Anagni 'où était la cour de Rome, accompagné de
[...] cinq cents chevaliers francais' (livre 90, année 1301, §5). Daniel se contente de
parler d'une 'armée' (année 1303).

[16] Baillet dit que Boniface lui 'avait déjà promis l'empire de Constantinople pour
le récompenser de ce qu'il était entré en Italie' (p.58), alors que Fleury se contente de
dire que Boniface 'faisait espérer à Charles l'empire d'Occident' (livre 90,
année 1300, §4).

55 remarqué qu'en 1303 ce pape réconcilié avec Albert d'Autriche, lui fit un don de la France. [17] Il n'y eut de ces présents que celui de l'empire d'Allemagne qui fût reçu, parce qu'Albert le possédait en effet.

60 Le pape, avant sa réconciliation avec l'empereur, avait donné à Charles de Valois un autre titre, celui de *vicaire de l'empire* en Italie, et principalement en Toscane. Il pensait, puisqu'il nommait les maîtres, devoir à plus forte raison nommer les vicaires. Aussi Charles de Valois, pour lui plaire, persécuta violemment le parti gibelin à Florence. C'est pourtant précisément dans le temps que

65 Valois lui rend ce service, qu'il outrage, et qu'il pousse à bout le roi de France son frère. Rien ne prouve mieux que la passion et l'animosité l'emportent souvent sur l'intérêt même.

Philippe le Bel, qui voulait dépenser beaucoup d'argent, et qui en avait peu, prétendait que le clergé, comme l'ordre de l'Etat le

70 plus riche, devait contribuer aux besoins de la France sans la permission de Rome. Le pape voulait avoir l'argent d'une décime accordée sous le prétexte d'un secours pour la Terre Sainte, qui

---

55 W56-W57G: remarqué (au chapitre 42ᵉ) qu'en
61: remarqué (au chapitre 48) qu'en
56 W56-W57G: Il n'y eut de les trois présents
69 K: l'ordre le plus riche de l'Etat
70 K: France sous la
71-77 MSP: Rome. On avait accordé une décime pour le secours prétendu de la Terre Sainte, qui ne pouvait plus être secourue. Le pape voulait avoir l'argent, et le roi le prenait pour faire la guerre à l'Angleterre. Ce fut le premier sujet de la querelle. L'audace d'un évêque de la petite ville de Pamiers, érigée en évêché nouvellement,
5 aigrit les esprits.

---

[17] Voir ci-dessus, ch.63, lignes 93-99. Fleury (livre 90, année 1300, §4): Albert d'Autriche (1255-1308) se fit élire roi des Romains (1298) et fut incontinent dénoncé par Boniface; mais, plus tard, cherchant des alliés contre Philippe le Bel, il se réconcilia avec Albert, le reconnut roi des Romains (30 avril 1303) et lui fit don de la France suite à l'excommunication de Philippe.

n'était plus secourable, et qui était sous le pouvoir d'un descendant
de Gengis-Kan.[18] Le roi prenait cet argent pour faire en Guienne la
guerre qu'il eut en 1301 et 1302 contre le roi d'Angleterre Edouard.   75
Ce fut le premier sujet de la querelle.[19] L'entreprise d'un évêque de
la ville de Pamiers aigrit ensuite les esprits. [20] Cet homme avait cabalé
contre le roi dans son pays, qui ressortissait alors de la couronne, et
le pape aussitôt le fit son légat à la cour de Philippe. Ce sujet, revêtu
d'une dignité, qui, selon la cour romaine, le rendait égal au roi   80

73-76 53-54N: secourable; le roi prenait cet argent pour faire la guerre à
l'Angleterre. Ce

80 53-54N: rendait au moins égal

[18] La Terre Sainte avait été reconquise par le sultan mamelouk Baibars et puis par
son fils Kala'un vers la fin du treizième siècle. Le descendant de Genghis Khan est
Mahmud Ghazan (1271-1304), celui-là même qui avait proposé une alliance à
Boniface VIII pour chasser les mamelouks, en échange de quoi il rétablirait le
royaume de Jérusalem.

[19] Ce fut en effet le premier sujet de la querelle entre Philippe et Boniface, mais la
référence à la guerre de 1301-1302 est trompeuse, car il s'agit ici de la bulle *Clericis
laïcos* du 25 février 1296 (voir ci-dessous, lignes 109-10). Ce fut la situation financière
difficile de Philippe le Bel et sa décision de faire payer la décime au clergé (comme le
firent d'autres souverains d'Europe au même moment: voir Fleury, livre 89,
année 1296, §43) qui furent le détonateur d'une querelle retentissante. Cf. Daniel:
'Il me paraît que le premier [coup] partit de la main du pape, par une bulle qu'il publia
par laquelle il défendait à tous les gens d'Eglise de fournir de l'argent aux princes [...]
sans en avoir demandé la permission au Saint-Siège, déclarant que tous ceux qui
fourniraient ainsi de l'argent, et ceux qui le recevraient, encourraient l'excommunication, fussent-ils princes, rois ou empereurs' (année 1303, t.3, p.88). A la suite de
Baillet (p.25-26), Fleury en esquisse le contenu en plus grand détail; parmi les ordres
donnés figurent les défenses formelles faites au clergé de payer la décime aux
autorités laïques quelles qu'elles fussent (livre 89, année 1296, §43).

[20] Baillet (p.77-87) et Fleury détaillent la conduite fort déloyale de Bernard de
Saisset (*c.*1232-1314): il avait conseillé la révolte aux comtes de Foix et de Comminges,
et le reniement de l'obéisssance due à Philippe pour la ville et le comté de Toulouse
nouvellement réunis à la couronne. Il prétendait que lui-même 'ne tenait rien du roi,
que c'était un faux-monnayeur, qu'il n'était pas légitime, et enfin qu'il ne valait rien'
(livre 90, année 1301, §6). Daniel fournit encore plus de détails sur Saisset lui-même,
mais prétend, tout comme Baillet (p.77), que l'occasion de ces propos insultants fut une
visite de Saisset, envoyé chez Philippe par Boniface, en qualité de légat, pour lui
proposer de 'se croiser pour le secours de la Terre Sainte' (Daniel, année 1301, p.283).

même, vint à Paris braver son souverain, et le menacer de mettre son royaume en interdit.[21] Un séculier qui se fût conduit ainsi, aurait été puni de mort. Il fallut user de grandes précautions pour s'assurer seulement de la personne de l'évêque. Encore fallut-il le remettre entre les mains de son métropolitain l'archevêque de Narbonne.[22]

Vous[23] avez déjà observé que depuis la mort de Charlemagne, on ne vit aucun pontife de Rome, qui n'eût des disputes ou épineuses, ou violentes, avec les empereurs et les rois; vous

Observation importante.

86-157   MSP, 53-W57G: Narbonne. ¶Aussitôt arrive cette bulle du pape, dans laquelle il est dit, que le vicaire de Jésus-Christ est établi sur les rois de la terre et les royaumes avec un plein pouvoir. L'ordre du pape est intimé à tous les évêques de France, de se rendre à Rome. Un nonce, simple archidiacre de Narbonne, vient présenter au roi cette bulle et ces ordres, et lui dénoncer qu'il ait à reconnaître, ainsi que tous les autres princes, qu'il tient sa couronne du pape. On répondit à cet outrage par une modération qui paraissait n'être pas du caractère de Philippe. On se contenta de jeter la bulle au feu, de renvoyer le nonce archidiacre dans son pays et de défendre aux évêques de sortir de France. ¶Si les évêques avaient été attachés à la patrie autant qu'à la cour de Rome, de qui le pouvoir augmentait toujours leur crédit chez eux, quoiqu'en les humiliant, aucun n'eût quitté le royaume, mais il y en eut [53-54N: France. ¶Il y en eut pourtant] au moins quarante, et plusieurs chefs d'ordres qui allèrent à Rome. Le roi fut donc obligé de convoquer les états généraux pour faire décider qu'en effet l'évêque de Rome n'était pas roi de France. ¶Le cardinal

[21] Baillet, qui raconte que Saisset proféra cette menace: 'que si on ne lui accordait sa demande touchant la liberté du comte de Flandre, il *jetterait l'interdit sur tout le royaume, et fulminerait même l'excommunication sur la personne du roi*' (p.80), ne se gêne pas au sujet du caractère de cet évêque. Déjà il avait dit à ce propos: 'Bernard de Saisset envoyé au roi par Boniface VIII était un brouillon et un insolent, sans soumission et sans respect pour son prince légitime' (p.6). Mézeray est également sévère sur son compte (*Histoire de France*, année 1300). Daniel le traite d'homme difficile, inquiet et intransigeant (année 1303).

[22] D'après Fleury, Philippe informa Boniface de l'arrestation de Saisset, et lui demanda de dépouiller 'le coupable de son ordre et de tout privilège clérical' (livre 90, année 1301, §6). Cette initiative valut à Philippe une lettre d'admonestation du 5 décembre 1301, et en plus la bulle *Ausculta fili* (voir Fleury, §7) qui remettait Philippe prestement à sa place. Le 8 février 1302, il releva le défi en faisant brûler la bulle (voir Baillet, p.109-10, 177; Daniel, année 1303).

[23] Dans les lignes 87-156 et 240-68, Voltaire, délaissant Daniel, prend pour guide Velly.

verrez durer jusqu'au siècle de Louis XIV ces querelles qui sont la   90
suite nécessaire de la forme de gouvernement la plus absurde, à
laquelle les hommes se soient jamais soumis.[24] Cette absurdité
consistait à dépendre chez soi d'un étranger. En effet, souffrir que
cet étranger donne chez vous des fiefs, ne pouvoir recevoir de
subsides des possesseurs de ces fiefs qu'avec la permission de cet   95
étranger, et sans partager avec lui; être continuellement exposé à
voir fermer par son ordre les temples que vous avez construits et
dotés; convenir qu'une partie de vos sujets doit aller plaider à trois
cents lieues de vos Etats:[25] c'est là une petite partie des chaînes que
les souverains de l'Europe s'imposèrent insensiblement, et sans   100
presque le savoir. Il est clair que si aujourd'hui on venait pour la
première fois proposer au conseil d'un souverain de se soumettre à
de pareils usages, celui qui oserait en faire la proposition serait
regardé comme le plus insensé des hommes. Le fardeau d'abord
léger s'était appesanti par degrés. On sentait bien qu'il fallait le   105
diminuer, mais on n'était ni assez sage, ni assez instruit, ni assez
ferme pour s'en défaire entièrement.

1302
et suivant.   Déjà dans une bulle longtemps fameuse, l'évêque de Rome
Boniface VIII avait décidé, *qu'aucun clerc ne doit rien payer au roi son*

[24] Bien que le commentaire sur 'l'absurdité' du pouvoir papal soit particulier à
Voltaire, l'analogie ne l'est pas. Dès le début de son œuvre, Baillet établit un parallèle
explicite entre la dispute entre Boniface VIII et Philippe IV et celle, plus récente, qui
oppose Innocent XI à Louis XIV. Baillet consacre une bonne partie de son
introduction à la comparaison de ces deux événements (p.1-9).

[25] Echos dans le futur conte philosophique *L'Ingénu* (1767): 'on lui expliqua ce que
c'était que le pape; et l'Ingénu fut encore plus étonné qu'auparavant [...] et je quitterais
mademoiselle de Saint-Yves pour aller demander la permission de l'aimer à un homme
qui demeure vers la Méditerranée' (*OCV*, t.63c, p.228). Chez Voltaire les attaques
contre le pouvoir envahissant des papes (jusque dans les menus détails de la vie
quotidienne), comme contre la nécessité de se déplacer littéralement jusqu'à Rome, ou
de le faire par personne interposée, sont légion. Voir, par exemple, ci-dessus, ch.46,
lignes 206-209; ch.50, lignes 203-208; ch.57, lignes 210-11; ch.64, lignes 37-44; l'art.
'Pierre' du *DP* (*OCV*, t.36, p.453); *Le Siècle de Louis XIV*, *OH*, p.627-28; *La Défense
de mon oncle* (*OCV*, t.64, p.206); les art. 'Adultère' et 'Femme' des *QE* (*OCV*, t.38,
p.112; *M*, t.19, p.102); le *Saint-Fargeau notebook* (*OCV*, t.81, p.143, 145). Voir aussi sa
lettre à J. M. A. Servan du 13 avril 1766 (D13250).

110 *maître, sans permission expresse du souverain pontife.*[26] Philippe roi
de France, n'osa pas d'abord faire brûler cette bulle; il se contenta
de défendre la sortie de l'argent hors du royaume, sans nommer
Rome.[27] On négocia; le pape, pour gagner du temps, canonisa saint
Louis;[28] et les moines concluaient que si un homme disposait du
115 ciel, il pouvait disposer de l'argent de la terre.

Le roi plaida devant l'archevêque de Narbonne, contre l'évêque
de Pamiers, par la bouche de son chancelier Pierre Flotte, à Senlis;
et ce chancelier alla lui-même à Rome rendre compte au pape du
procès.[29] Les rois de Cappadoce et de Bithinie en usaient à peu près
120 de même avec la république romaine: mais ce qu'ils n'eussent pas
fait, Pierre Flotte parla au pontife de Rome comme le ministre d'un
souverain réel, à un souverain imaginaire; il lui dit très expressément *que le royaume de France était de ce monde, et que celui du pape
n'en était pas.*[30]

---

[26] Il s'agit ici de la bulle *Clericis laïcos* (déjà évoquée, ligne 76).

[27] Baillet, p.31-34. Daniel note: 'c'est pourquoi il fit une ordonnance, [avec note infrapaginale: 'Datée du 17 août 1296.'] par laquelle, sans y faire non plus mention spéciale de Rome, il défendait à tous ses sujets [...] de transporter hors du royaume de l'argent monnayé ou non monnayé, joyaux ou autres choses précieuses [...] sans lui en avoir demandé permission' (année 1303, t.3, p.89).

[28] Boniface VIII canonisa Louis, le 11 août 1297, à Orvieto.

[29] Pierre Flotte (né *c.*1250), qui devait trouver la mort à la bataille des Eperons d'or près de Courtrai (11 juillet 1302), devint le chancelier de Philippe le Bel en 1295. Il parla contre Saisset, et au nom du roi, à Senlis le 24 octobre 1301. Boniface VIII fut tellement furieux contre lui et son influence sur Philippe qu'il le traita, dans une lettre aux évêques de France, de '*vrai Bélial, un malheureux cyclope, borgne de corps, plus aveugle encore des yeux de l'esprit,* qui cherche à conduire le monarque dans le précipice' (Velly, année 1302, t.7, p.212). Daniel ajoute que Boniface avait dit même que Flotte 'pourrait bien avoir falsifié nos lettres' (année 1303). A Rome, Flotte continua de faire très mauvause impression sur Boniface à cause de son franc parler (tout comme Nogaret plus tard, voir ligne 205): Baillet ajoute d'ailleurs le texte d'une violente harangue de Boniface contre lui prononcée devant les prélats francais (p.151-55). Pour sa part Saisset reçut l'ordre de quitter le royaume en février 1302.

[30] Baillet rapporte que le 'pape lui ayant dit *qu'il avait la puissance temporelle sur le roi et sur le royaume, aussi bien que la spirituelle*', Flotte lui aurait répondu: 'Je le veux bien, mais celle du roi mon maître est réelle, au lieu que la vôtre n'est que verbale' (p.88). Même chose chez Daniel (année 1303), et Velly (t.7, p.175).

Le pape fut assez hardi pour s'en offenser; il écrit au roi un bref, 125
dans lequel on trouve ces paroles; *Sachez que vous nous êtes soumis*
dans le temporel comme dans le spirituel. [31] Un historien judicieux et
instruit, remarque très à propos que ce bref était conservé à Paris
dans un ancien manuscrit de la bibliothèque de Saint-Germain-des-
Prés, et que l'on a déchiré le feuillet, en laissant subsister un 130
sommaire qui l'indique, et un extrait qui le rappelle. [32]

Philippe répondit: *A Boniface, prétendu pape, peu ou point de*
salut: que votre très grande fatuité sache que nous ne sommes soumis à
personne pour le temporel. [33] Le même historien observe que cette
même réponse du roi est conservée au Vatican. [34] Ainsi les Romains 135
modernes ont eu plus de soin de conserver les choses curieuses que
les bénédictins de Paris. L'authenticité de ces lettres a été
vainement contestée. [35] Je ne crois pas qu'elles aient jamais été
revêtues des formes ordinaires, et présentées en cérémonie; mais
elles furent certainement écrites. [36] 140

[31] Voltaire recopie cette formule directement de Velly qui fournit une version plus
longue du texte (année 1302, t.7, p.179). D'après Baillet, l'entrée en matière était ainsi
conçue: 'Apprenez que vous nous êtes soumis pour le spirituel et pour le temporel'
(p.93-94). Pour sa part, Mézeray avait fourni une paraphrase de l'instruction papale
(*Histoire de France*, année 1300).

[32] Renseignement fourni par Velly, qui souligne que les historiens ont tous
soutenu depuis 300 ans que cette bulle existait, et qu'ils sont maintenant justifiés dans
leur croyance. Il ajoute même que le manuscrit se trouve à la bibliothèque Sainte-
Geneviève, et en donne la cote, ms n.1086 (année 1302, t.7, p.180).

[33] Cf. Velly: 'Que votre très grande fatuité sache que nous ne sommes soumis à
personne pour le temporel' (année 1302, t.7, p.181). Le texte de Baillet est le même, à
une seule variante près: 'sachez, grand fat, que [...]'.

[34] 'Le même historien' est bien Velly: 'On voit cette lettre parmi les mss. de la
bibliothèque du Vatican [n.1913, 1 vol. in-fol.]' (année 1302, t.7, p.182n).

[35] Velly n'évoque pas cette contestation, mais précise que 'Un savant académicien
consommé dans notre histoire, M. de Saint-Palais, l'a copiée de sa main. Elle est
entièrement conforme à celle qui est rapportée par MM. Du Puy et Baillet' (t.7,
p.182n).

[36] Voltaire suggère qu'écrire une telle lettre ne serait guère digne d'un monarque
et il met en doute l'authenticité des copies que Velly avait repérées à Rome, en
suggérant que les lettres furent certainement ébauchées, mais jamais expédiées.

Le pontife lança bulles sur bulles, [37] qui toutes déclarent que le pape est le maître des royaumes: que si le roi de France ne lui obéit pas, il sera excommunié, et son royaume en interdit, c'est-à-dire, qu'il ne sera plus permis de faire les exercices du christianisme, ni de baptiser les enfants, ni d'enterrer les morts. [38] Il semble que ce soit le comble des contradictions de l'esprit humain, qu'un évêque chrétien, qui prétend que tous les chrétiens sont ses sujets, veuille empêcher ces prétendus sujets d'être chrétiens, et qu'il se prive ainsi tout d'un coup lui-même de ce qu'il croit son propre bien. Mais vous sentez assez que le pape comptait sur l'imbécillité des hommes; il espérait que les Français seraient assez lâches pour sacrifier leur roi à la crainte d'être privés des sacrements. Il se trompa; on brûla sa bulle; la France s'éleva contre le pape, sans rompre avec la papauté. [39] Le roi convoqua les états. [40] Etait-il donc

On brûle sa bulle.
1303.

145

150

---

151   61: Français le seraient assez pour

---

[37] Cf. Velly: 'Aussitôt on vit paraître bulles sur bulles (année 1303, t.7, p.175). Depuis le commencement des hostilités, on énumère au moins dix bulles majeures contre Philippe. Fleury raconte que 'Boniface [...] publia plusieurs bulles [il y en eut trois] datées du même jour quinzième d'août 1303' (livre 90, année 1303, §32).

[38] Déjà, dans le ch.50 (ci-dessus, lignes 327, 343), Voltaire a évoqué les effets néfastes sur la vie quotidienne d'un interdit.

[39] Mézeray, Fleury et Daniel ne sont pas d'accord sur ce point. Mézeray: 'Le roi fit brûler publiquement cette bulle' (*Histoire de France*, année 1304). Daniel (tout comme Fleury; voir ligne 86) écrit à propos de la bulle *Ausculta fili*: 'Le roi l'ayant lue il la mit entre les mains de Robert comte d'Artois, qui [...] la jeta au feu en présence du nonce' (année 1303). Pourtant, Voltaire note explicitement (ligne 111) que le roi n'osa pas d'abord brûler une des précédentes bulles (*Clericis laicos*). Les sources de Voltaire restent en effet divisées sur ce point. Cf. Velly, p.235-38.

[40] C'est Flotte qui parla pour Philippe, dans le parlement (10 avril 1302), exposant la position du royaume vis-à-vis des prétentions de Boniface (voir Baillet, p.114-24; Fleury, livre 90, §6, 8) présentées dans la bulle *Ausculta fili*. A partir de ce moment, le différend entre Paris et Rome alla en se dégradant (Fleury, année 1302, §9, 16-17), et aboutit non seulement à l'excommunication de Philippe mais aussi (18 novembre 1302) à la bulle *Unam sanctam* (§18) qui n'avait qu'un seul but: prouver que la puissance temporelle est soumise à la spirituelle.

nécessaire de les assembler, pour décider que Boniface VIII n'était   155
pas roi de France? [41]

Le cardinal le Moine, [42] Français de naissance, qui n'avait plus
d'autre patrie que Rome, vint à Paris pour négocier; et s'il ne
pouvait réussir, pour excommunier le royaume. Ce nouveau légat
avait ordre de mener à Rome le confesseur du roi, qui était   160
dominicain, afin qu'il y rendît compte de sa conduite et de celle

Le confesseur du de Philippe. [43] Tout ce que l'esprit humain peut inventer pour élever
roi va rendre la puissance du pape, était épuisé: les évêques soumis à lui; de
compte de la nouveaux ordres de religieux relevant immédiatement du Saint-
conscience de son
pénitent en cour Siège, portant partout son étendard; [44] un roi qui confesse ses plus   165
de Rome. secrètes pensées, ou du moins qui passe pour les confesser à un de
ces moines: et enfin ce confesseur sommé par le pape son maître

157   MSP: naissance, mais qui
158   MSP: Paris de la part du pape pour
161   MSP: qu'il lui rendit

[41] Voltaire sonde le lecteur avec une question rhétorique à laquelle Daniel fournit
la réponse en disant que le roi chercha à prendre des dispositions pour éviter que les
bulles et la censure papales n'agissent trop sur le public et soient ainsi des motifs de
désordre dans le royaume (année 1303). Voilà pourquoi la cible principale dans cette
assemblée fut le clergé de France. Mézeray à son tour suggère que le roi avait
renforcé son autorité en faisant appel aux états généraux: 'Il trouva bon de s'appuyer
de l'autorité de tous les états de son royaume pour la soutenir' (*Abrégé chronologique*,
année 1300).

[42] Le cardinal Jean le Moine (1250-1313), 'Francais de nation' (Daniel, année 1303,
t.4, p.403), fut envoyé en France comme légat le 24 novembre 1302 (voir Baillet,
p.171-80; Fleury, livre 90, année 1302, §19-20).

[43] Nicolas de Fréauville (c.1250-1323), dominicain, professeur de philosophie et
de théologie à la Sorbonne, fut nommé confesseur de Philippe le Bel en 1295 grâce à
l'influence de son parent Enguerrand de Marigny. Il fit la sourde oreille à l'ordre de se
rendre à Rome. Grâce à l'entremise de Philippe, il fut nommé cardinal le 15 décembre
1305.

[44] Le seul ordre, fondé par Boniface, semble être l'ordre chevaleresque de Saint
Antoine, 18 mai 1297 (Fleury, livre 89, année 1297, §50).

d'aller rendre compte à Rome de la conscience du roi son pénitent. [45]
Cependant Philippe ne plia point. [46] Il fait saisir le temporel de tous
les prélats absents. Les états généraux appellent au futur concile et
au futur pape. [47] Ce remède même tenait un peu de la faiblesse; car
appeler au pape, c'est reconnaître son autorité; et quel besoin les
hommes ont-ils d'un concile et d'un pape pour savoir que chaque
gouvernement est indépendant, et qu'on ne doit obéir qu'aux lois
de sa patrie?

Alors le pape ôte à tous les corps ecclésiastiques de France le
droit des élections, aux universités les grades, le droit d'enseigner,
comme s'il révoquait une grâce qu'il eût donnée. [48] Ces armes étaient
faibles; il voulut y joindre celles de l'empire d'Allemagne. [49]

171   MSP: 53-54N: tenait de la
172   MSP, 53-54N: c'était
179   MSP, 53-54N: voulut en vain y
179-201   MSP, 53-W57G: d'Allemagne [MSP: et se raccommoder avec Albert
d'Autriche pour soulever l'Allemagne contre la France]. Albert [W56: d'Autriche]
n'était pas assez puissant [MSP: et il ne devait contribuer à agrandir les papes qui
avaient presque chassé d'Italie les empereurs]. ¶Le roi

[45] Velly et d'autres historiens se contentent de dire que le pape ordonna au
confesseur du roi de se rendre à Rome afin de divulguer le contenu des confessions
royales: 'pour y rendre compte de sa conduite, ou plutôt de la conscience du roi son
pénitent' (Velly, année 1303, t.7, p.241-42).

[46] Sur sa fermeté, Velly décrit Philippe le Bel comme 'le plus jaloux des princes sur
l'article de l'autorité' (année 1306, t.7, p.387).

[47] Le 1er décembre 1302 Philippe confisqua les biens des 33 prélats (sur les 79 de
France) qui avaient répondu à la convocation de Boniface et qui s'étaient absentés du
royaume sans permission (Baillet, p.161-62). C'est dans les états généraux du 13 juin
1303 (Baillet, p.190-96, plus spécialement p.193) qu'il prit la décision de laisser ses
différends avec Boniface en suspens.

[48] Voltaire résume Velly, mais il condense et prend une certaine liberté avec
l'ordre des événements, car Velly note que ces bulles émanaient en effet de l'exil du
pape à Anagni et non pas de son siège au Vatican: 'il s'était retiré à Agnanie, lieu de sa
naissance, où [...] il fulmina quelques bulles' (année 1303, t.7, p.255-56).

[49] Voir Baillet (p.208-209). Il s'agit ici de deux bulles différentes, promulguées le
15 août 1303, mais elles s'expliquent par le fait que tous ces corps s'étaient déclarés
pour Philippe, seul détenteur du pouvoir temporel. A la recherche d'alliés, Boniface

Vous avez vu les papes donner l'empire, le Portugal, la Hongrie, 180
le Dannemarck, l'Angleterre, l'Arragon, la Sicile, presque tous les
royaumes. Celui de France n'avait pas encore été transféré par une
bulle. Boniface enfin le mit dans le rang des autres Etats, et en fit un
don à l'empereur Albert d'Autriche, ci-devant excommunié par lui,
et maintenant son cher fils, et le soutien de l'Eglise. [50] Remarquez les 185
mots de sa bulle: *Nous vous donnons par la plénitude de notre
puissance... le royaume de France, qui appartient de droit aux
empereurs d'Occident.* Boniface et son dataire [51] ne songeaient pas
que si la France appartenait de droit aux empereurs, la plénitude de
la puissance papale était fort inutile. Il y avait pourtant un reste de 190
raison dans cette démence; on flattait la prétention de l'empire sur
tous les Etats occidentaux; car vous verrez toujours que les
jurisconsultes allemands croyaient, ou feignaient de croire, que
le peuple de Rome s'étant donné avec son évêque à Charlemagne,
tout l'Occident devait appartenir à ses successeurs, et que tous les 195
autres Etats n'étaient qu'un démembrement de l'empire. [52]

180-81   61: l'empire, l'Angleterre

s'était déjà tourné vers Albert d'Autriche (voir Fleury, livre 90, année 1302, §22),
mais voir ci-dessous, lignes 183-84.

[50] La formule de Voltaire résume Velly: 'après lui avoir prodigué les excommuni-
nications, il lui prodigua les bénédictions' (année 1303, t.7, p.245). Baillet se contente
d'observer qu'Albert 'ne se mit pas en peine de profiter d'une libéralité si caduque et
si dangereuse' (p.214).

[51] Voltaire suit Velly (p.245). Le dataire est l'officier qui préside la Chancellerie de
Rome où s'expédient les actes, les dispenses, les bulles, etc.

[52] Voir Fleury pour la même protestation faite par Albert d'Autriche à Boniface
(livre 90, année 1303, §22). Le problème qu'évoque Voltaire est constamment au
cœur des rapports Empire–Saint-Siège. Le problème se résume ainsi: qui, *de jure*,
possédait quoi? Les publicistes et juristes d'Allemagne prétendaient, d'après l'accueil
réservé à Charlemagne à Rome (800) et surtout d'après son testament (voir les
Annales de l'Empire, p.238) qu'il possédait tout 'depuis Bénévent jusqu'à Bayonne, et
de Bayonne jusqu'en Bavière' (p.237). Ils évoquaient aussi, s'appuyant sur les
Annales de Metz et de Fulde, l'achat de l'empire effectué par Charles le Chauve, en
875, achat consenti par le pape Jean VIII. Les juristes romains soutenaient par contre
que le pape, même en vendant l'empire, le vendait en souverain, et que le

Si Albert d'Autriche avait eu deux cent mille hommes, et deux cents millions, il est clair qu'il eût profité des bontés de Boniface; mais étant pauvre, et à peine affermi, il abandonna le pape au ridicule de sa donation.

Le roi de France eut toute la liberté de traiter le pape en prince ennemi. [53] Il se joignit à la maison des Colonnes, qui ne faisaient pas plus de cas que lui des excommunications, et qui souvent réprimaient dans Rome même cette autorité souvent redoutable ailleurs. Guillaume de Nogaret [54] passe en Italie sous des prétextes plausibles, lève secrètement quelques cavaliers, [55] donne rendez-

Philippe fait saisir la personne du pape.

200

205

202-205   MSP: Colonnes, premiers barons romains persécutés par Boniface. Guillaume de Nogaret fait chevalier lettré et qui seul de son temps portrait le titre de chevalier ès lois, passe

53-w57G: Colonnes. Guillaume de Nogaret

---

récipiendaire le recevait en vassal (voir ch.24, notre t.2, p.371; *Annales*, p.254). Voltaire résume ainsi ce dialogue de sourds: 'Certes les papes eurent raison de se croire en droit de donner l'empire, et même de le vendre, puisqu'on le leur demandait et qu'on l'achetait, et puisque Charlemagne lui-même avait reçu le titre d'empereur du pape Léon III; mais aussi on avait raison de dire que Léon III, en déclarant Charlemagne empereur, l'avait déclaré son maître' (p.254).

53 Comme le souligne Daniel: 'Ce prince [...] n'agissant plus avec lui que comme avec un prince temporel qui lui faisait la guerre, il forma le dessein de le surprendre et de l'enlever' (année 1303, t.3, p.115).

54 Voir Baillet, p.211-12, 217-28. Guillaume de Nogaret (1260-1313), professeur de jurisprudence à l'université de Montpellier (1291), membre de la *Curia regis* (1296), garde des sceaux (1307), reçut l'ordre de passer en Italie le 7 mars 1303 (Fleury, livre 90, année 1303, §33). Voltaire ne mentionne pas le fait que Nogaret était déjà allé en ambassade à Rome en 1300 (Baillet, p.72-75), où, devançant Pierre Flotte, il avait lui aussi fortement déplu à Boniface.

55 Fleury parle de 'trois cents chevaux et grand nombre de gens de pied' (§34); Daniel dit 'trois cents chevaux et beaucoup plus de fantassins' (année 1303). Voltaire évite de mentionner la corruption financière derrière l'attentat (7 septembre 1303), alors que Mézeray et d'autres écrivent explicitement: '[Colonne avait] gagné les principaux habitants d'Anagnia par de grandes sommes d'argent qu'il prenait des banquiers Petrucci sur des lettres de change dont le roi lui avait baillé jusqu'à la valeur de cinquante mille écus' (Mézeray, *Histoire de France*, année 1304, 'Le roi envoie Nogaret').

vous à Sciarra Colonna. [56] On surprend le pape dans Anagni, ville de son domaine, où il était né; on crie, *Meure le pape et vivent les Français!* [57] Le pontife ne perdit point courage. Il revêtit la chape, mit sa tiare en tête, et portant les clefs dans une main et la croix dans l'autre, il se présenta avec majesté devant Colonna et Nogaret. [58] Il est fort douteux que Colonna ait eu la brutalité de le frapper. [59] Les

210

207-208   MSP, 53-54N: Agnani, petite ville de la Romagne, patrie de Boniface. On crie

209   MSP: *Français!* Ce pontife ne perdit point courage. Il revêtit la chape, qui se disait le manteau de saint Pierre, mit

---

[56] Sciarra Colonna (1270-1329) avait de bonnes raison d'en vouloir à Boniface comme persécuteur de sa famille (voir n.11) et instrument de ses propres souffrances. Baillet raconte comment, s'étant évadé de Palestrine, il fut pris par des pirates et mis à la chaîne avec les forçats: 'La crainte d'être livré à Boniface, pour une grosse somme d'argent, s'il se faisait connaître à ces pirates, le fit résoudre à se dire simple bouvier, et à souffrir les maux les plus horribles' (p.50). Il ne fut libéré que quatre ans plus tard. La plupart des historiens donnent des détails précis sur le montant d'argent donné aux soldats locaux, alors que Voltaire réduit le détail à un minimum. Voir Velly, année 1303, t.7, p.258-59. Baillet souligne aussi qu'il s'agissait d'acheter les résidents d'Anagni: 'qu'ils avaient gagnés par argent' (p.217).

[57] Baillet (p.217) et Daniel (année 1303) écrivent: 'Vive le roi de France, meure le pape'; Velly (comme Fleury, §34) propose *'meure le pape Boniface, vive le roi de France'* (année 1303, t.7, p.259).

[58] Voltaire résume Velly, qui exagère un peu la scène (année 1303, t.7, 260). De façon similaire, Baillet donne de nombreux détails, et conclut à propos de Boniface: 'il rappela ses forces et sa fierté qu'une disgrâce si imprévue, non plus que son grand âge n'avaient pu abattre' (p.222). Voltaire reprend vraisemblablement la référence de Baillet: 'cette majestueuse posture' (p.222). Fleury insiste sur son comportement très digne (livre 90, année 1303, §34).

[59] Voir Baillet: 'Sciarra s'emporta contre le pape, qu'il chargea d'injures. Il osa même lui donner de son gantelet sur le visage, selon quelques auteurs, qui ajoutent qu'il l'aurait tué, si Nogaret ne l'en eût empêché' (p.225). Toutes les autres sources de Voltaire cautionnent cette version car Daniel (année 1303) et Hénault (p.181) recopient Baillet. Mézeray semble indécis. Dans son *Abrégé*, il écrit: 'quelques auteurs ont écrit que Sciarra lui donna un soufflet' (année 1304), alors que dans son *Histoire de France*, on lit: 'Nogaret [...] ne put si bien arrêter ce furieux, qu'il ne le frappât d'un coup de gantelet sur le visage' (année 1304, 'Nogaret et Colonne prennent Boniface'). En doutant du geste, Voltaire est en avance sur son temps, car il faudra attendre le vingtième siècle pour voir la gifle d'Anagni à nouveau remise en

contemporains disent qu'il lui criait, *Tyran, renonce à la papauté que tu déshonores, comme tu as fait renoncer Célestin.* Boniface répondit
215 fièrement, *Je suis pape, et je mourrai pape.* [60] Les Français pillèrent sa maison et ses trésors. [61] Mais après ces violences, qui tenaient plus du brigandage que de la justice d'un grand roi, les habitants d'Anagni ayant reconnu le petit nombre des Français, furent honteux d'avoir laissé leur compatriote et leur pontife dans les mains des étrangers. [62]
220 Ils les chassèrent. [63] Boniface alla à Rome, méditant sa vengeance; mais il mourut en arrivant. [64] C'est ainsi qu'ont été traités en Italie *1303.*

---

213   MSP: criait, *renonce*
221-24   W56-W57G: arrivant. ¶Philippe
221-69   MSP, 53-54N: arrivant. [MSP: ¶C'est ainsi que les papes étaient traités tantôt par les empereurs, tantôt par les rois de Sicile, enfin par ceux de France, et très souvent par les Romains mêmes. Ces contrastes éternels de grandeur et d'abaissement, de force et de faiblesse, duraient depuis Charlemagne.] ¶Philippe le Bel
5   poursuivit [MSP: le pape] son ennemi jusque dans le tombeau. Il voulut faire condamner sa mémoire dans un concile [MSP: et faire brûler ses os par les mains du bourreau, comme l'Inquisition en use à l'égard des hérétiques]. Il exigea de Clément V, né son sujet et qui siégeait dans Avignon, que le procès contre le pape son prédécesseur fut commencé dans les formes. Mais Clément V fut assez sage pour faire
10   évanouir dans les délais une entreprise trop flétrissante pour l'Eglise. ¶Quelque

---

question: voir, par exemple, J. Favier, *Un roi de marbre, Philippe le Bel, Enguerran de Marigny* (Paris, 2005, p.348-49).

[60] Voltaire omet exprès toute référence à Dieu, alors que Velly fournit une toute autre citation: 'je mourrai sur le trône où Dieu m'a élevé' (année 1303, t.7, p.263).

[61] D'après Baillet (p.221), Daniel (année 1303) et Velly (année 1303, t.7, p.262-63), ce pillage eut lieu avant l'agression dont le pape fut victime. De plus, Voltaire néglige d'inclure toute mention de la trêve exigée par le pontife.

[62] Voltaire (à l'instar de Fleury, livre 90, année 1303, §34, et de Daniel, année 1303) choisit la perspective de la honte, alors que Mézeray préfère la formule 'touchés de pitié' (*Histoire de France,* année 1304, 'Ce qui en arriva').

[63] Baillet fournit beaucoup plus de détails sur l'emprisonnement de Boniface et la rapide déroute des Français qui n'eurent même pas le temps de récupérer leur drapeau au haut du pavillon du palais (p.227). La version de Voltaire omet ces détails et reste minimale.

[64] La formule de Voltaire tait toute l'émotion ou le drame de la plupart de ses

presque tous les papes qui voulurent être trop puissants: vous les voyez toujours donnant des royaumes, et persécutés chez eux.

Philippe le Bel poursuivait son ennemi jusque dans le tombeau. Il voulut faire condamner sa mémoire dans un concile. [65] Il exigea de Clément V, [66] né son sujet, et qui siégeait dans Avignon, que le procès contre le pape son prédécesseur fût commencé dans les formes. On l'accusait d'avoir engagé le pape Célestin V son prédécesseur à renoncer à la chaire pontificale, d'avoir obtenu sa place par des voies illégitimes, et enfin d'avoir fait mourir Célestin en prison. Ce dernier fait n'était que trop véritable. Un de ses domestiques nommé Maffredo, et treize autres témoins, déposaient qu'il avait insulté plus d'une fois à la religion qui le rendait si puissant, en disant, *Ah que de biens nous a fait cette fable du Christ!* qu'il niait en

Procès criminel fait à la mémoire du pape.

225

230

---

sources. Cf., par exemple, Mézeray: '[le pape] se troubla d'une frénésie si violente qu'il se rongea les mains à belles dents' (*Histoire de France*, année 1304, 'Il en mourut enragé'); et Baillet: 'Une maladie accompagnée d'une violente frénésie qui le mit dans de si grands transports, qu'on eut beaucoup de peine à l'empêcher de dévorer ses bras et ses couvertures et de se casser la tête contre le bois de son lit' (Baillet, p.230). Plusieurs historiens font le lien entre l'humiliation subie par le vieux pape à Anagni, son incarcération, et sa mort, comme Daniel qui suggère que le pape mourut d'"une dyssenterie causée partie par le chagrin, partie par la rigueur de sa prison' (année 1303, t.3, p.116); et Mézeray, année 1304. Mais Velly suggère un lien causal entre son caractère et son destin: 'il tomba malade d'une fièvre chaude (maladie qui convenait à son humeur violente) et mourut' (année 1303, t.7, p.267). Finalement, c'est Mézeray qui rend explicite le lien causal entre son mauvais comportement et la punition divine: 'quelqu'un a écrit qu'à l'heure de sa mort on entendit à l'entour de son palais des foudres et des tempêtes effroyables' (année 1304).

[65] La tentative de réunir un concile pour inculper Boniface d'hérésie date de sa mort (Fleury, livre 90, année 1302, §21, 26-27), mais ne put aboutir, avec l'aide de Guillaume de Nogaret (Baillet, p.254-61) que sous Clément V en 1307 (Fleury, livre 91, année 1307, §43-44). Daniel rend cette poursuite outre-tombe de façon succincte: 'La querelle finit pour le fond, par la mort de Boniface: mais sans qu'on pût apaiser pendant plusieurs années les ressentiments qu'on avait en France contre lui' (année 1303, t.3, p.86).

[66] Voltaire omet toute mention du pape intermédiaire, Benoît XI (octobre 1303-juillet 1304), et passe directement au pontificat de Clément V.

235 conséquence les mystères de la Trinité, de l'incarnation, de la transsubstantiation. Ces dépositions se trouvent encore dans les enquêtes juridiques qu'on a recueillies.[67] Le grand nombre de témoins fortifie ordinairement une accusation, mais ici il l'affaiblit. Il n'y a point du tout d'apparence qu'un souverain pontife ait

240 proféré devant treize témoins ce qu'on dit rarement à un seul. Le roi voulait qu'on exhumât le pape, et qu'on fît brûler ses os par le bourreau.[68] Il osait flétrir ainsi la chaire pontificale, et ne sut pas se soustraire à son obéissance. Clément V fut assez sage pour faire évanouir dans les délais une entreprise trop flétrissante pour

245 l'Eglise.[69]

La conclusion de toute cette affaire fut que loin de faire le procès à la mémoire de Boniface VIII, le roi consentit à recevoir seulement la mainlevée de l'excommunication portée par ce Boniface contre lui et son royaume.[70] Il souffrit même que Nogaret qui l'avait servi,

250 qui n'avait agi qu'en son nom, qui l'avait vengé de Boniface, fût condamné par le successeur de ce pape, à passer sa vie en Palestine.[71]

240-69   w56-w57G: seul. Clément V fut assez sage pour faire évanouir dans les délais une entreprise trop flétrissante pour l'Eglise. ¶Quelque

[67] Voir Fleury, livre 91, année 1310, §44. A noter que la déposition de 'Matfrede', la plus accablante de toutes, sera reprise, avec des variantes (voir ci-dessous, ch.66, lignes 84-85 et n.23). C'est Fleury qui mentionne 'les dépositions de treize témoins'.

[68] Daniel évoque la volonté du roi de 'condamner solemnellement la mémoire du pape Boniface, de le faire déterrer, et de faire brûler ses os comme ceux d'un hérétique' (année 1306, t.3, p.147).

[69] Fleury décrit un pape qui temporise: 'Ainsi cette longue procédure [...] se passa en délais, en interlocutoires et en préliminaires, sans entamer le fond de l'affaire' (§45). Mézeray souligne à quel point Clément évite tout châtiment spécifique contre le pape et fait tout 'pour éluder cette poursuite' (*Abrégé chronologique*, année 1307). Daniel note: 'Le sentiment du pape et des cardinaux fut qu'il fallait l'assoupir, en faisant au roi quelque satisfaction' (année 1309).

[70] Ailleurs Voltaire tient à souligner que Boniface est seulement un pape parmi toute une série d'autres qui ont excommunié leurs sujets. Voir les *Leningrad notebooks* (*OCV*, t.81, p.404).

[71] Fleury détaille la pénitence de Nogaret et la date du 27 avril 1311 (livre 91, année 1311, §47). Hénault cite cette exclusion mais sans commentaire (p.181).

Tout le grand éclat de Philippe le Bel ne se termina qu'à sa honte. [72]
Jamais vous ne verrez dans ce grand tableau du monde, un roi de
France l'emporter à la longue sur un pape. Ils feront ensemble des
marchés; mais Rome y gagnera toujours quelque chose; il en   255
coûtera toujours de l'argent à la France. Vous ne verrez que les
parlements du royaume combattre avec inflexibilité les souplesses
de la cour de Rome, et très souvent la politique ou la faiblesse du
cabinet; la nécessité des conjonctures, les intrigues des moines
rendront la fermeté des parlements inutile; et cette faiblesse durera   260
jusqu'à ce qu'un roi daigne dire résolument, Je veux briser mes fers
et ceux de ma nation. [73]

1306.   Philippe le Bel, pour se dépiquer, chassa tous les Juifs du
Juifs chassés.   royaume, s'empara de leur argent, et leur défendit d'y revenir, sous
peine de la vie. Ce ne fut point le parlement qui rendit cet arrêt; ce   265
fut par un ordre secret, donné dans son conseil privé, que Philippe
punit l'usure juive par une injustice. Les peuples se crurent vengés,
et le roi fut riche. [74]

Quelque temps après, un événement qui eut encore sa source
dans cet esprit vindicatif de Philippe le Bel, étonna l'Europe et   270
l'Asie.

---

[72] Voltaire donne libre cours à sa déception sans prêter attention au commentaire
nuancé de Fleury (§47). Donnant tort à son prédécesseur, Clément V révoqua toutes
les sentences et constitutions préjudiciables à l'honneur, aux droits et aux libertés du
roi et du royaume, données depuis la Toussaint de l'an 1300.

[73] Allusion à Louis XIV et à ses différends avec Innocent XI. Voir ligne 92.

[74] Fleury date cette rafle – c'en fut une – du 22 juillet 1306 (livre 91, année 1306,
§6). Velly se penche aussi sur la nature soudaine de cette ordonnance: 'Tout à coup il
parut une ordonnance de Philippe' (année 1306, t.7, p.385). Mais à la différence de
Voltaire, Velly ne critique pas ouvertement le roi, même s'il commence à se poser des
questions à propos de sa véritable motivation: 'On doute si le zèle, ou la cupidité,
dicta ce rigoureux édit' (p.385). Cf. Mézeray: 'Fut-ce zèle ou avarice?' (*Abrégé
chronologique*), comme ce sera aussi le cas lors de la suppression du richissime ordre
des templiers (voir ci-dessous, ch.66). Voltaire pour sa part ne semble pas avoir de
doutes dans l'un et l'autre cas.

CHAPITRE 66

Du supplice des templiers, et de l'extinction de cet ordre.

Parmi les contradictions qui entrent dans le gouvernement de ce monde, ce n'en est pas une petite que cette institution de moines

a-161 [*Première rédaction de ce chapitre*: MSP]
a MSP: Chapitre 44
  W56-W57G: Chapitre 54
  61: Chapitre 62

* Voltaire consacre un chapitre entier à l'affaire de la condamnation des templiers par Philippe le Bel en raison de sa portée éminemment polémique: le sujet est abordé dès la première phase de rédaction de l'*EM* dans les années 1740 (même si l'édition Néaulme semble procéder à une large coupe contre laquelle Voltaire se récrie; voir ci-dessous, n.22), et il sera présent dans l'œuvre jusqu'à la *Lettre sur le procès de Morangiés* de 1776 (*OCV*, t.127, D.app.461, p.399) où l'on trouve la même expression de ce dégoût pour une initiative qu'il juge scandaleuse. Voir, par exemple: les *Annales de l'Empire*, p.384-85; l'art. 'Conciles' du *DP*, *OCV*, t.35, p.628; le *Précis du siècle de Louis XV* (1755), *OH*, p.1558; *Des conspirations contre les peuples* (1766), *M*, t.26, p.1-15; *Le Pyrrhonisme de l'histoire* (1768), *OCV*, t.67, p.356; l'art. 'Conspirations' des *QE*, *OCV*, t.40, p.215-16. L'extinction de l'ordre, grâce à l'élimination physique de la majeure partie de ses membres à la suite d'un procès que Voltaire juge inique, constitue l'un des plus grands attentats commis contre l'humanité en des temps de barbarie. Voilà sans doute pourquoi il brosse ici un tableau beaucoup plus *impressionniste* que strictement 'historique': dans cette affaire complexe, qui dura près de huit ans, il privilégie, et pas forcément dans l'ordre chronologique, les éléments les plus emblématiques ou choquants. C'est aussi sans doute pour cela qu'il utilise comme source principale l'ouvrage favorable aux templiers de P. Dupuy, *Histoire de la condamnation des templiers* (Paris, 1654; éd. consultée, Bruxelles, 1713, BV1177), qu'il a abondamment marqué à l'aide de signets et de papillons (*CN*, t.3, p.321-23). Le commentaire élogieux donné dans la notice du 'Catalogue des écrivains français' du *Siècle de Louis XIV* témoigne de la confiance que Voltaire accorde à l'auteur, ainsi que de ses partis pris de lecture: 'Il résulte de son *Histoire des templiers*, qu'il y avait quelques coupables dans cet ordre, mais que la condamnation de l'ordre entier, et le supplice de tant de chevaliers, furent une des plus horribles injustices qu'on ait jamais commises' (*OH*, p.1161); voir également ci-dessous, lignes 143-59 var. Voltaire le complète cependant, ici ou là, à l'aide de

armés qui font vœu de vivre à la fois en anachorètes [1] et en soldats.

On accusait les templiers de réunir tout ce qu'on reprochait à ces deux professions, les débauches et la cruauté du guerrier, et l'insatiable passion d'acquérir, qu'on impute à ces grands ordres qui ont fait vœu de pauvreté. [2]

Tandis qu'ils goûtaient le fruit de leurs travaux, ainsi que les

3   MSP: fois en cénobites et en
4   MSP: reproche
6   MSP: à tous ces

7-8   MSP: pauvreté. ¶J'ai déjà observé qu'ils étaient à peine institués qu'ils se signalèrent par autant de combats contre les hospitaliers de Saint-Jean, aujourd'hui chevaliers de Malte, que contre les musulmans. ¶Ils avaient acheté pour trente-cinq mille marcs du roi Richard Cœur-de-Lion l'île de Chypre qu'ils ne gardèrent point. Ils avaient ravagé l'Elespont et le Péloponèse. Retournés après les croisades chacun dans leur patrie, ils y jouissaient en paix du grand nombre de bénéfices que la piété publique leur avait donnés. ¶Tandis

---

l'*Histoire ecclésiastique* de Fleury pour la partie religieuse, et de l'*Abrégé chronologique* de Mézeray ou de l'*Histoire de France* de Daniel pour ce qui concerne la politique française – Daniel suit en revanche Dupuy pour l'histoire des templiers. Il aurait également pu consulter le récit détaillé de l'abbé Vertot, dans son *Histoire des chevaliers hospitaliers de Saint Jean de Jérusalem, appelés depuis les chevaliers de Rhodes et aujourd'hui les chevaliers de Malte*, 3 vol. (Paris, 1726). Près de la moitié du chapitre (voir lignes 71-142) figure dans MSP, mais n'a pas été publiée par Néaulme et apparaît donc pour la première fois dans l'édition de 1756. Dans l'acte notarié établi pour prouver l'inauthenticité de la version donnée par Néaulme, Voltaire avait protesté et fait noter que cette fin du chapitre manquait: '9° Page trois cent soixante et dix huit du manuscrit, dans le chapitre des *Templiers* depuis ces mots: *à l'endroit où est à présent la statue équestre de Henry quatre*. Il y a cinq pages entières qui ne sont point dans l'imprimé' (D.app.133, *OCV*, t.98, p.473). Voltaire a cependant remanié l'ordre de ses chapitres, et donc modifié sa transition avec le chapitre suivant (lignes 159-61) dans l'édition de 1756; il développe enfin l'avant-dernier paragraphe en 1761 (voir lignes 143-58).

[1] Seule la leçon manuscrite est exacte face aux éditions imprimées. 'cénobite': 'religieux qui vit en communauté'; 'anachorète': 'ermite, moine qui vit seul dans un désert' (*Dictionnaire de l'Académie*, éd. 1694).

[2] Les éditions imprimées font l'économie de deux paragraphes présents dans MSP, peut-être inutiles en raison des redites. Voltaire a en effet brièvement évoqué les templiers au ch.55 (ci-dessus, lignes 63-66). Les informations données dans le second paragraphe de MSP proviennent de Dupuy (t.1, p.7), exception faite toutefois de la dernière phrase.

chevaliers hospitaliers de Saint-Jean, l'ordre teutonique formé
comme eux dans la Palestine, s'emparait au treizième siècle de la
Prusse, de la Livonie, de la Courlande, de la Samogitie. Ces
chevaliers teutons étaient accusés de réduire les ecclésiastiques
comme les païens à l'esclavage, de piller leurs biens, d'usurper les
droits des évêques, d'exercer un brigandage horrible; [3] mais on ne fait
point le procès à des conquérants. Les templiers excitèrent l'envie,
parce qu'ils vivaient chez leurs compatriotes avec tout l'orgueil que
donne l'opulence, et dans les plaisirs effrénés que prennent des gens
de guerre qui ne sont point retenus par le frein du mariage. [4]

La rigueur des impôts, et la malversation du conseil du roi *1306.*
Philippe le Bel dans les monnaies, excita une sédition dans Paris. [5]

15-16   MSP: excitaient l'envie chez eux parce qu'ils semblaient insulter leurs
compatriotes par tout
17   MSP: et par les
18-19   MSP: mariage. ¶Car les bienséances qu'exige le nom de père de famille et
l'obligation d'élever ses enfants rendent nécessaires les vertus de la société et tiennent
lieu de vœu à l'honnête homme. ¶La rigueur
20   MSP: excita en 1306 une

[3] Voir Fleury pour l'essor de l'ordre teutonique envoyé en Prusse par le duc Conrad
pour combattre les païens qui avaient '[détruit] par le feu 250 paroisses' (livre 80,
année 1230, §2). Plaintes contre les chevaliers teutoniques rapportées par le même: 'La
lettre de Gedemin, roi ou plutôt duc de Lithuanie, adressée au pape Jean, contenait de
grandes plaintes contre les chevaliers teutoniques' dont les 'insultes et les violences
atroces [...] avaient fait retourner [les nouveaux convertis] à l'idolâtrie' (livre 93,
année 1324, §10). Voltaire résume fidèlement la liste des griefs formulés contre eux.
[4] Fleury minimise l'inconduite des templiers, n'évoquant que leur mauvaise foi,
leur indocilité, l'abus de leurs privilèges, et leur prédilection pour la boisson (livre 91,
année 1307, §19). Dupuy (année 1307, t.1, p.16-18, 21-23, signets, *CN*, t.3, p.321; t.1,
24-26, etc.) et Daniel sont beaucoup plus sévères, ne craignant pas de parler
longuement (si toutefois à contrecœur) de leur prétendu 'libertinage' (Daniel, année
1311, t.4, p.465), de 'leurs infamies monstrueuses' et des 'horribles excès dont on les
chargeait' (p.469).
[5] Daniel raconte comment, dès 1295, 'les changements ou altérations extraordinaires que ce prince avait faits dans la monnaie avaient causé de grands murmures
parmi ses sujets, et de grands désordres dans le commerce' (année 1305, t.4, p.445).
La 'sédition' se situe au mois de septembre 1306, quand Philippe le Bel fut assiégé
dans le Temple par le petit peuple.

Les templiers, qui avaient en garde le trésor du roi, furent accusés d'avoir eu part à la mutinerie; et on a vu déjà que Philippe le Bel était implacable dans ses vengeances. [6]

Templiers accusés. Les premiers accusateurs de cet ordre furent un bourgeois de Béziers, nommé Squin de Florian, et Noffo dei Florentin, templier apostat, détenus tous deux en prison pour leurs crimes. [7] Ils demandèrent à être conduits devant le roi, à qui seul ils voulaient révéler des choses importantes. [8] S'ils n'avaient pas su quelle était l'indignation du roi contre les templiers, auraient-ils espéré leur grâce en les accusant? Ils furent écoutés. Le roi sur leur déposition ordonne à tous les baillis du royaume, à tous les officiers, de prendre main-forte, leur envoie un ordre cacheté, avec défense, *1309.* sous peine de la vie, de l'ouvrir avant le 13 octobre. Ce jour venu, chacun ouvre son ordre; il portait de mettre en prison tous les templiers. Tous sont arrêtés. Le roi aussitôt fait saisir en son nom les biens des chevaliers jusqu'à ce qu'on en dispose. [9]

25

30

35

21   MSP: qui demeuraient près de la ville dans ce vaste enclos qu'on nomme encore le Temple furent
    53-54N: templiers furent
22   MSP: vu combien Philippe était
28-29   MSP: su l'indignation
28-30   53-54N: importantes. Ils
35   MSP: aussitôt se saisit du Temple, y met ses chartes et son trésor, fait saisir
35-36   MSP: nom tous les

[6] Voir le chapitre précédent. Mézeray (suivi par Voltaire) fait de ce soulèvement contre le pouvoir le seul motif du mécontentement du roi, et n'évoque évidemment pas la thèse de la cupidité (année 1306). Dupuy n'évoque cette dernière que pour la rejeter (année 1313, t.1, p.71).

[7] Voltaire mêle ses sources: Dupuy parle du 'Prieur de Montfa[u]con [...] et de Nosso Dei[,] Florentin [...]' qu'aucuns tiennent avoir été templier' (t.1, p.8). Seul Fleury parle d'un dénommé 'Squin de Florian bourgeois de Béziers' (livre 91, année 1307, §19), mais ne mentionne en revanche pas le nom du 'templier apostat' dont il parle, que donne Dupuy.

[8] Voltaire suit la leçon de Dupuy, d'après lequel les deux hommes espèrent exploiter leur dénonciation (t.1, p.8). Selon Fleury, seul Squin de Florian demande à parler au roi, pour profiter des révélations faites par son compagnon d'infortune (livre 91, année 1307, §19).

[9] Dupuy (t.1, p.9), suivi par Fleury (livre 91, année 1307, §19), situe l'arrestation

Il paraît évident que leur perte était résolue très longtemps avant cet éclat. L'accusation et l'emprisonnement sont de 1309, mais on a retrouvé des lettres de Philippe le Bel au comte de Flandres, datées

40 de Melun 1306, par lesquelles il le priait de se joindre à lui pour extirper les templiers. [10]

Il fallait juger ce prodigieux nombre d'accusés. Le pape Clément V créature de Philippe, et qui demeurait alors à Poitiers, [11] se joint à lui après quelques disputes sur le droit que l'Eglise avait

45 d'exterminer ces religieux, et le droit du roi de punir des sujets. [12] Le

Templiers interrogés.

---

37 MSP, 53-54N: Il me paraît
43 MSP: Philippe le Bel, et
45 MSP, 53-54N: d'exterminer des religieux

---

en 1307. La manchette et le texte ligne 38 sont contradictoires, et Voltaire semble faire l'amalgame entre l'arrestation des templiers en 1307 et leur procès, qui eut lieu à partir de 1309. Voir Dupuy, année 1309, t.1, p.49, et ci-dessous, n.19. Seul Dupuy mentionne cependant l'appropriation des biens par Philippe le Bel (t.1, p.9). 'Mainforte' (ligne 32): 'Assistance qu'on donne à quelqu'un pour exécuter quelque chose. Il se dit plus ordinairement du secours qu'on prête à la justice' (*Dictionnaire de l'Académie*, éd. 1762).

[10] En indiquant 1306, Voltaire induit en erreur. Dans le t.2 de Dupuy figure la 'Copie de quatre pièces touchant les templiers' et on trouve: 'Lettres du roi Philippe le Bel, par lesquelles il ordonne au comte de Flandre [Robert III, dit aussi Robert de Béthune, 1247-1322] de l'aider de ses forces et de son conseil pour extirper l'ordre des templiers qu'il avait résolu d'abolir du consentement du Saint-Siège. A Melun le 26 mars 1307' (p.321-22). Curieusement, Voltaire choisit de ne pas signaler que Philippe avait eu un entretien concernant les templiers (dont les termes demeuraient secrets) lors de sa rencontre à Lyon avec le nouveau pape Clément en 1305, comme le confirme Fleury (livre 91, année 1307, §19).

[11] Sur le rôle joué par Philippe le Bel dans l'élection de Raymond Bertrand de Got (c.1264-1314), archevêque de Bordeaux (1297), et les six grâces qu'il promit à Philippe (la dernière, secrète, concernant les templiers), voir Fleury, livre 90, année 1305, §49.

[12] Par une bulle du 27 octobre 1307, Clément protesta énergiquement contre l'immixtion de Philippe. Voltaire résume les explications sur ce différend données par Dupuy (années 1306, 1307, t.1, p.10-12). Voir aussi Fleury, livre 91, année 1307, §21.

pape interrogea lui-même soixante et douze chevaliers. [13] Des inquisiteurs, des commissaires délégués procèdent partout contre les autres. [14] Les bulles sont envoyées chez tous les potentats de l'Europe pour les exciter à imiter la France. [15] On s'y conforme en Castille, en Arragon, en Sicile, en Angleterre; mais ce ne fut qu'en France qu'on fit périr ces malheureux. [16] Deux cent et un témoins les accusèrent de renier Jésus-Christ en entrant dans l'ordre, de cracher sur la croix, [17] d'adorer une tête dorée montée sur quatre pieds. [18] Le novice baisait le profès qui le recevait, à la bouche, au nombril, et à des parties qui paraissent peu destinées à cet usage. Il jurait de s'abandonner à ses confrères. Voilà, disent les informations conservées jusqu'à nos jours, ce qu'avouèrent soixante et douze templiers au pape même, et cent quarante-un de ces accusés à frère Guillaume cordelier, inquisiteur dans Paris, en présence de

50

55

48   MSP: autres. Des bulles
51   MSP: malheureux. Etaient-ils plus coupables en France qu'ailleurs? Deux
53-54N: nombril et au derrière.
58   MSP: pape dans Poitiers et

[13] Voltaire suit Dupuy, t.1, p.12.

[14] A titre d'exemple, Dupuy détaille des interrogatoires menés à Troyes, Bayeux, Caen (année 1307, t.1, p.20), Cahors, Pont de l'Arche, Carcassonne (p.21), Beaucaire (p.23), etc., et à l'étranger (Angleterre, Allemagne, Aragon, Castille, etc.).

[15] Voltaire suit Dupuy, année 1307, t.1, p. 31. Mais ici Voltaire anticipe sur les lignes 57-60, car la bulle dont il parle (*Pastoralis Præminentiæ*) ne fut envoyée que le 22 novembre 1307, donc après les interrogatoires des lignes 57-60.

[16] Cela est exact. Mais il convient d'ajouter que la plupart des pays concernés décidèrent de suspendre tout jugement jusqu'au concile de Vienne, convoqué pour le mois de septembre 1311.

[17] Il s'agit des témoins interrogés à Paris entre le mois d'août 1309 et le mois de mai 1311. Voltaire a lu Dupuy trop vite, ce dernier parlant de 'deux cent et trente un témoins' (année 1309, t.1, p.49).

[18] Il est partout question chez Dupuy de l'adoration d'une tête dorée, ou bien d'une 'tête de bois dorée et argentée qui avait une grande barbe' (année 1307, t.1, p.18, 20, 80-81, 83, etc.; t.2, 'Pièces touchant les templiers', p.320). Il n'évoque pas en revanche les quatre pieds, que Voltaire trouve chez Fleury (livre 91, année 1307, §20).

60 témoins. [19] On ajoute que le grand-maître de l'ordre même, et le grand-maître de Chypre, les maîtres de France, de Poitou, de Vienne, de Normandie, firent les mêmes aveux à trois cardinaux délégués par le pape. [20]

Ce qui est indubitable, c'est qu'on fit subir les tortures les plus *Templiers* 65 cruelles à plus de cent chevaliers, qu'on en brûla vifs cinquante- *brûlés.* neuf en un jour près de l'abbaye Saint-Antoine de Paris, et que le grand-maître Jean de Molay, et Gui frère du dauphin d'Auvergne, *1312.* deux des principaux seigneurs de l'Europe, l'un par sa dignité, l'autre par sa naissance, furent aussi jetés vifs dans les flammes non 70 loin de l'endroit où est à présent la statue équestre du roi Henri IV. [21]

Ces supplices dans lesquels on fait mourir tant de citoyens

60   MSP: l'ordre lui-même, le
69-70   MSP, 53-W57G: flammes à l'endroit
70-161   53-54N: Henri IV. ¶Il faut joindre un événement qui fait plus d'honneur aux hommes, c'est la naissance de la république suisse.// [22]
71   MSP: Ces horribles supplices

[19] Pour avoir voulu donner une impression choquante des procédures, Voltaire méprise les différentes étapes de la chronologie, et fait un amalgamme de deux passages différents de Dupuy. Tout d'abord (année 1307, t.1, p.12), le pape interrogea certains des principaux templiers que le roi avait fait transférer à Poitiers et 'soixante et douze de l'ordre'. Ensuite, Guillaume de Parisius (t.1, p.16), 'assisté de plusieurs témoins, ouït à divers jours cent quarante templiers du Temple de Paris' (p.17). Voir le résumé de ce dernier interrogatoire – 'en présence de plusieurs témoins' (t.1, p.81; papillon collé sur 'Guillaume', *CN*, t.3, p.322).

[20] Voltaire suit toujours Dupuy (année 1307, t.1, p.30), mais transforme la Guyenne en 'Vienne', erreur jamais corrigée.

[21] Voltaire fait encore une fois un résumé trop rapide. Le terme 'indubitable' (ligne 64) ne peut se comprendre que par rapport au récit de Dupuy, qui rapporte que les historiens ne s'accordent pas sur l'année où les templiers furent exécutés à Paris (année 1307, t.1, p.36). Il précise: '[ces] cinquante-neuf furent [...] condamnés à être brûlés, ce qui fut exécuté [le 13 mai 1310] hors la porte Saint-Antoine' (p.51). Les deux dignitaires, Jacques de Molay et Gui 'frère du dauphin d'Auvergne', ne furent exécutés toutefois que le 18 mars 1314. Notons par ailleurs que Dupuy parle de 'Guy frère du dauphin de Viennois' (année 1312, t.1, p.62-63), et que Voltaire semble par erreur parler de 'Jean de Molay', parent du grand-maître de l'ordre, et non de Jacques de Molay (*c*.1243-1314).

[22] La fin du chapitre n'apparaît pas dans l'édition de 1753, alors qu'elle figure dans le manuscrit et est imprimée en 1756.

d'ailleurs respectables, cette foule de témoins contre eux, ces aveux de plusieurs accusés mêmes, semblent des preuves de leur crime, et de la justice de leur perte.

Justifiés. Mais aussi que de raisons en leur faveur! Premièrement, de tous 75 ces témoins qui déposent contre les templiers, la plupart n'articulent que de vagues accusations. Secondement, très peu disent que les templiers reniaient Jésus-Christ. Qu'auraient-ils en effet gagné en maudissant une religion qui les nourrissait, et pour laquelle ils combattaient? Troisièmement, que plusieurs d'entre eux, témoins 80 et complices des débauches des princes, et des ecclésiastiques de ce temps-là, eussent marqué quelquefois du mépris pour les abus d'une religion tant déshonorée en Asie, et en Europe; qu'ils en eussent parlé dans des moments de liberté, comme on disait que Boniface VIII en parlait; [23] c'est un emportement de jeunes gens dont 85 certainement l'ordre n'est point comptable. Quatrièmement, cette tête dorée qu'on prétend qu'ils adoraient, et qu'on gardait à Marseille, [24] devait leur être représentée. On ne se mit seulement pas en peine de la chercher, et il faut avouer qu'une telle accusation

72-73   MSP: ces nombreuses dépositions des accusés
82-83   MSP: pour une religion
85-86   MSP: dont l'ordre

[23] Fleury raconte comment Philippe le Bel, poursuivant sa vindicte contre Boniface VIII, réussit à convaincre Clément V (16 mars 1310) d'instituer des poursuites en vue de condamner sa mémoire (livre 91, année 1310, §44). C'est ainsi que, le 19 août 1310, continuant d'écouter des témoins, le pape ouït un certain 'Matfrede', laïque, citoyen de Luques qui lui raconta qu'un homme, 'qui paraissait chapelain du pape', apprit à ce dernier la mort d'un certain chevalier 'qui avait été un méchant homme'. Boniface refusa de prier pour lui, et, 'après avoir parlé indignement de J.-C., il ajouta: ce chevalier a déjà reçu tout le bien et le mal qu'il doit avoir, et il n'y a point d'autre vie que celle-ci, ni d'autre paradis et d'autre enfer qu'en ce monde. Ce témoin ajoute un discours de Boniface que la pudeur ne permit pas de rapporter; et un autre témoin en récite un plus impie que le précédent' (§44). Voir aussi livre 90, année 1303, §26, 'Suite des accusations contre Boniface' (une liste de vingt-neuf impiétés); voir de même Daniel (année 1309).

[24] Dupuy (année 1307, t.1, p.23, signet et papillon, *CN*, t.3, p.321; p.87) et Fleury (livre 91, année 1307, §20) parlent de Montpellier.

90 se détruit d'elle-même. Cinquièmement, la manière infâme dont on leur reprochait d'être reçus dans l'ordre, ne peut avoir passé en loi parmi eux. [25] C'est mal connaître les hommes, de croire qu'il y ait des sociétés qui se soutiennent par les mauvaises mœurs, et qui fassent une loi de l'impudicité. On veut toujours rendre sa société 95 respectable à qui veut y entrer. Je ne doute nullement que plusieurs jeunes templiers ne s'abandonnassent à des excès qui de tout temps ont été le partage de la jeunesse; et ce sont de ces vices passagers qu'il vaut beaucoup mieux ignorer que punir. [26] Sixièmement, si tant de témoins ont déposé contre les templiers, il y eut aussi beaucoup 100 de témoignages étrangers en faveur de l'ordre. Septièmement, si les accusés vaincus par les tourments qui font dire le mensonge comme la vérité, ont confessé tant de crimes, peut-être ces aveux sont-ils autant à la honte des juges qu'à celle des chevaliers. On leur promettait leur grâce pour extorquer leur confession. Huitième-105 ment, les cinquante-neuf qu'on brûla vifs, prirent Dieu à témoin de leur innocence, et ne voulurent point la vie qu'on leur offrait à

97-98 MSP: vices qu'il

[25] Voltaire évoque ici les trois premiers actes de ce droit de passage: reniement du Christ et crachats sur le crucifix; baiser donné par la nouvelle recrue à celui qui la recevait, à la bouche, au nombril, au dos et à l'anus; défense d'avoir commerce avec les femmes, en récompense de quoi 'on lui permettait de s'abandonner avec ses confrères aux plus horribles et aux plus infâmes désordres' (Dupuy, année 1307, t.1, p.16, 22, etc.). Fleury se borne à mentionner le reniement du Christ (livre 91, année 1308, §26).
[26] Devant les homosexuels, Voltaire est loin de réagir comme tout lecteur convaincu de la leçon de Lévitique 20. Si, depuis l'époque des *Etablissements de Saint Louis* (1272-1273), l'Eglise et les autorités politiques réservaient à ce 'crime détestable' des peines rigoureuses, à commencer par le bûcher (voir Muyart de Vouglans, *Institutes au droit criminel*, Paris, 1757, p.509-11, BV2541), Voltaire pour sa part sait être (quand il évite les ricanements et les mauvaises plaisanteries) beaucoup plus indulgent et humain. Voir les positions qu'il adopte dans l'art. 'Amour nommé socratique' du *DP* (*OCV*, t.35, p.328-33), et plus tard dans le *Prix de la justice et de l'humanité* (1777) (*OCV*, t.80B, art. 'De la sodomie', p.154-58). Dans ces deux ouvrages (et ailleurs), Voltaire se montre particulièrement compréhensif quand il s'agit de jeunes gens coupables de 'cette ordure, plus faite pour être ensevelie dans les ténèbres de l'oubli, que pour être éclairée par des flammes des bûchers aux yeux de la multitude' ('De la sodomie', p.157).

condition de s'avouer coupables. [27] Quelle plus grande preuve, non seulement d'innocence, mais d'honneur! Neuvièmement, soixante et quatorze templiers non accusés entreprirent de défendre l'ordre, et ne furent point écoutés. [28] Dixièmement, lorsqu'on lut au grand-maître sa confession rédigée devant les trois cardinaux, ce vieux guerrier qui ne savait ni lire ni écrire, s'écria qu'on l'avait trompé, que l'on avait écrit une autre déposition que la sienne, [29] que les cardinaux ministres de cette perfidie, méritaient qu'on les punît, comme les Turcs punissent les faussaires en leur fendant le corps et la tête en deux. Onzièmement, on eût accordé la vie à ce grand-maître, et à Gui frère du dauphin d'Auvergne, s'ils avaient voulu se reconnaître coupables publiquement; et on ne les brûla que parce qu'appelés en présence du peuple sur un échafaud pour avouer les crimes de l'ordre, ils jurèrent que l'ordre était innocent. Cette déclaration qui indigna le roi, leur attira leur supplice, et ils moururent en invoquant en vain la vengeance céleste contre leurs persécuteurs. [30]

110

115

120

107-108 MSP: coupables. Neuvièmement ^{V}Ce seul fait les justifie.$^+$ soixante

[27] Huitième argument appuyé sur Dupuy (année 1309, t.1, p.51) qui est le seul à parler de ce marché offert aux templiers: 'les deux autres [il s'agit de Hugues de Pairaud et de Geoffroi de Gonneville] qui avaient persisté en leurs premières confessions eurent la vie sauve, suivant ce qui leur avait été promis' (année 1312, t.1, p.63).

[28] Dupuy mentionne les 74 templiers, mais il ne précise pas qu'ils ne furent pas écoutés (année 1309, t.1, p.45-46). Leurs témoignages sont résumés dans Fleury, qui ajoute que les templiers se déclarèrent prêts à défendre l'ordre par *procureurs interposés*, et que huit représentants furent écoutés le 7 avril 1310 (livre 91, année 1310, §41).

[29] Voltaire aménage les propos rapportés par Dupuy: 'ce qui l'étonna tellement qu'il en fit le signe de la croix, disant que si les cardinaux étaient d'autre qualité, qu'il savait bien ce qu'il avait à dire' (année 1309, t.1, p.41); et par Fleury: 'Quand on en vint à ce qu'il avait confessé à Chinon devant les trois cardinaux, il fit deux fois le signe de la croix et donna des marques d'un grand étonnement, disant: Que si les commissaires avaient été d'autres gens et qu'il eût eu la liberté, il eût parlé autrement' (livre 91, année 1309, §38).

[30] Cette interprétation faisant de la colère passagère du roi le motif de leur mise à mort est propre à Voltaire. Voir Dupuy, année 1313, t.1, p.65; Fleury, livre 92, année 1313, §10.

Cependant, en conséquence de la bulle du pape et de leurs
125 grands biens, on poursuivit les templiers dans toute l'Europe; mais
en Allemagne ils surent empêcher qu'on ne saisît leurs personnes.[31]
Ils soutinrent en Arragon des sièges dans leurs châteaux.[32] Enfin le
pape abolit l'ordre de sa seule autorité, dans un consistoire secret,
pendant le concile de Vienne. Partagea qui put leurs dépouilles.[33] Les
130 rois de Castille et d'Arragon s'emparèrent d'une partie de leurs
biens, et en firent part aux chevaliers de Calatrava.[34] On donna les
terres de l'ordre en France, en Italie, en Angleterre, en Allemagne,
aux hospitaliers nommés alors chevaliers de Rhodes, parce qu'ils
venaient de prendre cette île sur les Turcs,[35] et l'avaient su garder
135 avec un courage qui méritait au moins les dépouilles des chevaliers
du Temple pour leur récompense.

Denis roi de Portugal institua en leur place l'ordre des chevaliers

---

128 MSP: [*manchette*] *1312.*

129 MSP: Partagea à qui

---

[31] Voir Dupuy, année 1313, t.1, p.65-66.

[32] Voir Dupuy, année 1309, t.1, p.53-55; Fleury, livre 91, année 1310, §41.

[33] D'après Dupuy, qui parle d'un 'particulier consistoire' (année 1311, t.1, p.59; corne en haut de page, *CN*, t.3, p.322). Fleury ne parle pas de ce consistoire secret (livre 91, année 1308, §26). Le pape consulta les cardinaux et la commission conciliaire réunis en consistoire secret le 22 mars 1312, et publia la bulle *Vox in excelso* qui abolit l'ordre du Temple. L'acte final se joua avec solennité le 3 avril 1312 dans le concile, réuni en séance plénière où Clément lut à haute voix sa bulle. Mais l'affaire des biens du Temple l'occupa encore quelques mois et c'est devant tout le concile que le pape déclara (3 mai 1312) qu'il remettait à l'ordre de l'Hôpital les biens du Temple.

[34] Voir Dupuy, année 1313, t.1, p.67. Sur l'ordre de Calatrava, voir ci-dessus, ch.64, ligne 79 et n.13, 14. D'après Dupuy, c'est le seul roi d'Aragon, Jacques II (Jaume II El Just, 1291-1327), qui supplia le pape que les biens des templiers fussent unis à ceux de l'ordre de Calatrava (t.1, p.67-68). Quant au roi de Castille (Ferdinand IV, 1295-1312), Dupuy est formel: il 'appliqua à son domaine tous leurs biens et leurs villes qui n'étaient en petit nombre et de peu de considération dans son Etat' (t.1, p.68-69).

[35] D'après Fleury, livre 91, année 1311, §54, 55; voir aussi Dupuy, année 1312, t.1, p.60.

du Christ, ordre qui devait combattre les Maures, [36] mais qui étant devenu depuis un vain honneur, a cessé même d'être honneur à force d'être prodigué.

140

Dépouilles partagées. Philippe le Bel se fit donner deux cent mille livres, et Louis Hutin son fils prit encore soixante mille livres sur les biens des templiers. J'ignore ce qui revint au pape; [37] mais je vois évidemment que les frais des cardinaux, des inquisiteurs délégués pour faire ce procès épouvantable, montèrent à des sommes immenses. Je 145 m'étais peut-être trompé quand je lus avec vous la lettre circulaire de Philippe le Bel, par laquelle il ordonne à ses sujets de restituer les meubles et immeubles des templiers aux commissaires du pape.

143-59   w56-w57G: templiers. Le sincère et l'exact Dupuis dit que le pape ne s'oublia pas dans le partage. Il faut

143-61   MSP: templiers. Le sincère et l'exact Dupuis dit que le pape ne s'oublia pas dans le partage. Voilà, ce me semble, ce qui se passait de considérable en Europe dans l'âge qui suivit le siècle des croisades au commencement du quatorzième siècle. ¶Il faut à présent parler du seul pays en faveur duquel les croisades auraient dû être établies et pour lequel on n'en fit point. C'est l'Espagne, [38] dont une partie était 5 encore occupée par les mahométans.//

[36] Denis Ier (1261-1325), sixième roi de Portugal en 1279, fonda l'ordre du Christ (*ordem dos cavaleiros de Nosso Senhor Jesus Cristo*) à l'instigation de Clément V, pour remplacer les templiers de Tomar (la ville de Tomar était leur quartier général) afin de servir, comme dit Voltaire, à la *Reconquista*. A cet effet ils reçurent aussi Castro Marin 'lieu bien fortifié, pour être proche de leurs ennemis' (Dupuy, année 1313, t.1, p.69).

[37] Voir Dupuy, qui prétend que Philippe avait demandé ce qui était légalement à lui (année 1313, t.1, p.70). Voltaire a en revanche varié sur la question de savoir ce qui échut au pape, d'où le réaménagement du texte dans l'édition de 1756, qui corrige le manuscrit. Voir notes ci-dessous.

[38] Dans le manuscrit, le chapitre dévolu aux templiers est suivi par celui qui est consacré à l'Espagne (ch.64 de l'édition définitive). Ce dernier chapitre est absent de l'édition de 1753, et il n'apparaît qu'en 1756 où il précède finalement les deux chapitres consacrés à Philippe le Bel et à la destruction de l'ordre des templiers.

Cette ordonnance de Philippe est rapportée par Pierre Dupui.[39]
Nous crûmes que le pape avait profité de cette prétendue
restitution: car à qui restitue-t-on sinon à ceux qu'on regarde
comme propriétaires? Or dans ce temps on pensait que les papes
étaient les maîtres des biens de l'Eglise; cependant je n'ai jamais pu
découvrir ce que le pape recueillit de cette dépouille. Il est avéré
qu'en Provence le pape partagea les biens meubles des templiers
avec le souverain.[40] On joignait à la bassesse de s'emparer du bien
des proscrits la honte de se déshonorer pour peu de chose. Mais y
avait-il alors de l'honneur?

Il faut considérer un événement qui se passait dans le même
temps, qui fait plus d'honneur à la nature humaine, et qui a fondé
une république invincible.

[39] On ne trouve nulle part dans Dupuy l'affirmation ferme selon laquelle 'le pape
ne s'oublia pas dans le partage' (voir lignes 143-61 var.). A la lumière du texte de
1756, il semble que Voltaire ait extrapolé à partir de trois passages cités dans l''Extrait
de l'inventaire du trésor des chartes du roi' de Dupuy: (1) de la p.60 du t.1, année
1312, qui détaille la bulle d'abolition ('réservant au Saint-Siège la disposition des
biens de l'ordre, et défendant à toutes personnes de s'en entremettre'); (2) du résumé
des lettres adressées par Philippe le Bel à Clément V (9 juillet et 27 juin 1308) et dans
lesquelles Philippe 'déclare que ce qu'il avait fait saisir les biens des templiers, n'était
que pour en empêcher la dissipation, et qu'il en donne pleine et entière mainlevée à
ceux qui sont députés du pape' (t.1, p.76-77, 'Templiers I', doc.3, 4; signet, *CN*, t.3,
p.322); et (3) de l'article accordé entre le roi et le pape 'qu'il sera mis de fidèles
gardiens de leurs biens par le pape et les prélats' (t.1, p.96, 'Templiers I', doc.27).
Nulle trace toutefois dans Dupuy du texte même de cette ordonnance que Voltaire
évoque et qu'il aurait lu en compagnie de Mme Du Châtelet, désignée par le 'vous'
(voir l'*EM*, notre t.2, 'Avant-propos', n.2). On trouve simplement mention de cette
pièce: 'Bulle dudit pape au roi, le priant de lui envoyer jusques à 20 paires de lettres,
dont il lui en bailla l'original à Poitiers, portant le commandement que le roi fait à
tous ses sujets de rendre et restituer tous les biens meubles et immeubles aux
templiers, afin de les faire mettre à exécution par tout le royaume. *6. Kal. Jan. anno 4
sub plumbo*' (t.1, p.111-12, 'Templiers III', doc.17).

[40] Les explications de Dupuy sur le sujet sont pourtant peu claires: 'Cependant le
pape avait soin que les biens de cet ordre fussent conservés, commit plusieurs
personnes pour les régir en ce royaume [de Provence] qui étaient obligés [*sic*] d'en
rendre compte à un de ses cameriers et aux archevêques des lieux, comme délégués
de lui: et par ses bulles à cet effet, l'on voit que dès lors le roi s'était désaisi de la plus
grande partie des biens de cet ordre, et qu'il n'en restait plus que peu de chose' (année
1309, t.1, p.57).

CHAPITRE 67

De la Suisse et de sa révolution au commencement du quatorzième siècle.

Description de la   De tous les pays de l'Europe celui qui avait le plus conservé la
Suisse.   simplicité et la pauvreté des premiers âges, était la Suisse. Si elle

a-98   [*Première rédaction de ce chapitre*: MSP]
 a   MSP: Chapitre 46
     W56-W57G: Chapitre 55
     61: Chapitre 63
 1-7   MSP, 53-54N: Si la Suisse n'était pas libre, elle n'attirerait pas notre attention
[MSP: dans ce tableau général du monde]. Elle serait confondue dans le dernier rang
de mille provinces qui obéissent à des maîtres, qu'elles ne voient jamais. Un ciel

* Voltaire, qui n'a jusqu'ici, dans l'*EM*, évoqué la Suisse qu'à propos de la
distinction à faire alors entre elle et les Grisons (ci-dessus, ch.43, lignes 63-66), ou du
traditionnel mercenariat des Helvètes dans les armées européennes (ch.53,
lignes 135-37), lui consacre ici le plus long développement qu'on puisse trouver
dans toute son œuvre. Et c'est une vision entièrement positive qu'il donne de cette
petite 'nation', qui ne doit, écrit-il, qu'à sa 'liberté' d'avoir 'une place dans l'histoire
du monde'. Peu favorisée par la nature en matière d'agriculture (selon un topos de
son temps, Voltaire ne voit de plus dans les montagnes que rochers stériles et
précipices 'affreux'), la Suisse se singularise pourtant par une étonnante prospérité,
que Voltaire attribue au 'nouveau gouvernement' issu de la 'révolution' de 1307-
1308, laquelle a donné aux Suisses la liberté et l'énergie nécessaires pour mettre le
pays en valeur (lignes 70-74). Un attachement des plus farouches à cette liberté est
d'ailleurs une autre caractéristique particulière de cette vaillante nation (lignes 66-
68). La manchette 'Bonheur de la Suisse' (ligne 75), qui apparaît dans W56, est un rare
témoignage d'enthousiasme de la part d'un auteur généralement plus sceptique en
matière politique. Sans adhérer aux 'idées républicaines' qui forment le titre d'un de
ses opuscules de l'année 1762 (voir ci-dessous, n.2, 21), il concède ici que dans un
pays 'qui n'a pas une grande étendue' ni 'trop de richesses', la constitution
républicaine peut être praticable avec succès. Enfin, toujours soucieux de mettre
son ouvrage à jour, il introduit, dans la version définitive (ligne 40), une note
remettant en cause la 'légende' de Guillaume Tell, qu'une brochure de 1760 a

n'était pas devenue libre, elle n'aurait point de place dans l'histoire du monde; elle serait confondue avec tant de provinces plus fertiles
5   et plus opulentes, qui suivent le sort des royaumes où elles sont enclavées. On ne s'attire l'attention que quand on est quelque chose par soi-même. [1] Un ciel triste, un terrain pierreux et ingrat, des montagnes, des précipices, c'est là tout ce que la nature a fait pour les trois quarts de cette contrée. [2] Cependant on se disputait la
10   souveraineté de ces rochers avec la même fureur qu'on s'égorgeait pour avoir le royaume de Naples ou l'Asie Mineure.

Dans ces dix-huit ans d'anarchie où l'Allemagne fut sans empereur, des seigneurs de châteaux et des prélats combattaient

---

8   MSP, 53-54N: précipices, des habitants pauvres et longtemps plus grossiers que leurs voisins, c'est

8-9   MSP, 53-54N: pour cette

12   MSP: d'anarchie pendant que l'Allemagne

---

dénoncée comme d'origine danoise (voir ci-dessous, n.10). Pour ce chapitre, Voltaire a manifestement d'abord eu recours à S. Pufendorf et Bruzen de La Martinière, *Introduction à l'histoire générale et politique de l'univers* (Amsterdam, 1722, BV2829); et au P. J. Barre, *Histoire générale d'Allemagne* (Paris, 1748, BV270). Il a parfois consulté aussi *Le Grand Dictionnaire historique* (Amsterdam, 1740, BV2523) de L. Moréri.

[1] Dans les *Annales de l'Empire*, Voltaire évoquait déjà cette particularité de la Suisse (année 1307, 'Origine de la liberté des Suisses').

[2] Sur le thème d'une Suisse déshéritée et dont les réussites sont d'autant plus étonnantes, voir aussi ch.95: 'aurait-on prévu [...] qu'il y aurait un jour en Suisse des villes aussi belles et aussi opulentes que l'était la capitale du duché de Bourgogne? [...] dans ces pays autrefois si agrestes, on est parvenu en quelques endroits à joindre la politesse d'Athènes à la simplicité de Lacédémone'. Ou encore les *Idées républicaines, par un membre d'un corps* (1762): 'La moitié du terrain de la Suisse est composée de rochers et de précipices, l'autre est peu fertile; mais quand des mains libres, conduites enfin par des esprits éclairés, ont cultivé cette terre, elle est devenue florissante' (§49, *M*, t.24, p.426). Voltaire compare notamment les ressources naturelles de la Suisse à celles de la Sardaigne (art. 'Agriculture' des *QE*, *OCV*, t.38, p.138). Sur les habitants 'longtemps plus grossiers que leurs voisins' (ligne 8 var.), voir ch.128: 'les Suisses, qui n'étaient pas réputés alors [au début du seizième siècle] pour les hommes de la terre les plus déliés'. Selon Furetière, 'délié' se dit d'un esprit 'fin, délicat, adroit'.

à qui aurait une petite portion de la Suisse. [3] Leurs petites villes voulaient être libres, comme les villes d'Italie sous la protection de l'empire. [4]

Quand Rodolphe fut empereur, quelques seigneurs de châteaux accusèrent juridiquement les cantons de Schvitz, d'Ury et d'Undervald de s'être soustraits à leur domination féodale. Rodolphe, qui avait autrefois combattu ces petits tyrans, jugea en faveur des citoyens. [5]

Maison d'Autriche. Albert d'Autriche son fils, étant parvenu à l'empire, voulut faire de la Suisse une principauté pour un de ses enfants. Une partie des terres du pays était de son domaine, comme Lucerne, Zurich et Glaris. Des gouverneurs sévères furent envoyés, qui abusèrent de leur pouvoir. [6]

Fondateurs de la liberté helvétique. Les fondateurs de la liberté helvétique se nommaient Melchtad, Stauffacher et Valtherfurst. [7] La difficulté de prononcer des noms si respectables, nuit à leur célébrité. Ces trois paysans furent les

14   MSP: Suisse et combattaient encore plus contre les peuples qui ne voulaient point de leur domination.

15   MSP: comme plusieurs villes

24-27   MSP: Lucerne, Zug et Glaris. Il fallait y joindre le reste, mais on avait affaire à des hommes qui n'ayant guère d'autre bien que leur liberté ne la voulaient pas donner. Des gouverneurs sévères furent envoyés pour amener les réfractaires à l'obéissance et les gouverneurs abusèrent de leur pouvoir. ¶Les fondateurs

29   MSP: paysans, hommes de sens et de résolution, furent

³ Sur le 'Grand Interrègne' dans l'empire (1254-1273), voir ci-dessus, ch.63, lignes 2-24.

⁴ Sur 'les villes de Lombardie et de Suisse' qui 'ne prêtent plus serment', voir les *Annales* (années 1286-1287).

⁵ Voltaire suit Pufendorf, t.3, ch.7 'De la Suisse', §2. Voir aussi Barre, années 1266 et 1307.

⁶ Cf. Barre, qui mentionne Lucerne, Zurich et Glaris, le projet d'Albert d'Autriche (1298-1308) d'établir un de ses fils en Suisse, et l'envoi des gouverneurs (année 1307).

⁷ Pour ce dernier patronyme, le passage du 'W' au 'V' s'explique sans doute par le fait que Voltaire considère que le 'W' n'est pas français: 'j'emploie le double V pour les Welches, il faut être barbare avec eux', écrit-il le 25 mars 1774 à Jean Baptiste Nicolas de Lisle (D18871). L'orthographe des noms des trois fondateurs de la liberté

30 premiers conjurés; chacun d'eux en attira trois autres. Ces neuf gagnèrent les trois cantons de Schvitz, d'Ury et d'Undervald. [8]

Tous les historiens prétendent que tandis que cette conspiration se tramait, un gouverneur d'Ury, nommé Grisler, s'avisa d'un genre de tyrannie ridicule et horrible. [9] Il fit mettre, dit-on, un de ses *1307.*
35 bonnets au haut d'une perche dans la place, et ordonna qu'on saluât *Fable de la*
le bonnet, sous peine de la vie. Un des conjurés, nommé Guillaume *pomme.*
Tell, ne salua point le bonnet. Le gouverneur le condamna à être
pendu, et ne lui donna sa grâce qu'à condition que le coupable, qui
passait pour archer très adroit, abattrait d'un coup de flèche une
40 pomme placée sur la tête de son fils. (*a*) Le père tremblant tira, et

(*a*) On prétend que ce conte est tiré d'une ancienne légende danoise. [10]

31   MSP: de Uri, Svitz et
33   53-54N: Grislen
39   MSP: pour un archer adroit
n.*a*   MSP, 53-W68: [*absente*]

---

suisse paraît fluctuante. Dans son *Einleitung zu der Historie der vornehmsten Reiche und Staaten* (Francfort, 1684), Pufendorf donne 'Werner Stouffacher', 'Walter Furst' et 'Arnold von Melchtale' (t.3, ch.7, §2). Son traducteur (sans doute Claude Rouxel, signalé comme tel lors de la publication de l'*Introduction à l'histoire des principaux Etats tels qu'ils sont aujourd'hui dans l'Europe*, Utrecht, 1687), 'Werner Stouffacher', 'Gautier Furst' et 'Arnaud de Melchtale'. Barre donne 'Werner Stauffacher' (année 1307), 'Walter Furts' et 'Arnauld Melchtat'. Sauf sur 'Stauffa-cher', Voltaire lui-même a d'ailleurs varié: dans les deux éditions des *Annales*, ce sont 'Melchthal' et 'Walter Fust' (année 1307). Dans les éditions de l'*EM*, jusqu'à 61 comprise, on trouve 'Meletald' et 'Waltherfurst'. Les leçons 'Melchtad' et 'Valther-furst' n'apparaissent qu'à partir de W68.

[8] Barre parle d'"associés, au nombre de douze' (année 1307).

[9] 'Geisler', selon Pufendorf (t.3, ch.7, §3); 'Gesler', selon A. L. Wattenwyl, *Histoire de la confédération helvétique* (Berne, 1754, BV3832), livre 1, année 1307. 'Grisler', se trouve chez de nombreux auteurs, comme, par exemple, Moréri, art. 'Tell (Guillaume)', et Barre (année 1307).

[10] Les ressemblances entre l'histoire de Guillaume Tell et une légende nordique ont été signalées en 1760 par le pasteur Uriel Freudenberger de Berne, dans un opuscule intitulé *Guillaume Tell, fable danoise*. L'idée n'étaient pas bien reçue en Suisse à l'époque.

fut assez heureux pour abattre la pomme. Grisler apercevant une seconde flèche sous l'habit de Tell, demanda ce qu'il en prétendait faire: *Elle t'était destinée*, dit le Suisse en colère, *si j'avais blessé mon fils*. [11] Il faut convenir que l'histoire de la pomme est bien suspecte. Il semble qu'on ait cru devoir orner d'une fable le berceau de la liberté helvétiqué; mais on tient pour constant que Tell ayant été mis aux fers, tua ensuite le gouverneur d'un coup de flèche, que ce fut le signal des conjurés, [12] que les peuples démolirent les forteresses. [13]

L'empereur Albert d'Autriche, qui voulait punir ces hommes libres, fut prévenu par la mort. [14] Le duc d'Autriche Léopold, assembla contre eux vingt mille hommes. [15] Les citoyens suisses se conduisirent comme les Lacédémoniens aux Thermopyles. [16] Ils

45

50

44   MSP: faut avouer que

44-46   MSP: suspecte et que tout ce qui l'accompagne ne l'est pas moins, mais enfin on

53-54N: *fils*. On tient

47-49   MSP: gouverneur d'une flèche, ce qui fut le signal des conjurés, que les peuples se saisirent des forteresses et démolirent ces instruments de leur esclavage. ¶L'empereur

48-50   53-54N: forteresses. ¶Le duc

50   MSP: libres, qu'il ne traitait que de rebelles, fut

50-51   W56-W57G: duc d'Autriche Léopold, le même qui viola si lâchement le droit de l'hospitalité dans la personne de Richard Cœur de Lion, assembla

[11] Voltaire résume Barre, année 1307.

[12] Barre raconte simplement que Guillaume Tell saute du bateau l'emmenant vers Küssnacht, où il devait être enfermé, et part rejoindre les conjurés (année 1307). Moréri écrit qu'une fois à terre, il tend une embuscade au gouverneur Grisler, et le transperce d'une flèche ('Tell (Guillaume)').

[13] Barre n'évoque que la citadelle de Sarn (année 1307), mais Pufendorf écrit: 'Ils convinrent entre eux que le premier jour de janvier 1308 ils tâcheraient de surprendre les châteaux des gouverneurs et de les chasser de leur pays. [...] le dessein qu'ils avaient formé fut heureusement exécuté' (t.3, ch.7, §4).

[14] Il meurt le 1er mai 1308.

[15] Pufendorf (ch.7, §5) et Barre (année 1315) citent tous deux ce chiffre. L'attaque du duc d'Autriche Léopold Ier de Habsbourg (1308-1326) et la bataille de Morgarten ont lieu en novembre 1315.

[16] A propos des Lacédémoniens 'qui combattirent pour la même cause, quoiqu'avec moins de succès, au détroit des Thermopyles', Voltaire suit Barre (année 1315).

attendirent, au nombre de quatre ou cinq cents, la plus grande *1315.*
partie de l'armée autrichienne au pas de Morgate. [17] Plus heureux que *Suisses*
55 les Lacédémoniens, ils mirent en fuite leurs ennemis en roulant sur *vainqueurs.*
eux des pierres. Les autres corps de l'armée ennemie furent battus
en même temps par un aussi petit nombre de Suisses.

Cette victoire ayant été gagnée dans le canton de Schvitz, les
deux autres cantons donnèrent ce nom à leur alliance, laquelle
60 devenant plus générale, fait encore souvenir, par ce seul nom, de la
victoire qui leur acquit la liberté. [18]

Petit à petit les autres cantons entrèrent dans l'alliance. Berne,
qui est en Suisse ce qu'Amsterdam est en Hollande, ne se ligua
qu'en 1352, et ce ne fut qu'en 1513 que le petit pays d'Appenzel se
65 joignit aux autres cantons, et acheva le nombre de treize. [19]

54 MSP: autrichienne, qui devait nécessairement passer au pays de Morgate
entre deux montagnes.

57-58 MSP: Suisses. Treize cents hommes en tout en exterminèrent vingt mille.
¶Cette victoire qui éternise la gloire de cette nation, ayant

60 MSP: devenant ensuite plus

61-62 MSP: liberté. ¶La maison d'Autriche n'étant pas alors sur le trône
impérial et ne s'y étant affermie que plus de cent ans après, en 1437, les Suisses
eurent le temps de cimenter leur liberté et de devenir une puissance. Petit

65-66 MSP: treize. Les citoyens d'Appenzel étaient serfs de l'abbé de Saint-Gal,
moine bénédictin, mais enfin ils devinrent libres par les armes et l'abbé confirma pour
de l'argent ce droit naturel. ¶Jamais

[17] Barre parle de 1600 (année 1315); Pufendorf de 1300 (ch.7, §5), chiffre d'abord
retenu par Voltaire dans MSP (lignes 57-58 var.) et qui est le plus fréquent chez les
auteurs, dont certains descendent cependant beaucoup plus bas: L. A. Nicolle de
Lacroix n'évoque que cinquante combattants suisses (*Nouvelle Méthode pour
apprendre la géographie universelle*, Lyon, 1705, §21).

[18] Sur l'origine du nom de 'Suisse', Voltaire suit Pufendorf: 'les étrangers leur
donnent le nom de *Suisses* de celui de Schwits, qui est un des petits cantons' (ch.7,
§6).

[19] Barre, que suit Voltaire, donne 'vers la fin de 1352' (année 1387). Moréri donne
1353, et 1513 pour 'Appenzel'. Le rachat de leur liberté par les habitants d'Appenzell
signalé par Voltaire dans MSP (lignes 65-66 var.) est mentionné par Pufendorf (t.7,
'Addition à l'histoire de la Suisse', §'Affaire de l'abbé de S. Gall et de Toggen-
bourg').

Jamais peuple n'a plus longtemps ni mieux combattu pour sa
liberté que les Suisses. Ils l'ont gagnée par plus de soixante combats
contre les Autrichiens; et il est à croire qu'ils la conserveront
longtemps. [20] Tout pays qui n'a pas une grande étendue, qui n'a pas
trop de richesses, et où les lois sont douces, doit être libre. [21] Le   70
nouveau gouvernement en Suisse a fait changer de face à la nature.
Un terrain aride négligé sous des maîtres trop durs, a été enfin
cultivé. La vigne a été plantée sur des rochers. Des bruyères
défrichées et labourées par des mains libres, sont devenues fertiles. [22]

Bonheur de la   L'égalité, le partage naturel des hommes, subsiste encore en   75
Suisse.   Suisse autant qu'il est possible. Vous n'entendez pas par ce mot

69-70 MSP: n'a ni une grande étendue ni trop

70-72 MSP: libre. Les grands Etats ne peuvent aspirer à un tel bonheur. Une
république est une de ces machines délicates qui ne peuvent guère subsister qu'en
petit. Si elles sont grandes, la violence des mouvements les dérange. ¶La liberté en
Suisse a fait changer de face la nature ainsi que le gouvernement. Un terrain aride
négligé sous des tyrans a été   5

70-98 53-54N: libre. ¶L'égalité, le partage naturel des hommes subsiste encore
en Suisse autant qu'il est possible. Ce pays enfin aurait mérité d'être appelé heureux si
la religion n'avait dans la suite divisé ses citoyens que l'amour du bien public
réunissait.//

73-74 MSP: bruyères ont été défrichées et labourées par des mains libres qui ne
semaient plus pour des maîtres. Elles sont devenues

76-81 MSP, 53-W57G: possible. Ce

[20] On ne sait d'où Voltaire a bien pu tirer cette mention de 'soixante combats'. Les
lignes 65-69 sont reprises textuellement par L. M. Chaudon, *Nouveau Dictionnaire
historique portatif* (Amsterdam, 1769), art. 'Melchtal (Arnold de)'.

[21] Sur le lien entre démocratie et 'peu d'étendue' d'un Etat, qui était exprimé encore
plus clairement dans MSP (lignes 70-72 var.), voir les *Pensées sur le gouvernement*
(1752): 'Les petites machines ne réussissent point en grand parce que les frottements
les dérangent: il en est de même des Etats; la Chine ne peut se gouverner comme la
république de Lucques' (§26, *M*, t.23, p.532); les *Idées républicaines par un membre d'un
corps*, §26, 28 (*M*, t.24, p.418-19); et l'art. 'Démocratie' des *QE* (1771): 'La démocratie
ne semble convenir qu'à un très petit pays, encore faut-il qu'il soit heureusement situé'
(*OCV*, t.40, p.372). Voltaire sera plus prudent au §30 des *Idées républicaines* quant au
lien entre 'richesse' et 'liberté': 'il faut se défier de toutes ces règles générales, qui
n'existent que sous la plume des auteurs'.

[22] Développement similaire dans les *Idées républicaines* (§49, *M*, t.24, p.426).

cette égalité absurde et impossible par laquelle le serviteur et le maître, le manœuvre et le magistrat, le plaideur et le juge seraient confondus ensemble, mais cette égalité par laquelle le citoyen ne dépend que des lois, et qui maintient la liberté des faibles, contre l'ambition du plus fort. [23] Ce pays enfin aurait mérité d'être appelé heureux, si la religion n'avait dans la suite divisé ses citoyens, que l'amour du bien public réunissait, et si en vendant leur courage à des princes plus riches qu'eux, ils eussent toujours conservé l'incorruptibilité qui les distingue.

Chaque nation a eu des temps où les esprits s'emportent au-delà de leur caractère naturel. Ces temps ont été moins fréquents chez les Suisses qu'ailleurs. La simplicité, la frugalité, la modestie, conservatrices de la liberté, ont toujours été leur partage. Jamais ils n'ont entretenu d'armée pour défendre leurs frontières, ou pour entrer chez leurs voisins; point de citadelles qui servent contre les ennemis ou contre les citoyens, point d'impôt sur les peuples. Ils n'ont à payer ni le luxe, ni les armées d'un maître. Leurs montagnes font leurs remparts, et tout citoyen y est soldat pour défendre la patrie. Il y a bien peu de républiques dans le monde et encore doivent-elles leur liberté à leurs rochers ou à la mer qui les défend. [24]

82   MSP: n'avait divisé dans la suite ses
83-98   MSP: réunissait.//
95-98   w56-w57G: patrie.//

[23] Sur l'‘absurde et impossible’ égalité, voir le célèbre passage du ch.98, qui caractérise bien la pensée de Voltaire sur la question: ‘Ceux qui disent que tous les hommes sont égaux disent la plus grande vérité, s'ils entendent que tous les hommes ont un droit égal à la liberté, à la propriété de leurs biens, à la protection des lois. Ils se tromperaient beaucoup, s'ils croyaient que les hommes doivent être égaux par les emplois, puisqu'ils ne le sont point par leurs talents'. Voir aussi l'art. ‘Egalité’ de J. Lemaire, *DgV*, p.427-28.

[24] Outre la Suisse, il n'y a guère alors en Europe comme ‘républiques’ que quelques territoires et villes d'Italie, et les Provinces-unies. Peut-être Voltaire y inclut-il implicitement le Royaume-Uni, dont la monarchie parlementaire offre pratiquement les mêmes garanties qu'une république quant au respect des droits des citoyens.

Les hommes sont très rarement dignes de se gouverner eux-mêmes.[25]

---

[25] Ce passage, ajouté en 1761, se retrouve deux fois, en 1764, dans le *DP*: d'abord dans la bouche d'un 'brame', à l'art. 'Etats, gouvernements. Quel est le meilleur?' (*OCV*, t.36, p.73-74), écrit, selon les éditeurs de Kehl, en 1757 (t.40, p.145), et à l'art. 'Patrie' (p.414-15).

CHRONOLOGIE DES CHAPITRES

Titres des chapitres dans les différentes éditions

Chapitre 38[1]

MSP: Ch.21. De la France vers le temps d'Hugues Capet.

53-54N: De la France vers le temps d'Hugues Capet.

w56-w57G: Ch.28. De la France vers le temps d'Hugues Capet.

61: Ch.34. De la France vers le temps d'Hugues Capet.

w68-w75G: Ch.38. De la France, vers le temps de Hugues Capet.

Chapitre 39

MSP: Ch.22. Etat de la France aux dixième et onzième siècles.

53-54N: Etat de la France aux dixième et onzième siècles.

w56-w57G: Ch.29. Etat de la France, aux dixième et onzième siècles.

61: Ch.35. Etat de la France, aux dixième et onzième siècles. Excommunication du roi Robert.

w68-w75G: Ch.39. Etat de la France aux dixième et onzième siècles. Excommunication du roi Robert.

Chapitre 40

MSP: Ch.23. Conquête de la Sicile par les Normands.

53-54N: Conquête de la Sicile par les Normands.

w56-w57G: Ch.30. Conquête de Naples et Sicile par des gentilshommes normands.

61: Ch.36. Conquête de Naples et Sicile par des gentilshommes normands.

w68-w75G: Ch.40. Conquête de Naples et de Sicile par des gentilshommes normands.

---

[1] Les nombres de chapitre sont ceux du texte de la présente édition.

Chapitre 41

MSP: Ch.23. Conquête de la Sicile par les Normands.
53-54N: Conquête de la Sicile par les Normands.
W56-W57G: Ch.31. De la Sicile en particulier et du droit de légation dans cette île.
61: Ch.37. De la Sicile en particulier et du droit de légation dans cette île.
W68-W75G: Ch.41. De la Sicile en particulier, et du droit de légation dans cette île.

Chapitre 42

MSP: Ch.24. Conquête de l'Angleterre par Guillaume duc de Normandie.
46: Ch.24. Conquête de l'Angleterre par Guillaume, duc de Normandie.
53-54N: Conquête de l'Angleterre par Guillaume duc de Normandie.
W56-W57G: Ch.32. Conquête de l'Angleterre par Guillaume, duc de Normandie.
61: Ch.38. Conquête de l'Angleterre par Guillaume, duc de Normandie.
W68-W75G: Ch.42. Conquête de l'Angleterre par Guillaume duc de Normandie.

Chapitre 43

MSP: Ch.25. De l'état où était l'Europe aux dixième et onzième siècles.
46: Ch.25. De l'état où était l'Europe aux dixième et onzième siècles.
53-54N: De l'état où était l'Europe aux dixième et onzième siècles.
W56-W57G: Ch.33. De l'état de l'Europe aux dixième et onzième siècles.
61: Ch.39. De l'état de l'Europe aux dixième et onzième siècles.
W68-W75G: Ch.43. De l'état de l'Europe aux dixième et onzième siècles.

Chapitre 44

MSP: Ch.26. De l'Espagne et des mahométans de ce royaume jusqu'au commencement du douzième siècle.
MSP §2 Du Cid.
46: Ch.26. De l'Espagne et des mahométans de ce royaume jusqu'au commencement du douzième siècle.

53-54N: De l'Espagne et des mahométans de ce royaume jusqu'au commencement du douzième siècle.

w56-w57G: Ch.34. De l'Espagne et des mahométans. De ce royaume jusqu'au commencement du douzième siècle.

61: Ch.40. De l'Espagne et des mahométans. De ce royaume jusqu'au commencement du douzième siècle.

w68-w75G: Ch.44. De l'Espagne et des mahométans de ce royaume, jusqu'au commencement du douzième siècle.

Chapitre 45

MSP: Ch.27. De la religion, des hérésies et de la superstition de ces temps-là.

53-54N: De la religion et de la superstition de ces temps-là.

w56-w57G: Ch.35. De la religion et de la superstition aux dixième et onzième siècles.

61: Ch.41. De la religion et de la superstition aux dixième et onzième siècles.

w68-w75G: Ch.45. De la religion et de la superstition aux dixième et onzième siècles.

Chapitre 46

MSP: Ch.28. De l'empire de l'Italie, de Rome et des papes depuis l'empereur Henri III jusqu'à la mort de Henri IV.

53-54N: De l'empire, de l'Italie, de Rome et des papes depuis Henri III jusqu'à Frédéric II.

w56-w57G: Ch.36. De l'empire, de l'Italie, de l'empereur Henri IV et de Grégoire VII. De Rome et de l'empire au onzième siècle.

61: Ch.42. De l'empire, de l'Italie, de l'empereur Henri IV et de Grégoire VII. De Rome et de l'empire dans l'onzième siècle. De la donation de la comtesse Mathilde. De la fin malheureuse de l'empereur Henri IV et du pape Grégoire VII.

w68-w75G: Ch.46. De l'empire, de l'Italie, de l'empereur Henri IV, et de Grégoire VII. De Rome et de l'empire dans le onzième siècle. De la donation de la comtesse Mathilde. De la fin malheureuse de l'empereur Henri IV et du pape Grégoire VII.

Chapitre 47

MSP: Ch.29. Paragraphe. Henri V.

53-54N: De l'empire, de l'Italie, de Rome et des papes depuis Henri III jusqu'à Frédéric II.

W56-W57G: Ch.37. De l'empereur Henri V et de Rome jusqu'à Frédéric Ier.

61: Ch.43. De l'empereur Henri V et de Rome jusqu'à Frédéric Ier.

W68-W75G: Ch.47. De l'empereur Henri V, et de Rome jusqu'à Frédéric Ier.

Chapitre 48

MSP: Ch.30 §1 De Frédéric Ier dit la Barbe Rousse.

53-54N: De l'empire, de l'Italie, de Rome et des papes depuis Henri III jusqu'à Frédéric II.

W56-W57G: Ch.38. De Frédéric Barberousse.

61: Ch.44. De Frédéric Barberousse. Cérémonies du couronnement des empereurs et des papes. Suite de la liberté italique contre la puissance allemande. Belle conduite du pape Alexandre III, vainqueur de l'empereur par la politique, et bienfaiteur du genre humain.

W68-W75G: Ch.48. De Frédéric Barberousse. Cérémonies du couronnement des empereurs et des papes. Suite de la liberté italique contre la puissance allemande. Belle conduite du pape Alexandre III, vainqueur de l'empereur par la politique, et, bienfaiteur du genre humain.

Chapitre 49

MSP: Ch.30. §2 Paragraphe 2. Grandeur de Rome sous Innocent III.

53-54N: De l'empire, de l'Italie, de Rome et des papes depuis Henri III jusqu'à Frédéric II.

W56-W57G: Ch.39. De l'empereur Henri VI et de Rome.

61: Ch.45. De l'empereur Henri VI et de Rome.

W68-W75G: Ch.49. De l'empereur Henri VI et de Rome.

Chapitre 50

MSP: Ch.31. §1 Etat de la France et de l'Angleterre jusqu'au règne de Jean Sans Terre et du roi Henri III pendant le douzième siècle.

MSP §2 Paragraphe 2. Thomas de Canterbury.

MSP §3 Paragraphe 3. Philippe Auguste et Jean Sans Terre.

53-54N: Etat de la France et de l'Angleterre jusqu'au règne de saint Louis et de Jean Sans Terre, et de Henri III pendant le douzième siècle.

W56-W57G: Ch.40. Etat de la France et de l'Angleterre, jusqu'au règne de saint Louis et de Jean Sans Terre, et de Henri III pendant le douzième siècle. Grand changement dans l'administration publique en Angleterre et en France. Meurtre de Thomas Becquet, archevêque de Cantorberi. L'Angleterre devenue province du domaine de Rome etc.

61: Ch.46. Etat de la France et d'Angleterre pendant le douzième siècle jusqu'au règne de saint Louis, et de Jean Sans Terre, et de Henri III. Grand changement dans l'administration publique en Angleterre et en France. Meurtre de Thomas Becquet, archevêque de Cantorberi. L'Angleterre devenue province du domaine de Rome. Le pape Innocent III joue les rois de France et d'Angleterre.

W68-W75G: Ch.50. Etat de la France et de l'Angleterre pendant le douzième siècle, jusqu'au règne de saint Louis et de Jean Sans Terre, et de Henri III. Grand changement dans l'administration publique en Angleterre et en France. Meurtre de Thomas Becket, archevêque de Cantorbéry. L'Angleterre devenue province du domaine de Rome, etc. Le pape Innocent III joue les rois de France et d'Angleterre.

Chapitre 51

MSP: Ch.32. Suite des événements et des mœurs en France, en Angleterre, en Allemagne sous Philippe et sous Louis VIII jusqu'au règne de saint Louis. Othon IV.

53-54N: Etat de la France et de l'Angleterre jusqu'au règne de saint Louis et de Jean Sans Terre, et de Henri III pendant le douzième siècle.

W56-W57G: Ch.41. D'Othon IV et de Philippe Auguste au treizième siècle. De la bataille de Bouvines, de l'Angleterre et de la France jusqu'à la mort de Louis VIII, père de saint Louis.

61: Ch.47. D'Othon IV et de Philippe Auguste au treizième siècle. De la bataille de Bouvines, de l'Angleterre et de la France jusqu'à la mort de Louis VIII, père de saint Louis. Puissance singulière de la cour de Rome: pénitence plus singulaire de Louis VIII, etc.

w68-w75G: Ch.51. D'Othon IV et de Philippe-Auguste, au treizième siècle. De la bataille de Bouvines. De l'Angleterre et de la France, jusqu'à la mort de Louis VIII père de saint Louis. Puissance singulière de la cour de Rome – pénitence plus singulière de Louis VIII, etc.

Chapitre 52

MSP: Ch.33. De Frédéric II, de ses querelles avec les papes et de l'empire allemand.

53-54N: De Frédéric II, de ses querelles avec les papes, et de l'empire allemand.

w56-w57G: Ch.42. De Frédéric II. De ses querelles avec les papes et de l'empire allemand.

61: Ch.48. De l'empereur Frédéric II. De ses querelles avec les papes et de l'empire allemand. Des accusations contre Frédéric II. Du livre De tribus impostoribus. Du concile général de Lyon, etc.

w68-w75G: Ch.52. De l'empereur Frédéric II, de ses querelles avec le pape, et de l'empire allemand. Des accusations contre Frédéric II. Du livre De Tribus Impostoribus. Du concile général de Lyon, etc.

Chapitre 53

MSP: Ch.34. §1 De l'Orient et des croisades.

50: Histoire des croisades, par M. de Voltaire. Etat de l'Europe.

53-54N: De l'Orient et des croisades.

w56-w57G: Ch.43. De l'Orient au temps des croisades.

61: Ch.49. De l'Orient au temps des croisades et de l'état de la Palestine.

w68-w75G: Ch.53. De l'Orient au temps des croisades, et de l'état de la Palestine.

Chapitre 54

MSP: Ch.34. §2 De l'Orient et des croisades.

50: Origine des croisades.

53-54N: De l'Orient et des croisades.
w56-w57G: Ch.44. De la première croisade jusqu'à la prise de Jérusalem.
61: Ch.50. De la première croisade jusqu'à la prise de Jérusalem.
w68-w75G: Ch.54. De la première croisade, jusqu'à la prise de Jérusalem.

Chapitre 55

MSP: Ch.34. §2 De l'Orient et des croisades.
50: Origine des croisades.
53-54N: De l'Orient et des croisades.
w56-w57G: Ch.45. Croisades depuis la prise de Jérusalem.
61: Ch.51. Croisades depuis la prise de Jérusalem. Louis le Jeune prend la croix. Saint Bernard qui d'ailleurs fait des miracles, prédit des victoires et on est battu. Saladin prend Jérusalem, ses exploits, sa conduite. Quel fut le divorce de Louis VII dit le Jeune etc.
w68-w75G: Ch.55. Croisades depuis la prise de Jérusalem. Louis le Jeune prend la croix. Saint Bernard, qui d'ailleurs fait des miracles, prédit des victoires, et on est battu. Saladin prend Jérusalem; ses exploits; sa conduite. Quel fut le divorce de Louis VII dit le Jeune, etc.

Chapitre 56

MSP: Ch.35. §1 Nouvelles croisades. Constantinople saccagée, nouvel empire, et nouveaux malheurs.
50: De l'Orient et des croisades.
53-54N: De l'Orient et des croisades.
w56-w57G: Ch.45. Croisades depuis la prise de Jérusalem.
61: Ch.52. De Saladin.
w68-w75G: Ch.56. De Saladin.

Chapitre 57

MSP: Ch.35. §2 Paragraphe 2. Nouvelles croisades malheureuses.
50: De l'Orient et des croisades.
53-54N: De l'Orient et des croisades.
w56-w57G: Ch.45. Croisades depuis la prise de Jérusalem.
61: Ch.53. Les croisés envahissent Constantinople. Malheurs de cette ville

et des empereurs grecs. Croisade en Egypte. Aventure singulière de saint François d'Assise. Disgrâces des chrétiens.

w68-w75G: Ch.57. Les croisés envahissent Constantinople. Malheurs de cette ville et des empereurs grecs. Croisades en Egypte. Aventure singulière de saint François d'Assise. Disgrâces des chrétiens.

Chapitre 58

MSP: Ch.36. De saint Louis et de la dernière croisade.

53-54N: De saint Louis et de la dernière croisade.

w56-w57G: Ch.46. De saint Louis et de la dernière croisade.

61: Ch.54. De saint Louis. Son gouvernement, sa croisade, nombre de ses vaisseaux, ses dépenses, sa vertu, son imprudence, ses malheurs.

w68-w75G: Ch.58. De saint Louis. Son gouvernement, sa croisade, nombre de ses vaisseaux, ses dépenses, sa vertu, son imprudence, ses malheurs.

Chapitre 59

MSP: Ch.37. Suite de l'histoire de Constantinople prise par les croisés au treizième siècle.

53-54N: Suite de l'histoire de Constantinople par les croisés.

w56-w57G: Ch47. Suite de la prise de Constantinople par les croisés.

61: Ch.55. Suite de la prise de Constantinople par les croisés. Ce qu'était alors l'empire nommé grec.

w68-w75G: Ch.59. Suite de la prise de Constantinople par les croisés. Ce qu'était alors l'empire nommé grec.

Chapitre 60

MSP: Ch.42. De l'Orient et particulièrement de Gengis Khan.

w56-w57G: Ch48. De l'Orient et de Genziz-Can.

61: Ch.56. De l'Orient et de Genziz-Kan.

w68-w75G: Ch.60. De l'Orient, et de Gengis-Kan.

Chapitre 61

MSP: Ch.38. De Charles d'Anjou, roi des deux Siciles et des Vêpres siciliennes.

53-54N: De Charles d'Anjou, roi des deux Siciles et des Vêpres siciliennes.

w56-w57G: Ch.49. De Charles d'Anjou, roi des deux Siciles, et des Vêpres siciliennes.

61: Ch.57. De Charles d'Anjou, roi des deux Siciles, de Mainfroi, de Conradin et des Vêpres siciliennes.

w68-w75G: Ch.61. De Charles d'Anjou, roi des deux Siciles. De Mainfroi, de Conradin, et des Vêpres siciliennes.

Chapitre 62

MSP: Ch.39. De la croisade contre les Albigeois. §1 En quel état était l'Europe après les croisades d'Orient.

MSP §2 Paragraphe 2. De Rodolphe d'Habsbourg tige de la maison d'Autriche.

53-54N: De la croisade contre les Albigeois.

w56-w57G: Ch.50. De la croisade contre les Albigeois.

61: Ch.58. De la croisade contre les Languedochiens.

w68-w75G: Ch.62. De la croisade contre les Languedociens.

Chapitre 63

MSP: Ch.43. De la papauté aux treizième et quatorzième siècles et particulièrement de Boniface VIII.

53-54N: De la papauté aux treizième et quatorzième siècles, et particulièrement de Boniface VIII.

w56-w57G: Ch.51. Etat de l'Europe au treizième siècle.

61: Ch.59. Etat de l'Europe au treizième siècle.

w68-w75G: Ch.63. Etat de l'Europe au treizième siècle.

Chapitre 64

MSP: Ch.45. Des Espagnes aux douzième et treizième siècles.
W56-W57G: Ch.52. De l'Espagne au douzième et treizième siècle.
61: Ch.60. De l'Espagne au douzième et treizième siècle.
W68-W75G: Ch.64. De l'Espagne aux douzième et treizième siècles.

Chapitre 65

MSP: Ch.43. De la papauté aux treizième et quatorzième siècles et particulièrement de Boniface VIII.
W56-W57G: Ch.53. De Philippe le Bel et de Boniface VIII.
61: Ch.61. Du roi de France Philippe le Bel et de Boniface VIII.
W68-W75G: Ch.65. Du roi de France Philippe le Bel, et de Boniface VIII.

Chapitre 66

MSP: Ch.44. Du supplice des Templiers et de l'extinction de cet ordre.
53-54N: Du supplice des templiers et de l'extinction de cet ordre.
W56-W57G: Ch.54. Du supplice des templiers et de l'extinction de cet ordre.
61: Ch.62. Du supplice des templiers et de l'extinction de cet ordre.
W68-W75G: Ch.66. Du supplice des templiers, et de l'extinction de cet ordre.

Chapitre 67

MSP: Ch.46. De la Suisse et de sa révolution au commencement du quatorzième siècle.
53-54N: De la Suisse et de sa révolution au commencement du quatorzième siècle.
W56-W57G: Ch.55. De la Suisse et de sa révolution au commencement du quatorzième siècle.
61: Ch.63. De la Suisse et de sa révolution au commencement du quatorzième siècle.
W68-W75G: Ch.67. De la Suisse, et de sa révolution au commencement du quatorzième siècle.

TABLEAU RÉCAPITULATIF [1]

MSP	46	50	53-54N [2]	W56-W57G	61	W68-W75G
21			√	28	34	38
22			√	29	35	39
23			√	30	36	40
23			√	31	37	41
24	24		√	32	38	42
25	25		√	33	39	43
26	26		√	34	40	44
27			√	35	41	45
28			√	36	42	46
29			√	37	43	47
30 §1			√	38	44	48
30 §2			√	39	45	49
31 §1-3			√	40	46	50
32			√	41	47	51
33			√	42	48	52
34 §1		√	√	43	49	53
34 §2		√	√	44	50	54
34 §2		√	√	45	51	55
35 §1		√	√	45	52	56
35 §2		√	√	45	53	57
36		√	√	46	54	58
37			√	47	55	59
42				48	56	60
38			√	49	57	61
39 §1, 2			√	50	58	62
40	non repris		non	non	non	non
43			√	**51**	59	63
45				52	60	64
43			√	53	61	65
44			√	54	62	66
46			√	55	63	67

[1] Les chiffres en gras indiquent la première rédaction.
[2] Chapitres non numérotés.

OUVRAGES CITÉS
ANTÉRIEURS À 1778

Abu'l Ghazi Bahadur Khan, *Histoire généalogique des Tatars, traduite du manuscript tartare, et enrichie d'un très grand nombre de remarques [...] par D**** (Leyde, 1726).

Achery, Luc d', *Spicilegium*, 3 vol. (Paris, 1723).

Adémar de Chabannes. Chronique, publiée d'après les manuscrits par Jules Chavanon (Paris, 1897).

– – trad. fr., Yves Chauvin et Georges Pon (Turnhout, 2003).

Albert le Grand (B. Alberti Magni), *Opera omnia*, éd. A. Borgnet (Paris, 1890-1899).

Algarotti, Francesco, *Saggio di lettere sopra Russia* (Paris [Venise], 1760).

Alvarez de Colmenar, Juan, *Annales d'Espagne et de Portugal*, trad. P. Massuet, 8 vol. (Amsterdam, 1741).

Amelot de La Houssaye, A.-N., *Examen de la liberté originaire de Venise* (Ratisbonne, 1677).

Augustin, saint, *Lettres* (Paris, 1684).

Baillet, Adrien, *Histoire des démêlés du pape Boniface VIII avec Philippe le Bel roi de France*, 2e éd. (Paris, 1718).

Barre, Joseph, *Histoire générale d'Allemagne*, 11 vol. (Paris, 1748).

Basnage, Jacques, *Histoire de l'Eglise depuis Jésus-Christ jusqu'à présent*, 2 vol. (Rotterdam, 1699).

Bayle, Pierre, *Dictionnaire historique et critique* (Rotterdam, 1697).

Bergeron, Pierre, *Voyages faits principalement en Asie dans les XIIe, XIIIe, XIVe et XVe siècles* (La Haye, 1735).

Bibliothèque britannique [...] pour les mois de janvier, février et mars 1736 (La Haye, 1736).

Bossuet, Jacques-Bénigne, *Histoire des variations des Eglises protestantes* (Paris, 1752).

Boulainvilliers, Henri, comte de, *Essai sur la noblesse de France* (Amsterdam, 1732).

– *Etat de la France* (Londres, 1737).

– *Histoire de l'ancien gouvernement de la France* (La Haye et Amsterdam, 1727).

Bouquet, Martin, *Rerum gallicarum et francicarum*, 24 vol. (Paris, 1738-1904).

Bruys, François, *Histoire des papes, depuis saint Pierre jusqu'à Benoît XIII inclusivement* (La Haye, 1732-1734).

Bruzen de La Martinière, Antoine-Augustin, *Le Grand Dictionnaire géographique et critique* (La Haye, Rotterdam, Utrecht, 1726-1739).

Buffier, Claude, *Histoire de l'origine du royaume de Sicile et de Naples, contenant les aventures et les conquêtes des princes normands qui l'ont établi* (Paris, 1701).

Calmet, Dom Augustin, *Histoire universelle sacrée et profane depuis le commencement du monde jusqu'à nos jours*, 8 vol. (Strasbourg, 1735-1747).

Cavazzi, Giovanni Antonio, *Istorica Descrizione de' tre regni Congo, Matamba et Angola* (Bologne, 1687).
– – trad. fr., *Relation historique de l'Ethiopie occidentale* (Paris, 1732).
Chassanion, Jean, *Histoire des Albigeois touchant leur doctrine et religion, contre les faux bruits qui ont été semés d'eux, et les écrits dont on les a à tort diffamés* ([Genève], 1595).
Chaudon, L. M., *Nouveau Dictionnaire historique portatif* (Amsterdam, 1769).
Comnène, Anne, *Alexiade*, trad. P. Poussines, éd. Du Cange (Paris, 1651).
– – trad. Bernard Leib (Paris, 1937-1967).
Cousin, Louis, *Histoire de Constantinople depuis le règne de l'ancien Justin jusqu'à la fin de l'empire, traduite sur les originaux grecs*, 8 vol. (Paris, 1671-1674).

Daniel, Gabriel, *Histoire de France depuis l'établissement de la monarchie française dans les Gaules*, 7 vol. (Amsterdam, 1720-1725).
– – nouv. éd., 10 vol. (Paris, 1729).
– – (Paris, 1731).
– *Histoire de la milice française*, 2 vol. (Paris, 1728).
– – (Paris, 1731).
Desormeaux, Joseph-Louis Ripault, *Abrégé chronologique de l'histoire d'Espagne*, 5 vol. (Paris, 1758-1759).
Dictionnaire de l'Académie (Paris, 1694).
– – (Paris, 1762).
Dictionnaire géographique universel (Amsterdam et Utrecht, 1701).
Du Cange, Charles Du Fresne, *Glossarium ad scriptores mediae et infimae latinitatis* (Paris, 1733-1736).
– *Histoire de saint Louis enrichie de nouvelles observations et dissertations historiques* (Paris, 1668).

Du Chesne, André, *Histoire générale d'Angleterre, d'Ecosse et d'Irlande* (Paris, 1666).
– *Historiae Francorum scriptores coaetanei*, 5 vol. (Paris, 1636-1649).
Ducreux, G.-M., *Les Siècles chrétiens, ou histoire du christianisme* (Paris, 1775-1777).
Dupin, Louis-Ellies, *Histoire des controverses et des matières ecclésiastiques traitées dans le onzième siècle* (Paris, 1694-1698).
– – (Paris, 1724).
– *Nouvelle Bibliothèque des auteurs ecclésiastiques* (Paris, 1690-1730).
Dupuy, Pierre, *Histoire de la condamnation des templiers*, 2 vol. (Paris, 1654; Bruxelles, 1713).
– *Histoire du différend d'entre le pape Boniface VIII et Philippe le Bel roi de France* (Paris, 1655).

Echard, Laurence, *Histoire romaine depuis la fondation de Rome jusqu'à la translation de l'Empire par Constantin*, trad. fr., 6 vol. (Paris, 1728).
Encyclopédie, ou dictionnaire raisonné des sciences, des arts et des métiers, par une société des gens de lettres, éd. J. Le Rond D'Alembert et D. Diderot, 35 vol. (1751-1780).
Epiphane, saint, *Contra octoginta haereses opus* (Paris, 1564).

Fleury, Claude, *Histoire ecclésiastique* (La Haye et Bruxelles, 1692-1693).
– – 36 vol. (Paris, 1719-1738).

Gaubil, Antoine, *Histoire de Gentchiscan et de toute la dynastie des Mongous, ses successeurs, conquérants de la Chine; tirée de l'histoire chinoise* (Paris, 1739).

— *Observations mathématiques, astronomiques* (Paris, 1729).

Giannone, Pietro, *Dell'Istoria civile del regno di Napoli* (Naples, 1723).

— — trad. fr., *Histoire civile du royaume de Naples* (La Haye [Genève], 1742).

Girard, Antoine, *Les Vies de quelques grands personnages qui sont morts dans notre siècle en opinion de sainteté* (Paris, 1673-1686).

Goldast, Melchior, *Constitutionum imperialium collectio* (Francfort, 1673).

Grosley, Pierre-Jean, *Nouveaux mémoires ou observations sur l'Italie et sur les Italiens* (Londres [Paris], 1764).

— — (Londres, 1770).

— — (Londres, 1774).

Guicciardini, F., *La Storia d'Italia* (Genève, 1621).

— — éd. S. Seidel Menchi (Turin, 1971).

Guignes, Joseph de, *Histoire générale des Huns, des Turcs, des Mogols, et des autres Tartares occidentaux, etc.* (Paris, 1756-1758).

Guillaume de Jumièges, *Gesta normannorum ducum*, éd. et trad. E. M. C. Van Houts, 2 vol. (Oxford, 1992, 1995).

Guillaume de Malmesburi, *Gesta regum anglorum*, éd. et trad. R. A. B. Mynors (Oxford, 2006).

Guillaume de Poitiers, *Gesta Guillelmi ducis Normannorum et regis Anglorum*, trad. R. Foreville, *Histoire de Guillaume le Conquérant* (Paris, 1952).

Heiss von Kogenheim, Johann, *Histoire de l'Empire, contenant son origine; son progrès; ses révolutions; la forme de son gouvernement; sa politique; ses alliances* [...], 2 vol. (La Haye, 1685).

— — (Paris, 1731).

Hénault, Charles-Jean-François, *Nouvel Abrégé chronologique de l'histoire de France, contenant les événements de notre histoire, depuis Clovis jusqu'à Louis XIV, les guerres, les batailles, les sièges etc.* (Paris, 1744).

— — (Paris, 1756).

Herbelot de Molainville, Barthélemy d', *Bibliothèque orientale, ou dictionnaire universel contenant généralement tout ce qui regarde la connaissance des peuples de l'Orient* (Paris, 1697).

Herberstein, Sigismund von, *Rerum moscoviticarum commentarii*, trad. ital., dans G. B. Ramusio, *Navigaʒioni e viaggi*, éd. M. Milanesi (Turin, 1978-1988).

Hérodote, *Les Histoires d'Hérodote, traduites en français par M. Du Ryer* (Paris, 1713).

Hoveden, Roger de, *The Annals of Roger de Hoveden*, éd. H. T. Riley (Londres, 1853).

Hübner, Johann, *La Geographie universelle*, 6 vol. (Bâle, 1746).

Jérôme, saint, *Opera omnia* (Paris, 1579).

Joinville, Jean de, *Histoire de saint Louis*, éd. Du Cange (Paris, 1668).

— — éd. N. de Wailly (Paris, 1874).

Jurieu, Pierre, *Histoire du calvinisme et celle du papisme mises en parallèle* (Rotterdam, 1683).

La Clède, Nicolas de, *Histoire générale de Portugal*, 2 vol. (Paris, 1735).

La Roche-Guilhem, Anne de, *Histoire chronologique d'Espagne* (Rotterdam, 1696).

Larrey, Isaac de, *Histoire d'Angleterre, d'Ecosse et d'Irlande* (Rotterdam, 1697-1713).

Le Blanc, François, *Traité historique des monnaies de France* [...] *depuis le* commencement de la monarchie jusqu'à présent (Amsterdam, 1690).

– – (Amsterdam, 1692).

Le Brun, Pierre, *Histoire critique des pratiques superstitieuses*, 4 vol. (Rouen, 1702).

Le Gendre, Louis, *Nouvelle Histoire de France depuis le commencement de la monarchie jusqu'à la mort de Louis XIV* (Paris, 1718).

Le Laboureur, Jean, *Histoire de la pairie de France et du parlement de Paris* (Londres [Trévoux], 1740; 1753).

Lenglet du Fresnoy, Nicolas, *Méthode pour étudier l'histoire*, 15 vol. (Paris, 1772).

Le Paige, Louis-Adrien, *Lettres historiques sur les fonctions essentielles du parlement; sur le droit des pairs, et sur les lois fondamentales du royaume* (Amsterdam, 1753-1754).

Le Royer de Prade, Jean, *Histoire d'Allemagne* (Paris, 1677).

– – (Paris, 1684).

'Lettre aux auteurs de ces Mémoires sur une nouvelle histoire des croisades', *Mémoires de Trévoux*, octobre, novembre 1750.

Lettre du Prêtre Jehan, dans *Le Conservateur, ou collection de morceaux rares et d'ouvrages anciens*, t.18, avril 1758.

Levesque de Burigny, Jean, *Histoire des révolutions de l'empire de Constantinople depuis la fondation de cette ville jusqu'à 1453*, 2 vol. (Paris, 1750).

– *Histoire générale de Sicile* (La Haye, 1745).

Lobo, Jerónimo, *Voyage historique d'Abissinie* (Paris, 1728).

Maimbourg, Louis, *Histoire de la décadence de l'Empire après Charlemagne et*

des différends des empereurs avec les papes au sujet des investitures et de l'indépendance (Paris, 1679).

– *Histoire des croisades pour la délivrance de la Terre Sainte* (1682).

– – 2ᵉ éd. (Paris, 1684-1685).

– – dans *Histoires* (Paris, 1686).

Malespini, Ricordano, *Historia Florentina*, dans L.-A. Muratori, *Rerum italicarum scriptores*, t.8 (Milan, 1726).

Marchand, Prosper, *Dictionnaire historique* (La Haye, 1758).

Mariana, Juan de, *Histoire générale d'Espagne*, trad. Morvan de Bellegarde (Paris, 1723).

Marigny, abbé de, *Histoire des Arabes sous le gouvernement des califes* (Paris, 1750).

Marin, François-Louis-Claude, *Histoire de Saladin, sultan d'Egypte et de Syrie*, 2 vol. (Paris, 1758).

Ménage, Gilles, *Dictionnaire étymologique ou origines de la langue française* (Paris, 1694).

Mézeray, François Eudes de, *Abrégé chronologique de l'histoire de France* (Paris, 1643).

– – (Paris, 1667-1668).

– – (Amsterdam, 1673-1701).

– *Histoire de France depuis Faramond*, 3 vol. (Paris, 1643-1651).

– – (Paris, 1685).

Montesquieu, Charles-Louis de Secondat, baron de La Brède et de, *Geographica*, dans *Œuvres complètes de Montesquieu*, t.16 (Oxford, 2007).

Monthenault d'Egly, C.-P., *Histoire des rois des Deux-Siciles* (Paris, 1741).

Moréri, Louis, *Le Grand Dictionnaire historique, ou le mélange curieux de l'histoire sacrée et profane* (Paris, 1699).

– – (Amsterdam, 1740).

INDEX

Les deux index de ce volume sont nécessairement sélectifs, ils ne prétendent pas à l'exhaustivité. Ils cherchent à rassembler les principales références aux personnes mentionnées par Voltaire et les thèmes qui l'intéressaient.

L'Index des noms de personnes s'efforce d'amplifier l'information donnée dans les notes là où il est nécessaire, et de distinguer les différents porteurs du même nom, en particulier parmi les papes, les empereurs et les rois à l'orée de l'Europe médiévale. Dans certain cas qui pourraient prêter à ambiguïté, nous donnons l'orthographe de Voltaire suivie de l'orthographe moderne entre parenthèses.

L'Index analytique comprend les lieux et les peuples mentionnés, suivant l'orthographe moderne. Les thèmes sont regroupés sous des rubriques largement englobantes, avec renvois, pour éviter une structure parsemée et rendre l'index plus facilement utilisable. Au plan géographique, seuls apparaissent ici les fleuves, monts, etc. qui font l'objet d'une discussion quant à leur importance stratégique ou autre. Au plan politique, le statut des entités régionales, telles les comtés, change au cours de la période décrite. Nous inscrivons séparément ces entités. Il en va de même pour les villes telles Venise et Gênes qui ont une importance à part.

INDEX DES NOMS DE PERSONNES

INDEX ANALYTIQUE

Description historique de l'empire russien, trad. fr. (Amsterdam, 1757).

Summonte, Giovanni Antonio, *Historia della città e regno di Napoli*, 2 vol. (Naples, 1601-1602).

Tindal, Nicolas, *Remarques historiques et critiques sur l'Histoire d'Angleterre de M^r. de Rapin Thoyras* (La Haye, 1733).

Uztáriz, Jerónimo de, *Théorie et pratique du commerce et de la marine. Traduction libre sur l'espagnol de don Geronymo de Ustariz, sur la 2e éd. de ce livre à Madrid en 1742* (Paris, 1753).

Velly, Paul-François, *Histoire de France depuis l'établissement de la monarchie jusqu'au règne de Louis XIV*, 24 vol. (Paris, 1755-1774).
– – nouv. éd., 15 vol. (Paris, 1762).
Vertot, René Aubert de, *Histoire des chevaliers hospitaliers de saint Jean de Jérusalem, appelés depuis les chevaliers de Rhodes et aujourd'hui les chevaliers de Malte*, 3 vol. (Paris, 1726).

Villani, Giovanni, *Historia universalis a condita Florentia [...] italice scripta*, dans L. A. Muratori, *Rerum italicarum scriptores*, t.13 (Milan, 1728).

Voltaire, *Essai sur les mœurs*, éd. René Pomeau, 2e éd., 2 vol. (Paris, 1990).
– *Lettres philosophiques*, éd. Gustave Lanson, rév. André M. Rousseau, 2 vol. (Paris, 1964).
– *Œuvres historiques*, éd. René Pomeau (Paris, 1957).
Vulson de La Colombière, Marc, *Le Vrai Théâtre d'honneur et de chevalerie* (Paris, 1648).

Wace, *Le Roman de Rou*, éd. A. J. Holden (Paris, 1970-1973).
Wattenwyl, Alexander Ludwig, *Histoire de la Confédération helvétique* (Berne, 1754).

Muratori, Ludovico A., *Annali d'Italia* (Milan, 1744-1749).
— *Antiquitates italicae medii aevi*, 6 vol. (Milan, 1738-1742).
— *Rerum italicarum scriptores* (Milan, 1723-1751).
Muyart de Vouglans, Pierre-François, *Institutes au droit criminel, ou principes généraux sur ces matières, suivant le droit civil, canonique et la jurisprudence du royaume* (Paris, 1757).

Nicétas Choniatès, *Histoires*, trad. L. Cousin, dans *Histoire de Constantinople depuis le règne de l'ancien Justin, jusqu'à la fin de l'Empire*, t.5-6.
Nicolle de Lacroix, L. A., *Nouvelle Méthode pour apprendre la géographie universelle* (Lyon, 1705).
Nonnotte, Claude-François, *Les Erreurs de Voltaire*, 2 vol. (Amsterdam [Paris], 1766).
— — 6ᵉ éd., 3 vol. (Lyon, 1770).

Orléans, Pierre-Joseph d', *Histoire des révolutions d'Espagne*, 3 vol. (Paris, 1734).

Paris, Matthieu, *Historia major* (Londres, 1571).
— — 2 vol. (Londres, 1640).
Pauw, Cornelius de, *Recherches philosophiques sur les Egyptiens et les Chinois* (Berlin, 1773).
Pétis de La Croix, François, *Histoire du grand Genghizcan, premier empereur des anciens Mogols et Tartares* (Paris, 1710).
Prévost, Antoine-François, *et al.*, *Histoire générale des voyages ou nouvelle collection de toutes les relations de voyages par mer et par terre qui ont été publiées jusqu'à présent dans les diffé-* rentes langues de toutes les nations connues, 16 vol. (Paris, 1746-1754).
Pufendorf, Samuel, *Histoire de Suède* (Amsterdam, 1748).
— *Introduction à l'histoire des principaux royaumes et Etats, tels qu'ils sont aujourd'hui dans l'Europe* (éd. allemande, 1682; trad. fr., 1687-1688).
— *Introduction à l'histoire générale et politique de l'univers*, 7 vol. (Amsterdam, 1722).
— — rév., avec continuation par Bruzen de La Martinière (Paris 1732).
— — — 8 vol. (Amsterdam, 1743-1745).
— — — éd. M. de Grace (Paris, 1753-1759).

Rapin de Thoyras, Paul, *Histoire d'Angleterre* (La Haye, 1724).
— — nouv. éd., 16 vol., éd. N. Tindal (Paris, 1749).
Ratramnus [Bertram], *Du corps et du sang du Seigneur*, trad. P. Allix (Rouen, 1672).
Retz, cardinal de, *Mémoires* (Amsterdam, 1731)
— — (Paris, 1956).
Rocoles, Jean-Baptiste de, *Histoire de l'empire d'Allemagne* (La Haye, 1681).
Roma, *Essai de l'histoire du commerce de Venise* (Paris, 1729).

Saint-Bertin, moine de, *Vita Aedwardi Regis*, éd. et trad. F. Barlow (Londres, 1962).
Saint-Didier, A. Limojon de, *La Ville et la république de Venise* (Amsterdam, 1680).
Sale, George, *et al.* (éd.), *Histoire universelle depuis le commencement du monde*, trad. fr. (Amsterdam et Leipzig, 1742-1802).
Strahlenberg, Philipp Johann von,

609